国家哲学社会科学成果文库

NATIONAL ACHIEVEMENTS LIBRARY
OF PHILOSOPHY AND SOCIAL SCIENCES

现代政治经济学的前沿理论与中国特色研究

马艳 著

学习出版社

《国家哲学社会科学成果文库》
出 版 说 明

  为充分发挥哲学社会科学研究优秀成果和优秀人才的示范带动作用，促进我国哲学社会科学繁荣发展，全国哲学社会科学规划领导小组决定自2010年始，设立《国家哲学社会科学成果文库》，每年评审一次。入选成果经过了同行专家严格评审，代表当前相关领域学术研究的前沿水平，体现我国哲学社会科学界的学术创造力，按照"统一标识、统一封面、统一版式、统一标准"的总体要求组织出版。

全国哲学社会科学规划办公室
2011 年 3 月

目 录

引 论 ……………………………………………………………（ 1 ）

第一章 环境领域的"负价值"理论与中国实证 ……………（ 25 ）
 第一节 "斯蒂德曼诘难"与环境"负价值"的提出 ………（ 25 ）
  一、"斯蒂德曼诘难"及其争论 …………………………（ 26 ）
  二、联合生产中"负价值"的新界定 ……………………（ 28 ）
 第二节 环境领域"负价值"的理论模型 …………………（ 32 ）
  一、联合生产及其在环境经济学中的含义 ……………（ 32 ）
  二、资源环境领域中的"负价值" ………………………（ 34 ）
  三、联合生产条件下"负价值"决定模型 ………………（ 37 ）
 第三节 "负价值"理论在环境领域的应用 ………………（ 42 ）
  一、"负价值"理论与绿色技术分类 ……………………（ 42 ）
  二、污染治理下的产品定价 ……………………………（ 46 ）
  三、"负价值"理论与生态环境危机治理 ………………（ 49 ）
 第四节 环境领域"负价值"的实证分析 …………………（ 54 ）
  一、企业排污及其治理的案例分析 ……………………（ 55 ）
  二、环境污染"负价值"的经验数据分析 ………………（ 61 ）
  三、我国环境经济成本核算与绿色 GDP ………………（ 68 ）

第二章 基于"负价值"的生态逻辑与中国政策 ……………（ 72 ）
 第一节 "负价值"理论与市场经济生态悖论 ……………（ 72 ）

一、市场生态逻辑悖论的现实根据与理论缘起 …………（73）
　　二、市场经济的逻辑支点 ………………………………（76）
　　三、市场经济的生态悖论 ………………………………（81）
第二节　基于"负价值"的可持续 SSA（SSSA）理论分析 ……（85）
　　一、SSA 的理论价值与创新思路 ………………………（86）
　　二、基于"负价值"的 SSSA 框架 ……………………（90）
　　三、SSSA 的理论分析 …………………………………（96）
　　四、SSSA 的现实分析 …………………………………（110）
第三节　可持续 SSA（SSSA）视域下的生态政策分析 ………（118）
　　一、市场经济生态悖论条件下的政策分析 ……………（119）
　　二、基于 SSSA 理论的生态制度构建 …………………（128）

第三章　商品价值量变动规律新解与实证分析 …………（134）
第一节　"世纪之谜"论争的思想轨迹 ……………………（134）
　　一、"世纪之谜"之争——论争的缘起 ………………（134）
　　二、"世纪之谜"之争——论争的两条线索 …………（138）
　　三、"世纪之谜"之争——论争的焦点 ………………（139）
　　四、对"世纪之谜"之争的理论认识 …………………（141）
第二节　基于竞争与垄断视角的新探讨 ……………………（146）
　　一、竞争状态下商品价值量变动规律分析 ……………（147）
　　二、垄断状态下商品价值量变动规律分析 ……………（152）
第三节　基于同类不同种商品视角的新分析 ………………（159）
　　一、问题的提出：一个实例 ……………………………（159）
　　二、同类不同种商品的界定及新假定条件 ……………（161）
　　三、同类不同种商品价值量变动规律分析 ……………（163）
第四节　联合生产条件下的价值量变动规律研究 …………（166）
　　一、单一生产与联合生产 ………………………………（167）
　　二、联合生产条件下商品价值量变动规律分析 ………（168）

第五节　实证分析：基于竞争和垄断行业 …………………………（172）
　　　一、理论模型的处理与设定 ………………………………………（172）
　　　二、数据说明 ………………………………………………………（175）
　　　三、实证结果及结论 ………………………………………………（175）
　　　四、政策建议 ………………………………………………………（183）

第四章　动态价值转形理论模型与中国实证 …………………………（186）
　　第一节　动态价值转形理论的研究脉络 ………………………………（186）
　　　一、转形理论动态化研究的缘起 …………………………………（186）
　　　二、转形理论动态化研究的新进展 ………………………………（192）
　　　三、我们对动态转形研究的基本主张 ……………………………（195）
　　第二节　动态价值转形的逻辑机理分析 ………………………………（198）
　　　一、动态转形的价值理论基础 ……………………………………（198）
　　　二、动态转形的两个基本原理 ……………………………………（199）
　　　三、动态转形的实现条件和机制 …………………………………（201）
　　　四、动态转形的持续性：竞争转向垄断 …………………………（201）
　　第三节　动态价值转形模型的仿真模拟演示 …………………………（205）
　　　一、狭义动态价值转形模型 ………………………………………（205）
　　　二、狭义动态转形模型的实例演示 ………………………………（208）
　　　三、广义动态价值转形模型 ………………………………………（224）
　　　四、广义动态价值转形模型的实例演示 …………………………（229）
　　第四节　基于中国产业数据与全球企业的实证分析 …………………（235）
　　　一、狭义动态转形与产业结构演变路径的实证分析 ……………（235）
　　　二、垄断与利润率的实证分析：来自全球2000强的数据 ………（240）
　　附录：行业分类代码及其对应的行业名 ………………………………（246）

第五章　基于TICC的平均利润率变动趋势理论与实证 ……………（248）
　　第一节　平均利润率变动趋势理论及其发展 …………………………（248）

一、马克思关于平均利润率下降规律的理论 ………………（248）
　　二、理论界对平均利润率下降规律的质疑与辩护 …………（250）
　　三、SSA 理论关于制度因素的分析及其贡献 ………………（258）
第二节　资本的技术与制度有机构成（TICC）理论 ……………（260）
　　一、TICC 理论的提出 …………………………………………（260）
　　二、TICC 理论模型 ……………………………………………（263）
第三节　基于 TICC 理论的平均利润率变动趋势分析 …………（269）
　　一、将 TICC 引入马克思平均利润率模型 …………………（269）
　　二、技术对平均利润率变动趋势的作用 ……………………（270）
　　三、制度对平均利润率变动趋势的作用 ……………………（271）
　　四、技术与制度有机结合下对平均利润率变动
　　　　趋势的作用 …………………………………………………（272）
　　五、结论 …………………………………………………………（273）
第四节　实证分析与政策建议 ……………………………………（274）
　　一、关于模型与数据的解释 …………………………………（275）
　　二、实证检验与结果分析 ……………………………………（276）
　　三、理论思考与政策建议 ……………………………………（279）

第六章　国际不平等交融理论与中国实证 …………………………（283）
第一节　国际不平等交换理论与发展新趋势 ……………………（284）
　　一、国际分工理论追溯 ………………………………………（284）
　　二、国际分工的历史考察及新形态 …………………………（285）
　　三、国际不平等交换新内涵：三个层次、两大变量 ………（290）
　　四、三大国际经济活动中的不平等交换及新趋势 …………（292）
第二节　国际贸易不平等交换理论与实证分析 …………………（297）
　　一、国际贸易不平等交换的现实分析 ………………………（297）
　　二、国际贸易不平等交换的机理分析 ………………………（300）
　　三、国际贸易不平等交换的实证检验 ………………………（305）

　　　　四、启示与政策建议 …………………………………… (310)
　　第三节　国际投资不平等性理论与实证研究 ……………… (312)
　　　　一、国际投资不平等性的理论分析 …………………… (312)
　　　　二、国际投资不平等性的理论模型 …………………… (317)
　　　　三、国际投资不平等性的实证分析 …………………… (323)
　　第四节　国际金融不平等交换理论与实证分析 …………… (328)
　　　　一、马克思国际金融不平等交换理论 ………………… (328)
　　　　二、国际金融不平等交换的原因分析 ………………… (331)
　　　　三、国际金融不平等交换理论的经验分析 …………… (338)
　　　　四、结论与对策建议 …………………………………… (342)
　　第五节　国际不平等交融理论与实证分析 ………………… (344)
　　　　一、国际不平等交融理论的逻辑机理 ………………… (344)
　　　　二、国际不平等交融理论的实证检验：以贸易
　　　　　　不平等为例 ………………………………………… (350)
　　　　三、结论与政策建议 …………………………………… (356)

第七章　基于技术力与制度力的经济长波理论与实证 ………… (358)
　　第一节　三大经济长波理论分析 …………………………… (358)
　　　　一、经济长波理论溯源 ………………………………… (359)
　　　　二、三大经济长波理论 ………………………………… (362)
　　　　三、长波理论评析 ……………………………………… (373)
　　第二节　技术力、制度力及其耦合力理论 ………………… (375)
　　　　一、TICC 理论与经济长波 …………………………… (376)
　　　　二、技术力的系统结构 ………………………………… (377)
　　　　三、制度力及其影响因素 ……………………………… (380)
　　　　四、基于技术力与制度力的耦合力 …………………… (383)
　　第三节　引入三种作用力的长波理论模型 ………………… (386)
　　　　一、引入技术力与制度力的经济长波理论 …………… (386)

二、耦合力作用下的长波理论模型 …………………………（388）
第四节　长波理论的实证分析及中国启示 ……………………（392）
　　一、数据选择与处理 …………………………………………（392）
　　二、实证结果及分析 …………………………………………（393）
　　三、中国启示 …………………………………………………（401）

第八章　引入机会公平的马克思主义收入分配理论与中国实证 ……………………………………………（408）

第一节　关于机会不平等的理论研究 …………………………（408）
　　一、一个悖论：公有制与基尼系数的倒逆关系 ……………（409）
　　二、机会不平等的相关理论研究 ……………………………（411）
　　三、机会不平等影响因素的相关理论研究 …………………（417）
　　四、机会不平等的经验研究 …………………………………（422）
第二节　引入机会因素的收入分配理论模型 …………………（426）
　　一、马克思主义经济学框架下收入分配模型 ………………（426）
　　二、引入机会不平等的收入分配模型 ………………………（429）
　　三、不同所有制下的机会不平等和收入不平等比较 ………（431）
　　四、机会不平等与公平效率 …………………………………（436）
第三节　我国机会不平等的经验研究及政策建议 ……………（439）
　　一、机会不平等的度量模型 …………………………………（439）
　　二、关于环境变量与机会不平等的经验分析 ………………（443）
　　三、机会不平等对于收入差距的贡献率分析 ………………（453）
　　四、结论与政策建议 …………………………………………（458）

第九章　虚拟价值理论及其在若干领域的应用 ……………（460）

第一节　虚拟价值：马克思价值理论的扩展 …………………（460）
　　一、虚拟价值理论的提出 ……………………………………（460）
　　二、虚拟价值的理论追溯 ……………………………………（464）

三、虚拟价值的理论界定 ……………………………………（466）
第二节　虚拟价值的理论模型与检验 ……………………………（471）
　　一、虚拟价值的定价模型 ……………………………………（471）
　　二、引入虚拟价值的再生产模型 ……………………………（474）
　　三、关于虚拟价值的经验分析 ………………………………（480）
第三节　虚拟价值运用：互联网空间的虚拟价值分析 …………（488）
　　一、互联网是一个虚拟空间 …………………………………（488）
　　二、互联网空间是一种特殊的虚拟商品 ……………………（493）
　　三、互联网空间的定价模型及价值来源 ……………………（499）
　　四、互联网空间是一个新的经济变量 ………………………（503）
第四节　虚拟价值运用：比特币的虚拟性分析 …………………（504）
　　一、比特币是货币形式不断虚拟化的产物 …………………（506）
　　二、比特币的虚拟货币特征 …………………………………（508）
　　三、比特币是一种"准"虚拟货币 …………………………（510）
　　四、比特币具有未来货币的特质 ……………………………（511）
第五节　虚拟价值的实证分析：以中国房地产市场为例 ………（515）
　　一、实证模型与数据的选择 …………………………………（515）
　　二、实证分析与结果的说明 …………………………………（523）
　　三、政策建议 …………………………………………………（528）

主要参考文献 …………………………………………………………（530）

索　引 …………………………………………………………………（551）

后　记 …………………………………………………………………（552）

Contents

Introduction ··· (1)

**Chapter One "Negative Value" Theory in Environment Field and
             China-Based Empirical Analysis** ···························· (25)

  1. "Steedman's Critique" and Proposition of "Negative Value" in

    Environment ·· (25)

    (1) "Steedman's Critique " and its Controversy ···················· (26)

    (2) The New Definition of "Negative Value" in

        Joint Production ·· (28)

  2. A Theoretical Model of "Negative Value" in Environment

    Field ·· (32)

    (1) Co-production and Its Implications in Environmental

        Economics ·· (32)

    (2) "Negative Value" In the Field of Resources and

        Environment ·· (34)

    (3) The Model of "Negative Value" under Joint Production ······ (37)

  3. Application of "Negative Value" Theory in Environmental

    Field ·· (42)

    (1) "Negative Value" Theory and Green Technology

Classification ……………………………………………… (42)
 (2) Product Pricing under Pollution ……………………… (46)
 (3) "Negative Value" Theory and Crisis Management of
  Ecological Environment ………………………………… (49)
4. Empirical Analysis of "Negative Value" Theory in
 Environment Field ………………………………………… (54)
 (1) Case Study of Enterprise's Sewage Discharge and Its
  Treatment ………………………………………………… (55)
 (2) An Empirical Analysis of the "Negative Value" of
  Pollution ………………………………………………… (61)
 (3) China's Environmental Economic Cost Accounting and
  Green GDP ……………………………………………… (68)

Chapter Two "Negative Value" -Based Ecological Logic and
     Analysis of Chinese Policy ……………………… (72)
1. "Negative Value" Theory and Ecological Antinomy of
 Market Economy …………………………………………… (72)
 (1) Real Basis and Theoretical Origin of Market
  Logic Paradox …………………………………………… (73)
 (2) Logical Fulcrum of Market Economy ………………… (76)
 (3) Ecological Paradox of Market Economy ……………… (81)
2. Analysis of "Negative Value" -Based Sustainable
 SSA Theory ………………………………………………… (85)
 (1) Theoretical Value and Innovative Thinking of SSA ………… (86)
 (2) The SSSA Framework Based on "Negative Value" ………… (90)
 (3) Theoretical Analysis of SSSA ………………………… (96)
 (4) Realistic Analysis of SSSA …………………………… (110)

3. Analysis of Ecological Policy in Sustainable SSA
   Perspectives ··· (118)
   (1) Policy Analysis of the Ecology Paradox of Market
       Economy ·· (119)
   (2) Construction of Ecological System Based on SSSA
       Theory ·· (128)

**Chapter Three   A New Explanation of Commodity's Quantity of
                  Value and Empirical Analysis** ························ (134)
1. Thinking Venation of "The Mystery of Centuries" Debate ········· (134)
   (1) Dispute over "The Mystery of Centuries" -The Origin of
       Controversy ·· (134)
   (2) Dispute over "The Mystery of Centuries" -Two Clues of
       Controversy ·· (138)
   (3) Dispute over "The Mystery of Centuries" -The Focus of
       Controversy ·· (139)
   (4) A Theoretical Understanding of "The Mystery of the
       Century" ··· (141)
2. A New Discussion in the Competition-and-Monopoly-Based
   Perspective ·· (146)
   (1) An Analysis of the Law of Commodity Value Change in
       Competition ·· (147)
   (2) An Analysis of the Law of Commodity Value Change
       under the Monopoly ··· (152)
3. A New Analysis in the Congeneric and Various Commodity
   Perspective ·· (159)
   (1) Presentation of the Problem: An Example ···················· (159)

(2) Definition and New Assumption Conditions of the
Congeneric and Various Commodities ………… (161)

(3) Analysis on Variation Law of Commodity Value with
Congeneric and Various ………………………… (163)

4. Study of Value Quantity Change in Joint Production ………… (166)

(1) Single Production and Joint Production ………………… (167)

(2) Analysis of the Law of Commodity Value Change under the
Condition of Joint Production ………………………… (168)

5. Empirical Analysis: Based on Competitive and
Monopolized Industry ………………………………… (172)

(1) Processing and Setting of Theoretical Model ………… (172)

(2) Data Description ………………………………… (175)

(3) Empirical Results and Conclusions ………………… (175)

(4) Policy Suggestion ………………………………… (183)

Chapter Four   Theoretical Model of Dynamic Value Transformation and Chinese Empirical Analysis ……………… (186)

1. Study Venation of Dynamic Value Transformation ………… (186)

(1) The Origin of the Dynamic Study of Transformation ……… (186)

(2) New Development of Research on Dynamic Theory of
Transformation ………………………………… (192)

(3) Our Basic Proposition on the Study of Dynamic
Transformation ………………………………… (195)

2. Logical Analysis of Dynamic Value Transformation ………… (198)

(1) The Value Theoretical Foundation of Dynamic
Transformation ………………………………… (198)

(2) Two Fundamentals of Dynamic Transformation ………… (199)

（3）Realization Condition and Mechanism of Dynamic
    Transformation ……………………………………………（201）
（4）The Persistence of Dynamic Transformation:
    From Competition to Monopoly …………………………（201）
3. Analogue Simulation of Dynamic Value Transformation Model ……（205）
  （1）the Model of Dynamic Value Transformation in
    Narrow Sense ……………………………………………（205）
  （2）Case Demonstration Based on Dynamic Transformation
    Model in Narrow Sense …………………………………（208）
  （3）Generalized Dynamic Value Transformation Model …………（224）
  （4）Case Demonstration of Generalized Dynamic Value
    Transformation Model ……………………………………（229）
4. Empirical Analysis Based on Chinese Industry Data and
  Global Enterprise ……………………………………………（235）
  （1）An Empirical Analysis of the Dynamic Transformation of
    Narrow Sense and the Evolution of Industrial Structure ……（235）
  （2）An Empirical Analysis of Monopoly and Profitability:
    Data from the World Top 2000 …………………………（240）
  Appendix: Industry Classification Code and Its Corresponding
    Industry Name ……………………………………………（246）

**Chapter Five　Theoretical and Empirical Study of the Trend of
    Average Profit Rate Based on TICC** …………………（248）
1. The Theory of The Trend of Average Profit Rate and Its
  Development …………………………………………………（248）
  （1）Marx's Theory on The Law of Average Profit Rate
    Declining …………………………………………………（248）

(2) The Question and Defense of the Law of the Average
    Profit Declining in the theoretical .... (250)
(3) Analysis and Contribution of SSA Theory on
    Institutional Factors .... (258)
2. Technological and Institutional Composition of Capital
   Theory (TICC) .... (260)
  (1) The proposition of TICC Theory .... (260)
  (2) Theoretical model of TICC Theory .... (263)
3. Analysis on The Trend of Average Profit Rate Based on
   TICC Theory .... (269)
  (1) Introducing TICC into Marx's Average Profit Rate Model ...... (269)
  (2) The Effect of Technology on the Trend of Average
      Profit Rate .... (270)
  (3) The Effect of Institution on the Trend of Average
      Profit Rate .... (271)
  (4) The Effect of the Combination of Technology and
      Institution on the Trend of Average Profit Rate .... (272)
  (5) Conclusion .... (273)
4. Empirical Analysis and Policy Recommendations .... (274)
  (1) Explanation about Model and Data .... (275)
  (2) Empirical Test and Analysis .... (276)
  (3) Theoretical Analysis and Policy Recommendations .... (279)

Chapter Six International unequal Blending Theory and
China-based Empirical Analysis .... (283)

1. International Unequal Exchange Theory and Its New
   Developing Trend .... (284)

(1) Theory of International Division of Labor ……………… (284)
(2) Historical and New Forms of International
    Division of Labor …………………………………………… (285)
(3) The New Connotation of International Unequal Exchange:
    Three Levels and Two Variables ……………………………… (290)
(4) Unequal Exchange in the Three Major International
    Economic Activities and its new trends ……………………… (292)
2. Unequal Exchange Theory and Empirical Analysis of
   International Trade ……………………………………………… (297)
   (1) A Realistic Analysis of the International
       Trade Exchange ……………………………………………… (297)
   (2) Analysis on the Mechanism of International Trade
       Unequal Exchange …………………………………………… (300)
   (3) Empirical Test of International Trade Inequality ………… (305)
   (4) Implications and Policy Recommendations ………………… (310)
3. Inequality Theory and Empirical Analysis of International
   Investment ………………………………………………………… (312)
   (1) Theoretical Analysis of International Investment
       Inequality ……………………………………………………… (312)
   (2) Theoretical Model of International Investment
       Inequality ……………………………………………………… (317)
   (3) Empirical Analysis of International Investment
       Inequality ……………………………………………………… (323)
4. Inequality Theory and Empirical Analysis of International
   Finance …………………………………………………………… (328)
   (1) Marx's Theory of International Finance Unequal
       Exchange ……………………………………………………… (328)

(2) Analysis on the Causes of International Financial Unequal Exchange ……………………………………………………… (331)

　　(3) Empirical Analysis of the theory of International Financial Unequal Exchange ……………………………………………… (338)

　　(4) Conclusions and Recommendations …………………………… (342)

5. Theory and Empirical Analysis of International Unequal Blending ……………………………………………………………… (344)

　　(1) The Logic Mechanism of the Theory of International Inequality ……………………………………………………… (344)

　　(2) Empirical Test of the Theory of International Inequality: on Example of Trade Inequality ………………………………… (350)

　　(3) Conclusions and Recommendations …………………………… (356)

Chapter Seven　Economic Long Wave Theory and Empirical Analysis Based on Technical Force and Institution Force …………………………………………………………… (358)

1. Analysis of Three Major Economic Long Wave ………………… (358)

　　(1) The Origins of Economic Long Wave ………………………… (359)

　　(2) Three Major Economic Long Wave Theories ……………… (362)

　　(3) Comments on Long Wave Theory …………………………… (373)

2. Theory of Technical Force, Institution Force and Coupling Force ……………………………………………………… (375)

　　(1) TICC Theory and Economic Long Wave …………………… (376)

　　(2) Structure of Technical Force ………………………………… (377)

　　(3) Institutional Power and Its Influencing Factors …………… (380)

　　(4) Coupling Force Based on Technical Force and Institutional Force ……………………………………………………………… (383)

3. Long Wave Model in Consideration of Three Forces ……………（386）
   (1) Introducing Technical Force and Institutional Power into the Economic Long Wave Theory …………………（386）
   (2) The Model of Long Wave Theory Under Effect of Coupled Force ……………………………………………（388）
4. Empirical Analysis of Long Wave Theory and Chinese Implication ……………………………………………………（392）
   (1) Data Selection ……………………………………………（392）
   (2) Empirical Results and Analysis ………………………（393）
   (3) Chinese Implication ……………………………………（401）

Chapter Eight Opportunity Inequality Theory of Income Distribution and China-Based Empirical Analysis ……………（408）

1. Analysis of Opportunity Inequality Theory ………………………（408）
   (1) A Paradox: The Inverse Relationship Between Public Ownership and Gini Coefficient ………………………（409）
   (2) The Related Theory Research of Unequal Opportunity ……（411）
   (3) The Related Theories of the Influence Factors of the Inequality of Opportunity ……………………………（417）
   (4) Empirical Study on Inequality of Opportunity …………（422）
2. Model of Income Distribution Theory in Consideration of Opportunity Factor …………………………………………（426）
   (1) Income Distribution Model Under the Framework of Marx Economics ……………………………………（426）
   (2) Income Distribution Model with Unequal Opportunity ……（429）
   (3) Inequality and Income Inequality in Different Ownership Systems ……………………………………（431）

(4) Unequal Opportunity and Fair Efficiency .... (436)
3. Empirical Study of Chinese Opportunity Inequality and
   Policy Recommendations .... (439)
   (1) Measurement Model of Unequal Opportunity .... (439)
   (2) Empirical Analysis on the Environmental Variables and the
       Inequality of Opportunity .... (443)
   (3) An Analysis of the Contribution Rate of Inequality to the
       Income Gap .... (453)
   (4) Conclusions and Recommendations .... (458)

Chapter Nine Virtual Value Theory and Applications in Some Fields .... (460)

1. Virtual Value: Extension of Marxist Value Theory .... (460)
   (1) The Proposing of Virtual Value Theory .... (460)
   (2) The Theory Origin of Virtual Value .... (464)
   (3) Theoretical Definition of Virtual Value .... (466)
2. Theoretical Model of Virtual Value and its Test .... (471)
   (1) Pricing Model of Virtual Value .... (471)
   (2) The Reproduction Model with the Virtual Value .... (474)
   (3) Empirical Analysis on the Virtual Value .... (480)
3. Virtual Value's Application: Analysis of Virtual Value in
   Internet Space .... (488)
   (1) Internet is a Virtual Space .... (488)
   (2) Internet Space is a Special Kind of Virtual Goods .... (493)
   (3) Pricing Model and Value Source of Internet Space .... (499)
   (4) Internet Space is a New Economic Variable .... (503)
4. Virtual Value's Application: Virtual Analysis of Bit Coin .... (504)

(1) Bit Coin is a Product of the Currency in the Form of
　　　　　Virtualization ·· (506)
　　　(2) Virtual Currency Characteristics of Bit Coin ··················· (508)
　　　(3) Bit Coin is a Quasi-Virtual Currency ···························· (510)
　　　(4) Bit Coin has the Characteristics of the Future Currency ······ (511)
　5. Empirical Analysis of the Virtual Value: on the Case of the Real
　　　Estate Market in China ·· (515)
　　　(1) Empirical Model and Data ·· (515)
　　　(2) Empirical Analysis and Results ··································· (523)
　　　(3) Conclusions and Recommendations ······························ (528)

References ·· (530)

Index ·· (551)

Postscript ··· (552)

引 论

自经典马克思主义经济学创立以来,现代政治经济学体系中的若干重大理论问题都遭受到来自内部的质疑与外部的挑战。放眼全球经济,现实经济活动也面临着若干新情况、新变化和新问题,亟需理论界给出新的解释与说明。本书基于这样的理论背景与现实变化,对现代政治经济学的若干重大前沿理论问题和实践难题进行了尝试性的研究与探讨,以期进一步拓展和深化马克思主义经济学的研究,为全球经济变化和中国经济新常态发展有所贡献。

本书主要是从现代政治经济学八个重大前沿问题出发,在九个方面进行了理论探索与实证分析,具体思想脉络和研究内容如下。

一、针对"斯蒂德曼诘难",提出了环境领域"负价值"理论,并进行了实证分析与对策探讨

在现时期,马克思主义经济学面临着来自理论与现实的共同挑战之一,就是关于"斯蒂德曼诘难"与资源环境的劳动价值论新解。

在理论上,英国经济学家斯蒂德曼(Ian Steedman,1977)以联合生产条件下存在负价值和负剩余价值为名,认为正利润可以与负剩余价值同时存在,从而否定"马克思主义基本定理",否定劳动价值理论的科学性。

从现实来看,尽管生态环境问题使得可持续发展受到了极大的挑战,环境污染问题日益成为人们关注的焦点,环境污染治理最为重要的污染定价问题却一直未得到解决,尤其,如何基于劳动价值论给出说明与解释,也是马克思主义经济学所面临的重大现实挑战。

学术界面对来自这两个方面的理论质疑与现实需要进行了种种的理论讨论与创新性研究。

一是,"斯蒂德曼诘难"引起了国内外学者的高度重视,他们纷纷对斯蒂德曼所谓的"负价值"提出质疑和批判。如置盐信雄(1976)、森岛通夫(1978)、伊藤诚(1990)、白暴力(2006)、张忠任(2006)、余斌(2007)、冯金华(2011)等都从不同角度分析了联合生产中的"负价值"问题,对"斯蒂德曼诘难"展开了批评。综观这些研究成果我们不难发现,在这个问题的讨论中,虽然理论界提出了许多新的见地,但是,这些研究大多是在改变"斯蒂德曼诘难"原假定的新认识,没有脱离斯蒂德曼的分析框架,以致仍然无法真正破解这一"诘难"。

二是,经济可持续发展的核心理论是要创建资源环境价值理论,解决其定价问题。但是,由于在西方经济学框架下,资源环境具有外部性,市场不能形成均衡的环境价格,而在马克思主义经济学框架下,资源环境是非劳动产品,必须从劳动价值理论以外来分析和研究其价值问题。为此,自20世纪70年代起,国内外马克思主义学者开始关注生态问题,并形成了生态马克思主义。但是,这些研究多数是在哲学框架下进行的,从经济学视角的研究虽然也有进展,但是,在马克思主义经济学逻辑下,对于资源环境进行量化性的解释尚不足。

这样的理论与现实背景就为我们提出了一个新的课题,必须对这些重大的前沿理论和实践问题进行创新性研究和新的实证分析。为此,本书尝试作了如下几个理论探索与实证分析。

首先,富有创建性地提出并建立了资源环境领域的"负价值"理论。我们认为,就斯蒂德曼"负价值"的理论逻辑而言,没有什么研究价值,因为两种联合生产出来的产品价值总额如何分配的问题,终究还是取决于市场的配置,与劳动价值理论是否科学没有必然的联系。但是,就"负价值"这一概念本身而言却具有极强的经济学价值,它可以为我们研究资源环境经济学提供一个重要理论支持。因此,我们认为破解"斯蒂德曼诘难"最好的方式是如何从联合生产条件下的"负价值"概念中挖掘真正科学内涵,可以为环境经济学提供价值基础。

为此,本书先是承认联合生产中"负价值"的存在性,但将其限定在产生环境污染的联合生产之中，以此作为破解"斯蒂德曼诘难"的突破口。同时也赋予环境领域的"负价值"以新的内涵。即"负价值"是存在于联合生产中作为副产品的具有负使用价值（即污染物）之中，与正使用价值（有用物）的价值相对应的一种价值损失。并且与生产和由净化这一副产品所需要耗费的社会必要劳动时间决定。我们还进一步认为，如果人类的生产活动都将资源环境纳入其中，作为社会生产活动的基本约束条件，那么，"负价值"这一理论也具有一般意义，即在人类的任何生产活动中都存在"负价值"的问题。

这一研究无疑对发展和拓展劳动价值论具有重要的意义，同时也增强了劳动价值理论在现时期的解释力。

其次，为污染物定价权提供了理论根据，解决了污染物定价的劳动价值论的困境。在对"负价值"进行重新界定的基础上，我们认为，作为一种价值损失，"负价值"量的大小与一般商品价值量的决定一样，也是由净化或消除这一负使用价值所耗费的社会必要劳动时间决定。显然，"负价值"量的决定就和联合生产（包括生产过程和净化过程）的劳动生产率以及需要处理的污染物的数量紧密相关。这就解决了劳动价值论中关于负使用价值（污染物）的定价困境，为环境经济学中污染物的定价找到了价值基础。

再次，并将"负价值"理论运用于绿色技术分类、产品定价和绿色经济核算等领域，提出诸多创新性观点。根据"负价值"理论，我们将资本有机构成分为环境破坏的资本有机构成 OED、环境友好的资本有机构成 OEF 和环境改善的资本有机构成三种类型，为技术分类奠定了理论基础。并提出从整个社会来看，污染治理所耗费的劳动越多，产品的价值量越大，以此核算的社会总产品价值或经济总量就越大。据此，认为传统 GDP 核算上存在缺陷，而应该将环境成本核算纳入绿色 GDP 核算当中。

最后，针对环境领域的"负价值"理论结论与应用展开经验研究和实证分析。本书分别从企业层面、产业层面和社会层面，即微观、中观和宏观三个层面，通过经验研究与实证分析，论证了污染负价值的存在性、污染物排放权定价以及绿色 GDP 核算与负价值的关系。这不仅证实了我们的理论研究结论，也开启了劳动价值理论以及"负价值"理论的实证研究之门。

二、基于"负价值"的市场经济生态逻辑，与"可持续资本积累的社会结构理论（SSSA）"的分析与政策研究

市场经济的内在驱动力极大地推进了社会生产力的发展，同时也导致全球生态系统遭到空前的污染和破坏。日益严峻的全球环境问题表明市场经济活动与地球生态系统的矛盾已经成为制约人类可持续发展的重要约束，人们必须同时推动技术与制度创新以解决这一矛盾。然而，当前生态技术与生态保护制度的创新呈现出结构性失衡特征：一是生态制度创新落后于生态技术创新；二是全球生态技术区域性失衡，发达国家生态技术水平普遍高于发展中国家；三是全球生态制度创新的驱动失衡，发展中国家生态制度创新动机落后于发达国家，同时确立全球性生态保护制度要求的全球统一行动与国别利益诉求不兼容，导致全球性生态保护制度创新举步维艰。

理论界在阐述市场经济活动与地球生态循环的矛盾方面，以及为解决这一矛盾所需推进的理论和制度创新，已经有了不少讨论。

一是，生态马克思主义者对于资本主义制度与生态环境对立性的批判。该学派提出市场经济条件下存在经济危机和生态危机这一"双重危机"，着重于强调市场竞争压力下资本逐利本性与生态循环的矛盾性特征，具有较强的批判色彩，但对于如何利用市场经济的有效机制解决生态环境问题这一命题的关注度不高，从而也就无法较好地解决当下全球资本主义市场经济主导下的生态危机问题。

二是，西方资源与环境经济学的基于外部性理论分析经济活动与生态的矛盾，设计了大量基于市场机制解决该矛盾的具体措施。试图通过产权界定、排污费、生态税、排污权交易等基于市场机制的制度变革，引导经济代理人充分考虑其经济行为产生的环境成本来解决矛盾。不足之处在于一是缺乏资源环境"负价值"的理论基础，对经济与生态的矛盾考虑不足，看重市场经济本身对于生态环境的自我作用机制，并仍然将发展市场经济作为首要目标，从而不能充分认识和解决经济与生态的矛盾；二是忽视了经济与生态的矛盾关系对其他社会关系和相关制度的影响，从而在政策制定时缺乏对历史阶段性和社会制度整体兼容性的考虑，导致政策效果不及预期。

三是，国外马克思主义学派的 SSA 理论重视制度变革的历史阶段性与整体兼容性，但并未将资源环境因素纳入其系统分析框架中。资本积累的社

会结构理论（Social Structure of Accumulation Theory，SSA 理论）认为资本积累受到涵盖经济、政治、文化的整体制度集（SSA）的影响。有效 SSA 是一个相互支撑的有机整体，单一制度若与其他制度不兼容，则效果不佳。着重分析经济发展各阶段 SSA 与经济活动的矛盾冲突，以及冲突导致制度变化的历史逻辑，为解释制度的时空多样性与变迁逻辑提供了系统性分析框架。然而该学派对资源环境及相关制度缺乏足够重视。虽然该理论近期已经提及了环境约束及能源稀缺性与 SSA 阶段转换的关系，但由于其理论仍然建立在传统马克思主义"正"的劳动价值论基础上，没有资源环境的"负价值"理论，从而在充分阐述资源环境约束与资本积累的矛盾时缺乏理论基础，更难分析这一矛盾与其他社会结构的相互作用，因此在解释如何推行整体制度变迁以解决经济与生态的矛盾方面尚未取得长足的发展。

基于上述现状与研究进展，我们认为，资源环境"负价值"理论不仅是对马克思劳动价值论的发展，而且可以为阐明市场经济活动与生态的矛盾，理解全球生态变化的逻辑提供理论依据，还可以为发展 SSA 理论，阐明解决经济与生态矛盾的制度变迁路径，提供符合马克思主义经济学逻辑的理论基础。因此，本书尝试进行了如下理论探索与现实分析。

首先，基于资源环境"负价值"理论阐明了市场经济的五大支点和四大生态悖论，解决这些悖论必须既依赖市场经济的运行又跳出单一市场制度之外。

市场经济运行的五大支点是劳动、资本、技术、自然和制度，这五大支点主要靠他们"力"的相互影响来发挥作用。"负价值"理论阐明了这五大支点在相互作用的过程中具有双重生态效应，即劳动力、资本力、技术力和制度力的提升，一方面会加强对自然力的利用和改造，另一方面也会破坏自然力乃至生态环境。

因此，市场经济的生态悖论来自市场的内部缺陷，主要体现为正负使用价值和正负价值的并存，具体反映为劳动力、资本力、技术力乃至制度力对自然力的负面影响。解决这些悖论必须依靠"非市场"的制度创新，但同时不能忽视市场竞争行为对自然力的正面提升作用。理论上要减少乃至消除社会生产过程中的"负使用价值"和"负价值"。具体措施包括依靠政府力量推行相应制度强制性地利用市场机制促成交易以保护自然力，同时依靠意识形态、理性等自觉力量形成非正式制度来保护自然力。

其次，运用"负价值"理论拓展 SSA 理论构建新的 SSSA 理论。

一是，提出 SSSA 的新概念。我们主张将资源环境因素及其相关制度看作影响资本积累（经济增长）的一个重要因素，应构建可持续资本积累的社会结构（SSSA），通过重构兼容性生态保护制度以解决市场经济活动和地球生态系统的矛盾。

二是，建立了 SSSA 的制度分析新框架。基于"负价值"理论，从微观和宏观两个层面进一步阐述了经济与生态的交互循环机理，以及这一交互循环在不同制度安排下的特征。定义了 SSSA 理论中生态制度体系的内涵，并认为 SSSA 理论中的生态制度与任意一种传统 SSA 的五大核心矛盾，并非处于等同地位，而是与传统 SSA 整体位于平行并列地位。

三是，讨论了 SSSA 内具体制度的相互关系。我们将资源环境因素和生态制度分别植入 SSA 理论的五大核心矛盾进行分析，发现社会生态关系将产生如下变化。从劳资关系看，将导致劳资冲突尖锐化、显性化；从资本竞争关系看，将导致资本规模寡头化、产业结构清洁化、资本竞争相对公平化；从国际竞争关系来看，将导致欠发达国家劳资关系持续尖锐化，"污染产业"在欠发达国家集聚，国际交换不平等性加剧，发达国家产业"空心化"和全球不可控性增强；从对意识形态的影响来看，要求倡导"绿色经济价值观"，重新理解"发展""平等"和"效率"的含义；从国家地位与政策来看，要求国家宏观调控力度的提升，并且宏观政策的目标与手段也将有所变化。

最后，在理论分析的基础上，提出了生态文明制度建设的设想与政策建议。在全面理解经济与生态的矛盾与经济、政治、文化等一系列社会矛盾的相互作用的基础上，指出生态制度建设的首要原则是符合历史阶段性要求与满足制度整体兼容性原则。提出要重建与绿色经济的发展价值观、公平价值观和效率价值观相兼容的社会主流意识形态；要倡导"劳动生态观"，以减弱市场经济的劳动生态异化；要积极推进绿色技术进步，以从根本上改善和减少资源与环境的负效应。要创建"生态资本"系统，以克服资本趋利性所造成的生态祸害。要加大生态制度**创新**以强化政府作用克服市场的生态失灵。

三、为回应"世纪之谜",探析了竞争与垄断、同类异质商品和联合生产背景下商品价值量的变动规律,并进行了实证检验

经典的劳动价值论面临的一个重大挑战性问题是关于商品价值量变动规律的争论。这一争论引发了学术界的广泛讨论,而且这一争论也旷日持久,至今仍未达成共识,并被誉为"世纪之谜",成为现代政治经济学的重大难题之一。

我国学者关于这一问题的讨论大致可以归纳为如下三类。

一是,对经典马克思主义经济学的成反比理论产生质疑,提出成正比的观点。比如,孙连成(1963)、叶航(1980)、李翀(1988)等从不同的角度对商品价值量的变动规律进行了研究,质疑地分析了经典马克思主义经济学成反比命题的局限,并有条件地提出了成正比的观点。但是这些研究结论主要还是在改变了"世纪之谜"的部分原假设的基础上得到的,分析逻辑和框架依旧局限在马克思原有的逻辑思想中,没有取得实质性突破。

二是,继续坚持成反比理论,认为马克思在《资本论》第一卷中的那个经典成反比命题并没有错,无论劳动生产率的变化是由何种因素引起的,"商品的价值量与劳动生产率成反比"总是成立的,如吴宣恭(1964)、李慧中(1981)、白暴力(2002)、林岗(2005)、张衔(2011)等则维护或有条件地坚持传统马克思主义经典成反比理论。

三是,尝试从创新视角破解"世纪之谜"。例如,程恩富、马艳(2002)[①] 从影响劳动生产率的因素中引入劳动的主观条件、张忠任(2006)从"期差性"理论、孟捷(2011)从论证劳动与资本在价值创造中可能存在正和关系、王朝科(2011)从构建成反比理论的标准表达式等各种新视角、新理论,对"世纪之谜"进行了创新性研究。这些创新性研究在不同程度深化和丰富了"世纪之谜"的研究视角和方法。

我们认为学术界关于破解"世纪之谜"的讨论,无论是对原假设的拓

[①] 参见马艳:《马克思"商品价值量与劳动生产率变动规律"新探——对劳动价值论的一种发展》,《财经研究》2002年第10期。文章在新假定条件下将劳动生产率与商品价值量之间的关系区分为存在三种状态——正向变动关系、反向变动关系和均衡不变的状态。如果劳动客观条件变动的幅度大于主观条件变动的幅度,则成反比关系成立;反之,则成正比关系成立。如果二者变动幅度相同,则为均衡不变的关系。

展还是另辟蹊径的创新性研究，都存在一个对于现实背景条件的不充分假定。经典的商品价值量变动规律是在资本主义自由竞争、同类同质商品、单一生产背景下的理论结论，而现代的理论探讨则都是以垄断竞争和联合生产为常态，同类异质商品为主流商品为背景条件。这样，在一个现实的背景条件下去维护经典理论的原结论或者进行理论创新也就不很恰当了。

为此，本书尝试在现实经济条件的新变化的背景下，对经典理论进行一些新的探索。

首先，基于竞争与垄断背景下的探讨。我们认为，当市场由竞争转向垄断时，行业由少数大企业独占，竞争状态下数量众多的原子型企业形态不复存在；受制于技术、资本、劳动力等垄断，阻碍了生产要素的自由流动，同一种劳动的差异化情况开始普遍化；垄断状态下会出现垄断的社会必要劳动时间与竞争的社会必要劳动时间，并且二者很难进行转换和均等化等，这些新变化使得竞争条件下马克思关于同一部门、同一劳动、同一时间的原假定条件都不再成立，那么垄断状态下可能存在成正比、成反比、不确定三种状态。在垄断状态中，垄断企业也可以凭借垄断地位制定垄断高价使得成正比关系成立。因而，在垄断状态中，在成反比关系存在的情况下，成正比关系成为一种新常态。

其次，基于同类不同种商品视角下的分析。所谓的同类不同种商品是指用途一致，但功能有所差异的商品的集合。随着社会经济的不断发展，同类不同种商品作为一种经济现象就成为一种商品形式的常态。以不同种商品，以及生产不同种商品的不同劳动为基本出发点，我们所面临的分析对象也就完全剔除了同类同种商品，演变为同类不同种商品。因此，同类不同种商品的单位商品价值量与劳动生产率究竟成反比还是成正比就取决于劳动主观条件和劳动客观条件如何变化。在只有劳动主观条件变化以及劳动主观条件与劳动客观条件同时变化，且劳动主观条件的变化幅度大于劳动客观条件的变化幅度这两类情况下，可以得出成正比的结论，这也为"世纪之谜"提供了一个较为合理的解释。

再次，基于联合生产条件下的探究。在当前经济活动中，"单一生产"的原假定条件难以符合现实条件，因为一个经济过程往往伴随着多种产品产出。比如在资源环境问题日益突出的今天，同一生产过程中不仅仅产出经济物品，也会伴随着污染物等副产品的产出。若固守于"单一生产"的假定就难以科学探究环境领域价值量的变动规律，因此，有必要将"单一生产"这一假定条件拓展为"联合生产"。在"联合生产"的假定条件下，我们发现：如果对污染物进行清除，则单位商品价值量与劳动生产率有可能成正比；如果不对污染物进行清除，则单位商品价值量与劳动生产率成反比；如果在绿色技术进步条件下，单位商品价值量与劳动生产率也是成反比的，不难发现，后两种情况的价值量变动规律均与"单一生产"的情况类似，当然，在这里我们并未细分劳动的主观条件与客观条件如何变化。

最后，首次利用新的计量方法对商品价值变动规律进行了实证分析。学术界大多从理论层面对"世纪之谜"进行探讨，还没有从实证角度对进行研究，本书对完全竞争市场、垄断竞争市场、完全垄断市场中的商品价值量与劳动生产率的变动关系进行了实证检验。分别将计算机与电子行业、石油与煤炭行业、烟草行业看作这三种市场结构的代表性行业。从实证结果来看，这三个行业中单位商品价值量与劳动生产率之间的关系分别是完全成反比、成正比和反比皆有可能、完全成正比，这与我们理论分析的结果一致，使得我们的研究更加严谨。

四、关于转形问题"百年之争"和动态转形模型的实例演示与实证分析

价值转形理论是马克思价值理论与生产价格理论中重要组成部分，这一理论问题的研究，不仅是解决转形问题，回应"百年之争"，发展和完善劳动价值理论的需要，也是应对国内外经济形势变化和我国社会主义市场经济体制建设和经济发展的现实所需。

从理论上来看，转形问题是自《资本论》第三卷出版百余年以来，围绕价值到生产价格的转化问题所展开的争论。这些争论可以概括为古典解法（博特凯维茨，1906）、新李嘉图主义解法（斯蒂德曼，1977）、新解主义解法（弗利，1982）、TSS学派（克里曼，1995）、中国解法（白暴力，2006；丁堡骏，2005；张忠任，2004）等五大解法，可归纳为计量单位问题、伪问题等七大焦点问题。转形毕竟是一个从价值到生产价格转化的动态过程，近年来，在转形问题的研究和争论中，一些学者通过引入时间因素试图将转形动态化，从而得出生产价格和平均利润率的形成过程。这些学者包括森岛通夫（1974）、置盐信雄（1977）、克里曼（1998）、丁堡骏（1999）、张忠任（2004）、吕昌会（2005）以及冯金华（2009）等。但这些关于转形问题的研究和争论对转形的动态过程仍缺乏深入的研究。因此，百年来的争论并未能够达成共识，争论仍未终止。

从现实来看，转形问题的研究对经济发展有着重要的启示作用。

一是，在西方经济社会风起云涌，西方经济理论派别林立却存在根本缺陷的情况下，马克思主义经济学的发展必须从基础理论创新入手，增强现实解释力及其实际应用。而价值转形理论是马克思主义经济学的重要的基础理论，也是马克思主义经济学发展创新的最佳切入点。

二是，完善社会主义市场经济体制的前提是要有一套健全的商品价格体系。目前，我国社会主义市场经济建设还处于不断完善中，在价格形成机制上，借鉴西方经济理论中合理成分的同时，亟须完善马克思的价值转形理论，以科学的劳动价值理论为基础，以市场主体竞争关系为动力机制，建立一套反映市场经济的价格体系。

三是，加快我国产业结构优化调整，促进国民经济又好又快发展，也需要对产业结构的演变规律进行探索，动态转形理论研究可以为产业结构变迁提供马克思主义经济学的理论支撑。

然而，从现有研究来看，尽管百年来学者们关于这一问题一直争论不断，但始终难以脱离静态分析的视角。也有很多国内外的学者将时间因素纳入转形问题的研究当中，试图使转形问题的研究动态化。尽管他们对此做出了大量的贡献，但是我们认为，动态的研究并非仅仅将时间考虑在内，更为重要的是研究转形的具体过程或者平均利润率具体形成机制及其对转形结果影响的研究。

鉴于此，本书将构建动态价值转形模型，进一步完善动态价值转形理论，并将其延伸至仿真模拟和实证性的研究领域。

首先，系统阐述了动态价值转形的内在逻辑机理，在此基础上构建和完善动态价值转形模型。我们认为，动态价值转形理论的逻辑机理可以概括为"一个统一、两个基本原理、三个基本命题"。"一个统一"是指，价值理论是相对价值与绝对价值的统一，价值转形理论之所以成立，而非伪问题，正是在于转形强调的是绝对量系统之间的转化；"两个基本原理"是指，"等量劳动创造等量价值"和"等量资本获得等量利润";"三个基本命题"是,价值转化的实现机制是资本流动与供求规律、"第三大不变性方程"、价值转化形态变化具有长期性和多样性。基于此,我们在前期研究成果基础上,构建和完善了狭义动态价值转形模型与加入垄断因素的广义动态价值转形模型。

其次,通过设置转形变量的函数关系,运用计算机软件对动态价值转形模型进行仿真模拟。以往的价值转形理论模型都缺乏仿真模拟,这给转形模型是否具有可操作性,以及模型本身设置是否具有科学性造成了无法验证的问题,这也是转形理论研究受到很多批评和质疑的原因。对此,本书重点从仿真模拟和实例演示的角度,通过编写计算机程序,设定具体的初始值和函数形式,运用 Matlab 分别对狭义动态转形模型和广义动态转形模型进行仿真模拟演示。演示结果表明,动态价值转形模型的逻辑机制和基本命题都是成立的。基于模型的仿真模拟演示为抽象的经济学理论提供了实证的新方法。

最后,尝试性地推广动态价值转形理论模型在现实中的应用,提出利润率驱动型的产业结构演变,解释垄断条件下利润率分层化现象,并对此进行实证检验。作为动态价值转形理论模型的实证性应用,本书提出了利润率驱动型的产业结构演变规律,在产业之间充分竞争的条件下,资本流动规律表现为第一、第二产业向第三产业变迁,劳动和资本密集型产业向知识密集型产业转移,我们认为这一演变规律受动态转形机制的驱动。在垄断条件下,由于资本流动受到一定程度限制,利润率出现分层化,通过实证研究表明,垄断程度与利润率之间存在着相关关系,且垄断程度高的企业和行业将相对获得较高的利润率。

五、为批判"置盐定理",建立了技术与制度有机构成理论模型(TICC),并探讨了基于 TICC 的平均利润率变动规律

经典马克思主义关于平均利润率下降规律的理论一直受到来自理论的质疑和现实的挑战。

在理论质疑中,最具影响力的是日本经济学家置盐信雄提出的"置盐定理",这一批判一度引发了讨论平均利润率变动趋势理论的新高潮。一方面,置盐从理论模型上对马克思经典理论提出了质疑。他认为马克思一般利润率计算公式并不可取，因此他构建了斯拉法体系下一般利润率的决定方程，并提出用"生产的有机构成"替代马克思"资本有机构成"的概念，继而从整个理论模型上对马克思经典理论进行了否定。另一方面，置盐也从理论逻辑上得出了与马克思截然相反的结论，也即所谓的"置盐定理"：在"基本品行业"中遵循"成本准则"引入新的生产技术，且实际工资率保持不变，则一般利润率必然上升；在非基本品行业中引入新的生产技术，一般利润率不受影响。

从资本主义经济发展的现实来看，平均利润率的确并不一定呈下降趋势。在现实经济中，我们常常能看到如下过程：平均利润率在一定时期呈现出下降趋势，并且当这种下降趋势到达某个临界值之后便导致了大危机的爆发；经济危机会推动政府进行大规模的制度创新和调整，而这会在一定程度上抵消平均利润率的下降态势，甚至促使平均利润率转为上升。也就是说，平均利润率的变动趋势并没有显示出不断下降的规律，而是呈现出上升、下降或相对稳定等多种可能性。此外，可以发现，在现时代背景下，不论是技术进步还是制度创新，其对平均利润率变动趋势的作用都显示出与马克思所处时代的巨大不同，这也引发了学者们关于马克思经典理论对现时代经济适用性的讨论。

针对这些理论质疑和现实挑战，理论界也展开了关于平均利润率下降规律的激烈争论，其中既有批判性的思考，也有发展性的辩护，而争论的焦点仍然是"置盐定理"。不同学者从不同角度对"置盐定理"提出了评判或肯定，归纳起来，这些争论可以分为四类，分别为与新技术引入相关的争论、与固定资本相关的争论、与竞争相关的争论以及与数学证明相关的争论。在这场争论过程中，平均利润率变动趋势理论也取得了显著发展。部分学者从现实数据中找到了证明马克思平均利润率下降趋势成立的佐证；部分学者在坚持维护马克思经典理论的同时也谈到了这个规律在现实条件下的新变化，提出了平均利润率变动存在两个变化方向的可能性；此外，SSA 学派将制度因素作为影响资本积累和经济增长的关键内生变量，对于制度因素在平均利润率变动趋势理论中的内生化有着重要借鉴和参考价值。这些都是对马克思经典理论的重要发展和创新。

然而，虽然平均利润率变动趋势理论有一定的发展和创新，但现有的关于平均利润率变动趋势的争论和文献仍然是围绕技术进步对资本有机构成的影响而展开的,尽管部分研究也考虑了一些制度变量的影响,但却并没有将其视为与技术同等重要的内生因素。另一方面,虽然 SSA 学派将制度因素看作经济运行过程中的内生变量具有一定的贡献和启示,但由于该学派并没有明确地将制度因素的变化引入平均利润率的变动中,因此始终具有一定的间接性。此外,SSA 学派在侧重分析制度因素的同时并没有将技术因素放在与之同等重要的位置,而仅将技术看作制度的影响因素,将技术对经济的作用弱化并且间接化了。可见,现有的关于平均利润率变动趋势的理论研究仍存在比较大的进步空间。

目前,关于平均利润率变动趋势的争论仍未停息,理论和现实仍在对这一理论提出巨大的挑战。基于此,本书试图在马克思经典理论与 SSA 理论的基础之上,探讨技术因素与制度因素在有机结合下对平均利润率变动趋势的作用机理,以期进一步创新和发展马克思这一经典理论。

首先,本书创新性地构建了 TICC 的概念,它是将技术与制度同时纳入分析的有效途径,并且完美展示了两者在发挥作用时的相对结构。我们认为,不论是马克思经典理论还是 SSA 学派都同时注意到了技术和制度对经济活动的作用,只不过马克思经典理论主要强调了技术对平均利润率的作用,而仅将制度看作外生阻碍力量;SSA 理论则着重考察了制度对资本积累的作用机理,而将技术看作制度所处的环境。因此,要将技术与制度两个变量有机结合并引入平均利润率变动趋势的理论框架之中,不能一味照搬马克思的原理论或 SSA 学派的相关分析,而必须要构建一个新的研究思路和分析工具。

基于这一目的,本书提出了"资本的技术与制度有机构成理论"(简称 TICC),它是在"资本有机构成"概念的基础上进一步引入制度因素作为内生变量而得来的。TICC 的理论模型,即 $\dfrac{c}{v+m}$,不仅反映了技术进步的作用(通过资本有机构成 $\dfrac{c}{v}$),而且反映了制度创新的作用(通过剩余价值量 m),并且更重要的是,该模型天然地将两者的作用以一种有机的结构结合在一起,体现了技术与制度之间的密切联系。TICC 是基于马克思的基本理论框架和方法论并参考 SSA 学派的制度分析思路而得到一个新的分析工具，是对马克思经典平均利润率下降趋势理论以及 SSA 理论的延伸和发展。

其次，本书将 TICC 引入马克思平均利润率模型之中，推导出了更具科学性和全面性的平均利润率上升、下降或不变的条件。在平均利润率变动趋势理论的发展过程中，不少学者都提出了平均利润率存在多种变动趋势的可能性，但这些研究或者仅限于逻辑上的论述，或者仅考察了技术或制度的单一变量，无法得出具有现实意义的不同平均利润率变动趋势的基本条件。本书将 TICC 引入马克思平均利润率模型，实际上就是将技术与制度双变量有机地引入平均利润率变动趋势分析框架，由此得到的关于平均利润率上升、下降或不变的基本条件更加具有科学性和全面性。最终，本书得出结论：技术与制度是影响平均利润率变动的最重要的两个内生变量，两者相互影响、相互作用，分别通过影响资本有机构成和剩余价值量作用于资本的技术与制度有机构成，最终作用于平均利润率；在技术与制度有机结合的作用下，平均利润率的变动趋势有多种可能性，或上升，或下降，或不变。

最后，本书所构建的 TICC 为平均利润率的实证检验打开了新的视角。从技术与制度的双重视角考察平均利润率问题，实证检验永远是一个难题，这一方面是因为技术与制度很难找到合适的替代变量，尤其是相对更加抽象的制度，另一方面则是很难建立用于计量分析的关系式。本书所构建的 TICC 理论为平均利润率的实证检验打开了新的视角，即不为技术进步和制度创新寻找工具变量，而将两者的作用归结为 TICC 的变化，因此只需要寻找关于 c、v 以及 m 的相关数据，并计算出 TICC 的数值，就可以用计算得来的数值与平均利润率数据进行对比分析，从而验证平均利润率来源于技术与制度的共同作用。

六、在对国际经济三大领域中的国际不平等交换理论与实证分析基础上，构建了国际不平等交融理论框架，并进行了实证检验

国际不平等交换理论是由马克思首次提出的，这一理论一经提出便备受质疑，引起诸多学者的论争。综观学术界的种种争鸣，却也未能对国际不平等的内涵或解释达成共识。

从理论上来看，西方经济学者一方面对马克思的国际不平等交换理论存在诸多质疑，其贸易理论认为技术、资本、劳动、管理等多种要素都共同决定一国的贸易利益。由于价值论基础的绝对差异，使得马克思国际不平等交换理论与西方贸易理论产生质的区别。另一方面，面对发达国家与发展中国家在国际经济活动中巨大的经济利益差距，西方经济理论难以给出具有说服力的解释。

就马克思的经典国际不平等理论而言，囿于马克思提出的时代背景，这一理论主要针对国际不平等交换，自然其应用被束缚于实物贸易领域。而在现实经济条件下，这一背景发生了巨大变化，当今的不平等交换体现在诸多领域，就国际经济而言，至少包括国际贸易、国际投资和国际金融三大领域。马克思的经典国际不平等交换理论难以跨越诸多领域对国际不平等性进行精确解释。

从现实来看，国际经济迅速增长背后的国际不平等交换非但未因经济增长和国际经济交往日益频密而熨平，反而在国际贸易、国际投资和国际金融领域中变本加厉不断加深。更值得注意的是，国际不平等交换已经跨越若干领域以交叉影响，即三大国际经济领域中的不平等性相互交融。比如，国际贸易不平等交换将与国际投资和国际金融领域中的不平等性密切相关。马克思的经典国际不平等理论显然无法合理解释现实经济条件下的这种交融影响。

针对这一涉及多国经济利益的问题，各国学者从不同视角纷纷展开了讨论与研究。尽管成果颇丰，但仍存在较大的发展空间。一方面，现有研究主要集中于探究国际贸易领域中的不平等交换问题，鲜有涉及国际贸易、国际投资和国际金融三大领域中不平等性的逐一解释。另一方面，现有文献对不同国际经济领域中不平等性的交融影响涉及甚少，未曾有研究对这一交融现象进行理论上的抽象概括或者实践中的求证。

国际不平等交换与交融理论的发展和现实中的新变化和新情况，亟需理论界作出创新性的研究，这就为我们提出了一个重大且前沿的新课题。为此，我们试图抓住马克思国际不平等交换的理论内核和作用机理，拓展其内涵以对现实新变化做出理论回应。

首先，我们从技术差距、制度差异以及技术与制度二者之间的交互作用考察国际分工新格局，同时将实体产业内部分工的探究扩展至金融业和实体经济部门之间的分工新探索。这一方面为国际不平等交换新内涵的界定提供了理论基础。在国际分工新考察的基础上，我们从表面和实质视角将"国际不平等交换"区分为三个层面：一是"形式平等而实质不平等的交换"；二是"形式不平等而实质平等的交换"；三是"形式和实质上的双重不平等"。另一方面，其也为揭示现实经济活动中国际贸易、国际投资和国际金融中不平等交融现象提供了逻辑起点。

其次，逐一对国际贸易、国际投资和国际金融三大领域中的不平等性进行理论推理和实证检验。第一，我们从国际不平等交换与贸易利益失衡分配的现实证据、国际贸易不平等交换的机理分析和贸易不平等交换的实证检验三个方面分析国际贸易与不平等交换两者之间的关系，发现国际贸易不平等交换的内在机理是通过国际分工、产业转移及国际贸易不平等交换和国际制度话语权的不平等实现的。第二，通过国际投资领域中的不平等理论模型和实证检验，我们发现外商直接投资与不平等之间都有显著的正向关系，国际投资引起一国内不同复杂程度劳动力间收入不平等性和劳动收入份额与资本收入份额间的不平等性，还同时会引起劳资间矛盾的加剧，不同复杂程度劳动力间的分化。第三，国际金融领域中的不平等交换则主要表现为因汇率偏离和失衡的金融体系所造成的国际剩余价值的转移。

最后，首次创新性地提出国际不平等交融的概念，并首次尝试对不同国际经济领域中的不平等交融理论进行系统性的分析，且首次以国际贸易不平等为例，实证检验国际投资领域和国际金融领域中的不平等性对其交融影响程度。理论逻辑和实证结果皆证明，国际贸易、国际投资和国际金融三大领域中不平等交融的影响已经成为除技术和制度两大变量之外，国际不平等性的另一大诱因。

七、在对三大长波理论进行比较的基础上，建立基于技术力、制度力、耦合力的长波理论模型，并给予实证分析

经济长波或长周期是资本主义经济运行过程中的一个重要的现实问题，即资本主义经济总会在经历较长时间的经济上涨趋势后转为较长时间的经济下降趋势。由于这种经济的长周期变动对各国的长期经济增长有着重要的主导作用，因此经济长波始终是马克思主义经济学研究的一个重要课题，也是西方经济学长期以来相当重视的问题。

一直以来，消除或缓解经济危机都是各国政府始终在试图通过各种制度创新和政策举措来实现的一个目标,而经济长波则是关于大的经济危机周期性循环发生的现象,因此经济长波研究的重要性不言而喻。只有了解了经济长波背后的原因以及长波的具体运行机制,才有可能以此为依据制定有效的政策建议来缓解和消除经济长周期波动对各国经济发展所带来的影响,当然,这里的影响主要是指长波的萧条和危机阶段所带来的经济增长放缓、公司倒闭等负面影响。可以说,经济长波问题的研究对于各国保持相对平稳的经济增长、治理经济危机、延长经济繁荣等方面都有着重大意义。

经济长波现象自19世纪末引起学者们的广泛关注起,至今已经经历了长达100多年的讨论。综观经济长波的研究和讨论,其聚焦点主要集中在两点:第一,经济长波是否存在,即经济增长是否确实存在着长期的周期性波动;第二,如果存在,那么经济长波背后的根源及具体运行机制为何,即是什么原因导致经济呈现出周而复始的长周期波动。

关于经济长波的存在性问题,目前理论界已经基本达成了共识,即经济长波的确存在。而关于经济长波的动因,现有的研究仍是众说纷纭。目前,国内外关于长波动因的研究主要可以分为三大类理论,即技术创新长波论、制度演进长波论以及内生机制长波论,这三类理论分别从技术、制度以及经济的内生调节过程角度来解释经济长波的存在性及原因,都收获了丰硕的研究成果。然而,综观这些理论研究,我们不难发现,技术长波论过于强调技术因素在经济长波中的作用,而制度长波论则过于看重制度因素对于经济长波的影响,从而忽略了技术因素与制度因素之间的关联性和整体性,这样就无法对经济的长周期变动给予充分的解释。现有的内生机制长波理论则或者过于笼统,或者局限于表面的分析,也使得后续的研究难以进行下去。

可见,目前关于经济长波的理论研究仍存在着较大的提升空间,将现有理论的精髓加以融合和发展、建立一个更加完整全面的长波理论框架是下一步研究的必然趋势。为此,本书试图在现有理论的基础之上,从技术与制度的双重视角考察经济长波,以期对经济长波的动因和具体运行机制进行一些新的研究和探索。

首先,为了更加清晰地展示技术与制度对经济活动的作用,本书构建了技术力、制度力以及两者之间耦合力的概念,为长波理论研究提供了新的研究视角和分析工具。本书为技术与制度对经济活动的作用赋予了大小和方向，构建了技术力与制度力的概念，这是将技术与制度对经济长波的作用量化的过程。并且，与过去的研究不同，本书不认为技术力与制度力是纯粹的单一变量，而是由源动力、限制条件以及现实作用等多个变量有机构成的统一体，是系统层面的概念。而耦合力则是为了量化技术力与制度力相互作用的动态过程中对经济活动所产生的额外作用。三种作用力的构建为长波理论基本模型的构建奠定了基础，他们是将抽象的"技术与制度相互作用过程中引致长波"的理论逻辑模型化的有效工具。

其次，本书用数理的方式探讨了技术力与制度力之间相互作用的动态过程，这是对马克思生产力与生产关系相对运动规律的发展和创新。马克思关于生产力决定生产关系、生产关系反作用于生产力、生产力与生产关系在相对运动中促进经济不断发展的规律是我们分析许多经济现象的基本理论出发点，如果将技术力看作生产力的主要内容，将制度力归结为生产关系的体现，那么技术力与制度力之间也存在着相互作用和相互影响的关系。本书即是在这一基本逻辑的基础上，用数理和模型的方式论述了技术力与制度力之间从适应到不适应、再从不适应到适应的动态变化过程，这是对马克思生产力与生产关系相对运动规律进行数理化、模型化和具体化的过程。

再次，本书将技术力、制度力以及两者之间的耦合力同时引入经济长波的分析框架，建立了更加完整和科学的长波基本理论模型，探讨了经济长波的具体运行机制。本书认为，技术力与制度力在分别对经济长波产生重要作用的同时，两者之间的耦合力对经济的长期增加也有着不可忽视的影响。从合力的视角来看，技术力与制度力之间的耦合力相当于两个力之间的夹角，它不仅衡量了两种力在方向上的契合度，也影响着技术力与制度力同时作用于经济长期增长时总合力的大小。通过将三种作用力同时引入经济增长模型并进行求导和讨论，本书最终得出结论：技术力与制度力在相互作用过程中合力的周期性变化是经济长波的根本原因；由于在技术力与制度力共同作用于经济长波的过程中，两者之间的耦合力呈现出由负到正、再由正到负的变化过程，经济也就一一对应呈现出繁荣、萧条、危机、复苏的周期性变化。

最后，本书采用了理论分析与具体历史实践相结合、理论结果与实证检验结果相结合的实证方法，为长波理论的实证检验提供了新思路。以往关于长波理论的实证检验通常都是考察一系列相关指标的长期动态变化，或运用计量方法考察技术或制度的替代变量与经济增长率之间的关系。然而，我们认为，技术力和制度力并不是单变量，而是由多种因素构成的系统，这很难用某一个或几个工具变量来表示。因此，若要将技术、制度以及两者之间的相互关系同时考虑，则往往会出现计量结果随指标变化而变化的情况，科学性和说服力相对不足。本书所采用的将理论分析与具体历史实践相结合、理论结果与实证检验结果相结合的实证方法则在一定程度上避免了这一问题，我们不完全依靠数据或计量手段，同时也结合历史上的具体经济实践，并从理论的视角将具体实践与实证结果相比较，这具有较强的科学性和解释力。

八、针对我国收入分配的"倒逆"现象，将机会不平等纳入马克思主义收入分配理论框架之内，并进行了实证检验

我国改革开放过程中面临的一个重要挑战就是收入分配的恶化，个人收入基尼系数从1981年的0.291增加到了2013年的0.473。

从现实来看，我国现阶段的收入差距高于多数发达资本主义国家，作为一个以公有制为主体的社会主义国家，这不是一个很好理解的现象，可以说这是一个悖论，也即：我国所有制结构中公有制成分要高于这些发达资本主义国家，但是对应的收入差距不是比这些国家更低，而是更高。简单来讲，就是公有制比例与基尼系数相倒逆。只有理解和解释了这个现象，我们才能在收入分配领域更好地深化改革，经济才能更好地健康持续发展。

但是，现有的理论，包括马克思主义经济学和西方经济学理论都无法对这个现象给出合理的解释。

一是，马克思主义分配理论有两大命题：公有制占主体地位的生产关系比私有制占主体地位的生产关系更加公平；生产关系决定分配关系，分配关系是生产关系的实现。根据这两大命题，我们可以获得这样的结论：（1）公有制条件下的收入分配差距一定低于私有制条件下的收入分配差距，并且前者是公平的，后者是不公平的；（2）公有制占主体的混合所有制条件下的收入分配差距一定低于私有制占主体的混合所有制条件下的收入分配差距，而前者与后者相比一定会更加公平。显然，这一理论无法解释我国现时期，在以公有制为主体的制度背景下，为什么收入分配竟然比西方私有制条件下的收入分配差距还大的问题。

二是，传统西方经济理论对收入分配的分析是基于要素份额的边际分析方法。根据该逻辑，工人获得由边际劳动贡献所确定的工资，资本家获得边际资本贡献所确定的利润。根据 A. B. 阿特金森和 F. 布吉尼翁在《收入分配经济学手册》中所提供的例子，如果社会主义公有制条件下的基尼系数是 0.20，那么资本主义经济将会有一个 0.285 的基尼系数。根据这一理论分析，社会主义公有制条件下基尼系数要低于资本主义私有制条件下的基尼系数。

三是，作为新古典主义的皮凯蒂在《21 世纪资本论》虽然用历史数据描述和证实了资本主义世界收入差距持续扩大的现象，但是皮凯蒂既没有用系统的、逻辑一致的理论解释数据背后的原因，也没有分析中国所面临的收入分配的窘境。由此可见，无论是马克思主义经济学还是西方经济学在理论逻辑上都没有办法解释我国公有制与收入分配之间的倒逆关系。

这样就为我们提出了一个新的研究课题：如何在新的实践中创新性地发展马克思主义经济学收入分配理论，从而能够更好地解释我国在收入分配中出现的新现象，进而更好地为进一步改革提供理论和政策参考。

首先，本书从我国的收入分配日益恶化的现实出发提出机会不平等的问题。从整体概念的角度，分析了机会不平等的相关理论，包括阿纳森的福利机会平等理论、雅各布的机会不平等理论以及罗默的机会平等理论，需要指出的是作为马克思主义经济学家，罗默是第一个从用经济学的方法来分析研究机会不平等的学者。从机会不平等形成的微观机制角度，考察了家庭背景（父母的职业、收入）、户籍、区域、性别、民族等因素是如何带来收入分配中的机会不平等的。通过对现有文献的分析考察，发现将机会不平等的概念置于马克思主义经济学的框架下，通过区分所有制结构的不同，能够更好地分析现实问题，尤其是我国的收入分配现实。

其次，根据马克思主义收入分配理论逻辑构建了一个符合我国经济现实的收入分配函数模型，并将机会不公平的因素引入这一理论模型中，利用反事实函数，通过 Shapley 分解，来考察在不同所有制条件下，机会不平等对于收入分配的影响作用。具体而言，分别构建了公有制条件下、私有制条件下和混合所有制条件下的收入分配函数，接下来，在这些收入分配函数模型的基础上，引入机会不平等的视角，即将劳动力收入和财产性收入的影响因素分为两种：努力变量和环境变量。在此基础上，通过引入反事实函数，利用 Shapley 分解，对收入差距在所有制维度上以及努力变量、环境变量维度上进行了分解，发现在不考虑机会不平等因素的条件下，私有经济条件下的收入差距就一定会大于公有经济条件下的收入差距，但如果考虑了机会不平等，这个关系就不一定成立，因为机会不平等带来的劳动性收入差距可能会超过财产性收入差距。本节在机会不平等分解的基础上，还考察了公平和效率的问题。

再次，构建了机会不平等的度量方法并对我国收入分配中的机会不平等进行了经验考察。本书使用基于回归的度量方法，由于一些重要的努力变量数据的缺失，如个人每天有效率的工作时间等，无法在实际回归中将努力变量作为解释变量，文中通过 Frisch – Wangh 定理证明，即使将努力变量归入扰动项，这也不会影响到对机会不平等的度量结果，也不会影响各个环境变量对机会不平等的贡献的评价结果，这在文中将做出解释。另外，由于嵌套 Shapley 分解既满足一致性（各个变量对机会不平等的贡献加总等于机会不平等），也满足独立性（努力变量的缺失不会影响从收入差距中所分解出来的机会不平等的大小以及各个变量对机会不平等的贡献大小），所以文中使用该分解方法。

复次，关于度量机会不平等的经验研究。从整体的分解结果可以看出，第一，2002 年的机会不平等对收入不平等的贡献为 38.1%，到 2007 年这一数字上升到 42.8%。第二，从各个年龄组来看，两个年份的分解结果都显示较高年龄组的机会不平等要高于较低年龄组，这无论从机会不平等对收入不平等的绝对贡献还是相对贡献来看都是如此。第三，收入不平等增加或减少的主要原因在于机会不平等的增加或减少。市场机制所提供的针对努力的激励机制以及市场不确定性所带来的不平等相对来说比较稳定。从各个因素的分解结果可以看出，第一，不同的环境因素对机会不平等的贡献差别较大，总体而言，父亲的职业对子女的收入的影响是机会不平等的最重要的来源，2002 年与 2007 年分别贡献了 73.2%、56.6% 的比例；第二，2007 年与 2002 年相比，区域因素和性别因素的相对地位下降了，父母受教育年限对机会不平等的相对贡献增加了；第三，性别因素对机会不平等的贡献在 25—29 岁年龄组最小，两个年份分别只有 0.62 和 0.16，远低于其他年龄组；第四，户籍所在区域（东部省份、东北部省份、中部省份、西部省份）对机会不平等的贡献在各个年龄段的变化不大；第五，由于我国长期以来所推行的少数民族扶持政策，民族差距在各个年龄段虽然都存在，但都很低，在机会不平等中的地位微乎其微；第六，父亲的职业对子女收入的影响随着组别中年龄的增加而增大。

最后，在理论分析和经验研究的基础上，结合我国的经济实际对政策做出了思考并给出了相应建议。中国要想使得经济发展的成果更多地更公平地惠及全体人民，在坚持社会主义市场经济的前提下，改善收入分配关系、缩小收入差距是一个重要途径，而个人自主选择和努力差异所带来的收入差距恰恰体现了市场的竞争关系和市场效率，无须纠正这类收入差距，要改善和纠正的是机会不平等所带来的收入差距。事实上，本书发现，以 2002 年为例，如果消除了机会不平等，收入不平等就会降低 38%，这将大大改善收入分配关系。为了促进机会平等，本书给出以下几个方面的建议：增加农村地区的公共教育资源投入；相对于高等教育，增加初等教育资源的投入比例；增加对未成年人的医疗卫生投入；进一步扩大推进学龄儿童的营养就餐计划和投入；建立或落实相关法律，消除在家庭内部以及就业市场中的性别歧视现象。

九、对虚拟价值质与量分析的基础上，构建了虚拟经济理论模型，并将其应用到"互联网+"和"比特币"等若干领域

在现实经济条件下，出现了三大备受瞩目的现象，并且这三大新现象对理论经济学带来了巨大冲击。

一是，以股票、债券等虚拟资本为核心的虚拟财富的不断增长和虚拟泡沫的频繁破灭，牵引着人们的切身利益。然而，有关此类虚拟财富和虚拟泡沫的度量却一直缺乏客观的标准以至于人们只能依据主观经验判断其虚拟程度，因而往往引致错误而造成巨大损失。

二是，当今，我们已经超越了索洛那个"你可以看到计算机无处不在，但是在生产率的统计上却无影无踪"的时代，而是进入了"任何经济活动刻上了互联网"的"互联网+"时代。诸如互联网+生产、互联网+管理、互联网+营销、互联网+金融、互联网+商业，随之如雨后春笋般的新范畴，B2B、B2C、C2C、O2O、B2M、B2G、B2T、C2B、C2B2S、B2B2C、众筹、余额宝，支付宝等无不建立在互联网之上。然而，对于"互联网+"

"互联网空间"以及"比特币"这些新经济现象的分析却未形成完整的理论框架。

三是，资源环境问题日益凸显，危及人类的生存与发展。全球生态自20世纪80年代后期以来一直处于超载状态。这一问题的核心在于，资源环境产品被大量纳入经济过程却未能得到较好补偿，这不仅会致使经济在一定时点或一定条件下"脱离运行轨道"，还会导致一国乃至全球生态赤贫。

针对这三大现实情况，无论是西方经济学还是马克思主义经济学都难以给出一个具有说服力的解释。

一是，西方经济学者对这一新经济现象难以给出具有说服力的解释。现代金融品、网络信息、资源环境等产品的"价值外溢"现象为"索洛悖论"提供了直接挑战经济学的依据。西方学者（Stiglitz，1993；Choi et al.，2000；等）围绕这一问题的各种理论解释无法穷尽"索洛余值"。

二是，依据经典劳动价值理论的回应明显乏力。首先，尽管马克思对非劳动产品的虚拟价格有所考察，但是非劳动产品并未进入其主体研究范畴；其次，尽管马克思对诸如股票、证券、土地等虚拟经济有所考察，但是其重点仍是实体经济活动，且并未详细解释两者之间的关系；最后，尽管马克思认识到自然力是再生产过程所不可或缺的，但其并未将资源环境纳入价值的研究范畴。

在马克思经济学框架之下，拓展马克思的劳动价值理论以形成新的理论体系，是发展马克思经济学的现代化要求。这就为我们提出了一个具有前瞻性的重大现实课题，为此，本书进行了如下探究。

首先，提出虚拟经济概念。我们认为虚拟经济是一种新型的经济形态，从较为广义的视角我们可以将其界定为以虚拟资本和网络技术为两大支点，以自然资源为基础而运行的一种经济形式，它是以虚拟资本价值、网络虚拟价值、资源虚拟价值和房地产虚拟价值作为核心，其虚拟性主要通过未来性、数字化和稀缺性表达出来。

其次，拓展经典劳动价值范畴，在此基础上提出虚拟价值理论。经典马克思主义经济学中的价值属于劳动价值范畴，这里的劳动是指人类抽象的生产性劳动，且这一价值只有放在实体经济中才有意义，因为其必须依托物质载体，即生产性劳动所创造的能够满足人们某种需要的具有使用价值的物质产品。然而，价值范畴应不仅包括劳动产品，也应同时包含非劳动产品。鉴于此，我们将马克思的价值范畴界定为劳动价值，将马克思的非生产性的或非劳动产品的价值定义为广义虚拟价值，劳动价值和广义虚拟价值同属于广义价值范畴。根据虚拟价值和虚拟经济的定义，考虑不同虚拟价值的特征，虚拟价值可分为以虚拟资本为依托、以网络技术为载体的虚拟价值、以自然条件为基础的三类虚拟价值。

再次，在对虚拟价值进行质的规定性的基础上，我们还探究了虚拟价值的量的规定性，即虚拟价值的定价模型，以及对引入虚拟经济部门后的再生产模型所呈现出的新变化与新特征进行论证。不难得出，虚拟资本、网络产品和自然资源已经俨然成为实体价值向虚拟领域转移的三大通道。

最后，将虚拟价值理论应用于"互联网空间""互联网+""比特币"等虚拟经济新现象的诠释。第一，将虚拟价值理论应用于互联网空间，我们就会发现互联网在本质上就是由互联网技术支持，由若干互联网关系联系的虚拟空间。第二，互联网空间实际上是一种新的经济变量，互联网已经不能被排除在经济学框架之外，也不是仅仅将互联网作为一般的经济变量纳入经济学框架的问题，而是应将它作为一个特殊经济变量进行分析，至少它具有引擎要素作用，酵母因素作用。而"互联网+"的理论就是要研究这种"引擎与酵母"要素的作用机理。第三，由于比特币的数字化和网络化特征以及衍生出的影子特性、稀缺性与投机条件使之具有极强的虚拟性，超越了现有的游戏币和Q币，成为真正意义上的虚拟货币。当然，在一定程度上，比特币的货币性并不完全，只能称之为"准"虚拟货币，但是，基于马克思主义经济学分析视角，我们可以发现，比特币是最具有未来性的货币。

第 一 章
环境领域的"负价值"理论与中国实证

随着经济增长,生态环境日益遭到人类生产生活的破坏,环境污染问题日益成为人们关注的焦点。由于环境污染具有外部性,环境本身并非是劳动产物,这就给环境污染的定价带来了困难,传统经济学包括马克思主义政治经济学难以给环境经济学构建完整的价值基础。与此同时,英国经济学家斯蒂德曼(Ian Steedman,1977)以联合生产条件下存在"负价值"和负剩余价值为名,否定"马克思主义基本定理",否定劳动价值理论的科学性。虽然我们反对斯蒂德曼否定马克思主义基本定理和劳动价值论的做法,但是他提出的"负价值"概念对我们思考环境问题还是有一定的启发意义的。我们认为,通过构建基于劳动价值理论的"负价值"理论,不仅可以顺利地解决环境领域中的污染物定价问题,解释一系列传统政治经济学难以解决的问题,还在绿色技术分类、企业产品的定价、绿色 GDP 的核算、环境危机的治理以及绿色经济价值观的构建等方面都具有重要作用和现实意义。

第一节 "斯蒂德曼诘难"与环境"负价值"的提出

环境领域的"负价值"概念与联合生产存在密切的关系,与此相关的是政治经济学中著名的"斯蒂德曼诘难"。因此,我们不妨简要回顾一下"斯蒂德曼诘难"及其联合生产问题。

一、"斯蒂德曼诘难"及其争论

资本主义利润来自于剩余价值,并由生产性活劳动创造,这是马克思劳动价值理论的基本内容。20世纪60年代,日本学者森岛通夫、置盐信雄等将这一基本理论称为"马克思主义基本定理",并从数学上做了相应的证明。1975年,英国学者斯蒂德曼根据斯拉法在1960年提出的"联合生产"的基本思想,提出在联合生产条件下,商品的价值量可以是负值,且正利润可以在负剩余价值的条件下存在。1977年他在《按照斯拉法思想研究马克思》一书中专门辟出一章,阐述在联合生产条件下,可能存在剩余价值为负而利润为正的情况,以此否定"马克思主义基本定理",进而否定马克思的劳动价值理论。

斯蒂德曼是从一个联合生产的数例中得出"负价值"的。该数例如表1-1所示,假定:生产过程1使用5个单位的商品1和1个单位的劳动,生产出6个单位的商品1和1个单位的商品2;生产过程2使用10个单位的商品2和1个单位的劳动,生产出3个单位的商品1和12个单位的商品2。社会总计投入5个单位商品1、10个单位商品2和2个单位劳动,生产出9个单位商品1和13个单位商品2。

表1-1 斯蒂德曼联合生产数例

生产过程	投入				产出	
	商品1	商品2	劳动		商品1	商品2
1	5	0	1	→	6	1
2	0	10	1	→	3	12
总计	5	10	2		9	13

根据投入和产出的价值量相等的原则,斯蒂德曼通过表1-1的数例建立了价值体系方程,解得商品1的价值为负值(-1),继而解得剩余价值也为负值。并通过价格体系方程,解得利润为正值。

斯蒂德曼对马克思劳动价值论的否定被称为"斯蒂德曼诘难"。客观地说,这一诘难对马克思的劳动价值论有很大的影响,也引起了国内外学者的关注,他们纷纷对斯蒂德曼所谓的"负价值"提出质疑和批判。

置盐信雄(1976)通过对联合生产条件下的剥削重新定义,认为在即使没有剩余价值的情况下，也可能存在剩余产品，只要存在剩余产品则剥削依然存在。证明联合生产条件下的"马克思主义基本定理"，以此回应斯蒂德曼所认为的联合生产中存在"负价值"的结论。

森岛通夫（1978）认为斯蒂德曼在联合生产中得出的"负价值"是一种"假价值"，他认为价值应被定义为最少劳动量的耗费。这种最少劳动量的耗费不能用联合方程组求出，而应用线性规划去解出。这时所得到的价值，才是一种"真价值"。在这种情况下，不可能有产品数量的增加和劳动投入量的减少同时发生的现象，也就是说不可能出现"负价值"。

伊藤诚（1990）认为斯蒂德曼并没有正确地理解马克思价值理论的实质内容，忽视了在满足社会需求时哪种现存技术是主要的。伊藤诚认为，必须从不同的生产技术中选一个作为劳动的社会分配的标准。至于如何在联合产品之间分配劳动，进而确定联合产品之间的价值比率，是由生产技术系统和社会需要联合确定的。

近年来，国内学者对"斯蒂德曼负价值"问题又有一些新的研究，主要存在以下几种观点：一种观点（白暴力，2006）认为斯蒂德曼对联合生产的假设是错误的，不会存在两个生产过程及其全面的产品交换，所以他用联立方程计算价值量的方法和结果自然是错误的；另一种观点（张忠任，2006）认为"斯蒂德曼诘难"的关键症结在于投入矩阵，而这种特殊的投入矩阵（对角矩阵）在现实中是不存在的，取消这一假定后将不会出现"负价值"问题；再一种观点（冯金华，2010）认为"斯蒂德曼负价值"的主要问题在于对马克思社会必要劳动时间决定价值理论的忽视，他认为应该将不同生产过程的劳动看作个别劳动对待，从而不同个别劳动所创造的价值量不同；还有的学者（如，余斌，2007）认为斯蒂德曼的关键问题在于价格的计算上没有理由抛弃价格为负的解，以及在数例设置上价格与利润率同时决定有悖于现实，因此斯蒂德曼的"负价值"是错误的。

事实上，围绕"斯蒂德曼诘难"的研究都是通过改变斯蒂德曼联合生产数例的假定条件，进而批判斯蒂德曼的"负价值"问题。但是，就"斯蒂德曼诘难"本身来说，改变斯蒂德曼的假定意味着并没有严格在斯蒂德曼的框架下进行批判和研究，因此有缺乏针对性之嫌。即使这些新的假定在特定历史时期和理论逻辑上是合理的，但就这些研究本身而言，依然存在一些难以解决的问题。

首先,置盐信雄对剥削的重新定义割裂了价值量和使用价值量之间的关系,将联合产品中单个产品的价值量等同于联合产品的总价值量,有悖于马克思对价值量的规定性。其次,森岛通夫关于价值量的新定义也一定程度上违反了马克思关于社会必要劳动时间决定价值量的原理。再次,伊藤诚等人指出斯蒂德曼联合生产数例中的两种技术不会同时存在,但是在单一技术的联合生产条件下,单个商品的价值量依然无法确定。最后,国内学者运用单位劳动的净产品构建方程组求解价值量的方法,并不能完全确定单个产品的价值量。此外,该方法在更为一般的情况下也将失效。

为此,我们认为,就"斯蒂德曼负价值"的理论逻辑而言,没有什么研究价值。但是,就"负价值"这一概念本身而言却具有极强的经济学价值,它可以为我们研究资源环境经济学提供一个重要理论支持。

目前,学术界存在许多将联合生产问题纳入资源环境经济学之中的研究。如 Parrinello(2001)运用斯拉法的联合生产模型研究不可再生能源的定价问题;Bidard 和 Erreygers(2001)通过扩展后的斯拉法模型,构建动态价格变动模型,研究了不可再生资源约束下的经济增长路径;Baumgartner(2001)从热力学、经济学和哲学的角度分析了联合生产概念,并考察了联合生产在生态经济学中运用的重要性。这些研究为资源环境经济学的研究注入了新的研究方法,但是这些研究不具有系统的理论基础,很少从马克思劳动价值论的角度探讨资源环境的价值等相关问题。因此,难以从根本上解决环境问题。本书将基于"斯蒂德曼负价值"理论,以联合生产作为基本生产系统,创建一个较为系统的"负价值"理论框架,并在此基础上构建"负价值"理论应用模型,试图探究"负价值"理论在现实经济活动中的运用。

二、联合生产中"负价值"的新界定

在斯蒂德曼的数例中,出现"负价值"的商品是具有正的使用价值的商品,这显然与现实是矛盾的。但是这并不妨碍"负价值"在现实中的存在性,因此在构建"负价值"理论之前,需要对"负价值"概念进行有别于斯蒂德曼的重新界定。

首先,"负价值"不可能与正的使用价值(即对社会有益的产品)相对

应（那是对劳动价值论的误解所致），但是却可能在负的使用价值（即对社会有害的产品）中出现。这种情况在现实中体现为污染物作为联合产品或者副产品的存在，即在生产过程中，劳动投入量一定的情况下，生产出新产品的同时，污染物作为副产品也同时生产出来了，这就是一个生产过程中生产出两个产品的现实逻辑。

其次，新产品与污染物的价值总和与这一劳动投入量等价。但是，由于污染物的处理需要重新耗费劳动量，从这个角度来看，污染物的价值就是负值。下面我们用联合生产的例子加以说明。

假定在斯蒂德曼的联合生产过程均生产出第三种"商品"——污染物，显然，污染物是具有负使用价值或负效用的"商品"。同时，增加第三个生产过程，即生产过程3：污染物的处理和净化过程。生产过程3的目的是处理和净化生产过程1和生产过程2中产生的污染物，确保整个经济的最终产品中不再包含污染物。因此，生产过程3将生产过程1和生产过程2产生的污染物作为投入品，而产出均为零，这是由该生产过程作为污染处理过程的性质决定的①。其他假定条件均保持不变，则改造后的包含污染商品的联合生产数例如下。

表1-2　包含污染商品的联合生产数例②

生产过程	投入					产出		
	商品1	商品2	污染	劳动		商品1	商品2	污染
1	5	0	0	1	→	6	1	0.5
2	0	10	0	1	→	3	12	3
3	0	3	3.5	1		0	0	0
总计	5	13	3.5	3		9	13	3.5

沿用斯蒂德曼的思路，第一步是计算平均利润率 r 以及商品1、商品2和商品3的价格 p_1、p_2 和 p_3，它们是下面方程组的解：

---

① 除了"污染商品"以外，本例中还假设生产过程3需要投入3个单位的商品2，但是可以证明，只要投入的商品1和商品2不全部为0，我们的结论就成立。

② 本例中假设生产过程1造成0.5个单位的污染，生产过程2造成3个单位的污染，但是可以证明，只要生产过程2造成的污染大于生产过程1，我们的结论就成立。

$$\begin{cases} (1+r)\ 5p_1 + 1 = 6p_1 + p_2 + 0.5p_3 \\ (1+r)\ 10p_2 + 1 = 3p_1 + 23p_2 + 3p_3 \\ (1+r)\ 3p_2 + 1 = -3.5p_3 \\ 3p_1 + 5p_2 = 6 \end{cases} \quad (1.1.1)$$

关于上面方程组有两点需要说明：（1）第3式是描绘"净化过程"的方程，我们假定资本家只预付所使用的商品2的价格，而"污染物"虽然在技术上处理成"投入品"，实质上不能算作预付资本的一部分，试想一个污水处理厂不可能为得到污水而支付成本。（2）第4式看上去与斯蒂德曼原模型中完全一致，但是考虑到我们的模型中存在3种商品，因此我们实际上假设了实物工资向量为（1/2，5/6，0），污染商品的消费为0，即工人不接受任何单位的污染存在。

求解上面方程组，可以得到：

$r \cong 0.0167 ; p_1 \cong 0.8056 ; p_2 \cong 0.7166 ; p_3 \cong -0.9102$ [①]

不难发现，具有使用价值的合意商品1和商品2有正的价格，而"污染商品"有负的价格，与经济直觉一致。同时，在考虑环境污染的条件下，平均利润率出现明显的下降，从20%降至2%以内。

其次，是我们更加关心的价值问题。商品1、商品2和商品3的价值l_1、l_2和l_3，可以通过计算下面的线性方程组得到：

$$\begin{cases} 5l_1 + 1 = 6l_1 + l_2 + 0.5l_3 \\ 10l_2 + 1 = 3l_1 + 12l_2 + 3l_3 \\ 3l_2 + 1 = -3.5l_3 \end{cases} \quad (1.1.2)$$

求解上面方程组，可以得到：

$l_1 = 0.75 ; l_2 = 0.6875 ; l_3 = -0.875$

注意在斯蒂德曼的原模型中第一种商品的价值为 -1，而在我们的模型中其价值为正数，这样也就不存在所谓的"正价格对应负价值"的斯蒂德

---

① 另一组解因为负利润率舍弃。将包含负利润率的结果舍弃可以从逻辑和均衡实现两方面理解。首先，从逻辑上看不管是斯蒂德曼希望证明的还是我们希望证伪的都是"正利润率与负剩余价值并存"，因此正利润率是论证的前提，必须首先得到保障。其次从均衡实现上看，当（平均）利润率为负数时，资本家不会再进行生产，因此负（平均）利润率不可能出现在均衡状态下。

曼悖论了。同样作为合意商品的商品 2 也保持了价值与价格同时为正的性质，只有不合意的"污染商品"的价值为负，考虑到其价格也为负，所以即使是"污染商品"也不存在价值与价格不同号的问题。此外，根据斯蒂德曼的假定及其计算方法，我们可以计算出该例中的剩余价值为 0.51，而此时的平均利润率为 0.0167 也是正值，因此在本例中也不存在另一个版本的斯蒂德曼悖论，即所谓的"正利润率对应负剩余价值"的可能性。

最后，我们对这个数值例子进行简单的稳健性检验，通过施加一定的约束条件，可以证明我们的结论并不严格依赖我们所假设的参数值。为了方便分析，假设生产过程 1 的污染为 0，生产过程 2 的污染为 $a>0$，考虑到生产过程 2 在两种商品的生产上均有绝对优势，而两个生产过程却在经济中并存，假设生产过程 1 比生产过程 2 更加清洁是十分合理的。同时假设生产过程中投入的商品 2 的数量为 $b>0$，则计算三种商品价值量的方程组可以被改写为：

$$\begin{cases} 5l_1 + 1 = 6l_1 + l_2 \\ 10l_2 + 1 = 3l_1 + 12l_2 + al_3 \\ bl_2 + 1 = -al_3 \end{cases} \quad (1.1.3)$$

求解该方程组，得到：

$$l_1 = b/(b+1); l_2 = 1/(b+1); l_3 = -(2b+1)/a(b+1)$$

给定 $a, b>0$，容易发现商品 1 和商品 2 的价值始终为正，而"污染商品"的价值始终为负。因此可以认为我们的数值特例是有一定的稳健性的。

因此，我们认为，现实中"负价值"具有存在的可能性，但却是对于具有负使用价值的污染物而言的。在生产出"负价值"的同时，存在着处理污染物的生产过程，最终能够使得整个社会的污染物降低为零。从整个社会的全部生产过程来看，由于投入了一定数量的活劳动，剩余价值和价值总量均是正的。并不存在所谓的"负剩余价值与正利润同时存在"的结论。

当然，以上这个例子仅仅是引用斯蒂德曼"负价值"数例说明"负价值"的存在性，数例本身不具有一般性。正如很多学者所指出的，斯蒂德曼的计算方法存在很多问题。因此，对于斯蒂德曼的计算方法，特别是关于平均利润率和商品生产价格的计算，我们也并不完全赞同。

但是，斯蒂德曼提供的从联合生产框架分析问题的思路是值得借鉴的。

事实上，符合马克思劳动价值论基本精神的"负价值"概念只能在联合生产条件下产生，也只能从联合生产条件下得到度量。只有在联合生产条件下才可以允许有"负使用价值"存在，因而也才有相对应的"负价值"存在。"污染"这种"负使用价值"不是生产活动的目的，而是作为"正使用价值"生产过程中的"副产品"，是生产技术的局限造成的。因此可以得出结论，"负价值"的质的规定性是与"负使用价值"相联系，表现为某种物品对社会的有害性。联合生产允许有"负使用价值"存在，因而为"负价值"的存在提供了可能性。

同时，注意"负价值"量的大小由净化过程中所耗费的劳动量决定，即由修复它对自然环境所造成的损坏而投入的劳动量决定，为修复其造成的损害而投入的劳动量越大，"负价值"的绝对值也就越大。因此可以得出结论，"负价值"的量的规定性是与修复其造成的损害所必须付出的劳动相联系的，表现为修复过程中所付出的劳动时间的多少，或者更准确地说是由修复过程的社会必要劳动时间决定的。

第二节　环境领域"负价值"的理论模型

联合生产条件下"负价值"的新界定为环境经济领域的相关问题研究奠定了基础。目前学术界也存在许多将联合生产问题纳入资源环境经济学的研究[①]，但是这些研究不具有系统的理论基础，也未对"负价值"进行量化分析。

一、联合生产及其在环境经济学中的含义

在经济学中，联合生产（Joint Production）至少有三种含义。

一是指一个追求利润最大化的企业同时生产两种不同的产品，这两种产品的生产流程不完全相同但是可以相互借鉴和利用，因而同时生产两者的成本低于分别生产这两种商品的企业的成本之和。这是一个涉及企业生产决策

---

① 如 Parrinello（2001）运用斯拉法的联合生产模型研究不可再生能源的定价问题；Bidard 和 Erreygers（2001）通过扩展后斯拉法模型，构建动态价格变动模型，研究了不可再生资源约束下的经济增长路径。Baumgartner（2001）从热力学、经济学和哲学的角度分析了联合生产概念，并考察了联合生产在生态经济学中运用的重要性。

的概念。

二是指多个经济主体合作进行某种产品的生产，并按照各自贡献得到相应回报的生产组织形式。这是一个合作博弈的概念，涉及对不同参与主体所作贡献的测度以及合理报偿机制的构建问题。

三是指在一个生产过程中有两个或以上的产品被生产。它是对"单一生产"假设（即在一个生产过程中只有一种商品被生产）的拓展。这是一个涉及生产过程的基础性假设。本书正是基于这种"联合生产"含义的分析。

关于联合生产还有两点应该引起注意：（1）联合生产的各种产品不一定都是合意产品，可能除了合意产品以外，还包含对社会有害的不合意商品，比如，在生产电力这种合意商品时，不可避免地要联合生产出各种废气、废水等不合意产品。（2）联合生产条件下某些产品的生产可能不是出于生产者的原始动机。利用上例容易理解这一点，作为合意商品的电力是生产者进行生产的动机，但是，各种污染物显然不是生产者故意为之，而是受制于生产技术的局限。

"联合生产"作为一种经济现象在日常生活中是随处可见的，比如，羊毛与羊肉、酒与酒糟，等等。经济学家也很早就关注到这一点，包括斯密在内的古典经济学家都曾讨论过这一问题（Kurz，1986；Baumgärtner，2000）。但是赋予这一概念现代含义的是冯·诺依曼（Von Neumann，1937）以及斯拉法（Sraffa，1960）的研究，特别是斯拉法的《用商品生产商品》一书激发了经济学家研究联合生产问题的巨大热情。

其中，最有代表性也是最具争议的研究是由斯蒂德曼基于联合生产概念提出，所谓"负价值与正价格并存"，"负剩余价值与正利润并存"的"斯蒂德曼诘难"（Steedman，1975），这一诘难直接以马克思主义的科学劳动价值论为攻击对象，在国际上引起很大反响。针对这一挑战，马克思主义经济学家，包括森岛通夫（Morishima，1976）、沃尔福斯塔（Wolfstetter，1976）、伊藤诚（Itoh，1981）、塔克（Toker，1984）以及国内学者白暴力（2006）、张忠任（2006）、余斌（2007）、冯金华（2011）、马艳（2012）从不同角度对"斯蒂德曼诘难"进行了批判。

"联合生产"概念最具现实意义的应用应该是与环境经济学相结合，为环境经济学提供新的理论基础,这方面的开创性工作由 Baumgärtner 等人做出。(Baumgärtner,2000;Baumgärtner et al.,2001;Baumgärtner et al.,2006) Baumgärtner 等人的研究通过考虑生产过程对自然环境的影响,提出一切生产活动本质上都是联合生产过程的认识。Baumgärtner 关于发电厂的实例很好地解释了这一点。

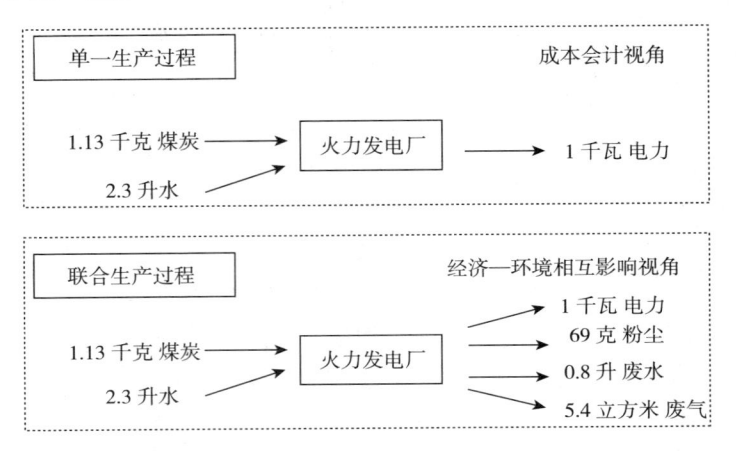

```
单一生产过程                         成本会计视角
1.13 千克 煤炭 ──→ 火力发电厂 ──→ 1 千瓦 电力
2.3 升 水    ──→

联合生产过程                         经济—环境相互影响视角
                                  ──→ 1 千瓦 电力
1.13 千克 煤炭 ──→ 火力发电厂      ──→ 69 克 粉尘
2.3 升 水    ──→                  ──→ 0.8 升 废水
                                  ──→ 5.4 立方米 废气
```

图 1-1　发电厂的联合生产示意图

资料来源:Baumgärtner, Ambivalent Joint Production and the Natural Environment, p174。

图 1-1 表明:同一个生产过程从不同视角观察,既可以看作"单一生产",又可以看作"联合生产"。从成本会计的视角,火力发电的唯一产品是电力,其生产过程属"单一生产"范畴,这是传统经济学的一般假设。如果考虑经济活动的环境影响,火力发电的产品除电力以外还包括粉尘、废水、废气等污染物,属"联合生产"范畴。

Baumgärtner 等人的研究表明"联合生产"的概念天然地与环境经济学强调经济活动环境影响的宗旨相关联。但是,他们的研究依然停留在生产技术层面,没有进一步挖掘其更深层次的经济学理论价值。我们认为"联合生产"概念完全可以拓展到经济学的各个领域,在本书中我们将运用这一概念对劳动价值论进行扩充和创新,提出"负价值"的概念。

二、资源环境领域中的"负价值"

基于劳动价值论的"负价值"概念虽然已经有学者提出,但是理论界对这些概念却不认可。究其原因在于这些概念在逻辑上有自相矛盾之处。反对者指出：不可能有劳动会创造出"负价值"，或者说商品生产者不可能会花费劳动生产包含"负价值"的产品，因为花费在其中的劳动得不到社会的承认，故而商品生产者也得不到补偿①。毫无疑问，在单一生产中以上情况的确是不可能发生的，但是在联合生产条件下却完全有存在的可能。比如在 Baumgärtner 的发电厂例子中，生产者投入原材料和劳动所希望生产的是电力，但是受制于技术条件，实际生产出的除了电力以外还包括各种污染物。如果说根据传统劳动价值论可以认为电力具有正价值，那么各种污染物就可以认为具有"负价值"。

因此，"负价值"只能在联合生产条件才有可能出现，其内涵也只能在联合生产条件下得到认识。通过在单一生产与联合生产之间建立对应关系，有助于增进对"负价值"概念的理解。图 1-2 是两者对应关系的简单示意。

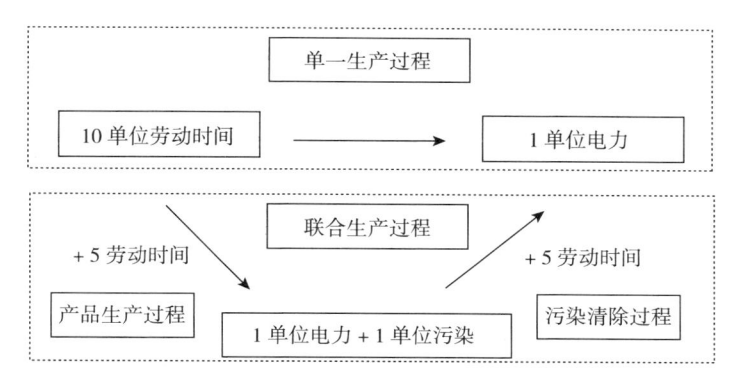

图 1-2　单一生产与联合生产对应关系示意图

图 1-2 的上半部虚线框中表示单一生产过程。出于简化目的，假设生产过程中只使用劳动，即使用 10 单位劳动时间生产 1 单位电力（即具有正使用价值的商品）。单一生产过程中有两点值得注意：（1）单一生产条件下，不可能有"负价值"存在。如前文所定义，"负价值"是与"负使用价值"相联系，而单一生产的目标只能是生产一种具有"正使用价值"，即对

---

① 事实上，社会甚至会惩罚生产具有"负价值"商品的生产者。

社会有用的商品，不存在单纯以生产"负使用价值"，即对社会有害的商品的生产活动，理性的商品生产者不具有这样做的动机。①（2）商品的价值量不存在确定上的困难，可以简单地由生产它们所花费的劳动时间确定。以图1-2为例，1单位电力的价值即为10。

图1-2的下半部虚线框中表示联合生产过程。考虑生产过程对自然环境的影响，单一生产过程就转变为联合生产过程。任何生产过程势必对自然环境产生负面影响②。将这种"负面影响"概念化为一种称为"污染"的产品，即得到图1-2下部左侧的"产品生产过程"，这一子过程同时生产出两种"产品"，"电力"及其副产品"污染"。这时生产过程并没有结束，为使生产过程的最终产品集合中只包含"电力"一种产品③，必须紧接着执行"污染清除过程"（图1-2下半部右侧），这一子过程的作用是清除"电力"生产的副产品"污染"。该过程本身不生产任何新的产品。但是，这一子过程作为生产过程的自然延续，在其中花费的劳动显然是创造价值的。

联合生产条件下商品价值量的决定会面临两方面的问题：一方面，由于生产子过程的联合生产性质，仅依赖该子过程不能确定单独一种商品的价值量。比如在本例中，"电力"的价值不能认为等于"产品生产过程"中投入的5单位劳动时间。另一方面，尽管投入于净化过程的劳动必然创造价值，但是这些价值又因为该子过程不产生新产品而找不到其所能依附的使用价值。④ 但是当我们把两个过程结合起来，这两个问题就能一并得到解决。使用联合生产的一般表示法，可以将图1-1中的联合生产过程表示为：

---

① 这里应该假设市场信息对称，即具有"负使用价值"的商品不可能被包装成具有"正使用价值"的商品，如生产假药、有毒食品等情况应该排除在外。
② 清洁的生产过程至多只是较少地对环境造成破坏。热力学定理表明完全不对环境产生负面影响的生产过程并不存在。
③ 要求生产过程的最终产品中只包含"电力"，是出于分析单一生产与联合生产之间对应关系的需要。现实中，污染净化过程不必要也不可能完全将产品生产过程中造成的污染清除，企业一般根据国家法律的规定进行部分清除。根据我们的方法，部分清除并不影响污染物"负价值"的决定。
④ 净化过程类似于《资本论》第二卷中讨论的运输业，马克思认为运输业是创造价值的，且这些价值要追加到商品价值中去，下面我们将会看到净化过程中创造的价值也要追加到商品价值中。

表1-3 联合生产过程的一般表示

	投入			产出	
	劳动	污染		电力	污染
生产过程	5	0	→	1	1
净化过程	5	1	→	0	0
总计	10	1		1	1

不难计算[①],"电力"的价值为10,而"污染"的价值为-5,即负价值。在联合生产条件下,商品的价值量取决于在整个生产过程(包括"产品生产"和"污染清除"两个子过程)中投入的总劳动时间。同时,"电力"的价值与其在单一生产过程中决定的量相等的事实说明:将单一生产过程重新表述为相应的联合生产过程后,商品价值量由生产其所费的劳动量决定的规律依然成立。联合生产过程不过是把总的劳动时间在两个生产工序中重新进行分配而已。

与单一生产过程不同,在联合生产条件下可以有"负使用价值"存在,因而也可以有相对应的"负价值"存在。"污染"这种"负使用价值"不是生产活动的目的,只是作为"正使用价值"生产过程中的"副产品"存在,是生产技术的局限造成的。因此可以得出结论,"负价值"的质的规定性是在生产有用商品的过程中为了将有害的污染清除而投入劳动的凝结。联合生产允许有"负使用价值"存在,因而为"负价值"的存在提供了可能性。同时,注意"负价值"量的大小,由净化过程中所耗费的劳动量决定,即由为修复"污染"对自然环境所造成的损坏而投入的劳动量[②]决定,为修复其造成的损害而投入的劳动量越大,"负价值"的量也就越大。因此可以得出结论,"负价值"的量的规定性是与清除它所必须付出的劳动量相联系的,表现为清除过程中所付出的社会必要劳动时间的多少。

三、联合生产条件下"负价值"决定模型

以上的分析表明,联合生产中污染物的"负价值"可以用清除污染或

---

① 假设电力的价值为 l_1,污染的价值为 l_2,从生产过程有 $l_1 + l_2 = 5$,从净化过程有 $5 + l_2 = 0$,联立两式即可。

② 更准确地说,由用于修复其损害而必须投入的社会必要劳动时间决定。

修复环境所耗费的劳动量进行度量,即由清除和修复过程中耗费的社会必要劳动时间来表示。为了将这一量的决定原则一般化,下面构建基于劳动价值论的联合生产"负价值"决定模型。

(一) 假定条件与联合生产过程的数理表达

该模型基于以下几个假定条件:

假定 1:存在两个生产过程:商品生产过程和污染清除过程。

假定 2:商品生产过程有联合生产性质,在生产出商品的同时,造成污染。

假定 3:污染清除过程可以清除商品生产过程中造成的污染,但不生产商品。

在以上三个假定条件下,为了便于推导"负价值"决定公式,首先需要对联合生产过程进行数理表达。由于联合生产的特征是一个生产过程存在两种产出:合意的,或者说有正的使用价值的商品;有害的,或者说有负的使用价值的污染品。因此,需要对一般意义上的生产函数进行扩展,运用"对应"来表述存在联合生产的生产活动。在联合生产条件下,我们使用映射来描述生产过程。

$$f_p(K_p, L_p) = (Q_y, Q_{pp}) \qquad (1.2.1)$$

其中,K_p 表示在生产过程中使用到的资本,L_p 表示使用到的劳动,Q_y 表示生产的商品量,Q_{pp} 表示造成的污染量。有别于函数只允许返回一个值,对应允许返回一组值,在我们的例子中生产对应 f_p 会告诉我们生产出的商品量和造成的污染量分别是多少。

同样的,污染清除过程也可以用函数加以描述:

$$f_c(K_c, L_c) = (0, -Q_{pc}) \qquad (1.2.2)$$

其中,K_c 表示在污染清除过程中使用到的资本,L_c 表示使用到的劳动。我们假定污染清除过程不产出任何商品,因此用 0 表示该过程产出的商品量。Q_{pc} 表示该过程清除掉的污染量,为了和造成的污染量相区别,我们在 Q_{pc} 之前加上负号。

现实中企业会依次进行以上两个过程,因此可以用一个总和的生产函数来加以描述:

$$f(K_p + K_c, L_p + L_c) = (Q_y, Q_{pp} - Q_{pc}) \qquad (1.2.3)$$

如果，在生产过程中产生的污染物被完全清除，即有 $Q_{pp} = Q_{pc}$ 成立，则生产对应退化为一个常见的生产函数：

$$F(K_p + K_c, L_p + L_c) = Q_y \qquad (1.2.4)$$

但是根据生态经济学原理，我们知道完全清除污染是不可能的（或者说成本是无穷大的），因此在现实生活中，政府会设定一个污染物存在的上限，记为 $\overline{Q}_p = \alpha Q_{pp}$（$0 < \alpha < 1$）。即生产过程造成的污染中的一部分（$\alpha Q_{pp}$）被允许存在，而剩余的部分 $[(1-\alpha)Q_{pp}]$ 必须被清除。因此在考虑部分清除污染这一更加现实的情况时，我们有：

$$f(K_p + K_c, L_p + L_c) = (Q_y, \overline{Q}_p) \qquad (1.2.5)$$

（二）相同技术条件下的"负价值"决定模型

首先，讨论最简单的情况，社会中存在 n 个具有相同技术的厂商。因为厂商技术条件相同，所以每个厂商所生产的商品的个别价值就等于社会价值，因此可以用一个代表性厂商来代替整个行业。为了方便分析，假定商品生产过程和污染清除过程投入的资本量为零，即 $K_c = K_P = 0$。根据劳动价值论，容易列出下面方程组：

$$\begin{aligned} Q_y w_y + Q_{pp} w_p &= L_p \\ -Q_{pc} w_p &= L_c \end{aligned} \qquad (1.2.6)$$

其中，Q 和 L 的定义如上文，w_y 是指商品的价值，w_p 是指污染物的价值。不难求解该方程组得到以下解：

$$w_p = -\frac{L_c}{Q_{pc}}; \quad w_y = \frac{L_p + (Q_{pp}/Q_{PC})L_c}{Q_y} \qquad (1.2.7)$$

讨论 Q_{pp} 与 Q_{pc} 的关系，可以帮助我们简化以上解的形式。注意 Q_{pp} 与 Q_{pc} 的关系由法定的排污上限决定。因为，$(1-\alpha)Q_{pp}$ 的污染物必须清除，所以有 $Q_{pc} = (1-\alpha)Q_{pp}$ 成立。方程组的解可以改写为：

$$w_p = -\frac{L_c}{Q_{pc}}; \quad w_y = \frac{L_p + AL_c}{Q_y} \qquad (1.2.8)$$

其中，$A = 1/(1-\alpha)$。式（1.2.8）表明：污染物的负价值量取决于清除该污染物需要耗费的劳动量。它之所以取负值，是由于这些与污染物相关的劳动耗费的目的不同于一般商品，在一般商品的生产中，耗费劳动是为了生产商品，因为劳动凝结在商品上，所以使商品具有正价值。而在这里耗费劳动是为了清除污染物，而非生产它，如果污染物不存在，这些劳动根本无须耗费，正是因为商品生产过程的联合生产性质，在商品生产的过程中造成了污染，社会才不得不耗费劳动去清除它。如果说当某物不存在的时候，为了创造它花费的劳动，形成其"正价值"的话，当某物已经存在的情况下，为了清除它花费的劳动，也就可以认为形成其"负价值"。

同时，式（1.2.8）还表明：商品的价值量取决于生产该商品需要耗费的劳动量加上为了达到法定排污标准需要耗费的用于清除污染物的劳动量之和，也就是说清除污染物劳动实际上最终凝结在与污染物联合生产出来的那种商品上面。

讨论 α 的两个极端值，可以为模型提供更丰富的经济含义。首先，考虑 $\alpha = 0$ 的情况，这时政府不允许任何污染物的留存，所有的污染物 Q_{pp} 都必须清除，有 $Q_{pc} = Q_{pp}$ 成立，污染物与商品的价值分别为 $w_p = -L_c/Q_{pc}$；$w_y = (L_p + L_c)/Q_y$。

其次，考虑 $\alpha = 1$ 的情况，这时 A 无定义（因为分母为 0），式（1.2.8），即解的一般形式，不能适用。但是，通过考虑其经济含义不难得到商品和污染物的价值量。在此种情况下，法定的减排目标为 0，没有任何污染物必须清除，没有厂商会进行污染清除过程。由于耗费在清除这一污染物上的劳动量为 0，所以污染物的价值为 0。这个结论可能令人惊奇，但是如果我们严格遵照污染物价值量的规定性，即耗费在清除这一污染物上的社会必要劳动时间（在这里就等于 0）的多少，不难发现合乎逻辑的结论只能如此。因此，污染物与商品的价值在 $\alpha = 1$ 的情况下，分别为 $w_p = 0$；$w_y = L_p/Q_y$。

在得到商品和污染物的单位价值量的基础上，可以计算两者的交换价值：

$$\frac{w_y}{w_p} = -\frac{L_p + AL_c}{L_c} \cdot \frac{Q_{pc}}{Q_y} \quad (1.2.9)$$

设代表性厂商的污染强度，即生产单位商品造成的污染量，为 $\beta = Q_{pp}/Q_y$，上式可以进一步化简为：

$$\frac{w_y}{w_p} = -\frac{L_p + AL_c}{L_c} \cdot \frac{Q_{pc}}{Q_{pp}} \cdot \frac{Q_{pp}}{Q_y} = -\left(\frac{L_p}{L_c} + A\right)\frac{\beta}{A} \quad (1.2.10)$$

观察式（1.2.10），首先注意到污染物与商品之间的交换价值取决于生产一单位商品所需花费的劳动量和清除一单位污染所需花费的劳动量的比值，这一点与两种正常商品的交换价值取决于生产它们所需花费的劳动量之比的情况十分类似。其次，与正常商品的情况不同的是在这里交换价值也是负数，这是由于污染物具有"负价值"而造成的。在现实生活中，应该把这种负交换价值理解为：制造污染的企业（例如：造纸厂）向清除污染的企业（例如：污水处理厂）支付的用于购买污染清除服务的费用，或者说是污染清除服务的价格。最后，注意到政府干预的因素，即法定污染上限（公式中的 A）以及技术因素，即企业的污染强度（公式中的 β）；如果政府放松对污染企业的管制，即调高污染上限水平，根据式（1.2.10），我们发现污染清除服务的价格（即污染的负交换价值）将下降。如果企业采用了降低污染强度的新技术也会起到同样的效果；相反，如果政府加强管制，或是由于某种原因企业的污染强度上升，污染清除服务的价格则会上升。

注意当 $\alpha = 1$ 时，不能使用式（1.2.10），即在法定污染上限为 1 的情况下交换价值不能用式（1.2.10）求出。但是根据之前的讨论我们不难得出结论，在此种情况下没有清除污染物的必要，因此没有厂商会购买清除污染物的服务。换而言之，交换不会发生，所以也就不存在所谓交换价值。

（三）不同技术条件下的"负价值"决定模型

下面我们放宽厂商相同技术的假设，分析存在 n 个劳动生产率不同的厂商的情况。这时商品和污染物的社会价值由全部 n 个厂商的个别价值的加权平均形成：

$$w_y^s = \frac{\sum_{i=1}^{n} Q_y^i w_y^i}{\sum_{i=1}^{n} Q_y^i} ; w_p^s = \frac{\sum_{i=1}^{n} Q_p^i w_p^i}{\sum_{i=1}^{n} Q_{pc}^i} \tag{1.2.11}$$

注意上文中的式（1.2.8）虽然是针对代表性厂商提出的，但是由于代表性厂商的一般性，每个厂商计算其个别价值时该式一样是成立的。因此当 $\alpha \neq 1$ 时，可以把式（1.2.8）代入上面两个社会价值的表达式[①]，得到：

---

① 严格而言，应该是将 $Q_{pc}^i w_p^i = -L_c^i$；$Q_y^i w_y^i = L_y^i + AL_c^i$ for all $i = 1 \cdots n$ 代入。

$$w_p^s = \frac{\sum_{i=1}^n L_c^i}{\sum_{i=1}^n Q_{pc}^i}; w_y^s = \frac{\sum_{i=1}^n (L_p^i + AL_c^i)}{\sum_{i=1}^n Q_y^i} \quad (1.2.12)$$

根据上文的分析，我们知道当 $\alpha = 1$ 时，A 没有定义，因此式（1.2.12）不能适用，必须单独讨论。这时，根据定义我们有污染物的价值 $w_p^s = 0$，同时有 $w_y^s = \sum_{i=1}^n L_p^i / \sum_{i=1}^n Q_y^i$ 成立。

同样的，我们也可以计算当厂商存在不同的技术水平时，商品与污染物的交换价值。通过假设所有的 n 个厂商的污染强度都相等，即 $Q_{pp}^i/Q_y^i \equiv \beta^i = \beta$ for all $i = 1 \cdots n$。我们可以得到一个与式（1.2.10）相类似的表达式：

$$\frac{w_y^s}{w_p^s} = \frac{\sum_{i=1}^n (L_p^i + AL_c^i)}{\sum_{i=1}^n L_c^i} \cdot \frac{\sum_{i=1}^n Q_{pc}^i}{\sum_{i=1}^n Q_{pp}^i} \cdot \frac{\sum_{i=1}^n Q_{pp}^i}{\sum_{i=1}^n Q_y^i} = -\left(\frac{\sum_{i=1}^n L_p^i}{\sum_{i=1}^n L_c^i} + A\right)\frac{\beta}{A} \quad (1.2.13)$$

比较式（1.2.8）与式（1.2.12）以及式（1.2.10）与式（1.2.13），可以发现，在引入不同技术的厂商之后，我们的基本结论没有发生本质变化，唯一的不同是 $\sum_{i=1}^n L_p^i$ 和 $\sum_{i=1}^n L_c^i$ 取代了之前 L_p 和 L_c 的位置，这意味着商品和污染物的社会价值以及他们之间的交换价值取决于社会在商品生产和污染清除两个过程中投入的总劳动量之比。

另外，不难看出上文在相同技术条件下得到的"当 $\alpha = 1$ 时，交换价值不存在"的结论，在这里依然成立。

第三节 "负价值"理论在环境领域的应用

"负价值"理论在环境领域有诸多应用，除了在污染物定价方面外，还在绿色技术分类、企业产品的定价、绿色 GDP 的核算、环境危机的治理以及绿色经济价值观的构建等方面都具有重要作用和现实意义。

一、"负价值"理论与绿色技术分类

当我们将资源环境的"负价值"引入社会经济活动之中，对于技术进步也有所区分。

(一) 加入污染后的三种不同的技术进步

绿色技术是符合生态规律和经济规律的技术，是以降低污染、提高污染治理能力为特征的技术方法。"负价值"的决定理论基于联合生产过程，将污染物的产生和污染物的净化作为组成要素内生于生产过程之中。这一理论将更为细致地从理论上对绿色技术的分类和选择提供分析框架。考虑下面的简化模型（如表1-4所示）：

表1-4 "负价值"的简化模型Ⅰ

生产过程	投入					产出	
	生产资料1	生产资料2	污染	劳动		商品A	污染
生产技术Ⅰ	cK_{11}	0	0	aL_1	→	1	bP_1
净化技术	0	0	1	dL_p	→	0	0

假设不考虑生产技术Ⅱ，令 K_{12}，K_{p1} 以及 $K_{p2} = 0$，同时设 a，b，c，d 为技术系数，体现技术水平的变化，且 $a_0 = b_0 = c_0 = d_0 = 1$ 为初始状态。考虑传统的以资本技术构成提高为特征的技术进步，即以"资本替代劳动"，用有序组 (a_1, c_1) 表示，其中 $a_1 < 1$，$c_1 > 1$。[①] $a_1 < 1$ 意味着生产单位商品所花费的劳动量下降，根据传统定义技术水平出现进步。"技术进步"的传统定义在此种情况下极易产生误导作用，因为它没有（根据定义也不需要）考虑第二种商品，即"污染"的变化情况。只要一种技术变化使生产商品的效率提高，不管它是否造成比过去更加严重的"污染"，在传统定义下都被视为是"进步"的。但是为了修复更加严重的"污染"对自然环境造成的破坏，社会势必在"污染清除过程"中花费更多的劳动时间[②]。因此在"负价值"模型中，生产一单位商品A所花费的劳动时间[③]应表示为：

$$l_A = aL_1 + bP_1 dL_p \quad (1.3.1)$$

一般而言，机器大工业会对自然环境造成更大程度的破坏，因此可以假

[①] 假设只有生产技术发生变化，而净化技术不变，即 $d_1 = 1$。
[②] 假设污染清除过程的技术水平不变，我们当然也可以清除过程中存在技术进步。但就目前而言，这种复杂化无助于讨论，因而在下文中一直保持此种简化。
[③] 注意生产单位商品的劳动时间在数值上是劳动生产率的倒数。生产单位商品的劳动时间下降意味着劳动生产率提高，反之亦然。

设 P_1（K_{11}）且 $\partial P_1/\partial K_{11}>0$，即污染量是生产资料使用量的增函数。那么，$c_1>1$ 意味着技术变化后生产资料的使用量上升，进而污染量也随之上升，即 $b_1>1$。因此，在"资本替代劳动"的技术进步条件下，有 $a_1<1$ 和 $b_1>1$ 同时成立。根据式（1.3.1），l_A 是增多还是减少也是不确定的，而不像传统认为的是下降的。在某些特殊情况下，例如当 $b_1-b_0>a_0-a_1$ 时，技术变化之后生产单位商品 A 的所需劳动时间甚至可以是上升的，即意味着生产效率可能出现倒退。

故而在"负价值"模型中，技术进步应该根据其对环境的影响程度被进一步细分。从生产技术的变化看，根据技术变化对生产单位产品造成的污染量的影响可以把它们分为三类：(1) 污染增强型的技术进步，即使生产单位商品 A 的污染进一步加重的技术变化，表示为 $b_1>1$；(2) 污染中性型的技术进步，即使生产单位商品的污染保持不变的技术变化，表示为 $b_1=1$；(3) 污染弱化型的技术进步，即使生产单位商品的污染程度下降的技术变化，表现为 $b_1<1$。易知污染中性型和污染弱化型技术进步必然使 l_A 下降，即生产效率必然提高，可以认为是严格意义上的"技术进步"。而污染增强型的技术进步对 l_A 的影响是不固定的。这种技术变化不一定提高生产效率。严格地说，这种技术变化不能笼统地称为"技术进步"。另外如果考虑净化技术的变化，还可以定义一种"清洁技术进步"，即使净化一单位污染所费的劳动量减少，即 $d_1<1$。

总而言之，这一理论根据对"负价值"的不同作用将技术进步区分为高污染技术进步、低污染技术进步和清洁技术进步。其中，高污染技术进步表现为在生产过程 1 和生产过程 2 中单位劳动的合意产品与污染物均增加；低污染技术进步则体现在生产过程 1 和生产过程 2 中的单位劳动的污染物减少；清洁技术进步体现在生产过程 3 中单位劳动所净化的污染物数量增加。高污染技术进步在增加产量的同时也增加了污染，对应于高能耗高排放技术；低污染技术进步在增加产量的同时相对减少污染物排放，对应于节能减排技术；清洁技术进步对污染物的处理更加节省了劳动的耗费，对应于污染处理技术。

（二）与技术相关的三种资本有机构成

与技术进步种类相对应的，马克思主义政治经济学中的"资本有机构成"的概念也存在三种不同的类型。考虑下面的简化模型（如表 1-5 所示，设 K_{12}，K_{21} 和 $P_2 = 0$）：

表 1-5 "负价值"的简化模型 II

生产过程	投入					产出	
	生产资料 1	生产资料 2	污染	劳动		商品 A	污染
生产技术 I	K_{11}	0	0	L_1	→	1	P_1
生产技术 II	0	K_{22}	0	L_2	→	1	0
净化技术	K_{p1}	K_{p2}	1	L_p	→	0	0

假设生产技术 I 和生产技术 II 都能被用于生产商品 A，但是生产技术 I 只使用会造成污染的生产资料 1（比如：煤炭、天然气等化石能源），而生产技术 II 则使用不会造成污染的生产资料 2（比如：太阳能、风能等可再生能源）。同时设生产技术 I 存在产量限制 $\overline{Q}_1$，无法独自供给整个市场的需求，即 $\overline{Q}_1 < Q(Z_A)$，且同时有式（1.3.2）成立：

$$z_A - z_1 K_{11} - wL_1 > z_A - z_2 K_{22} - wL_2 \qquad (1.3.2)$$

即使用生产技术 I 的利润高于使用生产技术 II，因此在模型中生产技术 I 和生产技术 II 同时被使用①，且在均衡时必有生产技术 I 以其产量限制生产，市场需求的不足部分由生产技术 II 来补足，即 $Q_1^* = \overline{Q}_1$；$Q_2^* = Q(Z_A) - \overline{Q}_1$。

在此模型中，根据其所代表的技术构成对自然环境的影响不同，资本有机构成可以分为以下三类：(1) 环境破坏的资本有机构成 OED，在模型中用会造成环境破坏的生产技术 I 的有机构成表示，即 $z_1 K_{11}/wL_1$；(2) 环境友好的资本有机构成 OEF，在模型中用不对环境造成危害的生产技术 II 的有机构成表示，即 $z_2 K_{22}/wL_2$；(3) 环境改善的资本有机构成 OEI，在模型中用环境净化技术的有机构成，即 $(z_1 K_{p1} + z_2 K_{p2})/wL_p$。

根据均衡时两种生产技术在产业中所占的比重，可以利用 OED 和 OEF 将产业 A 的资本有机构成 O_A 进行以下分解，首先根据定义有：

---

① 这一点可以通过多种假设得到，除了产量限制假设以外还可以假设两种的生产技术得到相同的利润，使资本家对两种技术的选择无差异，但是这种假设第一不太现实，其次不能确定每种技术在产业中具体的使用比例，故在这里不采用。

$$O_A = (z_1 K_{11} Q_1 + z_2 K_{22} Q_2)/(w L_1 Q_1 + w L_2 Q_2) \qquad (1.3.3)$$

经过简单的代数变换,并将 Q_1^* 和 Q_2^* 代入,O_A 可以表示为:

$$O_A = \lambda_1 OED + \lambda_2 OEF \qquad (1.3.4)$$

其中,$\lambda_1 = \dfrac{L_1 Q_1}{L_1 Q_1 + L_2 Q_2}$;$\lambda_2 = \dfrac{L_2 Q_2}{L_1 Q_1 + L_2 Q_2}$,注意有 $\lambda_1 + \lambda_2 = 1$。因此,$O_A$ 是 OED 和 OEF 的加权平均。权重取决于生产技术 I 的产量限制 $\overline{Q_1}$ 和市场需求量 $Q(Z_A)$。

根据式 (1.3.4),易知资本有机构成 O_A 的变化受到三方面因素的影响:(1) 环境破坏的资本有机构成 OED 的变化;(2) 环境友好的资本有机构成 OEF;以及 (3) 产业 A 中劳动力在生产技术 I 和生产技术 II 中的分配比重 λ_1、λ_2。通过以上分解,我们可以发现资本有机构成的提高可能并不一定代表着技术进步,因为资本有机构成的变化可以是由其不同的组成部分的变换造成,关键取决于是由 OEF 的变化造成的,还是由 OED 的变化造成的。

例如,当生产技术 I 发生"资本替代劳动"的变化,即 K_{11}/L_1 上升,则有 OED 会上升,在假设其他条件不变的情况下,有 O_A 上升,即技术进步带来资本有机构成的提高,这是传统意义下技术进步与资本有机构成的基本关系。但考虑到污染 P_1 是 K_{11} 的增函数,以 K_{11} 来替代劳动会带来更大的污染,从社会角度需要花费更多的生产资料和劳动来修复污染造成的损害,从这一含义上这种"技术变化"不能看成是合意的"技术进步"。相反,如果生产技术 II 发生"资本替代劳动"的变化,即 K_{22}/L_2 上升,则有 OEF 上升,同样会造成资本有机构成 O_A 的上升。而此时由于 K_{22} 的使用不会造成污染,因此该"技术变化"必然是合意的"技术进步"。总结以上两例,不难发现在"负价值"模型中,资本有机构成上升并不必然表现为技术进步,应具体分析此种上升是由 OEF 上升造成的,还是 OED 上升造成的。

二、污染治理下的产品定价

基于联合生产条件,我们对污染物的"负价值"进行了探讨,并且也得知商品的价值量在存在污染物及其净化过程的情况下,与污染物"负价值"即净化过程所耗费的劳动量存在密切的关系。在各个企业法定污染治理比例的约束下,污染物产生越多、治理技术越差的企业,需要投入治理污染的劳动就越多,该企业的个别价值就越大。根据污染物"负价值"的决定模型，我们知道存在污染治理下商品的价值量可以用公式表示为：

$$w = \frac{\sum_{i=1}^{n}(L_p^i + L_c^i)}{\sum_{i=1}^{n} Q^i} \qquad (1.3.5)$$

其中，L_p^i、L_c^i 分别表示该部门企业 i 生产商品和治理污染所耗费的劳动量。由于治理污染所耗费的劳动量取决于污染物的治理数量和治理技术，即

$$L_c^i = \varphi(Q_c^i, f_c) \qquad (1.3.6)$$

其中，Q_c^i，f_c 分别表示污染物治理数量和治理的技术水平，且满足 $\varphi_1' > 0$，$\varphi_2' < 0$。

一般情况下，污染物治理分为企业治理和社会治理两种。企业治理是企业自己治理自己排放的污染物，社会治理是指由其他企业来治理自己排放的污染物。

企业治理需要企业自身建设污染处理程序，因此，治理污染所耗费的劳动加入企业生产价值的过程，生产过程与治理过程所耗费的劳动共同构成了企业的个别价值。

$$w^i = \frac{L_p^i + L_c^i}{Q^i} = \frac{L_p^i}{Q^i} + \frac{\varphi(Q_c^i, f_c)}{Q^i} \qquad (1.3.7)$$

显然，即使生产商品的劳动生产率一定，单位商品生产所排放的污染物数量与污染治理技术也是影响企业个别价值的重要因素。企业减少污染物排放或者提高企业的污染治理技术都将使得商品个别价值下降，从而使得企业获得超额利润。这种情况下，社会总产品价值为 $\sum\sum_{i=1}^{n}(L_p^i + L_c^i)$，假定排出的污染物已经被各自排放企业全部治理，则绿色 GDP 可以表示为：

$$\sum\sum_{i=1}^{n}(L_p^i + L_c^i) - \sum\sum_{i=1}^{n} L_c^i = \sum\sum_{i=1}^{n} L_p^i \qquad (1.3.8)$$

在社会治理条件下，企业排放的污染物可以通过购买排污权的方式，由其他企业或社会公共部门进行治理。此时，对企业来说，就不一定是污染多少治理多少，而是将污染物交由其他企业处理。在这种情况下，企业需要支付一定的费用，若存在排污权交易市场，那么这笔费用相当于购买排污权的价格。在竞争经济中，企业或通过商品加价的方式，补偿这笔排污费，这同

样意味着商品的个别价格包括了生产商品所耗费的劳动与社会治理污染所耗费的平均劳动。与企业治理不同的是,治理污染所耗费的劳动量并不取决于企业自身的污染治理技术,而是取决于社会治理的平均技术。因此,治理技术水平低的企业更倾向于以购买排污权的方式交由社会治理,而治理技术水平高的企业更倾向于企业治理方式。

假定社会治理平均技术水平为 f_c,则单位排污权价格为 $w_c = \varphi(1, f_c)$,即在社会平均治理技术水平下,治理 1 单位污染物所需耗费的劳动量。

当企业的治污技术低于社会治污技术时,即 $f_c^i < f_c$ 或者 $\varphi(1, f_c) \cdot Q_c^i < \varphi(Q_c^i, f_c)$ 时,企业将选择购买排污权的方式以达到排污标准,此时,企业生产产品的个别价值为:

$$w^i = \frac{L_p^i + \varphi(1, f_c) \cdot Q_c^i}{Q^i} \tag{1.3.9}$$

当企业的治污技术高于社会治污技术时,即 $f_c^i > f_c$ 或者 $\varphi(1, f_c) \cdot Q_c^i > \varphi(Q_c^i, f_c)$ 时,企业将选择企业治污的方式以达到排污标准,此时,企业生产产品的个别价值为:

$$w^i = \frac{L_p^i + \varphi(Q_c^i, f_c)}{Q^i} \tag{1.3.10}$$

显然,在存在污染排放权交易市场的竞争经济条件下,企业产品的个别价值将低于不存在排放权交易市场的情况,此时,产品的价值或价格也将较之前更低。因为,当允许排污权交易的情况下,污染物的治理将由市场进行选择,最终会由治理技术水平较高的企业提供排污权,而治理水平低的企业将购买排污权。这也就意味着,社会治理比企业治理更有利于发挥专业化的治理水平,更能够充分利用各自的资源和技术优势。

在这种情况下,社会总产品价值为 $\sum\sum_{i=1}^{n}(L_p^i + \varphi(1, f_c) \cdot Q_c^i)$,绿色 GDP 仍然为扣除污染物治理所耗费的劳动后的社会总产品价值:

$$\sum\sum_{i=1}^{n}(L_p^i + \varphi(1, f_c) \cdot Q_c^i) - \sum\sum_{i=1}^{n}\varphi(1, f_c) \cdot Q_c^i = \sum\sum_{i=1}^{n}L_p^i \tag{1.3.11}$$

当然,以上分析的两种企业治理和社会治理的情况都是假定污染都能够被治理的情况,事实上,由于监管和评估难度等原因,更多的是企业污染物排放并不能得到完全治理。在这种情况下，企业产品的价值或价格只受到治理污染所耗费的劳动量的影响，而不受未治理污染物数量的影响。但是在核算绿色 GDP 时，是在传统的 GDP 基础上扣减治理费用以及环境损失成本（虚拟治理费用）计算得到的。因此，绿色 GDP 并非相当于生产产品所耗费的劳动，而是需要扣除未治理的污染对环境造成的损失。

根据上述对污染治理下的产品定价问题的分析，我们可以得出这样的结论：从整个社会来看，污染治理所耗费的劳动越多，产品的价值量越大，以此核算的社会总产品价值或经济总量就越大。这似乎意味着整个生产过程产生的污染越多，治理所耗费的劳动越大，社会核算的经济总量就越大。现实确实是这样，这也说明传统的 GDP 核算经济总量的方式是存在缺陷的，并没有切实反映社会生产水平。当然对企业来说，在价值规律的作用下，企业仍然倾向于在保持原有产量的水平下，降低污染，或通过提高治污技术水平，降低治理污染所耗费的劳动量，从而降低企业产品的个别价值，进而在市场上获得超额利润。

三、"负价值"理论与生态环境危机治理

"负价值"理论将物质与环境作为社会经济生产的整体，对于认识环境在物质生产中的重要作用，以及倡导绿色经济价值观具有不可估量的价值。物质资料的生产不仅是人类社会存在与发展的基础，也是人类社会毁坏与不可持续发展的根源。面对环境污染和生态破坏，人们必须付出劳动进行危机治理。

（一）从环境与物质循环关系角度看环境危机

有了"负价值"概念之后，我们可以对物质与环境之间的平衡关系进行数量分析。将"负价值"模型中的两个生产过程对应于现实经济社会中的物质生产部门与环境生产部门。且假定只有物质生产部门排放废弃物，且这些废弃物一部分排放到自然生态系统中，一部分排放到环境生产部门进行转化。而环境生产部门通过对废弃物进行净化，生产出物质生产部门所需要的环境产品[1]。这一物质与环境部门的循环关系可以用图 1-3 简单表示：

---

[1] 物质生产部门需要环境生产部门所生产的环境产品在上文的"负价值"模型中做了抽象。

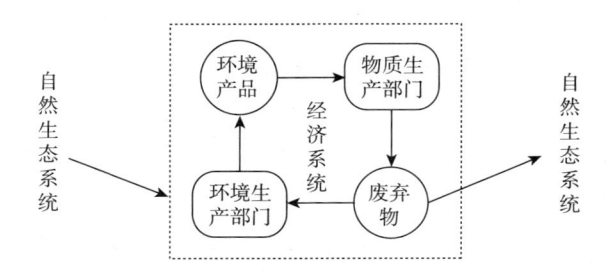

图1-3 物质与环境部门的循环关系

为了构建物质与环境的平衡模型,需要在一般模型的基础上进一步做如下假定:(1)物质生产部门生产1单位商品需要投入的两种生产资料和劳动的数量分别为 K_1、K_2、L,同时产出污染的数量为 P,净化1单位污染需要投入两种生产资料和劳动的数量分别为 K_{p1}、K_{p2}、L_p;(2)如前所述,两种生产资料的单位价值分别为 z_1、z_2,单位污染物的负价值用 z_p 表示,且 $z_p<0$;(3)环境生产部门为物质生产部门提供的环境产品即"无污染状态",若污染没有完全净化将影响物质生产部门的再生产;(4)物质生产部门所排放的污染物全部由环境生产部门进行净化。

在以上假定条件下,物质与环境生产部门之间的物质技术关系可以用表1-6来表示。

表1-6 物质与环境部门投入产出关系

	投入					产出	
	生产资料1	生产资料2	污染	劳动		商品	污染
物质生产过程	K_1	K_2	0	L	→	1	P
污染净化过程	K_{p1}	K_{p2}	1	L_p	→	0	0

根据"负价值"理论,污染物的负价值的大小由净化污染所投入的资本与劳动耗费总和决定。由于净化1单位污染物所投入生产资料的价值和耗费的劳动量总共为 $z_1 \cdot K_{p1} + z_2 \cdot K_{p2} + L_p$,因此,单位污染物的负价值:

$$z_p = -(z_1 \cdot K_{p1} + z_2 \cdot K_{p2} + L_p) \quad (1.3.12)$$

物质生产部门排放数量为 P 的污染物时,环境生产部门投入的实际资

本和劳动的总量 I_{lk} 必须满足：
$$I_{lk} = -z_p \cdot P = (z_1 \cdot K_{p1} + z_2 \cdot K_{p2} + L_p) \cdot P \qquad (1.3.13)$$
才能够将污染物完全净化，使得物质生产部门能够顺利进行再生产。上述即为物质与环境再生产的平衡条件。

在实际的生产和净化过程中，物质与环境部门平衡条件并不一定能够得到满足。一般来说存在以下三种情况：

情况1：$I_{lk} = -z_p \cdot P$，即环境生产部门投入用于净化污染物的资本与劳动量刚好满足物质生产部门的需要，表明物质与环境生产部门达到均衡状态。

情况2：$I_{lk} > -z_p \cdot P$，即环境生产部门投入的劳动和资本过多，超出了物质生产部门对环境产品的需求。此时，虽然废弃物分解已经完成，但是由于废弃物的转化存在浪费资源的状况，故整个社会生产并没有达到最优水平。

情况3：$I_{lk} < -z_p \cdot P$，即物质生产部门对环境产品的需求大于环境生产部门所提供的环境产品。此时，环境生产部门投入不足，转化的废弃物数量过少，不利于社会再生产，故整个社会同样未达到生产的最优水平。

情况2和情况3都意味着物质与环境处于失衡的状态，情况2表示环境治理过度，而情况3表示环境治理不足。情况3更接近于当前生态环境破坏较严重的状态。对于这种情况，一方面需要提高绿色技术水平，减少生产过程中的排放量；另一方面，对于已经积累的环境污染和每年的污染增量，要提高污染治理强度和治理技术，只有这样，才能保持物质与环境的可持续平衡发展。

（二）从劳动过程与劳动力再生产过程看生态危机

劳动力通过劳动过程和劳动力再生产过程（消费过程）与生态环境相关联，而劳动过程与劳动力再生产过程本身也是密切相关的。劳动过程与劳动力再生产过程的相关性表现为生产和消费的关系，正如马克思所概括的："生产生产者消费：（1）是由于生产为消费创造材料；（2）是由于生产决定消费的方式；（3）是由于生产通过它起初当作对象生产出来的产品在消费者身上引起需要。因而，它生产出消费的对象，消费的方式，消费的动力。同样，消费生产出生产者的素质，因为它在生产者身上引起追求一定目的的需要。"①

1. 劳动过程和劳动力再生产的物质闭环

劳动过程和劳动力再生产过程均与生态环境之间存在着紧密的联系，为了更加全面探讨劳动的生态逻辑，需要将两个过程置于同一框架下进行分析（如图1-4所示）。

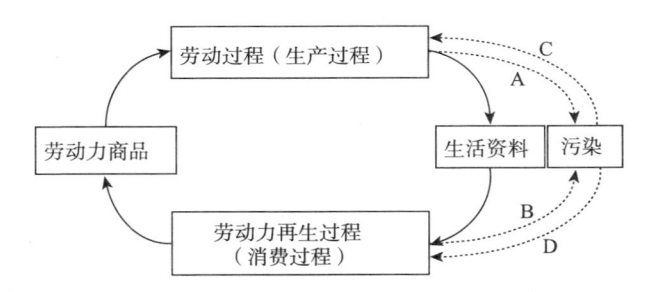

图1-4 劳动过程和劳动力再生产过程的生态闭环

劳动过程从物质生产来看即为生产过程，为劳动力再生产环节生产生活资料，而劳动力再生产过程，即消费过程，为生产过程生产"生产者素质"，即劳动力商品。这两个过程，都会带来环境污染或生态破坏（如图1-4虚线箭头A和B所示）。反过来，污染对劳动过程和劳动力再生产过程均会产生消极影响（如图1-4虚线箭头C和D所示）。

首先，环境污染和生态破坏导致生产过程不能获得充足的能源资源，引起生产成本上升。此外，环境污染也会使生产环境遭到破坏，劳动者无法有效地发挥劳动力的作用，影响生产效率。

其次，环境污染和劣质消费品会使劳动力再生产不能正常进行，劳动者的体力和智力不能得到完全恢复，发展就更谈不上。由此引起劳动力的使用价值贬损，进入劳动过程又会影响生产效率。

2. 劳动过程和劳动力再生产的价值闭环

在分析价值闭环之前，首先需要对假定条件进行设定：

（1）劳动过程将生产出供劳动力再生产的生活资料（用下标 x 表示）和其他产品（用下标 s 表示），而环境污染和生态破坏对劳动过程的影响是

---

① 马克思、恩格斯：《马克思恩格斯全集》第十二卷，北京：人民出版社1974年版，第742—743页。

通过降低劳动效率实现的,即整个社会的剩余价值或利润将下降;

(2) 劳动过程和劳动力再生产过程中会产生出对生态环境有破坏作用的污染物(用下标 r 表示),假定这里的污染物指的是超出自然净化范围的部分,自然可净化的污染不在其中,污染物以"负价值"(用字母 F 表示)进入价值闭环;

(3) 将劳动力再生产过程决定的劳动力价值区分为劳动力内涵价值(用字母 $\hat{V}$ 来表示)和劳动力外延价值。劳动力内涵价值是指包含了再生产劳动力所需的生活资料的价值和污染物的"负价值"。劳动力外延价值只包括生活资料的价值;

(4) 劳动力进入生产过程,真正发挥作用的是劳动力内涵价值。包含污染"负价值"的劳动力内涵价值和生态环境破坏对劳动过程的影响一样,降低劳动效率,使得社会剩余价值或利润下降。

接下来分析正生态逻辑和逆生态逻辑两种状态下的价值闭环。

在以上的假定条件下,劳动力再生产所需消费资料的价值构成为:

$$V = C_x + V_x + M_x \tag{1.3.14}$$

受污染影响的劳动力再生产过程的价值构成情况可以表示为:

$$\hat{V} = C_x + V_x + M_x + F_r \tag{1.3.15}$$

其中,$\hat{V}$ 为劳动力内涵价值,F_r 为劳动过程和消费过程中产生的总污染物的"负价值"($F_r < 0$)。在存在污染的情况下,劳动力内涵价值小于劳动力外延价值,即 $\hat{V} < C_x + V_x + M_x = V$。

劳动过程的价值构成可以表示为:

$$W = C_s + C_x + V_s + V_x + M_s + M_x + \Delta M_1 (F_r) + \Delta M_2 (\hat{V}) \tag{1.3.16}$$

其中,$C_s + V_s + M_s$ 为除了劳动力再生产的生活资料之外的其他商品的价值,社会剩余价值 $M = M_s + M_x + \Delta M_1 (F_r) + \Delta M_2 (\hat{V})$。其中,$\Delta M_1 (F_r) < 0$ 为污染对劳动过程中剩余价值的负面影响,由于 $F_r < 0$,因此 $\frac{d\Delta M_1}{dF_r} > 0$,表明随着污染的增加,社会剩余价值 M 会下降。$\Delta M_2 (\hat{V}) < 0$ 为消费了污染产品的劳动力对劳动过程中剩余价值的负面影响,且 $\frac{d\Delta M_2}{d\hat{V}} <$

0，表明随着劳动力内涵价值下降，社会剩余价值 M 也会下降。

式（1.3.16）中即包含了图 1.3.2 左边的劳动力商品的价值（$\hat{V}$），也包含了图 1.3.2 右边的污染物的"负价值"（F_r）和生活资料的价值（V），因此代表了整个生态价值闭环的总公式，表明价值在生态闭环中的循环和相互关联性。

在正生态逻辑条件下，劳动过程和劳动力再生产过程均不存在对环境的污染和生态的破坏，此时 $F_r=0$。甚至在一定条件下，会出现提高劳动效率的生态效应，此时 F_r 就不是污染"负价值"，而是对生产和消费均有正面作用的环境产品①，$F_r>0$。在这种情况下，劳动力再生产过程中，劳动力内涵价值将大于劳动力外延价值（$\hat{V}>V$），而劳动过程中，由于 $\Delta M_1>0$，$\Delta M_2>0$，社会剩余价值 M 将会增加，这意味着经济效益与生态效益处于良性循环状态。

在逆生态逻辑条件下，劳动过程和劳动力再生产过程均会造成环境污染和生态破坏，此时 $F_r<0$，且随着污染和破坏程度加强，"负价值"也会增加。根据污染对劳动过程和劳动力再生产的影响机制，劳动力内涵价值 $\hat{V}$ 将会下降，最终会对生产过程造成双重的负面影响，使得社会剩余价值 M 下降，这将进一步造成社会压缩成本，加大对生态的破坏。这意味着经济效益和生态效益处于恶性循环状态。

第四节　环境领域"负价值"的实证分析

根据上文的分析，生产和消费过程中对环境产生污染，意味着"负价值"的出现，而"负价值"的大小就取决于消除污染所耗费的劳动量。因此，环境污染的"负价值"即体现在污染治理的成本上。下面结合环境领域中"负价值"理论的应用，分别从企业层面、产业层面和社会层面，论证污染"负价值"的存在性、污染物排放权定价以及绿色 GDP 核算与"负

---

① 参见程恩富、马艳主编：《高级现代政治经济学》，上海：上海财经大学出版社 2012 年版，第 256 页。

价值"的关系。

一、企业排污及其治理的案例分析

环境领域"负价值"理论在火力发电过程中有较好的印证，为此，我们将以火力发电厂为典型案例，在企业排污与治理过程中来检验其"负价值"的存在性。

（一）我国火力发电排污的基本情况

火力发电厂对环境污染体现在三个方面：一是废气，主要包括烟尘、SO_2、NOx、CO_2等的排放；二是废水，包括冲灰废水、化学水处理废水等；三是有害固体、灰渣和飞灰等。其中废气污染对环境的影响最大，这当中又以SO_2和NOx为主，并且处理成本也非常之高，所以值得重点关注，火力发电厂分别把清除SO_2及NOx的过程叫作脱硫和脱硝过程。

我国一次能源结构中70%—80%由煤炭提供，每燃烧一吨标准煤产生CO_2 2600—2700千克，SO_2 5—30千克，NOx 5—30千克。我国火力发电厂是煤的主要用户，因此也是SO_2和NOx的主要排放大户。据中国电力企业联合会编写的《中国电力行业年度发展报告》的统计显示，2011年火电厂发电量为39003亿千瓦时，消耗的原煤为18.04亿吨，其中排放的SO_2为913万吨，占全国SO_2排放总量的41.2%。另据中国环保产业协会组织的《中国火电厂氮氧化物排放控制技术方案研究报告》的统计显示2010年火电厂排放的NOx总量已增至950万吨，占全国NOx排放总量的35%—40%。在2005年以前我国火电厂的脱硫设备主要依靠进口，所以脱硫成本太高，许多电厂不太愿意增加这个成本，2005年国产化普及以后，费用降至原来的20%—30%，这样使得我国火力发电厂的脱硫净化能力得到了快速的发展。

根据《中国电力行业年度发展报告2012》我们可以得到以下三个图。从图1-5我们就可以看出从2005年到2011年火力发电厂SO_2的排放是呈下降趋势的，其占全国SO_2排放量的比重也逐年递减。

从图1-6可以看出，2005年至2011年火力发电厂SO_2的实际排放量与其脱硫净化量的对比，其中，SO_2的实际排放量逐年递减，而其脱硫净化量则逐年递增，两者相加就是全国火力发电厂一年所产生的SO_2总量，其明显呈增长趋势。

至于火电厂的脱硝能力，由于脱硝设备的国产化程度还有待提高，

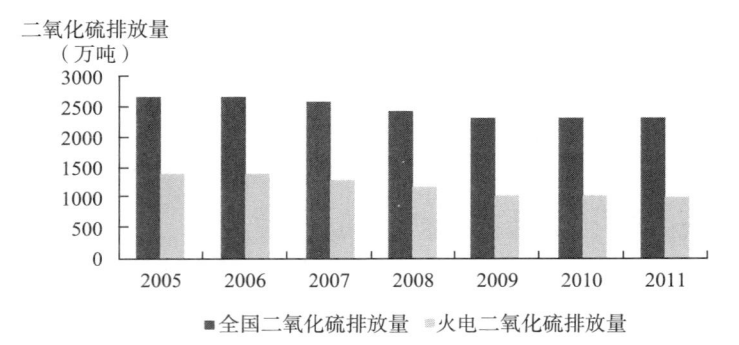

图 1-5　2005—2011 年全国 SO_2 及火力发电厂 SO_2 的排放情况

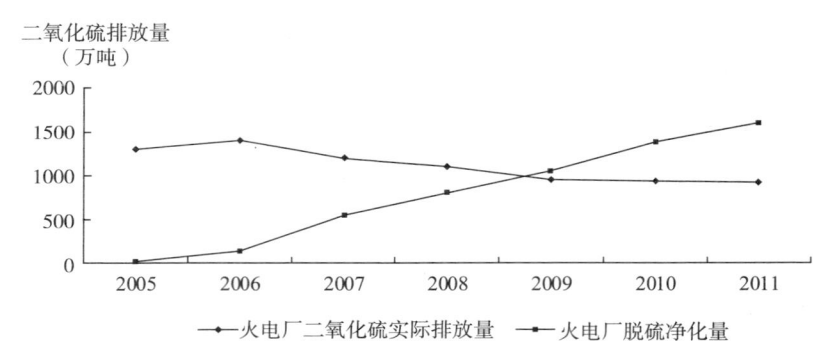

图 1-6　2005—2011 年火力发电厂 SO_2 的实际排放量与脱硫净化量

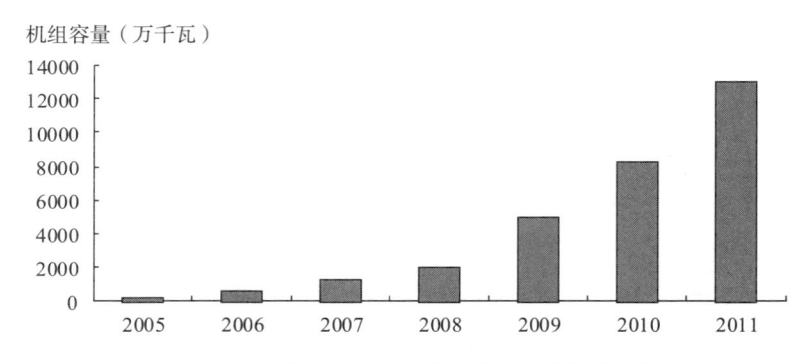

图 1-7　2005—2011 年脱硝机组容量变动趋势

这使得我国火力发电厂的脱硝处理能力受到了一定的限制，所以相比脱硫净化工作在火力发电厂的普及程度，脱硝净化工作还不是很普遍，但从 2005 年以后，我国火力发电厂的脱硝能力还是得到了快速发展，如图 1-7 所示。

我国为了逐渐控制日益严重的环境问题。在新版《火电厂大气污染物排放标准》（GB 13223—2011）中提出了严厉的排放限制：即从 2014 年 7 月 1 日起，现有火力发电锅炉及燃气轮机组执行 NOx 的排放限值为 100mg/m³，SO_2 的排放限值为 200mg/m³，这就要求火电厂对自己产生的 NOx、SO_2 等污染物必须有一个更为严格的净化过程，这样火力发电厂生产过程中所产生的污染物的"负价值"量也会有一个较大的提升。

（二）火力发电厂污染处理成本分析：以华电集团某电厂为例

发电厂的发电过程是一个联合生产过程，投入的要素既有机器厂房等固定资本，也有煤、水和劳动力等流动成本，其产出主要就是电和污染物。而对污染物的处理就是一个净化过程，其投入要素主要有机器和污染物及原材料等，其产出就是无污染的水、$CaSO_4$、氮气等。净化过程是正价值的一种转移，这个正的价值刚好用来抵消污染物所对应的"负价值"。无论是从污染物对环境的污染程度还是从对污染物处理的成本角度，我们是可以把发电厂的净化过程简化为所谓的脱硫和脱硝过程。所谓脱硝过程就是指利用氨（NH_3）对 NOx 的还原功能，使用氨气（NH_3）作为还原剂，将烟气中的 NO 和 NO_2 还原成无公害的氮气（N_2）和水（H_2O）。脱硫方法更多一些，一般常用的方法有石灰石、石膏湿法，就是用 $CaCO_3$ 将 SO_2 还原成 $CaSO_4$、水和 CO_2。由于，火力发电厂的污染处理成本主要就是脱硫成本和脱硝成本，为便于分析，在下面的分析中，我们就把火力发电厂的污染净化成本看作是脱硫成本和脱硝成本之和。

下面以华电集团某电厂为例，说明火力发电厂的生产成本及污染净化成本。华电集团某电厂一期机组装机容量为 4×300MW，每年预计的发电量大约为 6600GWH，人员 450 多人。其中用于脱硫工艺的有 40 人，用于脱硝的有 12 人。300MW 机组平均煤耗大概在 320 克/千瓦时，4 台 300MW 机组，其年发电约为 66 亿千瓦时，折合标准煤耗为 211.2 万吨煤（66 亿千瓦时×320 克/千瓦时/1000000=211.2 万吨煤）。如果按每吨煤 500 元计算，那么每年煤的消耗成本就是10.56亿元,电厂总投入48亿元。如果不计算利息并以30年为使用期限,那么每年的折旧就是1.6亿元。所以发电的生产过程不变资本大概为1.6+10.56=12.16亿元,可变资本以每人10万元计算,那么生产过程大约需要400人就是4000万元,所以每年的总投入就是12.56亿元。当然,实际成本会在这个之上。为了方便计算就取13亿元。电力的收益为$(6600-300)\times10^6\times0.3=18.90$亿元,其中300GWH为电厂不考虑脱硫脱硝时的厂用电。如果不考虑脱硫脱硝的成本,那么最后的利润就是5.9亿元。

该电厂一期机组的SO_2自然排放浓度为1300—2000mg/m³,NOx的自然排放浓度为485—835mg/m³。根据《火电厂大气污染物排放标准》(GB 13223—2011)要求,该电厂一期机组的NOx排放浓度需从2014年起控制到100mg/m³以下,SO_2则为200mg/m³。也就是说该电厂至少需要处理的SO_2为1100—1800mg/m³,至少需要处理的NOx为385—735mg/m³。该电厂已于2006年12月及2008年11月分别完成了四台锅炉的脱硫改造,脱硫设备总投入为4.4亿元预计30年使用寿命,最后固定成本折旧加流动成本,平均每年增加的脱硫成本约8920万元。其中工人工资为400万元(大约40个员工),最后每度电增加的成本为1.47分;另外该电厂于2012年5月及2013年5月底分别完成四台锅炉的脱硝改造。脱硝设备总投入2.7亿元,预计有20年的使用寿命期,最后固定成本折旧加流动成本,平均每年增加的脱硝成本约5555万元,其中工人工资为115万元(大约12个员工),最后每度电增加的成本为0.917分。

显然,发电厂的净化工作会给自身的生产增加不少的成本,根据上文中的"负价值"理论,这些成本实质上就是由于发电厂在生产过程中制造了大量的"负价值",从环境保护的要求出发,这些"负价值"需要通过投入新的价值予以消除,反映在价格上就是带来了新的生产成本。通过表1-7我们可以大致了解该厂发电过程和对NOx及SO_2的净化过程的投入产出情况。由于固定成本及原材料的价值量很难确切得到,所以最后一行就以市场的价格作为经济物品投入价值的替代。

表1-7 华电集团某电厂的联合生产过程

经济物品投入		劳动投入（人）	产出		
			电（GWH）	NOx（吨）	SO_2（吨）
发电过程	固定成本折旧 211.2万吨煤	400	6300	20567	33792
NOx净化过程	液氨2907吨 蒸汽25560吨	12	-21.12	-17996	—
SO_2净化过程	$CaCO_3$ 50156吨	40	-100	—	-32100
总计	13+0.481+0.535亿元	452	6178.88	3429	1692

其中：发电过程的成本为13亿元；NOx及SO_2净化过程除去用电以外的成本分别为0.481亿元和0.535亿元。GWH=10^6度电。

从表1-7可以看出火力发电企业如果不施加环保约束，直接向大自然排放污染物，那么NOx及SO_2就分别会达到20567吨及33792吨，而在严格环保措施下，NOx及SO_2大概分别会减少了83%及95%，剩下的部分则是直接排放到大自然中，通过自然力得到净化，在这里就把这部分污染物的"负价值"看作零不予考虑了。

（三）火力发电污染"负价值"的数字演示

由于污染物给人们带来的就是负的效用，其对应的价值就是"负价值"。而这个"负价值"的量则可以通过净化过程所投入的成本得到估计。比如上面所示电厂中，为了处理NOx，每年要增加的成本为12个工人的劳动力、21.12GWH的电量及以价格形式表示价格总量为0.481亿元的折旧和原材料成本，最后使得大部分NOx污染物得以净化，即NOx的"负价值"通过机器折旧、原材料、电力及劳动力所转移的正价值得到消除。NOx污染物"负价值"的量就是0.481亿元加上21.12GWH电量及12个工人所能创造的价值。对SO_2的处理也是同样的道理，每年要增加价格总量为0.535亿元的机器折旧和原材料成本，另外还要投入100GWH的电量和40个工人劳动力，最后使SO_2污染物得以消除，即SO_2的"负价值"通过机器折旧、原材料、电力及劳动力所转移的正价值得到消除。SO_2污染物"负价值"的量就是0.535亿元加上100GWH电量和40个工人所能创造的价值。

上面的发电过程与 NOx 及 SO₂ 的净化过程的价值转移体系就可以通过下面三个方程来表示：

$$\begin{cases} 13Q + 400X = 6300W - 17996N - 32100S \\ 0.481Q + 12X + 21.12W - 17996N = 0 \\ 0.535Q + 40X + 100W - 32100S = 0 \end{cases} \quad (1.4.1)$$

其中，N 为每吨 NOx 对应的价值量，S 为每吨 SO₂ 对应的价值量，W 为每 GWH（为 10^6 度电）对应的价值量，Q 为每亿元原材料和机器折旧成本对应的价值量，X 为每个劳动力一年所创造的价值量。

由式（1.4.1）可以得到：

$$14.016Q + 452X = 6178.88W \quad (1.4.2)$$

于是

$$14.016 + 452X/Q = 6178.88W/Q \quad (1.4.3)$$

式（1.4.3）左边是投入的成本和劳动力所创造的价值量对应的价格，右边则是发电总量对应的价格。为了求得劳动力的价值，我们需要知道每度电的价格，这里取电费为每度 0.3 元，那么 $W/Q = 0.3 \times 10^6 / 10^8 = 0.003$ 亿元，于是式（1.4.3）就转化为：

$$14.016 + 452X/Q = 18.53664 \quad (1.4.4)$$

解得 $X/Q = 0.01$ 亿元，即每个劳动力所创造的价值用货币表示就是 100 万元。

由此可知，发电厂每年产生的 NOx 的"负价值"量所对应的货币额为 $-(0.481 + 21.12 \times 0.003 + 12 \times 0.01) = -0.664$ 亿元。总共要处理 17996 吨，那么每吨 NOx 的"负价值"对应的价格为 -3689.7 元，如果以每个劳动力一年工作 $51 \times 5 = 255$ 天计算，那么每天创造的价值用货币表示就是 $1000000/255 = 3921.6$ 元，最后我们可以估算出每吨 NOx 具有的"负价值"量大概为 $-3689.7 \times 8/3921.6 = -7.53$ 个工作时。类似地，发电厂每年产生的 SO₂ 的"负价值"量所对应的货币额为 $-(0.535 + 100 \times 0.003 + 40 \times 0.01) = -1.235$ 亿元。总共要处理 32100 吨，那么每吨 SO₂ 负价值量对应的价格为 -3847.4 元，每吨 SO₂ 具有的"负价值"量大概为 $-2912.8 \times 8/3921.6 = -7.85$ 个工作时。

由上可知，火力发电厂主要产生三种产品即电、SO₂ 及 NOx。电具有正的价值，而 SO_2 及 NO_x 具有负的价值。电具有正的价值很好理解，不过，每度电的价值量则是不容易估计的，因为电力市场并不是一个完全竞争的市场，所以火力发电厂的上网电价能否准确反映电的价值是个值得探讨的问题。在本案例中为了方便讨论问题，我们假定电力的价格是能够准确反映电力的价值的。而作为火力发电厂发电过程所带来的副产品 SO_2 及 NO_x，则不是我们所需要的产品，它是会给我们带来负效用的产品，必须予以去除，因此其具有负的价值。其"负价值"量则可以通过净化过程中所用的物和劳动力的投入数量来计算得到。同时，这个"负价值"的量与国家对此类污染物排放所要求的严格程度密切相关，标准越严格，"负价值"的量就越大，就需要投入更大的净化成本。

二、环境污染"负价值"的经验数据分析

以上基于发电厂的污染物排放及其治理的分析对我们了解污染"负价值"的产生与决定提供了案例分析基础。但这只是针对微观层面而言的，对于中观的产业层面来说，污染物排放与治理主要反映在工业"三废"（包括工业废水、工业废气和工业固体废弃物）上。下面将用中国工业"三废"的相关数据来分析中国工业污染物"负价值"的大小及其影响因素。

（一）我国工业"三废"排放与治理基本情况

1. 工业"三废"排放量

根据数据可得性，我们收集到1985—2013年的工业"三废"排放量的数据[①]。

由图1-8可知，随着我国社会生产力的发展，工业发展速度不断加快，工业产生的污染也随之而来，不同类型的工业污染产生有不同的变化特征。我国工业废气排放量从1985年以来呈现逐年递增的现象；工业固体废弃物排放量从1990—1997年逐年递减，1998年激增，此后从1999年开始逐年递减；工业废水排放量则从1985年以来基本保持平稳，总体变动幅度不大。

具体来看，1985年工业废气排放量是73792亿立方米，2013年增长到669361亿立方米，增长了807.1%。1986年工业固体废弃物排放量是13306

---

① 数据来源于《中国统计年鉴》《中国环境统计年鉴》《中国环境统计公报》和《新中国65年数据表》，其中从1997年开始，工业"三废"排放及处理的统计范围由原来的对县及县以上有污染物排放的工业企业，扩大到对有污染物排放的乡镇工业企业的统计。

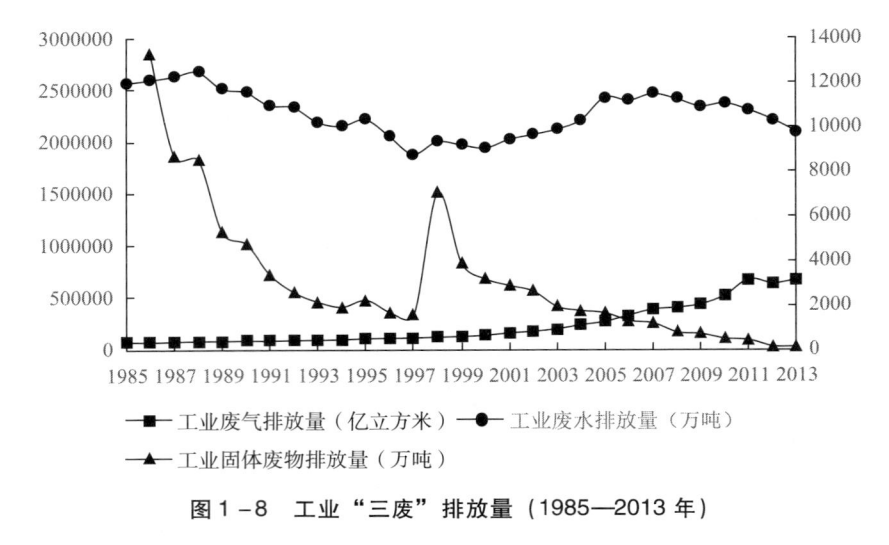

图 1-8 工业"三废"排放量（1985—2013 年）

万吨，然后逐年下降，到 1997 年下降到 1549 万吨，但 1998 年激增到 7048 万吨，自 1998 年之后逐年递减，2013 年下降到 129.3 万吨，相比 1986 年下降了 99.03%。1985 年工业废水排放量为 257.4 亿吨，随后三年逐年增长，到 1988 年增长到 268.4 亿吨；接下来逐年递减，1994 年达到最低点为 125.5 亿吨；随后继续增长，到 2007 年达到最高点为 246.7 亿吨，自 2007 年之后缓慢下降，到 2013 年下降为 209.8 亿吨，与 1985 年相比下降了 18.49%。

2. 工业"三废"治理量

根据数据可得性，得到 1991—2010 年工业"三废"的治理量数据，其中工业废水治理量用工业废水排放达标量来代替，工业废气治理量用工业二氧化硫去除量来代替。

由图 1-9 可知，我国对于工业"三废"的治理程度不断增大。自 1991 年以来，我国工业废水排放达标量直线增加，尤其在 1998—2005 年期间增长速度最快，工业废水排放达标量从 1991 年的 118.3 亿吨增加到 2010 年的 226.4 亿吨，增加了 91.38%。我国工业固体废物的处置量稍有波动，但总体处理程度也在不断增大，尤其在 2000—2006 年期间增长速度最快，工业固体废弃物处置量从 1991 年的 1.17 亿吨增加到 2010 年的 5.72 亿吨，增加了 388.8%。我国工业废气的处理能力也在不断加强。根据数据的可得性，

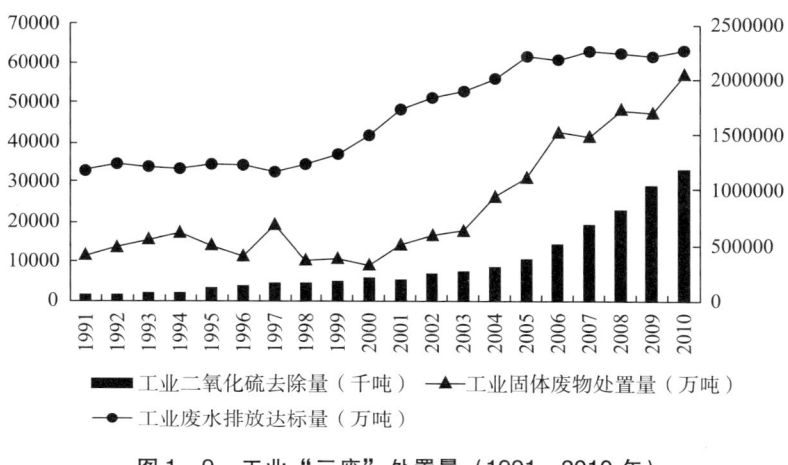

图 1-9 工业"三废"处置量（1991—2010 年）

我们可以看出，利用工业二氧化硫的去除量来反映我国工业废气处理能力的不断提高，我国工业二氧化硫去除量从 1991 年的 173 万吨增加到 2010 年的 3304 万吨，增加了 1809.83%。

3. 工业"三废"处理费

根据数据可得性，得到 1999—2013 年工业"三废"治理费的数据，其中工业固体废弃物治理费用由工业废弃物治理投资费用代替，工业废水和工业废气的治理费指的是污染治理设备的运行费用。

由图 1-10 可知，我国工业"三废"治理费整体呈现上升的趋势，表明我国对于工业污染的重视和对于工业污染治理的力度不断加强。自 1999 年以来，工业废水处理费一直呈上升的趋势，从 1999 年的 105.1 亿元增加到 628.7 亿元，增长了 498.2%。工业废气处理费从 1999 年开始一直增长，尤其是 2005 年开始高速增长，到 2011 年达到峰值 1579.5 亿元，然后开始下降；到 2013 年工业废气处理费为 1497.8 亿元，比 2011 年降低了 5.17%，比 1999 年增长了 2145.6%。由于数据的原因，我们利用工业固体废弃物治理的投资费来代替工业固体废弃物的治理费用，很明显，工业固体废弃物治理费波动较大，1999—2001 年、2003—2005 年和 2010—2011 年均呈现不同程度上升趋势，尤其是 2011 年治理费激增后下降，其他年段均呈现不同程度的下降趋势。其中固体废弃物治理费最高为 2011 年的 31.4 亿元，最低为

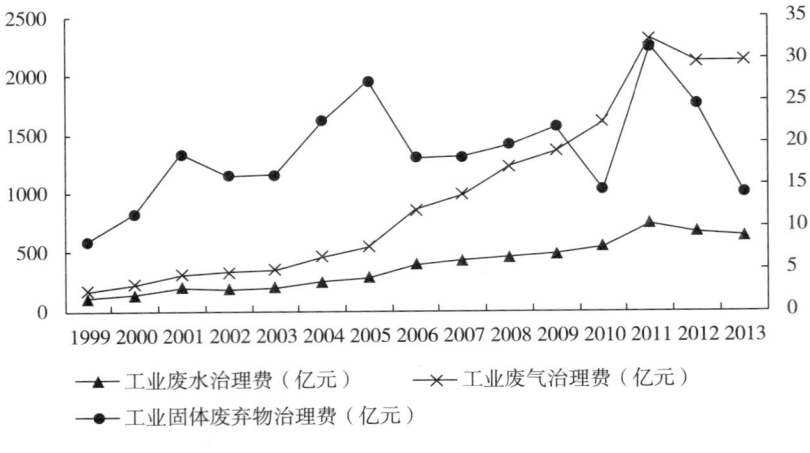

图 1-10 工业"三废"治理费（1999—2013 年）

1999 年的 8.3 亿元。

（二）工业"三废"与工业总产值紧密相关

伴随社会生产力的发展，我国工业"三废"排放和处理状况与工业总产值息息相关。

1. 工业"三废"排放量增速与工业总产值增速

通过对上部分所获取的数据进行处理，得到工业总产值的增速数据以及工业"三废"排放量的增速数据，如图 1-11 所示：

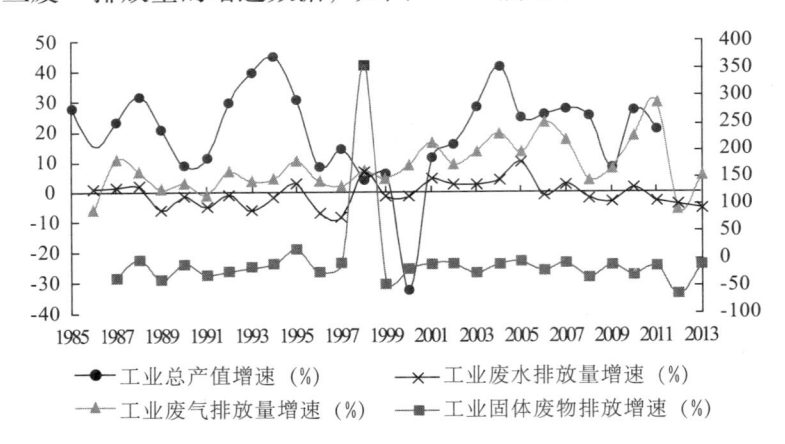

图 1-11 工业总产值增速与工业"三废"排放量增速（1985—2013 年）

由图 1-11 可知，工业生产总值增速比工业"三废"排放量增速有先行性。在工业总产值增长率上升开始之后，工业"三废"排放量的增长率才开始上升，在工业总产值增长率下降开始之后，工业"三废"排放量的增长率才开始下降。由此可以推测，在一定程度上工业"三废"排放量的增长速度总是尾随着工业总产值的增长速度变化而变化。其中，工业废水、工业废气和工业固体废物的增速趋势基本保持一致，当工业"三废"其中之一增速上升时，另外两个增速也上升，反之亦然。在 1985—1998 年，工业"三废"排放量增速的波动幅度都比较小，基本保持一致，而工业总产值的增速波动幅度却相当大；在 1998 年工业固体废物排放量发生激增之后，工业固体废物排放增速保持较小幅度的变化，而工业废气排放量增速与工业总产值增速的波动幅度相对较大。

2. 工业"三废"治理量增速与工业总产值增速

通过对上部分所获取的数据进行处理，得到工业总产值的增速数据以及工业"三废"治理量的增速数据，见图 1-12。

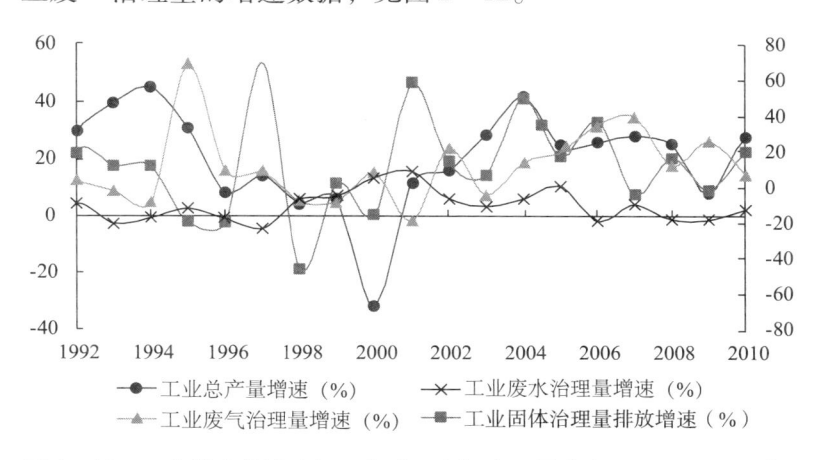

图 1-12 工业总产值增速与工业"三废"治理量增速（1992—2010 年）

由图 1-12 可知，工业废水治理量增速与工业废气治理量增速趋势基本一致，虽然工业废水治理量增速在 1992—2010 年期间波动幅度比工业废气治理量增速大，但总体趋势是一致的，且与工业总产值增速变动趋势不一致。工业固体废物治理量增速与工业总产值增速趋势基本一致，与工业废水和工业废气治理量增速趋势不一致。工业固体废物治理量增速总是伴随工业总产值增速变动而变动，当工业总产值增长率上升时，工业固体废物治理量增长率也上升，反之亦然。工业废水治理量增速波动幅度在1992—2010年期间较小，基本保持不变；工业废气治理量增速、工业固体废气治理量增速以及工业总产值增速的波幅相当大，尤其在1992—2002年这十年期间。

3. 工业"三废"治理费增速与工业总产值增速

通过对上部分所获取的数据进行处理，得到工业总产值的增速数据以及工业"三废"治理费的增速数据，见图1-13：

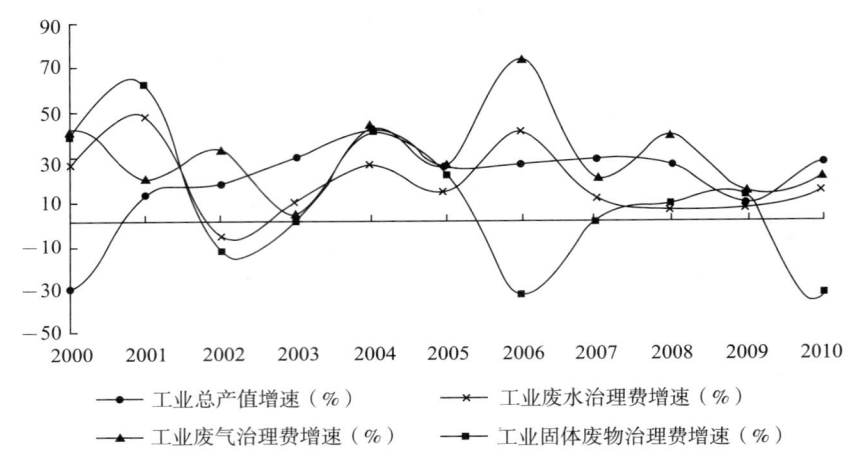

图1-13　工业总产值增速与工业"三废"治理费增速（2000—2010年）

由图1-13可知，工业废水治理费增速、工业固体废物治理费增速与工业总产值增速基本保持一致，而工业废气治理费增速与以上类别相反。当工业总产值增长率上升时，工业废物治理费增长率与工业固体废物治理费增长率也上升，而工业废气治理量增长率却下降，反之亦然。总体来看，2000—2010年期间，不同类别的增速波动幅度都比较大，尤其是工业固体废物治理费增速和工业废气治理费增速，工业总产值增速波幅在2006年之后基本保持平稳。

（三）工业"三废"治理度分析

治理度即污染治理量与污染排放量的比例，这一比例表明社会污染的净增加量。根据数据可得性，我们得到1985—2013年的工业"三废"相应数据，其中工业废水治理度的数据时间跨度为1985—2010年，工业废气治理度的数据通过工业二氧化硫治理度来代替且时间跨度为1991—2010年，工业固体废物治理度的数据时间跨度为1985—2013年。随着我国对污染治理的重视，污染治理度呈现逐渐上升的趋势（如表1-8所示）。

表1-8 我国工业"三废"的治理度（1985—2013年）

年份	工业废水治理度	工业废气治理度	工业固体废物治理度
1985	0.38		
1986	0.42		1.80
1987	0.46		2.96
1988	0.46		3.20
1989	0.48		5.89
1990	0.50		6.72
1991	0.50	1.48	3.46
1992	0.53	1.47	5.41
1993	0.55	1.64	7.30
1994	0.95	1.66	9.13
1995	0.55	2.42	6.34
1996	0.59	2.82	6.80
1997	0.62	2.45	12.56
1998	0.61	2.99	1.49
1999	0.67	3.43	2.77
2000	0.77	3.57	2.87
2001	0.85	3.61	5.01
2002	0.88	4.47	6.31
2003	0.89	4.18	9.15
2004	0.91	4.71	15.12
2005	0.91	5.03	18.89
2006	0.91	6.44	32.93
2007	0.92	9.08	34.55

续表

年份	工业废水治理度	工业废气治理度	工业固体废物治理度
2008	0.92	11.48	61.77
2009	0.94	15.49	66.84
2010	0.95	17.72	114.94
2011			164.74
2012			495.44
2013			647.11

资料来源：历年《中国环境统计年鉴》《中国环境统计公报》。

由表1-8可知，在1985—2013年，工业废气治理度、工业废水治理度以及工业固体废物治理度均呈现上升的趋势。具体来看，工业废水治理度从1985年开始缓慢增长，到2010年增长到0.95，相比1985年增长了150%。工业废气治理度从1991—2010年持续增长，1991—1994年增长相对缓慢，1994年相对1991年增长了12.16%；1994—2005年增长相对较快，2005年相对1994年增长了203.01%；2005—2010年增长飞快，2010年相对2005年增长了252.29%，相对1991年总共增长了1097.30%。工业固体废物治理度增长趋势与工业废气治理度增长趋势相似，1986—2000年增长相对缓慢，2000年相对1986年增长了59.44%；2000—2007年增长相对较快，2007年相对2000年增长了1103.83%；2007—2013年增长飞快，2013年相对2007年增长了1772.97%，相对1986年总共增长了359850.56%。

但事实上，依靠污染治理来减少污染的净增加量，尽管可以一定程度上减少环境污染和恶化程度，但是这一措施无疑是通过耗费社会总劳动量和资源的方式进行的，污染"负价值"并没有发生变化，根据上文的理论分析，我们认为，真正要减少污染"负价值"，必须从排放的根源上下功夫，即采用技术和制度措施减少生产过程中的污染排放量。

三、我国环境经济成本核算与绿色GDP

根据"负价值"理论，我们对污染物的价值决定进行了分析，并且从微观和中观层面对"负价值"的存在性等进行了实证分析。下面以我国 2004 年环境经济核算的结果为例，说明"负价值"理论在绿色 GDP 核算中的重要意义，同时论证环境污染"负价值"在全国范围内的大概数值。

（一）我国绿色 GDP 核算的"负价值"基础

绿色 GDP 是指用以衡量各国扣除自然资产损失后新创造的真实国民财富的总量核算指标。联合国 20 世纪 70 年代开始进行研究和推广绿色 GDP，而我国在 2004 年也启动了中国绿色 GDP 核算项目，为建设资源节约型和环境友好型社会提供基础。核算绿色 GDP 一般包括环境污染实物量核算、环境污染价值量（环境污染成本）核算以及对 GDP 的调整，其中对环境污染成本的核算是绿色 GDP 核算最为重要的环节。由于生产活动对环境的影响主要体现在自然资源的耗费和生态环境的破坏等方面，因此核算环境污染成本不仅需要核算估计自然资源耗费价值，还要核算估计环境污染损失价值以及生态破坏损失价值。由于自然资源的耗费价值一般根据市场价值来确定，其本身已经包含在 GDP 核算中，加上生态破坏损失价值一般难以估算，因此我国在绿色 GDP 核算项目中只核算环境污染损失价值。环境污染损失价值包括环境污染实际治理成本、环境污染虚拟治理成本和环境退化成本。其中环境污染虚拟治理成本指的是目前排放到环境中的污染物按照现行的治理技术和水平全部治理所需要的支出；环境退化成本指的是目前的治理水平下，生产和消费过程中所排放的污染物对环境功能造成的实际损害，二者均以成本即"负价值"的形式进行核算。我国 2004 年启动的绿色 GDP 核算项目主要采用治理成本法对环境污染虚拟治理成本进行核算，即以环境污染虚拟治理成本作为环境污染治理成本，采用污染损失法对环境退化成本进行核算。

截至 2007 年我国完成的环境经济核算结果表明，我国经济高速发展所引起的环境污染代价逐年提高，同时治理环境污染的压力也与日俱增。四年的环境经济核算结果显示，我国环境污染代价从 2004 年的 5118.2 亿元提高到 2007 年的 7334.1 亿元，同比增速高达 43.3%，虽然低于同期按当年价格计算的地区合计 GDP 增长幅度 64.5%，但增速已与 GDP 同比增幅相差不远；环境污染虚拟治理成本同比增速为 51.5%，低于同期按当年价格计算的行业合计 GDP 增长幅度 56.1%，同比增速差距更小。

(二) 我国环境经济成本的核算：以 2004 年为例

1. 污染虚拟治理成本的核算。根据"负价值"理论，"负价值"的质的规定性是在生产有用商品的过程中为了将有害的污染清除而投入劳动的凝结，"负价值"的量的规定性是与清除它所必须付出的劳动量相联系的，基于成本的估算方法就是在"负价值"理论基础上得到的，即防止退化并恢复退化所需要付出的成本。因此，采用治理成本法对虚拟治理成本进行核算的思路很明确，即只要能够全部治理所有的污染物，就不会发生环境退化。可见，为治理所有污染物而消耗的成本即为已经发生的环境退化的价值量。

根据我国 2004 年的绿色 GDP 核算项目可知，环境核算包括水污染核算、大气污染核算以及固体废弃物核算，因此环境污染虚拟治理成本核算也将包括这三个部分。2004 年，我国环境虚拟治理成本为 2874.4 亿元，其中，水污染、大气污染、固体废物污染虚拟治理成本分别为 1808.7 亿元、922.3 亿元、143.5 亿元，分别占总虚拟治理成本的 62.9%、32.1% 和 5.0%。水污染虚拟治理成本占废水总治理成本的 84.0%，是实际治理成本的 5.3 倍。

2. 环境退化成本的核算。通过污染损失法核算的环境退化价值称为环境退化成本，它是指在目前的治理水平下，生产和消费过程中所排放的污染物对环境功能、人体健康、作物产量等造成的种种损害。环境退化成本又被称为污染损失成本，在我国核算中，环境退化成本分为水环境退化成本、大气环境退化成本和固体污染退化成本。

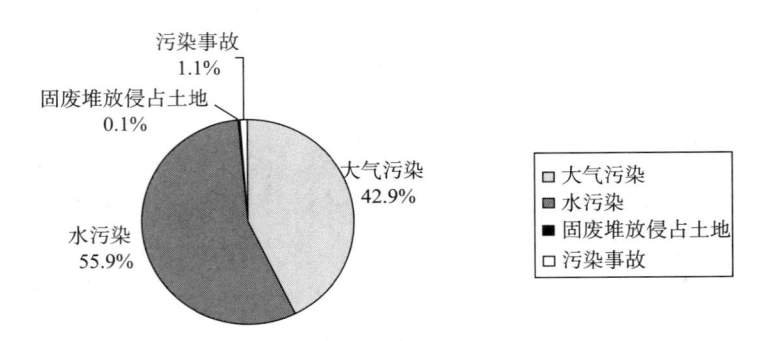

图 1-14 2004 年中国总环境污染退化成本各部分占比

2004年，利用污染损失法核算的我国总环境污染退化成本为5118.2亿元，占地方合计GDP的3.05%。其中，大气污染造成的环境污染退化成本为2198.0亿元，水污染造成的环境退化成本为2862.8亿元，固废堆放侵占土地造成的环境退化成本为6.5亿元，污染事故造成的经济损失为50.9亿元，分别占总退化成本的42.9%、55.9%、0.1%和1.1%，如图1-14所示。

3. 经环境污染调整的GDP核算。2004年，全国行业合计GDP为159878亿元，虚拟治理成本为2874.4亿元，GDP污染扣减指数为1.8%，即虚拟治理成本占整个GDP的比例为1.8%。从环境污染治理投资的角度核算，如果在现有的治理技术水平下全部处理2004年排放到环境中的污染物，约需要一次性直接投资10800亿元（不包括已经发生的投资），占当年GDP的6.8%。

第 二 章
基于"负价值"的生态逻辑与中国政策

"负价值"理论将物质与环境作为社会经济生产的整体进行分析，这对于认识环境在物质生产中的重要作用，深刻理解市场经济的生态逻辑，以及倡导可持续发展观和绿色经济发展观、构建技术与制度协调创新的生态政策体系都具有重要的理论和现实价值。

一方面，在市场经济条件下，"负价值"理论意味着物质资料的生产不仅是人类社会存在与发展的基础，也是人类社会毁坏与不可持续发展的根源，这体现了市场经济生态逻辑的根本原因所在，也是解决市场经济生态悖论的出发点；另一方面，"负价值"理论意味着在资本积累的过程中，如果仅仅考察经济制度因素的变化作用，而不考察生态制度的变化，以及生态制度与经济制度的相互影响作用关系，分析结果也将有失偏颇。此外，关于生态环境的治理问题，"负价值"理论意味着人类的经济活动一旦影响了自然环境，也就是出现了"负的使用价值"和"负价值"时，人类就必须付出同等或者更多的劳动给予修复，这体现了以"富国为穷国负责，当代人为后代人负责"为核心的可持续发展的平等价值观。

第一节 "负价值"理论与市场经济生态悖论

市场经济在其运行过程中，一方面会不断优化市场要素的配置，以推动生产力发展和经济增长；另一方面也会逐步加大对自然力乃至生态环境的破坏，从而影响人类的可持续发展。这就是所谓的市场经济的生态逻辑悖论。

用"负价值"理论来分析市场经济运行，可以发现，在市场经济条件下，物质资料的生产不仅是人类社会存在与发展的基础（表现为经济物品的生产），也是环境被破坏与不可持续发展的根源（表现为有害物品如污染也同时被生产出来），即在生产出一个正的使用价值为人类所使用的同时，也会生产出一种有害的负的使用价值约束和影响人类可持续发展。上述原理即为市场经济生态悖论的理论根据。

一、市场生态逻辑悖论的现实根据与理论缘起

用"负价值"理论来分析市场经济条件下的现实经济活动，我们已经实证了，无论是仅考察环境领域，还是放大到整个社会，只要将环境变量加入到生产过程中，那么，在技术水平无法达到消除污染的能力的条件下，任何生产过程都是联合生产的过程，都可能在生产一个正的使用价值和正价值的同时，生产出一个负的使用价值和负的价值。就我国的情况来看，这方面的表现已经非常明显，这表明我们关于"负价值"的理论成立，同时也证明，我国在市场经济发展过程中，在 GDP 不断增长，即正的使用价值和正价值不断增加的同时，其负使用价值和负的价值也在不断攀升，成为威胁我国可持续发展的重要因素。

现实的经济现象必然反映到经济理论研究中，理论界关于在市场经济的发展过程中，一方面离不开生态与环境的支持；另一方面在市场经济"适者生存，优胜劣汰"的逻辑中，又必然对于生态环境造成极大的破坏，这一悖论的理论探讨已经由来已久。特别是经济发展的现实也要求理论界进一步探究两者的内在逻辑，寻求解决这一悖论的有效途径。

综观现有的研究成果可以发现，理论界关于这一研究主题的理论探索已经有了一定的进展。学术界主要存在着两类截然相反的观点。一种是强调市场经济在追求利润最大化过程中对于生态环境的破坏性，主要代表理论是生态马克思主义学派的一些思想，包括詹姆斯·奥康纳提出的资本主义市场经济条件下存在经济危机和生态危机即"双重危机"的观点；约翰·贝拉米·福斯特关于生态和资本主义是相互对立的两个领域，这种对立不是表现在每一实例之中，而是作为一个整体表现在两者之间的相互作用的观点；萨拉·萨卡强调在资本主义的框架内无法克服生态危机，要实现可持续发展就必须重构传统的社会主义，实行经济收缩战略的观点。

另一类观点主要来源于西方主流经济学派，作为资本主义市场经济制度的捍卫者，他们看重并强调市场经济本身对于生态环境的自我作用能力，认为生态环境问题完全可以通过环境成本核算和市场激励等手段加以解决。如沿袭新古典经济学传统的环境经济学家就论证了通过"环境资源的商品化"和"自然资本化"的解决方式，前者赋予自然以经济价值，将环境纳入市场体系之中，并将环境转化成像其他商品那样可以进行分拆交换的商品；后者将整个自然界及其各个组成部分视为"自然资本"，将地球纳入了资产负债表。

也有大量文献从市场经济的具体要素着手，侧重于研究劳动、资本等要素与生态环境之间的关系。

就劳动视角来看，许多学者探析了劳动的生态异化问题，诸如本·阿格尔从马克思的"劳动异化"理论出发，提出的"消费异化"，从一定意义上窥视到了劳动者与生态环境之间的异化关系。近年来，国内学者对劳动与生态、人与自然关系的分析也推进了这一研究，诸如韩立新（2010）从哲学角度探讨了马克思劳动过程理论的生态学问题，分析了"目的实现"和"物质代谢"两个方面的劳动过程与生态的关系[1]；徐海红（2012）从劳动与文明的关系切入，确认生态劳动在生态文明中的本体论价值，运用哲学方法，对生态劳动基础上的生态文明基本规定性和表现形态展开分析。[2]

就技术视角来看，许多学者分析了资本主义技术进步的反生态性。诸如西方马克思主义早期代表人物卢卡奇就注意到了技术进步的资本主义利用所造成的人与自然关系的异化[3]。此后，生态学马克思主义代表人物威廉·莱斯继承了法兰克福学派关于对自然的统治和对人的统治的思想，提出对自然的控制的加强并不意味着对人的控制的转移或削弱，相反加强了对人的控制。而对自然的控制从而到对人的控制，这个过程是通过科学技术或技术进步实现的。[4] 贝拉米·福斯特更加深入地分析了技术进步的反生态性质。在

---

[1] 参见韩立新：《马克思主义和生态学：马克思劳动过程理论的生态学问题》，《马克思主义与生态文明论文集》。

[2] 参见徐海红：《生态劳动与生态文明》，北京：人民出版社2012年版。

[3] 参见［匈］卢卡奇：《历史与阶级意识》，北京：商务印书馆1999年版。

[4] 参见［加］威廉·莱斯：《自然的控制》，岳长岭、李建华译，重庆：重庆出版社2007年版。

他看来整个资本主义世界的生产活动是围绕价值或剩余价值展开的，所谓满足人们的生活需要仅仅是为了实现其终极目标的手段而已，因此"将可持续发展仅局限于我们是否能在现有的生产框架内开发出更高效的技术是毫无意义的，这就好像把我们整个生产体制连同非理性、浪费和剥削进行了'升级'而已，……能解决问题的不是技术，而是社会经济制度本身"①。

就资本视角来看，许多学者都意识到了资本对于生态环境的破坏性。诸如福斯特等人很早就指出，资本由于其"增殖原则"，决定了它对自然界的利用和破坏是无止境的，其本性是反生态的。国内的徐水华等学者（2010）也分析了在市场经济条件下，为了保证剩余价值的实现和资本循环的正常进行，资本必然不断进行以侵占自然、污染自然为前提的生产。②陈学明等学者（2012）则提出在充分认识资本与生态之间的关系是对立的同时，还必须分析两者之间关系的复杂性，在限制和发挥资本逻辑之间保持合理的张力前提下，要将资本在实现利润最大化的过程中对自然环境的伤害降到最低程度。③

通过以上文献的整理，我们可以看出，学术界关于市场经济与生态环境之间关系的理论分析具有了一定的进展，并且也得到经济学、哲学和生态学等不同学科的重视与聚焦。但是，通过以上分析，我们也不难发现，这一研究主题还有很大探讨空间。

首先，关于市场经济与生态环境的整体性关系上存在两种倾向，第一类观点具有较强的"批判性"色彩，从而着重强调了市场经济在追求利润最大化过程中对于生态环境的破坏，而对于如何利用市场经济的有效机制解决生态环境问题这一命题的关注度不高，从而也就无法较好地解决当下全球资本主义市场经济主导下的生态危机问题；后一类更看重市场经济本身对于生态环境的自我作用机制，并仍然将发展市场经济作为首要目标，在生态环境分析方面则着重提出缓解生态环境恶化的具体方法，从而也就不能较好地分

---

① ［美］约翰·贝拉米·福斯特：《生态危机与资本主义》，耿建新、宋兴无译，上海：上海译文出版社 2006 年版，第 95 页。
② 徐水华：《从资本逻辑的视角看现代生态问题的生成——以马克思对资本逻辑的分析范式为维度》，《前沿》2011 年第 3 期，第 164—167 页。
③ 陈学明：《资本逻辑与生态危机》，《中国社会科学》2012 年第 11 期，第 4—23 页。

析和解决市场经济的生态悖论问题。

其次，关于市场要素与生态环境的个体性关系上也存在一定的片面性，诸如仅考虑市场要素对于生态环境的破坏性影响，而不考虑其进步作用的分析也过于偏颇。因为在市场经济条件下，没有劳动、资本和技术要素的存在，生态环境为人类所利用以及人类对于生态环境的改善与修复也就没有了必要条件。同时，就马克思主义视角来看，西方马克思主义学者把技术进步嵌入资本主义制度来分析生态危机，并深刻批判资本主义制度的方法应该是值得肯定的，这一研究突出了技术进步的合理性、技术进步的人文精神与科学精神的统一性以及技术进步与社会经济制度的内在逻辑统一。但是，西方马克思主义特别是法兰克福学派和生态学马克思主义学派试图用"好技术"替代"坏技术"，用小规模技术、符合人性的技术替代所谓大科学、大技术、大工厂，也不可避免地缺乏其现实基础。

最后，也是最为重要的一点，理论界关于市场经济生态逻辑的矛盾或者悖论的分析都缺乏现实的理论支持，在理论分析方面只是从马克思主义角度进行批判，而批判的针对性理论根据则不足，在市场机制的分析方面，也只是关注分析解决问题的方法，其问题的理论根源挖掘也不够，在市场要素的分析方面更是就事论事，而不去探究其背后的理论原因。

为此，本书将以"负价值"理论为基础，来深入分析市场经济与生态环境之间的逻辑悖论，其主要主张为，市场经济的生态悖论是由市场经济本身缺陷带来的，主要体现为正负使用价值和价值的并存，具体反映为劳动力、资本力、技术力乃至制度力对于自然力的正面与负面的影响。

二、市场经济的逻辑支点

根据马克思在《1857—1858年经济学手稿》中关于社会三形态的划分，全球经济正处于第二种社会形态，即以"物的依赖性"为特征的商品经济或市场经济形态。商品经济是以商品生产和商品交换为基础的经济形态，而市场经济作为商品经济的较高级阶段，本质特征是以市场机制为资源配置的基本或者决定性因素，整个过程包括对生产资源、交换资源、分配资源和消费资源的配置。然而，现时期的市场经济与传统的市场经济有着很大的不同，即将政府纳入市场经济之中，超越了传统市场经济"守夜人"的功能而发挥了更大的作用，只不过由于不同时期，不同国家的经济理念和经济政策的不同，其作用的范围与力度有所不同，譬如在新自由主义盛行时期，或者在以私有制为基本企业制度的国家，政府的作用相对小一些，而在我国的社会主义市场经济实践中，政府的作用则更加强大，其市场经济成为一种有控制的市场经济。

市场经济作为一种经济形态，在生产、交换、分配和消费资源的配置过程中，也就是市场经济运行过程中需要有一定的支点。就现代市场经济来论，至少需要五大支点，一是劳动，二是资本，三是技术，四是自然，五是制度。这五大支点主要靠它们的"力"的相互作用来发挥作用的。

第一是劳动力，它是商品经济的第一要素，也是市场经济运行的首要支点。

根据马克思的解释，劳动力或劳动能力，是"人的身体即活的人体中存在的、每当人们生产某种使用价值时就运用的体力和智力的总和"[1]。劳动力还具有个人劳动力与结合的劳动力的区分，根据马克思的理论逻辑，个人劳动力体现在劳动的强度、劳动的熟练程度和劳动的复杂程度上。结合劳动的生产力主要体现在分工和协作上，这种劳动力又可以称为集体力。

劳动力之所以是商品经济或者市场经济的首要支点则在于，劳动力是劳动者的能力，而劳动者则是商品生产的主体，这一方面体现在劳动力在商品生产过程中的主导作用，即没有人的劳动，根本不存在什么商品生产，因而也就谈不上交换、消费与分配了。另一方面体现在劳动力是市场机制运行的载体或者说是其作用的对象，因为所谓市场配置资源就是市场对劳动资源与物质资源进行配置，没有人的劳动和以其为主体的物质生产过程，也就没有了资源配置的根据。

第二是资本力，这是市场经济的重要支点。

就物质属性来分析资本力，它主要体现在劳动资料、劳动对象等生产资料的规模和效能方面，这是因为"生产资料要不先变为资本，就不能发挥作用"[2]；就社会属性来分析资本力，它则是资本增殖的能力。马克思曾将其定义为"作为强迫进行剩余劳动的力量"[3]，并指出，资本作为能够带来

---

[1] 马克思：《资本论》（第一卷），北京：人民出版社2004年版，第190页。
[2] 马克思：《资本论》（第三卷），北京：人民出版社2004年版，第317页。
[3] ［德］考茨基：《剩余价值学说史：〈资本论〉第四卷》（第二卷），上海：上海三联书店2009年版，第422页。

剩余价值的价值，不断增殖是它自身永恒的逻辑。"资本害怕没有利润或利润太少，就像自然界害怕真空一样。一旦有适当的利润，资本就大胆起来。如果有10%的利润，它就保证到处被使用；有20%的利润，它就活跃起来；有了50%的利润，它就铤而走险；为了100%的利润，它就敢践踏一切人间的法律；有了300%的利润，它就敢犯任何罪行，甚至冒绞首的危险。"①

资本力作为市场经济的重要支点主要在于，一方面资本力是商品生产的重要条件，仅有劳动力没有资本力，商品生产过程是无法完成的，市场经济也无法运行。马克思在这方面有很严密的论证，他认为，"资本能够合并劳动力、技术和土地等生产资料"②。另一方面，在市场经济条件下，资本力也是市场经济的内在驱动力，资本本身的逐利性是市场经济得以存在的重要条件，是市场经济优胜劣汰，适者生存规则运行的内在要求。马克思早在1848年就感叹过：资本力"在它的不到一百年的阶级统治中所创造出的生产力，比过去一切时代创造的全部生产力还多，还要大"③。资本自诞生之日起就通过吸收自然力转化为不断膨胀的社会物质生产系统，转变成不断发展的生产力和不断积累的物质财富，从而创造了现代化产业结构与现代生活方式，支配社会的人口生产、精神生产和社会关系的生产，进而整体地支配人类社会的"全面生产"活动。

劳动力与资本力是市场经济的基本要素，它们之间的关系也是市场经济的最基本关系。如从生产的角度看，资本和劳动作为两种最基本的生产要素只有通过有效结合才能不断生产出更多的产品，创造更多的社会财富；从交换的角度看，资本与劳动之间的交换是商品生产的前提，也是商品实现的基本条件。从分配的角度看，产品主要在资本所有者和劳动者之间进行分配，当然这种分配关系是由生产关系决定的。从消费的角度来看，资本所有者和劳动者的消费不仅直接决定了生产产品价值的实现程度，而且，还会不断地再生产出新的生产关系。为此，恩格斯曾指出"资本和劳动的关系，是我们现代全部社会体系依以旋转的轴心"④。资本力与劳动力作为商品生产的

---

① 马克思、恩格斯：《马克思恩格斯全集》（第二十三卷），北京：人民出版社1972年版，第829页。
② 马克思：《资本论》（第一卷），北京：人民出版社2004年版，第663页。
③ 马克思、恩格斯：《马克思恩格斯选集》（第一卷），北京：人民出版社1995年版，第256页。
④ 马克思、恩格斯：《马克思恩格斯选集》（第二卷），北京：人民出版社1995年版，第269页。

两大重要要素也是西方经济学所关注的核心问题，并主要运用生产函数、消费函数、增长函数等对资本与劳动的优化配置进行比较深入的研究。

第三，技术力是市场经济的动力支点，也是劳动力和资本力延伸发展和效能强化的基础。科学技术也是一种力量，而且是一种生产力，马克思曾经指出："一般社会生产力（如科学）的力量（作为这些生产力的人格化），它是生产的。"[①] 为此，马克思认为："随着大工业的发展，现实财富的创造较少地取决于劳动时间和已耗费的劳动量，较多地取决于在劳动时间内所运用的动因的力量，而这种动因自身——它们的巨大效率——又和生产它们所花费的直接劳动时间不成比例，相反地却取决于一般的科学水平和技术进步，或者说取决于科学在生产上的运用。"[②] 技术力首先是科学知识，它是历史发展总过程的产物，并作为脑力劳动的产物，直接参与了人类认识自然、改造自然的活动。但科学知识只是潜在的力量，它只有通过劳动力和资本力才能转化现实的技术力。即一方面科学技术通过教育的途径可以转化为复杂的劳动力，如马克思说："劳动生产力是随着科学和技术的不断进步而不断发展的。"[③] 另一方面技术力可以推动劳动工具的创新，使资本发挥更大的效能，从而提升资本力。所以，马克思认为劳动工具的发展表明，"社会生产力已经在多么大的程度上，不仅以知识的形式，而且作为社会实践的直接器官，作为实际生活过程的直接器官被生产出来。"[④]

第四，自然力是市场经济的基础支点。自然力包含两个方面的内容，一方面是自然界本身的力量。例如，风力、水力、电力、原子力，等等；另一方面是自然要素本身，诸如土地、河流、森林、矿藏等。自然力之所以成为市场经济的基础支点则是因为：（1）劳动力是以自然力为基础的，马克思指出，"劳动生产力的一定发展程度这个前提，是以财富的自然源泉（土地

---

① ［德］考茨基：《剩余价值学说史：〈资本论〉第四卷》（第二卷），上海：上海三联书店2009年版，第422页。
② 马克思、恩格斯：《马克思恩格斯全集》（第四十六卷下），北京：人民出版社1972年版，第217—218页。
③ 马克思：《资本论》（第一卷），北京：人民出版社2004年版，第664页。
④ 马克思、恩格斯：《马克思恩格斯全集》（第四十六卷下），北京：人民出版社1972年版，第219—220页。

和水）的天然富饶程度为基础的。"① 这里首先在于自然力是劳动的对象，也就是说劳动力总是和自然力结合在一起才会发生作用，"劳动是财富之父，土地是财富之母"。② 其次，自然力的质和量对劳动生产力有很大影响，"同一劳动量在丰收年表现为 8 蒲式耳小麦，在歉收年只表现为 4 蒲式耳。同一劳动量用在富矿比用在贫矿能提供更多的金属等等。"③（2）自然力也是资本力的物质基础，即自然力也是生产资料，马克思说："土地是他的原始的食物仓，也是他的原始的劳动资料库。"④ 意味着大部分劳动工具本身归根到底是由某种自然材料制成的，大部分生产原料是自然资源转化来的，自然资源的性质和质量，在很大程度上决定劳动工具和生产原料的性质和质量，从而大大影响资本力。（3）市场配置资源不仅要配置劳动力和资本力，而且，也会对自然资源进行配置，即由于自然资源的原始分布是不均匀且固定的，而需求则是均衡和动态的，因此，需要重新配置这些自然资源。

第五，制度力是市场经济的整合支点。马克思在各种理论著作中解释过制度的起源和本质，他从人类与自然界的矛盾出发，从生产力的发展导出了第一个层次的制度起源，即社会生产关系（经济制度）的形成过程；进而又从社会生产关系中不同集团、阶级的利益矛盾和冲突出发，导出第二个层次的制度起源，即包括政治、法律、道德规范等在内的上层建筑。而市场经济则是一定经济制度的具体表现形式，是人们在经济过程中各种经济关系的具体形式，是经济活动的具体组织形式、调控和管理方式，确切来说是资源配置的方式和途径。因此，从这个意义上讲，市场经济属于一种制度安排，也具有制度力。

马克思曾经从经济制度层面提出，劳动者和生产资料"实行这种结合的特殊方式和方法，使社会结构区分为各个不同的经济时期"⑤。这也是从市场经济层面肯定了资本主义市场经济制度在人类社会进程中的重要进步作

---

① ［德］考茨基：《剩余价值学说史：〈资本论〉第四卷》（第二卷），上海：上海三联书店 2009 年版，第 422、496 页。
② 马克思：《资本论》（第一卷），北京：人民出版社 2004 年版，第 57 页。
③ 马克思：《资本论》（第一卷），北京：人民出版社 2004 年版，第 53 页。
④ 马克思：《资本论》（第一卷），北京：人民出版社 2004 年版，第 203 页。
⑤ 马克思：《资本论》（第二卷），北京：人民出版社 2004 年版，第 44 页。

用。可以说制度力是劳动力、资本力、技术力和自然力等要素能够结合并起作用的载体。而市场经济的实质就是通过本身的制度力来整合资本力、劳动力和技术力以及自然力。

三、市场经济的生态悖论

从生态环境角度来分析，市场经济的五大支撑点在相互作用过程中具有双重生态效应，一方面随着劳动力、资本力、技术力以及制度力的提升，人类会加强对自然力的利用和改造；另一方面则是在这一过程中也会对自然力乃至生态环境发生破坏和影响，在市场经济条件下这一悖论会更加凸显，成为危及人类生存的大问题。

（一）劳动力与自然力的悖论

首先，劳动力是劳动者能动地征服和改造自然力，将自然条件转换为人类的生存条件的力量。马克思说："劳动首先是人和自然之间的过程，是人以自身的活动来引起、调整和控制人和自然之间的物质变换的过程。"① 这就是说，在人与自然的物质变换中，人具有引起、调整和控制这种变换的能力。人不同于动物的根本点在于动物只能消极地适应自然，人却能够能动地改造自然。综观人类发展的历史过程，自然条件或者说自然力始终是维持人类生存的基本条件，也是劳动力转化为生产力的前提。自然环境给人类生存和发展提供了最初的生活资料和劳动资料，两者构成一个完整的生态系统。一定的生态系统是人类生存和发展的自然物质基础，劳动力的发展也依赖于一定的生态平衡。如果劳动力对于自然力的压力超出了资源环境的承载能力，生态平衡严重失调，产生了生态危机，就会严重影响劳动者的健康，甚至缩短劳动者寿命，从而降低劳动力的质量和数量。

其次，在市场经济条件下，劳动力在利用自然力的过程中，也破坏了自然力，从而出现了劳动的生态异化。关于劳动异化的问题，马克思在前述的三种社会形态划分中，就是以人的本质即劳动是否异化为原则，从而将人类社会历史划分为三大阶段：未发生异化的阶段、异化阶段、异化被扬弃的阶段。我们现在所处的正是劳动异化的阶段，在这一阶段，商品的生产和交换关系渗透在一切领域，而"这种普遍交换，他们的互相联系，

---

① 马克思：《资本论》（第一卷），北京：人民出版社2004年版，第201—202页。

表现为对他们本身来说是异己的、无关的东西，表现为一种物。在交换价值上，人的社会关系转化为物的社会关系，人的能力转化为物的能力"①，即人依赖于物，受物的控制。这种物的能力也包含自然力，因为在马克思的逻辑里"自然力，也可以作为要素，以或大或小的效能并入生产过程"②，并以商品形式存在于市场中。劳动力的生态异化主要体现在两个方面，一方面是劳动力在将自然力转换为自身的存在条件过程，也就是劳动力在向自然界不断索取物质资源的过程，在这个过程中，自然力的有限性使其不可能成为劳动力生存的永恒的物质条件，反而成为劳动力不断提高生产能力过程中的制约；另一方面，劳动力在将自然条件转换为自身生存条件的同时也破坏了自然条件和自然力本身，从而影响了劳动力继续生存的条件，这种劳动力作茧自缚的行为，也正是人类现在所面临的可持续发展的问题。

（二）资本力与自然力的悖论

在市场经济条件下，资本力会提升自然力的使用效率，即通过资本规模扩大将更多的自然力纳入社会生产过程之中。这是因为：（1）自然力不是一个能动性要素，不会主动向人类提供使用价值，而是要通过资本要素才可能被激活而为人类所使用，马克思将其称为"人的本质力量的打开了的书本"③。同时，资本是将自然力"有效纳入资本主义生产体系中，在生产财富的同时实现价值增值"④。为此，资本投入量越多，人类利用自然资源，并进行物质互换的生产规模就越大。可见，自然力需要资本，伴随着资本的扩张，人类对于自然力的利用才会扩张。（2）资本的逐利本性也充分发挥了劳动力和技术力的能动性，从而有助于发挥市场对于自然资源配置的效率，扩大了自然力的利用边界。资本的竞争压力一方面迫使资本降低自然力的使用成本，提升资源利用效率；另一方面也迫使资本

---

① 马克思、恩格斯：《马克思恩格斯全集》（第四十六卷上），北京：人民出版社1979年版，第103页。
② 马克思：《资本论》（第二卷），北京：人民出版社2004年版，第394页。
③ 马克思：《1844年经济学哲学手稿》，北京：人民出版社1985年版，第80页。
④ 鲁品越：《资本逻辑与当代中国社会结构趋向——从阶级阶层结构到和谐社会建构》，《哲学研究》2006年第12期，第24页。

催生新技术并转化为新的自然生产力，为生产过程寻求储备更广阔从而使用成本更低的新自然力，同样，新技术也可能把生产、消费过程中的废料回收到再生产过程的循环中去，从而无须预先支出资本就能创造新的资本材料。总之，资本通过种种手段扩大了自然力约束的外界，减缓了自然力的消耗进程。

然而，资本逐利性带来的无限扩张力总会面临着有限自然力的约束，马克思很早就指出，资本不断追求剩余价值，需要有一个"自然的基础"，即不能对自然力产生毁灭性的破坏。但是，在市场经济条件下，资本的逐利性突破了这一自然的边界。因为，资本的逐利性必将导致大规模生产和大规模消费，并使生产和消费的规模超越自然力承载的边界。在传统的理念里，人们总会将自然力看作大自然对资本的馈赠，可以"不费资本分文"[1]，尽力地开发与利用，这样，资本就没有动机为还原自然力追加劳动投入，从而加速了触及自然力外界的速度。资本的趋利性也激化了人与自然的矛盾，加深了全球矛盾。福斯特指出，较为发达的国家或区域通常将高污染、高能耗的产业转移到相对落后的国家和地区，这样资本趋利性对于自然力的损害就转移到了落后国家，同时由于落后国家并没有足够的资本、技术或者劳动投入来修复已被破坏的自然力，资本对于自然力的破坏就会转换为全球性的扩张。因此可见，全球生态和环境危机的第一推手就是资本的趋利与扩张性。

（三）技术力与自然力的悖论

技术力对于自然力的影响，首先是直接作用，即技术力作为历史发展总过程的产物，也作为脑力劳动的产物直接参与了人类认识自然、改造自然的活动。人们通过科学研究来了解自然、掌握自然界的发展规律，而随着人们对自然规律的科学知识的增加，就能不断丰富改造自然界的手段，从而不断增强利用自然力的能力。此外，技术力还通过资本力和劳动力间接作用于自然力，即技术力通过教育途径渗透于劳动者，使得劳动力复杂化；通过对劳动工具的不断改造与创新，能够充分利用自然条件。技术力对资本力的渗透

---

[1] 马克思、恩格斯：《马克思恩格斯全集》（第二十三卷），北京：人民出版社1979年版，第423—424页。

则体现为:技术力的主要物质体现者是生产工具,工具是物化的智力和物化的科学技术。技术力通过劳动力和资本力这两个载体进入生产过程,从而充分延伸劳动力和资本力的作用范围,极大地提高了人们征服和改造自然的能力,也使自然力发挥更大的效用。为此,不少学者认为技术进步会遏制生态破坏的趋势,在技术创新的作用下,经济的"非物质化"趋势能使经济增长摆脱环境污染。他们还认为,正如石油危机可由技术进步得到克服,全球变暖也将在技术进步的作用下迎刃而解。例如,发达国家多年来一直致力于碳固化技术的研究,如果能把 CO_2 从排放中分离出来,固化或液化后封入海底,CO_2 的排放就不再受到限制。

但是,我们发现技术力也是一把"双刃剑",这也是"杰文斯悖论"所阐述的,技术进步提高了自然资源利用效率的结果,只能增加而不是减少对这种自然资源的需求。因此,就技术力对于自然力的作用来看,技术力一方面作为推动生产力发展和社会进步的巨大动力具有正面效应;另一方面它也对人类的生存发展带来了不可逆的、无法克服的问题。法兰克福学派的霍克海默曾经有很深刻的认识,由于人类凭借技术进步和强大的技术手段,将自然系统作为人类征服、掠夺、利用的对象,以满足人类自身的无限贪欲,从而导致了严重的生态危机。[①] 事实也是这样,在主要发达国家,随着技术进步,虽然单位 GDP 的能源消耗和温室气体排放有所下降,但人均能源消耗和碳排放却一直在增加,能源消耗和碳排放的总量也在持续增加,即技术进步所带来的排放效率的提高被经济增长的规模效应所抵消。回顾历史,从第一次工业革命至今,技术进步伴随着经济的发展和市场经济的确立,但是在这一过程中生态环境越来越差。

(四)制度力与自然力的悖论

制度力对于自然力的影响作用也具有两个方面的效应,一方面会破坏自然力,另一方面也会保护自然力。

首先,制度力是自然力破坏的根源。我们知道,市场经济本身就是一种广义制度力,只不过这种制度是市场的运行机制,并不受人类的主观安排限制,而是遵循"优胜劣汰,适者生存"的规律。这一制度力在追逐自我经

[①] 参见 [德] 马克斯·霍克海默:《启蒙辩证法》,渠敬东等译,上海:上海人民出版社2006年版。

济利益最大目标的过程中，必然会造成对自然力的破坏。更何况在传统的市场经济条件下，由于政府只发挥"守夜人"的作用，市场经济机制的运行也只会张扬资本的趋利性，保护资本力对自然力的无限掠夺性。如前所述，市场经济中资本力、劳动力、技术力和自然力之间的各种矛盾也是市场经济与生俱来的负面效应。

这样，解决上述矛盾就不能从市场经济本身寻找途径。因为，市场经济体制本身不能内生出保护自然力的制度，只能依靠"非市场"的制度创新，即政府的强制性制度（正式制度）和意识形态等自觉性制度（非正式制度）来保护自然力。

其次，依靠政府力量创新正式制度来保护自然力就是通过推行相应的制度去强制性地利用市场机制促成交易以保护自然力。中共十八届三中全会通过的《中共中央关于全面深化改革若干重大问题的决定》明确指出："建设生态文明，必须建立系统完整的生态文明制度体系，实行最严格的源头保护制度、损害赔偿制度、责任追究制度，完善环境治理和生态修复制度，用制度保护生态环境。"这一表述表明了正式制度对于自然力的重要意义；另外依靠意识形态、理性等自觉力量形成非正式制度来保护自然力，也就是通过与生态经济相适应的自然观、生态伦理观、生产观和消费观等非正式制度来改变人们的自然观念，从而调整人与自然的关系。

第二节 基于"负价值"的可持续 SSA（SSSA）理论分析

资本积累的社会结构理论（Social Structure of Accumulation Theory，SSA 理论），是当代西方马克思主义经济学的主要流派之一。这一理论通过分析各种矛盾因素对资本积累的影响，研究资本主义各发展阶段的制度和经济特征，较好地分析了资本主义发展的阶段性特征与内部具体制度变革的逻辑。由于这一理论对 2008 年全球经济危机进行了较好的理论预测，并在危机发生后，西方主流经济学者全体失语的背景下，对这次危机进行了较好的理论释义，从而影响扩大。

但是，综观 SSA 理论的整个分析体系可以发现，该理论仍然建立在经典马克思主义经济学的"劳动正价值理论"基础上，对资本积累与生态环境约束的矛盾注意不足,从而没有将资源环境相关制度纳入其整个制度体系之中进行研究。这表明 SSA 理论研究还有较大的空间。因此,我们尝试在建立了资源环境"负价值"理论之后,将"负价值"理论引入 SSA 理论框架中,进一步考虑生态环境因素与资本积累的矛盾,及其对社会制度变革的影响,构建"可持续资本积累的社会结构理论"(Social Structure of Sustainable Accumulation Theory),即 SSSA 理论框架[1]。这不仅是对 SSA 理论的创新,也是研究生态问题的创新思路。

一、SSA 的理论价值与创新思路

资本积累的社会结构理论秉承了马克思主义经济学的精髓思想,其核心观点是,资本积累会受到一整套涵盖经济、政治与文化的外部因素,即"积累的社会结构"(Social Structure of Accumulation,SSA)的影响[2]。SSA 理论最初认为,SSA 的主要功能是通过处理和缓解资本积累过程中的系列矛盾,为个别资本家提供投资利润率与稳定的预期,从而促进社会总投资与资本积累。后来基于美国新自由主义 SSA 的繁荣时期经济增速不高于战后 SSA 的危机阶段的现实,将 SSA 的主要功能界定为促进资本利润率的增长[3]。关于资本积累过程面临的主要矛盾,SSA 理论将其概括为劳资矛盾、资本竞争矛盾、资本与社会的矛盾、国际矛盾、资本积累与主流意识形态矛盾五个方面,而与这些矛盾相关的制度则构成了 SSA 的核心制度(集)。他们还认为,资本积累过程与系列外部矛盾的发展导致了 SSA 核心制度的变化,从而推动了 SSA 阶段演变[4]。每一阶段 SSA 的内部演变包括兴起、巩固和衰退三阶段[5]。由于缓和了资本积累过程面临的外部矛盾,每一特定 SSA 在其兴

---

[1] 张沁悦、特伦斯·麦克唐纳:《全球生态变化与积累的社会结构理论》,《学术月刊》2014 年第 7 期。

[2] Gordon, D. M., R. Edwards & M. Reich, 1982, "Segmented Work, Divided Workers: the Historical Transformations of Labor in the United States", New York: Cambridge University Press, 24 – 26.

[3] Wolfson, M. H. & D. M. Kotz, 2010, "A Reconceptualization of Social Structure of Accumulation Theory", McDonough, T., M. Reich &D. M. Kotz, Contemporary Capitalism and Its Crises: Social Structure of Accumulation Theory for the 21st Century, New York: Cambridge University Press, 72 – 90.

[4] Kotz, D. M., 1987, "Long waves and social structures of accumulation: A critique and reinterpretation", Review of Radical Political Economics, 19 (4), 32 – 35.

[5] Gordon, D. M., R. Edwards & M. Reich, 1982, Segmented Work, Divided Workers: the Historical Transformations of Labor in the United States, New York: Cambridge University Press, 32.

起和巩固阶段是导致资本积累繁荣、利润率上升和经济长期扩张的促进因素；而伴随着资本积累发展产生的新矛盾日趋紧张，现有 SSA 将进入阻碍资本积累与利润率提升，使经济陷于长期停滞与萧条的崩溃阶段。新的 SSA 在旧 SSA 的崩溃阶段萌芽。

我们认为，SSA 理论至少有四方面重要学术价值。

一是阐述了构成资本主义的具体经济制度的特征并较好地解释了当代资本主义的时空多样性。SSA 理论在资本主义经济制度的一般框架下，分析了与缓和劳资冲突、资本竞争相关的制度安排，以及国家的经济职能与政策、金融管制、国际贸易、政党联合、刑事司法系统等一系列具体经济体制的交互作用机理。并且阐述了这些具体制度在同一时期，不同的国家 SSA 中的功能与变化逻辑。相关研究与结论有助于我们更好地理解这些制度的本质与内涵，阐明当代资本主义呈现时空多样化特征的内在逻辑。

二是阐明了资本主义长期繁荣与长期衰退的经济解释框架，在解释资本主义阶段性结构危机尤其是 2007 年、2008 年全球金融危机上做出了突出贡献。SSA 理论认为构成 SSA 的制度是一个整体，任意具体制度如果与现有 SSA 其他制度不兼容，则无法发挥作用；同时，某一阶段 SSA 中的某个具体制度虽然已经失效，但如果其他制度均能有效发挥作用，则该 SSA 便能持续支持资本积累；SSA 的衰退意味着 SSA 整体制度集的崩坏[①]，整体 SSA 的构建与崩坏需要较长时间。因此，该理论一方面较好地解释了资本主义经济长周期；另一方面将马克思论述的具体资本主义危机倾向纳入不同的 SSA 制度机构中进行整体理解，体现出强大的解释力，同时也对我们理解某一具体制度与整体社会制度的变革关系具有重要启发。

三是强调阶级（主要是劳资）力量对比在新 SSA 建立中的重要作用，启示社会主义国家可以通过支持劳动阶级使社会经济制度进一步向社会主义方向完善。SSA 理论具有重视劳资关系分析的一贯传统，将阶级斗争主要是劳资力量的对比看作 SSA 阶段更替的核心力量。例如，最新的 SSA 文献结合全球化和新自由主义意识形态全球扩散的经济现实，拓展了劳资矛盾及其

---

① Kotz, D. M., 1987, "Long waves and social structures of accumulation: A critique and reinterpretation", Review of Radical Political Economics, 19 (4), 24–25.

对资本主义制度影响的分析视野，超越了个体、阶级和国别的概念，从家庭、非阶级群体、全球化的视角对现行 SSA 制度下劳资矛盾的新表现进行了系列分析。该理论对劳资关系的多角度全面分析视野，有助于理解不同阶段的资本主义系统，通过怎样的制度安排导致并扩大了社会不平等；而对社会不平等与资本积累矛盾的深入细致分析，更有利于理解当前资本主义制度变革的内在逻辑。同时，基于阶级冲突和劳资力量的对比，结合制度变化的历史基础与历史偶然因素分析衰退阶段 SSA 的走向原则，有助于科学合理地认识世界经济制度的走向与未来。

四是分析框架具有开放性与包容性特征，可以随时将经济发展（资本积累）过程面临的新矛盾纳入其整体分析框架中。SSA 理论以资本积累过程面临的各项矛盾为出发点，关注相关制度与资本积累的矛盾动态。其对矛盾关注的全方位视野，以及对相关制度的整体性强调，有助于该理论监控资本过程面临的矛盾动态，有助于将各种代表性经济新现实纳入分析框架。

毋庸置疑，SSA 理论取得上述学术贡献，主要得益于他们对传统马克思主义经济学研究方法的继承与发展[1]。然而，在全球经济日益变化，社会经济矛盾复杂性和多样化的发展趋势下，结合方法论审视 SSA 的具体研究内容，我们认为，该理论亟须进行创新：在关注社会结构（生产关系和上层建筑）与资本积累的矛盾作用的同时，重视生产条件对资本积累的促进与约束作用，将资源环境约束及其相关制度纳入 SSA 理论的系统分析框架中。这一创新是对全球资源环境约束日益趋紧的必要反应。

资源环境对资本积累的影响包括作为原料投入的自然资源的丰裕度与容纳生产废弃物和影响劳动力健康的生态环境（是否被污染破坏）两方面。SSA 理论的最新文献虽然开始考虑资源趋紧与资本积累的矛盾[2]，但并未将资源约束与资本积累的矛盾看作与传统 SSA 核心矛盾至少同等重要的因素，因此没有将其纳入 SSA 理论的整体分析框架中。更没有分析环境恶化的后果在不同利益主体

---

[1] 马艳、严金强：《论 SSA 理论对马克思主义研究方法的继承、发展与创新》，《上海财经大学学报》（哲学社会科学版）2015 年第 1 期。

[2] 如霍尔和克里特伽德（2012）论证了廉价矿物燃料供应的不稳定性与两大 SSA（美国战后 SSA 和新自由主义 SSA）崩溃之间的关系；克里特伽德和克拉尔（2012）指出新自由主义 SSA 无法兼容资源环境约束与资本积累的矛盾。

之间的不同分配关系导致的社会关系的变化①。因此，也当然没有研究与资源环境因素相关的生态制度与传统 SSA 五大核心制度的交互作用。

SSA 理论没有将资源环境作为一个重要的制度因素纳入其分析框架里的重要原因是其理论框架还是秉承传统马克思主义经济学的理论逻辑。经典马克思主义经济学尽管认识到自然力是物质资料生产过程所不可或缺的因素，但是，在其价值和剩余价值的理论分析过程中，并未将资源环境纳入研究范畴。诸如马克思在《资本论》中指出，"作为要素加入生产但无须付代价的自然要素，不论在生产过程中起什么作用，都不是作为资本的组成部分加入生产，而是作为资本的无偿的自然力，也就是，作为劳动的无偿的自然生产力加入生产的。"② 这样，在经典马克思主义经济学理论框架里，资源环境就没有作为一个重要约束条件被纳入其中。这一方面是由于在马克思的时代，资源环境对于人类经济活动的现实限制还没有达到当代这样的程度；另一方面是经典马克思主义经济学的理论逻辑只有正的使用价值和正的劳动价值的概念，因此，当资源环境要素作为一种负效应和负的价格进入当代经济活动视野时，如何将这一现象进行符合马克思主义经济学逻辑的解释，从而合理地纳入马克思主义经济学框架中也是 SSA 理论需要创新的重要内容。本书正是在资源环境"负价值"理论创新的基础上，将资源环境作为一个重要因素或者重要制度纳入 SSA 理论框架里，构建其新理论框架，这样，这一新理论逻辑才有其科学性和统一性。

同时，我们认为，以资源环境"负价值"理论作为微观基础，将资源环境约束及其相关制度纳入 SSA 理论的系统分析框架中，这一新理论框架也是对马克思唯物史观的进一步继承和发展。因为，马克思认为"生产的自然条件"通过影响和制约着劳动生产率发展水平、劳动者的生存方式，生产工具、劳动对象的数量和质量，从而影响了剩余价值生产。③ "生产的自然条件"在资源趋紧和环境恶化的全球变化大背景下，必将成为制约资本积累的重要因素，也必将对生产关系从而上层建筑产生影响，从而使资源

---

① 我们在这一方向上做了初步尝试，见张沁悦、特伦斯·麦克唐纳：《环境因素引致劳资关系变动的 SSA 理论分析》，《上海财经大学学报》（哲学社会科学版）2015 年第 1 期。
② 马克思：《资本论》（第三卷），北京：人民出版社 2004 年版，第 843 页。
③ 解保军：《马克思"生产的自然条件"思想探析》，《学习与探索》2010 年第 5 期。

环境与资本积累的矛盾成为导致 SSA 阶段变化的重要内在动力之一。

因此,我们认为 SSA 理论应进一步加强关注"生产的自然条件"(即资源环境因素)与"可持续资本积累"的矛盾关系。对资源环境约束、资本积累、包含生态制度的制度系统的相互作用机理进行系统全面的分析。我们将这一拓展后的框架命名为"可持续资本积累的社会结构理论"(Social Structure of Sustainable Accumulation Theory,SSSA 理论)。

二、基于"负价值"的 SSSA 框架

SSSA 理论将资源环境因素纳入 SSA 理论框架,分析资本积累与生态约束之间的矛盾,以及处理这一矛盾的相关制度,这一理论的重要根据就是资源环境的"负价值"理论。为此,这一理论在概念、理论基础和分析框架上呈现出既基于 SSA 方法,又不同于传统 SSA 理论的特征。

我们首先在概念上明确引入"负价值"后生态制度的内涵变化与功能特征,阐明生态制度与传统 SSA 五大核心制度的关系。其次在内容上沿袭 SSA 理论重视整体制度集对于平复资本积累与外部矛盾所起作用的分析思路的同时,着重研究引入负价值与生态制度后传统 SSA 理论五大矛盾及相关制度的变化。

(一)资源环境"负价值"理论是 SSSA 理论的基础

我们认为,劳动(正)价值论是正确认识经济(资本)循环的理论基础[①];资源环境"负价值"理论是从人类活动角度出发科学分析生态循环的理论依据;而综合运用劳动价值论与资源环境负价值理论,为 SSSA 理论正确认识经济与生态的交互动态提供了良好的切入点。下面,我们将从微观和宏观两个角度,从联合生产过程出发,分别考察经济与生态的交互循环。

1. 经济与生态的微观动态交互循环与制度安排

SSSA 理论从分析人类生产过程对资源环境使用价值[②]和价值的影响出

[①] 传统 SSA 理论正是从资本循环的购买—生产—销售三步骤,即广义生产过程(经济活动)出发,研究价值生产及实现与其外部经济、政治、文化制度的矛盾作用机理。

[②] 我们基于人类中心主义,将生态系统及其循环过程的使用价值定义为为人类生产过程提供自然资源,容纳生产与生活废弃物,并为劳动力再生产提供环境服务。人类活动和自然生态循环中的突发状况(如地震、洪水等)均可能破坏生态系统对人类生产活动的使用价值。即使人类灭绝,地球生态圈仍然存在,只是循环方式不同于当前。我们的目标是寻求将生态循环维持在符合人类生存发展需要的框架之内的解决途径,应当从生态系统对人的有用性,以及伴随资本循环的人类劳动对这一有用性的作用效果来考察生态循环。

发，将任意生产过程均看作联合生产过程。一方面生产目标使用价值；另一方面对资源环境使用价值产生或正或负的影响，产生或正或负的资源环境价值。经济循环内置于生态循环过程中，二者呈现出对立统一的矛盾特征。每一特定的生产过程都会对生态系统使用价值产生双重效果：一方面将提升生态系统使用价值，通过生产规模扩大将更多的自然资源和生态圈纳入生产使用过程而体现，将由于资源环境使用价值破坏带来的负价值定义为 E，此时 $E<0$（本书由于研究重点不考虑这种情况）；而另一方面会降低生态系统使用价值，包括对资源的过度使用和废物过度排放，导致资源耗竭、环境污染和生态圈功能损坏等，从而产生负价值 $E\geq 0$。

假定经济中有 i 个企业（$i=1,2,\cdots,n$），将每一企业 i 生产特定目标使用价值的劳动投入（包括物化劳动与活劳动）标准化为 1，W 表示目标使用价值的新增价值，按照联合生产过程对"负价值"的不同处理方式，企业 i 的具体生产方式 j 可以分为三类。$j=1$ 时，采取"边生产边治理"模式；$j=2$ 时，采取"先生产后治理"模式；$j=3$ 时，采取"只生产不治理"模式。个别企业生产产生的负价值为 E_{ij}，劳动投入 1 的社会收益为：$W-E_{ij}$。

"边生产边治理"模式下，如果经济活动对生态系统的使用价值有所破坏（可能为负），即在破坏的同时追加还原劳动 E_{i1}，使生产结束的同时，生态系统的负使用价值也得到恢复，其负价值也会得到补偿。

"先生产后治理"模式下，当经济活动破坏了生态系统，并出现负使用价值时，如果对于这些负的使用价值是在生产结束后追加劳动加以治理，即生态循环治理过程不包含在本次生产过程中。这时，由于污染物排放和某种自然资源的减少对生态系统带来的影响复杂而深远，有理由认为这种情况下需要耗费的还原劳动高于"边生产边治理"的情况，即此时产生的资源环境负价值 $E_{i2}>E_{i1}$。

"只生产不治理"模式下，即人类的生产活动破坏了生态系统，以致出现了负使用价值和负价值，对于这些既不处理也不补偿的行为。由于污染累积和生态圈破坏累积对生态循环的破坏具有乘数作用，这种情况下产生的负价值 $E_{i3}>E_{i2}$，高于"先生产后治理"时。

为了简便，将市场经济条件下的生态制度假定为两种极端类型。制度 I

不要求生产者考虑和处理其生产的资源环境负价值；制度Ⅱ要求生产者为其经济活动产生的资源环境负价值进行足额补偿。则不同制度安排下，各种生产方式下，生产需要考虑的成本与收益和社会实际成本与收益被总结在表2-1中。

表2-1 不同制度安排下各生产方式的成本与收益[①]

生产方式	社会 成本	社会 收益	制度Ⅰ 资本成本	制度Ⅰ 资本收益	制度Ⅱ 资本成本	制度Ⅱ 资本收益
边生产边治理	$1+E_{i1}$	W	$1+E_{i1}$	W	$1+E_{i1}$	W
先生产后治理	$1+E_{i2}$	W	$1+E_{i2}$	W	$1+E_{i2}$	W
只生产不治理	$1+E_{i3}$	W	1	W	$1+E_{i3}$	W

从表2-1可知，市场经济条件下，资本的逐利本性要求生产者在收益既定为A_t时，选择成本最小化的生产方式。因此，微观经济主体在制度Ⅰ条件下必然选择"只生产不治理"的生产方式，但此时联合生产的负价值最大，社会收益最小；而在制度Ⅱ条件下，必然选择"边生产边治理"的生产方式，此时联合生产产生的负价值最小，社会收益最大。

2. 经济与生态的宏观动态交互循环机理

考察经济与生态的交互动态，应关注生产过程中资源环境的累积破坏产生的后果，考察社会负价值总额$\sum E = \sum_{i=1}^{n} E_{ij}$。考虑到生态系统自循环过程的再生和自净化功能，依据生产规模，将$\sum E$总量分为三类。一是资源环境使用价值遭破坏较轻时，生态系统自循环可以使其再生或自修复，不需要人类投入追加劳动进行处理，此时$\sum E = 0$；二是资源环境破坏较严重，生态系统无法通过自身循环对其进行修补时，人类必须投入追加劳动以使生态系统维持原有功能，此时$\sum E > 0$，t的具体量由修复过程投入的社会必要劳动量进行衡量；三是由于资源环境的破坏过于严重，以至于在现有技术

[①] 在此表中，"成本"指获得目标使用价值的价值W时所耗费的实际劳动；"收益"指劳动投入为1的条件下的新增价值总量。

条件下，无论人类投入多少劳动均无法使生态系统维持原有功能，此时 $\sum E \to \infty$。

因此，从宏观层面综合考察经济循环与生态循环时，将出现三种交互动态类型：一是经济与生态的良性循环，此时 $\sum E = 0$；二是经济与生态的不定循环，此时 $\sum E > 0$，经济与生态的交互动态最终将进入良性循环还是恶性循环，关键在于对负价值 t 的处理方式与力度；三是经济与生态的恶性循环，当经济规模扩张到追加劳动亦无法消除资源环境破坏的负面影响，生态系统原有服务功能难以为继时，人类经济活动超出生态系统的外界，一方面生态危机恶化，另一方面人类经济活动难以为继，将进入生态与经济的恶性循环。人类发展陷入不可持续的窘境，此时 $\sum E \to \infty$。我们将前两种交互动态的临界点定义为生态循环的内界，将后两种交互动态的临界点定义为生态循环的外界。具体关系总结在图 2-1 中。

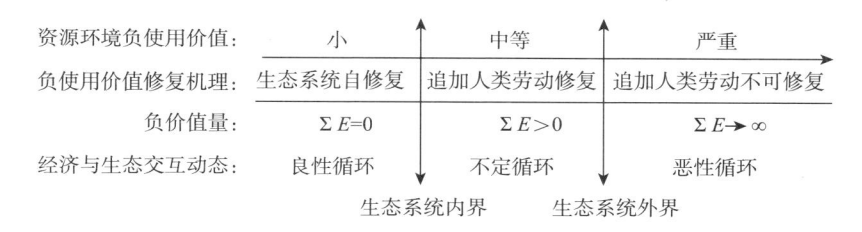

资源环境负使用价值：	小	中等	严重
负使用价值修复机理：	生态系统自修复	追加人类劳动修复	追加人类劳动不可修复
负价值量：	$\sum E=0$	$\sum E>0$	$\sum E \to \infty$
经济与生态交互动态：	良性循环	不定循环	恶性循环
		生态系统内界	生态系统外界

图 2-1 基于负价值的经济与生态交互循环

根据当前经济发展与生态环境的现实可知，我们正处于经济与生态的不定循环状态，即处于生态系统的内界与外界之间，并有超越生态系统外界的危险。从经济与生态循环的微观动态与制度安排来看，如果制度安排能确保微观主体均选择"边生产边治理"的生产方式，则社会 $\sum E = 0$，经济与生态可进行良性循环，如果制度安排促使微观主体选择"先生产后治理"方式，则 $\sum E$ 总量不定，如果制度安排促使微观主体选择"只生产不治理"方式，则 $\sum E > 0$，且资源环境破坏在生态系统中的不断累积与叠加必将导致 $\sum E \to \infty$，使经济与生态的交互动态滑入恶性循环的深渊。

上述引入资源环境的负价值理论的 SSSA 分析框架，将为阐明 SSSA 中的生态制度的内涵与功能，设计有效生态制度体系提供理论基础。

（二）基于资源环境"负价值"理论的生态制度体系的构建

将基于"负价值"概念的生态系统循环引入与经济循环的交互作用分析中，我们可以得出，SSSA 的目标旨在寻求有效制度安排，引导经济与生态向良性循环发展，避免滑入恶性循环的深渊。然而 SSSA 理论框架的构建并未完成，还要引入调节经济与生态交互循环机制的相关制度，即建立生态制度体系，明确其内涵、功能与地位。

1. SSSA 理论中生态制度体系的内涵与功能

SSSA 理论致力于探索建立处理资本积累（经济活动）与资源环境约束的系列矛盾冲突的制度体系，为了叙述方便，我们用"生态制度"一词来总括这一制度体系。该制度的微观功能是通过强制经济主体考虑联合生产过程中产生的资源环境负价值，追加劳动对负价值进行处理或还原，从而减少经济个体活动产生的负价值。宏观功能是通过制度安排影响微观主体行为的同时，控制生产活动的负价值总量。最低目标是确保经济规模不超过生态外界，约束经济与生态的不定交互动态不滑入恶性循环的深渊；其次是寻求在生态约束的条件下实现经济稳定发展，最高目标是引导经济规模在生态系统的内界运行，在经济与生态进行良性交互循环的同时，追求人民生活水平不断提高。

从内涵上看，SSSA 理论中的"生态制度"的作用范围不仅应全面覆盖"负价值"的生产、分配、交换和消费过程，还应全面涵盖与"负价值"相关的政治、文化、法律等意识形态方面的内容。

从对 SSSA 框架中生态制度体系的概念、功能和内涵的界定可以看出，这一制度体系与 SSA 理论的思想内核相吻合，而与某些环保主义者倡导的单纯保护环境处于自在自然状态的思路不同。

2. SSSA 理论中生态制度与 SSA 五大核心制度的关系

SSSA 理论中的生态制度与任意一种传统 SSA 的五大核心矛盾，并非处于等同地位，而是与传统 SSA 整体位于平行并列地位。

这是因为传统 SSA 理论实质关注的是生产力（生产过程）与生产关系和上层建筑的矛盾关系。从资本积累过程出发分析生产力和生产过程的变动；集中于国内、国际劳资关系和资本竞争关系的变化分析生产关系变动；

关注主流意识形态的变化以及相应的政治和刑事司法制度的变革来对上层建筑进行分析；国家的经济地位变化同时涉及生产关系和上层建筑两方面内容。

而资源环境的变化意味着"生产的自然条件"发生变化，通过作用于广义生产过程的生产、分配、交换和消费四大活动，引致生产关系从而上层建筑的变化。因此，处理资源环境与资本积累过程矛盾的生态制度与传统 SSA 的整体制度，既同等重要，又会发生相互作用。即考虑资源环境负价值后，劳资关系、资本竞争关系、国际竞争关系，从而国家的经济地位、主流意识形态等均会发生变化。生态制度既会对传统 SSA 的五大制度产生重要影响，又会受到传统 SSA 五大制度的反作用。资源环境、资本积累与包含生态制度在内的系列社会结构的动态交互关系可以归纳在图 2-2 中。

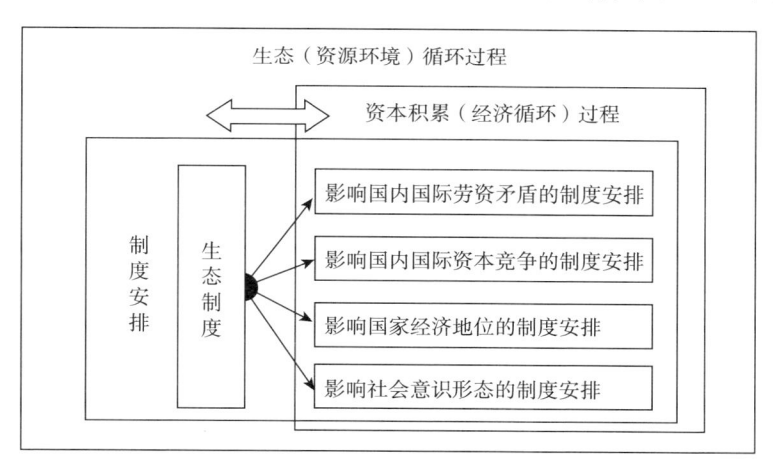

图 2-2 资源环境、资本积累与系列社会结构的动态交互关系

从 SSSA 的阶段划分来看，借鉴 SSA 理论对特定 SSA 内部阶段的演变与功能转化的阐述，SSSA 也应包括兴起、繁荣与衰退三阶段。每一阶段的 SSSA 在其兴起与巩固阶段，应有助于引导微观经济主体选择"边生产边治理"的生产方式，使宏观生态与经济交互动态中的"负价值"总量下降或维持不变，促进经济与生态向良性循环发展。而伴随着经济与生态交互动态矛盾的发展，现有 SSSA 将导致微观经济主体选择"只生产不治理"的生产方式，致使宏观生态与经济交互动态中的"负价值"总量不断累积增加，经济与生态进入恶性循环，从而进入现有 SSSA 的崩溃阶段。

三、SSSA 的理论分析

根据上述 SSSA 理论的概念界定以及功能分析，我们将基于"负价值"理论的生态制度分别植入 SSA 理论的五大核心矛盾中，考察植入后引起的劳资关系、资本竞争关系、国家的经济地位、主流意识形态以及国际竞争关系的变化。

（一）生态制度作用于劳资关系的理论分析

SSA 理论将劳资矛盾作为资本积累过程面临的主要矛盾，强调对劳资矛盾的关注。SSSA 理论也把考虑"负价值"后的劳资矛盾变化作为分析重点，考察这一变化与现有制度的矛盾，并分析未来的发展方向。

首先，我们考察植入基于"负价值"的生态制度后的劳资关系变化模型。

我们立足于马克思主义经济学理论，假定一个社会劳动者与资本家的人数比为 L，为了简便，将全社会资本所有者人数标准化为 1，相应的总劳动力人数为 L。假定总劳动力中，就业人数为 L_e，失业人数为 L_{ue}，$L_e + L_{ue} = L$，失业率为 $U = \dfrac{L_{ue}}{L}$，失业劳动者无收入[①]，生产过程投入的不变资本价值为 c，单位劳动力的价值为 v，剩余价值率为 m'，在不考虑生产对环境的影响时，社会总产出 W（$W > 0$）为：

$$W = c + v \cdot L_e + m' \cdot v \cdot L_e \tag{2.2.1}$$

总体劳动者（就业和失业劳动者）初次分配到的价值 V（$V > 0$）为：

$$V = v \cdot L_e \tag{2.2.2}$$

我们用劳动收入占社会总产出的比重表示劳资相对地位。就业劳动者和总体劳动者总收入占社会总产出的比重 I 和 I_T 为：

$$I = I_T = \frac{V}{W} = \frac{v \cdot L_e}{c + v \cdot L_e + m' \cdot v \cdot L_e} \tag{2.2.3}$$

以上是传统政治经济学在不考虑环境污染对价值分配带来影响时，劳资矛盾紧张程度的衡量情况。考虑到"负价值"时，劳动者相对地位的衡量

[①] 为了简单，暂不考虑失业工人通过社会保障制度等获得的再分配收入。

指标将发生变化。延续前文分析，假定联合生产过程中产生的资源环境"负价值"为 $E(E>0)$，从而劳动过程产出的实际价值 W_E 等于目标价值减去资源环境"负价值"：

$$W_E = W - E, \quad W_E > 0^{①} \tag{2.2.4}$$

假定环境"负价值"中，由劳动力承担的部分为 E_L（$E_L>0$），则此时，表示劳动者相对地位的指标 I_E 变为：

$$I_E = \frac{V - E_L}{W - E} \tag{2.2.5}$$

可以分两种情况来考虑引入"负价值"时劳动者相对地位的变动。

第一种情况是，当劳动者承担的"负价值"比重大于其分配到的正价值比重，即 $\frac{E_L}{E} > \frac{V}{W}$ 时，环境污染的"负价值"分担将导致劳动者相对地位进一步下降，即劳资冲突尖锐化。

证明：

$$I - I_E = \frac{V}{W} - \frac{V - E_L}{W - E} = \frac{WE_L - EV}{W(W - E)} > 0 \tag{2.2.6}$$

即考虑环境污染带来的"负价值"时，劳动者总收入占社会总产出的比重比不考虑环境污染"负价值"有所下降，劳动者地位恶化。

第二种情况是，当劳动者承担的"负价值"比重小于其分配到的正价值比重时，即 $\frac{E_L}{E} < \frac{V}{W}$ 时，环境污染带来的"负价值"分担将导致劳动者相对地位上升。证明过程同第一种情况。

此外，容易证明，当 $\frac{V}{W}$ 不变时，$\frac{E_L}{E}$ 越大，则 $I - I_E$ 越大，劳动者地位恶化情况越严重。

因此，在其他条件不变时，环境污染是否导致劳资关系恶化，关键在于

---

① W_E 可能大于零也可能小于零。如果 W_E 小于零，则表示人类生产活动产生的正价值已经不足以弥补环境污染带来的"负价值"损害，即人类生产已经超越了自然生态环境的极限，自然生态环境约束意味着人类必须进行缩小规模的再生产。本书暂不考虑这种情况，即假定人类生产仍然在自然生态环境极限的范围之内。

劳动者承担的"负价值"占生产造成的资源环境总"负价值"的比例高低。而这一比重除了受到生产过程中劳动与资本相对量的影响外，必将受到社会制度安排的约束。这是因为"负价值"的补偿和分配方式与正价值存在明显差异。正价值将在交换关系中，通过自由市场的经济力量得到补偿，并通过按资分配或按要素分配等方式进行分配。资源使用和环境污染产生的"负价值"则不同。资源使用过程中，不可再生的资源使用，会增加资源再生产的难度，从而使得再生产不可再生资源的社会必要劳动时间增加，资源价格提升，一方面，"负价值"的补偿通过社会价格提升得到体现；而另一方面，社会价格提升体现的资源耗竭对子孙后代产生的负面影响则不足。我们暂不分析资源耗竭的后果，仅仅分析由于环境污染带来的"负价值"。

为了简便，我们延续前文的假定，将市场经济条件下的生态制度假定为两种极端类型：

制度 I 即无环保约束时，不要求生产者考虑和处理其生产的资源环境负价值，即企业可以自由地向自然环境排污；

制度 II 即完全环保约束时，要求生产者为其经济活动产生的资源环境负价值负全部责任，即通过环境保护机制，强制要求企业在进行目标使用价值生产的同时，通过"边生产边治理"或"先生产后治理"等方式，将其废弃物对环境使用价值的损耗降低为零。

这两种制度安排下"负价值"补偿机制和分配机制的不同，将对劳资矛盾产生不同程度的影响。

其次，我们考察无生态制度约束下的劳资矛盾变化。

当基于"负价值"的生态制度为制度 I 时，即无环保约束情况下，经济主体不会主动对"负价值"进行补偿，企业将其生产的全部污染物不加处理地排放到自然环境中。这些污染物将影响人类健康，从而对劳动力价值产生影响。因此，此时"负价值"大小用劳动力为了弥补这些健康损失而必须消耗的生活资料价值予以表示。用 E_{UR} 表示此时的环境"负价值"。

为了考虑生产排放对劳动力价值的损害，应按照排放物的影响范围，将其分为三类：

一是仅对工作场所环境造成污染的排放，这种排放直接影响劳动者健康，而对资本所有者和失业工人不产生影响。假定这种情况对劳动者个人带来的损害为 E_1，则第一类污染的损害总量为 $E_1 \cdot L_e$；

二是对工作场所外一定区域范围内环境造成污染的排放，如废水排放影响一定流域，阈值内的废气影响一定的空间范围，废渣的填埋影响一定范围内的土地等。这种排放将对特定区域内所有聚居者的健康造成影响。然而，由于资本所有者的收入更高，相对劳动者来说，更有能力远离环境受损的区域，从而避免遭受污染。因此，不妨假定这种排放仅影响劳动者（包括就业与失业劳动者），不影响资本所有者。假定这种情况对个人带来的损害为 E_2，则损害总量为 $E_2 \cdot L$；

第三类是对全球环境造成损害的排放，如生物多样性减少和全球气候变化等。这种损害资本家与劳动力均无法避免。假定这种情况对个人带来的损害为 E_3，则损害总量为 $E_3 \cdot (L+1)$。

此时，生产带来的环境"负价值"总量为：

$$E_{UR} = E_1 \cdot L_e + E_2 \cdot L + E_3 \cdot (L+1) \quad (2.2.7)$$

劳动者分担的部分 $(E_L)_{UR}$ 为：

$$(E_L)_{UR} = E_1 \cdot L_e + E_2 \cdot L + E_3 \cdot L \quad (2.2.8)$$

衡量劳动者相对地位的指标 $(I_E)_{UR}$ 变为：

$$(I_E)_{UR} = \frac{V - (E_L)_{UR}}{W - E_{UR}} \quad (2.2.9)$$

容易得出：$\frac{V}{W} < \frac{(E_L)_{UR}}{E_{UR}}$。

根据前文论述，此时劳动者相对地位比不考虑环境"负价值"时进一步恶化，因此存在环境污染，且无环保制度约束时，在业工人状况与整体劳动者状况恶化。但是，这时由于资源环境变化影响的劳资冲突并不会非常激烈。因为，生态环境的恶劣不会影响劳动者直接的或眼前的利益，而是影响长期的未来的利益，并且这些影响是隐蔽的。

再次，我们考察生态制度对劳资矛盾的影响。

当基于"负价值"的生态制度为制度Ⅱ时，假定存在完全有效的环保制度，要求企业对生产产生的污染加以完全治理。此时，"负价值"的大小由治污所需投入的社会必要劳动的大小来衡量，假定为 E_R。由于污染排放对自然环境使用价值将产生综合而深远的影响，不妨假定 $E_R<E_{UR}$。

理论上说，在环保制度完全有效的情况下，环境污染的"负价值"将由企业，即资本所有者承担。然而实际经济运行中，这一"负价值"可以通过直接和间接两种方式转移到劳动力身上。

直接转移，即企业治污行为将导致生产成本上升，在其他条件不变的情况下，将导致生产规模下降，从而可能导致失业率增加。但此时，社会需要投入相应劳动用于治理污染，还原生态环境使用价值，又将导致就业率上升。因此，环境治理对失业率的综合影响较为复杂，难以说清。

间接转移，即企业治污行为导致的生产成本上升，将通过产业链转移到最终产品上，一方面，导致生产资料价格上涨，由资本承担这一成本；另一方面，将导致生活资料价格上涨，更多地由劳动力承担这一成本。由此可以看出，由于治污成本增加导致的最终产品加价，一部分将按照生产资料、生活资料的比重进行分担；另一方面将按照工人消费的生活资料和资本家消费的生活资料进行分担。无论这一分担的具体比例如何，劳动力承担的部分将远远低于按照污染物分布空间特性分担时，劳动力承担的部分。

而以上这些影响会直接体现在劳动者的工资的变化和就业率的变化，为此，这不仅会加大劳资的冲突，也会使这些冲突表面化。

总之，当我们将基于"负价值"的生态制度植入劳资关系理论后可以发现，这将对劳资冲突产生较大影响，其主要的结果是劳资冲突更加尖锐化、更加显性化。

（二）生态制度作用于资资关系的理论分析

SSA 理论考察资本竞争关系时，主要是考虑不同规模资本竞争的激烈程度，考察资本竞争对积累速度和利润率的直接影响，同时研究占优资本规模对劳资矛盾、国家经济地位、社会主流意识形态和国际竞争方式的间接影响，分析资本竞争关系与 SSA 阶段更替之间的作用机理。SSSA 理论将基于"负价值"的生态制度引入资本竞争关系后，不仅不同规模的资本竞争关系将发生变化，而且不同产业（主要是清洁产业与污染产业）资本的竞争关系、不同产权结构（主要是公有资本与非公有资本）资本的竞争关系也将发生变化。

首先，加入基于"负价值"的生态制度后，资本规模会出现寡头化趋势。根据资本规模大小，可将资本分为大（垄断）资本 K_B 和小（竞争）资本 K_S 两类。将两类企业的投入（包含资本与劳动）均标准化为1，则其单位投入分别带来的剩余价值和联合生产产生的"负价值"如表2-2所示。由于对资本规模的假定，可以认为大（垄断）资本的剩余价值率（利润率）高于小资本，即 $M_B > M_S$；同时，由于资源环境"负价值"理论表示治理资源环境"负价值"过程中的必要劳动投入，属于成本概念，有理由认为大企业存在规模经济，因此治污产生的单位成本低于小企业，即 $E_B < E_S$。

表2-2 引入"负价值"后的不同规模资本成本与收益

资本类型	投入	剩余价值	负价值
K_B	1	M_B	E_B
K_S	1	M_S	E_S

用 $\dfrac{M_B}{M_S}$ 表示考虑资源环境"负价值"之前的大资本与小资本之间的相对地位，$\dfrac{M_B - E_B}{M_S - E_S}$ 表示考虑资源环境"负价值"之后大资本与小资本之间的相对地位，可以得出，$\dfrac{M_B}{M_S} > 1$ 且 $\dfrac{M_B}{M_S} < \dfrac{M_B - E_B}{M_S - E_S}$，即考虑资源环境负价值之后，小资本的相对地位进一步被削弱。

考虑资源环境"负价值"后，还可能出现 $E_S > M_S$ 的情况，此时小资本的实际剩余价值率小于零。如果生态制度不要求企业处理其生产过程带来的"负价值"，由于 $M_S \geq 0$，小企业还可存续，而如果生态制度要求企业必须处理其生产过程带来的"负价值"，此时小资本将难以生存。而 $E_B > M_B$ 的概率远远低于 $E_S > M_S$ 的概率。

可见，植入基于"负价值"的生态制度后的小资本地位将相对于不考虑资源环境"负价值"时持续弱化，并可能面临剩余价值率为负，难以持续经营的困境，这将导致资本规模寡头化。

其次，加入基于"负价值"的生态制度后，产业结构会更加清洁化。

依据生产过程中单位目标价值产生的"负价值"高低，可以将生产分为"清洁行业"资本 K_C 与"污染行业"资本 K_D。假定两类资本规模相同，单位投入产生的目标剩余价值相等，均为 M 时，"清洁行业"产生的"负价值" E_C，"污染行业"产生的"负价值"为 E_D，$E_C < E_D$。

表2-3 引入"负价值"后的不同产业资本成本与收益

资本类型	投入	剩余价值	负价值
K_C	1	M	E_C
K_D	1	M	E_D

在无环保制度的安排下，"清洁行业"与"污染行业"之间的剩余价值率相同，均为 M，而在考虑"负价值"的情况下，"清洁行业"的实际投入产出比高于"污染行业"，$(M - E_C) > (M - E_D)$，"清洁行业"在竞争中占有利地位。

即完全环保制度安排下，产业结构将向"清洁行业"为主转化。由于"清洁行业"相对于"污染行业"来说，在资本结构上呈现出更多地使用技术型劳动的特征，对自然资源的使用较少，从而在劳资关系方面，呈现出有利于平复劳资矛盾的特征。

再次，加入基于"负价值"的生态制度后，资本竞争会相对公平化。

假定非公有资本 K_1 和公有资本 K_2 的规模相同，单位投入产生的目标剩余价值相等，均为 M 时，产生的实际"负价值"也相同，均为 E。

表2-4 引入"负价值"后的不同产权结构资本成本与收益

资本类型	投入	剩余价值	实际"负价值"	资本自行考虑"负价值"
K_1	1	M	E	0
K_2	1	M	E	E'

在市场经济条件下，由于公有资本相对于非公有资本来说，在关注经济目标的同时，还要追求社会利益的最大化。即便在无环保制度约束时，公有资本也将更多地考虑资源提取对可持续发展的影响、工作环境的安全、排污对子孙后代的影响等，即自行考虑部分或全部资源环境"负价值" E'，$0 <$

$E' \leqslant E$。

因此,在生态制度不考虑资源环境"负价值"时,上述情况下公有资本的剩余价值率为$(M-E')$,低于非公有资本的M,同等生产条件下的公有资本相对于非公有资本来说,处于竞争的不利地位。生态制度要求所有经济主体均足额补偿其生产产生的"负价值"时,两类资本的剩余价值率均为$(M-E)$,有助于公有资本与非公有资本进行平等竞争。

综上所述,植入基于"负价值"的生态制度后,再考虑资本竞争关系,可以发现,资本竞争将呈现出规模上的寡头化,产业结构上的清洁化以及公有资本与非公有资本竞争更公平化的特征。资本竞争关系的改变对于经济与生态的交互循环具有重要意义。首先,资本竞争的焦点将从过去对更廉价的资源的竞争转向对生产过程中生态负价值更小资源的竞争。这一转变将改变科学技术进步转化为生产力的方向。过去,当科学技术进步导致自然资源开采难度下降,从而资源使用成本下降时,反而会增加更为"廉价"的自然资源的使用,进一步破坏生态,产生"杰文斯悖论"[①] 现在,由于资本不仅需要考虑资源开采成本,还需要考虑资源的维持成本以及其他生态成本,资源的使用规模将发生有利于维持生态循环的变化。过去,一项有利于生态使用价值提升的技术,可能因为使用的经济成本较高不利于无约束的资本逐利本性而难以转化为现实生产力;现在,由于其生态价值得到充分考虑,收益上升,转化为现实生产力的可能性增加。其次,资本流动的方向将从目标使用价值的利润率更高的生产部门,转向社会总价值更高的部门,从而推动"绿色"生产方式的发展。过去,无约束的资本竞相流入经济利润率更高的部门,导致生态使用价值即自然财富的存量减少;现在,资本将偏好"绿色"生产方式,即向社会总价值更高的部门流动将导致自然财富存量的增加。最后,生态成本的分配方式也将发生改变。由于生态系统的"公共财产"属性,还原劳动创造的价值应当由生态系统的所有者获得,并用于改善特定生态系统的服务功能,这有助于改变生态成本分配不公,提供生态系统服务功能的地区生态恶化的现状。

---

① [美]约翰·贝拉米·福斯特:《生态危机与资本主义》,上海:上海译文出版社2006年版,第88页。

（三）生态制度作用于全球经济的理论分析

SSA 理论通常基于美国在国际竞争中的霸权地位变化，分析国际霸权地位的强弱变化对美国一国资本积累的影响。将植入基于"负价值"的生态制度引入国际竞争关系的分析后，可以发现一些新的问题。

首先，引入生态制度约束后，由于环境"负价值"会向不发达国家转嫁，这将使欠发达国家劳资关系持续尖锐化。

我们知道，现行国际分工体系下，发达国家将劳动密集型、资源密集型、加工环节或低技术密集型等传统产业逐步转移到不发达国家，而这些产业大多是能耗型、污染型产业。因此，国际分工体系下呈现出了资源环境"负价值"生产的国别不平等：出口国生产出口产品的同时生产资源环境负价值，这一负价值更多地由生产国承担；而进口产品在国外生产，对国内资源环境的影响基本为零。发达国家多增加进口发展中国家"负价值"含量高的产品，从而可以减少自身的"负价值"生产，而增加发展中国家的"负价值"产量。一些发展中国家虽然在对外贸易上显示为顺差，但资源环境"负价值"上却在产生"逆差"。这种国际不平等的"负价值"生产与交换，使得广大不发达国家不仅损失大量贸易利益，而且还陷入环境资源危机之中。从"负价值"的区域分配特征来看，发达国家享受了产业转移带来的收入上升、环境质量改善等好处，而欠发达国家承受了大部分资源环境"负价值"，成为发达国家的"污染避难所"。

其次，引入生态制度后，由于现行国际分工体系导致"污染产业"在欠发达国家的集聚，也不利于欠发达国家参与国际竞争，其国际交换的不平等性增强。

生态制度有利于"清洁产业"发展，而不利于"污染产业"的发展。这一点也体现在"负价值"的国际不平等交换制度上。我们以"碳排放权"为例分析"负价值"的国际交换制度。人为单方面制定的碳排放标准，使原本有技术差异导致的国际不平等碳交换变得更加明显。目前，国际上最先进的低碳生产技术都集中掌握在少数发达国家手中，这些国家凭借技术优势自然成为国际碳排放标准制度的制定者。其制定的标准表面上旨在控制世界碳排放总量，其本质则是对广大欠发达国家经济利益的变相占有。少数发达国家在经历先前一个多世纪的经济发展之后，已基本完成传统产业升级，迈入低耗节能的新经济时代；而广大欠发达国家和地区历史上处于发达国家的殖民地或半殖民地，现代经济起步较晚。同时，不平等的国际产业转移无形中控制了不发达国家经济发展方向，限制了其技术进步和产业升级，使得发达国家和发展中国家的经济发展进度处于一个极不平等的状态中。在这种背景下，由少数发达国家制定的国际碳排放标准只会有利于少数发达国家，并成为他们在全球化经济条件下国际剥削和不平等交换的新手段。

再次，国际"负价值"向不发达国家转嫁的结果，也导致了发达国家呈现产业结构"空心化"特征，从而失业率高攀不下，经济难以复苏。

发达国家虽然享受了欠发达国家作为"污染避难所"的好处，但其将劳动密集型、低技术密集型产业大部分或者全部转移的后果是国内产业结构的"去工业化"，产业结构呈现"空心化"特征。这一特征导致发达国家大量的就业机会也随之转移到了欠发达国家，在当前全球经济萧条的情况下，就业机会流失伴随的失业率高攀不下的现状是导致发达国家经济难以复苏的重要原因之一。

最后，引入基于"负价值"的生态制度后，全球的不可控性加强。

经济政治强国依据其经济上的资本力量和政治上的国际霸权地位，可以通过资本所有权、低端产业转移、国际不平等分工体系等，控制正价值按照有利于资本的方式分配并向发达国家内部转移。然而，在全球范围内考察的资源环境因素则是一种"公共品"。这时由于大气环流、水资源流动的全球性特征，相当部分的资源环境"负价值"将在全球范围内，而非一国范围内积聚。资本强权在处理这部分生态循环后果方面无能为力。由于目前环境治理机制按国家划分，全球生态治理机制尚未确立，全球资源环境"负价值"的积累很可能导致 $\sum E \to \infty$，全球经济活动超出生态系统的外界，所有民族国家可能无一幸免。

总之，当生态制度植入全球经济之中，也会加大发达国家和发展中国家的发展成本，这在国家不平等的格局下，不仅会加重发展中国家的负担，也会影响发达国家的发展，使国际冲突更加激烈，全球经济更加困难，变得更加的不可控制，这正是生态制度对于全球经济发展约束力的表现之所在。

（四）生态制度作用于意识形态的理论分析

资源环境"负价值"的现实存在性要求人们不仅仅考虑生产活动的经济后果，即正的价值和利润，还要求人们充分考虑经济活动对生态环境的负面影响，投入足够的劳动修复经济活动对生态环境使用价值的破坏；不仅要考虑经济个体的利益，还要考虑社会整体的利益；不仅要考虑当前人类的利益，还需要考虑子孙后代的利益。这一要求与自由主义意识形态下流行的"经济人"假定及资本行为的分散化短期化特征存在一定的冲突，甚至与私人资本在逐利动机下的无限扩张行为也不兼容。SSSA 理论要求建立与"可持续资本积累（可持续发展）"目标兼容"绿色经济价值观"，重新理解"发展""平等"和"效率"的含义。

首先，基于"负价值"的生态制度应倡导"绿色经济发展价值观"。

绿色经济发展价值观的核心是："物质生产不仅是人类社会存在与发展的基础，也是人类社会毁坏与不可持续发展的根源。"

SSSA 理论基于联合生产中价值与"负价值"的产生与相互作用机理，认为考虑资源环境"负价值"后，联合生产一方面生产目标使用价值和正价值，从这一角度上来看，物质生产是人类社会存在与发展的基础；另一方面，任意生产均可能破坏资源环境的使用价值，从而产生"负价值"，从这一角度来看，如果生产中产生的"负价值"过多，将导致符合人类生存需求的生态循环无法顺利进行，物质生产因缺乏外部生态环境的支持而难以为继，从而导致人类社会呈现出不可持续的特征。

基于"负价值"理念树立绿色经济发展价值观，有助于确立可持续经济发展必须处理与补偿资源环境"负价值"的观念，通过有力的制度安排，促使微观经济主体投入足额劳动补偿资源环境"负价值"。

其次，基于"负价值"的生态制度应倡导"绿色经济平等价值观"。

绿色经济平等价值观的原则是："谁在生产过程中破坏了自然环境，谁就必须付出同等或者更多的劳动给予修复。"其核心为"富国为穷国负责，当代人为后代人负责"。

传统理论对公平的界定分为起点公平、规则（过程）公平和结果公平三方面。引入资源环境"负价值"，这三方面的内涵均将发生变化。

起点公平，意味着人类有权享有同等数量与质量的自然资源禀赋与环境服务，在考虑代际传承时，起点公平意味着后代人应享有不低于当代人享有的生态环境系统使用价值，这要求当代人的经济活动必须为子孙后代负责。

过程（规则）公平，意味着人类必须为其经济活动带来的成本进行足额弥补与补偿，包括生产要素投入的经济成本与资源环境破坏的生态成本。即任何经济主体有义务追加劳动对其经济活动带来的资源环境"负价值"进行足额还原或足额补偿。从国别经济关系来看，当前资源环境的破坏大多来自发达国家工业化过程中的污染排放与资源过度使用，即发达国家以牺牲全球资源环境为代价，换取了本国经济发展。而欠发达国家由于后发特征，对全球资源环境的破坏较小，却在国际不平等分工体系下承担了比发达国家更多的资源环境"负价值"。因此，基于过程（规则）公平原则，发达国家应在全球环境治理中承担更多责任，为欠发达国家提供环境治理的足额资金与技术援助，这一思路体现了"富国为穷国负责"的原则。

结果公平意味着人类活动的结果应当使各类经济主体承担的资源环境"负价值"总量大体相当。根据前文的分析，由于劳动者、小资本和穷国在资源环境"负价值"分配方面处于不利地位，这要求生态制度制定时更多地考虑劳动者、小资本和欠发达国家的利益诉求。

最后，基于"负价值"的生态制度应倡导"绿色经济效率价值观"。

绿色经济效率价值观重新界定了"效率"的内涵。传统微观效率的概念是经济成本既定时的经济收益最大化，或者经济收益既定时的经济成本最小化。引入资源环境"负价值"后的绿色效率价值观，应在核算经济成本时同时考虑补偿资源环境破坏必须投入的还原劳动量，或者核算收益时足额扣除资源环境"负价值"。因此，绿色经济效率价值观的目标和评价指标应是"绿色经济生产过程就是人类生产活动对资源环境'负价值'的消除过程"。

绿色经济效率价值观是绿色GDP核算的理论基础。绿色GDP对GDP有重新认识。绿色GDP是指一个国家或地区在考虑了自然资源与环境因素影响之后经济活动的最终成果，即将经济活动中所付出的资源耗减成本和环境降级成本从GDP中予以扣除。所谓资源耗减成本和环境降级成本，实际就是资源环境"负价值"。传统的GDP指标仅核算了生产带来的正价值总量，绿色GDP指标实际核算了生产带来的正价值扣除资源环境"负价值"的总量。以传统 GDP 核算的是经济效率,而绿色 GDP 合算的是引入资源环境"负价值"后的绿色经济效率。

树立绿色经济效率价值观,一方面有助于实现可持续资本积累,如本书前面的分析,不考虑生产活动对资源环境的影响,片面追求正价值下的资本逐利行为,必将导致经济循环超越生态系统的外界,从而人类可持续发展难以为继;而在生产活动的同时充分合理地考虑并补偿生态循环中的资源环境"负价值",有助于促进经济与生态的良性互动,实现可持续资本积累。另一方面有助于实现公有资本与非公有资本的平等竞争。如前文所述,非公有资本在无制度约束时,仅考虑经济效率,而不会考虑资源环境负价值,而公有资本天然具有考虑社会收益,即追求经济与生态良性循环的特征,如果仅以经济成本与收益核算效率,公有资本在与非公有资本竞争时无疑处于天然的不平等地位。绿色经济效率价值观强制非公有资本与公有资本同等考虑与补偿资源环境"负价值",有利于两类资本公平竞争。

(五)生态制度作用于国家地位与政策的理论分析

将资源环境"负价值"与生态制度植入资本积累与社会的矛盾分析后可以得出,平复经济与生态交互循环同社会的矛盾需要国家地位的提升,也会导致政策目标、政策手段和政策结构的变化。

首先,考虑基于"负价值"的生态制度后,国家的宏观调控力度会更强。

传统 SSA 理论认为,国家经济地位在不同 SSA 阶段的强弱有所不同。"管制型 SSA"中的国家经济地位较强;而"自由型 SSA"中的国家经济地位较弱。这两种特征在经济发展的不同阶段均起过促进资本积累的正面作用,也起过削弱资本积累的负面作用。而 SSSA 理论认为,为了缓和经济循环与生态循环的矛盾,必须以国家调控力的提升为保障。这是因为,与生态循环相关的"负价值"物品不是经济物品,不能通过市场制度自行进行交换,而必须通过政府强制力来建立环境规制制度或者"负价值"产品的交换制度,对"负价值"进行处理。例如"排污权"交易制度、"碳排放交易制度"等必须通过政府强制性制度安排予以确立。

其次,考虑基于"负价值"的生态制度后,国家宏观政策目标与手段将有所变化。

传统宏观调控理论仅注重经济循环的顺利进行，其政策目标主要包括经济均衡增长、充分就业、物价稳定、国际收支平衡四方面。植入"负价值"后的国家宏观经济政策目标不仅要考虑经济循环的顺利进行，更应考虑如何促进经济循环与生态循环的良性动态。即最低目标为保障经济活动不至于超越生态系统的外界，为实现这一目标，应在考虑生态系统外界的情况下，设置经济适度增长的警戒线，当经济活动接近生态系统外界的警戒线时，应有意识地适度放慢经济增速，以适应生态环境的承载力。最高目标是在通过处理资源环境"负价值"，使经济与生态进行良性循环的同时，实现人民生活水平提高。

从调控手段来看，传统宏观经济调控政策主要通过货币政策和财政政策，影响经济总需求与总供给，使二者趋于平衡。旨在促使经济与生态良性循环的国家调控政策除上述手段外，还应包括利益主体补偿政策、与资源环境相关的行政规制政策、与主流意识形态转变相关的文化宣传政策等一系列经济、政治与文化政策。

具体而言，应基于对考虑"负价值"后社会生产关系变化的分析，选取合乎政策目标的生态制度。一是适度补偿劳动者，建立"劳动促进型"生态制度。在制度设计时，考虑到劳动者直接承担的过多资源环境"负价值"，以及生态制度提升生产成本后，可能导致的整体及部分行业失业率提升对劳动者的间接损害，通过税收优惠、补贴、就业促进等手段，对受损劳动者进行适度补偿。二是适度补偿受损资本。由于中小企业和污染型企业在承担弥补资源环境"负价值"成本方面的竞争劣势，一部分中小企业和污染企业被市场竞争所淘汰无可厚非。但考虑到中小企业的灵活性和促进市场活力的重要作用，以及部分污染型企业在完善产业结构方面仍然不可或缺。为了确保市场主体的适度规模，既不至于过度竞争，又不陷入寡头垄断的市场结构，同时保证国家产业结构的完整性，应在生态制度设计时适度对中小企业和部分确有必要存在的污染型企业进行治污成本补偿。三是适度补偿国内产业资本。使国内产业资本在参与国际竞争时，不至因为环境治理技术所限，承担过高的成本而处于无法发展壮大的弱势地位。同时积极参与全球生态制度的制定，促使"全球生态促进型"生态制度建立的同时，既保障国内生态环境不受损害，又保障国内经济循环顺利进行。

四、SSSA 的现实分析

在全球经济不断变化的背景下，SSSA 理论也有其指导意义和现实性。

（一）SSSA 理论对美国生态危机的现实分析

根据前文的阐述，SSSA 既考虑经济循环又考虑生态循环的社会结构，其阶段划分与 SSA 既有联系又有区别。因为每阶段 SSA 特征和生态代谢均有特定关系，这些关系可能发生变化，也可能保持不变。SSSA 在其兴起与巩固的阶段，有助于减少资源环境"负价值"E，这种减少通过相关制度安排，要求生产者为其生产过程中产生的"负价值"负责来实现，在其衰退阶段，资源环境"负价值"E 将逐步扩大。

结合历史现实进行分析，可以看出资本积累、制度变化如何影响 E，致使全球生态循环演变到今天的结果。受既有研究资料所限，我们主要根据第二次世界大战后美国 SSA 与生态文明相关制度的变化进行分析。第二次世界大战后至今美国 SSA 经历了两阶段，一是"战后 SSA"，二是"新自由主义 SSA"。表 2-5 归纳了考虑资本与环境矛盾的美国第二次世界大战后社会结构。

表 2-5　美国第二次世界大战后社会结构

核心制度	1945—1980 年（战后 SSA）	1980 年至今（新自由主义 SSA）
1. 劳资关系	劳资妥协	资本控制劳动
2. 资本关系	垄断寡头的竞争与合作	竞争加剧与金融投机
3. 国家经济角色	凯恩斯福利国家	放松管制，削减福利
4. 国际竞争	美霸权主义	全球化
5. 主流意识形态	冷战思维	新自由主义
6. 资本与环境	前期生态制度缺失 后期建立国内生态制度	国内生态制度发展停滞 国际生态制度难以建立

20 世纪 50—60 年代的第一次生态危机发生于"战后 SSA"中期阶段，其特征是发生在包括美国在内的发达工业国内部的局部生态危机[1]。随之而

---

[1] 王云霞：《环境问题的"社会批判"研究》，北京：中国社会科学出版社 2012 年版，第 4—5 页。

来的是美国60—70年代的环境保护运动高潮[①]，一系列旨在减少国内资源环境"负价值"E的生态得以建立，而减少国际资源环境"负价值"E的生态制度仍然缺失。第二次生态危机发生于20世纪80年代初至今，覆盖了整个"新自由主义SSA"阶段。其特征为全球范围的生态危机，包括全球性大气污染、大面积生态破坏和突发性严重污染事件等三方面问题[②]。与此同时美国环境运动却陷入低谷，一方面美国国内环境生态制度的发展停滞，自里根政府于80年代实行放松环境标准的"反环保政策"以来，各届政府均不同程度地放松了对国内环境治理的要求。另一方面，美国在全球生态制度的建立上持冷漠与不合作态度，包括撤出《京都议定书》等，导致国际生态制度持续缺失。

由此看出，若以国际资源环境"负价值"E变化为划分标准，第二次世界大战后美国SSSA事实上经历了资源环境"负价值""持续增加"一个阶段；若以国内资源环境"负价值"E变化为划分标准，第二次世界大战后美国SSSA经历了两个阶段，但在时间上与SSA有所差别，一是第二次世界大战后至20世纪70年代的"增加"阶段，二是20世纪70年代至今的"适度缩小"阶段。表2-6阐明了美国第二次世界大战后SSA与SSSA之间的关系。目前来看，经济循环方面的资本积累长期受阻与2007年、2008年金融危机表明"新自由主义SSA"进入了危机阶段，当前全球生态问题的持续发酵与全球环境治理机制难以建立表明现有SSSA也同时进入了危机阶段。

表2-6 美国第二次世界大战后SSA与SSSA阶段划分

		1945—1960年	1960—1980年	1980年至今
SSA			战后SSA	新自由主义SSA
SSSA	国内资源环境"负价值"E	增加	降低后稳定	
	国际资源环境附加值E	持续增加		

[①] 朱源：《近年来美国环境政策制定的趋势及对我国的启示》，《环境保护科学》2013年第10期，第46—50页。

[②] 王云霞：《环境问题的"社会批判"研究》，北京：中国社会科学出版社2012年版，第5页。

从 SSSA 理论对美国生态危机的现实分析，可以看出这一理论对于理解和解决全球生态变化问题的意义。从 SSSA 的阶段性和整体性特征出发，既能理解全球生态危机的成因，当前面临的困境，又能为全球生态制度的建立提供发展方向。

首先，SSSA 理论阐明了局部环境治理的顺境与全球环境治理的困境的成因。

考察美国生态变化与环境运动发展史，令人困惑的是 20 世纪六七十年代环境运动黄金时期后，为何会出现环保运动停滞不前的现象。可以从资本积累进程、生态危机本身特征和各阶段 SSA 制度特征三方面来解释这一问题。

从资本积累进程来看，第一次生态危机时期美国正处于经济高速增长阶段，人类更关注自然生态环境对自身生活质量的影响。而第二次生态危机时期，美国经济增速整体放缓，该阶段经济繁荣的标志是利润率而非经济增长率的提升。目光短浅的资本为了追逐当前利益，反对可能提升生产成本的环保政策，对经济利润的关注压倒了对生态正常循环的要求。从生态循环本身的特征来看，第一次生态危机是主要发生在发达工业国内部的局部性危机，可以通过重构国内制度加以解决，难度相对较小；而第二次生态危机是全球性危机，要求国家之间的合作和国际层面的制度改变，难度加大。从各阶段制度相互作用与支撑来看，现有的"新自由主义 SSA"比"战后 SSA"更不利于旨在提升资源"制度价值"的新 SSSA 的建立。

其次，SSSA 理论对美国生态危机的现实分析表明了建立新 SSSA 的迫切性、困难性和长期性。

基于不同 SSA 的 SSSA 安排下的 E 过大是导致生态危机的原因，全球生态问题的持续发酵要求尽快重建 SSSA。而 E 不仅受到狭义市场机制的影响，还受到包含 SSA 的 SSSA 系列制度的影响，这些制度相互作用，相互支撑。因此，仅凭环境经济学主张的生态资源"市场化"单一机制变革难以达到生态循环正常进行的要求，解决全球生态环境问题的唯一途径是政治、经济、文化等系列制度的系统性转变，使其充分考虑资源的实际价值，从而降低资源环境"负价值" E。

然而，当前社会既处于"新自由主义 SSA"的危机时期，又处于国际资源"制度低价"SSSA 的危机时期，双重危机要求同时进行经济和生态循环的结构转型，难度加大。同时，不同阶段系列制度具有相互支持的统一性。即如果某一制度安排与其他制度安排不相容，则这种制度安排要么不可能成功，要么将经历长期而痛苦的冲突过程，伴随其他制度安排的改变从而最终确立。当前，建立全球生态治理机制要求的"共同但有区别"的责任在理念上正确，但与私人资本逐利动机存在矛盾冲突，要在此基础上建立与该理念相容的一系列政治、经济、文化制度，必将经历一个长期冲突的过程。

最后，SSSA 理论对美国生态危机的现实分析表明实现生态与经济交互良性动态存在可能性。

Klitgaard 和 Krall（2012）指出，经济与生态双重危机意味着人类面临经济滞长（Degrowth）和就业率下降的两难。如果仅靠自然资源"市场化"，提升资源价格来处理生态问题，的确会导致成本上升而面临增长与环境保护的两难处境。这也是环境经济学倡导的"市场化"单一办法难以最终解决生态危机的原因之一。但如果能通过系列制度改变降低资源环境"负价值"，通过追加劳动来处理经济进程对环境带来的不利影响，可以在资源开发过程中投入更多的"生态保护型"劳动和鼓励新建环保产业来缩小资源环境"负价值"。如果资源"制度价值"提高部分产生的成本能用于弥补恢复自然生态循环的追加劳动投入，则可通过生态产业增加生产和生活消费，从而降低成本增加对经济循环带来的不利影响。此外，当前的双重危机，一方面增加了解决问题的难度；另一方面也意味着"新自由主义 SSA"必须且必将转变，这为建立新的有利于生态循环正常进行的新 SSSA 提供了机会。

（二）SSSA 框架下全球劳资关系的现实分析

我们在分析引入"负价值"与生态制度后的劳资关系变化时指出，"负价值"的生产与分配机制在生态制度缺位，从而经济主体不需要补偿其生产的"负价值"时，劳动者实际地位恶化，但这一恶化存在隐蔽性特征；在生态制度有效，即经济主体需要完全足额补偿其生产的"负价值"时，虽然劳动者地位相对于前一种情况有所改善，但由于生产成本提高带来的产业变化与失业率提高，反而导致劳资冲突显性化与尖锐化。由于生态制度的确立和执行具有历史性，不仅受到当期社会结构的制约，还受到前期社会结构的影响。因此，特定阶段 SSA 的制度特征便与考虑环境因素时的劳资矛盾变动建立起了联系。下面，本书立足于当前"全球新自由主义 SSA"的阶段特征，对现阶段引入"负价值"的生态制度引致的劳资矛盾变动做具体分析。

首先，全球"新自由主义 SSA"下，劳动者地位持续恶化。Kotz 和 McDonough（2010）将 1980 年至今的 SSA 命名为"全球新自由主义 SSA"，属于"自由型 SSA"。他们指出，当前 SSA 的制度特征包括国际和国内两个层面。国际制度的特征是：第一，资本和产品（不包括人）的国际流动性增强。全球范围内的生产过程通过跨国产业分工和国际贸易进行重构；第二，多层次的跨国治理组织出现，试图缓解全球资本积累过程的矛盾；第三，美国仍维持单边超级大国地位，对世界资本积累过程产生重要影响。国内制度的主要特征是：第一，劳动者力量与地位持续恶化，"资本控制劳动"的劳资关系得以确立。包括工会地位削弱、工资水平下降、工作环境恶化、工作不安全性与失业率持续上升等。第二，国家的经济地位削弱。包括政府以货币主义政策替代了凯恩斯需求管理方式；大幅削减政府提供的"社会工资"，包括削减退休金、失业保险、残疾保险和教育补贴等项目；改变公共服务的财税负担，对资本和富人的税收下降，而将负担转移给工人阶级和其他集团（从而转嫁环境治理成本）；以私有化和外包方式提供公共品等。

其次，从全球范围考察当前 SSA 的特征与生态制度安排，可以发现其接近于无有效生态制度的情况，因此劳动者地位恶化程度加深，且这一恶化具有一定隐蔽性。当前 SSA 特征对国内国际环境治理制度产生了较大影响。从一国内部来看，以美国为代表的发达国家在 1970 年年末以前的 SSA 属于"管制型 SSA"，强调政府在经济活动中的管理角色，同时由于生态矛盾的激化，发达国家内部建立起了相对有效的国内环境治理机制，而发展中国家的国内环境治理机制尚不完善。但伴随着 1980 年后"自由型 SSA"的建立，以美国为代表的发达国家不同程度地放松了国内环境治理机制对资本的约束。从国际层面来看，一方面，国际环境治理机制仍然以利益相互冲突的主权国家为主体，在协商全球环境治理机制上难以达成一致；另一方面，在自由主义意识形态下，强调市场力量在"负价值"补偿上的作用。因此，现有环境制度的结果是，发达国家内部，环境"负价值"强制性补偿程度相对较高，劳动者承担的"负价值"比例相对下降，但考虑到收入分配状况的恶化，环境"负价值"分担比重仍然高于正价值分享比重。发展中国家内部，环境"负价值"强制性补偿程度较低，国际范围内，环境"负价值"强制性补偿程度更为不足。

因此，当前SSA阶段的制度安排通过两大途径使得引入"负价值"的生态制度隐蔽地激化了劳资矛盾。

一方面，通过各种途径使劳动者承担的资源"负价值"比重，即E_L/E，上升。主要是全球生产过程通过国际产业分工和国际贸易重构，使E_L/E不断上升。一是由于"资本控制劳动"的"强资本、弱劳动"关系和工会作用的削弱，使得生产过程完全由资本所有者控制。在环保制度缺位的情况下，资本所有者无动机改善工作环境，导致工作场所污染物上升，从而E_1增加。二是国际产业分工按照比较利益原则进行组织，在世界范围内产生了"资本国家"和"劳动力国家"的国家地位划分。发达国家将劳动密集型、资源密集型、加工环节或低技术资本密集型等传统产业逐步转移到不发达国家，而这些产业大多是高能耗，高污染的产业。不平等的国际产业转移和集聚格局，使得发达国家专门从事清洁产品、技术密集型、服务密集型产业生产，而不发达国家和地区成为高能耗、高污染型的"世界工厂"。将环保标准较低的生活消费品出口到不发达国家，影响不发达国家劳动力的生产与再生产。选取水体有机污染物排放指标来表示局部环境污染（参见表2-7）可以看出，美国、英国、日本等发达国家的水体有机污染物排放呈现逐年递减的趋势，而发展中国家中国和俄罗斯2005年日排放量显著高于发达国家，意味着发展中国家劳动者承受的E_2较多。可见，从E_2的承担来看，一方面劳动者承担较多，另一方面在国际分工体系中发展中国家承担较多。

表 2-7 水体有机污染物（BOD）排放量（日/公斤）

国家	1995 年	2000 年	2005 年
日本	1453746.00	1334914.00	1126863.00
中国			8358708.00
英国	619734.50	633273.00	521716.10
俄罗斯		1579064.00	1425913.00
美国		2543653.00	1889365.00

资料来源：根据世界发展数据库（World Development Indicators, WDI）相关数据整理。

选取二氧化碳排放量表示全球范围环境污染，可以看出，以人均排放量衡量（图 2-3），二氧化碳排放量随国家收入程度的增加而增加，但高收入国家人均排放量自 1980 年以来呈现平稳递减趋势，而中等收入国家人均排放量逐年递增，低收入国家人均排放量自 20 世纪 90 年代以后下降。高收入国家人均排放量下降的因素可能是技术进步、国内环境规制力度加强，以及向其他国家转移高污染产业所致；低收入国家排放量下降可能由于落后的经济环境难以吸引工业投资所致。

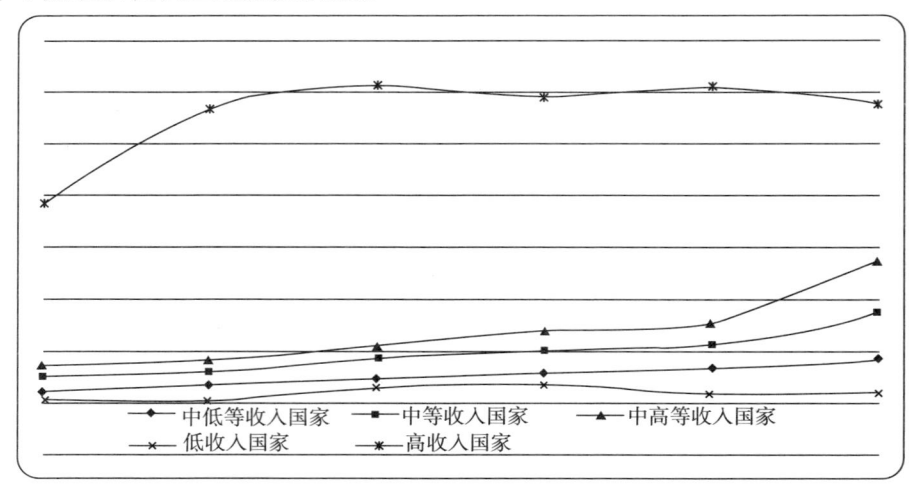

图 2-3 各国二氧化碳人均排放量（公吨）

资料来源：根据世界发展数据库（World Development Indicators, WDI）相关数据整理。

然而选取二氧化碳排放总量指标（图 2-4、图 2-5）可以看出，高收入国家二氧化碳排放量逐年递增，但增长速度递减，中等收入国家二氧化碳排放量持续加速上升，低收入国家排放总量增长不明显，甚至下降。但从历史排放总量来看，高收入国家与较低收入国家的排放总量差距不断提升。如果排放总量分布可以部分说明收入分布，并且二氧化碳污染带来的损害由全人类相对均等地承担，则相关统计数据表明，相对不发达的国家分担的 E_3 占第三类污染带来的"负价值"的比重远远高于其分配的正价值占社会总正价值的比重。

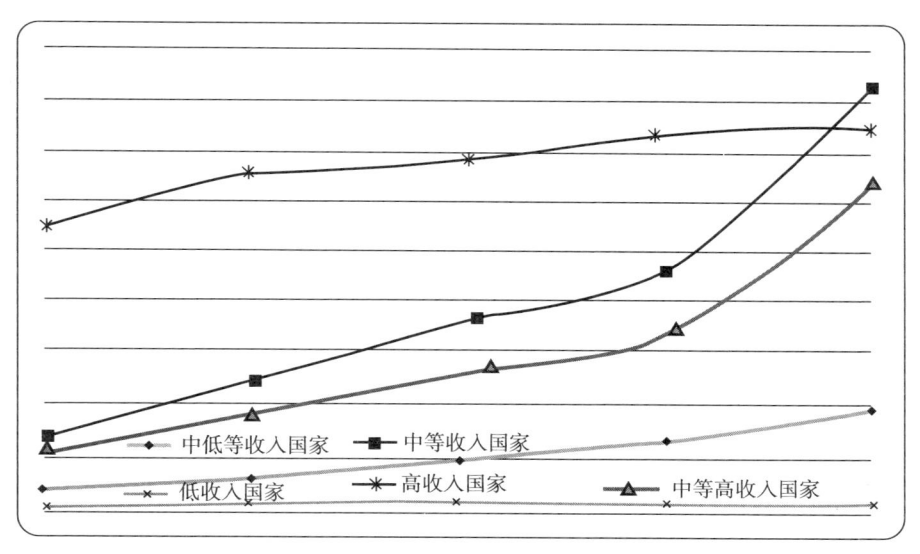

图 2-4　各国二氧化碳排放总量

资料来源：根据世界发展数据库（World Development Indicators，WDI）相关数据整理。

另一方面，通过各种途径使劳动者分配到的正价值，即 V/W，下降；从而使得 E_L/E 与 V/W 的差距不断扩大，$I-I_E$ 日趋增加。

世界发展数据库（World Development Indicators，WDI）相关数据显示，美国、英国、中国、印度的基尼系数自 1980 年以来，均呈现不断攀升趋势。其中，美国从 1986 年的 36.96 攀升至 2010 年的 41.12，英国从 1991 年的 36.21 升至 2010 年的 38.04，中国从 1981 年的 29.11 攀升至 2010 年的

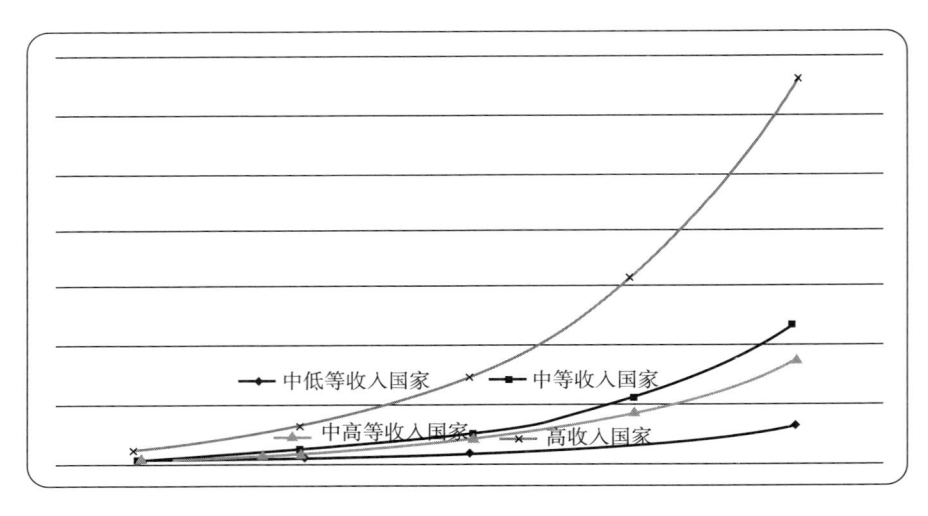

图 2-5　各国二氧化碳累计排放量

资料来源：根据世界发展数据库（World Development Indicators，WDI）相关数据整理。

42.06，印度从 1983 年的 31.11 升至 2010 年的 33.9。[①] 发达国家和发展中国家基尼系数的普遍上升，说明了社会收入分配状况的恶化，亦可佐证劳动者分配到的正价值占社会总正价值的份额不断下降。此外，在新自由主义 SSA 下，由于劳资关系的弱化，失业率不断上升。不仅表现在官方统计失业率上升上，而且表现在工作临时性加强上。

由此可见，新自由主义 SSA 阶段，各种制度安排一方面使劳动者承担的负价值比重上升，另一方面使社会正价值的分配差距加大，加上失业率的不断攀升，弹性工作制导致的临时性劳动增加，从而劳动者地位一方面直接弱化，另一方面通过环境因素的影响进一步尖锐化。

第三节　可持续 SSA（SSSA）视域下的生态政策分析

任何理论探讨与创新的目的旨在解释与应用于现实经济活动，基于

[①] 由于数据缺失，未能收集到 1980 年至 2010 年四国的所有年度数据，但从已有数据来看，四国基尼系数均呈现出依时序上升趋势。

"负价值"的市场生态逻辑的理论分析和基于"负价值"的 SSSA 理论创新就是为了更好地指导现实市场经济活动和应对全球变化。

一、市场经济生态悖论条件下的政策分析

市场经济的生态悖论是由市场经济本身缺陷带来的，主要体现为正负使用价值和价值的并存，具体反映为劳动力、资本力、技术力乃至制度力对于自然力的负面影响。解决这些问题的途径，就理论而言，就是要减少乃至消除社会生产过程中的这些"负使用价值"和"负价值"。就具体操作而言，则要尽量弱化劳动力、资本力、技术力和制度力对自然力的负面效应，具体对策如下。

（一）针对市场生态的悖论，我们要建立积极的市场生态理念

1. 倡导"劳动生态观"，以减弱市场经济的劳动生态异化。在市场经济条件下，劳动力虽然是人类可持续利用自然力的主体要素，但是，劳动力在与自然力的互换过程中也出现了"劳动的生态异化"，主要表现为：一是劳动力的生产异化，即劳动力生产条件受到自然力的制约，诸如随着自然资源的减少和环境的污染，物质资源的生产条件，也就是劳动力的生存条件在逐步恶化，还譬如我国在城市经济不断发展过程中，对于土地资源的泛用和征用，直接影响了农民的生产条件。二是劳动力的消费异化，所谓消费异化一般是指劳动力的过度消费，而这里要强调的则是劳动力消费得越多，受到的污染就越大。这些劣质消费品（诸如消费过程中伴随着的废气、废水、废渣、噪音）会使劳动力再生产无法正常进行，劳动者的体力和智力不能得到完全恢复，从而极大地阻碍了劳动力再生产。为此，在我国现阶段，我们要在市场经济条件下，通过一系列的制度创新来消除这类"劳动力的生态异化"，真正让劳动力可以持续发展下去。

2. 积极推进绿色技术进步，以从根本上改善和减少资源与环境的负效应。技术进步可以分为两种类型，一类为一般技术进步，另一类为绿色技术进步。一般的技术进步虽然可以推动生产力发展和社会进步，但也会对人类的生存发展带来不可逆的、无法克服的生态问题。而绿色的技术进步则首先是对生态环境无害的技术，甚至是可以改善已经破坏的生态环境的技术；诸如清洁生产技术（环境友好型技术）是一种可使生产过程无废或少废的技

术，从而实现过程的零排放、零污染以及最终产品的绿色化；以及预防和末端治理的技术，如汽车尾气控制技术、烟煤脱硫技术、大气污染防治技术、水污染防治技术、填埋和焚烧固体废弃物技术、噪声污染防治技术等，旨在通过末端治理实现有害物无害化；其次是资源再生利用技术，旨在实现废弃物的资源化处理。总之，这类技术进步可以避免或者消除或者减少"负使用价值""负价值"的生成，保证人类经济在生态"阈值"的边界之内进行运行与发展。

3. 创建"生态资本"系统，以克服资本趋利性所造成的生态祸害。针对资本的"反生态"性，本书提倡要构建一个"生态资本"系统，以此来减少资本力对于自然力的影响。所谓的"生态资本"就是在资本的运营过程中要以生态成本而不是经济成本为首要目标，这样在资本的竞争中，其焦点就会从过去对更廉价的资源的竞争转向对生产过程中生态"负价值"更小的资源的竞争。这种资本性质的变化，一方面将推动"绿色"生产方式的发展，即生态资本的流动将导致自然财富存量的增加，从而提升自然力；另一方面"生态资本"也将影响分配方式，按照"谁修复谁获利"的"生态资本"观，用于修复"负使用价值"（污染物）的资本增殖可以完全留在这些生产领域，这就可以提升这类"绿色资本和劳动"的收益率，相对压低"非生态资本"的收益率。而通过分配方式的反作用也将促进"绿色生产方式"的生成，推进"生态资本"的发展，以削弱资本趋利性所造成的生态危机。当然，资本由经济性质改良为生态性质并不是一蹴而就的事情，而是需要一系列的制度创新。

4. 加大生态制度创新以强化政府作用克服市场的生态失灵。制度力是解决市场经济生态悖论的最重要的因素，这是因为，一方面制度力具有整合劳动力、资本力和技术力的作用，为此，在有利于生态文明的制度力作用下可以减弱劳动力、资本力和技术力对于生态环境的负面作用；另一方面是制度力中除了市场机制之外，正式制度和非正式制度都会受到政府的约束和控制，尤其在我国现阶段，政府的导向性作用和较强的宏观调控力对于解决市场经济的生态悖论具有一定的积极效应。此外，即使在市场经济起决定性作用的条件下，也并不意味着政府没有作为，在资源与环境领域中，市场经济发挥作用的空间是有限制的，政府对于这些领域的决定性作用不容忽视。为此，我国应当重构有利于自然力充分作用的生态制度体系，诸如建立生态补偿制度、生态环境保护法律体系、环保监督体系等，同时尽快树立起和谐自然观、生态伦理观以及绿色的生产观和消费观，以此来规避市场经济的生态怪圈。

（二）注重生态技术与制度协同发展的政策创新

对于市场经济的生态悖论，需要在削弱市场经济负面效应的同时，构建反生态悖论的政策体系。而对于全球生态变化和不平衡加剧的问题，单纯技术进步或者制度创新无法从根本上解决全球生态问题，需要构建生态技术与制度协同创新发展的政策体系，确保作为全球公共产品的生态环境与经济生产实现可持续发展。

自20世纪以来，随着生态环境的不断恶化，生态技术与生态制度创新也有了很大的发展，世界各国携手共同治理环境的举措也不断增多，但是，就现阶段的情况来看，生态技术与制度的创新还很不协调，主要表现为以下三个方面。

一是生态制度创新落后于生态技术创新。就全球生态制度与技术发展水平来看，近些年来，全球生态技术专利申请一直呈稳步上升的态势，如生态环境材料技术专利申请量于2004年至2006年上升最为明显，平均增幅达到14.7%。[1] 但是，反观全球生态制度发展，则不尽如人意，无法与全球生态技术的进步相匹配。在联合国主导下，面对全球气候变暖，各国在承担责任和具体实施步骤上进行了长期的谈判。直至1997年的《京都协议书》首次设定了具有法定约束力的各国温室气体排放量，极大地巩固了《公约》，协议书于2005年2月正式生效，建立了国际排放贸易、联合履行和清洁发展三个灵活的机制。但在之后的多次联合国气候变化会议上，各国之间始终达成不了共同的合作机制，多次会议均"无果而终"。尽管一些基于多边与双边国际合作的相关机制，在某些方面可以作为公约和议定书框架下机制的补充，但对全球气候问题的解决来说还远远不够。

二是发达国家的生态技术水平普遍高于发展中国家，以致全球生态技术发展极不平衡。如现时期大多数的生态环境技术研发与创新都集中于少数发

---

[1] Patents and clean energy: bridging the gap between evidence and policy, Summary of the Report, OECD Environment Working Papers, OECD Publishing, No.17.

达国家,根据德温特专利数据库相关数据显示,从 2000—2008 年,生态环境相关技术的专利申请主要来自日本、中国、韩国、美国和德国,这五个国家的该类技术专利申请占到全球的 86.7%①。根据国际能源署出版的《2010能源技术展望》资料显示,2000—2005 年日本、美国和德国在 13 个减缓气候变化技术上的发明专利占全球申报总数的 60% 左右,其中仅日本就占了37%,且日本在电动汽车和混合动力汽车技术以及垃圾制造能源和照明技术领域的发明也占全球的 50% 以上。② 部分国家 2000—2005 年在全球气候友好型发明中所占的平均份额如表 2 – 8 所示。

表 2 – 8　部分国家 2000—2005 年在全球气候友好型发明中所占的份额

国家	世界排名	所占份额（%）	主要的能源技术类型
日本	1	37.1	所有技术
美国	2	11.8	生物质能、保温、太阳能
德国	3	10.0	风能、太阳能、地热
中国	4	8.1	水泥、地热、太阳能
俄罗斯	6	2.8	水泥、水电、风能
巴西	11	1.2	生物质能、水电、海洋能

资料来源：《2010 能源技术展望》,国际能源署编著。

由此可见,全球生态技术发展水平差异还很悬殊。

三是一些诸如欧洲和日本等国家的生态保护制度处于领跑阶段,而一些经济处于发展阶段的国家并不十分重视这方面的制度创新。近几十年来,全球生态制度创新一直停滞不前,然而国家内部的生态制度创新在不断发展,并且,由于各国对于生态经济的认识不同,其制度的创新程度也不同。诸如欧洲和日本对于生态制度的认识就比较超前,芬兰的可持续发展委员会专门成立了特别小组;瑞典的 21 世纪议程则强调要从片面的环境保护转入同时兼顾资源、环境、经济、社会等方面的可持续发展;日本在 20 世纪 80 年代后开始全面实施"阳光计划""月光计划"和"地球环

---

① 张树良、王金平、赵亚娟:《国际生态环境材料技术专利态势分析》,《科学观察》2010 年第 5 期。
② 马艳、吴莲:《低碳技术对低碳经济作用机制的理论与实证分析》,《财经研究》2013 年第 11 期。

境技术开发计划"等以新能源和节能技术为核心的一系列计划,在环境保护和生态技术开发方面制定了一系列的政策。而以美国为主的工业化国家,仍然以自身的经济利益为首要目标,在满足经济利益的条件下再考虑生态环境的保护,其制度创新比欧洲迟缓。还有一些发展中国家如泰国、菲律宾、印度尼西亚、越南等由于还在重复先发展后治理的老路,生态制度发展水平也就相对落后许多。

面对上述的生态技术创新与制度创新的不协调、不平衡、多层次的问题,当前要具体通过如下几个方面来推动全球生态技术和生态制度协同创新与发展。

第一,先推动各个国家的生态技术和生态保护制度创新,然后形成合力性的全球生态技术共享态势和生态保护制度系统。由于形成一个全球的生态技术合作与共享的技术态势比较困难,而一个国家的生态技术创新则相对容易,因此,我们可以先加强国家内部的生态技术创新和制度创新,当每个国家的生态技术创新都进步了,生态制度也发展了,就会形成全球生态技术和制度创新程度整体提高的趋势,这是解决当下全球生态技术共享约束和生态制度创新程度不够的良好途径。

第二,逐步建立全球多元协作的生态技术与制度创新体系。最有效的生态技术与制度创新体系一定是全球各国积极参与,共同协作而构建的一个国际化生态技术和生态制度创新体系,这需要各个国家的共同努力与协作才能实现。为此,我们还要协调好各个国家之间的利益关系,对于发达国家要着重利益激励,对于发展中国家要重视利益补偿,以充分调动各个国家的积极性,推动各国间生态技术信息的交流和共享,构建兼顾大多数国家利益的生态合作机制,这对于发展与实现生态经济有着特别重要的意义。

第三,要建立多层次的国际生态技术与制度创新体系。全球生态技术与制度协同发展,绝非几项技术专利或者单一政策工具就可以完成的,而是一个系统工程。如生态技术创新,就有替代、减量、再利用和资源化的技术创新等;生态制度创新至少包括生态金融、生态交易以及生态技术产业化的制度创新等。同时这些生态技术与制度的创新也是相互影响与相互制约的,技术、制度创新需要生态金融制度创新提供资金支持,而生态技术的产业化制度创新为生态技术创新提供了发展的空间,任何一个环节的制度创新不完善，机制设计不合理，都会成为阻碍生态经济发展的一个因素。

第四，在生态经济发展的不同阶段，采用不同的国际合作制度与政策，以更有效地利用现有的生态技术。具体来说，不同阶段有区别担当，在考虑差异性的条件下，发达国家多担当；中级阶段共同担当但有区别；高级阶段共同担当没有区别，每个国家都要担当，责任与义务同等。当前，发达国家虽然已经完成了工业革命，生产结构已经得到了优化调整，但是在消费方面却维持着远高于发展中国家的人均排放；相反，发展中国家的排放却主要是生存排放和国际转移排放。因此应对全球变化必须在可持续发展的框架下统筹安排，决不能以延续发展中国家的贫穷和落后为代价。面对全球生态变化这一公共物品，当前的制度应该体现为发达国家承担更多的责任与义务，包括发达国家必须要率先实现大幅度的减排，同时要向发展中国家提供资金和技术支持等。当然，随着生态经济的不断发展与深入，发达国家与发展中国家的责任也需要进行相应的调整。

（三）要加强全球可持续发展的政策体系建设

对于全球的可持续发展离不开正式制度和非正式制度所形成的制度体系来保障，单一的不成系统的制度不能够使得全球生态实现可持续发展。然而，生态正式制度是生态环境保护的必要条件，而生态正式制度的重构必须依赖政府的力量。全球可持续发展的前提条件是各国实现可持续发展，各国内部首先形成可持续发展的正式制度和非正式制度体系，从而形成全球可持续发展的政策体系。

生态正式制度的重构旨在纠正市场经济条件下行为主体有悖生态保护逻辑的行为。这里有一点需要指出：依靠政府力量形成的制度不是为了抑制市场功能的发挥，而是为了约束和引导市场主体的行为。因此生态正式制度的重构和执行还需要适当借助市场机制的力量。生态正式制度是指关于生态环境保护的成文规定，包括中央和地方的相关法律、法规、合同以及企事业部门的规则规定等。在残缺不全的生态制度条件下，实现环境保护的目标是不可能的，因而需要依靠政府力量构建一套分层次的生态正式制度体系。这一正式制度体系的重构包括以下三个层次：一是借助市场机制的有偿使用和生态补偿制度的构建；二是生态环境保护法律体系的构建；三是环保监督体系的构建。①

首先，借助市场机制的有偿使用和生态补偿制度是以资源的产权制度为基础，衡量经济行为的成本和收益，同时通过产权、竞争和金融力量对污染产品交易，这可以约束市场主体对自然资源无限制的索取行为。这需要做到以下三方面：一是建立与市场经济相适应的资源新型产权制度，要明晰和完善资源产权的法律规定，正如党的十八届三中全会《决定》中提出的"健全自然资源资产产权制度"，"对水流、森林、山岭、草原、荒地、滩涂等自然生态空间进行统一确权登记，形成归属清晰、权责明确、监管有效的自然资源资产产权制度"。二是在产权明晰的基础上，按照"谁开发谁保护，谁受益谁负责，谁污染破坏谁付费"的原则，建立和完善生态补偿制度，包括森林生态效益基金制度、草原生态补偿制度、水资源和水土保持生态补偿制度、矿山环境治理和生态恢复责任制度、重点生态功能区转移支付制度等的完善和落实。三是基于资源环境产品化，完善资源金融手段的相关规定，如有关节约能量、碳排放权、排污权、水权交易制度等方面的规定。就以碳金融为例，它必须以法律法规作为支撑，否则对于具有"负价值"的碳排放，没有人愿意交易。在此基础上，采用市场化的金融手段交易和流通相关碳金融产品以及衍生品，最终达到节能减排降耗的目的。同时，还须完善碳资源交易的信用评级机制，碳排放测算审核与披露机制，以及碳交易平台，成本与风险评估，等等。

其次，政府对生态环境保护法律体系的构建，这是对第一层次制度的重要补充。生态经济要求我们将资源损耗和污染排放控制在一定限度之内，在此阈值之内充分发展经济。因此政府应该制定资源损耗和总排放水平，并相应完善一系列污染防治法。我国自1979年《环境保护法（试行）》以来相应制定了《征收排污费暂行办法》《水污染防治法》《污染源治理专项资金有偿使用暂行办法》《固体废物污染环境防治法》等法规，体系初步形成但还有待完善。与此同时一系列税收法律需要完善，这包括资源环境消费税、产品税和资源开发税、排污税，等等。政府可以将有限资源的压力传播到社

---

① 冒佩华、王朝科：《"使市场在资源配置中起决定性作用和更好发挥政府作用"的内在逻辑》，《毛泽东邓小平理论研究》2014年第2期。

会相关企业和消费者的身上,但这需要恰当的税收种类和数量,因为如果种类过多、数量过高会给企业带来负担,影响经济发展,如果种类过少、数量过低又不能起到环境保护的作用。①

最后,构建环保监督体系,以保证法律和制度的有效执行。虽然制定法律和制度的目的是为市场主体提供一套共同遵守的规则体系,但在市场运作中若没有一套完善的加强法律制度执行的制度体系,环境保护制度的执行效果可能大打折扣,甚至不会被遵守。因此,从正式制度的角度来说,政府需要做到以下三点:一是制定并完善有效执行法律制度的体制框架和政策体系,限制各种有违资源和环境保护法律和制度的不正当行为;二是加大奖惩力度,奖励节约资源的行为,惩罚浪费和滥用的行为,保障各项法律制度的有效执行;三是在监督市场中各企业环境破坏行为的同时,督促企业内部环境保护规章制度的完善。

因此,在生态逻辑条件下,我们需要通过正式制度体系的构建将资源的有限性和生态系统的有限承载能力化为对人们经济行为的有效约束力,这是实现生态环境保护的必要条件。

尽管市场主体在正式制度的约束下,可能调整自身活动行为,对生态环境进行保护,但由于成本最小利润最大的目标追求和资本逻辑的驱使,加之政府监督体制的不到位,已经形成的正式制度难以得到有效执行。那么,是否有其他力量能够对生态环境加以保护,使市场主体能够自觉地保护生态环境呢?回答是肯定的。这就是非正式制度的力量,或者说是意识形态的力量。非正式制度是指在人们长期的社会交往中逐步形成,并得到社会认可的一系列约束,包括价值信念、伦理道德、文化传统、风俗习惯等。②

生态非正式制度就是一种存在于市场机制与正式制度之外能够保护环境的意识形态或理念的自觉力量。虽然其游离于二者之外,但也不是孤立存在的,而是渗透于二者之中,具有持久的生命力,使二者的力量能够有效发挥。换句话说,非正式制度是正式制度能否有效发挥作用的保障,生态正式制度必须以非正式制度作为补充,才能够有效地运行。因此,我们必须建立

---

① 鲁品越:《资本逻辑与当代现实》,上海:上海财经大学出版社2006年版,第181页。
② 蒋万胜:《中国市场经济秩序型构的非正式制度分析》,北京:中国社会科学出版社2009年版,第67页。

一套与生态经济相适应的自然观、生态伦理观、生产观和消费观等非正式制度，通过改变人们的价值取向，以调整人们的思维和行为方式，最终实现人与自然的和谐共处。①

第一，树立与可持续发展相适应的资源观。人们对生态环境的肆意破坏源于两个错误的认识，一是资源是无限的，二是资源免费或低价。传统的经济发展也正是建立在这一错误的前提之上，将资源与环境视为经济活动所利用和支配的对象。罗马俱乐部于1972年关于人类困境的研究报告《增长的极限》明确提出，"地球是有限的，任何人类活动越是接近地球支撑这种活动的能力限度，对不能同时兼顾的因素的权衡就要求变得更加明显和不可能解决",② 这为人类认识到自然有限性做出了伟大的贡献。我们要认清市场欲望的"无限"与资源"有限"之间的悖论，树立可持续发展资源观，认识到自然是人类生存的基础，要在适应自然规律的前提下进行经济活动，正确理解人与自然和谐共生的内涵。

第二，树立多元目标的经济伦理观。人类活动的目标不应该是单一的，而是多元的，正是由于社会目标的多元性，使人们陷入了顾此失彼的境地。工业革命之后的百余年里，人们总是将经济目标放在首位，而忽视了其他目标，如生态文明目标，历史经验告诉我们，这对生态带来了极大的破坏，严重影响了人们的身心健康，使得经济发展不可持续。因此，我们要构建多元的经济伦理观，建立人与自然之间和谐共生的关系，追求可持续发展，使社会向多元化方向发展。

第三，树立科学合理的生产观和消费观。在市场经济体制的逻辑下，生产与利润挂钩，消费与幸福感挂钩，这样造就了"最大生产，最大消费和最大废弃"的发展方式，对生态环境带来了极大的破坏。事实和经验分析告诉我们，一系列正式制度的构建还是侧重于对生产的约束，对消费的约束甚少，而无止境地扩大生产又是建立在不断扩大的消费基础之上。大量研究表明，消费行为和习惯及理念有着密切的关系。过度消费是源于人们欲望的

---

① 肖韶峰：《低碳经济发展：非正式制度安排视角的阐释》，《中南民族大学学报》（人文社会科学版）2012年第1期。
② ［美］丹尼斯·米都斯等：《增长的极限——罗马俱乐部关于人类困境的报告》，李宝恒译，长春：吉林人民出版社1997年版，第56页。

不断膨胀，只有建立正确的消费观，理性消费，绿色消费，从而形成正确的消费模式，提高消费效率，才能建设生态文明。生态非正式制度的重构实际上也是供给与需求的一场绿色革命，这也是控制人们私欲膨胀的根本路径。①

因而，非正式制度的生态逻辑是从价值观念上转变人与自然之间的关系，树立正确的自然观、生态伦理观、生产观和消费观，渗透于市场与政府二者之间，保障正式制度有效实施。生态正式与非正式制度的联合可以通过强制和非强制的力量约束市场经济体制下市场主体破坏生态环境的行为，使其符合生态逻辑。只有各国政府能够做到生态正式制度和非正式制度体系的构建与完善，进而在国际合作的基础上建立一个提供可持续发展的国际生态制度体系，最终才能促进全球的可持续发展。

二、基于 SSSA 理论的生态制度构建

当我们将资本积累与生态变化的矛盾运动纳入 SSA 分析框架，构建 SSSA 理论框架后，一个重要的现实问题就是如何将 SSSA 理论应用于全球生态变化的实际问题的分析，对生态和经济循环过程及包含二者的社会制度结构进行综合性考察，揭示全球生态变化的原因并通过生态制度的建设探寻解决途径。

基于 SSSA 理论的生态制度建设的首要原则是，从经济与生态交互循环的当前阶段特征出发，重视生态制度与其他社会制度的整体兼容性。这一原则来自于对传统马克思主义经济学分析方法和 SSA 理论分析方法的继承与发展。因为上述方法首先要求我们秉承唯物史观，立足于特定历史阶段考虑制度变革的方向。2007 年、2008 年全球金融危机后世界经济复苏乏力的现实，表明人类社会已经触及生产与社会关系矛盾的边界，"新自由主义 SSA"进入崩溃阶段，新的 SSA 正在探索建立过程中；同时区域与全球范围内不断爆发的生态危机表明，当前经济与生态交互动态的不定循环正在向恶性方向发展，生态循环中累积的"负价值"过多，经济与生态的交互动态可能滑向恶性循环的深渊，亟须构建新的 SSSA 以确保"可持续资本积累"。新的 SSSA 不仅要确保对经济活动中新产生的"负价值"进行足额补偿，还

---

① 陈学明：《资本逻辑与生态危机》，《中国社会科学》2012 年第 11 期，第 23 页。

要对过去经济活动中产生的，累积在生态循环中的已有"负价值"进行治理和补偿。其次要求我们在设计生态制度时重视与其他社会制度的整体兼容性。SSA 理论认为，支撑资本积累顺利进行的 SSA 是一个相互支撑、相互兼容的制度集。当其中某一具体制度与其他社会制度不兼容时，则该具体制度无法发挥有效作用；当 SSA 中的大部分制度都无法互相兼容时，则 SSA 整体将进入崩溃阶段。这一对"资本积累的社会结构"的正确认识对于我们设计有效生态制度至关重要。SSSA 中的生态制度必须与现行的调和劳资矛盾、资本竞争关系、国际经济关系、国家经济地位、主流意识形态的系列制度相兼容，否则生态制度将无法发挥其有效作用。当前国际环境治理处于困境，其主要原因之一便是国际环境治理要求的"共同且有区别"原则与现行新自由主义 SSA 历史形态下，民族国家经济地位弱化、环境治理制度国别化、国际不平等分工，国际主流自由主义意识形态等的不兼容。因此，建立新的有效 SSSA，不仅需要重构生态制度，还需要全球范围内的经济、政治、文化制度进行整体变革。

在符合历史阶段性要求和满足制度整体兼容性原则之后，具体的 SSSA 生态制度设计还应包括以下两方面。

（一）重建与"绿色经济价值观"兼容的主流意识形态

本章第二节已经阐述了 SSSA 的生态制度应倡导新"绿色经济价值观"，这意味着社会主流意识形态必须发生部分转变。一方面仍需要充分认识到市场机制优化资源配置的作用，利用市场力对资源环境"负价值"进行灵活补偿；另一方面在利用市场的同时，引导市场经济主体真正遵循"绿色经济发展价值观""绿色经济公平价值观"和"绿色经济效率价值观"，对"负价值"进行足额和有效补偿，这要求我们充分认识到自由市场的缺陷，强调政府在建立有效的 SSSA 生态制度方面的重要作用。

首先，绿色经济的发展、公平与效率观要求 SSSA 生态制度重视资源环境的足额与有效补偿。以"物质生产不仅是人类社会存在与发展的基础，也是人类社会毁坏与不可持续发展的根源"为核心的绿色发展经济观，和以"谁在生产过程中破坏了自然环境，谁就必须付出同等或者更多的劳动给予修复"为原则的"绿色公平观"意味着经济主体必须足额补偿其经济活动新生产的"负价值"。以"富国为穷国负责，当代人为后代人负责"为核心的绿色经济公平观和强调"绿色经济生产过程就是人类生产活动对资源环境'负价值'的消除过程"的"绿色经济效率价值观"意味着民族国家还应对其过去经济活动产生的"负价值"进行有效补偿。

其次，重建"绿色经济价值观"仍应重视市场配置资源的有效性，利用市场力量，促进资源环境"负价值"的灵活补偿。因为上述资源环境"负价值"的补偿劳动可以由经济主体自行投入，也可通过市场交换的方式委托其他经济主体代为处理。市场经济配置资源的有效性，意味着利用市场手段，可以实现"负价值"补偿成本的最小化。

需要指出的是，现行市场经济条件下的一些生态制度，秉承了主流意识形态对市场有效性的强调，也在某种程度上对资源环境"负价值"进行了补偿，但由于对绿色经济价值观的"发展""公平"与"效率"的认识不足，因此"负价值"补偿力度不足，效果欠佳。例如某些环境规制的具体措施，虽然考虑到了生态系统的价值补偿，但对追加还原劳动的量并未充分考虑。基于外部性的管制措施虽然考虑了资本循环的部分生态成本，但由于缺乏劳动"负价值"理论基础，其生态力市场化定价模型主要包括为使用某种生态力（如自然资源）而需耗费的社会劳动，以及生态力使用价值（如土地地租）的资本化。虽然这两方面内容都部分反映了过去的生产行为对资源稀缺性和生态环境功能的影响，但对诸如资源耗竭、生态恶化对生态系统使用价值和资本循环的深远影响考虑不足。亦即当前的生态力市场化定价模式尚未包含为使用和维持生态系统而产生全部劳动耗费。例如，由于无法估算物种灭绝和资源耗尽对生态系统带来的实际成本，市场化生态力的有效性受到质疑。但如果以追加复原生态系统使用价值所必要的劳动量考察，任何劳动投入都无法复原物种灭绝和资源耗尽所带来的生态系统使用价值的下降，此时，资本循环带来的生态"负价值"为无穷大。那么，在寻找到有效的具体复原劳动方式之前，不应从事任何可能导致物种灭绝与资源耗尽的行为。如果资本逐利本性推动的生产力进步使人类找到某种资源的可替代资源，那么此时以还原劳动衡量的生态"负价值"下降，资本从事此类生产活动的可能性增加。由于现行生态制度对资源环境"负价值"的量考虑不足，从而治理制度的方式与力度均有缺陷，资本可以将部分生态系统的服务看作大自然的免费馈赠，因而资本逐利本性导致了生产规模与消费规模迅速扩张到生态承载能力外界,生态危机频发的现实。

最后,如本章第二节所述,"绿色经济价值观"的树立必须以相应的制度约束为依托,否则这种价值观的重建不可能实现。即使在理念上得到承认,在资本逐利动机的短视化行为模式下,不重视未来和子孙后代的利益,也不可能真正得到贯彻和实行。通过有效的制度建设以解决生态危机是全世界关注资本与生态矛盾问题的理论工作者达成的共识。而自发的市场无法建立起有效的制度约束,必须强调政府在制度建设中的有效作用。因此,有效的 SSSA 应该是"管制型"的,而非"自由型"。

重建与 SSSA 生态制度下的"绿色经济价值观"相兼容的主流意识形态的具体措施包括:第一,加强经济社会研究领域中,资源环境"负价值"理论的宣传,并辅以文化艺术作品宣传等措施,让"必须将使用功能完好的生态系统传递给子孙后代"的观念深入人心;第二,通过经济、政治、法律制度设计,在充分利用市场机制的灵活有效性的同时,强制经济主体必须全面、足额处理其经济活动造成的生态系统使用价值损害。

(二)设计经济主体利益协调型生态政策

当前经济条件下,市场经济仍然是主流经济制度,资本逐利仍然是推动经济发展的重要力量之一,然而劳资矛盾在基于"负价值"的生态制度安排下,伴随资本积累呈现出持续尖锐化的特征仍然是导致资本积累难以为继的主要因素。这要求我们在生态制度设计时,一方面要注意提升劳动者的相对地位,另一方面也不能忽视资本诉求,除了注重国内劳动者地位提升外,还需注重劳动者国际地位的提升,并促进世界经济与生态的协调发展,这要求我们设计全面协调经济主体利益的 SSSA 生态制度体系。

其一,重视"劳动促进型"生态制度的设计。

当前生态制度与新自由主义 SSA 安排下,资源环境"负价值"与现行 SSA 交互作用,导致劳动者地位被持续削弱,从而劳资矛盾尖锐化。与 SSSA 生态制度兼容的劳资矛盾协调制度应注重提升劳动者的相对地位,建立"劳动促进型"生态制度。具体应包括两方面:一方面,通过生产关系的重构,使劳动者收入占社会总产出的比重上升,从而增加劳动者分配到的正价值占社会总正价值的比重。包括通过制度安排,提升实际工资收入,降低失业率,增加劳动的安全性等。另一方面,建立完善的环境保护制度,使企业为其对社会造成的生态环境使用价值破坏负完全责任。新的制度安排应当使资本承担的环境"负价值"比重至少不低于其分配到的社会总正价值比重。这一安排不仅符合"谁受益、谁治理"的利益分配原则,也有助于改善考虑环境因素时,劳动者相对地位进一步恶化的状况。

其二,重视"资本利益协调型"生态制度的设计。

如前文所述,基于"负价值"和市场竞争的生态制度安排将导致资本规模的寡头化、产业结构清洁化和资本竞争公平化的特征。然而,考虑到当前经济发展需要市场竞争主体的适度规模,产业结构的完整仍需要部分污染型产业的存在,在"资本利益协调型"生态制度的设计方面重视两方面。第一,通过政府产业政策,引导专门从事"负价值"治理的新产业蓬勃发展,实现"负价值"补偿的规模效应,使中小企业通过"负价值"的市场化交易,承担不高于大规模企业的"负价值"补偿成本,同时"污染型"企业的"负价值"治理成本也可部分降低;第二,在该产业尚未完全建立之前,政府对中小企业和确有必要存在的"污染型企业"的"负价值"补偿成本进行适度补偿,使一部分中小企业能在与大企业的竞争过程中生存下来,社会资本规模不至于呈现寡头化特征。同时维持产业结构的完整性。

其三,重视"国际利益协调型"生态制度的设计。

为改变植入基于"负价值"的生态制度后欠发达国家劳资矛盾尖锐化、产业结构污染化、发达国家产业结构"空心化"以及全球不可控性增强的国际资本积累两难困境,应重视"国际利益协调型"生态制度的设计。首先,依照"谁污染、谁治理,富国补贴穷国"的绿色经济公平价值观,促使发达国家对欠发达国家进行"负价值"生产的足额补贴与"负价值"补偿的技术支持,使发达国家承担更多的"负价值"治理义务与成本,从而改变处于经济发展不同阶段的国家的生态成本,从而促进欠发达国家实现产业结构的合理化与清洁化,同时,发达国家通过发展"负价值"治理技术与治理产业,实现产业结构的实体化。其次,建立全球统一的 SSSA 生态制度,对生态环境这一全球公共品进行统一管理,以降低全球生态环境的不可控性。这要求全球性政府合作机制的达成。

(三)社会主义中国的优势与挑战

社会主义中国在以制度建设重建"绿色经济价值观",确保资本与生态良性循环方面具有先天优势。首先,社会主义制度是重建"绿色经济价值观"的有力保障。众所周知,国家行为在制度变革中的作用至关重要。而国家代表统治阶级的利益。资本主义国家代表大资本家的利益。以资源环境"负价值"理论为基础重建"绿色经济价值观",约束了资本的自由逐利行为,在短期中提升了资本的成本,对资本发展不利。目光短浅的资本家必将通过各种方式反对政府建立制度对资本的约束。这一观点可以由以美国为代表的资本主义国家对全球气候谈判的阻挠行动证实。而社会主义公有制条件下的中国政府代表了全中国人民的利益,不仅代表当前全民的利益,还代表子孙后代的利益,其生产资料公有制的基本经济制度与生态系统的公共财产属性能实现更好的兼容,在建立制度约束资本逐利本性上有更强的激励,面临更小的阻力。其次,市场机制有助于在充分考虑生态成本的背景下,发挥资本的逐利本性,自动实现资本与生态的良性循环。中国经历了长期的市场经济改革,已经建立起一个比较完备的市场体系,为解决资本与生态的矛盾提供了良好的条件。

  需要注意的是,即便中国推动了有效的制度改革,在新"绿色经济价值观"下重构了市场生态体系,资本与生态的良性循环的实现也将面临极大的挑战。在经济全球化的背景下,中国资本不仅面临着国内竞争,还面临着全球资本的竞争。新的"绿色经济价值观"将使中国企业的生产成本高于其他未执行相关政策的国家,对产品出口以及资本的国际竞争将带来不利的影响。萨卡对苏联在赶超资本主义发达国家生产水平的压力下,不得不在实践中放弃已有的环境保护制度,从而导致生态环境恶化的现实的阐述为我们提供了警示。[1] 如何通过绿色产业链的构建,真正体现资本对生态系统改善带来的价值,从而构建新的经济发展增长点,将成为考验社会主义中国智慧的新挑战。

---

[1] [德]萨拉·萨卡:《生态社会主义还是生态资本主义》,济南:山东大学出版社2012年版,第24—55页。

第 三 章
商品价值量变动规律新解与实证分析

所谓的商品价值量变动规律的理论是指关于商品的价值量与体现在商品中的劳动量成正比，与劳动生产率成反比的理论。这一理论引起了学术界的广泛讨论，其中质疑与挑战，辩解与维护一直持续，但终究没有获得共识，从而被喻为"世纪之谜"。

在现时期如何根据时代变化的新背景和新情况对于这一理论进行新的解释与分析，特别是使用现代计量工具，利用互联网大数据对于经典理论结论和创新后的理论结论进行实证检验则是马克思主义经济学亟须研究的重要课题。为此，本书分别从竞争与垄断、同类不同种商品以及联合生产的角度对"世纪之谜"进行了新的探索，并作了相应的实证研究，以期深化这一理论的研究。

第一节 "世纪之谜"论争的思想轨迹

马克思主义经济学界关于"世纪之谜"主要是对"劳动生产率与商品价值量正向变动的现实与经典的反向变动理论相悖"这一问题长期争论而无法形成共识的归结性命题。因此如何破解这一"世纪之谜"也就成为理论界的重大理论难题。

一、"世纪之谜"之争——论争的缘起

在《资本论》第一卷，马克思提出了商品价值量与劳动生产力的问题，他指出，"总之，劳动生产力越高，生产一种物品所需要的劳动时间就越

少，凝结在该物品中的劳动量就越小，该物品的价值就越小。相反地，劳动生产力越低，生产一种物品的必要劳动时间就越多，该物品的价值就越大。可见，商品的价值量与体现在商品中的劳动的量成正比，与这一劳动的生产力成反比。"① 这是"成反比理论"的经典表述。1963年孙连成在《中国经济问题》第11期上发表题为"略论劳动生产率与商品价值量的关系"的文章，认为要搞清楚劳动生产率与商品价值量的关系，首先要明确什么是劳动生产率？影响劳动生产率的因素是什么？孙连成在定义劳动生产率的基础上，将影响劳动生产率的因素归结为人的主观因素（如劳动者的平均劳动熟练程度）和客观因素（如科学技术、生产过程的社会结合、生产资料以及自然条件等）。据此，孙连成给出了两个结论：第一，影响劳动生产率的主观因素在生产过程中，既影响劳动者创造使用价值的多寡，也影响劳动者创造价值量的大小。在部门内部，由于主观因素而使有些企业的劳动生产率提高了，这些企业在相同时间内，会较一般劳动生产率的企业创造更多的价值量。第二，影响劳动生产率的客观因素，在生产过程中只影响创造使用价值的多寡和单位商品内含的价值量，而不影响商品的价值总量。更明确地说，劳动生产率是由客观条件引起的，则劳动生产率与单位商品价值量成反比。孙连成的第二个结论实际上部分否定了经典含义的"成反比理论"，也就是说"成反比理论"只有在劳动生产率变化是由于客观劳动的客观因素变化引起的条件下才成立，否则，"成反比理论"不成立。孙连成的这一结论在学术界引起了极大反响和争论。1964年吴宣恭②率先对孙连成的观点提出质疑，认为"同本部门的一般企业比较，劳动生产率较高的企业（不论这种劳动生产率的提高是由什么原因引起的），在相同时间里，不仅会生产出较多的商品，而且会创造出较大量的价值"。（吴宣恭，1964）吴宣恭质疑的理由有三：一是认为孙连成未能分清价值与个别价值、社会必要劳动与个别劳动，把商品的个别价值错误地当成现实的价值，把价值由社会必要劳动决定曲解为价值由任意劳动或个别劳动决定；二是认为孙连成否认劳动生产率高的企业能够创造较多的价值，求助于流通去解释超额价值的来源，是

---

① 马克思：《资本论》（第一卷），北京：人民出版社2004年版，第53—54页。
② 吴宣恭：《个别企业劳动生产率与商品价值量的关系》，《中国经济问题》1964年第9期。

从一个错误滑向另一个错误；三是认为孙连成把影响劳动生产率变化的因素区分为主观因素和客观因素，这对于解释劳动生产率较高的企业能否在相同时间创造更多的价值，没有任何重大意义。

孙、吴之争沉寂近 20 年后，1980 年，叶航的文章"试论价值量的测量和精神生产对价值量的影响"① 又旧事重提，再一次引发了"劳动生产率与商品价值量之间关系"的论争。叶航根据《资本论》第一卷中的一句话"在这种场合，产品的数量增加了，但每个产品的价格不会下降。产品的价格总额会随着数量的增大而增大"② 得出结论：劳动生产率与商品价值量之间成反比这个命题碰到了一个例外。正如叶航自己所言，他要力图证明这样一个观点：由科学技术的应用而带来的劳动生产率的提高，而劳动生产率的提高又以精神生产和总体人类劳动的支出为前提，因此提高后的劳动生产率并没有引起相应的价值降低（叶航，1980）。叶航虽然没有明确提出"劳动生产率与商品价值量成正比"这个命题，但事实上已经很清楚了。李慧中针对叶航的观点指出："现代科学技术的迅速发展固然对劳动率的提高起着非常重要的作用，然而它在劳动生产率与价值量的关系中的作用不外乎受以下三条制约：（1）直接生产过程外的、促使劳动生产率提高的精神劳动的价值，只能转移到直接生产过程的产品中去，而与这一过程的活劳动消耗即与追加入产品的新价值无关。（2）直接生产过程内的、促使拉动生产率提高的精神劳动的增加，以产品中包含的劳动之和为条件，从而并不阻止商品价值量下降。（3）产品数量的增加要靠直接生产过程中的活劳动的同比例增加来维持，那么这种增加的劳动并不起促使劳动生产率提高的作用。"③根据这三条原则，李慧中得出结论："劳动生产率与商品价值量成反比"这一命题并不存在例外。叶、李之间的争论是典型的"成正比理论"与"成反比理论"之争。1986 年耿文清加入对这个问题的争论，认为劳动生产率的提高是伴随劳动者素质不断提高与总体劳动复杂程度不断提高的结果，那

---

① 叶航：《试论价值的测量和精神生产对价值量的影响》，《中国社会科学》（未定稿）1980 年第 33 期。
② 马克思：《资本论》（第一卷），北京：人民出版社 2004 年版，第 599 页。
③ 李慧中：《也谈价值的测量——与叶航同志商榷》，《中国社会科学》（未定稿）1981 年第 23 期。

么,"现实的部门平均活劳动生产率提高,单位时间内新创造的价值量增长"①,不过这个基本观点可以视为孙连成观点的继续。李翀(1988)则认为在生产力不断提高的条件下,单位商品价值量的变化,主要取决于劳动复杂程度的提高与劳动生产率的增长之间的关系。

  进入21世纪以后,"劳动生产率与商品价值量的关系"这个问题再一次成为学术界争论的热点,而且这一次争论参与人数更多,持续时间更长。蔡继明教授于2001年第10期《学术月刊》上发文明确提出"劳动生产率与价值量成正比"的观点。2002年,程恩富教授和马艳教授基于划分影响劳动生产率的主观条件和客观条件,认为劳动生产率与商品价值量之间的关系存在三种状态——正向变动关系、反向变动关系和不确定②。白暴力教授(2002)在区分部门劳动生产率和企业劳动生产率的关系的基础上,把劳动生产率变化与价值量变化的关系归结为四种情况——部门单位商品价值量与劳动生产率成反比、部门劳动生产率与部门单位时间形成的价值量无关、企业劳动生产率的变化不直接作用于单位商品价值的变化,但是会通过部门劳动生产率的变化间接影响单位商品价值量且成反比、企业单位时间形成的价值量同差额,即企业劳动生产率与部门劳动生产率的差额成正比③。林岗教授(2005)则基于两种社会必要劳动时间与价值决定的关系,给出了三个结论——部门平均劳动生产率与单位商品价值量成反比、个别商品生产者的劳动生产率对商品价值量有间接影响,影响方向取决于其价值转换系数、部门劳动生产率变化与商品价值总量无关。④ 孟捷于2011年连续在《经济学动态》和《经济研究》上发文,把成正比理论总结为五个基本命题,他把其中的三个命题概括为成正比理论的"硬核",把这一历经半个多世纪的论争推向了高潮。张衔(2011)则分别论证劳动生产率的第1类变化和第2类变化与商品价值量的关系,认为"无论引起劳动生产率变化的原因是劳动

---

① 耿文清:《部门平均活劳动生产率与新创造价值量——对马克思劳动价值论的再探索》,《山西师大学报》(社会科学版)1986年第6期。
② 马艳、程恩富:《马克思"商品价值量与劳动生产率变动规律"新探——对劳动价值论的一种发展》,《财经研究》2002年第10期。
③ 白暴力:《劳动生产率与商品价值量变化关系分析》,《当代经济研究》2002年第3期。
④ 林岗:《关于社会必要劳动时间以及劳动生产率与价值量关系问题的探讨》,《教学与研究》2005年第7期。

的客观条件的变化（劳动生产率的第 1 类变化），还是劳动的主观条件的变化（劳动生产率的第 2 类变化），都不改变商品价值量与劳动生产率反向变动（成反比）的规律，这一规律对单位商品是成立的，对商品总量也是成立的。因此，不存在'价值总量之谜'"[①]。《教学与研究》相继发表马艳 (2011)、何干强 (2011)、余斌和沈尤佳 (2011，2012)、冯金华 (2012)、王朝科 (2012) 的文章，《政治经济学评论》也发表日本岛根大学张忠任 (2011) 的文章，对这个命题进行了广泛的讨论，把该问题的研究引向一个新的高度。

二、"世纪之谜"之争——论争的两条线索

这场持续半个多世纪的争论，或许还将继续下去。稍微梳理一下不难发现，这场旷日持久的论争实际上围绕两条线索展开，一是成反比例论，即劳动生产率与商品价值量成反比；二是成正比例论，而持"成正比"观点的学者内部又有不同的表述。

坚持"劳动生产率变化与商品价值量成反比"的学者认为马克思在《资本论》第一卷中的那个经典命题并没有错，无论劳动生产率的变化是由何种因素引起的，"商品的价值量与劳动生产率成反比"永远没有例外。如吴宣恭 (1964)、李慧中 (1981)、白暴力 (2002)、林岗 (2005)、余斌和沈尤佳 (2011，2012) 等。还有一种属于有条件的"成反比论"者，认为"如果劳动生产率变动是由劳动的而客观条件而非主观条件引起，则反比关系成立"（程恩富、马艳，2002）。

其实，持"成正比论"的学者对"劳动生产率变化与商品价值量成反比"这个命题的表述存在很大的差异，有些甚至存在根本区别，这一点恰好容易被大家所忽视。简单归结起来，对成反比理论的表述方式有：（1）在部门内部，由于主观因素而使有些企业的劳动生产率提高了，这些企业在相同的时间内，会较一般劳动生产率的企业创造更多的价值量，或表现为更多的价值生产物（孙连成，1963）；（2）在劳动生产率提高、劳动复杂程度提高时，劳动生产率与单位商品价值量成反比的规律将不再成立（叶航，1980）；（3）由于资本运动使个别企业资本运动与全部门资本运动并存，那

[①] 张衔：《劳动生产率与商品价值量关系的思考》，《教学与研究》2011 年第 7 期。

么反映它们运动规律的两个命题（成反比和成正比）也是并存的（李慧中，1981）；（4）在生产力不断提高的条件下，单位商品价值量的变化，主要取决于劳动复杂程度的提高与劳动生产率的增长之间的关系（李翀，1988）；（5）劳动复杂程度的提高多少会引起劳动生产率的提高，那么，从个别企业到部门乃至整个行业的劳动生产率的进步，都会使商品价值总量有提高的趋势（程恩富、马艳，2002）；（6）生产者的价值转换系数与其个别劳动生产率成正比（林岗，2005）；（7）个别劳动生产率与商品价值量成正比（马艳，2011）；（8）劳动生产率与单位时间创造的价值量成正比（孟捷，2011）；（9）商品价值量不是与劳动生产率成正比，而是与劳动的复杂程度成正比，不能把劳动复杂程度提高产生的结果（单位时间的产出价值增加）看作劳动生产率提高的结果（张衔，2011）。必须指出的是，持有成正比观点的学者大多数都认为成正比理论与成反比理论是并存的，不存在某一方占绝对地位的情形，应充分重视这一点。

在这些成正比理论的不同表述中，我们不难归纳出以下四种代表性观点：（1）劳动生产率与单位商品价值量总量成正比；（2）劳动生产率与单位商品价值量成正比；（3）劳动生产率与单位时间商品价值量成正比；（4）个别劳动生产率与商品价值量成正比。在成正比论的文献中，有些概念也不一致，例如，劳动生产率究竟是全社会的劳动生产率、还是部门劳动生产率抑或是个别商品生产者的劳动生产率？商品价值量是全社会全部商品的价值量、还是部门全部商品的价值量抑或是单位商品价值量？等等。缺乏统一的概念标准，就会导致探讨的分歧。

三、"世纪之谜"之争——论争的焦点

成正比论是从成反比论中演绎过来的，大部分持有成正比论观点的学者也认同成反比论是正确的，因此不妨将成反比论看作一个公理，从这一公理出发确立两种论调概念的共同基础，也就是核心概念，为此，要回归传统的马克思的经典理论中去。

在《资本论》第一卷，马克思提出了商品价值量与劳动生产力的问题，他指出，"总之，劳动生产力越高，生产一种物品所需要的劳动时间就越少，凝结在该物品中的劳动量就越小，该物品的价值就越小。相反地，劳动生产力越低，生产一种物品的必要劳动时间就越多，该物品的价值就越大。

可见，商品的价值量与体现在商品中的劳动的量成正比，与这一劳动的生产力成反比。"① 对于这个命题，马克思又进一步说明，他指出："因此，不管生产力发生了什么变化，同一劳动在同样的时间内提供的价值量总是相同的。但它在同样的时间内提供的使用价值量会是不同的：生产力提高时就多些，生产力降低时就少些。因此，那种能提高劳动成效从而增加劳动所提供的使用价值量的生产力变化，如果会缩减生产这个使用价值量所必需的劳动时间的总和，就会减少这个增大的总量的价值量。反之亦然。"② 概括这两段话，可以将成反比理论的公理化内容表述为：商品价值量与劳动生产力成反比。但是存在很多歧义，主要有：

第一，关于成反比的假定条件，马克思没有特别明确指出，通过总结马克思的论述，可以将成反比的假定条件归纳为：（1）关于部门的假定。由于不同部门生产的商品使用价值不同，因此不能定义社会必要劳动时间，更谈不上价值和价值量的定义。应该将那些生产相同或者相近的生产者定义为同一个部门。（2）关于同一时间的假定。同一时间应该是长度相等的自然时间，而非社会必要劳动时间。否则，如果将同一时间理解为社会必要劳动时间，则马克思的"同一劳动在同一时间提供相等的价值量"这句话就是"等量的价值量提供相等的价值量"的同义反复，在逻辑上站不住脚。（3）关于同一劳动的假定。目前学术界对同一劳动有不同的见解。应该根据具体的情形和语境理解这一概念，而不能泛泛而论将其定义为制造某种使用价值的具体劳动或其他。在马克思的上面引文中，应该将同一劳动理解为在同一部门中具有相同复杂程度的劳动（孟捷，2011），是抽象劳动。有了这样的假定，马克思的上述论述才是正确的。

第二，成反比论中的商品价值量究竟是单位商品价值量还是该部门商品的价值总量？是商品的个别价值量还是社会价值量？马克思没有明确定义"商品价值量"，后世的争论也因此而起。我们认为，首先，马克思的"商品价值量"就是指单位商品价值量，其次，这个单位价值量具有普遍适用性，既可以适用率先提高劳动生产率的个别企业的单位个别价值，也适用于

---

① 马克思：《资本论》（第一卷），北京：人民出版社2004年版，第53—54页。
② 马克思：《资本论》（第一卷），北京：人民出版社2004年版，第60页。

技术进步在该部门普及后，该部门商品的单位社会价值量（孟捷，2011）。劳动生产率提高之后，首先使得个别先进企业的个别价值降低，市场竞争的作用又会使得部门内商品的单位社会价值降低。孟捷（2011）提出了单位时间创造的价值量这一概念，它是根据马克思的"同一劳动在同样的时间内提供的价值量总是相同的"① 这一命题提出来的。这一概念同单位商品价值量不等同。必须指出的是，马克思的成反比经典理论是以单位时间创造的价值量保持恒定为前提的。

第三，成反比关系命题中的劳动生产力是全社会不同部门的平均劳动生产力，还是部门的平均劳动生产力抑或是个别企业的劳动生产力？由前文第二点的探讨可知，当个别先进企业率先提高劳动生产率时，劳动生产力指的就是该企业的个别劳动生产力，但是，全社会的各部门劳动生产率都得到普及时，就是指部门平均劳动生产力。一般来说，认同上述成反比论的三个假设条件，劳动生产力的概念就不会是全社会不同部门的平均劳动生产力。

四、对"世纪之谜"之争的理论认识

综合理论界对"世纪之谜"的研究，可以将马克思的经典成反比理论视为一个公理，这个公理的完整表达可以概括为：一个命题、三个假定和两个定理，即：

命题：劳动生产力与单位商品的价值量成反比。

假定1：同一部门假定。

假定2：同一劳动假定。

假定3：同一时间假定。

定理1：商品的价值量与凝结在商品中的劳动量成正比。

定理2：同一劳动在同一时间内提供的价值量总是相同的。

这个公理的重要性在于它建立了"成反比"和"成正比"共同的概念基础，也为进一步证明"成正比"这个命题的真伪提供了清晰的逻辑思路。

具体讲，学者围绕马克思的成反比命题的讨论是在以上假定与定理的基

---

① 马克思：《资本论》（第一卷），北京：人民出版社2004年版，第60页。

础上展开的,这些假定条件和定理也被学界所公认。就目前的情形来看,可以将以上关于马克思的经典成反比命题的假定和定理进行规范化,综合概括为以下内容。

首先是关于劳动生产率的假定。

1. 马克思的劳动生产率是指社会劳动生产率。在马克思经典成反比命题中,劳动生产率是有严格限定的,马克思首先将劳动生产率区分为个别劳动生产率和社会劳动生产率。其中,个别劳动生产率是生产某种商品的个别企业的劳动生产率,而社会劳动生产率则是生产某种商品的大多数企业所能达到的劳动生产率,一般是用部门内部个别企业劳动生产率加权平均数来表示。由于不同商品的使用价值是不能比较的,这样由使用价值反映的具体劳动的效率也就不能在不同部门之间进行比较,因此,不存在一个在部门之外的社会劳动生产率的概念,即部门就是社会。

2. 马克思在这一命题中所指的劳动生产率是具体劳动的生产效率。具体劳动的生产效率会影响使用价值量的变动,而影响具体劳动生产率变化的因素主要有两大方面,一是劳动的客观因素,二是劳动的主观因素,马克思将其描述为五个方面,"劳动生产力是由多种情况决定的,其中包括:工人的平均熟练程度,科学的发展水平和它在工艺上应用的程度,生产过程的社会结合,生产资料的规模和效能,以及自然条件。"① 很明显,劳动复杂程度、熟练程度以及劳动强度等条件属于劳动的主观因素,自然条件、生产资料等则是劳动的客观因素。

其次是关于商品价值量的假定。

1. 马克思指出,商品的价值量是由抽象劳动决定的,最终是由社会必要劳动时间决定的。这里的商品价值量也分为个别价值量、社会必要价值量和价值总量三个层面,个别价值量是部门内部个别企业生产某种使用价值所花费的劳动时间,而社会必要价值量,则是"在现有的社会正常的生产条件下,在社会平均的劳动熟练程度和劳动强度下制造某种使用价值所需要的劳动时间"②。一般是用部门内部企业生产某种使用价

---

① 马克思:《资本论》(第一卷),北京:人民出版社2004年版,第53页。
② 马克思:《资本论》(第一卷),北京:人民出版社2004年版,第52页。

值个别劳动时间的加权平均数来表示，而商品价值总量则是商品价值个量的加总求和。

2. 马克思还假定，劳动生产率的变化对商品价值量没有直接影响，他指出："生产力的变化本身丝毫也不会影响表现价值的劳动。……不管生产力发生了什么变化，同一劳动在同样的时间内提供的价值量总是相同的。"[①]这样，在这一命题中，虽然马克思认为劳动生产率会受劳动客观因素和劳动主观因素的影响，但是，他在分析劳动生产率与商品价值量之间的关系时却假定劳动主观因素不变。这也与马克思认为社会必要劳动时间在一定时期总是一定的思想有关。因此，马克思在这里实际是假定劳动生产率仅受劳动客观因素影响。

由于假定劳动生产率不受劳动主观因素影响，劳动客观因素的变化仅仅带来使用价值量的变化，即劳动生产率实际是取决于使用价值量的变化，因此，马克思对于劳动生产率的衡量通常是用劳动者在单位时间内所生产的商品数量计算（或是用生产单位商品所耗费的劳动量计算），用数学符号可以表达为：

$$f = \frac{Q}{W} \qquad (3.1.1)$$

其中，f 表示劳动生产率，Q 表示商品数量，W 表示商品价值总量。在式（3.1.1）中，由于假定劳动主观因素是不变的，劳动生产率的变化完全是劳动客观因素作用的结果，所以，商品价值总量 W 就不会变化，这样当劳动生产率提高引起使用价值量增加后，在商品价值总量不变的条件下，单位商品价值量 w 就降低了。即：

$$f = \frac{Q}{W} = \frac{1}{w} \qquad (3.1.2)$$

对 w 求 f 的一阶导数，有

$$\frac{dw}{df} = \frac{-1}{f^2} < 0 \qquad (3.1.3)$$

式（3.1.3）表明，在马克思的经典假设条件下，单位商品价值量和劳动生产率成反比。理论界基于这一假定条件，关于劳动生产率与商品价值量

[①] 马克思：《资本论》（第一卷），北京：人民出版社 2004 年版，第 60 页。

是成反向变动关系的文字推论和数理分析都是正确的。

从目前理论界对"世纪之谜"的争论来看，焦点还是在假设条件的争论，不同学者在不同的假设条件下得出不同的结论，但情形无非是成正比、成反比以及不确定。但是，现实经济活动是不断变化的，经典马克思主义经济学根据特定的现实经济活动抽象出来的具有一定经济规律的假定条件也会发生变化。因此，已经变化了的经济活动就成为经济理论创新的基本出发点，对于这些已经变化的现实的理论抽象则成为一种新的理论框架的背景条件。因此，在马克思原假定的基础上，理论界根据现实条件的变化，对"世纪之谜"的原假定进行了拓展，也可以说是在既定假定条件下所进行的一种理论创新，对原假定的拓展主要有：

首先，引入劳动的主观条件。劳动生产率的提高仅仅是劳动客观条件的结果，这在理论上只是一种推测。现实情况表明，劳动主观条件的变化总是和劳动客观条件的变化相伴而生的。新机器的采用、新设备的投入，都会使得直接操作机器设备的工人的劳动强度、复杂度发生变化，可能提高，也可能降低。但是，这里的工人是一个总体的概念，那么，其劳动强度、复杂度都会有提高的趋向。如果还认为劳动生产率只是由劳动的客观条件引起、而与主观条件无关，这是不符合现实的。现实的情况是，劳动的主观和客观条件基本上是同步变动的，它们都对劳动生产率有影响。

一般而言，科技进步使得劳动生产率提高。马克思也认为科技是第一生产力，科技进步对劳动的主观和客观条件都有影响，因为，劳动者属于劳动的主观因素，没有劳动者就没有劳动，更没有使用价值和价值的创造。所以，劳动的主观和客观条件不可分割。马克思肯定了科技进步在影响劳动生产率提高中极为重要的作用，一方面，他认为科技进步通过改善劳动的主观和客观条件而使得劳动生产率得到提高；另一方面，马克思在分析成反比关系的命题中又没有分析劳动的主观变化，即劳动的复杂度、强度以及熟练度的提高对劳动生产率的影响，这是导致马克思在分析商品价值量与劳动生产率变动规律的逻辑出现悖论的原因。

按正常的顺序来看，应当科技进步在先、劳动主观条件变化在后，然后劳动生产率才会发生改变，因此，马克思关于"生产力的变化本身丝毫也不会影响表现价值的劳动——不管生产力发生了什么变化，同一劳动在同样的时间内提供的价值量总是相同的"论断就缺乏普遍的意义。因此，将科技进步引起的劳动主观条件的变化纳入马克思的逻辑分析框架之中，单位商品价值量与劳动生产率的变动规律就会发生改变。

其次，将计量价值量的时间尺度划分为社会必要劳动意义上的劳动自然时间（外延尺度）和劳动密度时间（内涵尺度）。

马克思意识到了劳动时间的"密度"，但是在分析单位商品价值量与劳动生产率的关系时，却没有考虑劳动时间的密度性，只是将劳动时间定义为劳动自然时间，并得出这样的结论：劳动生产率越低，生产一个商品所必需的劳动时间就越多，那么凝结在该商品中的抽象劳动就越多，该商品价值则越大；反之，劳动生产率越高，生产一个商品所必需的劳动时间则越少，那么凝结在该商品中的抽象劳动就越少，该商品价值就越小。如果劳动的主观条件发生改变。比如，因科技进步使得劳动者的强度、复杂程度和熟练度都得到提高，那么同样的时间内包含的劳动量则会有差别，因此，必须社会必要劳动时间划分为自然劳动时间和密度劳动时间。那么，单位商品价值量与劳动生产率的变动方向则会发生改变。

所以，在坚持马克思经济学方法论的基础上，在充分理解马克思原假定条件下"成反比"理论科学意义的前提下，结合当代资本主义世界经济的新变化和新情况，对马克思"成反比"经典理论原假设条件进行适当的拓宽后，程恩富、马艳（2002）研究指出，从个别企业、部门乃至全社会来考察，商品价值量与劳动生产率变动方向主要有：

第一，如果劳动生产率变动是由劳动的客观条件而非主观条件引起，那么劳动生产率与商品价值量是反向变动关系。

第二，如果劳动生产率是由劳动的主观条件引起，而劳动的客观条件没有发生改变，可以得出结论：单位商品价值量与劳动生产率是正向变动的关系。具体来看，这里又可以分为两种情况：一种情况是劳动自然时间增加或减少；另一种情况是劳动自然时间没有发生变化，而好似劳动密度时间增加了，也就是说在同样的社会必要时间内，由于劳动强度、复杂程度以及熟练程度的提高，可以凝结更多的抽象劳动，价值量随之增加。

第三，如果劳动的主观和客观条件共同作用使得劳动生产率发生变动，那么，单位商品价值量与劳动生产率的变动方向不确定，正方向变动与反方向变动都有可能，这要看劳动主观条件和劳动客观条件的变动幅度的大小关系而定。

从一般意义上讲，商品价值总量会随着劳动生产率的提高而出现增长的趋势。原因在于，劳动生产率的提高多少都会引起劳动主观条件的改变，劳动的强度、复杂度以及熟练度都会提高，在一定的社会必要劳动时间内会创造更多的价值量。因此，商品价值量与劳动生产率会有正向的变动趋势，这属于另一种状态的马克思主义经济学价值量变动规律。

总之，不管是马克思经典假定基础之上的成反比关系，还是在拓宽假定条件上的新结论，理论界的研究基本上是在高度抽象的理论层面来研究商品价值量的变动规律，没有从更现实的角度来研究，尤其是没有从实证角度对变动规律给予证明，研究视角比较单一，研究方法比较滞后。

本书进一步拓宽了研究视角，分别从竞争与垄断、同类不同种商品以及联合生产的视角对商品价值量变动规律进行了新的探索。研究发现，商品价值量与劳动生产率的变动规律呈现成正比、成反比以及不确定三种情形。本书还充分利用美国经济数据，尝试采用实证的方法对商品价值量同劳动生产率的变动规律进行严谨的数理证明，实现了研究方法的创新。这些视角和研究方法的突破，深化了对商品价值量变动规律的进一步研究和认识，为后续的研究建立了更宽广坚实的理论框架，进一步拓宽了对商品价值量变动规律的研究视野。

第二节　基于竞争与垄断视角的新探讨

通过以上的理论梳理和分析，我们可以发现，经典马克思主义关于商品价值量与劳动生产率的变动规律（成反比）这样一种认识，是基于当时的一种经济现实，即研究对象是马克思所处于的资本主义经济自由竞争时期，为此，他并没有区分经济的竞争和垄断状态。而后来学者围绕马克思的这一成反比理论进行探讨和争论的时候，也都没有对马克思研究的背景条件与我们现实的背景条件进行比较或者做出严格的区分。

我们认为，马克思主义经典的"成反比理论"是在基于当时历史背景条件而得出的理论结论,尽管我们前期的研究也考虑到了现实条件①,如技术进步对劳动的主观和客观都产生影响,从而得出成正比、成反比或均衡不变三种变动关系的结论。但是我们这一理论并没有区分竞争与垄断的状态。因此,本书则是以经济竞争和垄断为研究背景,分析劳动生产率与单位商品价值量的新变化关系。

为了分析方便,我们也要做一些假定:

首先,我们主要分析竞争和垄断的两种极端情况,不单独考察垄断竞争状态,仅将这种状态视为两种状态的混合。

其次,为了分析方便,我们还假定:(1)就行业方面,我们假定在垄断状态个别(一个或者几个)企业就等于整个行业,在竞争状态,行业是多个企业的组合,企业呈原子型;(2)就技术方面,无论是生产技术还是劳动技能,在垄断状态下技术的扩散很难,是有壁垒的,在竞争状态技术是可以扩散且较易;(3)就商品来看,在垄断状态,同类商品是有差异的,呈个性化特点,而在竞争状态,同类商品是标准件,无差异。

一、竞争状态下商品价值量变动规律分析

我们认为,经典马克思主义关于商品价值量变动规律理论研究的背景主要是资本主义自由竞争时期的经济状态,为此,其假定条件的抽象也符合这一时期资本主义经济现实。所以,马克思关于"商品的价值量与体现在商品中的劳动的量成正比,与这一劳动的生产力成反比"②的结论正是资本主义自由竞争经济背景下的理论经验总结。

首先,就时代背景来看,马克思所处的时代正处在资本主义自由竞争时期。这一时期,就行业结构来看,企业呈原子型,行业内部存在众多企业的竞争,其单位商品价值量是这些企业生产商品价值的加权均值。且企业可以自由转移,不存在大企业长期的垄断和独占;就技术扩散来看,市场自由竞

---

① 参见马艳《马克思"商品价值量与劳动生产率变动规律"新探——对劳动价值论的一种发展》,《财经研究》2002 年第 10 期。文章在新假定条件下将劳动生产率与商品价值量之间的关系区分为存在三种状态——正向变动关系、反向变动关系和均衡不变的状态。如果劳动客观条件变动的幅度大于主观条件变动的幅度,则成反比关系成立;反之,则成正比关系成立。如果二者变动幅度相同,则为均衡不变的关系。

② 马克思:《资本论》(第一卷),北京:人民出版社 2004 年版,第 53—54 页。

争也使得技术壁垒难以存在，而技术扩散也相对容易，特别是专利制度对技术的扩散不仅没有妨碍，而且有促进的作用。比如，英国在18世纪对它的专利制度进行了改善，新增了"专利说明书"一项，这是为了在一定时期内换取公众承认对创新成果的专有权，按照专利法的规定，发明人必须对其发明内容予以充分的陈述并予以公布，即专利的内容要包括有专利说明书。这样，新技术不会借助专利的保护局限在个别企业手中，而是可以迅速扩散、被其他企业普遍地采用。就劳动者来说，由于劳动力可以在各企业之间充分自由流动，一种新的垄断技能也会随着劳动力的自由流动而迅速扩散。总之，在自由竞争的状态下，不会形成对技术、劳动力、市场占有份额等的垄断。

其次，在自由竞争条件下，经典的商品价值量变动规律的假定条件就会容易满足。一是可以满足关于同一部门的假定。同一部门是指由若干企业在同一个领域分别生产某一类商品的部门，那么，在自由竞争时期，这是一般性生产行为。二是可以满足关于同一劳动的假定。同一劳动主要指同一种劳动行为，虽然有简单与复杂程度之分，但是，在自由竞争状态下，这些劳动是可以转化和均化的。马克思指出，"各种劳动化为当作它们的计量单位的简单劳动的不同比例，是在生产者背后由社会过程决定的"[1]。三是可以满足关于同一时间的假定；同一时间主要指商品生产的社会必要劳动时间是相同的，这在自由竞争状态，部门内部的市场价值非常容易形成，它实际是所有部门内部企业的劳动时间的均值。

这样，在这些原假定条件下，商品的价值量与凝结在商品中的劳动量成正比，与劳动生产率成反比的理论结论也就成立。

再次，资本主义自由竞争状态的技术与制度特征也为"成反比"结论提供了条件。

（1）资本主义自由竞争时期，科学技术进步对于劳动的客观条件影响较大，对于劳动主观条件影响较小。

马克思所处的时代是19世纪上半期资本主义自由竞争时期，其经济特征主要有：

---

[1] 马克思：《资本论》（第一卷），北京：人民出版社2004年版，第53页。

一方面，技术进步会对劳动客观条件（包括自然条件和生产条件）产生较大影响。第一次科技革命的标志是蒸汽机的发明与使用，蒸汽机代替人力被广泛应用于冶炼、航运、采掘、运输、机械制造、纺织等各行业，蒸汽机的推广与使用使得劳动的客观条件迅速改变。这在当时的英国表现得尤为明显，因为马克思是以率先完成工业革命的英国为蓝本来研究资本主义经济的。

另一方面，技术进步对劳动的主观条件要求并不高。因为这一时期圈地运动使得劳动力的供给十分充裕，资本家可以雇用到大量廉价劳动力，对他们进行简单培训就可以使用，无须支付高昂的教育培训费用。以蒸汽机为核心动力转动的机器，并不需要多么复杂的脑力劳动，一般劳动者都可以操作。

这样，马克思在分析劳动条件对生产率的影响时，更多的是考虑劳动的客观条件，假定主观条件不变。那么，当劳动主观条件不变或者变化率小于劳动客观条件的变化率，这时劳动生产率就会与单位商品价值量成反比。

（2）在资本主义自由竞争时期，劳动复杂程度的变化幅度和频率都不快，因此，社会必要劳动时间主要还是以劳动自然时间来衡量。

马克思主义经济学认为，价值是凝结在商品中的无差别的人类劳动，商品价值量的大小不是由个别劳动时间决定的，而是由社会必要劳动时间决定的，"社会必要劳动时间是在现有的社会正常的生产条件下，在社会平均的劳动熟练程度和劳动强度下制造某种使用价值所需要的劳动时间"[1]。因此，社会必要劳动时间就是衡量商品价值量大小的一把尺度。19世纪上半期的资本主义时代，工人中大部分是从事简单、重复、技术含量少的体力劳动，因此，在一定时间内，比如一天、一小时内等，其凝结的无差别的人类劳动是等同的。因此，马克思用以衡量商品价值量的社会必要劳动时间是以劳动的自然时间为基准的，其特点是：绝对长度有限，一天是24小时，不会无限延长；单位时间内劳动的质，即凝结的无差别的人类抽象劳动是等同的。

（3）由于劳动量的变化不大，商品价值总量的变化也比较恒定。

既然衡量价值量的社会必要劳动时间是以劳动自然时间衡量的，那么，

---

[1] 马克思：《资本论》（第一卷），北京：人民出版社2004年版，第52页。

不管劳动生产率是否改变，生产商品的社会必要劳动时间还是相同的，是同一时间，或者说是"同样的时间"；由于在竞争条件下劳动力、技术的自由流动，因此，生产商品的劳动也就都是同一劳动。那么，"同一劳动"，"同样的时间"内凝结的价值总量也就不会变。

根据上述分析，可以通过简单的数理推导验证我们的结论，用 f_i、q_i、t_i、w_i 表示某部门单个企业 i 的个别劳动生产率，生产的商品数量、耗费的劳动时间、个别单位商品价值量，其中，

$$f_i = \frac{q_i}{t_i} \tag{3.2.1}$$

个别单位商品价值量是个别企业 i 生产单位商品所耗费的劳动时间，即

$$w_i = \frac{t_i}{q_i} \tag{3.2.2}$$

N、Q、T、η_1、f、W 表示某部门内企业数量、生产的商品数量、耗费的劳动时间、企业 i 耗费的劳动时间在部门耗费的劳动时间中所占的比例、劳动生产率、部门单位商品价值量。

$$Q = \sum_{i=1}^{N} q_i \tag{3.2.3}$$

$$T = \sum_{i=1}^{N} t_i \tag{3.2.4}$$

$$\eta_1 = \frac{t_i}{T} = \frac{t_i}{\sum_{i=1}^{N} t_1} \tag{3.2.5}$$

$$f = \frac{Q}{T} = \frac{\sum_{i=1}^{N} q_i}{\sum_{i=1}^{N} t_i} = \sum_{i=1}^{N} \eta_i \cdot f_i \tag{3.2.6}$$

部门单位商品价值量是部门内部生产单位商品所耗费的社会必要劳动时间，即：

$$W = \frac{T}{Q} = \frac{\sum_{i=1}^{N} t_I}{\sum_{i=1}^{N} q_I} = \frac{1}{f} \tag{3.2.7}$$

所以,当劳动生产率 f 提高时,单位商品价值量就降低,从而使得两者出现成反比变动的关系。

总之,在自由竞争状态这一大的背景条件下,经典的商品价值量变动规律理论的假定条件容易得到满足,并且其技术与制度条件也为这一理论结论提供了充分条件。

最后,我们认为,在资本主义自由竞争的条件下,也会出现商品价值量变动趋势的正相关等的情况,如我们的前期研究提出三种变化趋向。这主要取决于其劳动客观条件和劳动主观条件的变化率。如果在资本主义自由竞争的条件下,劳动的主观条件变化率快于劳动客观条件的变化率,就会出现"成正比"的情况。

这又分为两种情况:一种是横向的比较,另一种是纵向的跨期比较。

所谓的横向比较,是指在自由竞争状态下,当一些个别企业的劳动生产率提高的同时,其劳动复杂程度也提高了,那么,这些企业的单位商品价值量会高于整个社会,就会出现劳动生产率与这些企业的单位商品价值量成正比的状态。这是根据马克思"生产力特别高的劳动起了自乘的劳动的作用,或者说,在同样的时间内,它所创造的价值比同种社会平均劳动要多"的理论得出的论断。[①] 这种情况在个别企业先采用新技术后的一段时间是可能存在的,诸如高新技术企业。需要指出的是,竞争条件下个别企业在短时间内对先进技术是有一定垄断性的,但时间很短,不同于垄断状态下个别企业对先进技术的长期垄断,因此其所处的市场还是竞争市场。因此,竞争条件下高新技术企业中在短期内可能存在着成正比的情况。

所谓纵向或者跨期比较,是指在自由竞争的条件下,在劳动生产率提高的同时,如果劳动社会必要劳动时间的密度也发生了变化,就是说,尽管这一期的社会必要劳动时间与上一期的社会必要劳动时间,在自然时间都是相

---

① 参见马艳:《马克思主义经济学假定条件的现代修正及理论创新——基于劳动条件假定的分析》,《学术月刊》2007 年第 39 卷。文章对马克思关于"自乘"的理论进行了深入分析。

同的，诸如都为 6 小时。但是，这一期的 6 小时与上一期的 6 小时在密度上已经有所不同，即由于劳动主观条件的变化，这一期的 6 小时的复杂程度已经高于上一期的 6 小时，如果两者的系数为 2，就相当于 12 小时，是上一期的两倍。"同一劳动的不同单位自然劳动时间的劳动密度不同，即一小时自然劳动时间与另一小时自然劳动时间相比，其密度时间可以是不同的。"① 这样，当我们做跨期和动态分析后，也可以得出横向分析的结论，即劳动生产率与商品价值量（密度社会必要劳动时间决定的）也可能会存在着一种成正比的关系（要取决于劳动客观条件和主观条件的变化率）。②

二、垄断状态下商品价值量变动规律分析

资本主义经济在 19 世纪末和 20 世纪初开始进入到垄断资本主义阶段，在垄断时期资本主义经济发生了巨大的变化。

首先，垄断成为经济的主要形式，并渗入经济生活的各个方面。

就现实表现来看，19 世纪末 20 世纪初，一些资金雄厚、管理先进、技术领先的大企业或通过自身积累或通过联合或通过兼并等，进一步壮大了自身实力，率先在部门内部确立了自身的垄断地位。这一时期，就行业结构来看，企业不再呈原子型，整个行业由一家或几家大型垄断企业独占，其单位商品价值量更多表现为个别大企业的单位商品价值量。这是因为在自由竞争条件下，由于市场上中小企业数量众多，单个企业市场占有份额很小，对整个市场的单位商品价值量影响有限，单个企业只是市场价格的接受者。如果其个别商品价值高于社会商品价值，也只能按社会商品价值出售，导致亏损破产。因此，在自由竞争条件下，行业单位商品价值量是这些企业生产商品价值的加权均值。但是，在垄断状态，由于个别大型垄断企业垄断市场占有份额很大，如果率先采用先进生产技术、提高劳动生产率，就会对整个市场的单位商品价值量的升降产生重大影响。尤其是如果某个部门内部被一家企业垄断，那么该企业的个别劳动生产率就是社会劳动生产率，其个别商品价

---

① 马艳：《马克思主义经济学假定条件的现代修正及理论创新——基于劳动条件假定的分析》，《学术月刊》2007 年第 7 期，第 76 页。
② 关于跨期动态分析的情形，参见马艳：《马克思"商品价值量与劳动生产率变动规律"新探——对劳动价值论的一种发展》，《财经研究》2002 年第 10 期；张忠任：《"劳动生产率与价值量关系的微观法则和宏观特征"》，《政治经济学评论》2011 年第 2 期。

值量的变动趋势就是整个市场单位商品价值量的变动趋势。那么，在垄断状态，行业单位商品价值量更多表现为个别大企业的单位商品价值量。就技术扩散来看，随着资本主义经济由竞争过渡到垄断，技术不再是自由扩散而是形成了技术壁垒，技术壁垒成为垄断时期的正常现象并得到强化。因为，一方面，垄断地位的获得，使得垄断企业更加注重对专利的保护，对本企业技术工人自由流动的限制，借此拉开同其他企业的技术差距，保持自身的垄断地位。另一方面，资本主义专利保护制度的完善，进一步强化了个别大型垄断企业对技术的独占和垄断，新技术借助专利的保护被局限在个别企业手中。比如，加拿大1869年、德国1877年、日本1889年相继颁布了专利法。那种在资本主义自由经济时期，新技术一出现就可以实现全社会迅速推广、使用的现象一去不复返了，而是由个别大企业带头实现新技术的突破并在一段时期内受专利制度的保护，对该技术实行垄断，随后其他企业相继跟进并逐渐掌握该新技术，从而实现整个社会技术的进步并提高劳动生产率。就劳动者来说，垄断企业依靠对技术的垄断，使得工人依附在某种技术上而不易流动到其他企业，劳动力在各企业之间充分自由流动受到阻碍。总之，在垄断状态下，会形成大企业对技术、劳动力、市场占有份额等的垄断。

其次，在垄断条件下，马克思的原假设条件已经无法得到满足，其同一部门、同一劳动、同一时间在内涵上都发生了新的变化。

一是同一部门的原假定不容易成立。在垄断条件下，行业内已经由一家企业独占或数家企业联合垄断，因此在垄断状态下，个别（一个或者几个）企业就等于整个行业，这时的社会生产就是单个大企业的个别生产行为。

二是关于同一劳动的原假定也很难成立。在垄断条件下，垄断企业依靠对技术的垄断，使得工人依附在某种技术上面，企业之间劳动力的自由流动受到限制，制造某种商品的劳动虽然仍有简单与复杂程度之分，但是复杂劳动在行业或部门内部的均化和转化变得十分困难，同一种劳动的差异化情况开始普遍化。比如，在生产计算机的过程中，制造计算机芯片的工人不可能在短期内学会开发计算机应用程序；又比如，在生产飞机的过程中，制造飞机导航仪的工人不可能在短期内学会制造飞机动力系统。因此，在垄断状态下专业工种的固定性、不可替代性越来越强，同一种劳动的差异化就越来越普遍。

三是关于同一时间的假定也发生了改变。在竞争条件下，劳动的复杂性可以在部门之间进行均化或者转化，在大多情况下，生产商品的社会必要劳动时间的内涵也是均质的，是可以用自然劳动时间来衡量。但在垄断条件下，技术、劳动力的自由流动受到限制，复杂劳动在部门之间的均化和转化也变得十分困难，因此，生产商品的社会必要劳动时间不再相同，即复杂劳动还原为更多的简单劳动变得困难。而且，劳动的复杂化程度的变化也较快，且被垄断着，这时如果仍然有社会必要劳动时间存在，也是垄断条件下的社会必要劳动时间，这种垄断的社会必要劳动时间与竞争的社会必要劳动时间很难进行转换和均等化。①

我们的这一认识是有理论依据的，高峰提出的平均利润率二重化理论可以为我们的认识提供理论支撑。高峰认为，在垄断状态下，平均利润率规律仍旧存在，但是发挥作用的形式发生了改变：垄断部门的利润率大多经常高于非垄断部门的利润率；在垄断部分与非垄断部门之间，分别存在着利润率的平均化趋势，从而形成两种不同水平的平均利润率。高峰进一步指出，平均利润率二重化出现的原因在于垄断与竞争的并存，垄断部门的进入壁垒限制了外部资本的流入，使得垄断部门可以保持垄断高价进而取得高于非垄断部门的利润率。② 因此，按照高峰的理论逻辑，在垄断状态，由于技术壁垒、资本壁垒等限制了技术、劳动、资本在各部门之间的自由流动，社会劳动时间在垄断与竞争部门之间的转化和均化变得困难，会出现社会必要劳动时间的二重化，即垄断条件下的社会必要劳动时间和竞争条件下的社会必要劳动时间。并且垄断部门的劳动在复杂程度、劳动强度、变化速度等方面会经常高于竞争部门中的劳动，那么垄断部门中形成的社会必要劳动时间在内涵上会高于竞争部门中形成的社会必要劳动时间。

再次，垄断状态下，商品价值量变动规律可能成正比的假定条件更容易实现。

（1）在垄断条件下，劳动主观条件提升和变化的频率更快。在自由竞争时期，技术进步主要体现在劳动客观条件的变化，比如蒸汽机的发明提高

---

① 马克思：《资本论》（第一卷），北京：人民出版社2004年版，第58页。
② 高峰：《发达资本主义竞争中的垄断与竞争——垄断资本理论研究》，天津：南开大学出版社1996年版，第288页。

了纺纱机的生产效率，而对工人的教育、技能的要求较低，对于操作以蒸汽机为动力的纺纱机，一般工人都能胜任。

而在当今垄断条件下，技术进步不仅推进劳动条件的进步也提升了劳动主观条件的变化。诸如以电子计算机的发明与使用为标志的第三次科技革命使得新材料技术、生物工程、新能源技术等劳动的客观条件有了新的飞跃，这也极大地改进了生产工具、拓宽了生产的空间范围，进一步突破了自然条件对生产的限制。与此同时，也推动了劳动主观条件的重大改变。诸如新技术的发明，需要提高劳动者的业务技能、增加劳动者的知识容量、调整劳动者的知识结构，这些需要在教育、培训方面增加支出。而随着新技术的广泛使用，各行各业也需要大量掌握先进技术、受过高等教育的劳动者充实进来，相反地，对体力劳动者的需求在下降。

（2）在垄断条件下，社会必要劳动时间的内涵也发生了变化，大多会以密度社会必要劳动时间为其标准。

在垄断状态下，技术进步带来的劳动者的劳动强度、熟练度以及复杂程度的提高使得自然时间已经无法满足对于其的表达。这是因为在自由竞争条件下劳动自然时间的每单位时间凝结的价值量是等同的，不会随技术的改变而改变。就是劳动复杂程度改变了，也会自然的进行简化，从而保持其社会必要劳动时间的同质性。而在垄断条件下，随着技术的进步，劳动的复杂程度会发生日新月异的变化，加之垄断的存在又阻碍了这些复杂劳动的自由转移，使其均等与转移受到了限制，为此，这时的社会必要劳动时间大多就变成了内涵式的概念。即这一时期或者这一阶段的社会必要劳动时间在自然时间是一样的，但是，在内涵上则完全不同。这时，劳动时间延长则是内涵性的延长，这主要表现在劳动密度的提高，而其自然时间长度不变。以 t 表示社会必要劳动时间的自然长度，如一分钟、一个小时等。由于在垄断状态下，社会必要劳动时间在内涵上要比自然时间长一些。因此，垄断状态下的社会必要劳动时间应该以劳动密度时间表示，其真实长度应该是 t 乘以一个大于 1 的系数，可用 t^* 表示垄断状态下劳动密度时间，那么社会必要劳动时间可以用公式表示为：

$$t^* = \alpha t \qquad (3.2.8)$$

α 表示劳动密度时间转化为劳动自然时间的系数，且 $\alpha > 1$。

（3）在垄断条件下，商品的价值总量也会发生变化。先是不考察时间序列，一定时间内，劳动量也是变化的。因为在垄断状态，技术壁垒的存在、劳动力自由流动的受限使得部门之间的工人的劳动复杂程度不能得到快速均化和转化，垄断企业对工人进行培训、教育，使工人的劳动复杂程度增加、强度提高、熟练程度增强，在一定时间内凝结的劳动量也就增加，价值总量必然上升。如果考虑时间序列，不同时期价值总量更是变化的。这是由于技术的革新、劳动复杂程度的改变，使得不同时期价值总量不再恒定。

最后，由于垄断条件下，商品价值量变动规律假定条件的变化，就可能出现成正比的状态。

根据上述经典理论的原假设条件的变化，以及新假定条件的形成，商品价值量变动规律也就发生了新变化。

我们认为，在垄断条件下，由于无法消除竞争，为此，只要满足经典马克思的商品价值量变动规律的假定条件，其"成反比"的状态仍然会存在。但是，如果仅考虑垄断条件下，基于商品价值量变动规律的新假定条件，就可能会出现成正比的状态，下面我们用数理分析方法来表达这一种状态的存在逻辑。

我们以时期 t_0 表示没有技术进步的初始状态；时期 t_1 表示某部门第 i 企业率先采用新技术，并且受专利保护垄断了新技术，其他企业则保持技术不变；时期 t_2 表示随着时间的推移，专利保护期限已到或其他企业也进行技术研发，新技术不再由个别企业 i 垄断，而是逐步推广到全社会。

（1）在 t_0 期，根据上述假定，用 q_{i,t_0}、t_{i,t_0}、f_{i,t_0}、w_{i,t_0} 表示某部门在时期 t_0 生产的商品数量、耗费的劳动自然时间、第 i 企业的个别劳动生产率、个别单位商品价值量；N_{t_0}、Q_{t_0}、T_{t_0}、η_{i,t_0}、F_{t_0}、W_{t_0} 表示时期 t_0 某部门内企业数量、生产的商品数量、耗费的自然劳动时间、企业 i 耗费的劳动自然时间在部门耗费的劳动自然时间中所占的比例、部门劳动生产率、部门单位商品价值量。

（2）到了 t_1 期，要分两种情形讨论。

第一种情形是行业内有几家垄断企业并存。那么，假设该行业第 i 企业率先采用新技术，并且受专利保护垄断了新技术，其他企业则保持技术不变。对于第 i 个企业而言，其个别劳动生产率会提高，即：

$$f_{i,t_1} > f_{i,t_0} \tag{3.2.9}$$

产量也会随之提高,即

$$q_{i,t_1} > q_{i,t_0} \tag{3.2.10}$$

不妨假定:

$$q_{i,t_1} = \beta q_{i,t_0} \tag{3.2.11}$$

式(3.2.11)中,β 表示企业 i 的产量增长率,且 $\beta > 1$。

更重要的,对于第 i 企业而言,以 t_{i,t_1}^* 表示劳动密度时间,如前所述,则有:

$$t_{i,t_1}^* = \alpha t_{i,t_0} \tag{3.2.12}$$

此时,企业 i 的单位商品价值量不再是企业 i 生产单位商品所耗费的劳动自然时间,而是劳动密度时间,即:

$$w_{i,t_1} = \frac{t_{i,t_0}^*}{q_{i,t_1}} = \frac{\alpha \cdot t_{i,t_0}}{\beta \cdot q_{i,t_0}} = \frac{\alpha}{\beta} \cdot \frac{t_{i,t_0}}{q_{i,t_0}} = \frac{\alpha}{\beta} \cdot w_{i,t_0} \tag{3.2.13}$$

即:

$$w_{i,t_1} = \frac{\alpha}{\beta} \cdot w_{i,t_0} \tag{3.2.14}$$

当 $\alpha > \beta$ 时,有 $w_{i,t_1} > w_{i,t_0}$,企业 i 的个别商品价值量会随着劳动生产率的提高而上升,成正比关系成立。

对整个行业而言,在 t_1 时期,其他企业 j 技术保持不变,产量也就保持不变,劳动时间仍然以劳动自然时间衡量,即:

$$q_{j,t_1} = q_{j,t_0},\ 并且\ j \neq i \tag{3.2.15}$$

$$t_{j,t_1} = t_{j,t_0},\ 并且\ j \neq i \tag{3.2.16}$$

那么,

$$Q_{t_1} = \sum_{\substack{j=1 \\ j \neq i}}^{N} q_{j,t_0} + q_{i,t_1} \tag{3.2.17}$$

$$T_{t_1} = \sum_{\substack{j=1 \\ j \neq i}}^{N} \breve{t}_{j,t_0} + t_{i,t_0}^* \tag{3.2.18}$$

部门单位商品价值量就是

$$W_{t_1} = \frac{T_{t_1}}{Q_{t_1}} = \frac{T_{t_0} + (\alpha - 1)\ t_{i,t_0}}{Q_{t_0} + (\beta - 1)\ q_{i,t_0}} \tag{3.2.19}$$

分子、分母同时除以 Q_{t_0}，可以得到

$$W_{t_1} = \frac{T_{t_1}}{Q_{t_1}} = W_{t_0} \frac{1 + (\alpha - 1)\eta_{i,t_0}}{1 + \frac{(\beta - 1)q_{i,t_0}}{Q_{t_0}}} \quad (3.2.20)$$

为方便分析，假定

$$\frac{q_{i,t_0}}{Q_{t_0}} = \eta_{i,t_0} \quad (3.2.21)$$

那么，

$$W_{t_1} = W_{t_0} \frac{1 + (\alpha - 1)\eta_{i,t_0}}{1 + (\beta - 1)\eta_{i,t_0}} \quad (3.2.22)$$

当 $\alpha > \beta$ 时，$W_{t_1} > W_{t_0}$，部门单位商品价值量会随着劳动生产率的提高而上升，成正比关系成立。

第二种情形是行业只有一家垄断企业。在这种情况下，可以用 η_{i,t_0} 衡量企业 i 对市场的垄断程度，此时 η_{i,t_0} 等于 1，并且根据式（3.2.22）有

$$W_{t_1} = \frac{\alpha}{\beta} W_{t_0} \quad (3.2.23)$$

企业 i 的个别商品价值量的变动规律，就是整个部门单位商品价值量的变动规律，当 $\alpha > \beta$ 时，$W_{t_1} > W_{t_0}$，部门单位商品价值量会随着劳动生产率的提高而上升，成正比关系成立。

（3）在 t_2 时期，所有企业都掌握并采用了新技术，并且假定企业 i 没有采用比 t_1 时期更先进的技术，无论行业内有一家企业垄断还是数家企业垄断，我们可以得到以下结论：

对单个企业而言，仍旧有

$$w_{i,t_2} = \frac{\alpha}{\beta} w_{i,t_0} \quad (3.2.24)$$

对整个部门而言，在 t_2 时期，部门单位商品价值量就是

$$W_{i,t_2} = \frac{\alpha}{\beta} W_{i,t_0} \quad (3.2.25)$$

当 $\alpha > \beta$ 时，$W_{t_1} > W_{t_0}$，部门单位商品价值量会随着劳动生产率的提高而上升，成正比关系成立。

需要指出的是，一个重要的前提是垄断企业可以凭借自身优势制定垄断

高价。因为研究一项新技术,前期的投入成本是巨大的,研发成功之后,在生产的初期阶段,垄断企业就可以利用自身的垄断地位,制定垄断高价,以高的价值量出售,从而获得高额利润。因此,垄断企业愿意采用该技术,尽快弥补前期投入成本。这在外界看来,单位商品价值量随着劳动生产率而提高,正比关系成立。或者垄断企业没有采用新技术,即使没有高价值,但可以凭借垄断地位获得高的价值实现,成正比关系仍然可以实现。

需要注意的是,不管是在 t_1 时期的两种情形,还是在 t_2 时期,当 $\alpha > \beta$ 时,部门单位商品价值量会随着劳动生产率的提高而下降,成反比关系成立。当出现 $\alpha = \beta$ 情形时,我们不能明确判定到底成反比还是成正比,单位商品价值量与劳动生产率的变动关系处于不确定状态。

以上分析可见,在垄断条件下,关于单位商品价值量与劳动生产率的变动规律已经发生了新的变化,即可能存在成正比、成反比或者不确定三种状态。

第三节 基于同类不同种商品视角的新分析

关于商品价值量变动规律讨论的"世纪之谜"的关键点,在于同类不同种商品的劳动生产率与商品价值量之间关系认识上的分歧。反对者提出,在现代经济条件下,许多商品,当劳动生产率提高时,其价格并没有下降反而提高了。根据商品价格是以其价值为基础的逻辑,劳动生产率与商品价值量成反比的理论就被质疑,这就为理论界提出了一个新的课题。

本书将根据前期的研究逻辑,以及以上关于商品价值量变动规律的新假定条件,尝试对于这一现象和理论质疑做出新的分析。

一、问题的提出:一个实例

所谓的"世纪之谜"就是对于同类不同种商品的劳动生产率与商品价值量变动关系无法定论的现象的称谓。

这一概念第一次出现在1982年的《科学技术革命与世界价格》(中译本)书中,作者列举了大量实例(如美国的集成电路、燃料以及飞机的价格)来说明商品的劳动生产率与商品价格(价值)之间并没有发生反向变动关系,而是出现了正向变动的趋向。

诸如，书中用美国麦克唐纳－道路拉斯制造的 DC 型客机的生产销售实例（如表 3-1 所示），说明了 DC 型飞机的技术性能和价格变化的情况。

表 3-1 DC 型客机的技术性能及价格变化情况

启用年份型号	飞机空重（吨）	巡航速度（公里/小时）	商业载荷（吨）	载客人数（人）	生产率（公里/小时）	飞机价格（现行价格）万美元	飞机价格（不变价格）
1936 DC-3	8.8	274	3	32	8.8	9	—
1946 DC-4	20.8	328	6.4	66	21.7	39	—
1947 DC-6	26	450	6.7	68	30.6	59	—
1951 DC-68	29	434	8.7	82	35.6	94	—
1955 DC-78	33.6	530	9.7	69	36.6	190	—
1959 DC-8-10	56.6	873	15.6	179	156	530	—
1961 DC-8-50	60	933	15.6	179	167	608	—
1967 DC-8-61	67	965	30.2	259	238	800	—
1971 DC-10-10	151.9	940	46.1	360	338	2100	—
1973 DC-10-30	166.9	956	47.4	360	344	2420	—
增长倍数	19.0	3.5	15.6	11.3	39.4	270.0	63.0

资料来源：《科学技术革命与世界价格》（中译本），中国社会科学出版社 1982 年版，第 26 页。

我国学者李翀曾经专门撰文解释这一"世纪之谜"。他针对上述数据分析道："客机主要用于载客，因而可以把 DC-10-30 型客机一小时乘搭一个旅客飞机的公里数与 DC-3 型飞机比较，前者一小时乘载 360 人飞行 956 公里，后者一小时乘载 32 人飞行 274 公里。前者的生产率相当于后者 39.6 倍。这就是说，一架 DC-10-30 型客机的生产能力相当于 39.6 架 DC-3 型客机。一架 DC-10-30 型客机空重 166.9 吨。39.6 架 DC-3 型客机空重 348.5 吨，后者消耗的原材料显然要多于前者。另外，按一般估计，在 20 世纪 30 年代生产 39.6 架 DC-3 型客机所耗费的劳动量，肯定多于在 20 世纪 70 年代生产一架 DC-10-30 型客机。"按照不变价格来看，前者的价格却比后者高出63倍之多,所谓"谜",实际上就表现在这里,即为什么劳动的投入量减少而价格却在上升?①

自此可见,理论界关于"世纪之谜"的概念早就已经形成,此后理论界围绕着"世纪之谜"进行了争论。但争论的焦点仍然集中在单位商品价值量与劳动生产率之间的变动关系如何,究竟成反比还是成正比,并未严格区分在这一争论中的商品是同类同种商品还是同类不同种商品,尽管争论中也得出一些有价值的认识与共识,但就"世纪之谜"本身并没有得到真正意义上的解决。

我们认为,从表面上看,这样的结果似乎与传统马克思的价值量变动规律发生了背离,即出现"成正比"的趋势,也因此很多学者将这一问题看成是对马克思经典理论的重大挑战,其实并非如此,理由主要有以下两点:

首先,经典的商品价值量变动规律理论实际上是在一定假定条件下得出的理论结论,诸如,同一部门,同一劳动以及同一时间的假定。然而,在上述的实例中,他们所列举的不同年份的飞机,尽管这些飞机是同类商品,但是,它们已不是同种商品。因此,用同类不同种商品得出的现实来挑战同类同种商品的理论结论,就没有了恰和性,也无法构成对马克思经典理论的挑战。

其次,采用不同型号飞机的"不变价格"来代替价值也是不恰当的。我们认为"不变价格"仍然是价格的范畴,并不是价值。与此同时,两种不同型号的飞机,按照不变价格来计算,价格差异有63倍之多,但其价值量之间并不一定有如此之多的差异,因为,这里还有市场的因素。

尽管如此,我们仍然认为,对于这一新现象(同类不同种商品的商品价值量变动规律)也要进行分析,并根据马克思主义经济学的经典逻辑给出新的解释。

二、同类不同种商品的界定及新假定条件

所谓同类不同种商品是指用途一致,但功能有所差异的商品的集合。

同类不同种现象在商品经济条件下一直存在,只不过可能并不明显或者并不是商品的主要形式。然而,随着社会经济的不断发展与进步,同类不同

---

① 李翀:《论价值下降与价格上升的"世纪之谜"》,《价格理论与实践》1988年第6期。

种商品作为一种经济现象就成为一种商品形式的常态。

同类不同种商品的存在需要两个方面的支持，一方面是技术的支持，另一方面是制度的支持。

首先，同类不同种商品的出现，以致成为商品的主要形态是技术进步的结果。伴随着各类科学技术的不断进步，产品更新换代频繁，消费者在市场上可以看到很多同类商品，功能略有差异，但却不是同种商品。第一次科技革命催生了蒸汽机的发明、改进和广泛应用，第二次科技革命使得电力广泛地被人类使用，第三次科技革命在电子、航天、生物等领域有了突破性的进展。三次技术革命推动了人类经济的飞速发展，使得产品供给日益多样化且选择丰富，消费者可根据其偏好以及经济实力，任意选择，不受短缺之限制，如手机产品中的 iPhone3、iPhone4、iPhone6，就可以称之为同类不同种商品。

其次，同类不同种商品的广泛发展是垄断这一制度支撑的结果。19 世纪末 20 世纪初，垄断作为长期存在的经济形态。因为垄断的存在，不同厂商之间才有不同的生产技术，同类商品之间也因此有了差异性，从而同类不同种商品更为普遍地出现在市场之中，并且成为各行业、各部门商品的主要存在形式。

此外，由于垄断因素的存在，使得任何一种技术的扩散都有着较强的壁垒，在这样的条件下，技术难以在短时间内扩散，同类不同种商品之间因技术因素带来的差异性也就得以维持。与此同时，由于垄断竞争的市场状态，同类不同种商品之间也由原来的价格竞争，转变为品质竞争和个性差异化竞争。因此，垄断竞争不仅造就了同类不同种商品，也使得不同种商品之间的差异性表现得更为突出。

面对扑面而来的同类不同种商品的大量涌现以及其占据商品的主要形态后，理论界也必须回答，对于这类现象，经典的商品价值量变动规律应该发生怎样的变化。

我们认为，在同类不同种商品的条件下，马克思经典的商品价值量变动规律假定条件已经部分的发生变化，在同一部门假定不变的情况下，为了探讨同类不同种商品价值量变动规律，我们做出如下的新假定条件。

第一，同一劳动不再满足，生产同类不同种商品的劳动为不同劳动。

同类不同种商品，既然是不同种的商品，生产这些商品的劳动显然也就不是同一劳动，而且生产同类不同种商品的劳动无论从质上还是量上，都有较为明显的差异。对于生产同类不同种商品的不同厂商而言，其生产的技术之间有较大差异，这就使得工人依附在某种技术上面，企业之间劳动力的自由流动受到限制，制造某种商品的劳动虽然仍有简单与复杂程度之分，但是复杂劳动在行业或部门内部的均化和转化变得十分困难，同一种劳动有差异化。

第二，同一时间则出现不确定的情况。对同类不同种商品而言，生产商品的劳动的主观条件和客观条件都有可能发生变化，如果不同种商品是因劳动客观条件的改变而出现，如生产资料的数量质量、自然条件等改变，则同一时间的假定仍然满足；如果不同种商品是因劳动主观条件的改变而出现，如劳动的熟练程度，劳动复杂程度以及科学技术在劳动力中运用程度和管理水平等改进，则同一时间假定不再满足，因为生产不同种商品的社会必要劳动时间已经不同；当然，如果劳动的主观条件与客观条件同时发生变化，情况就更为复杂，变得更不确定。

以上分析可见，同类不同种商品中的不同种商品，以及生产不同种商品的不同劳动就是我们分析问题的基本出发点，在此基础之上，我们所面临的分析对象也就完全剔除了同类同种商品，演变为同类不同种商品。

三、同类不同种商品价值量变动规律分析

基于前文的新假定条件，生产同类不同种商品的劳动已变为不同劳动，劳动时间也变得不再确定，因此，对于同类不同种商品的价值量变动趋势的探讨我们也有了全新的认识。不难看出，同类不同种商品的单位商品价值量与劳动生产率究竟成反比还是成正比就取决于劳动主观条件和劳动客观条件谁发生了变化，或是二者同时发生变化时，谁的变化速度更快。

首先，如果劳动主观条件不变，劳动生产率的变化由劳动客观条件的改变引起，则同类不同种商品的单位商品价值量与劳动生产率成反比。

我们知道，劳动的客观条件主要是生产资料的数量质量、自然条件等。劳动客观条件的改进，主要表现在厂商不断更新原有的设备，并增加各种原材料的价值、各种先进的仪器设备的价值以及生产客机时所耗费的固定资本的价值。由于机器设备日益先进，那么其复杂程度也就越来越高，生产其所

耗费的劳动（经过简化的）就越来越多，因此其价值量就越大，从而转移到新产品中的价值量也就越大。正如马克思所指出的："机器不是使产品变便宜，而是使产品随着机器的价值相应地变贵。很明显，机器和发达的机器体系这种大工业特有的劳动资料，在价值上比手工业生产和工场手工业生产的劳动资料增大得无可比拟"①。

就同类不同种商品中的不同种商品而言，劳动客观条件的改变对其价值量的影响尤为明显，因为它们之所以构成同类不同种商品，很大程度上是因为产品在更新换代之时，一代又一代的产品之间科技含量有所差异。如此一来，因劳动客观条件改进而引起的劳动生产率提高，仅仅使得不变资本转移到新产品价值中的比例增大。由于劳动生产率的提高，单位时间创造的价值量更多，但劳动主观条件并没有改变，所以单位商品的价值量必然会下降。因此，因劳动客观条件改变而引起的劳动生产率提高，单位商品价值量与劳动生产率成反比，也就是符合经典马克思的成反比理论。

其次，如果劳动客观条件没有改变，劳动生产率的变动仅由劳动的主观条件变化引起，即劳动复杂程度不断提高，同类不同种商品的单位商品价值量与劳动生产率也会出现成正比的情况。

具体来说，对同类不同种商品而言，在生产力不断提高的条件下，单位商品价值量的变化，主要取决于劳动主观条件中的劳动复杂程度的提高与劳动生产率的增长之间的关系。假定劳动的复杂程度提高了一倍，劳动生产率也增加了一倍，那么在劳动数量不变的条件下，商品的价值量没有变化。如果劳动复杂程度提高的倍数小于劳动生产率增长的倍数，单位商品的价值将下降；反之，如果大于劳动生产率增长的倍数，单位商品价值将上升。但是，不管劳动复杂程度的提高与劳动生产率的增长之间的关系如何，只要两者在提高而不是下降，商品的总价值量都将会有所增加。② 这样一来，"世纪之谜"中的"谜"似乎被破解了，而且同类不同种商品，如前文所分析，尤其在科技含量较高的产品中常见，因此，生产商品的劳动复杂程度逐步提高是非常符合现实的。

---

① 马克思、恩格斯：《马克思恩格斯全集》（第二十三卷），北京：人民出版社1972年版，第424页。
② 李翀：《论价值下降与价格上升的"世纪之谜"》，《价格理论与实践》1988年第6期。

最后，如果劳动生产率的变动同时由劳动的主观条件和劳动客观条件的变动引起，那么同类不同种商品的单位商品价值量与劳动生产率之间的变动方向则不确定，有可能成正比，也有可能成反比。

就现实而言，劳动客观条件的改变都不可避免地会引起劳动主观条件的变化，因此劳动生产率由二者的共同变化所引起是很常见的，在这样的情况之下，同类不同种商品的单位商品价值量与劳动生产率之间的变动方向究竟如何，主要取决于劳动主观条件的改变速度与劳动客观条件的改变速度哪个更快，如果劳动主观条件的改变速度快于劳动客观条件的改变速度，那么同类不同种商品的单位商品价值量与劳动生产率之间的变动方向则成正比，如果劳动客观条件的改变速度快于劳动主观条件的改变速度，那么同类不同种商品的单位商品价值量与劳动生产率之间的变动方向则成反比。

为了更加清楚地表述这一问题，我们就其中一种情况进行数理模型的推导，即假定在科技进步的条件下，伴随劳动客观因素的变化，劳动主观因素也发生同方向的变化，并假设劳动主观条件的变化幅度大于劳动客观条件的变化幅度，同时假定商品价值总量与使用价值量分别由劳动主客观因素决定，且在劳动主客观因素的作用下，科技进步所引起的商品价值总量的变化率大于使用价值量的变化率。那么，我们就可以获得劳动生产率与商品价值量之间成正向变动趋势的结论，用数理方法表达如下：

$$f = f(k, l)，且 f'_k > 0，f'_l > 0 \quad (3.3.1)$$

$$f = f[k(A), l(A)] \quad (3.3.2)$$

$$\frac{dl}{dA} > \frac{dk}{dA} > 0 \quad (3.3.3)$$

$$\frac{1}{w}\frac{dW}{dA} > \frac{1}{Q}\frac{dQ}{dA} > 0 \quad (3.3.4)$$

由于现在假定劳动主观因素 l，进而价值总量 W 也发生了变动，因此，不能用马克思关于劳动生产率的衡量公式。但是，根据以上四个假定的推理，我们用数理方法来表达劳动生产率与商品价值量"成正比"的变动关系。由于

$$w_j = \frac{W}{Q} \quad (3.3.5)$$

可以证明：

$$\frac{dw_j}{dA} = w_j \left(\frac{1}{W} \cdot \frac{dW}{dA} - \frac{1}{Q} \cdot \frac{dQ}{dA} \right) > 0 \qquad (3.3.6)$$

而由于 $f = f[k(A), t(A)]$，且根据上式，可以得出：

$$\frac{dw_j}{df} = \frac{dw}{dA} \cdot \frac{dA}{df} > 0 \qquad (3.3.7)$$

它表示：随着劳动生产率的提高，单位商品的价值量将趋于上升。当然，对于各类不同的假定条件，都可以有类似的数理推导，得出不同的变动情况。

总的来说，我们不难看出，"世纪之谜"中所涉及的商品已成为同类不同种商品，同类不同种商品在探讨其单位商品价值量与劳动生产率的变动关系时也突破了马克思探讨商品价值量变动规律时的部分假定，但同类不同种商品的价值量变动趋向分析与垄断条件下的分析机理十分类似。在同类不同种商品中，因部分商品的劳动主观因素对其更为显著的影响而使得其个别价值较大，因此可以实现较高价值，从而出现了单位商品价值量与劳动生产率成正比的情况，这就为"世纪之谜"提供了一个较为合理的解释。

第四节 联合生产条件下的价值量变动规律研究

我们发现，无论马克思本人还是后续众多学者在探讨商品价值量与劳动生产率之间的变动关系时都默认是处在"单一生产"的条件之下，也就是说在一个经济过程中只有一种产品被生产，而不考虑联合生产条件下，即一个生产过程中既有经济物品被生产出来，同时也会带来污染品的情况。

自马克思以后，西方众多学者在质疑马克思经典理论的过程中提出了"联合生产"的概念，并对联合生产条件下价值决定及利润问题进行了大量的探讨。如英国学者斯蒂德曼就根据"联合生产"基本思想，认为在联合生产条件下，商品的价值量可以是负值，且正利润可以在负剩余价值的条件下存在，提出了所谓"负价值"的概念。尽管他们并未挑战马克思的商品价值量变动规律，但其在联合生产条件下对劳动价值论的挑战也促使我们有了全新的思考：即在联合生产条件下，单位商品价值量与劳动生产率之间的变动关系会有什么变化呢？

一、单一生产与联合生产

马克思在探讨单位商品价值量与劳动生产率的变动规律时，暗含了"单一生产"这一假定条件。在整个《资本论》的分析中，并未考虑生产过程中的副产品——污染物。与此同时，马克思认为自然资源是一文不值的，并无价值可言，因此社会生产基本不受资源环境这一条件所约束。然而，时至今日，自然环境的恶化已日益成为妨碍经济进一步增长的瓶颈。如何处理好经济发展与环境保护之间的关系已经成为我们面临的最大问题。因此，我们认为在探讨社会生产的各类问题时，应该将研究视角从"单一生产"过渡为"联合生产"。

联合生产的基本思想最早由斯拉法于1960年提出，后来斯蒂德曼等人在此基础之上将其进一步明确，并提出"负价值"的概念。如第一章所述，斯蒂德曼（Ian Steedman，1977）以联合生产条件下存在"负价值"和负剩余价值为名，否定"马克思主义基本定理"，否定劳动价值理论的科学性。虽然我们反对斯蒂德曼否定马克思主义基本定理和劳动价值论的做法，但是他提出的"负价值"概念对我们思考环境问题还是有一定的启发意义的。

理论界关于"联合生产"的定义有很多。本书中我们认为，"联合生产"是指在一个生产过程中有两个和两个以上产品被生产，它是对"单一生产"假设的拓展，这是一个涉及生产过程的基础性假设。与此同时，关于联合生产还有两点应该引起注意：第一是联合生产的各种产品不一定都是合意产品，可能除了合意产品外，还包含对社会有害的不合意产品，如在生产电力这种合意产品时，不可避免地要联合生产出各种废气、废水等不合意产品；第二是联合生产条件下某些产品的生产可能不是出于生产者的原始动机。

基于劳动价值论的"负价值"概念也有很多学者提出，但是理论界对这些概念却不认可。本书中，我们认为，符合马克思劳动价值论基本精神的"负价值"概念只能在联合生产条件下产生，也只能从联合生产条件下得到度量。与此同时，注意，"负价值"量的大小由净化过程中所耗费的劳动量决定，即由修复"污染"对自然环境所造成的损坏而投入的劳动量决定，为修复其造成的损害而投入的劳动量越大，"负价值"的量也就越大。因此可以得出结论，"负价值"的量的规定性是与清除它所必须付出的劳动量相联系的，表现为清除过程中所付出的社会必要劳动时间的多少。

虽然众多学者对"联合生产"与环境经济学之间的相互关联有所分析，但依然停留在生产技术层面，没有进一步挖掘其中深层次的经济学理论价值。我们认为"联合生产"概念完全可以扩展到经济学的各个领域，因此，联合生产是具有一般性意义的生产活动，从而"负价值"也就变成具有一般意义的现象。

二、联合生产条件下商品价值量变动规律分析

在联合生产条件下，会同时有经济物品与污染物的产生，但是面临来自于环境方面的约束，企业必须投入劳动对污染进行清除，因此联合生产就包括两个商品以及两个生产过程，如图 3-1 所示：

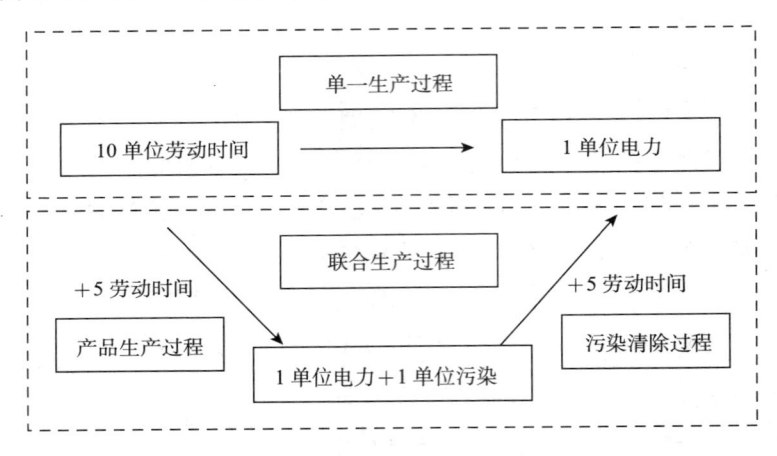

图 3-1　单一生产和联合生产对应关系

因此，联合生产条件下商品价值量的决定会面临两方面的问题：一方面，由于生产子过程的联合生产性质，仅依赖该子过程不能确定单独一种商品的价值量。另一方面，尽管投入净化过程的劳动必然创造价值，但是这些价值又因为该子过程不产生新产品而找不到其所能依附的使用价值。但是当我们把两个过程结合起来，这两个问题就一并得到解决。很显然，当企业投入劳动去清除污染时，单位商品的价值量会增加，此时单位商品价值量与劳动生产率成正比，当企业不理会生产过程中的污染物时，单位商品价值量与劳动生产率成反比。为了更好地研究联合生产条件下的商品价值量变动趋势，我们分三种情况具体讨论。

首先，我们考虑在联合生产条件下，在生产产品的同时，产生污染，并对污染物进行清除。

我们构建基于劳动价值论的联合生产"负价值"决定模型。上述假定条件可以表述为：

假定1：两个生产过程，产品生产过程（投入 L_p）和污染清除过程（投入 L_c）；

假定2：产品生产过程有联合生产性质，在生产产品的同时，产生污染；

假定3：污染清除过程可以清除产品生产过程中造成的污染，但并不生产新的产品。

基于上述假设，在联合生产条件下，我们使用映射，即从数学上讲，"对应"的概念描述生产过程，即：

$$f_p(K_p, L_p) = \{Q_y, Q_{pp}\} \tag{3.4.1}$$

其中，K_p 表示生产过程中使用的资本，L_p 表示在生产过程中使用的劳动，Q_y 表示生产的产品量，Q_{pp} 表示造成的污染量。有别于函数只允许返回一个值，"对应"允许返回一组值。

同样地，污染清除过程也可以用对应的概念加以描述：

$$f_c(K_c, L_c) = \{Q, -Q_{pc}\} \tag{3.4.2}$$

其中，K_c 表示在污染清除过程中使用的资本，L_c 表示使用的劳动。我们假定污染清除过程不铲除任何产品，因此用 Q 表示该过程的产品量。Q_{pc} 表示该过程清除掉的污染量，为了和造成的污染量相区别，我们在 Q_{pc} 前加上负号。

现实中企业会依次进行以上两个过程，因此可以用一个总和的生产"对应"来加以描述：

$$F(K_p + K_c, L_p + L_c) = \{Q_y, Q_{pp} - Q_{pc}\} \tag{3.4.3}$$

如果在生产过程中产生的污染物被完全清除，即有 $Q_{pp} = Q_{pc}$ 成立，则生产"对应"退化为一个常见的生产函数：

$$F(K_p + K_c, L_p + L_c) = Q_y \tag{3.4.4}$$

但根据生态经济学原理，我们知道完全清除污染是不可能的（或者说成本是无穷大的），因此，在现实生活中，政府会设定一个污染物存在的上限，记为 $\overline{Q}_p = \partial Q_{pp}$ （$0 < \partial < 1$）。即生产过程造成的污染中的一部分（即 ∂Q_{pp}）被允许存在，而剩余的部分 [即 $(1-\partial) Q_{pp}$] 必须被清除。因此在考虑部分清楚污染这一现实情况时，生产"对应"的概念仍然是必要的。

$$F(K_p + K_c, L_p + L_c) = \{Q_y, \overline{Q}_p\} \quad (3.4.5)$$

为了方便分析，假定生产过程和污染清除过程投入的资本量为零，即 $K_p = K_c = 0$。根据劳动价值论，容易列出下面的方程组：

$$Q_y w_y + Q_{pp} w_p = L_p$$
$$-Q_{pc} w_p = L_c \quad (3.4.6)$$

其中，Q 和 L 的定义如上文，w_y 是指商品的价值，w_p 是指污染物的价值，求解该方程组得到以下解：

$$w_p = \frac{L_c}{Q_{pc}}; w_y = \frac{L_p + (Q_{pp}/Q_{pc})L_c}{Q_y} \quad (3.4.7)$$

由式（3.4.7）我们不难看出，污染物的负价值量取决于清除该污染物所需要耗费的社会必要劳动时间。商品价值量取决于：

（1）生产商品耗费的劳动量；

（2）消除污染耗费的劳动量；

（3）污染消除比率。

此时，探讨单位商品价值量与劳动生产率之间的关系就需要对劳动生产率提高的不同情况做出区分。

第一，如果产品生产过程的劳动生产率提高且是污染增强型技术，则劳动生产率的提高会节省生产过程的劳动耗费但增加净化过程的劳动耗费，单位商品价值量出现增加、不变和减少三种状况，因此，单位商品价值量与劳动生产率也相应地出现成正比、不确定和成反比的情况；

第二，如果产品生产过程的劳动生产率提高且技术是污染中性型或污染弱化型，则会节省生产过程和净化过程的劳动耗费，单位商品价值量减少，也就是说单位商品价值量与劳动生产率成反比；

第三，如果污染清除过程的劳动生产率提高且产品生产过程的劳动生产率不变，则会减少净化过程的劳动耗费，单位商品价值量也会因此而减少，单位商品价值量与劳动生产率也成反比。

因此，在联合生产条件下，伴随着技术进步，劳动生产率的提高，商品的价值量的变动会更为复杂，即不同类型的技术进步有可能带来商品价值量不同的变动。我们得出如下的结论：如果在联合生产条件下，包含对污染物的清除过程，那么就有可能会增加净化过程的劳动耗费，商品价值量伴随劳动生产率的提高将会增加，即有可能出现"成正比"的情况。

其次，我们考虑在联合生产条件下，虽然在生产产品的同时，产生污染，但并不对污染物进行清除。

假定1：一个生产过程，产品生产过程（投入L_p）；

假定2：产品生产过程有联合生产性质，在生产产品的同时，产生污染。

这样一来，生产过程中获得的经济物品的价值量大小就为式（3.4.8）：

$$w_y = \frac{L_p}{Q_y} \tag{3.4.8}$$

我们发现，这与经典马克思成反比理论所描述的商品价值量一致，但污染物的价值量无法衡量，因为生产过程带来污染的企业将其企业的个人成本转嫁给了社会，企业并未投入新的劳动对污染物进行清除，创造新价值的劳动仅仅在产品生产过程之中，也只投入了L_p。因此，在整个行业内部或是部门内部，随着劳动生产率的提高，单位商品的价值量与劳动生产率仍然是成反比的。

最后，我们考虑在联合生产条件下，产品生产过程仅有经济物品的产生。也就是说，技术进步是绿色的。

假定1：商品生产过程（投入L_p）；

假定2：产品生产过程虽有联合生产性质，在生产产品的同时，并无污染产生。

不难看出，这类情况下，商品价值量的决定与式（3.4.8）一致，在绿色的技术进步条件下，整个商品生产过程只有经济物品产生，因此，技术进步会带来劳动生产率的提高，使得单位商品价值量减少，即商品价值量与劳动生产率成反比，符合传统的马克思主义观点。

结合以上三种情况分析，我们得出如下的结论：在联合生产条件下，如果对污染物进行清除，则单位商品价值量与劳动生产率有可能出现成正比的情况;如果不对污染物进行清除,则单位商品价值量与劳动生产率是成反比的;如果在绿色技术进步条件下,单位商品价值量与劳动生产率也是成反比的。不难发现,后两种情况的价值量变动规律均与"单一生产"的情况类似,当然,在这里我们并未细分劳动的主观条件与客观条件如何变化。

第五节 实证分析:基于竞争和垄断行业

现有关于劳动生产率与商品价值量变动关系的研究成果都没有对于这一理论进行实证检验,而这一研究则非常重要,它不仅可以对于经典马克思主义关于这一理论研究的结论的科学性进行验证,也可以对于后来的创新性和发展性的理论研究成果进行检验,从而证明这些研究成果的现实性和现代价值。当然,这一研究之所以存有空间的主要原因则在于相关数据的获取难度系数太大,这也是这一旷世难题无法解决的重要原因。

本书尝试在这一方面进行一点探索性的工作,以期抛砖引玉能够引发理论界更为深化和广泛性的研究。

一、理论模型的处理与设定

首先,关于单位商品价值量的处理。

这一问题的实证研究的困难不仅在于相关数据的获得,还在于目前的统计口径是以价格作为基础,而且如果考虑存在通胀,所以有专门的价格指数来反映价格的名义变动,在实际处理价格相关统计量时,通过价格指数的处理,价格就成为不变价格。根据这些数据得来的价格是不随时间变动的,也不会随着劳动生产率的变动而变动。显然,这种处理后的数据是不能作为单位商品价值量指标进行计量的。然而,在一定条件下,单位商品价值量变化和价格变化的大小关系却是可以确定的。

为了从数据中考察单位商品价值量与劳动生产率 f 的变动关系,我们可以运用经济学相关知识间接地实现。

设生产单位商品所耗费的自然劳动时间为 t,如前所述,以 α 表示劳动密度时间转化为劳动自然时间的系数,那么复杂劳动转化为简单劳动后为:

$$w = \alpha t \tag{3.5.1}$$

式（3.5.1）两边取对数，即
$$\ln w = \ln \alpha + \ln t \tag{3.5.2}$$
对式（3.5.2）两边求导，得到
$$\frac{\partial \ln w}{\partial \ln f} = \frac{\partial \ln \alpha}{\partial \ln f} + \frac{\partial \ln t}{\partial \ln f} \tag{3.5.3}$$
其中，
$$\frac{\partial \ln \alpha}{\partial \ln f} = \frac{\dot{\alpha}}{f} \frac{f}{\alpha} \tag{3.5.4}$$

现实经济生活中，由于受到科学技术的进步、受教育程度的提高、垄断程度的加深等多方面的因素的影响，工人的劳动复杂程度有不断提高的趋势，那么就有 $\dot{\alpha} > 0$，因此有以下关系：

（1）当劳动生产率提高，即 $\dot{f} > 0$ 时
$$\frac{\partial \ln w}{\partial \ln f} > \frac{\partial \ln t}{\partial \ln f} \tag{3.5.5}$$

（2）当劳动生产率降低，即 $\dot{f} < 0$ 时
$$\frac{\partial \ln w}{\partial \ln f} < \frac{\partial \ln t}{\partial \ln f} \tag{3.5.6}$$

设单位商品价值量和名义价格分别为 w 和 p，则
$$p = \pi w \tag{3.5.7}$$
其中 π 为价格指数①，式（3.5.7）两边取对数，即
$$\ln p = \ln \pi + \ln w \tag{3.5.8}$$
式（3.5.8）两边关于 f 求导，得到
$$\frac{\partial \ln p}{\partial \ln f} = \frac{\partial \ln \pi}{\partial \ln f} + \frac{\partial \ln w}{\partial \ln f} \tag{3.5.9}$$
其中，
$$\frac{\partial \ln \pi}{\partial \ln f} = \frac{\dot{\pi}}{f} \frac{f}{\pi} \tag{3.5.10}$$

现实经济生活中，考虑到通货膨胀②是普遍存在的现象，因此价格指数

---

① 这里的价格指数特指商品的名义价格与价值量之比，假定所有行业的 π 均相同。
② 这里的通货膨胀不同于西方经济学中的通货膨胀概念，本处特指在商品价值量给定的情况下商品名义价格持续上升的现象。

π 在很大程度上会随着时间的推移而上升，即 $\dot{\pi}>0$[①]，因此，名义价格的变化必定大于商品价值量的变化，并且还有以下关系：

（1）当劳动生产率提高，即 $\dot{f}>0$ 时，有

$$\frac{\partial \ln w}{\partial \ln f} < \frac{\partial \ln p}{\partial \ln f} \tag{3.5.11}$$

（2）当劳动生产率降低，即 $\dot{f}<0$ 时

$$\frac{\partial \ln w}{\partial \ln f} > \frac{\partial \ln p}{\partial \ln f} \tag{3.5.12}$$

结合式（3.5.5）、式（3.5.6）、式（3.5.11）和式（3.5.12）得

（1）劳动生产率提高，即 $\dot{f}$ 时

$$\frac{\partial \ln t}{\partial \ln f} < \frac{\partial \ln w}{\partial \ln f} < \frac{\partial \ln p}{\partial \ln f} \tag{3.5.13}$$

（2）劳动生产率降低，即 $\dot{f}$ 时

$$\frac{\partial \ln p}{\partial \ln f} < \frac{\partial \ln w}{\partial \ln f} < \frac{\partial \ln t}{\partial \ln f} \tag{3.5.14}$$

因此，通过以上分析，我们知道，随着劳动生产率的变化，单位商品价值量的变化介于自然劳动时间的变化与名义价格的变化之间，分别研究 p、t 与劳动生产率 f 之间的关系，就可以间接得出单位商品价值量与劳动生产率之间的关系，将其总结如表 3-2 所示。

[①] 根据式（3.5.1）和式（3.5.7）得 $p = \alpha\pi t \Rightarrow \frac{\dot{p}}{p} = \frac{\dot{\alpha}}{\alpha} + \frac{\dot{\pi}}{\pi} + \frac{\dot{t}}{t} \Rightarrow \frac{\dot{\alpha}}{\alpha} + \frac{\dot{\pi}}{\pi} = \frac{\dot{p}}{p} - \frac{\dot{t}}{t}$。设商品总价格为 P，总劳动时间为 T，商品数量为 Q，则 $P = pQ$，$T = tQ$，于是 $\frac{\dot{\alpha}}{\alpha} + \frac{\dot{\pi}}{\pi} = \frac{\dot{P}}{P} - \frac{\dot{T}}{T}$。将所有经济部门作为一个整体来看待，此时 P 用名义 GDP 来替代，T 为总劳动时间。根据美国相关数据计算得 2006—2013 年间 $\frac{\dot{\alpha}}{\alpha} + \frac{\dot{\pi}}{\pi}$ 的平均数为 2.85%。劳动者受教育程度是影响劳动复杂程度的一个最重要的决定因素，因此劳动者受教育程度可作为劳动复杂程度的替代变量。根据 OECD 数据库中的相关数据计算可得，2006—2013 年美国 25—64 岁人口中接受过高等教育（tertiary education）的比例平均为 41.64%，该比例年均增长 1.49%；25—64 岁人口中受教育程度在中等教育（secondary education）以上的比例平均为 88.77%，该比例年均增长 0.26%。考虑到教育质量的提高，劳动复杂程度提高的比例可能会超过 1.49%，但不会高得太多以至于超过 2.85%，因此本书认为 $\dot{\pi}>0$ 是有现实依据的，但不排除 $\dot{\pi}<0$ 的情形，但是这样的情形出现的概率极低，故此本书不予考虑。

表 3-2　单位商品价值量与劳动生产率变动关系的三种情形

情　形	结　论	
$\frac{\partial \ln t}{\partial \ln f}>0$, $\frac{\partial \ln p}{\partial \ln f}>0$	$\frac{\partial \ln w}{\partial \ln f}>0$	成正比
$\frac{\partial \ln t}{\partial \ln f}<0$, $\frac{\partial \ln p}{\partial \ln q}<0$	$\frac{\partial \ln w}{\partial \ln f}<0$	成反比
$\frac{\partial \ln t}{\partial \ln f}$ 与 $\frac{\partial \ln p}{\partial \ln f}$ 符号相反	$\frac{\partial \ln w}{\partial \ln f}$ 符号不确定	不确定

二、数据说明

其次，关于劳动时间的货币表示（MELT）。

设生产单位商品所代表的自然劳动时间为 t，该自然劳动时间的货币表示 MELT[①] 设为 λ。实际上，MELT 反映了自然劳动时间与名义价格的关系。因为我们不知道单位商品所代表的劳动时间 t，但是可以根据单位商品的名义价格 p 和 MELT 间接得到：

$$t = \frac{p}{\lambda} \quad (3.5.15)$$

其中，数据来自 OECD 数据库中的美国工业与服务业数据，时间跨度为 1987—2014 年，共 28 年观测数据。在计算 MELT 时，其公式如下：

$$\lambda = \frac{\text{以当期价格计算的 NDP}}{\text{就业人数} \times \text{单位工人一年的劳动时间}} \quad (3.5.16)$$

三、实证结果及结论

本实证重点研究了完全竞争市场、垄断竞争市场、完全垄断市场中的商品价值量与劳动生产率的变动关系，另外，计算机与电子行业、石油与煤炭行业、烟草行业可看作这三种市场结构的代表性行业，研究这些代表性行业所得到的实证结果具有代表性和普遍性，可以探索出商品价值量与劳动生产率变动的一般性规律。其中，垄断竞争市场是竞争与垄断的混合体，研究这一市场可以更清晰地发现从竞争转向垄断的过程中，单位商品价值量与劳动生产率变动规律的轨迹。

（一）实证结果

首先，各行业的 $\ln p$ 与 $\ln f$、$\ln t$ 与 $\ln f$ 的变动关系如下：

---

① 何玉长、刘黎明：《劳动时间的货币表示：阐释与评价》，《教育与研究》2002 年第 5 期。

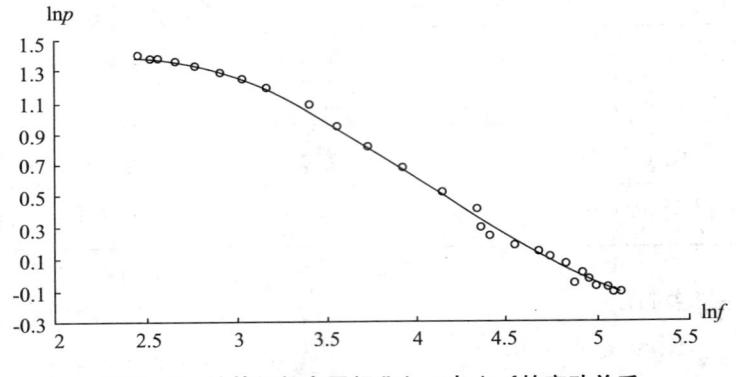

图 3-2　计算机与电子行业 ln p 与 ln f 的变动关系

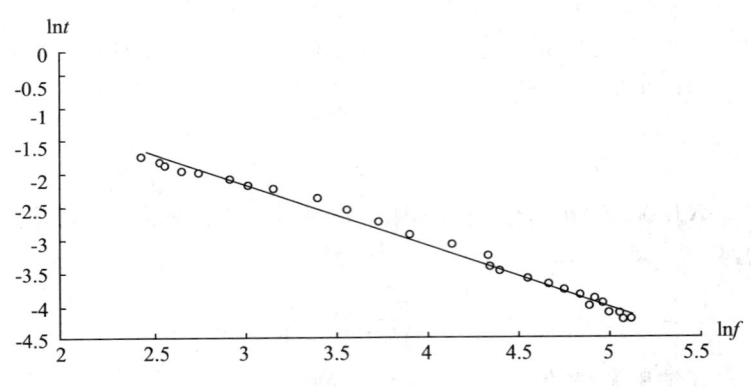

图 3-3　计算机与电子行业 ln t 与 ln f 的变动关系

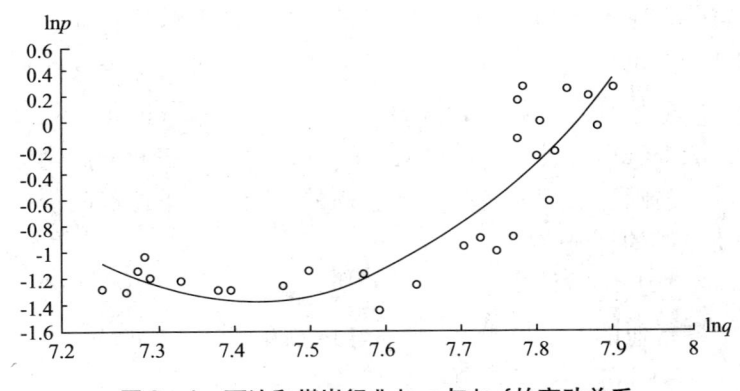

图 3-4　石油和煤炭行业 ln p 与 ln f 的变动关系

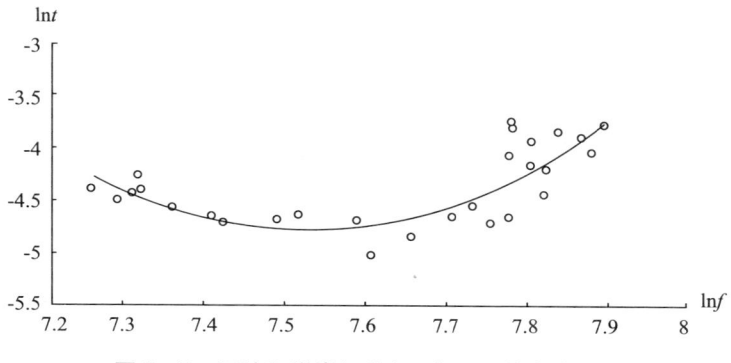

图 3-5 石油和煤炭行业 ln t 与 ln f 的变动关系

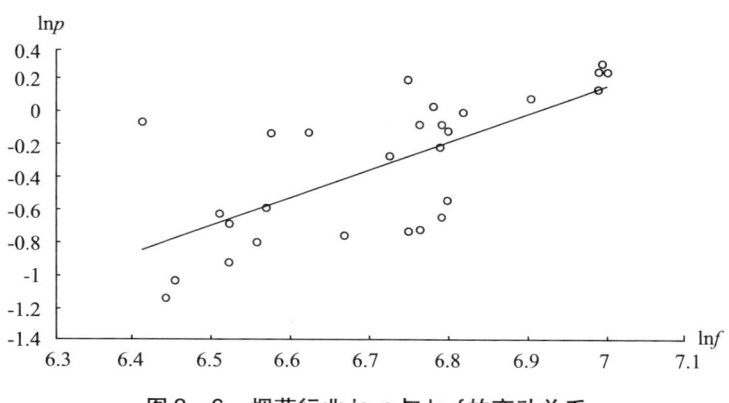

图 3-6 烟草行业 ln p 与 ln f 的变动关系

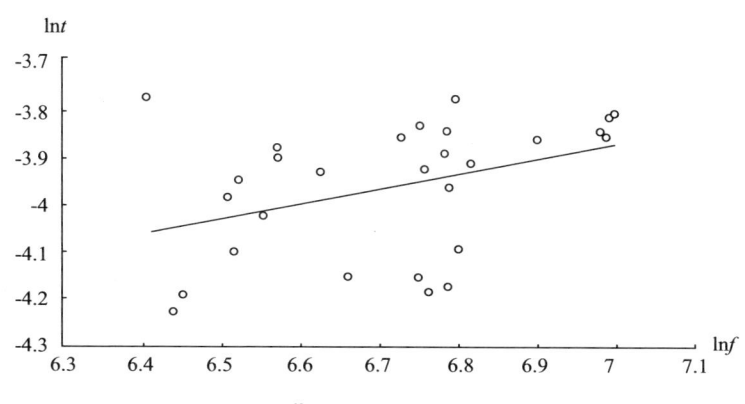

图 3-7 烟草行业 ln t 与 ln f 的变动关系

其次,各行业实证结果汇总如下:

表3-3 各行业实证结果汇总

行业	计算机与电子行业		石油与煤炭行业		烟草行业	
被解释变量	$\ln p$	$\ln t$	$\ln p$	$\ln t$	$\ln p$	$\ln t$
$\ln f$	4.4737 (7.37***)	-9.580 (-52.80***)	-123.7751 (-4.51***)	-110.0462 (-5.14***)	1.7281 (5.04***)	0.30833 (2.17**)
$(\ln f)^2$	-1.2976 (-8.01***)		8.3167 (4.59***)	7.3167 (5.17***)		
$(\ln f)^3$	0.1069 (7.61***)					
cons	-3.3642 (-4.58***)	0.7604 (10.13***)	459.1520 (4.42***)	408.9990 (5.04***)	-11.9211 (-5.18***)	-6.03726 (-6.32***)
R^2	1.00	0.99	0.79	0.63	0.49	0.15
F	3529.79	2788.30	47.03	21.22	25.40	4.70

注:括号内为t统计量,***、**分别表示在1%、5%的水平下显著。

最后,根据各行业的实证结果,可以得出各行业单位商品价值量与劳动生产率的变动关系。

表3-4 计算机与电子行业单位商品价值量与劳动生产率的变动关系

年份	$\frac{\partial \ln t}{\partial \ln f}$	$\frac{\partial \ln p}{\partial \ln f}$	$\frac{\partial \ln w}{\partial \ln f}$	结论
1987	—	—	—	成反比
1988	—	—	—	成反比
1989	—	—	—	成反比
1990	—	—	—	成反比
1991	—	—	—	成反比
1992	—	—	—	成反比
1993	—	—	—	成反比

续表

年份	$\dfrac{\partial \ln t}{\partial \ln f}$	$\dfrac{\partial \ln p}{\partial \ln f}$	$\dfrac{\partial \ln w}{\partial \ln f}$	结论
1994	—	—	—	成反比
1995	—	—	—	成反比
1996	—	—	—	成反比
1997	—	—	—	成反比
1998	—	—	—	成反比
1999	—	—	—	成反比
2000	—	—	—	成反比
2001	—	—	—	成反比
2002	—	—	—	成反比
2003	—	—	—	成反比
2004	—	—	—	成反比
2005	—	—	—	成反比
2006	—	—	—	成反比
2007	—	—	—	成反比
2008	—	—	—	成反比
2009	—	—	—	成反比
2010	—	—	—	成反比
2011	—	—	—	成反比
2012	—	—	—	成反比
2013	—	—	—	成反比
2014	—	—	—	成反比

表3-5　石油与煤炭行业单位商品价值量与劳动生产率的变动关系

年份	$\frac{\partial \ln t}{\partial \ln f}$	$\frac{\partial \ln p}{\partial \ln f}$	$\frac{\partial \ln w}{\partial \ln f}$	结论
1987	—	—	—	成反比
1988	—	—	—	成反比
1989	—	—	—	成反比
1990	—	—	—	成反比
1991	—	—	—	成反比
1992	—	—	—	成反比
1993	—	—	—	成反比
1994	—	—	—	成反比
1995	—	—	—	成反比
1996	—	+	不确定	不确定
1997	—	+	不确定	不确定
1998	+	+	+	成正比
1999	+	+	+	成正比
2000	+	+	+	成正比
2001	+	+	+	成正比
2002	+	+	+	成正比
2003	+	+	+	成正比
2004	+	+	+	成正比
2005	+	+	+	成正比
2006	+	+	+	成正比
2007	+	+	+	成正比
2008	+	+	+	成正比
2009	+	+	+	成正比
2010	+	+	+	成正比
2011	+	+	+	成正比
2012	+	+	+	成正比
2013	+	+	+	成正比
2014	+	+	+	成正比

表3-6 烟草行业单位商品价值量与劳动生产率的变动关系

年份	$\dfrac{\partial \ln t}{\partial \ln f}$	$\dfrac{\partial \ln p}{\partial \ln f}$	$\dfrac{\partial \ln w}{\partial \ln f}$	结论
1987	+	+	+	成正比
1988	+	+	+	成正比
1989	+	+	+	成正比
1990	+	+	+	成正比
1991	+	+	+	成正比
1992	+	+	+	成正比
1993	+	+	+	成正比
1994	+	+	+	成正比
1995	+	+	+	成正比
1996	+	+	+	成正比
1997	+	+	+	成正比
1998	+	+	+	成正比
1999	+	+	+	成正比
2000	+	+	+	成正比
2001	+	+	+	成正比
2002	+	+	+	成正比
2003	+	+	+	成正比
2004	+	+	+	成正比
2005	+	+	+	成正比
2006	+	+	+	成正比
2007	+	+	+	成正比
2008	+	+	+	成正比
2009	+	+	+	成正比
2010	+	+	+	成正比
2011	+	+	+	成正比
2012	+	+	+	成正比
2013	+	+	+	成正比
2014	+	+	+	成正比

（二）实证结论

从实证结果来看，计算机与电子行业中单位商品价值量与劳动生产率完全成反比，这是因为计算机与电子行业属于完全竞争市场，工人基本上从事的都是简单的流水作业，比如组装、安检、装载、运输、维修等，劳动性质属于简单劳动，劳动的主观条件没有发生变化，变化的只是劳动的客观条件。因此，随着劳动生产率的提高，在一定的劳动时间内商品数量会增加，而劳动价值量不变，成反比关系成立，这也证明了在自由竞争市场中，马克思提出的商品价值量与劳动生产率成反比的经典论断是正确的。

石油与煤炭行业中单位商品价值量与劳动生产率出现了成正比、成反比、不确定三种状态，这是因为石油与煤炭行业属于垄断竞争市场，不再是完全竞争状态。因此，工人的劳动既有简单劳动，又有复杂劳动，劳动的主观条件发生了部分改变。当工人的工作内容基本上以简单劳动为主时，劳动的主观条件没有发生改变，随着劳动生产率的提高，在一定的劳动时间内商品数量会增加，而劳动价值量不变，成反比关系成立；当工人的工作内容基本上以复杂劳动为主时，劳动的主观条件发生了改变，随着劳动生产率的提高，在一定的劳动时间内商品数量会增加，由于复杂劳动是倍乘的简单劳动，劳动价值量也会增加，如果劳动的主观条件变化的幅度大于劳动客观条件变化的幅度，或者说价值量增加的幅度大于商品数量增加的幅度，则成正比关系成立。当工人的工作内容处于从简单劳动到复杂劳动过渡，劳动的主观条件变化还不太明显，短时期内不容易观测到劳动的主观条件变化幅度与劳动客观条件变化幅度的对比关系，那么，随着劳动生产率的提高，在一定的劳动时间内商品数量会增加，但是劳动价值量可能会增加，也可能保持不变，此时单位商品价值量与劳动生产率的关系就不确定。

烟草行业中单位商品价值量与劳动生产率完全成正比，这是因为烟草行业属于完全垄断市场，工人基本上从事的都是复杂劳动，比如，烟草的过滤、发酵、提纯、制丝、卷制等，这些不仅需要一批掌握一定先进技术的工人，而且要求工人更加精细的工作才能制作高质量的烟草，其劳动性质属于复杂劳动，劳动的主观条件发生变化。因此，在一定的劳动时间内商品数量会增加，由于复杂劳动是倍乘的简单劳动，劳动价值量也会增加，并且劳动主观条件变化的幅度大于劳动客观条件变化的幅度，或者说价值量增加的幅度大于商品数量增加的幅度，成正比关系成立。这也证明第二节内容的结论，即市场由竞争转向垄断时，单位商品价值量与劳动生产率的关系成反比关系转向成正比关系。

四、政策建议

（一）关于竞争与垄断下的政策建议

本书在继续坚持劳动主观条件对生产率有影响的前提下，进一步考察市场由竞争状态转化为垄断状态，即存在垄断的非自由竞争的市场状态，单位商品价值量与劳动生产率的变动规律，发现除了劳动的主、客观变化幅度这两个因素对成正比、成反比有影响之外，技术的扩散速度、垄断企业的垄断程度等也对成正比、成反比关系有重大影响，这一重大发现对于政府制定相关政策具有积极的借鉴意义。

第一，政府应该积极鼓励技术创新，推动技术进步。在垄断的市场结构中，垄断企业依靠技术创新，可以提高劳动者劳动强度、复杂程度以及熟练程度，在一定的社会必要劳动时间内可以创造更多的价值量，成正比关系成立，垄断企业可以名正言顺地将商品的市场价格制定得高于市场的平均价格之上，这就会为垄断企业带来丰厚的利润。因此，技术的进步与创新会带来两方面的社会效益，一方面是为企业带来了更高的利润，壮大了垄断企业的实力，劳动者的自身素质得到了极大提高；另一方面也为社会创造了更多的物质财富，推动了整个社会物质文明的进步。因此，政府部门应大力推动技术的进步。

第二，正确界定反垄断与专利保护。分析中指出，在专利制度的保护下，掌握先进技术的企业，在成正比关系成立情况下，其个别商品价值有可能高于社会商品价值，利用自身垄断地位，制定高价是可以的，这种情形的专利保护对于保护企业的技术创新热情是大有裨益的。但是，即使垄断企业掌握了先进的生产技术，成反比关系也是有可能成立的，在这种情形下，垄断企业再制定高于社会商品价值的高价谋取高额垄断利润，就是一种损害消费者利益的垄断行为，不仅不应该受到专利制度的保护，反而应该受到反垄断部门的严惩，以维护市场的公平竞争。

第三，充分保护消费者的利益。研究中指出，一方面，垄断企业依靠技术的垄断，在成正比关系成立的条件下，其商品的价值高于其他企业的商品价值。虽然有部分高消费者可以购买该企业的高技术商品，但是对广大中低费者而言，却不能共享技术带来的便捷；另一方面，即使垄断企业没有掌握先进生产技术，在成反比关系下成立的前提下，也可以利用自身垄断地位将商品定价按企业的个别商品价值出售，转移一部分其他企业创造的剩余价值到本企业，从而获得垄断利润，人为使得成正比关系成立，这会严重损害消费者的利益，在这种情形之下，消费者没有购买到高技术商品，却付出了高于一般商品价值的代价。因此，从整体上讲，政府应该鼓励成反比关系的成立，消除垄断企业的价格歧视和不正当的价格竞争，充分保障消费者的权益。

（二）关于同类不同种商品的政策建议

从前文的分析中，我们得知，伴随技术创新层出不穷、商品种类日益多样化，出现了所谓的同类不同种商品，打破了传统马克思"成反比"的规律。在这种情况下，我们认为同类商品之间这样的差异化是有益于消费者以及整个商品市场的，因此对于这一类的企业我们应该大力提倡以及鼓励，具体来说，主要包括：鼓励技术进步，促使商品结构差异化，价格差异化、消费需求多元化等。

第一，政府维护市场公平竞争，保护消费者权益。掌握先进技术的企业，其商品和其他企业是同类但不同种，凝结有更多的价值，在成正比关系成立情况下，其个别商品价值有可能高于社会商品价值，利用自身垄断地位，制定高价是可以的。但在成反比情形下，垄断企业利用自身的强势地位制定高于社会商品价值的高价，就会损害消费者的权益，是一种严重的不公平的竞争行为，执法部门必须对这类垄断企业予以严惩，充分保护消费者利益。

第二，防止过度竞争导致经济资源的浪费。本书发现，企业依靠差异化竞争策略，赋予自己的商品更多的个性化特征，越是能满足不同品味消费者的需求、越是能根据消费潮流的改变及时更新自己的商品性能，就越是能够站稳市场脚跟，占据市场份额也会扩大。因此，市场上的众多企业会不惜重金投资于消费潮流相关的商品生产中去，同一行业会在短时间内集聚众多的企业参与竞争，资源过度集中必定导致效率低下，扭曲市场资源配置，不利于市场的充分竞争。所以，政府要积极引导产业方向的健康发展，防止过度竞争。

第三，引导理性消费。当一家企业能生产成千上万种同种不同类的商品，满足消费者的需求，该企业在一定时间段内可以主导该类商品的消费方向，比如苹果公司，其生产的电子商品风靡全球。但是，该类企业的商品问世之初，通常比较昂贵，令许多中低消费者消费不起。但是，在周围消费热情的鼓动下，许多消费者会出现过度消费的倾向，导致债台高筑。因此，政府应引导消费者合理消费、理性消费。更重要的是要鼓励企业成反比关系的成立，降低商品的价格，让广大消费者得到更多实惠。

（三）关于联合生产条件下的政策建议

在联合生产条件下，在环境领域出现所谓的"负价值"，使得传统的价值规律被打破，商品价值量伴随劳动生产率的提高有可能增加。这对企业和消费者来说都是不利的。首先，对企业而言，出现"负价值"说明企业的生产技术落后于保护环境的要求，必定要产生治理环境污染的额外成本，这对于企业来说是一笔沉重的负担；其次，对于消费者而言，成正比关系的成立意味着商品的价值也会高于正常的市场水平，消费者不得不付出更高的价格购买并没有多少高科技含量的商品，并没有得到实惠。因此，政府主管部门应该提倡绿色的技术进步，企业应该积极改进生产技术，使生产过程尽可能不出现"非经济物品"，减少新技术对环境的破坏和生产过程中的污染物排放，节约净化过程的劳动耗费，使得商品生产过程简单、有效，做到真正的可持续发展。

第 四 章
动态价值转形理论模型与中国实证

价值转形问题是马克思经济学中的一个核心问题，也是马克思经济学中讨论较多的问题之一。价值转形的"百年争论"更多地集中在对静态转形的考察，或者形动实静，而较少真正从动态的角度进行分析。动态角度是分析转形问题的必要方法，且有助于揭示转形问题争论的实质，解决转形问题的百年争论难题，开拓转形理论在产业变迁、经济结构优化以及认识全球剩余价值的转移等方面的应用。本章将从动态视角，通过分析动态转形的机理，在构建的狭义动态转形和广义动态转形模型的基础上，运用计算机工具对转形模型进行仿真模拟，在此基础上进一步揭示价值转形的逻辑机理，论证动态转形模型的可操作性，验证价值转形理论的一些核心命题。同时，对动态转形模型在产业结构变迁和全球剩余价值转移等方面的应用进行实证分析。

第一节 动态价值转形理论的研究脉络

价值转形是一个历史的过程，但是学术界并没有充分认识到这个问题，始终将静态转形视为研究的重点。尽管一些学者意识到动态转形的重要性，但在动态的表示方法上仍然存在诸多争议。

一、转形理论动态化研究的缘起

（一）马克思将价值转形看成是历史的动态的过程

马克思在《资本论》第三卷第二篇中阐述利润率平均化的过程时，简单地讨论了价值到生产价格转化需要经过一定的历史阶段。马克思列举了当工人各自占有自己的生产资料的情况，此时占有生产资料的工人相互交换商品，并不关心利润率的大小，而只关心付出的劳动量是否按比例获得了剩余价值或利润。因此，商品交换是按照价值或接近于价值进行的。同时指出：商品按照价值交换"比那种按照它们的生产价格进行的交换，所要求的发展阶段要低得多。而按照它们的生产价格进行交换，则需要资本主义的发展达到一定的高度"[①]。接着马克思列举了很多适用价值规律，按照商品价值进行交换的社会状态，如古代世界和近代世界的自耕农和手工业，后来以奴隶制和农奴制为基础的状态，以及手工业行会组织等。

恩格斯发挥了马克思对转形历史过程的讨论，较为详细地谈了商品从以价值或劳动时间进行交换逐渐发展到以生产价格进行交换的历史过程，以及各个时期的历史特征。他首先从最早开始进行产品交换的农业和畜牧业时期分析，由于生产都以自己占有生产资料进行，交换主要以劳动时间为尺度。一直到金属货币的出现，此时虽然价值由劳动时间决定的事实从商品交换的表面看不出来了，被表象的货币所掩盖，但却是价值规律作用更强的时候。恩格斯总结道："总之，只要经济规律起作用，马克思的价值规律对于整个简单商品生产时期是普遍适用的，……因此，马克思的价值规律，从开始出现把产品转化为商品的那种交换时起，直到公元15世纪止这个时期内，在经济上是普遍适用的。"[②] 之后，恩格斯分析了资本主义经济如何从商人到包买商的商业资本，再到工场手工业的产业资本，最后到大工业的产业资本，一步步通过竞争的方式实现商业资本和工业资本的利润率平均化。大工业"无情地排挤掉了以往的一切生产方式，……还使不同商业部门和工业部门的利润率平均化为一个一般的利润率，最后，他在这个平均化过程中保证工业取得应有的支配地位，因为他把一向阻碍资本从一个部门转移到另一个部门的绝大部分障碍清除掉。这样，对整个交换来说，价值转化为生产价格的过程就大致完成了"[③]。希法亭在反驳第一个向马克思体系挑战的资产阶级经济学家庞巴维克时，曾经指出，价值到生产价格的转化，也完全符合

[①] 马克思：《资本论》（第三卷），北京：人民出版社2004年版，第197页。
[②] 马克思：《资本论》（第三卷），北京：人民出版社2004年版，第1018—1019页。
[③] 马克思：《资本论》（第三卷），北京：人民出版社2004年版，第1026—1027页。

历史的进程。价值是商品经济的产物，生产价格是资本主义制度的产物，价值在资本主义下才转化为生产价格。①

马克思阐述了平均利润率通过竞争的形成过程。马克思在说明了中等构成或接近中等构成的资本，其生产价格与价值会相等或接近相等，而其他部门的资本也会在竞争的压力下与中等构成的资本拉平，即也要获得平均利润。并且资本获得平均利润的原理并不会因某些资本不参与平均化而有所改变。"在这里，真正困难的问题是：利润到一般利润率的这种平均化是怎样进行的，因为这种平均化显然是结果，而不可能是起点。"② 马克思认为利润率的平均化是资本主义竞争带来的，他通过分析资本主义生产通过竞争和供求关系的调整如何实现商品按照市场价值进行出售，而后将这种机制应用于生产价格。马克思认为，在资本主义生产中，每个资本都具有同等的"社会权力"，如果商品按照价值出售，那就会出现由于资本有机构成或者资本周转时间不同，不同的生产部门会有极不相同的利润率。此时，"资本会从利润率低的部门抽走，投入利润率高的其他部门。通过这种不断的流出和流入，……供求之间就会形成这样一种比例，以致不同的生产部门都有相同的平均利润，因而价值也就转化为生产价格"③。并且指出加快利润率平均化的两个条件："（1）资本有更大的活动性，也就是说，更容易从一个部门和一个地点转移到另一个部门和另一个地点；（2）劳动力能够更迅速地从一个部门转移到另一个部门，从一个生产地点转移到另一个生产地点。"④

（二）之后学者围绕转形是否"历史过程"存在争议

在马克思《资本论》第三卷出版之后不久，一些资产阶级经济学家对《资本论》前后的逻辑关系给予抨击，如庞巴维克就认为《资本论》第一卷和第三卷之间是存在矛盾的。希法亭在反驳第一个向马克思体系挑战的资产阶级经济学家庞巴维克时，曾经指出，价值到生产价格的转化，也完全符合

---

① 参看张幼文：《萨缪尔森在"转形问题"上的错误》，《世界经济研究》1984年第4期，第29页。
② 马克思：《资本论》（第三卷），北京：人民出版社2004年版，第195页。
③ 马克思：《资本论》（第三卷），北京：人民出版社2004年版，第218页。
④ 马克思：《资本论》（第三卷），北京：人民出版社2004年版，第218页。

历史的进程。价值是商品经济的产物，生产价格是资本主义制度的产物，价值在资本主义下才转化为生产价格。

随着转形问题争论的进一步深入，为了说明生产价格源于价值的马克思结论，关于转形的历史性问题又被提了出来。米克（1956）认为价值转形是历史的过程，他将历史过程分为三个时代来说明转化问题，即前资本主义社会，在这里，交换是按照价值进行的，没有剩余价值同直接生产者相分离；早期资本主义社会，在这里，价值在交换中仍然流行，但是剥削和剩余价值已经出现了，而利润率却没有均等化；发达资本主义社会，在这里，利润率已均等化，因而生产价格起着支配作用。① 赛顿（1957）在《论转形问题》一文中，认为转形问题占主要成分的不是逻辑的和数学的，而宁可说是历史的，因此，认为从历史的角度认识转形问题更为重要②。森岛通夫和卡太弗里斯（1975）针对米克、赛顿乃至恩格斯关于转形问题的历史性的论点提出异议，他们认为，转形问题是一个逻辑分析的问题（价值和生产价格起着可供选择的逻辑工具），而不存在一个历史上的转形问题。③ 而米克（1977）在《斯密、马克思及其以后》一书中对森岛通夫和卡太弗里斯的观点表示了不同的看法，他认为马克思的价值在逻辑上转化为生产价格应被看成"校正过的反映"，是历史的逻辑写照。在该书中，米克还认为在价值和生产价格之间还应该有一个过渡阶段，他称之为"黎明阶段"，指"资本家已获得资本的支配权，但是各产业之间的资本转移尚未开始的阶段。"④

在国内，宋龙祥（1984）、蒋玉珉（1984）、李达昌（1985）、张幼文（1984）、吴世泰（1983）、严正（1983）等人都认为转形过程是历史过程，并且应该从历史和逻辑两个角度对价值转形问题进行考察。蒋玉珉（1984）通过分析马克思的转形前提，认为："从历史上看，生产价格的形成和资本

---

① 参见胡代光等：《评当代西方学者的马克思〈资本论〉的研究》，北京：中国经济出版社1990年版，第209页。
② 参见胡代光等：《评当代西方学者的马克思〈资本论〉的研究》，北京：中国经济出版社1990年版，第210页。
③ 参见胡代光等：《评当代西方学者的马克思〈资本论〉的研究》，北京：中国经济出版社1990年版，第210页。
④ 参见胡代光等：《评当代西方学者的马克思〈资本论〉的研究》，北京：中国经济出版社1990年版，第212—213页。

主义占统治地位是在同一时期。虽然我们无法确定生产价格在哪一年形成，但我们不能因此而否认商品按价值交换的历史时期和按生产价格交换的历史时期的客观存在。"① 张理智（1988）分析认为，在历史上，转形问题从猿进化到人类时就存在，只要存在劳动产品的地方，就已经开始了价值转形。他将商品的概念放大至劳动产品，认为只有将历史上一切劳动产品都赋予价值才能完成转形问题。② 顾海良和张雷声（2003）认为价值向生产价格的转化是价值形态由抽象上升到具体的转化过程，也是历史上价值由简单形态向复杂形态转化的历史过程。③ 张忠任（2004）区分了转形的历史条件的形成与转形的历史过程，前者属于社会发展过程，后者指由价值转化为生产价格的演变进程。他认为，"转形的历史过程并不是逻辑过程的必要前提，在具备了转形的历史条件的前提下，转形的逻辑过程是独立的，无须一个历史过程作为中介"④。

（三）转形的动态化研究也存在"形动实静"的问题

尽管马克思始终将价值转形看作一个历史的过程，但是马克思列举的转形数例其转形模型却忽视对转形动态过程的分析，而注重的是平均利润率和生产价格形成之后的结果分析。受马克思这一具体研究方式的影响，马克思之后的价值转形问题的研究秉承的是一种静态的分析方法。从鲍特基维茨至今，不论是平均利润率内生化的转形模型，还是平均利润率外生化的转形模型，都将转形问题归结为，一端是投入品已经完成转形的价值体系⑤，另一端是投入品和产出品都完成转形的生产价格体系，研究和讨论的是"另一端"的生产价格体系与其背后（注意不是"一端"）的价值体系之间的数量

---

① 蒋玉珉：《论价值转形理论中的总计二命题——对鲍特基维茨批判的批判》，《江汉论坛》1984年第5期，第38页。
② 参见张理智：《广义政治经济学原理》，成都：四川省社会科学院出版社1988年版。
③ 参见张雷声、顾海良：《价值转化形态及其对理解劳动价值论的意义》，《学术界》2003年第4期，第8页。
④ 张忠任：《百年难题的破解》，北京：人民出版社2004年版，第217页。
⑤ 由于投入品已经完成转形，因此确切地说不能叫价值体系，而应该是半价值体系。

关系。① 实际上这种研究只是对转形结果和均衡状态（各部门均实现平均利润率）的研究，因此是一种静态研究。

当然也有很多国内外的学者将时间因素纳入转形问题的研究当中，试图使转形问题的研究动态化。尽管他们对此做出了大量的贡献，但是由于对动态转形与静态转形问题的划分以及研究的内容没有进行具体的研究，这些学者将包括时间因素在内的转形视为动态转形。其实，判断是否为实质上的动态化，最主要的是看部门产量是否随时间变化，或者产量是否是内生的。

基于各部门产量是否变化区分动态转形的两种方式：一种是产量没变的动态转形；一种是产量变动的动态转形。前一种动态转形即仅仅是价值或生产价格的变动，排除了生产价格瞬间完成的情况（这种情况就是静态价值转形）。

产量未变的动态价值转形强调价值或生产价格的动态变化，及其所引起的部门利润率的变化，最终实现平均利润率的均衡结果。在此基础上建立转形模型的学者主要有置盐信雄、谢克、克里曼、冯金华等人。置盐信雄（1977）构建的动态转型模型（具体模型见下文）将各部门的产量视为外生变量，且在转形过程中固定不变，仅考虑各部门价格的变动，表明他并未考虑资本的实际流动和部门产量的实际变化，谢克（1977）的转形模型与置盐信雄存在同样的问题。克里曼（1998）构建了所谓"分期单一体系"的动态转形模型，仍然将产量视为外生变量，而分析价值到生产价格的动态变化。冯金华（2009）构建了基于两大部类的动态转形模型，不过与置盐信雄模型一样，没有考虑两部门产量的变化。此外，丁堡骏（2005）等人的模型中涉及动态变化，但是仅仅是在转形完成之后，价格的前后期变化，同样未考虑产量的动态变化机制。

我们认为，转形问题即价值转化为生产价格本身就是一个动态的过程，因此动态的研究并非仅仅将时间考虑在内，更为重要的是研究转形的具体过程或者平均利润率具体形成机制及其对转形结果的影响的研究。仅仅考虑时

---

① 张忠任在《百年难题的破解》一书中提到这个问题，他指出："鲍特基维茨所提出的，迄今为止所争论着的，却是这一动态历史过程完成之后，即转形的条件业已具备时价值与生产价格的关系，这应该是价值与生产价格的在某一期间上的同时关系，而不是价值形成生产价格的动态过程。"（参见《百年难题的破解》，北京：人民出版社2004年版，第143页）

间因素，从而研究生产价格和利润率随时间变化而变化，而将产量视为既定，不考虑产量随时间变化的机制，这种动态化的研究是形式上动态，而实质上是静态的。

二、转形理论动态化研究的新进展

转形毕竟是一个从价值到生产价格转化的动态过程，在转形问题的研究和争论中，一些学者通过引入时间因素试图将转形动态化，从而得出生产价格和平均利润率的形成过程。这些学者包括森岛通夫（1974）、置盐信雄（1977）、克里曼（1998）、丁堡骏（1999）、张忠任（2004）、吕昌会（2005）以及冯金华（2009）等。

森岛通夫1974年在《马克思对现代经济理论的洞察》一文中构建了一个动态转形模型，利用迭代法分析了平均利润率与生产价格的形成，论证了"总计一致二命题"。森岛通夫的转形模型，表面上对各部门的资本规模进行了调整以便实现各部门均等的利润率，但是模型中部门规模的调整并非是部门实现均等利润率的必要条件，更不是各部门追求高额利润率而由市场竞争机制自动调整的，而是森岛通夫强加的以保证"总计一致二命题"成立的假定条件。最主要的原因是模型中规模的调整并不伴随着部门价格的变化（价格的动态变化发生在平均利润率形成之后），那么也就不可能使部门利润率发生变化。因此，森岛通夫的转形模型在平均利润率的形成方面仍然是静态模型。

置盐信雄1977年在《马克思经济学：价值与价格的理论》一书中构建了动态转形模型。置盐信雄模型中将生产价格的形成和平均利润率的形成视为同步的，这点较之森岛通夫的模型有所进步。但是其模型中各部门的产量为外生给定，且在转形过程中固定不变，表明置盐信雄并未考虑资本的实际流动和部门规模的实际变化。事实上，置盐信雄模型中的生产价格和平均利润率的动态变化过程并不是竞争机制作用的结果，而仅仅是数学的计算过程而已。因此，其动态性实质上是数学计算的步骤性，并非实际转形过程的动态化。此外，置盐信雄认为由于平均利润率发生了变化，总利润与总剩余价值将不相等，但并未能完全说明两者差额产生的原因。谢克（1977）提出与置盐信雄类似的"反馈式"动态转形模型。

克里曼1998年在《价值、交换价值和〈资本论〉第三卷的内在一致性：对反驳的反驳》一文中建立了价值和价格的递推方程，证明"总计一致二命题"同时成立。克里曼的动态模型中的生产价格动态决定与置盐信雄是类似的，唯一不同的是克里曼除了建立生产价格动态变动方程，还同时构建了价值的动态决定方程。因此，与置盐信雄一样，克里曼同样视产出向量为外生给定，且在模型中保持不变。可见，克里曼的动态模型依然未考虑在转形动态化的过程中资本的实际流动和部门规模的变化，忽视竞争机制对生产价格形成的作用，而将生产价格和平均利润率的形成作为计算的结果。克里曼将生产价格纳入价值的决定方程，从而修正了马克思关于价值的概念，以致得出"总计一致二命题"均成立的结论。国内学者吕昌会（2005）完全沿用了克里曼的动态模型，因此存在同样的问题。

丁堡骏1999年在《转形问题研究》一文中为了分析其静态模型中价值总和与生产价格总和出现差额的原因，构建了生产价格的递推方程。丁堡骏认为生产价格总和与价值总和的差额是由于前一期作为不变资本部分产品的生产价格总和与价值总和的差额带来的。很显然，丁堡骏模型中的递推方程虽然引入了时间因素，但都是指的生产价格已经形成后的各个时期的关系，并非是对生产价格形成过程的描述。不过丁堡骏将转形结果出现生产价格总和与价值总和的差额归结为不变资本的生产价格与价值总和的差额从静态的角度分析是完全正确的。岳宏志（2002）和朱奎（2004）的动态转形模型与丁堡骏是类似的，因此存在与丁文中同样的问题。

张忠任2004年在《百年难题的破解：价值向生产价格转形问题的历史与研究》一书中构建了动态模型，将再生产公式引入转形模型，张忠任模型中不仅引入了时间因素，并且也考虑了部门规模的变化，这点比置盐信雄有进步。但是由于假定了两部类的实际增长率是固定不变的，这意味着部门规模的调整并不按照各期所实现利润率进行。因此，动态模型的解并不反映均衡状态，仅仅是偶然出现的一种计算结果。例如，在其均衡解中的时间再往后推一期，那么各部门的利润率又回到了非均衡的状态。此外，张忠任模型中的平均利润率为外生给定，这与森岛通夫的动态模型类似，也就是说，平均利润率与生产价格的形成并非同步进行的。

冯金华2009年在《不必要的生产价格——再论价值转形是一个伪问题》一文中构建了类似置盐信雄的迭代形式的动态转形模型。冯金华的模型中的生产价格动态决定方程与置盐信雄动态模型中是完全一致的,唯一不同的地方在于平均利润率的计算方式不同。冯金华模型中以剩余价值率的方式计算"以生产价格表示的剩余价值总量",并且认为每个部门以第二部类产品(消费资料)表示的剩余产品数量在转形前后保持不变,认为这是总资本剥削率不变的必然结果[①]。该动态模型存在的问题依然是未将转形过程真正动态化,因为与其他转形模型一样,冯金华的动态模型中假定两大部类的产量在转形过程中始终保持不变,这就意味着部门之间资本并未实际发生流动。

藤森赖明和李帮喜 2014 年在《马克思经济学与数理分析》一书中认为,马克思转形的问题点是成本部分未被再计算。作者以两部类经济为例,通过持续迭代运算,将马克思的转形步骤完善到最后一步,并重新审视马克思命题。假定在转形过程中生产价格总额与价值总额相等,且两大部类的产品数量被视为固定不变。根据迭代运算,在转形各个阶段,总价值是保持不变的,而总剩余价值和总利润一般不一致。同样地,由于该模型假定两大部类的产出量是给定的,这意味着两大部类之间不存在资本流动。

沈民鸣 2014 年在《价值转形》一书中指出,资本主义生产本质上是扩大再生产,从资本循环和再生产的角度看,价值转形是一种特殊的时间序列。在扩大再生产的条件下,每一阶段过程中的生产资料和劳动力数量均不同,因此必须进行时间序列分析。将马克思的"两个等于"的论断的成立条件,区分为生产价格形式和价格形式。认为在转形后生产价格形式的利润和价格形式的生产价格系统与转形前工人创造的剩余价值和价值系统之间,生产价格形式的利润总和不等于剩余价值总和,但是,价格形式的生产价格总和等于价值总和。

Ian Wright 2011 年指出在生产技术和消费需求构成固定的条件下,构建多部门动态模型,分析了市场价格收敛于自然价格(生产价格)的动态过程。与其他动态模型的不同之处在于,该模型包含了金融资本家的经济活动,即通过货币资本供给以赚取利息收入。作者认为,在市场价格收敛于生

[①] 这个结论存在问题的主要原因在于:在两大部类产品的相对价格发生变化(由于生产价格与价值偏离引起)以及标准工资品不变的情况下,以第二部类产品衡量的第一部类的剩余产品数量在转形前后是发生变化的。

产价格的均衡状态下，所有部门的利润率都等于均衡利息率。在生产价格体系中，利息率这一成本是被考虑进来的，而在标准的劳动—价值体系中，这一间接的劳动耗费并不被视为真实成本。这一非对称处理正是价值转形问题产生的根源。

三、我们对动态转形研究的基本主张

价值到生产价格的转化本质上是一个动态的、历史的过程，但目前理论界关于转形问题的研究和争论大多集中在静态转形结果上，对转形的动态过程缺乏深入的研究。我们认为，要探究转形问题的争论实质，厘清转形问题争论焦点，明确价值转形的实现机制，必须基于价值转形的历史性和动态性的事实，将价值转形问题进行动态化研究。当然，转形问题的动态化研究不仅仅是加入时间因素，最为核心的是要考虑产量的变化，这就需要将资本流动作为动态化的基本形式。

对此，我们认为动态价值转形问题的研究内容至少包括以下几个方面：（1）动态价值转形问题研究从纯价值体系到生产价格体系的转化过程中，资本和劳动力的部门之间的流动在竞争机制和供求机制下，如何使得各部门的生产价格与价值相偏离以致不同的部门利润率趋于平均利润率，以及由这个过程本身决定的各种变量的变化对转形结果的影响；（2）动态价值转形问题研究平均利润率和生产价格体系形成之后，生产价格新体系与转形之前原有价值体系之间质和量的关系；（3）动态价值转形问题还要研究价值形态变化的历史性和长期性，分析价值形态变化所经历的各个历史阶段，以及各个历史阶段的价值形态的本质特征及其相互关系，即不仅要研究资本主义竞争阶段生产价格和平均利润率阶段，同时要分析生产价格形态之后，其他发展阶段的价值转化形态。根据研究内容，我们将动态价值转形问题分为狭义动态价值转形问题（包括前两个研究内容）和广义动态价值转形问题（包括第三个研究内容）。

如果我们仅局限静态分析而缺乏动态分析，仅拘泥某个层面的分析而缺少全面的分析，仅着眼特定阶段的分析而忽略历史和长期的分析就会出现一种状态的理论结论与另一种状态的理论结论的极大的差异性，这也是马克思以后价值转形问题研究的最大问题，而动态转形模型的学术价值在于：

首先，可以将以往转形问题的静态分析看作动态分析中的一种状态。

转形问题的静态分析往往强调转形过程的"瞬时性",将转形问题的研究定格在生产价格和平均利润率形成之后转形结果的研究,而割裂价值到生产价格转化过程中历经的中间价值形态。如许多转形研究往往将价值转形看作是价值交换标准和生产价格交换标准之间的换算,诸如"古典解法"是通过转化系数进行价值和生产价格之间的换算,"新解主义解法"是通过"货币的时间表示(MELT)"建立价值与生产价格的换算关系。由于两种体系之间交换标准的换算总是发生在转形达到均衡状态之时,这就必然导致这些研究注重转形结果的静态分析而忽视过程研究,从而也很容易割裂价值与生产价格之间的真正联系。由于静态分析对转形过程中价值的中间转化形态不给予充分研究,因此,所得出的结论只是整个动态过程中的一种可能状态,而这种可能也仅仅是均衡状态的情况。然而,由于转形的均衡状态只是偶然的,其动态过程却是经常的,当以转形的静态均衡分析代替过程动态分析之后,也就不能完全地反映出价值到生产价格转化的实际过程。

事实上,从价值到生产价格的转化伴随着资本流动和价值中间形态的变化,在动态价值转形模型中,价值的中间实现形态是"单位商品实现价值",单位商品实现价值量的变化真实地反映了价值到生产价格转化的过程。由于单位商品实现价值的函数形式具有多样性,转化过程中的"总计一致二命题"也将呈现出多种情况。当静态分析将中间过程的多种可能状态忽略掉了之后就容易将转形的一种状态当作全部状态,这样一旦出现数学上的"总计一致二命题"不能精确成立时,这自然为很多西方学者推翻马克思劳动价值论提供空隙,同时也引起了以往转形问题的争论不休。

当我们的研究视野由静态的均衡分析转向了全过程多种可能的动态分析,我们就可以发现,以往的许多静态分析所得出的不同结论仅是动态分析过程中的一个侧面、一种可能,即动态过程囊括了多种静态状态。

其次,可以将以往建立在极其苛刻条件下的价值转形模型看作动态转形中的一种特殊情况。

马克思之后转形问题的百年争论主要围绕马克思价值转形模型中投入品不是以生产价格表示的假定而展开的。之后的研究都通过放松投入品的价值计量,建立投入品以生产价格计量的各种转形模型。从这点来看,转形问题的百年争论对原有的假定框架有所突破,这是转形问题研究的贡献所在。可惜的是，直到现在，很多研究并没有完全跳出原有的假定框架①，反而将转形问题更加局限化了。如鲍特基维茨（1907）首次对马克思转形模型中关于投入品价值表示的假定条件做了修正，考虑了投入品以生产价格表示的转形模型。并且鲍特基维茨在论证中，认为价值总和与生产价格总和相等以及剩余价值总和与利润总和相等的结论不能同时成立，从而开启了转形问题狭隘化先河。虽然后来许多沿着这个思路继续研究模型都在变量和系数设定方面有所不同，但是，终究是一种需要用严格的假设条件予以支持的理论模型。

我们的动态模型不仅放松了马克思理论中投入品价值表示的假定，而且放松了马克思的所有原假设，这样仅放松了投入品价值表示的假定所建立出来的模型也就只能成为动态价值转形的一种特例。

最后，以往关于价值到生产价格的转形研究可以看作长期分析中的一个阶段或一个环节。

以往的研究都集中在分析资本主义处于自由竞争阶段的价值转化形态，忽视对其他发展阶段的价值转化形态的研究。我们所做的转形问题长期动态分析则将价值转形视为一个长期的历史过程，不仅存在价值和生产价格各自发挥作用的历史时期，还存在着与生产价格相对应的自由竞争时期之外其他的历史时期（如垄断时期），以及与之相对应的其他的价值转化形态。从资本主义发展的历史阶段来看，价值形态至少经历了价值、生产价格、完成形态生产价格、垄断生产价格以及国际垄断生产价格几个阶段。从这个角度来看，自由竞争阶段仅仅是整个历史发展的一个阶段，而价值到生产价格的转形也仅仅是整个价值转化形态中的一个环节，此外还有许多转形过程。

这一视角就会将许多在动态研究也无法完成包含进来的一些更加复杂的转形问题，诸如资本主义进入垄断阶段以后出现的一些价值转形问题的新变化和新状态也就都包容进来了，而这样的一些研究可能要在改变马克思转形理论中原假定框架的背景下进行研究。这一研究尤其是垄断阶段的转形问题研究就更能发现价值转形的均衡状态是如何的偶然，其非均衡性是何其的经

---

① 马克思价值转形模型的原有假定框架参见严金强、马艳：《价值转形理论研究》，上海：上海财经大学出版社2011年版，第58—61页。

常，为此，数学上的"总计一致二命题"在大多情况不能成立也变得自然了。

动态价值转形理论，不仅通过建立较之传统转形理论更加宽松的假定条件，将以往对转形问题的研究纳入动态转形框架之中，重新回答了转形问题百年争论的难题。而且也为平均利润率变动规律和产业结构演变规律等这些实践性较强的经济活动提供了一个马克思主义经济学的解释。

第二节 动态价值转形的逻辑机理分析

价值到生产价格的转化首先是一个历史的过程，由此生产价格的进一步转形也是历史的必然趋势。因此，从历史和逻辑的角度分析价值转形理论是科学研究的应有之义。转形问题的动态化建立在一系列理论基础、前提条件和作用机制的基础之上。

一、动态转形的价值理论基础

新古典经济理论存在的一大缺陷是无法确定以绝对量衡量的均衡解，而仅仅是由技术关系决定的相对价格，缺乏价值基础。而马克思主义经济理论是建立在劳动价值论基础之上，具有价值基础。动态价值转形理论正是秉承了这一优势，建立在绝对价值量与相对价值量相统一的基础上。

绝对价值量即为商品价值量，是商品中抽象劳动的凝结，用劳动时间进行度量，且由生产商品的社会必要劳动时间决定。从整个社会来看，新生产的绝对价值总量即为活劳动总量。马克思相比古典学派价值理论的最大区别在于马克思确立了价值范畴，规定了价值的实体和内容。绝对价值量是价值实体的体现，是马克思价值理论体系的核心变量。与绝对价值量相对应的是相对价值量。相对价值量是指两种商品相互交换的比例，即交换价值。交换价值必须以一种商品的价值量作为参照系，是相对量。相对价值量是研究市场经济中商品交换比例和资源配置的重要变量，与绝对价值量一道构成马克思价值理论量化体系。相对价值量与绝对价值量的区别是显而易见的，"价值量的实际变化不能明确地，也不能完全地反映在价值量的相对表现即相对价值量上。即使商品的价值不变，它的相对价值也可能发生变化。即使商品的价值发生变化，它的相对价值也可能不变，最后，商品的价值量和这个价值量的相对表现同时发生的变化，完全不需要一致。"①

马克思的价值理论既注重价值实体、绝对价值量的研究，也注重价值形式、相对价值量的研究。而且马克思的价值理论中各种价值转化形态都统一于劳动价值论，各种相对价值是由抽象劳动决定的价值的各种表现形式。这些方面共同体现了马克思价值理论的科学性和完整性。相对来说，西方经济学价值理论（包括新古典学派的价值理论和新剑桥学派的价值理论）只注重价值形式、相对价值量的研究，而不问价值实体及价值的客观基础。

自古典学派开始就将价值和交换价值相混淆，马克思是第一个明确确立价值范畴的经济学家。而西方经济学家却继承亚当·斯密的交换价值理论，形成了目前西方经济学界的价值价格理论。交换价值理论或相对价值理论在进行微观资源配置方面具有一定的作用，但是，相对价值理论不仅不能说明价值的客观实体和价值的本质，割裂价值实体与价值形式的联系，而且一旦涉及研究总量的宏观经济问题时，西方经济学的价值理论就遇到了困难。比如，新古典主义的生产函数，由于生产函数衡量的是投入与产出之间的**物质技术关系**，但是作为资本的投入品不能直接进行加总，必须借助于**相对价格**。因此，相对价格的变化必然会引起资本价值的变化，即使此时投入产出的技术关系并未发生变化。西方经济学原本是用生产函数导出相对价格，**现在生产函数本身却必须首先要由相对价格进行说明，由此形成"资本的循环论证"**。不仅如此，缺乏绝对价值量的经济理论无法解释资本主义的经济关系和生产实质，更难以说明利润与工资之间的分配关系爱。由此可见，脱离了劳动价值论的价值价格理论是有缺陷的，是"空洞的"。

二、动态转形的两个基本原理

动态价值转形理论以劳动价值论为基础，将资本竞争关系作为研究的前提。以劳动价值论为基础，要求"等量劳动创造等量价值"；以资本竞争关系作为前提，要求"等量资本获得等量利润"。这是研究动态转形的两个基本原理。

等量劳动创造等量价值是指在平均利润率的形成过程中，不论商品之间

---

① 马克思：《资本论》（第一卷），北京：人民出版社2004年版，第69页。

的相对价值量如何变化，活劳动创造的绝对价值总量始终保持不变。根据价值规律，尽管供求关系会影响商品的相对价值量，但商品的价值和价格总量始终保持一致。一旦存在资本竞争关系，价值规律将转化为生产价格规律，但是劳动创造价值的基本原理不会改变。在价值向生产价格转化的过程中，由于生产资料的价值和生产价格将发生偏离，因此，商品的价值总额与生产价格总额在数量上会有所偏离①，但是活劳动创造的价值总量在转形的过程中将保持恒定不变。这是因为价值与生产价格是同一层次的概念，计量单位一致，在转形过程中，活劳动创造的新价值都是客观存在的，只要活劳动的劳动时间不变，体现在活劳动中的价值或生产价格总是相等的。对此，马克思曾经明确指出，可变资本的生产价格与价值的偏差总是以新产品包含的一定的劳动量来补偿，这与不变资本的生产价格及价值偏差直接加到新产品的生产价格中不同。②

"等量劳动创造等量价值"原理意味着工资与利润是此消彼长的，工资的提高将会带来利润的等量下降。在平均利润率形成的过程中，这一原理使得单位商品实现价值满足一定的约束条件。

单位商品实现价值是指平均利润率实现之前，各部门资本流动引起供求关系的变动，使得各部门商品实现的价值与创造的价值量不一致的中间价值形态。单位商品实现价值量的大小取决于供求量的变化以及供求对价格变化的敏感程度（供求弹性）。供给或产出量的变化与部门利润率进而资本流动量之间存在紧密的联系，因此，供给量取决于部门利润率。相反，需求量的变化在其他条件不变的情况下，更多地与市场价格存在着紧密的联系。当资本流动供给的一定量的变化，引起市场价格进而需求量的相应调整，从而达到供求暂时均衡时的市场价格就是单位商品实现价值量。

等量资本获得等量利润是资本之间充分竞争的必然结果，在竞争关系中，资本完全作为具有同等权利的增殖手段，商品被当作"资本的产品"进行交换，获取等量利润作为每个等额资本的"社会权力"，因此生产价格规律就代替了价值规律在资本主义经济中起着调节生产和交换关系的作用。

---

① 严金强、马艳：《价值转形理论研究》，上海：上海财经大学出版社 2011 年版，第 158 页。
② 马克思：《资本论》（第三卷），北京：人民出版社 2004 年版，第 345 页。

三、动态转形的实现条件和机制

动态转形的实现条件即为利润率平均化，或者说各部门存在统一的利润率，实现的驱动力表现为资本流动。

在马克思看来，在市场经济条件下，私人资本总是追逐利润最大化，因此，均衡并不只是以供求平衡为条件，而是以资本停止追逐利润为条件，即每个资本尽可能流动，一直到不能再获得更大的利润为止。在完全竞争条件下，此时利润率实现了平均化。利润率平均化的状态同样也是市场出清的状态，但是反之却不成立。可见，资本流动是动态价值转形的实现机制，也是资本追逐利润率最大化的必要路径。对此，马克思在论述价值转化为生产价格时说："资本会从利润率较低的部门抽走，投入利润率较高的其他部门。通过这种不断的流出和流入，总之，通过资本在不同部门之间根据利润率的升降进行的分配，供求之间就会形成这样一种比例，使不同的生产部门都有相同的平均利润，因而价值也就转化为生产价格。"[①]

具体来说，动态价值转形的实现机制和路径可以描述为下列过程：（1）从资本量到产量：以追逐利润率为目标的资本在各个利润率存在差异的部门之间流动，资本流动带动资源在各部门的配置发生变化，进而引起各部门的产量相应变动；（2）从产量到价格：产量的变化反映在商品市场中即供给的变动，由于市场供求机制的作用，市场价格会出现相应的变化（市场价格的变化要受到"等量劳动创造等量价值"条件的约束）；（3）从价格到资本量：价格的变化将带来部门利润率的变化，一般地，价格提高的部门利润率会上升，价格降低的部门利润率会下降，这一过程一直要到各个部门不能再靠资本流动获得更高的利润率为止，这意味着实现了平均利润率。否则，资本还会发生流动，各部门的资本量还会发生变化。这一动态机制如图 4-1 所示。

四、动态转形的持续性：竞争转向垄断

马克思写作《资本论》的时代，正是资本主义处于自由竞争的阶段。资本主义由自由阶段到垄断阶段的转变，差不多是到马克思去世的时候才开始表现出一些端绪。但马克思在其著作中分析资本主义社会经济结构时，就

---

① 马克思：《资本论》（第三卷），北京：人民出版社 2004 年版，第 218 页。

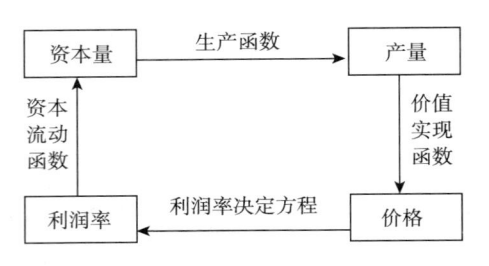

```
   资本量  ──生产函数──→  产量
     ↑                        │
   资本                      价值
   流动                      实现
   函数                      函数
     │                        ↓
   利润率 ←──利润率决定方程── 价格
```

图 4-1 动态价值转形的实现机制

已经预见了资本主义发展到垄断阶段的必然趋势，并就资本主义垄断阶段的经济规律和特征做了一些考察。马克思在《资本论》中阐述了资本主义由自由竞争到垄断阶段的必然性，而对本主义垄断特征做了较完整的理论阐述的是希法亭和列宁。希法亭1910年在《金融资本》一书中，运用马克思主义的原理，对资本主义垄断发展阶段的价值规律和价值形态的变化等新现象进行了深入和系统的研究。列宁对希法亭关于垄断的研究作了较高的评价，肯定是"一个极有价值的理论分析"[1]，并于1916年在《帝国主义是资本主义发展的最高阶段》一文中对资本主义垄断阶段的特征进一步作了阐述，列宁在该文中详细阐述了国际垄断资本的特征和经济规律。这些经典作家对马克思价值形态的变化特征做了一定的理论描述，为丰富马克思价值转形理论奠定了理论基础。因此，关于价值形态的历史变化，应该放到资本主义的整个发展的历史过程中来考察。

利润率平均化首先在各产业部门之间进行，每个产业部门所生产的剩余价值并不与预付资本成比例，因此，各部门总是将资本投入能获得更多利润的产业部门。"通过资本不断流向那些高于平均利润率的领域和离开那些低于平均利润率的领域"[2]，最终各产业部门均能实现平均利润。当商业职能从产业中独立出来后，从事商业活动所需的货币便成了执行独立职能的商业资本。"在资本主义社会里，每一个货币额都带有资本的性质"[3]，因此，商业劳动属于非生产性劳动，尽管不创造价值和剩余价值，但由于其参与剩余

---

[1] 列宁：《列宁选集》（第二卷），北京：人民出版社1995年版，第738页。
[2] 鲁道夫·希法亭：《金融资本》，福民等译，北京：商务印书馆2007年版，第201页。
[3] 鲁道夫·希法亭：《金融资本》，福民等译，北京：商务印书馆2007年版，第232页。

价值的实现,在资本主义竞争经济中商业资本同样需要获取平均利润①。可见,如果单单考虑产业资本的流动,或者只考虑生产性资本的流动,以及在产业部门之间形成平均利润率,进而形成的生产价格并不是完成形态的生产价格。因为在现实经济中,特别是随着资本主义竞争的发展以及交易对象的逐渐扩展,非生产性行业逐渐进入经济社会中,并且扮演着重大的角色。马克思在《资本论》第三卷阐述剩余价值的分割时,分别考察了商业资本、银行资本等在剩余价值的生产和实现等方面的重要作用,并将所在部门同产业部门一样,称作职能部门,并分享平均利润。非生产性部门的发展,不仅对生产性的产业部门创造的剩余价值的实现起到了直接的促进作用,同时,也为生产过程中创造剩余价值的能力起到间接的推动作用。因此,非生产性部门参与剩余价值的分配,其所投入的资本也会与产业资本一样参与总体资本的流动和竞争,获得平均利润。马克思将这种条件下的平均利润率称为"完成形态"②,因此,我们将非生产部门参与剩余价值分配时形成的生产价格称为"完成形态的生产价格"。

在自由竞争资本主义时期,资本可以在各部门之间自由流动,市场的运行会自动消除部门之间利润率的差异,从而实现利润率的平均化。随着资本主义的发展和资本主义基本矛盾的进一步激化,"资本的这种不停流动却遇到了障碍,这种障碍随着资本主义的发展而增加"③。这种障碍就是资本集中和垄断。自 19 世纪末 20 世纪初以来,资本主义社会出现了大量的生产集中和企业兼并浪潮,垄断竞争越来越在资本主义经济中扮演重要角色,资本主义自由竞争时期逐渐向垄断资本主义时期转变。在垄断资本主义时期,不同部门之间资本的自由流动受到一定的限制,使得一部分垄断企业可以高于生产价格的价格进行出售,进而获得垄断利润。马克思在《资本论》中对地租理论的考察,就是从垄断价格和垄断利润的角度进行分析的,由于土地

---

① 商业在资本主义发展以前就已经存在,本身是资本主义发展的出发点。在资本主义发展历史上,商业发展带动了商品生产,所以产业资本最初形成是与商业结合在一起的,当产业资本的发展消除了生产对商业的依赖,商业职能才真正取得了独立的形式。因此,商业资本参与利润率平均化是在从产业资本中独立出来之后才发生(参见希法亭:《金融资本》,北京:商务印书馆 2007 年版,第 232—233 页)。
② 马克思:《资本论》(第三卷),北京:人民出版社 2004 年版,第 377 页。
③ [德] 鲁道夫·希法亭:《金融资本》,福民等译,北京:商务印书馆 2007 年版,第 201 页。

所有权和经营权的垄断，土地产品不仅可以按照高于本部门平均生产价格（按照最劣等土地的个别生产价格）进行出售，而且还能以高于社会生产价格的价格进行出售，这部分超过生产价格的部分就形成超额利润，最后转化为地租。因此，马克思认为在土地垄断的情况下，生产价格转化为成本价格、平均利润以及地租三者的总和。农业部门由于土地垄断，其他部门的资本不能自由进入，因此农业部门可以获得垄断利润。同样地，对于在资本集中和集聚基础上形成的垄断部门，一定程度上阻碍了资本的自由流动和利润率的平均化，由此形成的商品交换基础称为垄断生产价格。可见，在资本主义垄断阶段，完成形态的生产价格将进一步转化为垄断生产价格。竞争形成生产价格，垄断在一定程度上阻碍生产价格的形成，从这个意义上来说，垄断生产价格是竞争和垄断并存的产物。

当资本在一国内的积累达到一定的限度，受到国内产品市场容量、原材料市场、劳动力市场等因素的限制，当资本的国内的利润率达不到资本所要求的最低限度时，资本会向国外扩张。特别是资本主义国家在20世纪初通过战争、殖民等手段，以及现代通过资本转移、跨国公司等方式，将各种市场扩大到世界范围，从而通过世界市场来实现产品的剩余价值或利润，资本主义生产和再生产过程的全球化逐渐成为普遍的发展形势。资本主义国际垄断的形成是以信息技术和经济全球化发展为契机，以垄断资本的全球扩张为主要方式，以跨国公司、国际直接投资、全球寡头垄断市场的形成、国际垄断同盟高级化以及西方发达国家的全球霸权为表现形式[①]。当资本突破一国的限制，在世界范围内流动时，价值转形完成了最后的形态，即从国内的垄断生产价格转化为国际垄断生产价格。各国资本所获得的利润并不以本国生产的剩余价值为限，相反，剩余价值的国际转移成为各国资本获取利润的显著特征。

总之，价值形态的转化是一个长期的历史过程，并且随着资本主义经济发展阶段的变化而变化。资本主义发展阶段经历了自由竞争、私人垄断、国家垄断和国际垄断几个阶段，相应地，价值的转化形式也将经历价值、生产

---

① 参见刘昀献：《论当代资本主义的发展阶段及其基本特征》，《河南大学学报》（社会科学版）2006年第11期，第29—32页。

价格、完成形态生产价格、垄断生产价格以及国际垄断生产价格等形态。

第三节 动态价值转形模型的仿真模拟演示

本节首先简单介绍动态价值转形模型（包括狭义和广义的），然后通过设置具体的函数形式，运用 Matlab 软件分别进行仿真模拟演示。这一实例演示不仅可以展示价值到生产价格和垄断生产价格的动态转化过程全貌，而且能够进一步论证动态模型的合逻辑性和可操作性的特性，为转形理论研究提供新的方法启示。

一、狭义动态价值转形模型

本节仿真模拟演示基于的转形模型是"狭义动态价值转形理论模型"。为方便实例演示，下面对该模型进行简单介绍。

狭义动态转形模型建立在如下假定条件下：（1）投入品以生产价格进行计量；（2）存在 n 个生产不同产品的部门（部门产品既包括单纯作为生产资料的产品、单纯作为消费资料的产品、即可作生产资料也可作消费资料的产品），且各部门所用的不变资本的实物构成是相同的；（3）在整个资本流动的过程中，社会生产规模不变，即以实物量表示的不变资本不变；（4）各部门的产量水平只取决于不变资本的实物量，且各部门初始产量均标准化为 1；（5）假定不存在固定资本，或者固定资本一次性耗费。

由于假定整个社会投入的生产资料数量是不变的，而投入品以生产价格进行计量，那么每个时期各部门的资本总量由以下方程决定：

$$C_i^t = p^{t-1} \cdot (a_i^t + bl_i^t), \quad t \geq 1 \tag{4.3.1}$$

且 $C_i^0 = w \cdot (a_i^0 + bl_i^0)$。[①]。其中 C_i^t 为第 t 期第 i 部门的资本总量（以生产价格或者单位商品实现价值计量），包括不变资本和可变资本。$p^t = (p_1^t, p_2^t, \cdots, p_n^t)$ 为第 t 期单位商品实现价值向量，$a_i^t + bl_i^t$ 为第 t 期的投入品向量，包括生产资料向量 $a_i^t = (a_{1i}^t, a_{2i}^t, \cdots, a_{ni}^t)'$ 和劳动者耗费的生活资料向量 bl_i^t，其中 $b = (b_1, b_2, \cdots, b_n)'$ 为单位工资品向量，l_i^t 为第 t 期部门 i 投入的活劳动量。

---

① 也可令 $p^{-1} = w$，那么该式就包含于式（4.3.1）中，下文碰到这种情况都做类似处理。

假定 k_i^t 为第 t 期第 i 部门资本的变化率，$k_i^t > 0$ 表示本期资本净流入，$k_i^t < 0$ 表示本期资本净流出。则每期的生产资料和活劳动量由上一期的生产资料和活劳动量以及资本流动比率决定。其中生产资料数量的动态变动取决于资本流动比率，可以表示为：

$$A^t = A^{t-1}(K^{t-1} + I) \qquad (4.3.2)$$

其中，I 为单位矩阵，A^t 为第 t 期的生产资料矩阵，K^t 为第 t 期的资本流动率矩阵：

$$A^t = \begin{pmatrix} a_{11}^t & \cdots & a_{1n}^t \\ \vdots & \ddots & \vdots \\ a_{n1}^t & \cdots & d_{nn}^t \end{pmatrix}, K^t = \begin{pmatrix} k_1^t & & 0 \\ & \ddots & \\ 0 & & k_n^t \end{pmatrix}$$

同样地，由于假定技术水平外生决定，部门活劳动投入量 l_i^t 也取决于资本流动量，满足：$l_i^t = l_i^{t-1} \cdot (k_i^{t-1} + 1)$（$i = 1, 2, \cdots, n$），用向量可以表示为：

$$l^t = l^{t-1}(K^{t-1} + I) \qquad (4.3.3)$$

其中 $l = (l_1^t, l_2^t, \cdots, l_n^t)$ 为活劳动投入向量。

由于假定实物量表示的不变资本不变，即生产资料总量不变，因此，资本流动量 k_i^t 满足下式：

$$A^t K^t i = 0 \qquad (4.3.4)$$

其中，$i = (1, 1, \cdots, 1)'$。

式（4.3.4）表示每种生产资料的总量在资本流动的过程中并不发生变化。$A^t K^t i$ 为各个部门资本流动总和的列向量，其中第 j 项表示第 j 种生产资料在第 t 期的流动量总和，也就是流出资本和流入资本总量相等。

资本流动率取决于部门利润率与平均利润率的差额，不失一般性，本文假定第 i 部门第 t 期的资本流动函数可以表示为：

$$k_i^t = k(r_i^t - \bar{r}^t) \quad k'(\cdot) > 0, k(0) = 0 \qquad (4.3.5)$$

其中 r_i^t 为第 t 期第 i 部门的利润率：

$$r_i^t = \frac{p_i^t \cdot q_i^t - C_i^t}{C_i^t} \qquad (4.3.6)$$

$\bar{r}^t$ 为第 t 期的平均利润率，为各部门利润率以资本量为权重的加权平均数。

由式（4.3.5）决定的资本流动函数的具体形式，显然要受到生产资料总量不变的假定的约束。也就是说各个部门之间相互流动的资本比率 $k(\cdot)$ 并不是任意形式的，需要在满足式（4.3.4）的前提下设定。

根据假定条件，部门的产量由部门的实物资本量决定，即：

$$q_i^t = q_i^{t-1} \cdot (1 + k_i^{t-1}) \tag{4.3.7}$$

在消费者偏好进而需求不变的情况下，单位商品实现价值量就取决于供给的变化和产量的大小，因此，单位商品实现价值函数可以表示为：

$$p_i^t = p(q_i^t), \quad p' < 0, \quad p_i^0 = w_i, \quad p_i^\infty = p_i \tag{4.3.8}$$

其中 w_i 为部门 i 的单位商品价值量，p_i 为部门 i 的单位商品生产价格量。

同样地，单位商品实现价值量是以价值量为基础，并非由供求关系直接决定，需要受到活劳动量的约束。根据第三大不变性方程①，我们认为单位商品实现价值函数必须满足同样数量的活劳动创造的价值总量不变的约束条件，即：

$$l_i^t = p^t q^t - p^{t-1} A^t i \tag{4.3.9}$$

同时，在给定期初生产单位商品的生产资料和活劳动数量，单位商品价值量 w_i 由下式决定：

$$w = wA^0 + l^0 \tag{4.3.10}$$

其中 $w = (w_1, w_2, \cdots, w_n)$。

由式（4.3.1）—式（4.3.8）构成的模型即为狭义动态价值转形模型，即由下列方程组成的方程组：

$$\begin{cases} C_i^t = p^{t-1} \cdot (a_i^t + b l_i^t) \\ A^t K^t i = 0 \\ A^t = A^{t-1}(K^{t-1} + I) \\ l^t = l^{t-1} K^{t-1} \\ k_i^t = k(r_i^t - \bar{r}^t) \quad k'(\cdot) > 0, \quad k(0) = 0 \\ r_i^t = (p_i^t \cdot q_i^t - C_i^t)/C_i^t \\ q_i^t = q_1^{t-1} \cdot (1 + k_i^{t-1}) \\ p_i^t = p(q_i^t), \quad p' < 0, \quad p_i^0 = w_i, \quad p_i^\infty = p_i \end{cases} \tag{4.3.11}$$

---

① 具体可参见严金强：《静态价值转形问题解法的新探讨——兼对几种典型解法的评析》，《海派经济学》2013 年第 4 期。

由模型（4.3.11），可以计算出部门利润率、平均利润率以及单位商品实现价值量的变动趋势，推导出生产价格和平均利润率的动态变动方程。

生产价格形成方程，也就是单位商品实现价值方程可以表示为部门利润率的函数关系：

$$p_i^t = p\{q_i^{t-1} \cdot [1 + k(r_i^{t-1} - \bar{r}^{t-1})]\} \qquad (4.3.12)$$

式（4.3.12）即为生产价格动态形成方程，该方程表明单位商品实现价值取决于该部门上一期的资本流动量，进而取决于上一期的部门利润率与计算的平均利润率之间的差额。当资本流动量为正时，资本净流入，单位商品实现价值将减少；当资本流动量为负时，资本净流出，单位商品实现价值将增加。随着各部门利润率与计算平均利润率的接近，单位商品实现价值也逐渐趋近于生产价格 p_i。

平均利润率形成方程，也就是部门利润率变动趋势方程可以表示为

$$r_i^t = \frac{p\{q_i^{t-1} \cdot [1 + k(r_i^{t-1} - \bar{r}^{t-1})]\} \cdot q_i^{t-1}}{p^{t-1} \cdot (a_i^{t-1} + bl_i^{t-1})} - 1 \qquad (4.3.13)$$

从式（4.3.13）可以分析，当上一期某一部门利润率 r_i^{t-1} 大于平均利润率 $\bar{r}^{t-1}$ 时，由于 $k'(\cdot) > 0$，因此该部门本期产量会增加，又由于 $p' < 0$，产量增加将导致价格下降。而其他变量都是上一期的量，在本期可以看作固定不变。因此，本期该部门的利润率 r_i^t 将下降。在本期部门利润率还未下降到平均利润率时，以上的变化过程会一直持续下去，即部门利润率始终趋于下降状态。相反，当上一期该部门的利润率小于平均利润率时，同样的分析，本期的部门利润率将逐渐上升。最终部门利润率将会收敛于平均利润率。

二、狭义动态转形模型的实例演示

（一）线性资本流动函数的三部门实例演示

狭义动态价值转形模型中最为关键的方程即为资本流动函数和单位商品实现价值函数，两者是连接部门利润率、资本量、产量、生产价格和平均利润率等变量的桥梁。为了具体说明扩展模型中生产价格和平均利润率的形成过程，首先必须对资本流动函数与单位商品实现价值函数进行具体化。

1. 函数设定

为方便分析，假定资本流动函数为线性函数，即部门 i 的资本流动比率与部门利润率和"计算的平均利润率"的差额呈比例关系，且比例系数为 α：

$$k_i^t = \alpha \ (r_i^t - \bar{r}^t) \tag{4.3.14}$$

可以证明，由式（4.3.14）决定的资本流动函数满足约束条件式（4.3.4）。① 假定单位商品实现价值函数的具体函数形式为：

$$p_i^t = \frac{p^{t-1} a_i^0}{q_i^t} + l_i^0 \tag{4.3.15}$$

式（4.3.15）的单位商品实现价值函数满足式（4.3.8）的条件，这是因为：首先，$dp_i^t/dq_i^t = -p^{t-1} a_i^0 / (q_i^t)^2 < 0$，即单位商品实现价值与产量（或销量）成反方向变动。其次，$p_i^0 = p^{-1} a_i^0 + l_i^0 = w a_i^0 + l_i^0 = w_i$，即期初的单位商品实现价值量等于单位商品价值量。除此之外，还可以证明式（4.3.15）的单位商品实现价值函数还满足"同样数量的活劳动创造的价值总量相等"的原则，即式（4.3.9）。②

将资本流动函数式（4.3.14）和单位商品实现价值函数式（4.3.15）代入部门利润率变动趋势方程（4.3.13），化简后可得：

$$r_i^t = \frac{\dfrac{p^{t-1} a_i^0}{1 + \alpha \ (r_i^{t-1} - \bar{r}^{t-1})} + l_i^{t-1}}{p^{t-1} \ (a_i^{t-1} + b l_i^{t-1})} - 1 \tag{4.3.16}$$

可以验证，由式（4.3.16）所决定的部门利润率是收敛的。

2. 参数设定

假定三部门经济的投入情况如表 4-1 所示：

---

① 证明可见严金强、马艳：《价值转形理论研究》，上海：上海财经大学出版社 2011 年版，第 167 页。

② 证明可见严金强、马艳：《价值转形理论研究》，上海：上海财经大学出版社 2011 年版，第 167—168 页。

表4-1 三部门经济的投入情况

部门	机械	纺织	食品	劳动投入
机械	0.5	0.25	0	1
纺织	0.3	0.15	0	2.2
食品	0.2	0.1	0	1.8
总计	1	0.5	0	5
单位工资品	0	0.05	0.1	

由表4-1可以看出狭义动态转形模型参数分别如下：
$n=3$, $a_1^0 = (0.5, 0.25, 0)'$, $a_2^0 = (0.3, 0.15, 0)'$, $a_3^0 = (0.2, 0.1, 0)'$, $l^0 = (1, 2.2, 1.8)$, $b = (0, 0.05, 0.1)$, 且假定资本流动系数 $\alpha = 0.3$。

由于期初的单位商品价值量 $w_i = (wa_i^t + l_i^t)/q_i^t = wa_i^0 + l_i^0$，各部门的单位商品价值量满足下列方程组：

$$\begin{cases} w_1 = 0.5w_1 + 0.25w_2 + 0w_3 + 1 \\ w_2 = 0.3w_1 + 0.15w_2 + 0w_3 + 2.2 \\ w_3 = 0.2w_1 + 0.1w_2 + 0w_3 + 1.8 \end{cases}$$

通过解线性方程组可以计算出 $w = (4, 4, 3)$。将以上初始数据代入部门利润率变动方程式（4.3.13），可得三个部门的利润率变动趋势分别为：

$$r_1^t = \frac{\dfrac{p^{t-1}a_1^0}{1 + 0.3(r_1^{t-1} - \bar{r}^{t-1})} + 1}{p^{t-1}(a_1^{t-1} + bl_1^{t-1})} - 1$$

$$r_2^t = \frac{\dfrac{p^{t-1}a_2^0}{1 + 0.3(r_1^{t-1} - \bar{r}^{t-1})} + 2.2}{p^{t-1}(a_1^{t-1} + bl_1^{t-1})} - 1$$

$$r_3^t = \frac{\dfrac{p^{t-1}a_3^0}{1 + 0.3(r_1^{t-1} - \bar{r}^{t-1})} + 1.8}{p^{t-1}(a_1^{t-1} + bl_1^{t-1})} - 1$$

3. 演示结果

根据以上的参数设定，运用 Matlab 软件对动态模型进行运行（设定停止运行的误差量为 0.00001)。经过资本在三部门之间的流动，36 期后三部门的利润率达到平均利润率（在误差范围内），如图 4-2 所示。

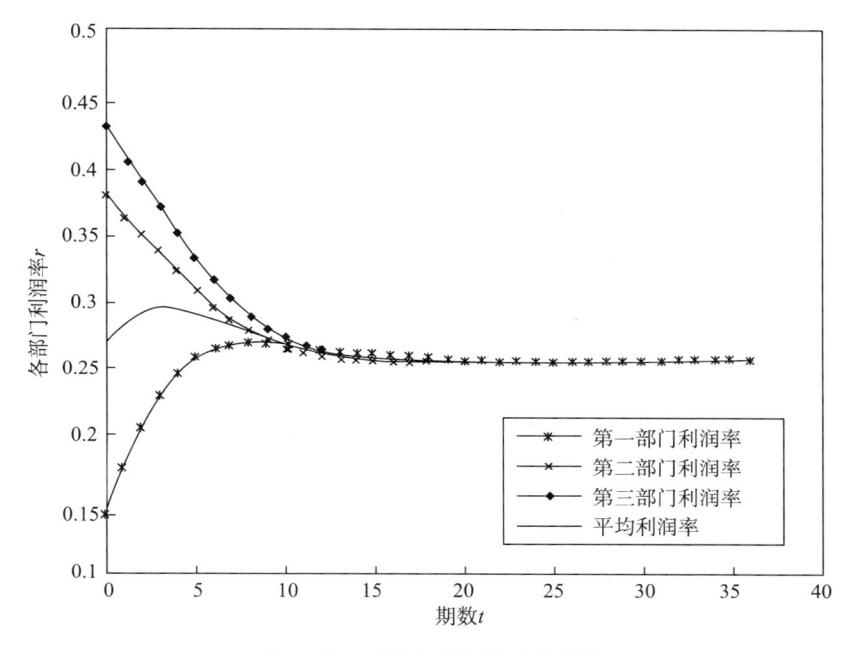

图 4-2 三部门利润率变动趋势

由图 4-2 可以看出，初始各部门的利润率由于资本构成的不同而各不相等，其中，第一部门利润率小于第二部门，第二部门利润率小于第三部门，并且第一部门的利润率低于平均利润率，第二、第三部门的利润率高于平均利润率，因此，第一部门利润率随着资本流动会出现逐渐上升的趋势，而第二、第三部门的利润率由于资本流动出现利润率下降的趋势，最后三个部门利润率都趋于一致，达到平均利润率的水平。

部门利润率的变动是伴随着资本流动、产量变化以及单位商品实现价值变动而变动的。各部门的资本流动率、产量、单位商品实现价值以及部门利润率变动趋势的综合图如图 4-3 所示：

从图 4-3 可以看出，由于第一部门初始利润率低，资本流出（资本流动率小于零），产量下降，单位商品实现价值上升，最后利润率将上升（见图 4-3 蓝色线）；第二、第三部门初始利润率高，资本流入（资本流动率

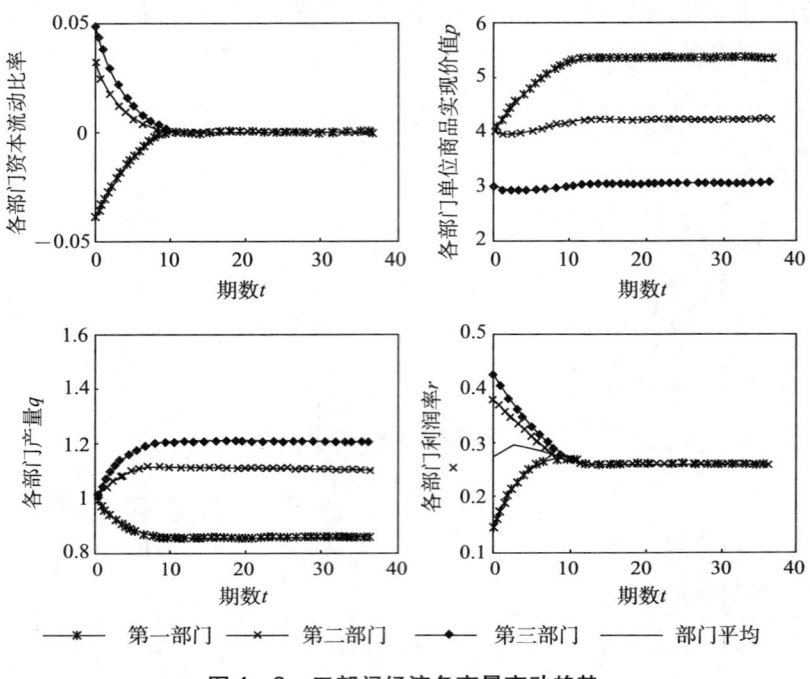

图 4-3 三部门经济各变量变动趋势

小于零),产量上升,单位商品实现价值下降,最后利润率将下降(见图4-3绿色线和红色线)。三部门经过36期的资本流动后,最后均收敛于平均利润率、生产价格和均衡产量。

4. 结果分析

为了分析转形前后以及转形过程中利润总额与生产价格总额[①]的变化情况,我们将利润总额与生产价格总额的动态变动趋势画出,如图4-4所示:

由图4-4,我们发现,在价值体系向生产价格体系转化的过程中,利润总额与生产价格总额均出现了上升趋势,也就是说转形完成后利润总额与生产价格总额均比转形前的剩余价值总额与价值总额要大。究其原因,尽管在转形过程中我们假定了生产资料的数量不变,但是劳动量是开放变化的。由于资本流动与部门规模结构的变化,整个社会的资本构成也会出现结构性

---

① 严格地说,应该是单位商品实现价值总额,下同。

变化，此时，在生产资料数量不变的前提下，劳动量必然会出现变化。可见，转形前后两个总量存在差额主要是因为劳动量变化带来的。劳动总量的变动趋势可以用图 4-5 表示：

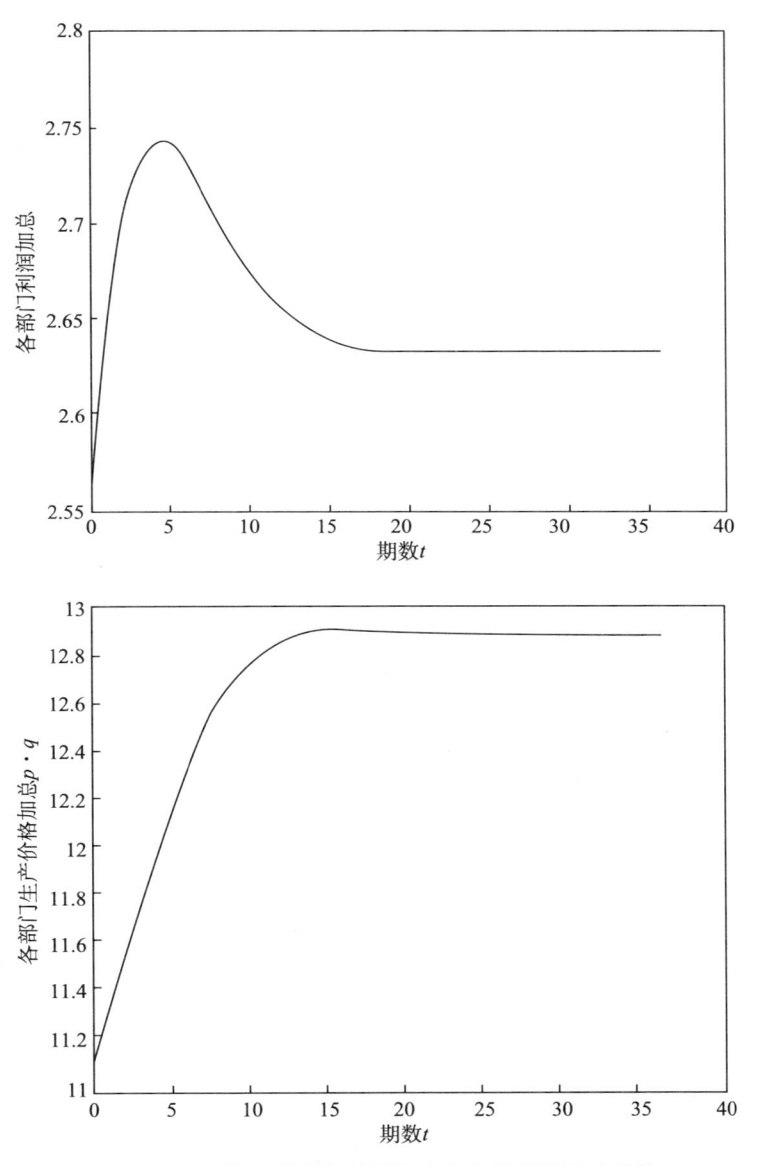

图 4-4　三部门的利润总额与生产价格总额变动趋势

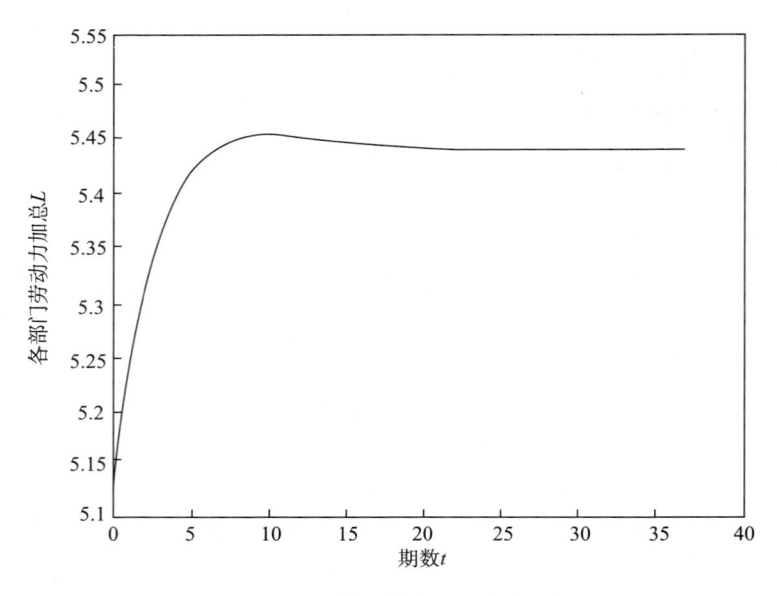

图 4-5 三部门劳动总量变动趋势

此外,我们来验证第三个不变性方程,即同样数量的活劳动创造的价值总量不变。转形过程中各期的劳动总量、劳动力总成本和利润总量的数据如表 4-2 所示,其变动趋势图如图 4-6 所示:

表 4-2 三部门劳动总量、劳动力总成本与利润率总量

期数	劳动量	劳动力成本	利润总额	期数	劳动量	劳动力成本	利润总额
0	5	2.5	2.5	—	—	—	—
1	5.1182	2.5591	2.5591	19	5.4424	2.808	2.6344
2	5.2109	2.5624	2.6484	20	5.4416	2.8076	2.6339
3	5.2849	2.5826	2.7023	21	5.441	2.8071	2.6339
4	5.3416	2.6096	2.732	22	5.4406	2.8066	2.634
5	5.3832	2.6394	2.7439	23	5.4404	2.8061	2.6342
6	5.4126	2.6693	2.7432	24	5.4402	2.8057	2.6345
7	5.4322	2.6976	2.7346	25	5.4402	2.8053	2.6348

续表

期数	劳动量	劳动力成本	利润总额	期数	劳动量	劳动力成本	利润总额
8	5.4444	2.7229	2.7215	26	5.4402	2.8051	2.6351
9	5.4513	2.7447	2.7066	27	5.4402	2.8048	2.6353
10	5.4544	2.7626	2.6918	28	5.4402	2.8047	2.6355
11	5.455	2.7768	2.6782	29	5.4403	2.8046	2.6357
12	5.4541	2.7877	2.6665	30	5.4403	2.8045	2.6358
13	5.4524	2.7955	2.6569	31	5.4403	2.8045	2.6359
14	5.4504	2.801	2.6494	32	5.4404	2.8045	2.6359
15	5.4483	2.8046	2.6437	33	5.4404	2.8045	2.6359
16	5.4464	2.8067	2.6397	34	5.4404	2.8045	2.636
17	5.4448	2.8077	2.637	35	5.4405	2.8045	2.636
18	5.4434	2.8081	2.6353	36	5.4405	2.8045	2.636

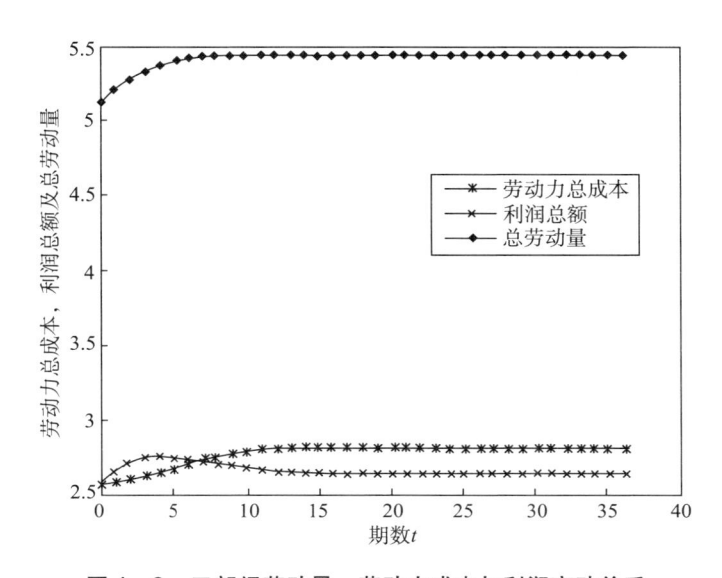

图 4-6　三部门劳动量、劳动力成本与利润变动关系

由表4-2和图4-6均可看出，连续37期（包括初始状况）转形过程中，劳动量始终等于劳动力成本与利润总额之和[①]。由此说明同样数量的活劳动创造的价值总量不变这一命题是成立的。

（二）基于线性资本流动函数的五部门实例演示

为了使实例演示更具一般性，我们将三部门扩展为五部门，对五部门经济进行同样的分析。五部门经济中，对资本流动函数与单位商品实现价值函数的设定与三部门演示一样，即资本流动函数为线性函数，如式（4.3.14），单位商品实现价值函数为反比例函数，如式（4.3.15）。因此，利润率变动趋势仍然可以用方程式（4.3.16）来表示。

1. 参数设定

假定五部门经济的投入情况如表4-3所示。

表4-3　五部门经济的投入情况

部门	机械	电子	纺织	食品	消费服务	劳动投入
机械	0.36	0.24	0.12	0.06	0	1.5
电子	0.27	0.18	0.09	0.045	0	2
纺织	0.18	0.12	0.06	0.03	0	2
食品	0.15	0.1	0.05	0.025	0	2.5
消费服务	0.03	0.02	0.01	0.005	0	2
总计	0.9	0.6	0.3	0.15	0	10
单位工资品	0	0.01	0.05	0.06	0.07	

由表4-3可以看出DMVT模型参数分别如下：

$n = 5$

$a_1^0 = (0.36, 0.24, 0.12, 0.06, 0)'$

$a_2^0 = (0.27, 0.18, 0.09, 0.045, 0)'$

$a_3^0 = (0.18, 0.12, 0.06, 0.03, 0)'$

$a_4^0 = (0.15, 0.1, 0.05, 0.025, 0)'$

$a_5^0 = (0.03, 0.02, 0.01, 0.005, 0)'$

$l^0 = (1.5, 2, 2, 2.5, 2)$，$b = (0, 0.01, 0.05, 0.06, 0.07)$

---

① 由于程序运行所取的误差因素，具体数据可能会有微小的误差。

且假定资本流动系数 $\alpha = 0.8$。

由于期初的单位商品价值量 $w_i = (wa_i^t + l_i^t)/q_i^t = wa_i^0 + l_i^0$，各部门的单位商品价值量满足下列方程组：

$$\begin{cases} w_1 = 0.36w_1 + 0.24w_2 + 0.12w_3 + 0.06w_4 + 0w_5 + 1.5 \\ w_2 = 0.027w_1 + 0.18w_2 + 0.09w_3 + 0.045w_4 + 0w_5 + 2 \\ w_3 = 0.18w_1 + 0.12w_2 + 0.06w_3 + 0.03w_4 + 0w_5 + 2 \\ w_4 = 0.15w_1 + 0.1w_2 + 0.05w_3 + 0.025w_4 + 0w_5 + 2.5 \\ w_5 = 0.03w_1 + 0.02w_2 + 0.01w_3 + 0.005w_4 + 0w_5 + 2 \end{cases}$$

通过解线性方程组可以计算出 $w = (5.2600, 4.8200, 3.8800, 4.0677, 2.3133)$。将以上初始数据代入部门利润率变动方程式（4.3.13），可得五个部门的利润率变动趋势方程（受篇幅限制，这里略）。

2. 演示结果

根据以上的参数设定，运用 Matlab 软件对动态模型进行运行（设定停止运行的误差量为 0.00001）。经过资本在三部门之间的流动，43 期后三部门的利润率达到平均利润率（在误差范围内）。

各部门的利润率变动趋势如图 4-7 所示：

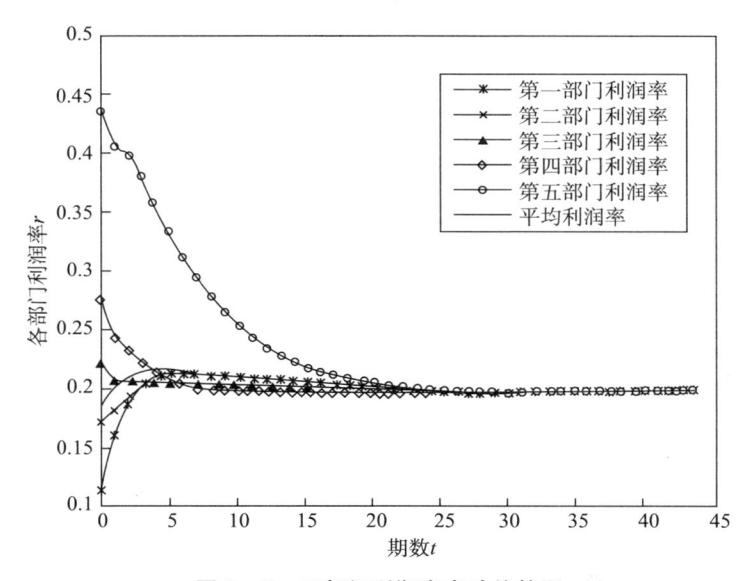

图 4-7 五部门利润率变动趋势图

由图 4-7 可以看出，初始各部门的利润率由于资本构成的不同而各不相等，其中，第一、第二部门利润率低于平均利润率，第三、第四、第五部门利润率高于平均利润率。因此，第一、第二部门利润率随着资本流动会出现逐渐上升的趋势，而第三、第四、第五部门由于资本流动出现利润率下降的趋势，最后五个部门利润率都趋于一致，达到平均利润率的水平。

各部门的资本流动率、产量、单位商品实现价值以及部门利润率变动趋势的综合图如图 4-8 所示：

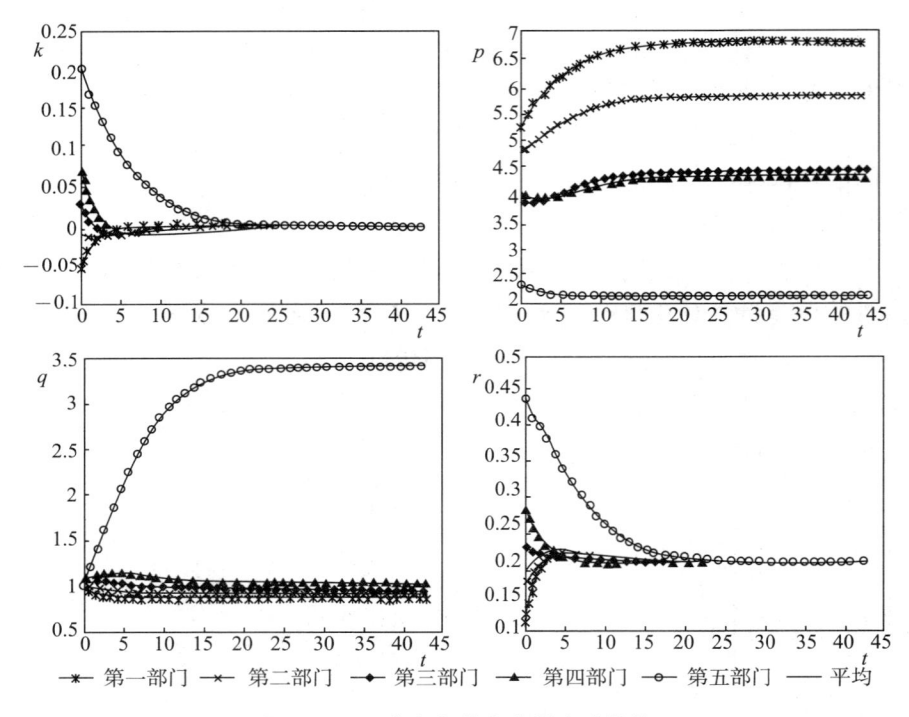

图 4-8 五部门经济各变量变动趋势

从图 4-8 可以看出，由于第一、第二部门初始利润率低于平均利润率，资本流出（资本流动率小于零），产量下降，单位商品实现价值上升，最后利润率将上升；第三、第四、第五部门初始利润率高于平均利润率，资本流入（资本流动率小于零），产量上升，单位商品实现价值下降，最后利润率将下降。五部门经过 43 期的资本流动后，最后均收敛于平均利润率、生产价格和均衡产量。

3. 结果分析

同样，五部门经济的利润总额与生产价格总额的动态变动趋势如图4-9所示。

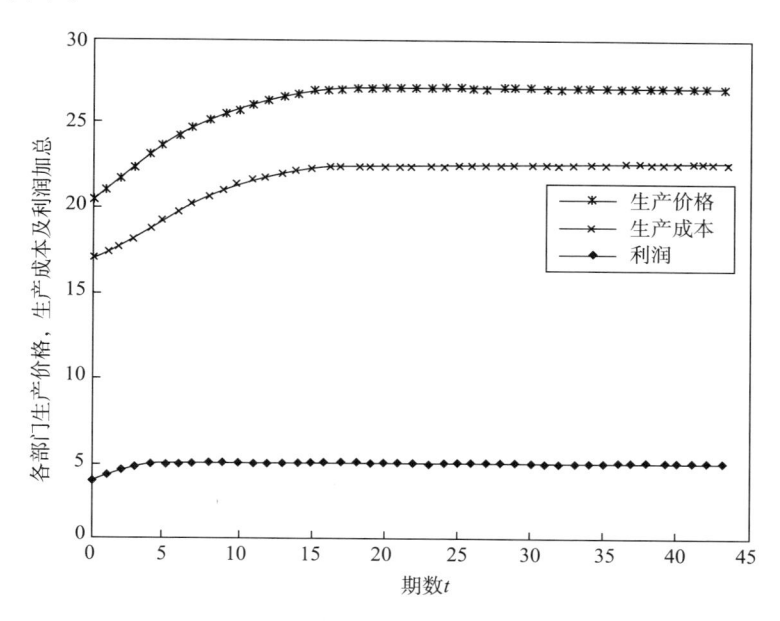

图4-9　五部门的利润总额与生产价格总额变动趋势

由图4-9我们发现，转形过程中，利润总额与生产价格总额均出现了上升趋势，也就是转形完成后利润总额与生产价格总额均比转形前的剩余价值总额与价值总额要大。究其原因，还是因为劳动总量在转形前后发生变化带来的。劳动总量的变动趋势可以用图4-10表示。

此外，在五部门的情况下，我们再来验证第三个不变性方程，转形过程中各期的劳动总量、劳动力总成本和利润总量的变动趋势图如图4-11所示。

由图4-11可看出，连续44期（包括初始状况）转形过程中，劳动量始终等于劳动力成本与利润总额之和。进一步说明了同样数量的活劳动创造的价值总量不变这一命题是成立的。

（三）基于随机扰动价值实现函数的实例演示

在现实的竞争经济中，供求关系的变化作用到价格（或单位商品实现

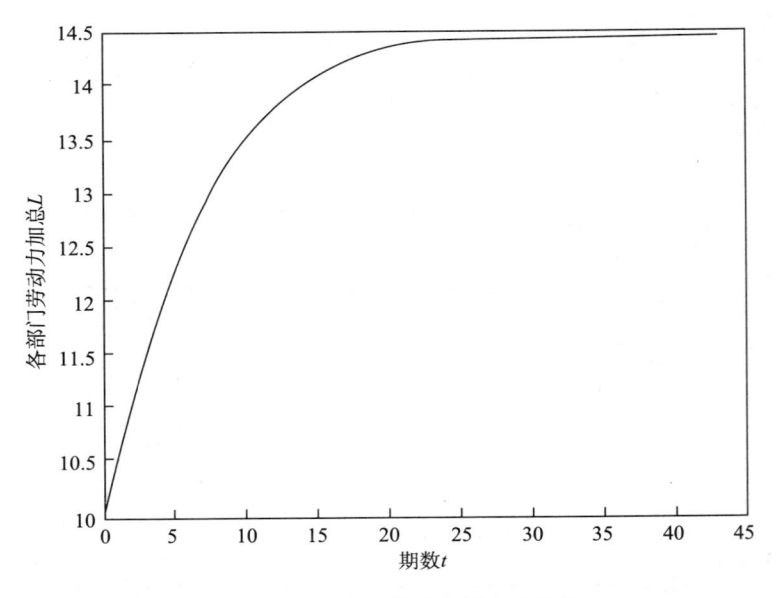

图 4-10 五部门劳动总量变动趋势

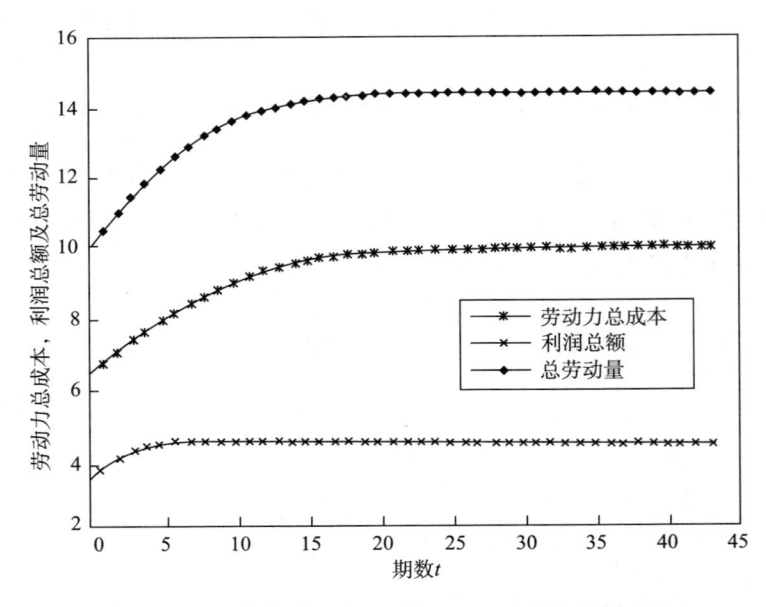

图 4-11 五部门劳动量、劳动力成本与利润变动关系

价值）上，并不必然表现出"时刻弹性"，即价格对产量变化的反映有时候会受到其他因素的干扰。因此，为了使转形模拟演示更加接近现实，我们将单位商品实现价值函数加入了随机扰动因素。

1. 函数设定

资本流动函数仍然假定为线性函数，如式（4.3.14）所示。

而单位商品实现价值函数的具体函数形式假定为：

$$p_i^t = \frac{p^{t-1} a_i^0}{q_i^t} + l_i^0 + \varepsilon \quad (4.3.17)$$

其中 ε 为随机扰动项，满足标准正态分布。加入了随机扰动项之后的式（4.3.17）仍然满足基本约束条件式（4.3.8）和式（4.3.9）。

将资本流动函数式（4.3.14）和单位商品实现价值函数式（4.3.17）代入部门利润率变动趋势方程式（4.3.13），化简后可得：

$$r_i^t = \frac{\dfrac{p^{t-1} a_i^0}{1 + \alpha\ (r_i^{t-1} - \bar{r}^{t-1})} + l_i^{t-1} + q_1^{t-1}\varepsilon}{p^{t-1}\ (a_i^{t-1} + bl_1^{t-1})} - 1 \quad (4.3.18)$$

式（4.3.18）即为加入随机扰动项之后的利润率变动趋势方程。由式（4.3.18）可以看出，由于单位商品实现价值受到随机扰动的影响，部门利润率也出现随机扰动的状况。

2. 参数设定

仍然以三部门经济为例，其投入情况如表 4-1 所示，动态转形模型各参数与第二部分都相同。

另外，为了减缓随机扰动的干扰，加入的正态分布随机扰动因子除以 5，因此，将三部门经济参数代入部门利润率变动方程式（4.3.18），可得到三个部门的利润率变动趋势方程分别为：

$$r_1^t = \frac{\dfrac{p^{t-1} a_1^0}{1 + 0.3\ (r_1^{t-1} - \bar{r}^{t-1})} + 1 + \dfrac{q_i^{t-1}\varepsilon}{5}}{p^{t-1}\ (a_1^{t-1} + bl_1^{t-1})} - 1$$

$$r_2^t = \frac{\dfrac{p^{t-1} a_2^0}{1 + 0.3\ (r_1^{t-1} - \bar{r}^{t-1})} + 2.2 + \dfrac{q_i^{t-1}\varepsilon}{5}}{p^{t-1}\ (a_1^{t-1} + bl_1^{t-1})} - 1$$

$$r_3^t = \frac{\dfrac{p^{t-1}a_3^0}{1+0.3(r_1^{t-1}-\bar{r}^{t-1})}+1.8+\dfrac{q_i^{t-1}\varepsilon}{5}}{p^{t-1}(a_1^{t-1}+bl_1^{t-1})}-1$$

3. 演示结果

根据以上的参数设定，运用 Matlab 软件对动态模型进行运行（设定停止运行的误差量为 0.001[①]）。经过资本在三部门之间的流动，13 期后三部门的利润率达到平均利润率（在误差范围内）。[②]

各部门的经济变量（包括利润率、单位商品实现价值、产量以及劳动总量）变动趋势如图 4-12 所示：

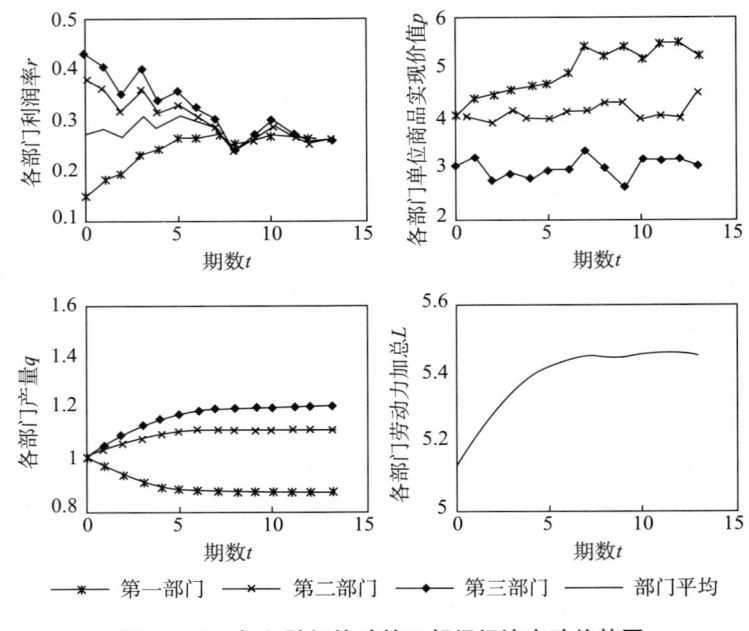

——*—— 第一部门 ——×—— 第二部门 ——◆—— 第三部门 ———— 部门平均

图 4-12 加入随机扰动的三部门经济变动趋势图

从图 4-12 可以看出，资本流动仍然遵循了追逐高利润率和市场竞争价值规律的影响，部门产量在实现平均利润率之后达到稳定状态。但是由于受到随机扰动因素的影响，单位商品实现价值仍然呈现非稳定的波动状态。在

---

① 由于随机扰动，收敛性较差，所以这里取的误差量稍大一些。
② 当然，受到随机干扰的影响，均衡是不稳定的。

转形过程中，劳动总量仍然是趋于上升的，这与非干扰模型是一致的。

由加入随机因素的三部门经济转形模拟演示仍然可以论证，等量活劳动创造等量价值的所谓第三个不变性方程（或第三个总量相等）的命题。转形过程中各期的劳动总量、劳动力总成本和利润总量的变动趋势图如图4-13所示。

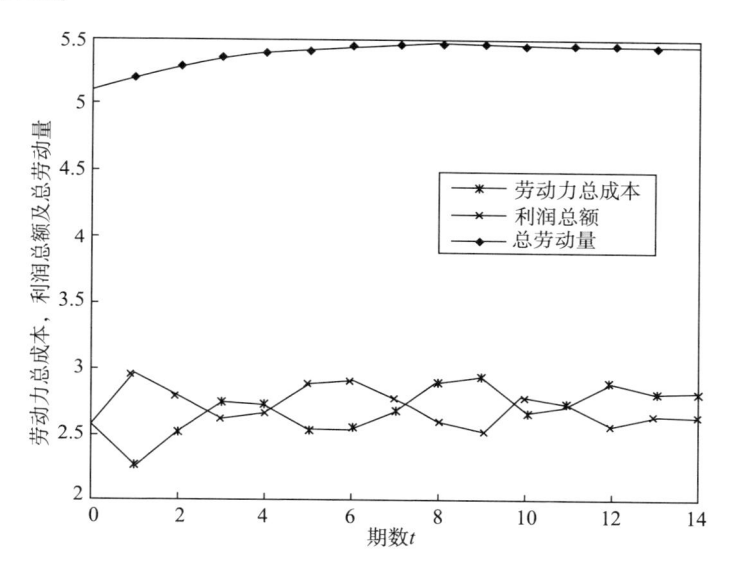

图4-13 随机扰动的劳动量、劳动力成本与利润变动关系

从图4-13可以看出，连续14期（包括初始状况）转形过程中，劳动量始终近似等于劳动力成本与利润总额之和。进一步说明了同样数量的活劳动创造的价值总量不变这一命题是成立的，只是加入随机扰动的情况下，这一命题将表现出近似相等的特征。

以上基于狭义动态价值转形模型，运用 Matlab 分别进行了三部门和五部门的仿真模拟演示，通过实例演示得出以下三点结论：（1）狭义动态转形模型揭示了价值到生产价格，利润率平均化的动态生成机理：从利润率差异到资本流动，再到产量变动，又从产量变动到价格变动，最后到利润率的反向调整，构成了转形的一个周期，直到形成平均利润率为止；（2）转形过程中，部门利润率、产量、价格都在不断变化，进而利润总量、生产价格总额和劳动力成本等也在不断变动，因此转形前后的价值体系与生产价格体系受到活劳动总量的增减,并不一定能遵循"总计一致二命题";(3)不论怎样,转形过程中,"等量活劳动创造等量价值"这一不变性方程始终是成立的,这也是价值转形理论的核心所在。

三、广义动态价值转形模型

(一)价值转化多形态模型

价值形态随着资本主义经济发展历史的变化而变化。资本主义发展阶段经历了自由竞争、私人垄断、国家垄断和国际垄断几个阶段,相应地,价值形态的转化也将经历生产价格形态、垄断生产价格形态以及国际垄断生产价格形态等。

根据资本主义历史发展阶段,利润率的平均化首先在各产业部门之间进行,当商业部门等非生产性职能部门从产业资本中独立出来后,非生产性部门所投入的资本也会参与总体资本的流动和竞争,获得平均利润。马克思将这种条件下的平均利润率称为"完成形态"①,因此,我们将此时形成的生产价格称为"完成形态的生产价格";在垄断阶段,对于在资本集中和集聚基础上形成的垄断部门,一定程度上阻碍了资本的自由流动和利润率的平均化,由此形成的商品交换基础称为垄断生产价格;当垄断资本突破一国的限制,在世界范围内流动时,价值转形完成了最后的形态,即从垄断生产价格转化为国际垄断生产价格。

为了说明这一系列价值转化形态对剩余价值分配的影响,我们构建如下广义动态价值转形多形态模型:

$$\begin{cases} p_i = k_i + C_i(\bar{r} + \Delta r_i) \\ \bar{r} = \dfrac{\sum_{j \in A} m_j}{\sum_{j \in B} C_j} \end{cases} \quad (4.3.19)$$

其中,p_i,k_i,C_i,m_i,Δr_i 分别表示部门 i 的价值转化形态②、成本价格、预付资本、剩余价值和垄断利润率③,$\bar{r}$ 为平均利润率,部门集合 A 为

---

① 参见马克思:《资本论》(第三卷),北京:人民出版社 2004 年版,第 377 页。
② 正如前文所述的,长期中,价值转形形态包括生产价格、完整形态的生产价格、垄断生产价格和国际垄断生产价格等。
③ 垄断利润率为超额垄断利润率除以预付总资本,垄断利润率可以为负值,负值表示该部门处于垄断不利或非垄断行业,获得的利润率将低于平均利润率。

生产性部门，部门集合 B 为全社会总部门，包括生产性部门和非生产性部门。

长期中，价值转形形态将经历生产价格、完整形态生产价格、垄断生产价格以及国际垄断生产价格几个阶段。因此，在一般模型式（4.3.19）的基础上，各个阶段的价值转化形态又表现出不同的特点。

（1）生产价格阶段：资本完全自由流动，不存在超额利润，即 $\Delta r_i = 0$。且不存在商业等非生产性部门，即 $A = B$。

（2）完整形态生产价格阶段：资本完全自由流动，不存在超额利润，即 $\Delta r_i = 0$。但存在商业等非生产性部门，即 $A \subset B$。

（3）垄断生产价格阶段：资本不能自由流动，存在超额垄断利润，即 $\Delta r_i \neq 0$。此时，垄断部门的生产价格会相对提高（$\Delta r_i > 0$），非垄断部门的生产价格将相对下降（$\Delta r_i < 0$）。

（4）国际垄断生产价格：资本不能在国际完全自由流动，存在国际垄断利润，即 $\Delta r_i \neq 0$。此时，国际垄断部门的生产价格会相对提高（$\Delta r_i > 0$），非国际垄断部门的生产价格将相对下降（$\Delta r_i < 0$）。

由此可见，资本发展的不同阶段表现出价值形态的不同特征。在当前资本主义经济发展的新阶段，垄断等因素日益起着主导和支配作用，因此，考虑垄断条件下的价值转形问题已成为当前的重要研究课题。本书将在基于完全竞争条件下的狭义动态价值转形理论的基础上，重点考察加入垄断因素的动态价值转形问题，构建垄断条件下的动态转形理论模型，即广义动态价值转形理论模型，并且试图通过实例演示和计量分析来进一步论证垄断条件下关于价值转化形态的一些基本结论和命题。

（二）垄断条件下的动态转形模型

与完全竞争条件不同，垄断条件下，资本并不能在各个部门之间相互自由流动，因此，利润率平均化的作用机制受到限制。对于垄断部门来说，资本可以较为自由地向非垄断部门转移，但其他部门的资本难以向垄断部门转移，亦即资本只能流出不能流入。而且，垄断部门的资本是否流出并不取决于部门利润率与平均利润率的差额，而是取决于部门利润率是否达到了利润率最大化水平，否则垄断部门将会通过资本流出的方式来减少产量，从而提高利润率。

可见，垄断条件下的动态价值转形模型与竞争条件下的模型关键的区别在于资本流动函数。下面将运用数理方法构建垄断条件下的动态价值转形理论模型。

1. 基本假定条件

为方便分析和构建模型，基本假定如下：（1）整个社会存在 $n+m$ 个生产不同产品的部门，其中，前 n 个部门为竞争部门，后 m 个部门为垄断部门。竞争部门之间资本可以自由流动，而垄断部门资本只能流出不能流入，且为完全垄断，即一个部门只有一个企业存在。（2）$n+m$ 个部门生产的 $n+m$ 种产品包括仅用作生产资料的产品、仅用作消费资料的产品以及两者皆可用的产品，且投入品以生产价格或垄断生产价格表示，即用单位商品实现价值表示。（3）为控制资本流动过程中的资本总规模，假定各个部门所用的生产资料的物质构成相同，这也就意味着，垄断部门获得垄断利润的途径只能通过垄断高价来实现。①（4）各部门的产量水平只取决于不变资本的实物量，且各部门初始产量均标准化为1。（5）假定不存在固定资本，或者固定资本一次性耗费。

2. 部门资本与劳动量的决定

由于假定整个社会投入的生产资料数量是不变的，而投入品以单位商品实现价值进行计量，那么每个时期各部门的资本总量由以下方程决定：

$$C_i^t = p^{t-1} \cdot (a_i^t + b l_i^t), \quad t \geq 1, \quad i = 1, 2, \cdots, n, n+1, \cdots, n+m \tag{4.3.20}$$

且 $C_i^0 = w \cdot (a_i^0 + b l_i^0)$。② 其中 C_i^t 为第 t 期第 i 部门的资本总量（以单位商品实现价值计量），包括不变资本和可变资本。$p^t = (p_1^t, p_2^t, \cdots, p_{n+m}^t)$ 为第 t 期单位商品实现价值向量，$a_i^t + b l_i^t$ 为第 t 期的投入品向量，包括生产资料向量 $a_i^t = (a_{1i}^t, a_{2i}^t, \cdots, a_{n+m,i}^t)'$ 和劳动者耗费的生活资料向量 $b l_i^t$，其中 $b = (b_1, b_2, \cdots, b_{n+m})'$ 为单位工资品向量，l_i^t 为第 t 期部门 i 投入的活劳动量。

假定 k_i^t 为第 t 期第 i 部门资本的变化率，$k_i^t > 0$ 表示本期资本净流入，

---

① 因为不变资本的物质构成相同，意味着垄断部门不能通过对生产资料的低价垄断获得垄断利润。
② 也可令 $p^{-1} = w$，那么该式就包含于 (4.3.20) 式中，下文碰到这种情况都做类似处理。

$k_i^t < 0$ 表示本期资本净流出。则每期的生产资料和活劳动量由上一期的生产资料和活劳动量以及资本流动比率决定。其中生产资料数量的动态变动取决于资本流动比率，可以表示为：

$$A^t = A^{t-1}(K^{t-1} + I) \tag{4.3.21}$$

其中，I 为单位矩阵，A^t 为第 t 期的生产资料矩阵，K^t 为第 t 期的资本流动率矩阵：

$$A^t = \begin{pmatrix} a_{11}^t & \cdots & a_{1,n+m}^t \\ \vdots & \ddots & \vdots \\ a_{n+m,1}^t & \cdots & a_{n+m,n+m}^t \end{pmatrix}, K^t = \begin{pmatrix} k_1^t & & 0 \\ & \ddots & \\ 0 & & k_{n+m}^t \end{pmatrix}$$

同样地，由于假定技术水平外生决定，部门活劳动投入量 l_i^t 也取决于资本流动量，满足 $l_i^t = l_i^{t-1} \cdot (k_i^{t-1} + 1)$（$i = 1, 2, \cdots, n, n+1, \cdots, n+m$），用向量可以表示为：

$$l^t = l^{t-1}(K^{t-1} + I) \tag{4.3.22}$$

其中 $l^t = (l_1^t, l_2^t, \cdots, l_{n+m}^t)$ 为活劳动投入向量。

由于假定实物量表示的不变资本不变，即生产资料总量不变，因此，资本流动量 k_i^t 满足下式：

$$A^t K^t i = 0 \tag{4.3.23}$$

其中，$i = (1, 1, \cdots, 1)'$。

式（4.3.23）表示每种生产资料的总量在资本流动的过程中并不发生变化。$A^t K^t i$ 为各个部门资本流动总和的列向量，其中第 j 项表示第 j 种生产资料在第 t 期的流动量总和，也就是流出资本和流入资本总量相等。

3. 资本流动函数的设定

由于竞争部门与垄断部门资本流动的差异性，垄断部门与竞争部门的资本流动函数也会不同。对于竞争部门来说，资本流动率取决于部门利润率与平均利润率的差额，一般地第 i 部门第 t 期的资本流动函数可以表示为：

$$k_i^t = k(r_i^t - \bar{r}^t) \quad k'(\cdot) > 0, k(0) = 0, i = 1, 2, \cdots, n \tag{4.3.24}$$

其中 r_i^t 为第 t 期第 i 部门的利润率：

$$r_i^t = \frac{p_i^t \cdot q_i^t - C_i^t}{C_i^t} \tag{4.3.25}$$

$\bar{r}^t$为第 t 期竞争部门的平均利润率,为各竞争部门利润率以资本量为权重的加权平均数。

对于垄断部门来说,要判断在第 t 期资本是否流出将取决于该部门是否已经实现利润率最大化,若第 t 期该垄断部门还未实现利润率最大化,那么第 t 期部门资本将流出,否则资本将不会流动。因此,首先需要垄断部门在第 t 期的最大利润率。[①] 第 i 个垄断部门在第 t 期的利润率最大化将由下列优化方程决定:

$$\max_{k_i^t}(k_i^t) = \frac{p(q_i^t(1+k_i^t)) \cdot q_i^t(1+k_i^t)}{p^t \cdot (a_i^t + bl_i^t)} - (1+k_i^t) + \bar{r}^t k_i^t \quad i = n+1, \cdots, n+m$$

(4.3.26)

方程式(4.3.26)的一阶条件为:

$$p'(q_i^t(1+k_i^t)) \cdot (q_i^t)^2(1+k_i^t) + p(q_i^t(1+k_i^t)) \cdot q_i^t = p^t \cdot (a_i^t + bl_i^t) \cdot (1 - \bar{r}^t)$$

(4.3.27)

其中,$i = n+1, \cdots, n+m$,$p(\cdot)$ 为单位商品价值实现函数(具体将在下文中分析)。满足式(4.3.27)的 k_i^t 也就是第 i 个垄断部门在第 t 期的资本流动率。

由此,方程式(4.3.24)和式(4.3.26)分别为竞争部门和垄断部门的资本流动率决定方程。由式(3.4.6)和式(3.4.8)决定的资本流动函数的具体形式,显然要受到生产资料总量不变的假定的约束。也就是说各个部门之间相互流动的资本比率 $k(\cdot)$ 并不是任意形式的,需要在满足式(4.3.23)的前提下设定。

4. 单位商品实现价值函数的设定

单位商品实现价值是指均衡的生产价格和垄断生产价格实现之前,各部门资本流动引起供求关系的变动,使得各部门商品实现的价值与创造的价值量不一致的中间价值形态。单位商品实现价值量的大小取决于供求量的变化以及供求对价格变化的敏感程度(供求弹性)。供给或产出量的变化与部门利润率进而资本流动量之间存在紧密的联系,因此,供给量取决于部门利润率。相反,需求量的变化在其他条件不变的情况下,更多地与市场价格存在

---

① 由于每一期总的活劳动量将会发生变化,因此每一期的最大化利润率也不是固定不变的。

着紧密的联系。当资本流动从而供给的一定量的变化,引起市场价格进而需求量的相应调整,从而达到供求暂时均衡时的市场价格就是单位商品实现价值量。

根据假定条件,部门的产量由部门的实物资本量决定,即

$$q_i^t = q_i^{t-1} \cdot (1 + k_i^{t-1}) \qquad (4.3.28)$$

在消费者偏好进而需求不变的情况下,单位商品实现价值量就取决于供给的变化和产量的大小,因此,单位商品实现价值函数可以表示为:

$$p_i^t = p(q_i^t), \ p' < 0, \ p_i^0 = w_i \qquad (4.3.29)$$

其中 w_i 为部门 i 的单位商品价值量。

同狭义模型一样,这里的单位商品实现价值量仍然以价值量为基础,并非由供求关系直接决定,需要受到活劳动量的约束,必须满足同样数量的活劳动创造的价值总量不变的约束条件(第三大不变性方程),即

$$l^t i = p^t q^t - p^{t-1} A^t i \qquad (4.3.30)$$

同时,在给定期初生产单位商品的生产资料和活劳动数量,单位商品价值量 w_i 由下式决定:

$$w = wA^0 + l^0 \qquad (4.3.31)$$

其中 $w = (w_1, w_2, \cdots, w_n)$。

由上述式(4.3.20)—式(4.3.29)所组成的方程组即为垄断条件下的广义价值转形模型。该模型与狭义模型的最大区别在于,资本流动函数发生了结构性变化。在垄断条件下,资本流动分为竞争部门和垄断部门,竞争部门与狭义模型一样,取决于部门利润率与平均利润率的差异,而垄断部门的资本流动取决于垄断部门是否获得了最大利润率。垄断部门将在垄断和竞争行业之间进行资本配置,以获取总的利润率最大。当竞争部门实现了平均利润率,与此同时,垄断部门通过资本流动(资本配置)实现了利润率最大化,这就意味着广义模型实现了均衡。

四、广义动态价值转形模型的实例演示

为了验证广义动态转形模型的合逻辑性和可操作性,下面以三部门为例,对广义动态转形模型进行仿真模拟演示。

1. 函数设定

广义动态转形模型与狭义动态价值转形模型的最大区别在于广义动态转

形模型中资本流动函数。根据模型,资本流动函数分为竞争部门和垄断部门两种。

对于竞争部门来说,假定资本流动函数为:

$$k_i^t = \alpha \left[r_i^t - (\bar{r}^t - zx^t) \right] \qquad (4.3.32)$$

其中 $\bar{r}^t$ 为完全竞争各部门在 t 期的平均利润率。

如果没有垄断部门,$\bar{r}^t$ 就作为 $t+1$ 期完全竞争各部门预期的平均利润率。但由于资本将会从垄断部门流入完全竞争部门,所以这个预期的平均利润率就会同 $\bar{r}^t$ 发生偏移。我们这里就设定 $t+1$ 期完全竞争各部门预期的平均利润率为 $\bar{r}^t - zx^t$。当 $zx^t = 0$ 时,资本流动函数就类似于狭义转形中的资本流动函数 $k_i^t = \alpha (r_i^t - \bar{r}^t)$。这里,$z$ 可以取一个小数,如 0.05,x 可以取 0—1 之间的数,t 的初始值为 0。zx^t 的作用就是设定了一个新的资本流动函数,使得资本的流动按照 $\bar{r}^t - zx^t$ 进行调整,而不是按照 $\bar{r}^t$ 进行调整。zx^t 这个值设定得越大,那么同样情况下 k_i^t 就越大,从而使得资本越倾向于流入这个部门而不是流出这个部门,于是这个部门的利润率就会倾向于下降而非上升。x^t 随着 t 的增加逐渐减少,使得在某个 t 期 $\lim zx^t = 0$ 成立,这样在 $t+1$ 期预期的平均利润率就剔除了垄断部门的因素,此时如果完全竞争各部门的利润率也都等于平均利润率,那么资本就会停止流动,否则还会作进一步的调整。

因此,对于竞争部门来说,均衡的两个条件就是:(1)$\lim zx^t = 0$,垄断部门和完全竞争部门间资本停止流动;(2)$r_i^t = \bar{r}^t$,完全竞争各部门间资本停止流动。

对于垄断部门来说,其资本流动函数设定如下:

根据广义模型,资本流动函数需要满足 $A^tK^ti = 0$ 的条件,这里我们假定整个社会只有第 n 个部门为垄断部门,则第 n 个部门的资本流动函数可以写为:

$$k_n^t = -\alpha \left(a_{i1}^t zx^t + a_{i2}^t zx^t + \cdots + a_{in-1}^t zx^t \right) / a_{in}^t \qquad (4.3.33)$$

显然,式(4.3.33)意味着当 $\lim zx^t = 0$ 时,即竞争部门趋于平均利润率时,垄断部门的资本流出也将会停止,从而趋于稳定状况。

可以证明,式(4.3.33)与式(4.3.32)所组成的资本流动函数满足资本流动函数的约束条件:$A^tK^ti = 0$。

另一个较为重要的函数即为单位商品价值实现函数,与狭义动态转形模型的一样，仍然假定为如式（4.3.15）所示。使其满足"同样数量的活劳动创造的价值总量相等"的原则，即式（4.3.9）。

2. 参数设定

仍然沿用上文中的三部门经济的参数设定，如表4-1所示。这意味着，广义动态转形模型参数分别如下：

$n = 3$，$a_1^0 = (0.5, 0.25, 0)'$，$a_2^0 = (0.3, 0.15, 0)'$，$a_3^0 = (0.2, 0.1, 0)'$，$l^0 = (1, 2.2, 1.8)$，$b = (0, 0.05, 0.1)$，

且假定第二部门为垄断部门，第一和第三部门为竞争部门。假定资本流动系数 $\alpha = 0.2$，$z = 0.07 x = 0.85$。

3. 演示结果

根据以上的函数与参数设定，运用 Matlab 软件对动态模型进行运行（设定停止运行的误差量为 0.0001）。经过资本在三部门之间的流动，30 期后三部门经济达到均衡，此时第一和第三部门达到平均利润率水平，而第二部门将获得稳定的垄断利润率。如图 4-14 所示。

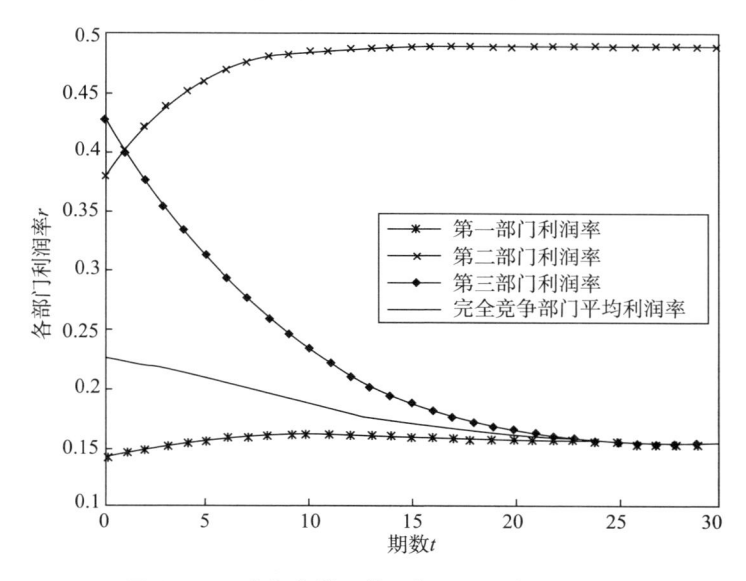

图 4-14 垄断条件下的三部门利润率变动趋势

由图 4-14 可以看出，初始各部门的利润率由于资本构成的不同而各不相等。其中，作为垄断部门的第二部门利润率介于竞争部门第一和

第三部门之间。对于竞争部门来说，由于第一部门利润率大于第三部门利润率，第三部门的资本将流向第一部门，从而两大部门利润率会随着资本流动逐渐趋于一致。与此同时，第二部门作为垄断部门，资本只能流出（由于限定资本总规模）。随着资本的流出，第二部门的利润率将会上升。最终当竞争部门形成平均利润率时，垄断部门也获得稳定的利润率。

同样道理，部门利润率的变动是伴随着资本流动、产量变化以及单位商品实现价值变动而变动的。各部门的资本流动率、产量、单位商品实现价值以及部门利润率变动趋势的综合图如图 4-15 所示：

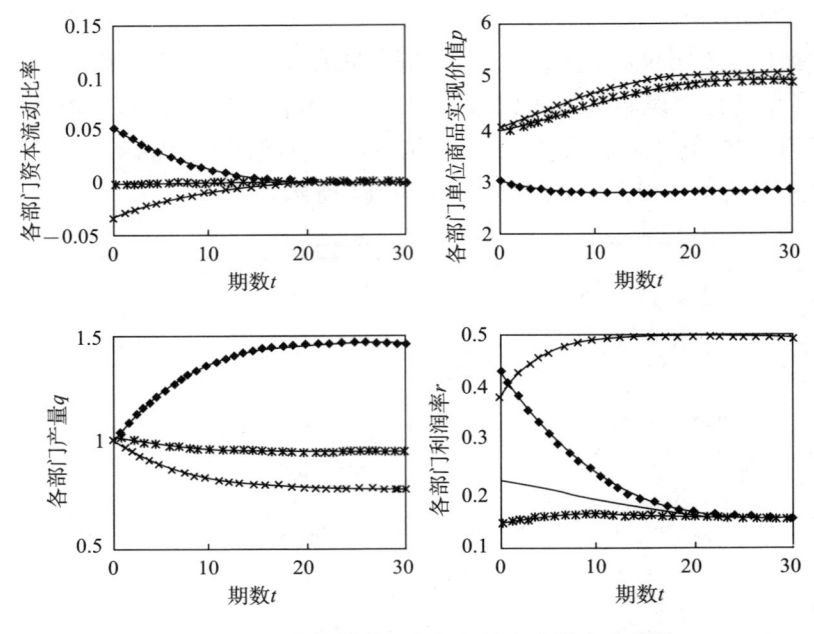

图 4-15　垄断条件下三部门经济各变量变动趋势

从图 4-15 可以看出，由于第一部门初始利润率低，资本流出（资本流动率小于零），产量下降，单位商品实现价值上升，最后利润率将上升（见图 4-15 蓝色线）；第三部门初始利润率高，资本流入（资本流动率小于零），产量上升，单位商品实现价值下降，最后利润率将下降（见图 4-15 红色线）；第二部门尽管利润率不是最低的，但是由于是垄断部门，资本只能流出（资本流动率小于零），产量下降，单位商品实现价值上升，最后利润率将上升（见图4-15绿色线）。三部门经过30期的资本流动后，达到均衡状况。

4. 结果分析

首先，由图4-14可以看出，垄断条件下，竞争部门之间由于资本的相互流动和竞争关系，最后将形成较低的平均利润率，而垄断部门由于缺乏竞争，在初始利润率不占优势的条件下，获得较高的平均利润率。经过30期的转形过程，最终达到稳定状态，此时形成了利润率的二重化趋势。

其次，我们也可发现转形前后"总计一致二命题"的相关结论，三部门经济的利润总额与生产价格总额的动态变动趋势如图4-16所示：

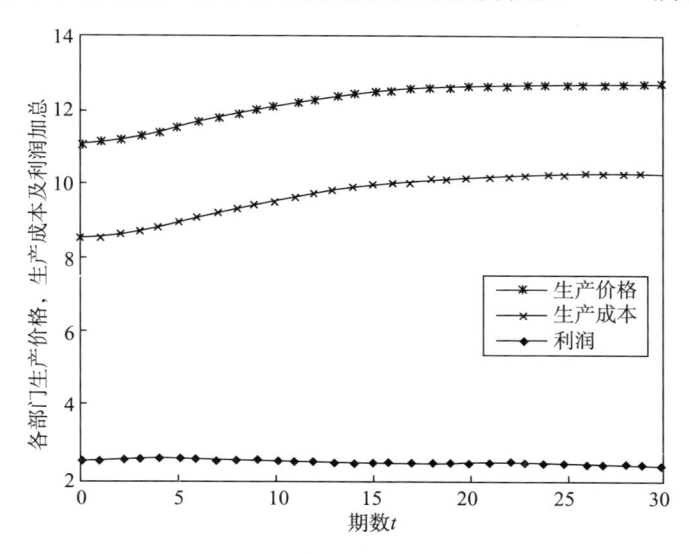

图4-16 垄断条件下三部门的利润总额与生产价格总额变动趋势

由图4-16，我们发现，转形过程，生产价格总额出现了上升趋势，也就是转形完成后生产价格总额比转形前的价值总额要大。而利润总额却有下降趋势，表明转形完成后利润总额小于转形前的剩余价值总额。还是因为劳动总量和劳动力成本在转形前后发生变化带来的。劳动总量与劳动总成本的变动趋势可以用图4-17表示。

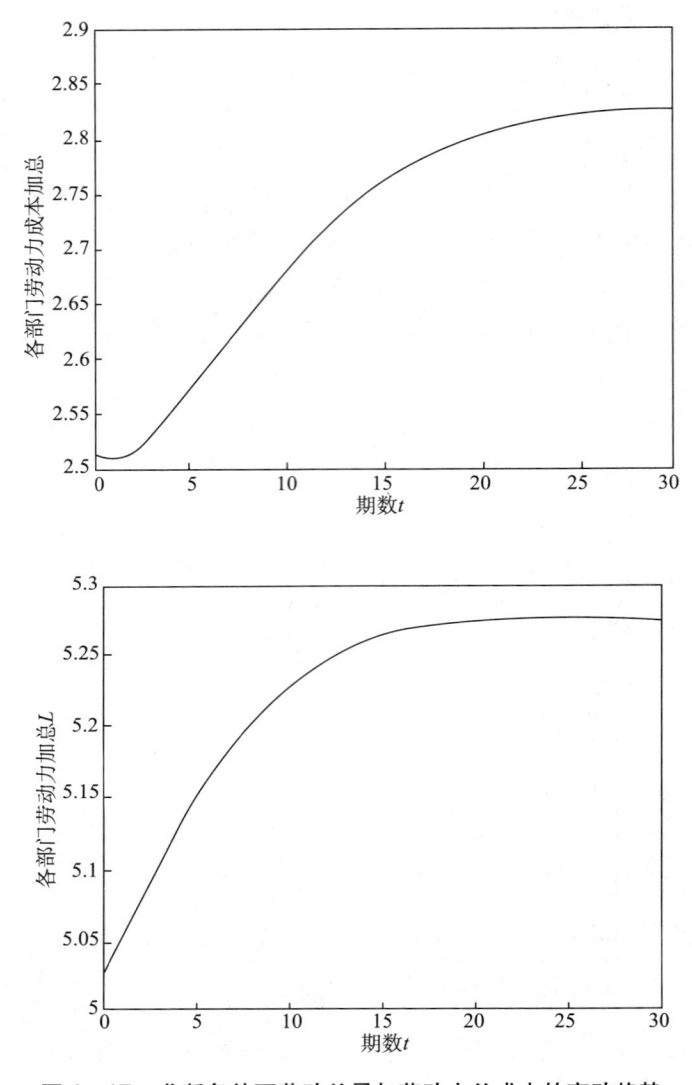

图 4 - 17　垄断条件下劳动总量与劳动力总成本的变动趋势

最后，在垄断条件下，我们再来验证第三个不变性方程，转形过程中各期的劳动总量、劳动力总成本和利润总量的变动趋势图如图 4 - 18 所示。

由图 4 - 18 均可看出，连续 30 期（包括初始状况）转形过程中，劳动

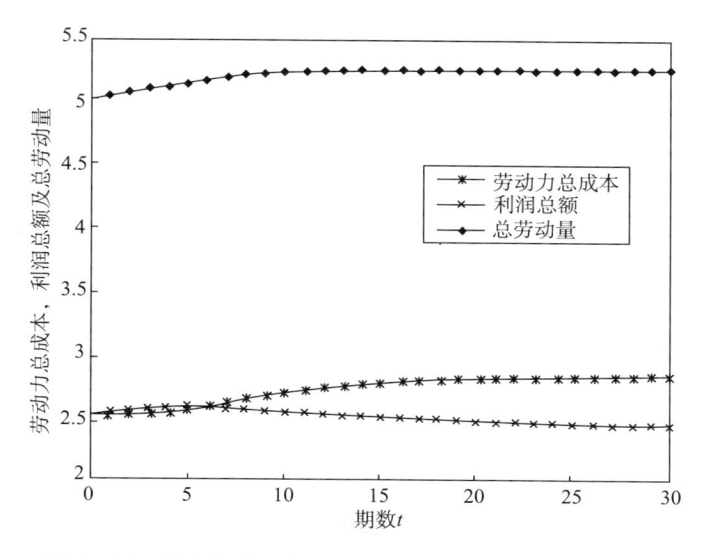

图 4-18 垄断条件下劳动量、劳动力成本与利润变动关系

量始终等于劳动力成本与利润总额之和。进一步说明了同样数量的活劳动创造的价值总量不变这一命题在垄断条件下仍然是成立的。

第四节 基于中国产业数据与全球企业的实证分析

动态价值转形理论模型不仅在解释转形问题争论和发展马克思的价值理论具有重要的学术价值，而且也给产业结构的演变规律和利润率垄断条件下利润率分层化趋势作出了新的现实解释。本节将从产业结构演变路径与垄断对利润率的影响两个方面对动态转形理论模型进行实证分析。

一、狭义动态转形与产业结构演变路径的实证分析

产业结构的演变路径基本反映了经济发展的方向，而产业结构演变的动力机制，我们认为，在资本主义社会主要源自对高额利润率的追求。狭义动态价值转形模型（4.3.11）较好地阐述了资本为了追求高额利润而在部门或产业之间的流动，由此引起部门或产业规模的变化。产业之间规模的变化在整个国民经济体系中就表现为产业结构的变迁。具体来说，资本是从利润率较低的部门转移到利润率较高的部门，因而产业结构演变的动因起点在于

产业之间利润率的差异化。根据动态价值转形理论，部门或产业之间利润率的差异主要取决于以下几个因素：（1）产业之间资本有机构成的大小；（2）产业之间的劳动力素质进而剩余价值率的大小；（3）技术革新与垄断；（4）虚拟资本。①

（一）动态价值转形引起产业结构的变迁

在上述因素的作用下，随着经济社会的发展，资本将由低利润率的产业往高利润率的产业转移，从而改变各产业在国民经济中所占的比重，产业结构也随之发生演变。下面结合动态转形理论，通过构建简单的模型来说明产业间的利润率差异所引起的产业结构变迁。

整个社会在某个时期 t 存在利润率不同的各个部门，为了方便分析，将这些部门划分为利润率较高的部门 i，和利润率较低的部门 j，且所有 i 组成产业② I，所有 j 组成产业 J，$i \in I$，$j \in J$。用 C_I^t 和 C_J^t 分别表示产业 I 和 J 第 t 期的资本总量，根据模型（4.3.11），产业 I 和 J 在 $t+1$ 期资本总量的变化情况可以表示为：

$$C_k^{t+1} = C_k^t + f\left(r_k^t - \bar{r}^t\right) \tag{4.4.1}$$

其中，$k = I$，J，$f' > 0$，r_k^t 表示第 t 期的产业 k 的利润率，$\bar{r}^t$ 表示第 t 期的平均利润率。由式（4.3.12）可知，利润率较高的产业 I，资本总量 C_I^t 将增加，而利润率较低的产业 J，资本总量 C_J^t 将减少。因此，产业结构的变迁首先表现在产业资本总量的变化。由于各产业的产值和就业量一般来说与资本总量成正方向变动，产业结构的变迁也体现为产值和就业量的变化上。

资本的内在动因是对利润或剩余价值的追逐，推动资本家进行技术创新，从而开辟新的产业和生产领域。资本的内在逻辑或者资本主义发展的内在动力促使资本流动规律总是趋向于从利润率低的部门流向利润率高的部门。在产业之间充分竞争的条件下，资本流动规律表现为从资本有机构成高的部门向资本有机构成低的部门转移，即第一、第二产业向第三产业变迁；或者从劳动素质要求低（剩余价值率低）的部门向劳动素质要求高（剩余价值率高）的部门转移，即劳动和资本密集型产业向知识密集型产业转移。

---

① 参见严金强、马艳：《价值转形理论研究》，上海：上海财经大学出版社2011年版。
② 我们将产业看作部门的集合。

当新产业的出现还具有垄断性因素在里面时，资本的流动规律又变现为从传统产业向新兴产业和高科技产业转移。当非生产性职能资本（特别是银行资本）取得独立的发展形式，实体产业的资本又会向虚拟经济部门转移。我们将由于利润率差异引起的产业结构变迁称为利润率驱动型产业结构变迁。

（二）产业结构自然演变的实证分析

结合经验研究相关理论，产业结构演变规律能够有效地帮助我们揭示各产业演变发展的历史事实。从资本主义的长期发展历史来看，产业结构经历了从传统农业到工业再到现代服务业的转移过程。图4-19为我们揭示了经济合作与发展组织（OECD）中高收入国家[①]的三次产业占GDP变动趋势。

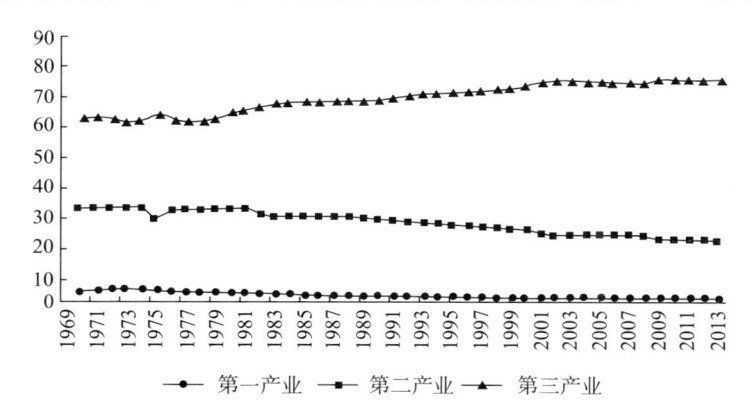

图4-19 主要发达资本主义国家产业结构变动趋势（1969—2013年）

图4-19结果显示，发达国家的产业结构变动趋势主要表现为：农业和工业的比例呈现持续下降，而服务业比例呈现稳步上升。具体来看，1970年，主要发达国家的三次产业占GDP比例平均为：3.87%、31.91%、62.77%，到了2013年，三次产业占GDP比例平均为：1.48%、21.18%、76.75%，农业占GDP的比例下降了2.4个百分点，工业下降了10.7个百分点，而服务业增加了14个百分点，如图4-20所示。另外，若从就业人数

---

① 根据数据可得性，所选取的国家分别为：爱尔兰、比利时、荷兰、卢森堡、匈牙利、西班牙、葡萄牙、希腊、丹麦、挪威、瑞士、奥地利、芬兰、美国、日本等15个国家。并对这15个国家的三次产业增长值占GDP比重取加权平均。

角度看，产业结构的变动趋势也与增加值占 GDP 比重呈大致相同的趋势。

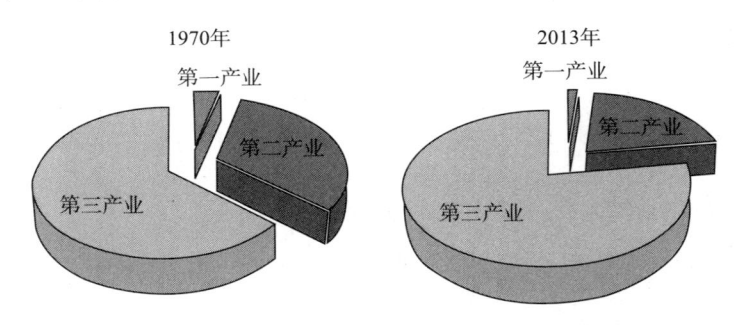

图 4-20　主要发达资本主义国家三次产业结构变动

在研究了主要发达国家产业结构变化规律之后，反观我国的产业结构也发生了显著的变化。自改革开放以来，我国的产业结构发生了一系列显著的变化。首先，从产业结构的长期变动趋势来看，我国三次产业之间的比例关系发生了明显的改变，如图 4-21 所示。第一产业增加值在 GDP 中的比重呈现出持续下降的态势，第二产业增加值的比重虽然经历了不断的波动，但总体保持稳定，总体比重保持在 40%—48% 的水平之间，而第三产业增加值在 GDP 中的比重却呈现波动上升的趋势，增加值占 GDP 的比重由 1978 年的 24.54% 大幅上升到 2014 年的 48.19%。1978 年，三次产业增加值占 GDP 的比重分别为 27.9%、47.56% 和 24.54%，到 2014 年，三次产业增加值占 GDP 的比重变动为 9.16%、42.64% 和 48.19%。

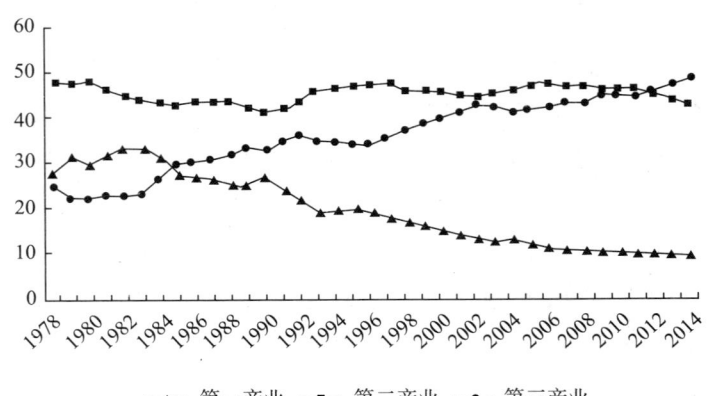

图 4-21　中国三次产业增加值占 GDP 比重变动趋势（1978—2014 年）

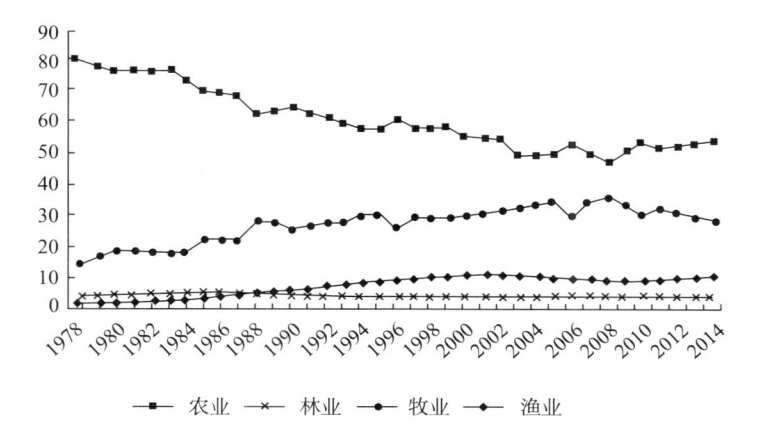

图 4-22　第一产业内部的比重变化趋势（1978—2014 年）

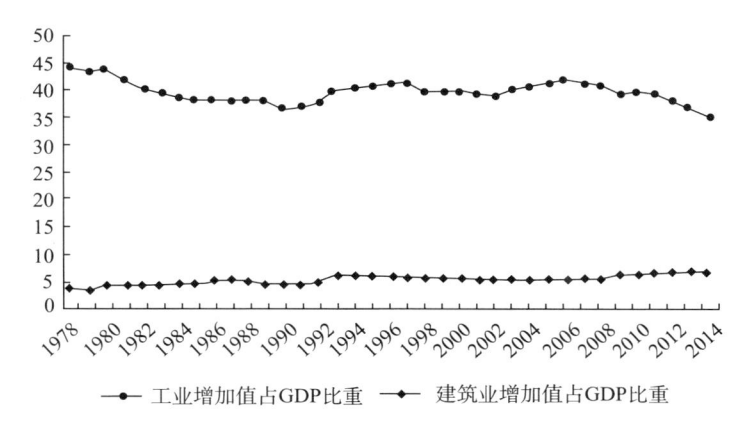

图 4-23　第二产业内部的比重变化趋势（1978—2014 年）

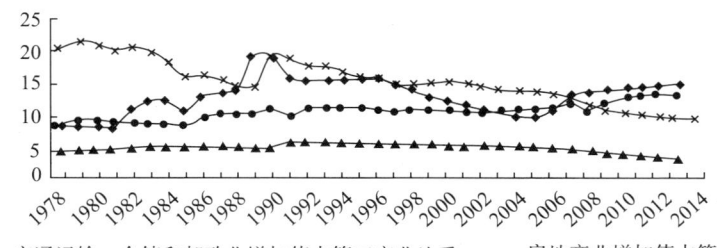

图 4-24　第三产业内部的比重变化趋势（1978—2014 年）

其次，我国三次产业除了在长期趋势上发生了显著的改善，其内部结构也发生了非常显著的变动。如图4-22所示，第一产业农业内部结构变动的总体趋势表现如下：农业所占比重虽然仍超过50%，但从1978年以来，农业比重整体呈现下滑的趋势，林业比重一直保持相对稳定，牧业和渔业比重一直呈现上升的趋势，且牧业的上升幅度大于渔业的上升幅度。如图4-23所示，第二产业中，工业增加值占GDP比重波动较大，但总体呈现下降的趋势，而建筑业增加值占GDP比重处于稳步上升的态势，从1978年的3.8%上升至2014年的7.1%。如图4-24所示，第三产业服务业中，传统的住宿和餐饮业、交通运输仓储和邮政业所占比重均有所下降，且下降趋势大体相同；而金融业和房地产业却在波动中上升，金融业增加值占第三产业的比重从1978年的8.5%提高到1989年的最高值19.2%，之后有所回落，到2005年到达9.2%，此后逐步上升，到2013年达到14.9%，比1978年增长了将近75%，房地产业增加值占第三产业的比重一直处于稳步上升的趋势，从1978年的8.9%增加到2013年的13%。比1978年增长了将近46%。

最后，三次产业的劳动生产率均呈现持续提高趋势，这说明三次产业的资本有机构成在不断地提高。如图4-25所示（纵坐标表示每个劳动者创造的增加值：元/人），在1990年之前，三次产业的劳动生产率水平都处于较低水平，且变化幅度较小，第一产业从1978年的359.6元/人增加到1990年的1289.2元/人，第二产业从1978年的2499.6元/人增加到1990年的5541.2元/人，而第三产业从1978年的1831.9元/人增加到1990年的5075.1元/人；从1990年开始，各大产业开始迅速发展，除第一产业外，第二、第三产业的劳动生产率几乎呈几何速度增长。第一产业的劳动生产率上升幅度较高，从1990年的1289.2元/人增加到2014年的25595.3元/人，增加了1885%，第二产业的劳动生产率上升幅度最大，从1990年的5541.2元/人增加到2014年的117491元/人，增加了2020%，第三产业的增长幅度最低，从1990年的5075.1元/人上升到2014的97799.6元/人，增加了1827%。

二、垄断与利润率的实证分析：来自全球2000强的数据

根据价值转形的多形态理论，特别是在存在垄断因素的条件下，平均利

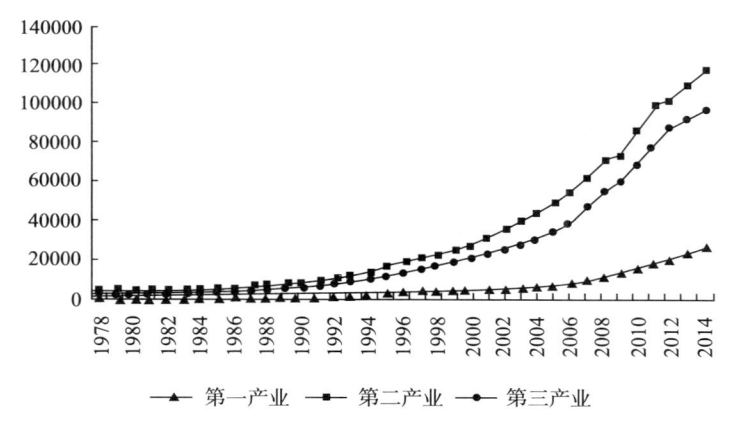

图 4-25　中国三次产业劳动生产率变动趋势（1978—2014 年）

润率不能在所有部门得到实现。垄断的存在使得利润率出现的分层化。在具有垄断性的企业中，利润率将会在较高的水平上实现平均化趋势；在具有竞争性的企业中，利润率将会在较低的水平上实现平均化趋势。并且，随着垄断程度的提高，垄断利润也会更加，此时垄断企业获得的利润率也会更高。为了验证垄断程度与利润率之间的相关关系，下面将用世界 2000 强企业的数据进行实证分析。

1. 关于数据的来源以及说明

本实证的数据主要来自福布斯公司最新发布的 2015 年福布斯全球企业 2000 强排行榜，用到的数据包括销售额、利润和资产总额。全球企业 2000 强绝大部分都是跨国公司，存在较为广泛的全球资本流动和全球竞争。特别的情况我们将在后面的特征分析中做说明。

为了说明利润率与垄断程度之间的关系，首先，利润率这项指标我们将用总资产收益率，即利润与总资产的比率，或者用成本利润率，即利润与成本的比率。[①] 其中，成本用销售收入扣除利润来表示。垄断程度则以销售额占同行销售总额的比率即市场份额，以及资产占同行资产总额的比率即资产份额来表示。

---

① 在本部分实证中，我们更多地是用资产收益率来衡量利润率，因为马克思主义经济学中利润率通常是用利润与预付总资本的比率，而不是用利润与成本价格进行衡量的。

为了分析行业之间的垄断程度差异对利润率的影响，我们将2000强企业所在的79个行业进行归类，共分为了39个行业，分类的依据参考了中国产业分类标准和国际产业分类标准。39个行业特征以虚拟变量的形式设置行业变量。

剔除掉缺损值以及异常值（利润率大于1，或利润率小于-1，以及销售收入小于0），同时对部分企业数量小于5的行业也进行了剔除，最后剩余行业一共为35个，企业数量为1924个。对变量进行描述性统计如表4-4所示。

表4-4 变量的描述性统计

变量	样本数	均值	标准差	最小值	最大值
销售收入	1922	19.22828	34.26767	0.002	485.7
利润	1924	1.337002	3.124982	-7.5	77.4
资产	1924	56.55281	113.1178	1.4	979
市场份额	1922	0.0183961	0.0373937	9.49e-07	0.6140351
资产份额	1924	0.0186864	0.0380052	0.0002292	0.5156627
利润率	1924	0.048804	0.0616888	-0.3213044	0.5238096

由表4-4可以看出，1924家企业的平均利润率为4.88%，而行业中市场份额最大值为61.4%，资产份额最高为51.57%，市场份额与资产份额的平均值分别为1.84%和1.87%。

根据上文中加入垄断条件的动态价值转形模型，在存在垄断的现代经济条件下，各个行业之间企业的利润率并不能通过资本自由流动而实现平均化的趋势。垄断程度越高的企业将获得超额垄断利润，而垄断程度较低或者不具备垄断性的企业，实现的利润率较低，由此出现利润率的分层化。这一特征可以从以下的实证中得到验证。

2. 企业利润率与企业在行业中的垄断程度的实证检验

首先，我们以在同行业中所占市场份额（marsh）衡量垄断程度，用利润率（rate）对市场份额（marsh）进行回归，得到如表4-5所示的回归结果。

表4-5　利润率对市场份额的回归结果

利润率	系数	标准差	t	P>t	95%置信区间	
销售份额	0.0693452	0.0376197	1.84	0.065	-0.0044346	0.143125
常数项	0.0475241	0.0015674	30.32	0.000	0.04445	0.0505981

从表4-5的回归结果可以看出，利润率与市场份额之间回归系数为0.069>0，且回归系数较为显著（P值等于0.065）。这表明，企业利润率与市场份额之间存在正相关关系，市场份额越大，企业实现的利润率越高。各行业企业利润率存在显著的差异，不存在利润率的平均化趋势。

其次，我们将市场份额与资产份额（assh）同时考虑，即用利润率对市场份额与资产份额同时进行回归，得到如表4-6所示的回归结果。

表4-6　利润率对市场份额与资产份额的回归结果

利润率	系数	标准差	t	P>t	95%置信区间	
销售份额	0.3054704	0.0808833	3.78	0.000	0.146842	0.4640987
资产份额	-0.262129	0.0795435	-3.30	0.001	-0.4181299	-0.1061282
常数项	0.0480814	0.0015725	30.58	0.000	0.0449973	0.0511654

从表4-6的回归结果可以看出，利润率与市场份额以及资产份额的回归系数显著（P值分别为0.000和0.001），其中，市场份额的回归系数为0.305>0，资产份额的回归系数为-0.262<0，这表明，企业利润率与市场份额之间仍然存在正相关关系，即垄断程度将会正向影响企业的利润率。而利润率与资产份额之间存在负相关关系，我们认为这是利润率由资本收益率来衡量决定的。[1] 若这里的利润率用成本利润率进行衡量的话，通过成本利润率与资产份额的回归就可以得出回归系数为正的结果。

3. 不同行业之间的垄断程度与利润率差异的实证检验

如果说不同企业利润率与其在行业中的垄断程度之间的实证分析验证了企业利润率在各个行业之间的分布状态及其影响因素，那么不同行业之间的

---

[1]　由于资产收益率是由企业利润与企业资产总额的比率计算的，因此，利润率与资产总额之间存在反向的关系，这将反映在利润率与资产份额的关系上。

垄断程度与利润率的实证分析更加充分地验证了行业的特征与行业一般利润率的趋势。

我们将 35 个行业设置为行业虚拟变量,其中行业 1 到行业 35 分别代表的具体行业见附录。用利润率对行业 1 到行业 34 进行回归,得到回归结果如表 4-7 所示。

表 4-7 利润率与行业虚拟变量的回归结果

行业虚拟变量	回归系数	标准差	P 值	行业虚拟变量	回归系数	标准差	P 值
行业 1	-0.0550809	0.0146508	0.000	行业 19	-0.0229791	0.0147639	0.120
行业 2	-0.0584439	0.0162325	0.000	行业 20	0.0223001	0.0172797	0.197
行业 3	-0.038532	0.0164564	0.019	行业 21	0.0017236	0.0196254	0.930
行业 4	-0.0319509	0.0159254	0.045	行业 22	0.0050461	0.0158208	0.750
行业 5	-0.0017194	0.0177197	0.923	行业 23	-0.0360957	0.0145554	0.013
行业 6	0.0615333	0.0220786	0.005	行业 24	-0.0147024	0.0214374	0.493
行业 7	-0.0578548	0.0263074	0.028	行业 25	0.0297083	0.0237528	0.211
行业 8	-0.0229129	0.020888	0.273	行业 26	-0.0813747	0.0138343	0.000
行业 9	-0.0110762	0.0154419	0.473	行业 27	-0.0718496	0.0144647	0.000
行业 10	-0.0326144	0.0187364	0.082	行业 28	-0.0544607	0.0180747	0.003
行业 11	-0.0660462	0.0248797	0.008	行业 29	-0.039795	0.0148119	0.007
行业 12	-0.0720889	0.0151673	0.000	行业 30	-0.0468742	0.0141973	0.001
行业 13	-0.0131374	0.0143281	0.359	行业 31	-0.0593029	0.0145894	0.000
行业 14	-0.0305864	0.0145894	0.036	行业 32	0.0169051	0.0172797	0.328
行业 15	-0.0277529	0.0184954	0.134	行业 33	-0.0473431	0.0155942	0.002
行业 16	-0.0106855	0.0145339	0.462	行业 34	-0.0284806	0.0180747	0.115
行业 17	-0.0357557	0.0162325	0.028	常数项	0.0900266	0.0134366	0.000
行业 18	-0.0545808	0.0174158	0.002	—	—	—	—

从表 4-7 中可以看出,34 个行业虚拟变量中,有 22 个变量的系数显著,这表明,这些行业与第 35 个行业,即娱乐产品行业(recreational prod-

ucts)的利润率之间存在显著的差异。同样,可以其他 35 个行业中的任意一个作为参照系,分别用利润率对剩余 35 个行业虚拟变量进行回归,可以进行同样的分析,得出同样的结论。以表 4.4.4 为例,对于系数显著的行业虚拟变量,若系数大于零,表明这个行业相对于娱乐产品行业来说利润率更高,这意味着垄断程度更高,否则,若系数小于零,表明这个行业相对于娱乐产品行业来说利润率更低,这意味着垄断程度更低。

通过计算各行业的平均利润率,我们可以看出,全球 2000 强企业的行业利润率的具体差异,如图 4-26 所示。

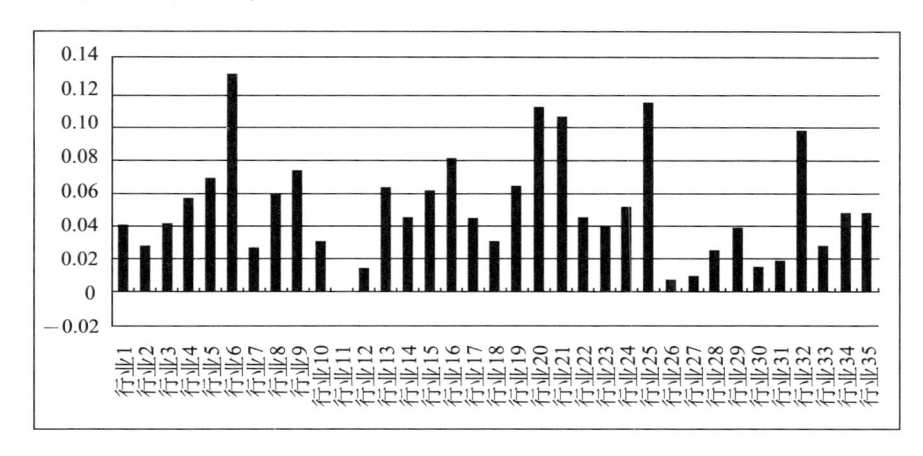

图 4-26　36 个行业的平均利润率差异

从图 4-26 可以看出,行业平均利润率靠前的大都具有较强的垄断性,行业集中度相对较高。如排名第 1 的烟草行业(tobacco),还有计算机行业、软件设计以及通信设备等。

附录：行业分类代码及其对应的行业名

行业代码	行业名称
07	石油和天然气开采业
09	有色金属矿采选业
10	非金属矿采选业
12	其他采矿业
14	食品制造业
15	酒、饮料和精制茶制造业
21	家具制造业
22	造纸和纸制品业
26	化学原料和化学制品制造业
30	非金属矿物制品业
32	有色金属冶炼和压延加工业
34	通用设备制造业
35	专用设备制造业
36	汽车制造业
37	铁路、船舶、航空航天和其他运输设备制造业
38	电气机械和器材制造业
43	金属制品、机械和设备修理业
53	铁路运输业
58	装卸搬运和运输代理业
59	仓储业

续表

行业代码	行业名称
60	邮政业
61	住宿业
62	餐饮业
63	电信、广播电视和卫星传输服务
64	互联网和相关服务
65	软件和信息技术服务业
67	资本市场服务
68	保险业
69	其他金融业
71	租赁业
78	公共设施管理业
79	居民服务业
80	机动车、电子产品和日用产品修理业
82	教育
89	娱乐业

注：表中表示的是剔除异常值之后35个行业的代码及名称。

第 五 章
基于 TICC 的平均利润率变动趋势理论与实证

经典平均利润率下降规律理论自形成以来就一直受到种种争议，这其中既有批判性的挑战，也有发展性的辩护，随着经济的发展其争论也愈演愈烈。主要原因是由于这一问题与经济增长、经济危机以及经济周期都密切相关，如何解释这些经济现象无不涉及这一经典理论，特别是 2008 年全球经济危机发生后，在西方主流经济学集体失语的背景下，如何用平均利润下降规律理论分析这次经济危机更是备受关注。

为此，本书试图构建基于技术与制度的 TICC 理论，并将其引入平均利润率变动趋势的分析框架之中，分别探讨技术进步与制度创新对平均利润率的双向作用以及两者有机结合下对平均利润率变动趋势的综合作用，以期进一步创新马克思主义这一经典理论。

第一节 平均利润率变动趋势理论及其发展

平均利润率变动趋势理论在马克思经典理论之后经历了长达 100 多年的争论和探讨，在争论的过程中这一理论取得了显著的发展和扩充，这些发展都为本书提供了参考和启示。

一、马克思关于平均利润率下降规律的理论

平均利润率变动规律是经典马克思主义经济学的重要理论之一。马克思

在《资本论》第三卷第三篇中对平均利润率进行了详细阐述。马克思认为，"由于投在不同生产部门的资本有不同的有机构成……根据这一点，不同生产部门中占统治地位的利润率，本来是极不相同的。这些不同的利润率，通过竞争而平均化为一般利润率，而一般利润率就是所有这些不同利润率的平均值"。[①] 马克思将平均利润率的计算公式确定为剩余价值总量除以预付总资本，而通过进一步分解能够发现，平均利润率主要受到两个因素的影响，一是资本有机构成，二是剩余价值率。因此，在剩余价值率相对不变的情况下，由于资本有机构成是不断提高的，平均利润率自然呈现不断下降的趋势，这就是马克思的"平均利润率下降趋势理论"。

马克思的平均利润率变动规律理论有两个值得思考的重点。

第一，马克思在分析平均利润率下降趋势的一般规律时着重考虑了技术变量，而将剩余价值率视为固定不变的常数。马克思指出，"不变资本同可变资本相比的这种逐渐增加，就必然会有这样的结果：在剩余价值率不变或资本对劳动的剥削程度不变的情况下，一般利润率会逐渐下降"，[②] "在资本主义生产方式的发展中，一般的平均的剩余价值率必然表现为不断下降的一般利润率"。[③]

我们知道，马克思的绝大多数假设都是基于对现实经济的抽象，剩余价值率不变的假设也不例外。从现实来看，剩余价值率在一定时期确实是相对稳定的，其大小可以用一定时期的均值来描述。基于这一假设条件，马克思将平均利润率的变化归结为资本有机构成的变化，进而也归结为技术进步的作用，因此他得出了平均利润率呈下降趋势的结论。

这里需要注意的是，从整体来看，马克思的分析仍然是制度视角的。制度分为两个层面，包括总体制度和具体制度。马克思所讨论的制度大多是总体层面的制度，他的逻辑顺序是，技术进步导致了平均利润率呈下降趋势，而平均利润率下降的最终结果则是资本主义制度的终结，因此马克思虽然是从技术进步的视角出发，但最终仍落脚到总体制度的灭亡。

第二，马克思也认识到了具体制度对平均利润率造成影响的可能性，因

---

① 马克思：《资本论》（第三卷），北京：人民出版社 2004 年版，第 177 页。
② 马克思：《资本论》（第三卷），北京：人民出版社 2004 年版，第 236 页。
③ 马克思：《资本论》（第三卷），北京：人民出版社 2004 年版，第 237 页。

此他在论述了平均利润率下降趋势的一般规律之后，进一步分析了对平均利润率下降起反作用的若干因素。这些因素包括：（1）劳动剥削程度的提高；（2）工资被压低到劳动力价值以下；（3）不变资本各要素变得便宜；（4）相对过剩的人口；（5）对外贸易的增长；（6）股份资本的增长。

尽管马克思在分析这些反作用时并没有明确指出其为制度因素，但我们可以看出，上述反作用因素的背后均是受到相关制度的支配和影响。劳动剥削程度的提高在很大程度上受到劳资双方阶级斗争的影响，工资的压低也要以最低工资、劳动者权益等相关制度和政策为基础，相对过剩人口的多少与劳动力配置机制、企业制度等各方面都息息相关，对外贸易更是受到政府相关政策法律的显著影响，股份资本的增长归根结底也要依靠相关金融制度、市场制度的支撑。

此外，马克思还指出了"如果劳动（不管它的产品是进入工人消费，还是成为不变资本的要素）的生产力从交通方面的各种障碍下，从各种任意的或随着时间的推移会起干扰作用的限制下，总之，从各种枷锁下解放出来，不致由此直接影响可变资本和不变资本的比率，那么，也会产生同样的结果。"[①] 制度因素无疑是"各种枷锁"中的一个重要方面，不恰当或不合理的制度必然会成为劳动生产力的阻碍，相反，制度的合理创新便成为使劳动"解放出来"的有效手段，因此也就成为缓解平均利润率下降的重要原因。

从总体来看，马克思在分析平均利润率变动趋势规律时，首先假设制度不变，考察了技术进步对平均利润率变动趋势的作用机理，在这里马克思是将技术因素看作了平均利润率变动过程中的内生变量。而在得到一般规律之后，马克思进一步考察了若干制度变化的影响，但他将这些制度的变化视为外生阻碍因素，并且他认为，尽管存在阻碍作用，但平均利润率的整体趋势仍然是下降的。这就是马克思平均利润率下降趋势理论中对技术与制度的分析和考量。

二、理论界对平均利润率下降规律的质疑与辩护

在马克思的整体理论体系中，平均利润率下降趋势理论是备受质疑和挑

[①] 马克思：《资本论》（第三卷），北京：人民出版社2004年版，第259页。

战的理论之一。质疑主要集中于两点：第一，对平均利润率下降趋势理论自身逻辑的质疑；第二，从现实角度出发，对现实与理论相背离的质疑。纵观对马克思平均利润率下降趋势理论的种种质疑，其中最具影响力的是日本经济学家置盐信雄提出的"置盐定理"。

在"置盐定理"之前，对马克思平均利润率变动趋势理论的争论主要集中在，平均利润率下降与经济危机之间的关系以及马克思平均利润率下降理论逻辑统一性问题。其中，较具影响力的批判来自萨缪尔森，他在《工资与利息：对马克思经济模型的现代剖析》一文中指出，如果假定资本家的行为是合乎理性的，那么技术进步、实际工资不变与利润率下降三者不可能同时存在，如果技术没有增加实际工资，那么它一定提高了利润率。[①]

1961年，日本著名马克思主义经济学家置盐信雄在萨缪尔森论证的基础上发表了《技术变革与利润率》一文，对马克思利润率长期下降趋势规律提出了质疑。质疑主要涉及两个方面。其一，技术变革是否必然会引起劳动生产率提高？其二，技术变革提高资本有机构成的同时也会提高利润率，有什么理由认为利润率存在下降趋势？

针对第一个问题，置盐认为，资本家采用新技术依据的不是"劳动生产率准则"，而是"成本准则"，即新技术的采用必然要降低按原有价格计算的单位商品成本，即

$$\sum a_{kj}q_j + \tau_k > \sum a'_{kj}q_j + \tau'_k \qquad (5.1.1)$$

其中，a_{kj} 和 a'_{kj} 分别表示旧新技术条件下生产一单位商品 k 所需要投入的商品 j 的数量，τ_k 和 τ'_k 分别表示旧新技术条件下生产一单位商品 k 所需要投入的直接劳动量；$q_j = p_j/w$，p_j 和 w 分别表示第 j 种商品的价格和货币工资率。

针对第二个问题，置盐首先分析了"大多数的结论和通常的回答"：利润率不能超过生产有机构成[②] $c/(v+m)$ 的倒数，即 $m/(c+v) \leqslant (v+m)/c$。根据马克思的观点，这一上界会随时间下降并最终收敛至0。因此，

[①] 程恩富、马艳：《高级现代政治经济学》，上海：上海财经大学出版社2012年版，第495页。
[②] 置盐信雄认为 $c/(v+m)$ 能够更好地度量有机构成，这一构成不仅取决于生产技术并且清楚地表示出直接劳动和生产资料所包含的间接必要劳动之间的比例，他将 $c/(v+m)$ 称为生产的有机构成。

尽管利润率会上下波动，但终究会下降，如图 5-1 所示。

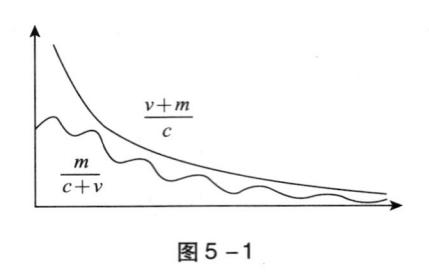

图 5-1

置盐认为，这一推理看似毫无问题，但实际上仅仅是表象和误导。由此，置盐对马克思的这个命题展开了更深入的探讨与反思。

置盐在否认马克思一般利润率计算公式 $r = m/(c+v)$ 的基础上，构造了斯拉法体系下一般利润率的决定方程：

$$q_i = (1+r)(\sum a_{ij}q_j + \tau_i), i = 1, 2, \cdots, n \quad (5.1.2)$$

其中，r 为一般利润率，$(b_1, b_2, \cdots, b_n)$ 为实际工资率向量，即劳动者单位劳动付出所换取的消费品组合。

设 t_i 为生产一单位商品 i 所耗费的直接和间接劳动量，其由等式（5.1.3）决定

$$t_i = \sum a_{ij}t_j + \tau_i \quad (5.1.3)$$

根据式（5.1.2）和式（5.1.3）可得

$$r < \tau_i / \sum a_{ij}t_j，对于某些 i 而言 \quad (5.1.4)$$

不等式（5.1.4）的右边为第 i 个行业的生产有机构成 $\sum a_{ij}t_j/\tau_i$ 的倒数。这意味着，某些行业资本有机构成的倒数构成一般利润率的上界。根据马克思的观点，所有行业的生产有机构成存在无限上升的趋势，因而一般利润率长期趋于下降。是否可以就此认同马克思的命题呢？置盐做出了否定的回答。

通过进一步分析和论证，置盐提出了后来被称为"置盐定理"的观点：在"基本品行业"中遵循"成本准则"引入新的生产技术，且实际工资率保持不变，则一般利润率必然上升；在非基本品行业中引入新的生产技术，一般利润率不受影响。

置盐的结论与马克思利润率长期下降趋势规律完全相反。在他看来，马克思忽视了基本品行业与非基本品行业的区别，以及资本家引入新技术的行为特征，而且对生产价格的分析不够充分。根据"置盐定理"，利润率的下降由实际工资上升来解释，因而利润率的运动取决于阶级斗争。

置盐对马克思经典理论的批判无疑是杀伤力巨大的，他所提出的"置盐定理"也一度掀起了关于这一理论的新的浪潮。不同学者从不同角度对"置盐定理"提出了评判或肯定，归纳起来，这些争论可以分为四类，分别为与新技术引入相关的争论、与固定资本相关的争论、与竞争相关的争论以及与数学证明相关的争论。下面我们就对这四类争论进行一一介绍。

第一，与新技术引入相关的争论。

新技术引入的准则是置盐批判马克思平均利润率变动理论的基本点之一，因此它也成为其他学者质疑"置盐定理"的一大出发点。此外，置盐在分析新技术引用时忽略了技术扩散过程的变化特点，这也成为许多学者对其进行批判的依据。

例如，安瓦尔·谢克（Shaikh，1978）认为，资本家是否采取一项新技术，并不完全取决于成本上的考虑，如何控制劳动过程也是决定性的因素。为了更好地控制劳动过程，资本家更愿意采取需要大量固定资本的自动化技术，从而实现"去技能化"来弱化工人在工资谈判中的地位以减轻工资上涨压力并提高效率，但增加的机器成本不能超过未采取该技术带来的潜在的成本增加。这样可以得出结论："实际工资不变"的实现正是由于采用了"成本增加"的技术，这说明"置盐定理"的两个假设是不相容的，因此其证明和结论也就不能成立。[①]

再如，余斌（2012）认为，"置盐定理"并不成立。其主要问题是，以所谓的成本准则取代利润准则，完全忽略了资本家对于利润的追逐。由于过于关注成本，置盐信雄忽略了有酬劳动和无酬劳动的区别，忽略了商品中所包含的剩余价值和商品价值本身的变动。实际上，个别资本家引进技术创新主要是为了降低商品的个别价值，获得超额剩余价值，然而竞争会导致其他

[①] 骆桢：《对"置盐定理"的批判性考察》，《经济学动态》2010年第6期。

资本家相继跟进,并最终导致超额剩余价值的消失和平均利润率的下降。①

而朱钟棣(1991)指出,当新技术刚被采用时,它会给率先使用者带来超额利润(超过平均利润的利润);但是,由于过度积累的影响,商品的价值降低了,超额利润消失了,这时那些使用新生产技术的人只能获得平均利润,而且这个平均利润率比过程刚开始时还低。②

此外,孟捷(2001)认为,剩余价值生产和剩余价值实现之间的矛盾在不同产业部门的发展程度是不同的。资本在部门间的竞争与一般利润率的形成消除了这一矛盾发展的部门差异,使各个部门自身经历的生命循环共时化。经济增长的结构性矛盾由此以社会化的方式发展,并促使一般利润率下降。"置盐定理"完全忽视了劳动生产率在不同企业和部门间的差异,主观假定某一部门引进新技术后,所有部门和企业随即能形成不变资本价值同时下降的局面。③

第二,与固定资本相关的争论。

"置盐定理"并未考虑固定资本是引发学者们长期争论的另一个出发点,而相关争论的焦点主要集中于一个问题,即在考虑固定资本的条件下,"置盐定理"是否仍然成立。

实际上,早在1967年,苏联经济学家A.A.库伊斯就已经提出置盐信雄的论证能否用于使用固定资本的经济这一问题。此后,1979年又出现了两篇彼此独立的阐述"置盐定理"能够用于固定资本的文章,即J. Alberro和J. Perky的《利润率下降规律的一个简单分析:置盐定理和固定资本》④以及约翰.E.罗默的《对利润率下降规律的持续讨论:固定资本及其他问题》⑤。而罗默(Roemer,1979)更是给出了包含固定资本的"置盐定理"的一般性证明,通过联合生产的冯·诺依曼模型来讨论固定资本,并得出结论:在联合生产条件下的"置盐定理"能够自动得以证明。

---

① 余斌:《平均利润率趋向下降规律及其争议》,《经济纵横》2012年第9期。
② 朱钟棣:《西方学者对马克思主义经济理论的研究》,上海:上海人民出版社1991年版,第235页。
③ 孟捷:《马克思主义经济学的创造性转化》,北京:经济科学出版社2001年版,第107页。
④ J. Alberro, J. Perky., 1979, "The Simple Analytics of Falling Profit Rate: Okishio's Theorem and Fixed Capital", Review of Radical Political Economics, (11), pp. 37 – 41.
⑤ John. E. Romer. 1979, "Continuing Controversy on the Falling Rate of Profit: Fixed Capital and Other Issues", Cambridge Journal of Economics, (3), pp. 379 – 398.

然而，罗默关于联合生产条件下"置盐定理"的证明遭到了 N. 萨尔瓦多里（N. Salvadori，1981）的反对[1]，他认为，"置盐定理"并不适用于联合生产的一般情况，罗默只举了一个例子用来反驳一个一般性定理，这显然是不合理的。在原则上，技术进步、失业增加和利润率降低，在一个联合生产的系统里是不矛盾的。但是，这些结论对解释长期繁荣终结的价值仍不清楚。[2] 后来的学者还给出了包含固定资本的简化证明（Alberro and Persky，1979），以及"产品创新"的流动资本模型（Nakatani and Hagiwara，1997），但是和罗默一样，这些学者对该问题的理解并没有超越置盐信雄。

安瓦尔·谢克（Shaikh，1978）在纪念多布的文章中认为，在马克思的论述中，随着技术变革，固定资本的使用量越来越大是有机构成提高的真正原因，而这也正是置盐模型所没有的。[3] 谢克根据《资本论》第三卷考虑固定资本的利润率的计算公式，区分了"利润边际"和"利润率"，前者的分母是"所费资本"后者是"所占资本"。从而得出结论：在资本主义竞争压力下，为了生存，资本家考虑得更多的是抢占市场份额，从而其引入新技术的决策所考虑的是利润边际。当固定资本足够大时，即使在技术变革使得利润边际（即"置盐定理"证明过程中的"利润率"）上升时，利润率也是可以下降的。

第三，与竞争相关的争论。

除上述两点以外，还有部分学者从现实经济中资本家之间的激烈竞争出发，探讨"置盐定理"对于资本主义竞争机制的忽视以及竞争对平均利润率的影响。

例如，高峰（1991）认为，从个别资本家的技术选择来看，他们采用一种新技术的直接目的当然不在于节省社会劳动，而在于追逐更大利润。因此，这种新技术和生产方法仅能提高劳动生产率是不够的，还必须能够降低

---

[1] 萨尔瓦多里（Salvadori，1981）主要是质疑罗默的均衡解的定义，通过联合生产等式模型的求解，萨尔瓦多里构造了一个满足置盐定理所有条件，但是利润率下降的反例。随后，彼达尔德（Bidard，1988）给出了联合生产等式模型条件下"置盐定理"成立的具体条件。

[2] ［加］M. C. 霍华德、［澳］J. E. 金：《马克思主义经济学史》，顾海良、张新译，北京：中央编译出版社 2003 年版，第 317—318 页。

[3] Shaikh. 1978, "Political Economy and Capitalism: Notes on Dobb's Theory of Crisis". Cambridge Journal of Economics, (2), pp. 233–251.

成本和提高利润率。① 然而，由于不了解这一过程的另一面，"置盐定理"无视部门内竞争与不同部门间竞争之间的差异，将由于部门内竞争而引进新技术后形成的过渡利润率与由于不同部门间竞争而引进不同新技术后形成的社会一般利润率混同了。对此，应区别两种过渡利润率，一种是首先采用新技术的个别资本的过渡利润率，它应高于一般利润率水平；另一种是新技术普及后一个部门资本的过渡利润率，它应低于一般利润率水平。

再如，薛宇峰（2010）认为，在"置盐定理"中，除了没有区别引进新技术的企业间和部门间的竞争与引进不同的新技术的产业之间存在着新技术的差异，以及没有区别不同企业和不同产业之间劳动生产率的差别之外，在相对静态条件下，将各部门引进新技术后在内部发生的竞争过程与不同部门引进不同的新技术后所发生的社会的竞争过程混同了。对技术进步的影响与作用的议论被局限在相对静态的前提条件下，忽视了企业的过渡利润率与社会的一般利润率的实质性差异。在"置盐定理"中，引进了能提高劳动生产率 X 倍的新技术后，在相对静态条件下，对企业过渡利润率变动的影响是不变资本的价值即刻下降为 1/X。也就是说，引进新技术部门所达到的劳动生产率被"置盐定理"视作为社会上的不同企业和不同产业的平均劳动生产率，因此，在时间与空间上，技术进步对不同企业和不同产业的利润率变动影响的区别和差异的讨论在"置盐定理"中被完全抛弃了。正是在这样错误的不切实际的假定条件下，马克思的劳动生产率的提高必然带来相对剩余价值增加的判断，被"置盐定理"错误地理解和假设为引进能提高劳动生产率的新技术后可以提高不变资本的使用价值量，但不会改变不变资本的价值的前提条件，从而实现和完成了所谓的"置盐定理"的数学证明。

第四，与数学证明相关的争论。

除了考虑"置盐定理"背后的因素缺失，其数学证明本身也受到了部分学者的关注，证明过程中所存在的一些问题也被一一指出。

"置盐定理"在实际工资不变和"成本准则"前提条件下，证明了导致利润率上升的原因是新技术的采用，而非马克思所论证的资本有机构成的提

---

① 高峰：《资本积累理论与现代资本主义》，天津：南开大学出版社1991年版，第282页。

高。但是，在投入系数和实际工资率一定的前提条件下，"置盐定理"中决定相对价格和利润率的生产价格体系在《资本论》中并不存在。[①]

"置盐定理"中所使用的生产价格体系起源于20世纪初至30年代，在萨缪尔森（1957）、斯拉法（1960）、置盐信雄（1961）和森岛通夫（1973）的论文与著作发表后，这种生产价格体系被西方经济学家冠名为"马克思的生产价格体系"而广泛应用，并成为西方经济学家批判和攻击马克思理论的工具和通用的理论体系。这说明，"置盐定理"使用了非马克思的分析方法分析马克思经济学问题，并得出相应结论，显然是不科学的。

"置盐定理"同义反复论证的形成要因可以归结为：所有的生产部门被当成单一的生产单位合计起来。"置盐定理"假定工人的实际工资不变，表明他的方法是相对静态的；但他的论证包含着从个别企业选择新技术到新技术在部门中普及，从企业和部门的过渡利润到社会新的一般利润率的再形成，却又是一个动态过程。这是他分析方法中的矛盾。[②] 也就是说，"置盐定理"运用新古典学派似的相对静态的分析方法并不适合用来讨论马克思的利润率下降规律[③]，无视各个别资本之间存在的技术和利润率的差距，所设定的相对静态的分析方法的理论前提与现实明显不匹配。

到目前为止，由"置盐定理"所引发的关于平均利润率变动趋势的争论仍未停息，学术界也并没有达成真正的共识，但根据现有研究，我们仍可以得出结论：置盐信雄对于马克思平均利润率变动规律的批判是片面的，他忽略了许多影响平均利润率变动的现实因素，使得"置盐定理"仅成为了数学上的结论。而在这一争论过程中，平均利润率变动趋势理论也取得了显著发展，部分学者从现实数据中找到了证明马克思平均利润率下降趋势成立的佐证（如安德鲁·克莱曼，2013），部分学者对马克思经典理论进行了有意义的深化和思考（如安瓦尔·谢克，1978），部分学者在坚持维护马克思经典理论的同时也谈到了这个规律在现实条件下的新变化，提出了平均利润

---

① K. Shibata. 1934, "On the Law of Decline in the Rate of Profit," Kyoto University Economic Review, July", pp. 61 – 75.
② 高峰：《资本积累理论与现代资本主义》，天津：南开大学出版社1991年版，第284页。
③ B. Fine. 1982, "Theories of Capitalist Economy". Edward Arnold (Publishers) Ltd., London, p. 123.

率变动存在两个变化方向的可能性（如马艳、李真，2006）。这些都是对马克思经典平均利润率变动趋势理论的发展和创新。

然而，虽然有发展、有创新，但现有的关于平均利润率变动趋势的争论和文献仍然是围绕技术进步对资本有机构成的影响而展开的，理论分析和实证检验皆如此。尽管部分研究也考虑了一些制度变量的影响，但却并没有将其视为与技术同等重要的内生因素，而是仍将重点放在技术因素上，这使得关于平均利润率变动趋势的理论分析仍存在较大的进步空间。

三、SSA 理论关于制度因素的分析及其贡献

从我们以上的分析来看，无论是经典马克思平均利润率变化规律理论还是后来围绕置盐质疑所进行的种种理论创新和发展，都仍是比较偏重技术本身的影响和作用机理，虽然制度因素也有所考虑，但并没有被放在重要的地位。SSA 学派是继马克思以后将制度因素纳入平均利润率变动趋势分析的重要学派，该学派的理论对于将制度因素内生化有着一定的贡献和启示。

SSA 学派认为，资本积累不是在真空中进行，而是受到一系列制度安排的影响。Gordon，Edwards & Reich（1982）最早给出了 SSA 的正式定义，其基本思想是，个别资本家对经济利润率和稳定性的预期决定了他们的投资决策，对实体经济的投资决策决定了经济是持续扩张还是进入停滞或危机阶段。而影响经济利润率和稳定性的预期的，除了狭义的经济制度之外，还包括一系列政治、文化制度。他们将这个影响资本家预期从而影响资本积累进程的一整套经济、政治、文化制度称为"积累的社会结构（SSA）"。然而，SSA 学派并没有对构成 SSA 的制度给出一个明确的定义，只是指出，SSA 探讨的制度涵盖了三类（Lippit，2010）：第一类是狭义的制度即组织，如大学或者世界银行。第二类是广义的制度，包括传统、习俗和预期。从这个层面上来看，不同的制度具有典型的国家和文化特性，即不同国家和文化的制度具有特殊性。第三类是可以在广义范围内对制度进行划分，将特殊类别的制度从其中区分出来，如一国内的整体劳动关系。

SSA 学派提出，每一个 SSA 都要经历探索、巩固、衰落三个阶段。当一个新的 SSA 通过探索逐渐巩固时，它能够适应并促进资本积累的加速进行，而这种 SSA 的初始优势会随着资本积累的进程逐渐消失，最后反而阻碍资本积累，这时 SSA 进入衰退阶段，原有 SSA 衰退的同时新的 SSA 会酝酿而

生，新的 SSA 又会为资本积累提供一个有利的环境，重新导致资本积累的加速进行，这就形成了资本积累快速进行与慢速进行交替波动的情况。[①] 此外，每个 SSA 及其相对应的资本积累过程都构成了一个特定的历史时期，资本主义经济的发展过程可以按照 SSA 的不同而划分成不同的阶段。例如，对于美国经济来说，竞争 SSA（1865—1898）对应着自由竞争资本主义阶段，垄断型 SSA（1898—1945）对应着垄断竞争资本主义阶段，战后 SSA（1945—1982）与国家垄断资本主义阶段相对应，而新自由主义 SSA（1982 至今）则与新自由主义资本主义阶段相对应。

在分析每个 SSA 演变以及不同 SSA 之间交替的过程中，SSA 学派尤其注重分析资本积累与其内置的社会结构之间的矛盾关系。从抽象层面来看，SSA 将与资本积累相关的矛盾分为三类，一是资本积累过程本身的矛盾；二是支撑资本积累的特定 SSA 制度内部、SSA 制度之间的矛盾；三是资本积累过程与特定 SSA 之间的矛盾。伴随着积累过程与特定 SSA 制度的建立，这些矛盾的主要表现和冲突程度也不断发生变化。

而从具体层面来看，SSA 学派将处理与资本积累过程相关矛盾的制度安排分为五类（Wolfson & Kotz, 2010; McDonough, 2011）：第一，处理资产阶级与劳动阶级矛盾的相关制度，SSA 学派继承马克思主义唯物辩证分析方法，将劳资矛盾看作资本主义制度的主要矛盾；第二，国家在经济中的地位和职能以及处理资本与社会之间矛盾的制度安排，相关制度可以分为两类，分别为"管制的 SSA"下国家对经济过程的积极参与以及"自由的 SSA"下强调自由市场的基础资源配置地位；第三，处理资本之间竞争关系的制度安排，资本之间的竞争一方面会迫使企业降低成本、优胜劣汰，提升劳动生产力，另一方面竞争的激烈程度将影响剩余价值的实现过程，从而影响利润率而影响资本积累；第四，主流意识形态及其相关制度，主流意识形态伴随着 SSA 核心制度的建立而建立，与核心制度兼容并相互支持；第五，处理国际资本矛盾关系的相关制度。

可见，对于将制度因素内生化的问题，SSA 学派的主要贡献体现在：第

[①] David M. Kotz, Terrence McDonough, Michael Reich, 1944, " Social Structures of Accumulation—The Political Economy of Growth and Crisis". Cambridge University Press, pp. 13 – 21.

一，其考察了制度变化对资本积累以及经济增长的重要影响（当然这里也包含着对平均利润率变动趋势的影响），并特别强调了制度在经济运行过程中不断演化和更迭的规律，这是将制度因素内生化的重要环节；第二，该理论关注具体的制度安排，并将处理与资本积累过程相关矛盾的具体制度安排分为了五类，分别阐述了五类具体制度安排的特点及其与资本积累的关系，这种系统性的分析为制度因素的内生化提供了科学的研究视角。

不过，SSA学派并没有明确地将制度因素的变化引入平均利润率的变动中，其重点仍然放在资本积累以及经济增长，因此，我们可以从中得到一些借鉴和启示，却不能进行直接应用。此外，SSA学派在侧重分析制度因素的同时，并没有将技术因素放在与之同等重要的位置，而仅将技术看作制度的影响因素，将技术对经济活动的作用弱化并且间接化了，这一点也不符合我们的基本观点。

综上所述，在整个平均利润率变动理论的发展过程中，不论是马克思的经典平均利润率变动规律，还是后来围绕"置盐定理"出现的各种争论，研究的重点始终是围绕技术进步展开的。另一方面，虽然SSA学派将制度因素看作经济运行过程中的内生变量具有一定的贡献和启示，但由于该学派并没有将平均利润率下降规律作为其研究的直接切入点，因此始终具有一定的间接性，并且该理论没有考察制度与技术之间的相互作用关系。可见，现有的关于平均利润率变动趋势的理论研究仍存在比较大的进步空间。

第二节　资本的技术与制度有机构成（TICC）理论

我们认为，技术因素与制度因素均为影响平均利润率变动的重要内生变量，并且两者之间具有相互影响、相互作用的关系，要想构建完整并且科学的平均利润率变动趋势理论，必须将技术与制度有机结合在一起来进行分析。为了实现这一目的，本书提出TICC理论，它是将技术与制度有机结合并引入平均利润率分析框架的有效工具。

一、TICC理论的提出

根据第一节的讨论可知，马克思在分析平均利润率变动趋势时既重点考虑了技术因素的作用，也并没有忽视制度因素所带来的反作用。不过，由于时代背景的关系，马克思没有将两者放在同等作用的位置，当然，这并不影响马克思经典理论的价值。实际上，在马克思分析经济问题的一般逻辑框架中，技术与制度始终是两个基本点，这是由马克思主义经济学的方法论所决定的，即生产力决定生产关系、生产关系反作用于生产力、生产力与生产关系在相对运动中促进经济不断发展的规律。如果将技术看作生产力的决定因素，将制度视为生产关系的主要内容，那么技术与制度就成为影响经济发展的两个关键变量，并且两者之间有着相互影响、相互作用的关系。

基于马克思的上述理论逻辑和方法论，本书认为，在考虑平均利润率变动趋势时必须同时将技术因素和制度因素考虑进来，并注重两者之间的有机联系，这是在坚持马克思基本方法论和整个逻辑走向的前提下对经典理论的创新和发展。

另一方面，SSA 理论虽然重点强调了制度因素对资本积累以及经济增长的作用机理，但也并没有完全忽略技术因素的作用，其对技术因素的分析集中体现在对资本使用效率的考察上。SSA 学派认为，在模型化资本主义制度各个方面对平均利润率作用的同时，我们还应考察另一个对平均利润率有重要作用的变量，即资本的使用率，尽管我们将这一变量看作外生的技术变量，认为其仅影响需求的短周期波动，但这一变量与 SSA 有着密切的内在联系。[①]

可见，SSA 学派也同时注意到了技术与制度对经济运行过程的影响和作用，只不过该学派是将技术条件视为一个背景和环境，认为技术对经济活动的作用是通过影响社会积累结构而间接实现的。但是，SSA 理论仍为我们将制度因素作为内生变量引入平均利润率变动趋势理论框架提供了理论依据和参考资料。本书在考察技术与制度共同作用于平均利润率变动趋势时，也充分参考了 SSA 学派所使用的制度分析方法及其逻辑思路。

从现实来看，技术与制度也的确是相互联系、不可分割的整体。一方面，技术进步和发展的方向在一定程度上决定了制度的未来走向，如节能技术、绿色技术的不断创新和发展从客观上对制度创新提出了要求，促进了环

---

① Samuel Bowles, David M. Gordon, Thomas E. Weisskopf, 1986, "Power and Profits: The Social Structure of Accumulation and the Profitability of the Postwar U. S. Economy", Review of Radical Political Economics, Vol. 18 (1&2): 132 – 167.

保制度、能源制度等制度安排的不断完善；另一方面，符合技术发展需求的制度建设会促进技术水平的加速提高，如专利制度的不断完善大大激发了微观主体研发新技术的积极性，而不适合（或落后或超前）的制度安排则会抑制和束缚技术创新过程，起到显著的反作用，譬如自由竞争资本主义制度会阻碍规模大、资金需求高或具有一定公共产品性质的技术创新的发展。可见，技术与制度有着密切的相互作用关系，不论忽略技术或制度任何一方面，都会使研究缺乏完整性。

然而，马克思的经典理论模型主要强调了平均利润率与资本有机构成的反向变动，即重点考虑了技术对平均利润率的作用机理；而 SSA 理论则着重考察了积累的社会结构与资本积累以及经济增长关系，也即将重点放在了制度对资本积累的作用机理（当然，这里也包含着对平均利润率的作用）。因此，要将技术与制度两个变量有机结合并引入平均利润率变动趋势的理论框架之中，不能一味照搬马克思的原理论或 SSA 学派的相关分析，而必须要构建一个新的研究思路和分析工具。

据此，本书试图提出"资本的技术与制度有机构成"理论，简称 TICC 理论（Technological and Institutional Composition of Capital）。资本的技术与制度有机构成（TICC），是在马克思资本有机构成基础之上构建的，由技术与制度共同决定并且反映技术与制度变化的资本价值构成，其表达式为 $\frac{c}{v+m}$，其中 c 为不变资本、v 为可变资本、m 为剩余价值量（但可转化为资本）。

马克思在《资本论》第一卷第二十三章讨论资本主义积累一般规律时首次提出了资本技术构成、资本价值构成以及资本有机构成的概念，"我把前一种构成叫作资本的价值构成，把后一种构成叫作资本的技术构成。两者之间有密切的相互关系。为了表达这种关系，我把由资本技术构成决定并且反映技术构成变化的资本价值构成，叫作资本的有机构成。"[1] 可见，马克思的资本有机构成仅能反映技术的变化，其中的"有机"指的是资本的技术构成与价值构成之间的相互关系。

本书所提出的 TICC 即是在资本有机构成的基础之上进一步将制度因素

---

[1] 马克思：《资本论》（第一卷），北京：人民出版社 2004 年版，第 707 页。

引入其中（m 的变化即是制度因素的体现，详见模型分析），继而反映资本的技术构成、制度构成（类似 SSA）与价值构成三者的关系，这里的"有机"是强调技术与制度之间相互联系、相互作用的关系。

TICC 理论的目的在于，将技术与制度作为内生变量，同时引入平均利润率变动趋势的分析框架之中，并强调两个变量之间的有机结构和相互关系。该理论是基于马克思的基本理论框架和方法论并参考 SSA 学派的制度分析思路而得到一个新的分析工具，是对马克思经典平均利润率下降趋势理论以及 SSA 理论的延伸和发展。

二、TICC 理论模型

TICC 的理论模型，即 $\dfrac{c}{v+m}$，是基于马克思经典理论与 SSA 学派的基本理论逻辑和方法论，并借鉴置盐"生产的有机结构"相关表达式而得到的。

（一）置盐对 TICC 理论模型的启示

置盐信雄在批判马克思平均利润率下降趋势理论时提出了"生产的有机构成"的概念，他指出，"为清晰地展示马克思的视角，我们认为最好采用 $\dfrac{\sum a_{ij} t_j}{\tau_i}$ 来度量有机构成，而不是 $\dfrac{c_i}{v_i} = \dfrac{\sum a_{ij} t_j}{\tau_i \sum b_j t_j}$。我们度量的 $\dfrac{\sum a_{ij} t_j}{\tau_i}$ 或者 $\dfrac{c_i}{v_i + m_i}$——取决于生产技术并且清楚地表示出直接劳动和生产资料所包含的间接必要劳动之间的比例。我们将 $\dfrac{c_i}{v_i + m_i}$ 称为第 i 产业的生产的有机构成"。[①]

我们并不认同置盐所提出的所谓的"生产的有机构成"。置盐提出用 $\dfrac{c}{v+m}$ 来替代资本有机构成，实际上是为了其数学推导的便利，但他对于该表达式的分析仍局限在技术进步的视角上，证明他并没有跳脱马克思资本有机构成概念的理论意义和逻辑框架，而仅仅是对马克思资本有机构成概念的一种扭曲。尽管置盐的论述并不令人信服，但这一表达式对于将技术与制度同时纳入平均利润率分析框架却具有相当的启示意义，因为从这一个变形的

[①] ［日］置盐信雄（著），骆桢（译）：《技术变革与利润率》，《教学与研究》2010 年第 7 期。

资本有机构成中,我们既可以看到技术进步的作用,也能够反映出制度创新的影响,并且这一表达式将这两方面作用有机结合在了一起。

本书借鉴了置盐的这一表达式,但却赋予了它新的含义,用以表达我们的核心思想:技术与制度是两个不可分割的变量,两者都会对经济活动发挥重要的影响和作用。下面,我们分别讨论 $\dfrac{c}{v+m}$ 这一表达式中所隐含的技术变量和制度变量。

(二) TICC 理论模型中的技术变量

在 TICC 的理论模型中,技术变量主要通过资本有机构成 $\dfrac{c}{v}$ 的变化体现出来。将技术引入 TICC 的理论模型,则可表示为 $\dfrac{c(T)}{v(T)+m}$,其中 T 代表技术因素。对于资本有机构成与技术进步之间的关系,本书主要基于马克思平均利润率下降规律理论中的分析,并进行了有意义的创新和发展。

马克思认为,技术进步总是会提高资本有机构成。而这背后所隐含的一个假设条件就是,技术进步仅影响或更加显著影响劳动的客观方面(促进机器、设备、厂房等不变资本的更新和升级),不影响或较少影响劳动的主观方面(促进劳动复杂程度、受教育程度等可变资本的提升)。马克思指出:"随着大工业的发展,现实财富的创造较少地取决于劳动时间和已耗费的劳动量,较多地取决于在劳动时间所运用的动因的力量,而这种动因自身——它们的巨大效率——又和生产它们所花费的直接劳动时间不成比例,相反地却取决于一般的科学水平和技术进步,或者说取决于科学在生产上的运用。"[①] "资本技术构成的这一变化,即生产资料的量比推动它的劳动力的量相对增长,又反映在资本的价值构成上,即资本价值的不变组成部分靠减少它的可变组成部分而增加。"[②]

马克思的这一假设条件实际上是对其所在时代的一种抽象和概括。19世纪初期,以蒸汽机的发明和使用为标志的第一次技术革命使得机器得到了

---

① 马克思、恩格斯:《马克思恩格斯全集》(第四十六卷下),北京:人民出版社 1980 年版,第 217 页。

② 马克思:《资本论》(第一卷),北京:人民出版社 2004 年版,第 683 页。

广泛应用，极大地提高了劳动客观条件。然而，这一技术革命却使得生产过程对劳动主观条件的要求变得更低，究其原因，一是由于机器的机械运动使工人劳动变得更加简单，对工人脑力劳动要求不高，使妇女、儿童都可以胜任；二是资本主义原始积累使得大批农民失去土地从而不得不成为雇佣劳动力，然而这些农民受教育程度普遍偏低，在工厂的劳动过程中也没有继续受教育的机会。在这样的时代背景下，马克思自然更加关注技术进步对劳动客观方面的影响，并将技术进步对劳动主观方面的促进作用忽略不计。

然而，在马克思时代以后，资本主义社会继续经历了100多年的发展，科技水平有了极大的提高，尤其是以电子计算机的发明和应用为标志的第三次技术革命，它不仅带来了劳动工具、劳动资料等劳动客观方面的巨大变革，也对劳动者的主观方面提出了更高的要求，由此带动了整个社会教育投资和智力投资的大幅增加。因此，我们有必要对经典马克思理论中的假设条件进行扩展，即根据技术进步对劳动主客观方向促进作用的相对大小来讨论其对资本有机构成从而对TICC的影响，我们将在第三节中具体讨论这一问题。

总的来说，c与v的相对比例是资本技术结构的体现，根据TICC的理论模型即$\dfrac{c}{v+m}$可知，技术进步会通过影响这一比例而影响TICC，技术变量是决定TICC的关键变量之一。

（三）TICC理论模型中的制度变量

在TICC的理论模型中，制度变量主要通过剩余价值量m的变化而呈现出来，将制度引入TICC的理论模型，则可得$\dfrac{c}{v+m(I)}$，其中I表示制度因素。对于制度因素与剩余价值量之间的关系，本书一方面参考了马克思经典理论中的分析，另一方面则借鉴了SSA学派的逻辑思路。

马克思在分析对平均利润率下降起反作用的若干因素时，实际上也是认为这些反作用通过影响剩余价值量从而影响平均利润率。例如，劳动剥削程度的提高会促使剩余价值率增大，从而使得剩余价值量有所增加；对外贸易会促进剩余价值的流动和转移，从而提高企业所得的剩余价值量；

等等。但与技术因素相似，马克思在分析制度因素对剩余价值量的影响时也着重强调了单向的作用，即重点考虑制度提高剩余价值量从而促使平均利润率上升的作用；并且，马克思认为制度因素所带来的反作用最终并不能完全抵消技术进步所带来的平均利润率下降趋势，因此"在资本主义生产方式的发展中，一般的平均的剩余价值率必然表现为不断下降的一般利润率"。[①]

马克思对于制度的分析同样是基于其所处时代背景的特征。对于19世纪的资本主义国家来说，自由竞争资本主义制度始终占据着主导地位，其特点是提倡经济自由主义、实行完全的自由竞争政策、国家不干预经济生活等等。在这样的条件下，制度尤其是宏观调控的相关制度对经济的作用就显得并不那么重要了，一切均由资本家在利益驱动下自发进行。马克思在论述资本主义基本矛盾中重点分析了"个别企业中生产的有组织性与整个社会生产的无政府状态的矛盾"，这其中便体现出了当时的制度状况，制度仅仅是资本家为了缓解平均利润率下降趋势的工具，并且这种工具所起到的作用十分有限。正是这样的时代背景，使得马克思相对忽略了制度对平均利润率的重要作用，以及制度对剩余价值量作用的双向性。

然而，在自由竞争资本主义逐渐衰退之后，资本主义国家又经历了垄断竞争资本主义、国家垄断资本主义以及当下的新自由资本主义，在这一发展过程中，制度创新、政策措施对经济的干预和影响变得日益重要。尤其是在1933年的资本主义经济大危机以后，主要资本主义国家均开始采用财政、货币杠杆，并颁布各种经济法令，设立经济管理监督机构，这其中最典型的例子就是美国的罗斯福新政。制度对经济社会影响的日益加深，使得制度很有可能实现对平均利润率下降趋势的扭转，而不合理的制度创新或者基于特定目的的制度安排也可能反而会加剧平均利润率的下降趋势。因此，我们有必要对马克思的相关假设进行扩展和放松，即根据制度的类型和目标来讨论制度因素对剩余价值量从而对TICC的影响，我们将在第三节中具体讨论这一问题。

在当今时代背景下，围绕剩余价值量这一核心内容来考察制度对TICC

[①] 马克思：《资本论》（第三卷），北京：人民出版社2004年版，第237页。

的作用，我们可以着重分析如下几个方面的制度创新[①]。

一是与劳动力（可变资本）相关的制度创新。归根结底，剩余价值是由劳动者创造的，因此，如果能够通过制度创新不断激励劳动者的劳动积极性，就能够使劳动者在同样时间里创新出更多的剩余价值。这类制度创新包括教育制度创新、劳动法制度创新、劳动者期权制度创新、劳动者工资制度创新、劳动者就业制度创新、劳动者社会保障制度创新等等。这些制度创新显然会提升劳动者的劳动复杂程度，修复和补偿劳动者的劳动损耗，保障劳动者持续的劳动能力以激发劳动者的劳动积极性，从而在技术水平不变的条件下，可以生产出更多的剩余价值。但是，如果这些制度创新程度不高，或者不是出于劳动者的利益考虑，而是更多基于资本的利益进行的制度设计，则反而会抑制劳动者的劳动积极性，产生负面效应，导致剩余价值量持续降低，从而促使 TICC 不断提高。

二是与不变资本相关的制度创新。这类制度除了不变资本节约的制度创新，更为重要的是自然资源和环境保护的制度创新，这些都属于生产条件。在经典马克思主义经济学中，关于自然条件的利用都视为不变资本的节约，但是，在现代社会自然条件和环境因素已经作为经济变量进入经济活动中，其作用不仅是不变资本的节约，而且还会作为一种"负价值"影响剩余价值量从而影响 TICC。这类制度包括固定资产制度、自然环境相关制度（低碳制度创新、排污权制度创新、新能源制度）等。

一般而言，在生态环境没有达到其承受力的极限之前，对自然环境的破坏、对能源的滥用并不会为企业带来直接的损失，然而当生态环境达到临界状态时，就会以一种更为无情和残暴的方式将伤害回馈给全人类。若政府对自然资源的使用以及环境污染持放任态度，或缺乏足够的重视，那么在短期内，剩余价值量的确会呈现较高的水平，但一旦生态危机爆发，剩余价值也会遭受更为严重的下降；相反，若政府对自然资源的利用采取限制和保持的政策，监督和激励企业进行节能减排的技术引进，这在起初阶段会使得剩余价值量有所下降，但经济增长却质量更高、更具有可持续性。

---

① 这里我们参考了 SSA 学派五大制度的研究思路。SSA 学派的五大制度是影响资本积累（当然，这里也隐含着对平均利润率的影响）的五类具体制度，而本书所重点考察的四方面制度创新，是影响剩余价值量从而影响 TICC 的四类具体制度。

三是与资本市场相关的制度创新。资本的集中与积聚以及单个资本社会化后对于剩余价值也会有较大影响,这些影响包括规模效应、社会效应、虚拟效应以及时间效应等。这会使得在资本量不变的条件下,通过组合或者联合,通过产权改变与转移会放大资本效应,产生更多的剩余价值,从而影响 TICC 的变动。这类的制度包括股份企业制度、证券股票交易制度、期权期货指数制度、房地产制度等。

如房地产制度,若国家对房地产的投机行为不予以调解和控制,则会使房地产行业的剩余价值继续攀升,但这种剩余价值的上升是不可持续的,当泡沫破没,则会带来剩余价值量更严重的下降;相反,若国家及时对房地产行业进行管制和调控,如房地产限购政策等,那么虽然在短时间内,对房地产行业的压制会使整个社会的剩余价值呈现下降的趋势,但这种短期的下降实际上是避免了长期持续下降的危机。

四是与全球化相关的制度,如关于国际贸易制度、国际金融制度、国际产业制度等。一般而言在,在一个开放的经济条件下,一个国家获得的剩余价值会有较大的提升,这不仅包括资本和劳动自由流动带来的较高的剩余价值,还包括全球经济一体化给各国带来的整体开放效应,从而提升了国家的剩余价值水平。同时经济开放也使得开放国面临着较大的风险,一旦风险成为现实,可能会带来剩余价值的持续下降,乃至经济的衰退或萧条。

可见,我们可以把剩余价值量 m 看作与 SSA 类似的制度结构的体现,它是若干方面具体制度结合在一起所形成的统一体。根据 TICC 的理论模型即 $\frac{c}{v+m}$ 可知,制度因素会通过影响 m 而实现对 TICC 的作用,制度变量也是决定 TICC 的关键变量之一。

综上所述,技术和制度是影响 TICC 的两个关键因素,我们可以用下式来表达这一点:$TICC = \frac{c(T)}{v(T)+m(I)}$。可以看出,当制度不变的条件下,TICC 的理论模型与马克思的资本有机构成是一致的,即仅受技术进步的影响;当技术不变的条件下,该理论模型则与 SSA 学派的理念相一致,即仅受制度结构变化的作用。而 TICC 这一理论模型最大的可取之处在于,它不仅能反映出技术和制度双变量的影响,还天然地将两者以一种有机的结构结合在一起,体现了技术与制度之间的密切联系,这正是我们想要表达的核心观点。而对于技术与制度之间的具体相互作用机制,我们将在第七章经济长波问题中详细分析。

第三节 基于 TICC 理论的平均利润率变动趋势分析

本书之所以构建 TICC 理论,其主要目的是为了研究技术与制度在有机结合的条件下共同作用于平均利润率变动趋势的机理。要实现这一点,则必须要将 TICC 理论的基本模型引入马克思的平均利润率基本模型之中,并据此分析 TICC 与平均利润率之间的作用关系。

一、将 TICC 引入马克思平均利润率模型

我们的模型仍然是建立马克思平均利润率基本模型基础之上,即

$$\bar{r} = \frac{m}{c+v} \tag{5.3.1}$$

将式(5.3.1)右边分子分母同时除以 $v+m$,并进行一定的整理,可得

$$\bar{r} = \frac{\dfrac{m}{v+m}}{\dfrac{c}{v+m} + \dfrac{v}{v+m}} = \frac{\dfrac{m}{v+m}}{1 + \dfrac{c}{v+m} - \dfrac{m}{v+m}}, \tag{5.3.2}$$

其中,$\dfrac{m}{v+m}$ 既可以看作剥削率,也可以看作假设资本家不进行个人消费而将剩余价值全部用于资本积累情况下的积累率,为了简化起见,我们用 β 来代表 $\dfrac{m}{v+m}$。而 $\dfrac{c}{v+m}$ 则是我们前面所构建的 TICC。那么,平均利润率的公式可以表述为,

$$\bar{r} = \frac{\beta}{1 + \text{TICC} - \beta} \tag{5.3.3}$$

一般来说,资本家在资本积累过程中的积累率是由企业的发展规划以及文化习惯等原因决定的,具有相对的固定性,并且由于积累率在变动空间上的局限性,其变化对平均利润率整体变化的影响较小。另一方面,剥削率由于受到历史和道德等方面的约束,也往往在一定时期内呈现出相对不变的状

态，这也是符合马克思原意的。我们认为，制度因素对经济活动的作用主要体现在剩余价值量的变化上，而剥削率作为一个比例则变化幅度相对较小。其背后的原因在于，资本主义生产的最终目标是对利益也即对剩余价值的追逐，而剩余价值率对其来说仅仅是毫无意义的数字。通过在平均利润率模型中引入 TICC，我们就是将制度对 m 的作用进行了分离。因此，为了简化分析，这里我们将 β 看作不变的常数。那么，平均利润率的变动则仅取决于 TICC 的变化，并且 $\bar{r}$ 与 TICC 呈反向变动关系。这样，我们就把平均利润率的变动问题转化为了 TICC 的变化分析。

根据前面的分析可知，在 TICC 的表达式 $\dfrac{c}{v+m}$ 中，c 与 v 比例的变化由技术决定，而 m 的变化则大多源于制度因素，因此我们可以将 TICC 写成技术与制度的函数，即为

$$\text{TICC}(T, I) = \frac{c(T)}{v(T) + m(I)} \tag{5.3.4}$$

其中，T 表示技术，I 表示制度。

二、技术对平均利润率变动趋势的作用

借鉴马克思在资本论中的层次分析方法，我们首先考察制度不变时技术变化对 TICC 从而对平均利润率的作用。制度不变，则意味着受制度变化影响的剩余价值量保持不变，可以表示为，

$$\text{TICC}(T, \bar{I}) = \frac{c(T)}{v(T) + \bar{m}(\bar{I})} \tag{5.3.5}$$

可见，在这种情况下，影响 TICC 变化的决定性因素是资本有机构成 $\dfrac{c(T)}{v(T)}$，我们用 θ 来表示，而 θ 又取决于技术进步对劳动主客观方面影响的相对大小。为此，基于对劳动主客观方面影响的不同，我们将技术进步区分为如下几类：（1）仅促进劳动客观方面的技术进步 T_1；（2）同时影响劳动主客观方面，但相对更促进客观方面的技术进步 T_2；（3）同时影响劳动主客观方面，但相对更促进主观方面的技术进步 T_3；（4）同时影响劳动主客观方面并且促进程度相同的技术进步 T_4；（5）仅促进劳动主观方面的技术进步 T_5。

当 $T \in T_1 \cup T_2$ 时，技术进步会促使资本有机构成 θ 上升，从而使得 TICC 呈上升趋势，即平均利润率呈下降趋势；当 $T \in T_3 \cup T_5$ 时，技术进步会推动资本有机构成 θ 下降，既而使得 TICC 下降，最终促进平均利润率不断上升；而当 $T \in T_4$ 时，技术进步不会使资本有机构成发生变化，此时 TICC 以及平均利润率也保持不变。

根据以上分析，我们可以得出结论：技术是影响平均利润率变动的重要内生变量之一，由于对劳动主客观方面促进作用的不同，不同类型的技术进步会促使平均利润率呈现不同的变动趋势，或上升或下降或保持不变。

三、制度对平均利润率变动趋势的作用

假定技术保持不变，继续考察制度因素对平均利润率的作用机理。技术不变，则意味着受技术进步影响的资本有机构成 $\dfrac{c(T)}{c(T)}$ 保持不变，那么 TICC 的表达式变化为

$$\text{TICC}(\bar{T}, I) = \frac{c(\bar{T})}{v(\bar{T}) + m(I)} \tag{5.3.6}$$

这时，TICC 的变化由剩余价值量 $m(I)$ 决定，也即由影响剩余价值的主要因素——制度来决定。

根据第二节中的分析可知，每一方面的制度因素均可能对平均利润率产生双向影响，既有可能如马克思所言，成为一种阻碍平均利润率下降的反向作用，也有可能成为推动平均利润率下降的作用力。制度因素对平均利润率作用的双向性是由于制度制定的目标和侧重点不同。

为了方便分析，我们根据制度因素对剩余价值影响的不同将制度创新分为两类，分别为提高剩余价值的制度创新 I_1，以及降低剩余价值的制度创新 I_2。显然，当 $I \in I_1$ 时，制度创新会促使 TICC 下降，从而推动平均利润率的上升；当 $I \in I_2$ 时，制度创新则会推动 TICC 提高，从而导致平均利润率呈下降趋势。前文中我们所讨论的四方面制度均有可能成为 I_1，也有可能会成为 I_2。

因此，我们可以得出结论：制度也是影响平均利润率变动的重要内生变量之一，由于制度制定的目标和侧重点的不同，不同类型的制度会对平均利润率产生不同的效果，既有可能推动平均利润率上升，也有可能导致平均利

润率呈下降趋势。

四、技术与制度有机结合下对平均利润率变动趋势的作用

尽管我们分别考察了技术与制度单因素对平均利润率变动的作用机理，但在现实经济活动中，技术与制度是密不可分的，两者之间有着相互影响、相互作用的关系。因此，技术与制度对平均利润率变动的作用是不能割裂开来的，必须将两者有机结合在一起才能真正得到平均利润率的变动机制。

同时考察技术与制度的变化，则 TICC 的变化如式（5.3.4）所示，

$$\text{TICC}(T, I) = \frac{c(T)}{v(T) + m(I)}$$

为更加清晰地展示此时 TICC 的变化特点，我们对上式赋予时期的变化，并推导出第 t 期与第 $t-1$ 期相比 TICC 的变化比率，即

$$\frac{\text{TICC}_t}{\text{TICC}_{t-1}} = \frac{c_t}{v_t + m_t} \cdot \frac{v_{t-1} + m_{t-1}}{c_{t-1}} = \frac{c_t}{c_{t-1}} \cdot \frac{v_{t-1} + m_{t-1}}{v_t + m_t}$$

$$= \frac{c_t/v_t}{c_{t-1}/v_{t-1}} \cdot \frac{m_{t-1}}{m_t} \cdot \frac{v_t}{v_{t-1}} \cdot \frac{m_t}{m_{t-1}} \cdot \frac{v_{t-1} + m_{t-1}}{v_t + m_t}$$

$$= \frac{\theta_t}{\theta_{t-1}} \cdot \frac{m_{t-1}}{m_t} \cdot \frac{v_t}{v_{t-1}} \cdot \frac{\beta_t}{\beta_{t-1}} \tag{5.3.7}$$

在这里，我们继续假设资本家的积累率 β 保持不变。此外，为了简化分析，我们假设可变资本 v 是相对不变或者变化较小的。这一点从长期来看也是较为合理的，因为随着工人劳动复杂程度水平的不断提高，实际工资也会呈现出上升的趋势，然而劳动生产率的提高通常会降低商品的价值量，从而使得可变资本从整体上变化较小，我们将在未来的研究工作中放松这一假定条件。在上述两个假定的基础之上，TICC 的变化比率可以表示为

$$\frac{\text{TICC}_t}{\text{TICC}_{t-1}} = \frac{\theta_t}{\theta_{t-1}} \cdot \frac{m_{t-1}}{m_t} \tag{5.3.8}$$

根据前面的单因素分析可知，在式（5.3.8）中，$\dfrac{\theta_t}{\theta_{t-1}}$ 由技术进步的类型决定，而 $\dfrac{m_{t-1}}{m_t}$ 则由制度创新的类型决定，将技术与制度变量引入式（5.3.8）中，可得

$$\frac{\text{TICC}_t}{\text{TICC}_{t-1}}(T, 1) = \frac{\theta_t}{\theta_{t-1}}(T) \cdot \frac{m_{t-1}}{m_t}(I) \tag{5.3.9}$$

基于式（5.3.9），我们根据技术与制度类型的不同，分以下几种情况讨论技术与制度共同作用下 TICC 的变化方向，从而得出平均利润率的变动趋势。

（1）当 $T \in T_1 \cup T_2 \cup T_4$，且 $I \in I_2$ 时，根据单因素分析的结果，此时 $\frac{\theta_t}{\theta_{t-1}} \geqslant 1$，$\frac{m_{t-1}}{m_t} > 1$，根据式（5.3.9）可以计算得出，$\frac{\text{TICC}_t}{\text{TICC}_{t-1}} > 1$，即 TICC 会不断提高，从而使得平均利润率呈下降趋势。

（2）当 $T \in T_3 \cup T_4 \cup T_5$，且 $I \in I_1$ 时，根据单因素分析结果，此时 $\frac{\theta_t}{\theta_{t-1}} \leqslant 1$，$\frac{m_{t-1}}{m_t} < 1$，根据式（5.3.9）可以得到，这两者的变化会使得 $\frac{\text{TICC}_t}{\text{TICC}_{t-1}} < 1$，这意味着 TICC 是不断下降的，因此平均利润率呈现上升趋势。

（3）当 $T \in T_1 \cup T_2$，且 $I \in I_1$ 时，根据单因素分析结果，此时 $\frac{\theta_t}{\theta_{t-1}} \geqslant 1$，$\frac{m_{t-1}}{m_t} < 1$。因此，根据式（5.3.9）的计算结果，当 $\frac{\theta_t}{\theta_{t-1}} > \frac{m_t}{m_{t-1}}$ 时，TICC 上升从而平均利润率呈下降趋势；当 $\frac{\theta_t}{\theta_{t-1}} < \frac{m_t}{m_{t-1}}$ 时，平均利润率处于上升态势；当 $\frac{\theta_t}{\theta_{t-1}} = \frac{m_t}{m_{t-1}}$ 时，则平均利润率相对不变。

（4）当 $T \in T_3 \cup T_5$，且 $I \in I_2$ 时，根据单因素分析结果，此时 $\frac{\theta_t}{\theta_{t-1}} \leqslant 1$，$\frac{m_{t-1}}{m_t} > 1$。同样，根据式（5.3.9），当 $\frac{m_{t-1}}{m_t} > \frac{\theta_{t-1}}{\theta_t}$ 时，TICC 呈上升态势，从而促使平均利润率不断下降；当 $\frac{m_{t-1}}{m_t} < \frac{\theta_{t-1}}{\theta_t}$ 时，平均利润率呈上升趋势；当 $\frac{m_{t-1}}{m_t} = \frac{\theta_{t-1}}{\theta_t}$ 时，平均利润率的变化相对平稳。

五、结论

从上述分析可知，在技术与制度有机结合、共同作用的条件下，平均利润率的变化趋势存在三种可能性，并且具体趋势由技术与制度的类型和特点决定。

1. 当 $T \in T_3 \cup T_4 \cup T_5$ 且 $I \in I_1$，或 $T \in T_1 \cup T_2$、$I \in I_1$ 且 $\frac{\theta_t}{\theta_{t-1}} < \frac{m_t}{m_{t-1}}$，或 $T \in T_3 \cup T_5$、$I \in I_2$ 且 $\frac{m_{t-1}}{m_t} > \frac{\theta_{t-1}}{\theta_t}$ 时，平均利润率呈现不断提高的变动趋势。通俗地说，使得平均利润率上升的条件即为，技术与制度同时促进平均利润率呈上升趋势，或者技术与制度对平均利润率变动趋势的影响方向不同但促使平均利润率上升的作用力更强。

2. 当 $T \in T_1 \cup T_2 \cup T_4$ 且 $I \in I_2$，或 $T \in T_1 \cup T_2$、$I \in I_1$ 且 $\frac{\theta_t}{\theta_{t-1}} > \frac{m_t}{m_{t-1}}$，或 $T \in T_3 \cup T_5$、$I \in I_2$ 且 $\frac{m_{t-1}}{m_t} > \frac{\theta_{t-1}}{\theta_t}$ 时，平均利润率会呈不断下降的变动趋势。可见，使得平均利润率下降的条件为，技术与制度同时促使平均利润率不断下降，或者两者的作用方向不同但促使平均利润率下降的作用力相对更大。

3. 当 $T \in T_1 \cup T_2$ 且 $I \in I_1$，或 $T \in T_3 \cup T_5$、$I \in I_2$ 且 $\frac{m_{t-1}}{m_t} = \frac{\theta_{t-1}}{\theta_t}$ 时，平均利润率呈现相对稳定的变动趋势。这意味着，平均利润率相对不变的条件是，技术与制度对平均利润率作用方向相反，并且两者对平均利润率的作用力一样大。

综上所述，技术与制度是影响平均利润率变动的最重要的两个内生变量，两者相互影响、相互作用，分别通过影响资本有机构成和剩余价值量作用于资本的技术与制度有机构成，最终作用于平均利润率。在技术与制度有机结合的作用下，平均利润率的变动趋势有多种可能性，或上升、或下降、或不变。

第四节 实证分析与政策建议

为了验证理论对现实的解释力和科学性，本书依据美国经济从1929—2014年的数据进行一个实证检验，并根据实证结果提出若干理论思考政策建议。

一、关于模型与数据的解释

本实证的目的在于,用现实数据来验证 TICC 与平均利润率之间的反向变动关系,证明技术与制度通过作用于 TICC 从而影响平均利润率变动趋势的机理。因此,实证所采用的基本模型即为上一节中所推导出的 TICC 与平均利润率之间的关系式,即

$$\bar{r} = \frac{\beta}{1 + \text{TICC} - \beta} \tag{5.4.1}$$

其中,β 是假设资本家不进行个人消费而将剩余价值全部用于资本积累情况下的积累率,根据现实情况,我们将 β 看作常数。因此,为了更加清晰和直观地体现平均利润率与 TICC 之间的反向变动关系,并且更加方便我们进行计量分析,我们将实证模型转化为

$$\bar{r} = \partial \frac{1}{\text{TICC}} + \varepsilon \tag{5.4.2}$$

在上式中,TICC 是解释变量,$\bar{r}$ 是被解释变量,∂ 是 TICC 倒数的系数,而 ε 为残差项。该式描述了 TICC 倒数与平均利润率之间的线性关系,并将两者之间的离差归为 ε,ε 主要由 β 的大小和变化决定。

要对该实证模型进行计量分析,首先要确定平均利润率 $\bar{r}$ 和 TICC 的核算方法。对于 $\bar{r}$,我们仍采用马克思的计算方法,即 $\bar{r} = \frac{m}{c+v}$;对于 TICC 的计算,则依据其理论模型 $\text{TICC} = \frac{c}{v+m}$。在确定核算方法的基础上,我们要利用现实数据计算出 $\bar{r}$ 和 TICC 的数值,则首先要确定样本和数据指标。

在样本方面,出于数据的可获得性以及准确性,我们选择美国作为研究对象,而考虑到时期的长度以及代表性,我们选择 1929—2014 年这一时间段。对于具体样本,本书试图尝试两种方案:第一是将美国 1929—2014 年的全部公司作为统计样本;第二是将金融公司排除,仅考察美国 1929—2014 年非金融公司(主要是生产性企业)的数据。

对于数据指标的选择,我们需要考虑 m、c、v 这三个变量的计量指标。其中,剩余价值 m 我们选择企业的财产收入数据来测量;不变资本 c 用企业的固定资产存量数据来代替;而可变资本 v 则用企业的雇员薪酬数据来衡量。我们对于具体指标的选择也尝试两个方案:第一,用历史成本来核算三

个变量的替代指标,则财产收入=公司总增加值-固定资产的历史成本折旧-雇员薪酬,而 c 则用历史成本核算下的固定资产净存量来表示;第二,用现期成本来核算三个变量的替代变量,则财产收入=公司总增加值-固定资产的现期成本折旧-雇员薪酬,而 c 则用现期成本核算下的固定资产净存量来替代。本书所使用的数据均来自美国经济分析局(BEA)[①]。

在得到了 $\bar{r}$ 和 TICC 的数值之后,本书试图通过描绘两者的长期变动趋势,并将两个趋势进行比较,从而一方面验证平均利润率存在不同变动方向的可能性;另一方面证明 TICC 的变动是平均利润率变动的原因,并且两者之间具有反向变动的关系。

二、实证检验与结果分析

首先,我们选择美国 1929—2014 年的全部公司作为样本,并采用历史成本的核算方式来计算,分别得到期间平均利润率和 TICC 的变化情况。为了方便对两者进行比较分析,我们将两个变量的变化放到同一张图中,如图 5-2 所示。这里需要注意的一点是,由于平均利润率与 TICC 是呈反向变动的,因此在比较时我们选择的是 TICC 的倒数。从图 5-2 中我们粗略地看出,平均利润率存在上升、下降或相对稳定的不同变动趋势,并且 TICC 的倒数与平均利润率的变化趋势在大体上呈现出相似性。

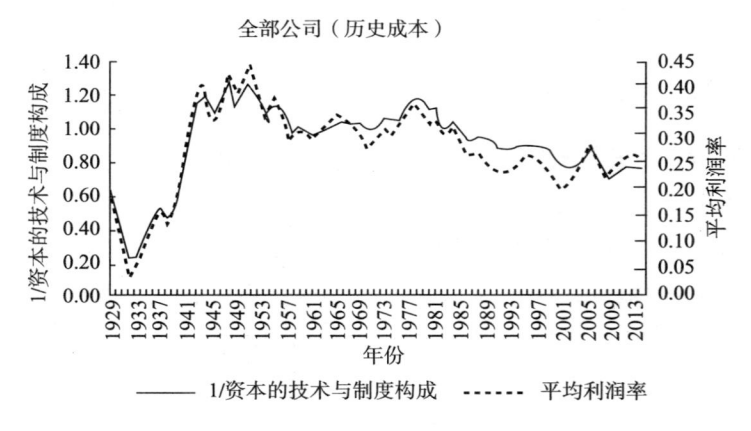

图 5-2

---

① BEA:U. S. Bureau of Economic Analysis:http://www.bea.gov.

图 5-2 显示的结果是我们根据美国全部公司计算得到的结果，其中包含着大量的金融公司。然而，根据马克思的分析，金融部门并不真正创造剩余价值，而仅仅是转移生产部门所创造的剩余价值，并且由于价值泡沫以及投机等因素的影响，金融部门的利润率往往是虚高的。因此，为了更好地反映平均利润率的真实变动情况，我们采用样本的第二个方案，即将金融公司剔除，考察非金融公司中的平均利润率以及 TICC 的变化，如图 5-3 所示。

非金融公司（历史成本）

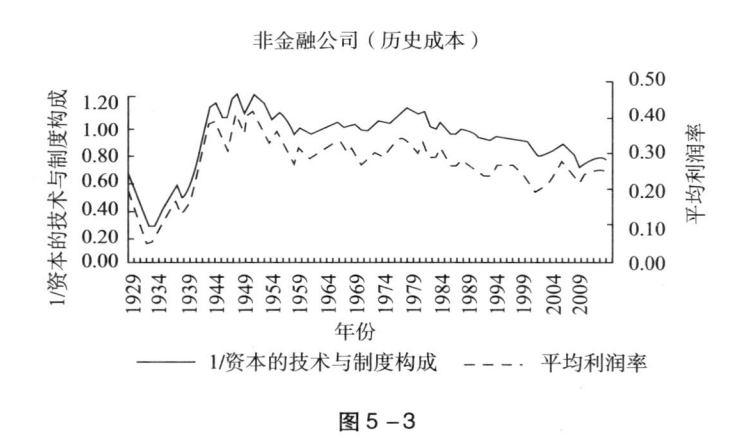

图 5-3

图 5-3 中所示的平均利润率以及 TICC 倒数的变化趋势与图 5-2 相比并没有显著的变化，而从两者的相对关系来看，剔除金融公司之后平均利润率与 TICC 之间的离差有变大的倾向。

从数据核算方法来看，我们在上述两个实证过程中均采用的是历史成本核算方式。而根据梅尼和莱维（2005，2011）对多种形式的利润率的衡量，可以发现，采用现期成本的计价方式来核算平均利润率以及 TICC 更加贴近马克思的原意。图 5-4 便展示了美国非金融公司按现期成本计算得到的平均利润率和 TICC 倒数之间的关系。根据我们前面的分析可知，图 5-4 是相对更为符合平均利润率以及 TICC 真实变化情况的图示。

从图 5-4 中，我们可以清晰地看到，美国经济从 1929—2014 年的平均利润率存在着上升、下降、相对稳定等多种变化趋势。我们可以分五个时间段来讨论美国经济的平均利润率变动情况，具体如下：

非金融公司（现期成本）

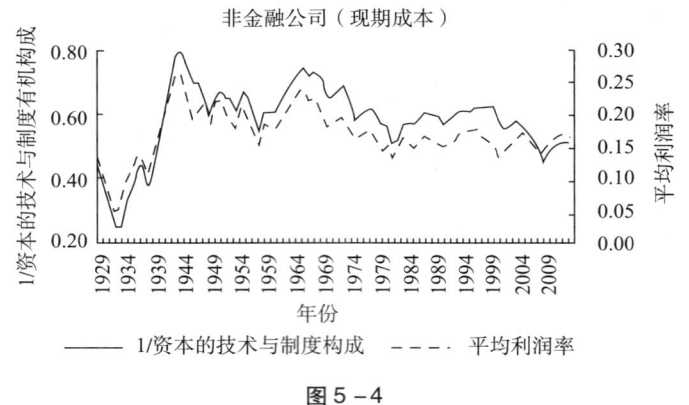

图 5-4

1. 1932—1944 年。从图 5-4 中可以明显看出，从 1932 年开始平均利润率呈不断上升的趋势，仅在 1937 年有略微地下降，但下降幅度较小，整体仍呈现上升的趋势，直至 1944 年。

2. 1944—1958 年。从图 5-4 可以看出，从 1944 年开始到 1958 年这 10 多年的时间内，平均利润率的上下波动较为频繁，但不论上升或者下降，其变化幅度均不大，总体来看，我们可以认为这一时期的平均利润率处在相对稳定的时期。

3. 1958—1966 年。从图 5-4 可以看出，从 1958 年开始的近 10 年时间内，美国经济中的平均利润率呈现不断攀升的态势，且上升幅度较为明显。

4. 1966—1982 年。从图 5-4 可以看出，从 1966 年开始，平均利润率转为下降趋势，且下降幅度相对较大，直至 1982 年。

5. 1982—2014 年。从图 5-4 可以看出，从 1982 年开始，美国经济中的平均利润率再次经历了一段相对稳定的时期，表现为平均利润率不断发生小幅的波动，但并未出现明显的趋势。

可见，从长期来看，平均利润率的变动趋势并不是确定的，在不同的阶段，平均利润率会呈现出不同的变化状态，或上升，或下降，或相对稳定。另一方面，无论从图 5-2、图 5-3 还是图 5-4 中，我们都可以看到，平均利润率的变动趋势与 TICC 倒数之间有着相当的一致性，尤其是在图 5-4 中。

根据我们在第二节中的理论分析可知，在 TICC 变化的背后，是技术与制度有机作用的结果,而 TICC 又是平均利润率变动的主要来源,因此我们在图 5-4 中所看到的两条曲线的不同变动趋势,实际上就是每一阶段不同类型的技术与制度有机结合、共同作用的结果。

以 1932—1944 年期间平均利润率的不断上涨为例。

在技术方面,这一时期美国经济中技术创新的重点在于数控人工智能劳动工具的研发,技术从强化劳动者体力的性质逐渐向强化劳动者智力转变,其结果是有利于促进劳动力教育水平的显著提高,并大大提升劳动者脑力和智力素质的增强。因此,这一时期的技术创新属于更促进劳动主观方面的技术,技术创新会促使 TICC 不断下降,从而促进平均利润率的上升。

而从制度方面来看,1933 年,罗斯福开始施行新政,对美国经济进行了全面的干预和高度的监管,国会颁发了 46 个经济改革法案,并建立了 36 个具有经济职能的联邦行政机构,对资本主义生产关系的生产领域、交换领域、分配消费领域等各个方面进行了改革和改良。这一时期的制度创新并不能起到提高平均利润率的作用,但却很好地适应了技术的发展,调节资本主义制度结构从资金、渠道、需求等多方面为那些难度大、风险大和开支大的科学技术研究提供了有效支撑,使得美国的科学技术创新获得了极大的成功。因此,在技术与制度的有机作用下,1932—1944 年期间美国经济中平均利润率呈现不断上升的态势。

将理论分析与实证检验结合在一起,我们可以再次得出结论:平均利润率的变动趋势是技术与制度有机结合、共同作用的结果;技术与制度通过影响 TICC 从而起到了影响平均利润率变动趋势的作用;不同类型技术与制度的有机结合会导致平均利润率变动趋势呈现不同方向。

三、理论思考与政策建议

一直以来,马克思的经典平均利润率变动趋势理论都是饱受质疑的,而日本经济学家置盐信雄对马克思经典理论的批判更是具有相当的杀伤力。尽管大多数学者都对"置盐定理"持否认态度,但往往都是仅就"置盐定理"的某一方面进行批判,并不能真正回应对马克思经典理论的全部质疑,包括理论逻辑的质疑以及现实数据的质疑。

通过将 TICC 理论引入马克思的经典平均利润率变动趋势分析框架,本书实际上从理论上回应了对马克思经典理论的质疑。我们认为,马克思对平均利润率变动趋势的经典分析仍旧是相当有价值的，其中所包括的对技术因素的分析，以及对制度因素的考虑，都具有很强的现实解释力。只不过马克思受限于时代背景，没有将制度因素放在与技术因素同等重要的地位，而是将制度因素作为外生阻碍变量，使得两者之间出现了一定的割裂。而本书的贡献，就是将马克思所分析的技术因素与制度因素纳入同一平面，通过TICC的变化考察两者对平均利润率的作用，这实际上是将制度因素内生化的过程，是对马克思经典理论的延伸和发展。

另一方面，本书也回应了对马克思经典理论的现实质疑。部分学者从现实数据出发，发现了平均利润率呈现上升趋势的可能性，并基于此认为马克思的平均利润率下降趋势"破产"了。然而，这些研究并没有认识到马克思平均利润率下降趋势背后所隐含的条件，即技术进步更加促进劳动客观方面，制度因素是外生阻碍因素，但其反作用并不能改变平均利润率变动的大趋势。

我们认为，当现实经济环境符合马克思的原假设条件时，平均利润率的现实走向的确如马克思所述是不断趋于下降的。然而，现时代的经济环境与马克思所处时代已有了较大的变化，因此马克思的原假设不能完全符合现时代技术因素和制度因素的作用特点，这也是无可厚非的。而且，一味固守马克思的原假设条件和原假设条件下的结论，也并不符合马克思辩证唯物主义的方法论。

本书在实证检验部分也得到了平均利润率存在不同变动趋势的结论，但这并不违背马克思的经典理论，也不意味着马克思平均利润率下降趋势的"破产"，而是在现时代背景下，对马克思原假设条件以及结论所进行的与时俱进的发展和创新。如果认识不到这一点，而仅仅固执地照搬马克思原理论，则反而是对马克思主义经济学进一步发展的束缚。马克思主义经济学的真正精髓，并不在于其对某一个理论的具体分析，而是其研究问题的逻辑思维和分析框架。

此外，对于平均利润率从长期来看到底是上升、下降还是不变的问题，我们认为要取决于考察期到底多长。马克思在分析平均利润率下降的"趋势"时并没有明确说明这种趋势会在多长的时期内显示出来。一个很有可能的现象是：当我们的考察期为 30 年时，平均利润率呈现出下降趋势；但当我们进一步将时间拉长到 100 年时，可能平均利润率的整体变动趋势却是上升的；又或者当我们考察另一个 30 年的情况，平均利润率的变动趋势又不相同。因此，平均利润率的整体变动趋势是随考察期的长短、时间区间选择的变化而变化的。

本书认为，平均利润率在经过一段时间的下降之后，往往会引发经济萧条和大危机，而大危机又是政府实施大规模制度创新的强大催化剂，制度创新会通过提高剩余价值量起到缓和平均利润率下降趋势的作用，而科学有效的制度创新则会促使平均利润率转为上升态势；当经历一段时间的上升期后，如若技术进步或制度创新出现相对停滞状态，则又会推动平均利润率转为下降趋势。因此，从长期来看，平均利润率的变动呈现出一定的周期性，这与经济学中的长波现象有着重要的联系，关于长波问题我们会第七章中进行详细分析。

从现实经济来看，无论政府还是微观企业，仍然是追求平均利润率的上升或至少试图使其维持在相对稳定状态。根据本书的理论分析，要想实现这一点，需要从技术与制度两方面进行努力。一般来说，技术进步会导致平均利润率的下降，而制度创新又会通过提高剩余价值量而促使平均利润率的上升，因此，必须将技术进步与制度创新有机结合在一起，平均利润率的变动趋势才会呈现出上升或相对稳定的状态。

从宏观上看，政府应将技术因素与制度因素放在同一平面上来进行决策，不仅要考虑技术变化对经济活动的影响，也要同时分析制度变化对经济活动的作用，并且要将两者的变化结合在一起，考察两者综合作用时的经济效果。否则，不论单独考察技术还是单独考察制度，都有可能会使政策偏离预想的轨道而无法实现预定的目标。对于微观企业也同样如此，利润率是微观企业的唯一追求，因此企业在进行相关决策时必须同时考虑技术变量和制度变量，并注重两者之间的相互作用。例如，企业在进行薪酬制度、招聘制度等方面的决策时要考虑到企业在科研方面的规划，而企业对新技术的应用和引进也会受到政府的优惠政策、金融制度、企业的长期规划等方面的影响。

从我国近 30 年来的经济发展实践来看，我国的平均利润率始终保持在上升或相对稳定的状态下，不论是 1998 年的东南亚金融危机还是 2008 年的全球经济危机，均未引起我国经济中平均利润率的大幅波动，而这与我们政府不断进行的制度创新密不可分。从 1989 年改革开放以来，我国始终在进行着各种各样的制度创新，包括企业制度创新、股份制改革、小微企业制度创新、互联网金融制度创新、房地产制度创新，等等，这些制度创新显著地激发了微观主体投资、生产、消费的积极性，大大增强了整个经济的活力和动力。正是这些制度创新所带来的剩余价值量的提高，缓和了几次大的经济危机所带来的外部冲击，使得中国经济始终保持在一个相对稳定的增长势头。

同时注重技术创新与制度创新是我国经济长期高速发展的"中国经验"之一，从平均利润率变动的视角来看，其精髓就是要保证 TICC 的良性发展，保持技术进步和制度创新共同作用于 TICC 时的相对协调。

在下一轮的经济发展过程中，我国仍应坚持这一"中国经验"，保持技术创新与制度创新的同步发展。这就要求：

第一，政府必须是有所作为的，不论是技术进步还是制度创新，单独依靠微观主体的力量是不足以支撑的，而要想维持两者的相对平衡，则更不能单纯凭借市场的力量，政府必须发挥积极的作用，对技术和制度的发展进行激励和调控；

第二，应继续坚持以公有制为主体、多种所有制经济共同发展的中国特色社会主体道路，以保证政府对经济活动的能动性，保障政府政策措施的有效实施性，平衡"有形的手"与"无形的手"对中国经济的作用，这是上述"中国经验"得以有效实施的有力支撑；

第三，应继续采用渐进的制度创新方式，先局部再整体，这是降低制度创新成本，推动剩余价值量以及平均利润率稳定发展的重要手段，也是我国经济保持高速发展的重要经验之一。

第 六 章
国际不平等交融理论与中国实证

  20世纪80年代以来，资本全球化和经济自由化促进了国际经济的增长。然而，在经济利益不断扩张的背后隐含着各种利益的非均衡分配，在国际交换的过程中，更存在着大量的不平等交换现象。与此同时，国际经济迅速增长背后的国际不平等交换非但未因经济增长和国际经济交往日益频密而熨平，反而变本加厉不断加深。不平等的国际经济地位、国际分工和巨大的技术水平差距使得发达国家攫取了国际交换中的绝大部分利益，而欠发达地区仅仅占取较少的利益，并致使发达国家与欠发达国家之间的分化日趋严重。虽然很多学者对国际不平等问题进行了研究，但是极少区分现象和本质上的不平等交换问题。究其根源，现有文献未能从技术、制度和二者之间的交互作用等角度来考察产业内和产业间并存的国际分工新形态。作为国际交换的基础，对国际分工新形态的全面考察才能拓展国际不平等交换的内涵，才能厘清表面和实质上的不平等交换。同时，国际不平等交换问题的全面分析离不开国际经济活动中的三大领域——国际金融、国际投资和国际贸易。现有文献和研究更多侧重于国际贸易和投资角度的不平等交换研究，而鲜有融入国际金融中的不平等交换问题，这显然是理论界的一种缺失。在分别从理论和实证视角分析这三大国际经济活动中的不平等交换现象的基础上，本书试图在现实经济条件下，考察这三者之间的交融机理，并尝试以国际贸易不平等为例，实证检验国际投资和国际金融对贸易不平等交换的交融影响。

第一节　国际不平等交换理论与发展新趋势

对国际不平等交换问题的探索起源于马克思的《资本论》，世界市场是其研究国际不平等交换的起点，正是因为世界市场的形成，国内的分工拓展至国际范围，在国际市场上就形成了"以国际分工为基础的商品生产"[①]。当前，国际分工形态呈现出新的特点，这为国际不平等交换内涵的新拓展奠定了现实基础和逻辑起点。只有在国际分工新形态的基础上探究国际不平等交换，才能够更充分地理解和诠释国际贸易、国际投资和国际金融这三大国际经济活动中的不平等交换现象。

一、国际分工理论追溯

国际分工的理论探究经历了绝对优势理论、比较优势理论、生产要素禀赋理论、新古典贸易理论和新新贸易理论等阶段，且这些理论皆强调技术进步推动生产效率提高下的实体经济内部的分工形态。如最早可追溯至亚当·斯密关于贸易的绝对优势理论，该理论将国际贸易分工的基础建立在绝对成本差异之上；李嘉图将国际贸易分工的基础由绝对成本差异拓展到相对成本差异；伯尔蒂尔·俄林提出了生产要素禀赋理论，即赫克歇尔—俄林模型（H—O 模型），生产要素比率的不同决定了比较成本差异，各国都出口使用本国禀赋较多、相对价格相对便宜的要素生产商品，会使双方均获益，这构成了国际贸易分工的基础；新古典贸易理论考察了产业内贸易，将国际贸易分工的基础拓展到同一部门或类别的制成品；新新贸易理论将研究视角从产业和部门细化到企业。

然而，仅从技术角度对实体经济部门分工进行考察，即仅针对财富的创造过程对农业和工业、工业内部的分工协作进行考察显然有失全面性。使用价值不仅仅包括创造过程，分配过程的重要性也不容忽视，分配规则的制定和变化直接影响国际交换中的利益流向，即我们有必要从制度角度对国际分工进行探究。

从现有文献来看，以国际贸易规则、国际投资政策和国际金融规则变化

---

① 马克思、恩格斯：《马克思恩格斯全集》（第四十九卷），北京：人民出版社 1975 年版，第 311 页。

等制度角度对国际分工的考察尚不充分，仅有少数文献开始涉及纳入金融业的国际分工。如雷达、赵勇（2009）以中美经济失衡为考察对象，认为中美在制造业和金融业上的国际分工格局是这一失衡的诱因。徐建炜、姚洋（2010）基于金融和制造业这一国际分工的新形态对全球失衡问题的根源进行了探究。可见，国际分工理论探究存在两大缺陷，一是注重实体经济中的产业内部分工考察，缺乏产业内和产业间并存的国际分工新态势探索；二是注重技术视角下的国际分工探讨，缺乏制度视角下的国际分工考察。尽管已有部分文献对国际分工的新形态——纳入金融业的产业间国际分工有所涉及，但还未形成系统的制度视角下的国际分工理论体系。技术创新和制度演进一直是国际分工格局变化的两条主线，撇开任一方面而论分工都显得片面。因此，在现实经济条件下，我们必须从技术、制度和二者之间的交互作用来看待国际分工问题，不仅考察产业内分工，还要考虑产业间分工，这样才能更好地解释国际贸易、国际投资和国际金融三大国际经济活动中不平等交换产生的根源与路径。

二、国际分工的历史考察及新形态

不同国家在同一产业内部或者不同产业之间劳动生产率的相对差异是国际分工的前提，那么，什么因素导致了这种生产率的差异？总结来看，技术和制度差异正是劳动生产率差异的两大主要因素。

（一）技术和制度视角下国际分工的历史演进

从技术差距带来劳动生产率相对差异的视角来界定国际分工格局较为容易，尤其是进入工业时代之后通常与"工业革命"相关联，每一次工业革命都是对国际分工格局的一次重塑。如历史上第一次工业革命将资本主义社会带入了蒸汽时代，这同时也引致了第一次国际大分工——垂直分工形式。欧洲殖民者国家凭借其机器工业优势从事工业制成品生产，对其殖民地国家进行倾销与剥削，并将这些国家强制性地纳入资本主义经济市场之中。进而殖民地国家成为它们的原料和粮食等初级产品的供应地以及产品倾销的市场。欧洲殖民国家按自己的需要强迫落后的殖民地国家进行分工，形成工业支配农业国、农业国依附工业国的国际分工格局。[1] 如在 19 世纪的前 70 年

---

[1] 李真、马艳：《国际不平等交换多变量影响模型及衍生效应》，上海：上海财经大学出版社 2011 年版，第 24 页。

里，英国一直控制着世界上近一半的工业生产和近 1/4 的国际贸易。因此，当时英国是名副其实的"世界工厂"。而美国当时作为英国的殖民地通过其丰富的土地和自然资源吸引了英国大量的工业投资，加之 19 世纪在美国所爆发的第二次工业革命这一物质技术基础，在 19 世纪末美国一跃代替英国成为世界制造业中心，国际分工格局悄然变化。20 世纪 50 年代，美国集中于精密机械、家用电器和汽车等产品的生产，逐步将钢铁、纺织等低技术产业向日本和德国等转移。日本和德国俨然成为世界制造中心，国际分工格局发生第二次演变。20 世纪 70 年代到 80 年代，日本开始注重航天、电子等高附加值技术产品的研发和制造，逐步将劳动密集型的纺织和服装等轻工业和钢铁等能耗和污染密集型的产业转向亚洲"四小龙"和部分拉美国家，致使这些国家逐步成为"世界工厂"。而 20 世纪 90 年代之后，美国等发达国家开始着重新材料和新能源技术的研发，进一步将劳动密集型和污染密集型的产业转移至东亚国家，亚洲"四小龙"等新兴国家开始逐步承接美日的微电子和重化工等技术密集型产业，囿于其劳动力成本的上升，也开始将部分失去比较优势的劳动密集型产业转移至泰国、马来西亚等东亚国家，当然，中国在此次国际分工格局的演变中承接了最多的劳动密集型和污染密集型产业，成为名副其实的"世界工厂"。

在这一技术演变路径中，不难看出，20 世纪 90 年代美国新经济的出现凸显了以美国为首的发达国家在技术创新和金融创新于全球经济发展中的地位。然而，美国在制造业方面的优势逐步被日本和德国所代替，在新经济的比较优势逐渐弱化之后，相较于实体经济而言，美国在金融中的地位逐步凸显，且其也将实体经济部门的资源逐步转向金融部门。根据美国经济分析局相关数据，美国制造业增加值占 GDP 的比重由 1997 年的 16.1% 下降到 2014 年的 12.0%，而其金融、保险等相关服务业增加值则从 18.9% 增加至 20.2%。在实体经济还未出现新的增长点之前，其开始着重发展金融服务业，以不断创新的"金融产品"来抑制其制造业的"空心化"现象，从而形成金融业的比较优势，也保住其在国际分工格局中的地位。一方面，美国国内大量的高学历和高素质的劳动者成为其发达金融市场构建的一个重要因素；另一方面，国内较为完善的法律和金融正式制度和传统信用等非正式制度体系，以及国际经济制度的话语权也促进了其金融市场的发展。①

论及制度，尽管从制度视角所观察到的国际分工格局演变并未像技术进步视角那般易于识别，但是制度的变化在国际分工的演变中却起着至关重要的作用。国际分工中的制度变化决定了国际贸易、国际投资和国际金融这三大国际经济活动中的利益流向，若一国能够掌握国际经济制度制定话语权则可以决定国际交换的利益分配规则，从而可以最大限度地制定有利于自身的资源分配规则，尽可能获取更多的经济利益。在第一次工业革命之后所形成的国际分工格局中，实行的是自由贸易规则，在国际金融中实行的是金本位与英镑体制，所进行的国际投资也主要流向殖民地国家；第二次工业革命之后所形成的分工格局中，国际金融规则尽管仍是金本位与英镑体制，但是贸易中开始实施保护主义政策；第三次工业革命之后随着世界经济一体化进程的加快，自由贸易规则又重新占取主导地位，但国际金融规则发生了根本性的改变，此时美元成了世界货币。以英国、美国和德国这几个少数的发达国家为主掌握着制度话语权，其主导着国际经济秩序的变化，控制着国际经济活动中的贸易规则、国际金融规则，这就能够获得最大限度的利益分配优势。同时，国际经济制度改革难度之大也是源于此，如国际货币基金组织作为国际金融制度的主要载体，其规定，重大问题必须获得成员国全体投票的85%才能生效，而美国在这一组织中就有18.25%的话语权，这意味着美国有绝对的否定权，任何对美国经济不利的政策都将无法实施。

（二）技术和制度交互作用下的国际分工新形态

在国际经济活动不断交融的今天，单一地从技术或是制度视角看待国际分工问题都显得较为片面。我们总是可以发现在技术上占优势地位的国家往往在制度上也能够掌握较强的话语权，而在制度上能够具有绝对地位的国家总能够有较多的资源创新和发展技术，因此，技术和制度的交互作用已经成为国际分工形态变化的一个不容忽视的重要因素，从历史的演变逻辑来看，这一因素往往使得首先在技术上取得垄断地位的发达国家逐步在国际经济制度的制定中取得优势地位，进而又反过来加强其技术垄断地位。

就现实经济活动来看，选取美国、英国和日本作为发达国家的代表，选

---

① 徐建炜、姚洋：《国际分工新形态、金融市场发展与全球失衡》，《世界经济》2010年第3期。

取墨西哥、印度和韩国①作为发展中国家的代表,以一国就业人口的人均GDP(1990年不变价购买力平价美元)来表示劳动生产率的高低,如图6-1所示。可以发现,美国、英国和日本等发达国家的劳动生产率明显高于印度、墨西哥和韩国等发展中国家。因此,在实体产业中,发达国家处于国际分工的高端位置。

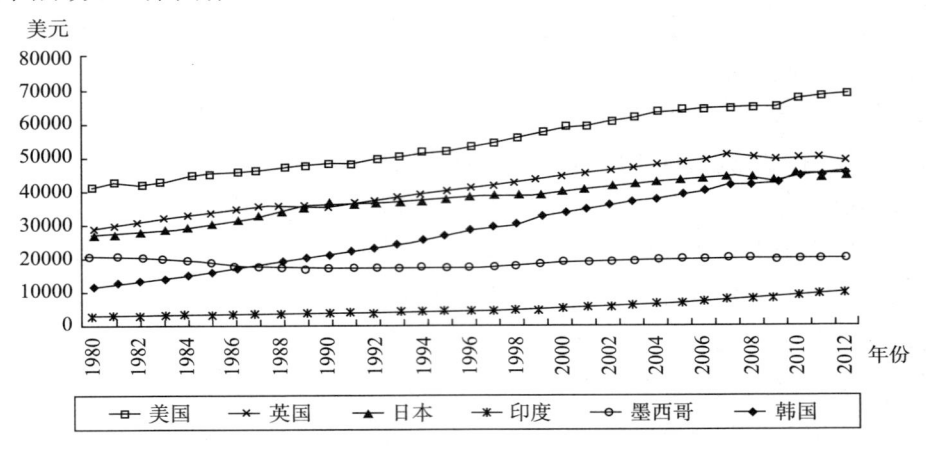

图6-1 发达国家与发展中国家劳动生产率比较

资料来源:世界银行数据库。

发达国家将低端制造业通过外商直接投资的方式实现了对外转移,尽管美国、英国、日本、印度、墨西哥和韩国这六国对外直接投资净流出占GDP的比例于2005—2013年间变动幅度较大,但总体来说,发达国家的这一数值要高于发展中国家,如图6-2所示。为了清晰地比较各国对外直接投资净流出占GDP比例的大小,算得各国该指标的年均水平分别为2.31%、4.76%、

---

① 尽管2005年联合国贸发会议发表新闻公报宣布韩国加入发达国家之列,但是由于韩国在人均GDP、GDP增长率和人均国民总收入中与高收入发达国家均有显著的差距。就人均GDP而言,韩国2014年人均GDP为27970.49美元,按照世界银行的分类,高收入国家为37823.16美元(其中北美为54198.68美元;欧盟为39567.18美元),可见,韩国并未迈入高收入国家的行列,与美国、欧盟等发达地区差距仍大。就GDP增长率而言,韩国2014年GDP增长率为3.31%,按照世界银行的分类,高收入国家增速为1.70%(其中北美为2.4%;欧盟为1.29%),韩国发展增速高于高收入国家,表明该经济体正处于向发达经济体收敛的进程中。就人均国民总收入GNI而言,韩国2014年GNI为34620美元,按照世界银行的分类,高收入国家为40762.47美元(其中北美为54622.89美元;欧盟为39072.97美元),可见,韩国并未迈入高收入国家的行列。因此,我们在这里将韩国作为发展中国家看待。

1.80%、0.90%、0.97%和1.98%，从这一组数字可以明显地看出发达国家将制造业大量转移至发展中国家。如此，通过国际直接投资，发达国家国内实现了产业结构升级且其制造业在国际分工格局中一直处于领先地位。

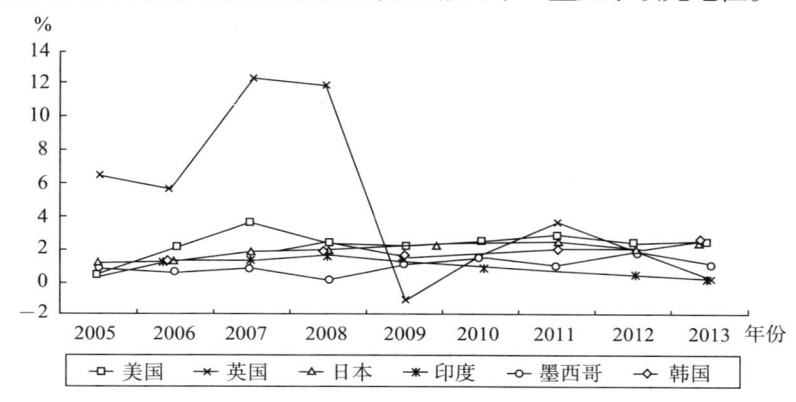

图6-2 发达国家与发展中国家对外直接投资净流出占GDP的百分比比较

资料来源：世界银行数据库。

不仅如此，近年来，金融业和制造业在发达国家和发展中国家之间的分工趋势日益凸显，如图6-3所示，发达国家与发展中国家股票交易总额占GDP的比重存在较大差异，发达国家股票交易总额占GDP的比重一般大于发展中国家股票交易总额占GDP的比重，前者的金融发展水平明显高于后者。

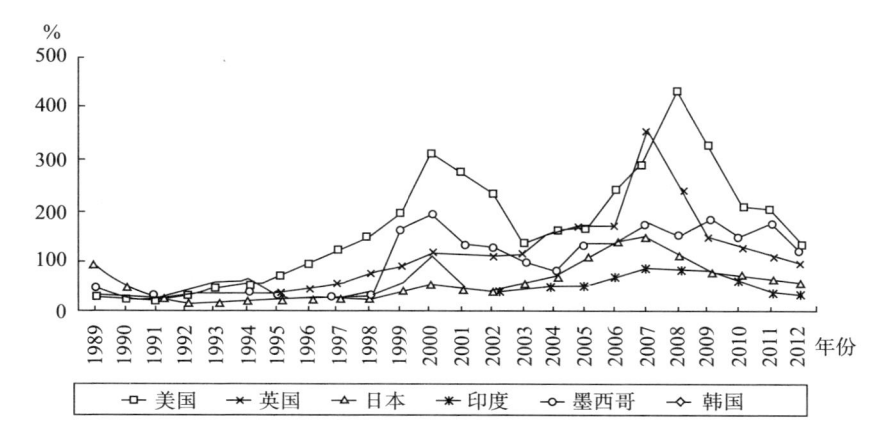

图6-3 发达国家与发展中国家股票交易总额占GDP的比重比较

资料来源：世界银行数据库。

由此可见，国际分工在实体产业内部、金融业和实体经济部门之间变化的新形态是现实经济活动中国际贸易、国际投资和国际金融中不平等现象的根源所在。以国际贸易、国际投资和国际金融三者自由化所主导的经济全球化中，无论是技术还是制度方面，发达国家在技术与制度的交互作用过程中都占有绝对的优势地位。处于国际分工顶端的发达国家利用技术垄断和不平等的经济规则操控贸易利益分配、跨国公司和国际经济组织及各种金融衍生品，以与欠发达国家进行不平等的国际交换，从而转移大量的国际剩余价值。

三、国际不平等交换新内涵：三个层次、两大变量

国际分工是国际交换的基础，在产业内和产业间国际分工并存这一新背景下，我们必须依据现实经济条件对国际不平等交换的内涵和形式进行界定。

自马克思以来，国内外学者都在对国际不平等的内涵和外延进行新的探讨，并形成了丰硕的研究成果。通过文献的梳理和挖掘，我们可以发现，国外学者很早就展开了对国际不平等交换的研究，且主要集中于对国际不平等的定义和内涵探讨，主要人物包括鲍威尔、伊曼纽尔、萨米尔·阿明、罗默、普雷维什、辛格、芬德利、克鲁格曼等。从国际不平等含义来看，国外学者主要将国际不平等交换分为广义不平等和狭义不平等交换，伊曼纽尔认为广义的不平等交换是指在工资相等而资本有机构成不相等时引起的不平等交换，狭义的不平等交换是指在两国工资和有机构成都不相等时由价值转化为生产价格引起的不平等交换，且其认为只有狭义的不平等交换才是真正意义上的不平等交换。与之相类似观点的是克里斯蒂安·帕鲁瓦，他认为广义不平等交换是以相同剩余价值率、不同资本有机构成为前提的，狭义的不平等交换则是以不等的剩余价值率和相等的资本有机构成为前提。阿明对伊曼纽尔的理论进行了一定的批判，并同时认为世界资本主义体系之所以产生不平等交换是因为劳动的报酬差异大于带有生产率特征的差异。无论广义还是狭义，我们都可以发现他们提及并分析了不平等交换，然而，都仅仅是表面形式的不平等交换，并未能够从不平等的劳动量来诠释这一不平等交换的深层次内涵。国内学者有关国际不平等交换也进行了诸多研究，主要代表人物有陈同仇、薛荣久（1997），王元璋、阮红新（2000），朱奎（2006），李翀

（2007），聂志红（2008）等，他们对等价交换和不等价交换进行了较为深入的研究。总的来看，他们认为不等价交换就是不等值交换，这里的"值"是指国际社会必要劳动时间，也有一些学者认为是国际生产价格。

从国外和国内学者的分析可以看出，他们虽然各有侧重但是均存在着一定的欠缺。一方面，以前文献缺乏对国际分工新形态的深入和全面考量，因而难以对国际不平等内涵进行不同层次的界定，引致国际不平等交换内涵的内在逻辑关系难以厘清；另一方面，对国际不平等交换的研究鲜有从多变量的视角进行剖析，这就难以全面、清楚地阐释国际不平等交换产生的本质和缘由，只有从技术和制度角度所剖析的国际分工理论才能为多变量的国际不平等交换提供理论基础。针对现有研究的局限，本书从三个层面、两个变量考虑国际不平等交换的新内涵。在现实经济条件下，国际不平等交换的内涵有着较大的变化，不仅仅需要我们对其表面形式的不平等交换进行研究，还要对实质上的不平等交换进行深入探究。

以表面和实质这两大视角，我们将国际不平等交换分为三个层次：一是"形式平等而实质不平等的交换"。这是指技术进步仅仅使得劳动的客观条件发生变化，劳动的主观条件并未受到影响，交易双方按照商定的价格即等价交换原则进行，但实际上在等价交换的背后发生了剩余价值的转移。如果双方之间不存在着超额剩余价值的转移，便是实质的平等交换；二是"形式不平等而实质平等的交换"。这是指技术进步不仅仅影响劳动的客观条件，而且还影响劳动的主观条件。强国与弱国进行交换在形式上表现为强弱不对等，但是由于强国复杂劳动是弱国的简单劳动的倍数，因此实际上是平等的，这种形式就称为"形式不平等而实质平等"的国际交换；三是"形式和实质上的双重不平等"的变换。如果一国凭借制度上的优势（如话语权、国际垄断地位、货币体系等）来控制双方的交易行为和利益，则为"形式和实质上的双重不平等"。

技术创新和制度演进是国际价值创造和利益分配的两大主线，进而也是国际不平等交换的两大根源所在。从技术角度来看，技术进步所引致的劳动主观条件和客观条件的变化是影响国际不平等交换形式和实质转变的重要变量。若技术进步仅仅影响劳动客观条件，那么，这必然会加重国际不平等交换。若在影响劳动客观条件的同时影响劳动主观条件，且对劳动主观条件的影响使得劳动的复杂程度发生了变化,这就使得商品的单位商品的价值量发生了变化。若劳动客观条件的变化力量远远小于主观条件的变化,那么,强国实际上是复杂劳动所创造的商品,因此,其商品价值量本就应该多于弱国的商品,这是一种实质上平等的国际交换。从制度角度来看,在制度话语权在国际经济活动中占有一席之地后,人为的交换尺度逐步替代了国际价值这一客观的尺度。强国凭借其在经济活动秩序制定过程中的强势地位干涉国际交换的标准和行为规则。因而,一旦制度因素在国际交换中占有重要权重,国际交换就会形成"形式和实质的双重不平等"。

从"形式平等而实质不平等的交换""形式不平等而实质平等的交换"和"形式和实质上的双重不平等"的交换这三大层次对国际不平等交换的内涵进行拓展有利于我们对现实经济条件下国际经济活动的新变化进行剖析。从技术和制度两大变量对国际不平等交换的影响因素进行总结不仅与国际不平等交换的新内涵相一致,而且符合经济发展长河中的历史逻辑演绎。在国际经济发展过程中,必然先是技术变量占据主导地位,随着各国经济、政治和军事实力的不断变化,制度变量在国际经济活动中的地位也越发重要。因此,从技术和制度这两大变量出发探究国际不平等交换的本质符合现实经济逻辑。

四、三大国际经济活动中的不平等交换及新趋势

若对国际分工的探究局限于产业内部,自然引致不平等交换问题也局限于产业内的国际贸易和国际投资。一旦将国际分工新形态的探究拓展至产业内和产业间并存的状态,我们就需要重新探讨国际贸易、国际投资乃至国际金融中的不平等交换问题。

国际经济活动中的不平等交换现象最初表现为国际贸易中的不平等交换现象。根据不同时期国际分工格局的演变,国际贸易中的不平等交换大体上经历了工业产品与农业产品不平等交换、初级工业产品与高级工业产品不平等交换两个阶段。前一阶段主要发生于机器大工业时期,当时少数发达的欧洲国家将大量过剩的工业制成品输至殖民地国家以换取这些国家的原料和粮食等初级产品。一般来讲,农业国的劳动生产率低于工业国的劳动生产率,因而,在相同价格下交换工业制成品和农产品总是会发生剩余价值由农产品转向工业制成品的现象,在这过程之中存在"形式平等而实质不平等的交换"；在农业生产条件不断进步的条件下，也有可能形成"形式不平等而实质平等的交换"；当然在考虑当时殖民地的制度因素时，也存在一定的"形式和实质上的双重不平等"的交换。后一阶段主要发生于发展中国家进入了初级工业化时期，此时国际不平等交换主要表现为发达国家与发展中国家在高端和低端工业品之间的不平等交换。根据马克思的国际价值理论，在同一时间内，劳动生产率较高的发达国家厂商凭借其技术上的优势可以生产出远远多于欠发达国家的使用价值，即前者产品的国别价值较低。在世界市场上，按照国际平均价值进行交换时，超额剩余价值就从欠发达国家转向劳动生产率较高的发达国家，即商品价值量较高的欠发达国家无法在国际交换中实现超过国际平均价值量的那部分价值，这就形成了"形式平等而实质不平等的交换"和"形式不平等而实质平等的交换"。而后，将国际垄断纳入考虑范围时，"不管一种商品交换另一种商品的条件如何有利，只要雇佣劳动和资本的关系继续存在，就永远会有剥削和被剥削阶级的存在。"[①] 因此，国际垄断是国际贸易中不平等交换的重要原因，"任何时候只要我们仔细地研究一下英国的自由贸易的性质，我们大都会发现：它的'自由'说到底就是垄断。"[②] 国际垄断会导致国际贸易中交换关系在形式和实质上的双重不平等。

在国际投资的过程中，不平等交换现象则主要表现为欠发达国家被动承接了发达国家劳动密集型、能源与污染密集型的产业转移却只获得较低的利润，同时引致发达国家与欠发达国家劳动者之间的工资不平等性、欠发达国家高端和低端劳动者之间的工资不平等性。发达国家向欠发达国家进行直接投资直接表现为对外直接投资所带来的国际产业转移，正如马克思所说，"一个国家的三个工作日也可以同另一个国家的一个工作日交换"[③]，"不同国家的工作日相互间的比例，可能像一个国家内熟练的、复杂的劳动同不熟

[①] 马克思、恩格斯：《马克思恩格斯全集》（第四卷），北京：人民出版社 1958 年版，第 456、457 页。

[②] 马克思、恩格斯：《马克思恩格斯选集》（第一卷），北京：人民出版社 1995 年版，第 719—720 页。

[③] 马克思、恩格斯：《马克思恩格斯全集》（第二十六卷（Ⅱ）），北京：人民出版社 1975 年版，第 112 页。

练的、简单的劳动的比例一样，在这种情况下，比较富有的国家剥削比较贫穷的国家。"① 因此，发达国家在对欠发达国家进行投资时，往往会压榨其劳动力，对其进行剥削。"只要资本主义还是资本主义，过剩的资本就不会用来提高本国民众的生活水平，因为这样会降低资本家的利润，而会输出国外，输出到落后的国家去，以提高利润。在这些落后的国家里，利润通常是很高的，因为那里资本少，工资低，原料也便宜。"② 因此，发达国家倾向于将劳动密集型、能源和污染密集型或者低利润的加工环节转向欠发达国家。从现实经济条件来看，国际产业转移的特点有三：一是，劳动密集型产品在市场上的需求弹性远小于资本或技术密集型产品，这就引致其在贸易利益分配中的角色地位较低；二是，发达国家仅将一些依赖品牌获得高利润产品的加工环节转移至欠发达国家，未将核心环节转移，这就导致欠发达国家所获得的利润十分微薄；三是，发达国家囿于其环境约束的加强和污染治理成本的上升逐步将污染密集型产业逐步转移至能源丰富且环境管制较低的欠发达国家。在发达国家对欠发达国家进行国际投资的过程中，欠发达国家仅能从加工环节或者低端产业中获得微薄的利润，在此过程中所创造的剩余价值几乎被发达国家全部获得。就以苹果 iPad 的利润构成为例，苹果 iPad 利润 150 美元构成中美国公司独占 42.1%，其分包商韩国占 6.8%，中国的劳动成本部分仅占 1.6%。③ 同样，其 iPad 在苹果公司并无生产线，但美国通过设计、专利和营销获得的收入为 163 美元，零部件和运输费 132 美元（其中日本东芝等公司获得 93.39 美元），而中国仅仅得到 4 美元（其中组装费为 3 美元）。④ 从中国玩具市场来看，中国向世界提供了 70% 以上的玩具产量，然而在玩具生产中却多服务于外国品牌，根据国外的样板进行生产，中国企业仅赚取微量的加工费，近 80%—90% 以上的利润都是被国外品牌所

---

① 马克思、恩格斯：《马克思恩格斯全集》（第二十六卷（Ⅲ）），北京：人民出版社 1975 年版，第 112 页。
② 列宁：《列宁全集》（第二十七卷），北京：人民出版社 1963 年版，第 377 页。
③ 国务院国资委：《"失衡"密码——央企战略性新兴产业观察报告》，《国资报告》2015 年第 7 期。
④ 李长久：《对资本主义的几点认识》，《红旗文稿》2012 年第 8 期。

赚取。① 同时，对于劳动者而言，在这一过程中，发达国家劳动者仍能够获得较高的劳动报酬，而欠发达国家却只能获得较为低廉的工资，在欠发达国家内部高技能劳动者可以加入外商直接投资的企业，从而获得更高的工资，而还有一部分劳动者则参加较为简单的重复性劳动，固化于低工资层面，这就导致欠发达国家内部高低技能劳动者之间的不平等性日趋加重。

国际金融中的不平等交换则主要表现为因汇率偏离，发达国家先进的金融体系和发达国家主导的国际金融秩序转移欠发达国家的剩余价值。以经济全球化和国际分工新形态所带来的以发达国家为主导的全球金融中心和以欠发达国家为主导的低端制造业中心是当前国际经济的一个重要特点。二者之间也形成了一种特殊的互惠利益机制，然而，尽管二者之间相互有利益，这一领域中的不平等交换问题也浮出水面。国际金融中的不平等交换最初体现在汇率偏离之上，马克思认为，"一个国家的资本主义生产越发达，那里的国民劳动的强度和生产率，就越超过国际水平。因此，不同国家在同一劳动时间内所生产的同种商品的不同量，有不同的国际价值，从而表现为不同的价格，即表现为按各自国际价值而不同的货币额。"② 由于世界市场上缺少一种使得每个国家都通用的货币，不同国家的商品交换自然就要求货币之间的兑换，不同的劳动生产率就会外在表现为相同时间内生产出的商品所包含的货币额。技术进步对劳动的主观和客观条件都有所影响，对劳动客观条件的影响会使得一国货币所代表的价值量下降，而技术进步对劳动主观条件的影响表现为提升一国货币所代表的价值量，因而，技术进步对货币所代表商品价值量影响的正负并不能一概而论。同时，先进的技术和熟练的劳动力将使一国一直处于垄断地位，加之政府保护主义使其能够一直保持其商品的国际价值，从而使得该国商品的国际价值能够一直高于另一国家。因而，技术因素和制度因素会使汇率偏离成为长期国际不平等交换的重要原因。就国际金融体系视角而言，国际货币体系失衡和金融发展所引致的国际不平等交换主要表现为发达国家不断向世界各国尤其是欠发达国家输出较为坚挺的货币，以此换取欠发达国家的初级产品或资源，从而不断获取欠发达国家的剩

---

① 李真：《国际产业转移机理与衍生效应研究——一个基于贸易角度的政治经济学模型分析》，《当代经济研究》2011 年第 6 期。

② 马克思、恩格斯：《马克思恩格斯全集》第二十三卷，北京：人民出版社 1975 年版，第 614 页。

余价值。在 2008 年金融危机发生之前的 2006 年 12 月，美元、欧元、日元和英镑分别占国际储备货币的 65%、25%、6% 和 3%，其他货币仅占 1%。而 2011 年第三季度前四者的比例分别为 61.7%、25.7%、6% 和 3%，其他货币占 4.8%。[①] 但追溯这些国际金融中不平等交换的根源，都可归因于产业间国际分工新格局。金融和制造业的相对发展差异是长期产业间国际分工的结果，制度视角下固化的国际分工地位使得改变某种货币的霸权或者重整国际货币体系都难以从根本上改变国际不平等交换的格局。

更值得我们所关注的是，近年来，国际不平等的发展又出现了新的发展趋势，这一趋势主要表现为三大国际经济活动中的不平等性相互渗透和融合，从而循环加深彼此之间的影响作用，我们可以将这种现象称为"交融"。技术和制度交互作用下的国际分工新形态就已经预示着国际经济三大领域中的不平等性也不能完全被区分开来，技术较为先进的国家往往能够在国际经济谈判或者合作中占有优势地位，因此，其在国际经济秩序的制定中也能占得先机。这也就意味着，若一国能够在国际贸易中占有优势地位，其也会加强在国际投资和国际金融中的优势地位，同样，若在国际投资或国际金融中占有优势地位，在其他的国际经济活动中也会获得更多的经济利益。具体来讲，首先，国际投资不平等性对贸易不平等交换的交融影响表现为跨国公司在国际竞争中对国际贸易结构的控制所造成的国际贸易利益分配的失衡，国际金融对国际贸易不平等交换的交融影响主要体现在两国金融发展水平差异对贸易利益失衡的加剧；其次，国际贸易利益分配的不均衡强化了一国因资源禀赋差异、初始技术差异以及制度差异而决定的国际分工格局，因而，不同国家逐渐形成了一种以资源禀赋、技术和制度差异为基础的产业势差。与此同时，技术水平的日益进步以及全球经济合作的不断深化，国际投资的内在动力也在悄然变化。发展中国家金融发展稳定性水平的提升对国际产业承接起到了正面作用，因此，国际贸易和国际金融中的不平等性也会加剧发达国家对发展中国家投资领域中的不平等性；最后，国际贸易和国际投资中的不平等交换势必也会引致国际金融中的不平等交换现象。一方面，技术差异和制度差距使得发达国家在贸易不平等交换中获得大量贸易利益的同

[①] 李长久：《对资本主义的几点认识》，《红旗文稿》2012 年第 8 期。

时，还在国际贸易规则中占有绝对的主导地位，这为国际金融垄断资本的形成奠定了基础。另一方面，以跨国公司为主要表现的国际投资不但强化了发达国家与欠发达国家之间国际经济制度话语权之间的差距，而且能够巧妙地利用金融制度以攫取更多的利润，从而加深了国际金融中的不平等交换。

由此可见，三大国际经济活动中的不平等现象依然存在，然而在国际分工新形态的前提下，国际不平等性的诱因又有了新的变化，国际不平等交换也呈现出新趋势，即三大国际经济领域中不平等性逐渐相互"交融"。这为我们更加深入地理解和看待当今的国际不平等提供了新的思路。

第二节 国际贸易不平等交换理论与实证分析

随着全球化进程的加快和区域贸易的兴起，国际贸易的不平等交换问题也越发引起学者们的关注。本书从国际不平等交换与贸易利益失衡分配的现实证据、国际贸易不平等交换的机理分析和贸易不平等交换的实证检验三个方面分析国际贸易与不平等交换两者之间的关系。

一、国际贸易不平等交换的现实分析

改革开放以后，我国在世界经济事务中的地位逐渐提高，尤其是进入20世纪90年代以来，我国的经济发展无论在总量方面还是增速方面都堪称世界的奇迹。根据世界贸易组织统计数据，2013年中国成为世界第一货物贸易大国，货物进出口总额达到4.16万亿美元，占世界货物贸易比重的12%。中国在全球经济中的比重由2000年的3.7%上升到2012年的11.6%。根据世界银行公布的2005年不变美元价格的全球GDP数据来测算中国经济增长对全球经济增量的贡献发现，过去30多年中国对全球经济增长的平均贡献率达到13.5%，占发展中国家整体贡献的40%，2008—2012年全球经济增量接近40%来自中国。随着科技、知识在全球范围内流动，我国的劳动生产率有了大幅度提高，并通过学习发达工业国家先进的生产技术以及高科技研发方法，逐步优化了出口贸易产品格局，出口产品的国际竞争力也在不断加强，从以往仅局限于出口原材料以及附加值极低的劳动密集型产品，过渡到现在以高科技产品为代表的资本密集型产品出口比重逐年上升。虽然中国贸易总量和劳动生产率都不断提高，但从整个国际交换经济利益分配来

看，我国仍处于不平等的地位。

第一，从国际分工角度而言，我国仍处在该体系的最底层。根据1990—2007年我国分类出口年度数据显示，纺织、服装等低技术、低附加值、低利润空间的劳动密集类商品出口的世界份额要远远高于美国、日本等发达国家，其国际市场占有率在8%以上，而这种趋势在1999年之后变得越加明显。至2007年年底，我国纺织和服装类商品出口占世界总出口比重的29.3%，与此同时，美国和日本的市场占有率只有2.8%和1.4%。与劳动密集型商品出口相比，化学和化工类商品等附加值较高的高资本、高技术类商品出口的世界占有率则一直远远低于美国和日本。这种不合理的国际分工，使得绝大多数高利润行业被发达国家所占据，严重影响了我国在国际贸易交换正常的利益分配。

第二，由于绝大多数劳动密集型商品都具有技术含量低、附加值低的特点，导致我国劳动密集型商品出口依附性较强。首先，由于劳动密集型产品出口需求弹性较小，世界的供给曲线凸度较大，因此劳动密集型产品出口的增长会引起贸易条件的恶化。从1993年至2000年，我国整体的贸易条件下降了13%。恶化的贸易条件很难将庞大的出口贸易量转化为贸易利益，因此，我国通过出口劳动密集型商品而获得的出口利润的份额是微乎其微。其次，劳动密集型产品出口价格极易遭受发达国家的控制和影响。以我国轻纺和服装制品出口为例，从1997年到2002年，我国服装出品平均单价从2.95美元降至2.05美元，梭织服装出口平均单价从4.5美元降至3.28美元，针织服装出口平均单价从1.99美元降至1.33美元。而一直在国际市场占有较高份额的羊绒制品，也出现羊绒原料出口单价上涨，羊绒衫出口单价连年下跌的反常现象。再次，发达国家对我国出口商品的反倾销指控大多针对劳动密集型产品。根据美国国际贸易委员会对反倾销案件数量的统计，中国已经成为其首要反倾销对象。1990—2006年间，我国遭到美国反倾销指控的出口商品种类达80多种，这些商品大多涉及资源和劳动密集型商品，这使得中国直接损失100多亿美元的出口额。最后，劳动密集型产品的出口利益对我国的经济增长贡献率较小。以廉价劳动力为主的劳动密集型产业，由于技术对劳动主观条件的影响很小，所以商品附加值低，在出口过程中虽然数量庞大，但真正能国际交换中得到的贸易利益却很少。

第三，在国际贸易摩擦谈判协调中，发达国家总是凭借其经济、政治和军事力量，在国际贸易谈判中占据主动地位，以强势迫使发展中国家做出让步，达到他们既定的目的和要求。根据美国统计局的数据，在美国高技术产品出口中，美对华出口占美国总出口的比例不到 6%，但从中国进口的高技术产品占美国总进口比例超过 22%，这说明美国正在刻意限制对中国的高技术产品贸易出口。2007 年 6 月美国商务部又公布了对华高科技产品出口管制的清单，被管制出口的对象主要针对那些"可能增强中国军事实力"的产品、技术和软件，共涉及 20 个大类，包括：航空器及航空发动机、航空电子、惯性导航系统、激光器、光学纤维、贫铀、水下摄像机及推进系统、先进复合材料，以及高科技通信器材、防空的仪器等。这实际上是发达国家依靠强权对发展中国家进行的技术垄断，其目的不仅在于军事防御，而且在于进一步加强对发展中国家的限制，以减少其在经济、政治等方面对其的威胁，维护其全球霸主地位。

第四，技术性贸易壁垒已成为发达国家用于剥削发展中国家更加隐蔽、影响更大的方式。一方面，发达国家作为设置技术壁垒的发起者，自然成为技术壁垒的受益者；另一方面，技术壁垒使得我国只有效率最高的生产企业才有可能进入发达国家的市场，而传统的初级产品或工业制成品出口则被排挤在国际市场门外，结果导致这些企业难以通过增加投资或降低成本来克服技术壁垒，由此进入恶性循环。加入 WTO 后，中国出口受国外 TBT 的限制变得更加严重。据商务部抽样调查，2002 年中国有 71% 的出口企业、39% 的出口产品受到此类限制，造成损失 170 多亿美元，分别高于 2000 年 66%、25% 和 110 亿美元。1997 年至 2000 年，我国因发达国家的技术壁垒而受阻的出口产品总值达 700 亿美元，几乎占了出口总额的 25%。按照行业分布，劳动密集型产品遭受 TBT 限制受损最为严重，而高新技术和机电产品受损在近年来也呈上升趋势（如表 6-1）。

表 6-1　各行业的出口企业受 TBT 限制比例

食品土畜	医保	轻工	纺织	机电	五矿化工
89.70%	70.60%	67.40%	67.20%	64.70%	60.10%

资料来源：商务部科技发展和技术进出口司。

二、国际贸易不平等交换的机理分析

国际贸易不平等交换的内在机理是通过国际分工、产业转移及国际贸易不平等交换和国际制度话语权的不平等实现的。

（一）国际分工、产业转移及国际贸易不平等交换

马克思的国际价值理论告诉我们，劳动生产率高的国家能够在相同的劳动时间内生产出更多的使用价值，国别价值量较低。在按照国际价值进行交换时，超额国际剩余价值便从劳动生产率低的国家流向劳动生产率高的国家。在这种情况下，劳动生产率低的国家必然将不具有贸易优势的产业进行对外转移，使得具有生产和贸易优势的国家成为某种产业的集聚地。随着科技日新月异的进步和经济全球化的深化，国际产业转移的内在动力也相继发生了变化。国际贸易利益分配的不均衡强化了因初始技术差异、资源禀赋差异决定的国际分工模式，不同国家之间形成了一种以技术和制度差异为基础的产业势差。国际产业分布实际上已经逐步从自由竞争形成演变为垄断势力主导的模式。实践证据也表明，自20世纪50年代起的四次国际产业转移浪潮，发达国家的份额一直保持在70%左右，其对外产业转移主要有两个流向：一是流向发达国家，二是流向发展中国家。发达国家之间的产业转移一般集中于高新技术产业和新兴服务业，而发达国家向发展中国家的产业转移则主要集中于制造业，尤其是传统制造业方面。据联合国工业发展组织报告估计，2005年发达国家所占全球制造业的份额由1970年的86%下降至67.6%；而发展中国家所占份额，则从1970年的10.3%上升至30.6%，这说明发展中国家已经成为发达国家普通制造业转移的重要目的地。因此，在下面的论述中，我们将对国际分工、国际产业转移和国际贸易不平等交换机理进行分析与研究。

马克思将社会必要劳动时间定义为"在现有的社会正常的生产条件下，在社会平均劳动熟练程度和劳动强度下制造某种使用价值所需要的劳动时间"。当商品跨境流动后，一国生产某种商品的社会必要劳动时间便成为同类商品在国际市场上进行贸易交换的国别价值。设在国家 i 商品 j 的国别价值量为 $w_i^{N(j)}$，它是由一国生产该商品所需的社会必要劳动时间所决定，可以看作为国内社会必要劳动时间的函数。而国际价值是在国际正常的生产条件、国际平均劳动熟练程度和平均劳动强度下生产出来的商品价值量。这种"国际正常的生产条件、国际平均劳动熟练程度和平均劳动强度"又在很大程度上受各国国别生产条件、

劳动熟练程度和劳动强度的影响。因此，商品 j 的国际价值是所有从事该商品生产和交换的国家 i 所生产商品 j 的国别价值的一个加权平均函数。每个国家国别价值量变动，理论上会对国际价值量产生一定程度的影响。但是当这种变动发生在少数权重不大的国家时，我们也可以忽略这种变动对国际价值量的影响。国别价值和国际价值的关系可用式（6.2.1）表示。

$$w^{W(j)} = f(w_i^{N(j)}) = \frac{\sum_{i=1}^{n} q_i^j w_i^{N(j)}}{\sum_{i=1}^{n} q_i^j} \tag{6.2.1}$$

其中，$w^{W(j)}$ 为贸易产品 j 的国际价值，$w_i^{N(j)}$ 为国家 i 生产贸易产品 j 的国别价值，q_i^j 为国家 i 生产贸易产品 j 的产量。

在国际贸易中，一项重要的原则就是所有贸易商品均按照国际价值交换。不同的国别价值会导致不同国家在同类型产品出口时获得不同的贸易利润，只有一国贸易品的国别价值低于国际价值时，这个国家才有可能获得贸易利润。因此，在出口贸易中占据优势的国家通常具有比其他竞争伙伴更低的国别价值。根据国际价值理论，一般化的国际超额剩余价值函数由国别生产率差异所影响。设定贸易产品 j 在 t 期的国际价值形式为：$w_t^{W(j)} = (\bar{c}^j + \bar{v}^j + \bar{m}^j)/\bar{q}^j$，国家 i 贸易产品 j 在 t 期的国别价值形式为：$w_{i,t}^{N(j)} = (c_i^j + v_i^j + m_i^j)/q_i^j$。其中，$\bar{c}^j$、$\bar{v}^j$、$\bar{m}^j$ 和 $\bar{q}^j$ 分别表示贸易品 j 国际价值构成中单位化的不变资本、可变资本、剩余价值和产量；c_i^j、v_i^j、m_i^j 和 q_i^j 表示国家 i 贸易产品 j 国别价值构成中的不变资本、可变资本、剩余价值和产量。另外，由于技术进步不仅会引起固定资本投资等劳动客观条件变化，也必然会引起劳动者教育水平、劳动技能和强度、工作经验等劳动主观条件的变化，这会导致不同国家在固定资本投资价值和劳动者工资方面有所差异。因此，当国家 i 的国别价值低于国际价值时，它在出口贸易品 j 过程中可以获得的单位超额剩余价值如式（6.2.2）所示：

$$\begin{aligned}\Delta w_{i,t}^j &= w_t^{W(j)} - w_{i,t}^{N(j)} = \frac{\bar{c}^j + \bar{v}^j + \bar{m}^j}{\bar{q}^j} - \frac{c_i^j + v_i^j + m_i^j}{q_i^j} \\ &= \frac{\bar{c}^j + \bar{v}^j(1+m'^j)}{\bar{q}^j} - \frac{\alpha_i^j \bar{c}^j + \beta_i^j \bar{v}^j(1+m'^j)}{\alpha_i^j \bar{q}^j} = \frac{(\alpha_i^j - \beta_i^j)(1+m'^j)\bar{v}^j}{\alpha_i^j \bar{q}^j}\end{aligned}$$

$$\tag{6.2.2}$$

式（6.2.2）成立隐含了一个重要假设，即假设贸易品 j 生产的国际剩余价值率和国别剩余价值率相等。α_i^j 为国家 i 生产贸易品 j 的劳动生产率与世界平均水平的差异，对于拥有更为先进生产技术和生产效率的国家 i 而言，一般有 $\alpha_i^j > 1$，β_i^j 为国家 i 从事贸易品 j 生产的劳动者工资率。当技术进步状况对劳动客观条件的影响力（α_i^j）作用相对于对劳动主观条件的影响力（β_i^j）更大时，即 $\alpha_i^j > \beta_i^j$，国家 i 可以通过出口贸易品 j 获得正的国际超额剩余价值。

但是，在国际贸易一体化和经济全球化的背景下，技术进步的一个重要的效应就是技术溢出。一国初始在某个贸易品生产上的独占或相对占优技术，会随着出口产品的增多而产生外溢。这种技术外溢效应通常是从技术更先进的国家向外围国家扩散的。当其他外围国家通过引进、模仿和二次创新对贸易品 j 的生产技术进行不断改善时，加入出口贸易中的产品供给国越来越多，而且每个国家的贸易品 j 的国别价值也随着技术溢出效应而不断下降，这便造成了贸易品 j 的国际价值的下降。我们用式（6.2.3）表示技术溢出后的贸易品 j 国际价值量，其中 α_j^w 和 β_j^w 分别表示技术溢出对于贸易品 j 生产所投入的平均不变资本（固定资本、燃料、原料等）和平均可变资本（劳动者工资和其他报酬等）的影响系数。

$$w_{t+1}^{W(j)} = \frac{\alpha_j^w \bar{c}^j + \beta_j^w \bar{v}^j (1 + m'^j)}{\alpha_j^w \bar{q}^j} \tag{6.2.3}$$

如果假设国家 i 在 t 期和 $t+1$ 期的技术进步状况并没有明显的变化，那么在技术溢出效应的影响下，$t+1$ 期国家 i 通过出口商品 j 所获得的超额贸易利益变化为：

$$\Delta w_{i,t+1}^j = w_{t+1}^{W(j)} - w_{i,t}^{N(j)} = \frac{(\alpha_i^j \beta_j^w - \alpha_j^w \beta_i^j)(1 + m'^j) \bar{v}^j}{\alpha_j^w \alpha_i^j \bar{q}^j} \tag{6.2.4}$$

通过比较式（6.2.2）和式（6.2.4）发现，当技术溢出对贸易品 j 国际价值构成中的不变资本影响程度大于对可变资本的影响程度时，即 $\alpha_j^w > \beta_j^w$，有 $\Delta w_{i,t+1}^j < \Delta w_{i,t}^j$。这意味着，其他国家逐步通过模仿以及标准化生产掌握了贸易品 j 的生产技术，这些国家与国家 i 间的劳动生产率差距逐渐缩小，这使得贸易品 j 的国际竞争市场变动更加激烈，可能从原本的技术和生产率竞争转变为价格竞争。当国家 i 发现在本国生产并出口贸易品 j 所能够获得

的国际超额剩余价值接近零时，它便会将贸易品 j 的生产环节向外转移至国别价值方面更有优势的国家。因此，根据式（6.2.4）贸易品 j 的国际产业转移临界条件可以表示为：

$$\frac{(\alpha_i^j\beta_j^w - \alpha_j^w\beta_i^j)(1+m'^j)\bar{v}^j}{\alpha_j^w\alpha_i^j\bar{q}^j} \leq 0，即 \frac{\alpha_i^j}{\alpha_j^w} \leq \frac{\beta_i^j}{\beta_j^w} \quad (6.2.5)$$

式（6.2.5）的经济含义为：当国家 i 在生产贸易品 j 方面的外部资本投资优势开始弱于工资成本所带来的劣势时，国家 i 将会逐渐丧失出口所带来的国际超额剩余价值，为了维持高利润率和延长产品生命周期，国家 i 将会将贸易品 j 的生产环节由本国国内向外转移至在劳动外部资本投资和劳动力成本更具优势的国家。

通过上述分析，国家间的资本差异、劳动力成本差异成为国际产业转移重要的影响因素，该结论在现实中也得到了充分的证明。

第一，20世纪60年代以来，大部分发达国家的人口自然增长大幅下降，由此导致非熟练劳动力不足，劳动力成本上升，传统的一些劳动密集型产业的比较优势逐步丧失。与之相比，大多数发展中国家都具有科技水平普遍不高，但劳动力资源禀赋充裕的特点，很适合于发展那些只依靠大量使用劳动力，而对技术和设备的依赖程度低的劳动密集型产业。由于对技术的要求不高，因此生产成本成为劳动密集型产品国际市场竞争的主要决定因素。与发达国家相比，发展中国家普遍具有显著的劳动力成本优势，其结果是逐渐成长起与发达国家技术构成相似而价值构成不同的重合劳动密集型产业部门，其产品在国际市场交换中更具价格竞争力和比较优势。由于国际竞争力的丧失，在追求利润最大化的动机驱使下，发达国家不得不通过贸易形式逐渐将纺织、服装、玩具、皮革等传统劳动密集型产业向更具有劳动力资源和成本优势的发展中国家和地区转移。以轻纺工业为例，它是工业化历史上最先出现的工业部门，也是最先进行产业转移的工业部门。这类部门先从英国扩散到欧洲、美洲，继而扩散到日本、印度、中国，第二次世界大战后扩散到东亚"四小龙"和东南亚国家。每次产业转移都具有一个共同的特点，那就是转出的产业在转出国都已丧失劳动密集型优势，而承接国恰恰具有这个优势。但对于一些依靠品牌获得高额利润的劳动密集型产业，发达国家会继续保有原有品牌的垄断性，仅将生产加工环节转移到发展中国家，这样大量的品牌垄断利润仍被发达国家所占有,发展中国家仅能从产业转移中获得微薄的加工利润。以中国玩具生产为例,中国玩具产量在全球占据70%以上,但其中80%—90%以上的利润被发达国家品牌占有商所获得。

第二,与劳动密集型产品相比,资本密集型和技术密集型产品一般都赋含较高的技术含量,产品生命周期性明显。目前,大部分制造业的国际转移都是基于产品生命周期的转移,发达国家将国内处于标准化阶段的制造业向后发工业国以及发展中国家转移,借此为国内附加值更高的新兴产业腾出更为广阔的发展空间。这些夕阳技术虽然在发达国家的获利空间已非常有限,但在发展中国家和相对落后地区尚属于比较先进的技术。20世纪90年代以来,随着发达国家向发展中国家产业转移的增加,发展中国家出口结构有了明显改善,出口收入的80%来自制成品。但是,我们必须清醒地看到表面结构改善背后的内涵问题。发展中国家承接的资本、技术密集型产业主要涉及三种情况:一是发达国家落后的技术产业;二是发达国家处于标准化期的成熟产业;三是新兴产业中的非关键生产环节。发展中国家通过承接产业转移得到的更多为非核心技术的外溢效应。不仅如此,发达国家政府出于国家利益考虑还出台了一系列管制和干预国际产业转移的政策,特别对于国际产业转移中的技术出口和技术转让进行严格限制,最大限度地降低技术外溢效应。其结果只能是增加了发展中国家对国外技术和产业转移的依赖性以及发达国家对发展中国家产业发展进程的控制能力,使国内产业发展和工业化进程在一个较低水平上重复,强化了与发达国家间的产业级差。

(二)国际制度话语权的不平等

在只考虑国际垄断制度对贸易交换影响的状态下,国际超额贸易利益流向将取决于经济体之间国际经济制度话语权及垄断能力。

考虑发达国家与不发达国家间的双边贸易情况,如果这个交换过程是等价交换,那么 $w^{W(1)} q_A^1 = W = w^{W(2)} q_B^2$,$W$ 为按照等价交换得到了的价值总量。但是,如果发达国家通过垄断人为地压低不发达国家的商品出口价格,使不发达国家只实现 $\varphi_x W$ 的商品价值($0 < \varphi_x \leq 1$);而在不发达国家从发达国家进口商品1时,发达国家又会通过交易规则制定权,人为抬高商品进口价格。这样,不发达国家仅仅能够购买到价值 $\dfrac{\varphi_x W}{\varphi_m}$($\varphi_m \geq 1$)的商品1。这样,

发达国家通过交易规则制定权从不发达国家获得大量的贸易利益，数量为：

$$\Delta W_A{}' = W - \frac{\varphi_x}{\varphi_m}W = \left(1 - \frac{\varphi_x}{\varphi_m}\right)W > 0 \quad (6.2.6)$$

相应地，不发达国家损失的贸易利益为

$$\Delta W_B{}' = \left(\frac{\varphi_x}{\varphi_m} - 1\right)W < 0 \quad (6.2.7)$$

对 $\Delta W_A{}'$ 求 φ_x, φ_m 偏导得：

$$\begin{cases} \dfrac{d\Delta W_A{}'}{d\varphi_x} = -\dfrac{1}{\varphi_m} < 0 \Rightarrow \varphi_x \uparrow, \Delta W_A{}' \downarrow \\ \dfrac{d\Delta W_A{}'}{d\varphi_M} = \dfrac{\varphi_x}{\varphi_m^2} > 0 \Rightarrow \varphi_m \uparrow, \Delta W_A{}' \uparrow \end{cases} \quad (6.2.8)$$

由此可见，φ_x 越大，意味着不发达国家的出口价格越接近真实价值，交换越平等；φ_m 越大，说明不发达国家从发达国家进口的商品价格越偏离真实价值，国际交换越不平等。$1 - \varphi_x/\varphi_m$ 代表两国之间的交易规则制定权差距，$0 \leq 1 - \varphi_x/\varphi_m < 1$。当 $\varphi_x = 1$，$\varphi_m = 1$ 时，意味着平等交换；$1 - \varphi_x/\varphi_m$ 越大，两国间的交易规则制定权差距也就越大，发达国家凭借垄断权力从而获取的贸易利益就越多，国际交换和贸易利益分配也就越不平衡。此时，国际交换的尺度已不再是国际价值，而由垄断因素所决定。

三、国际贸易不平等交换的实证检验

本书主要选取中国与 23 个发达国家①的数据进行分析，因为中国是最大的发展中经济体，经济总量大，因而有一定的代表性。从国际贸易总额来看，中国货物进出口贸易占世界货物进出口贸易总额的比重较大，目前已经成为货物进出口贸易最大的两个国家。1978 年世界货物进出口贸易总额构成中，中国仅占 0.79%。随着中国融入经济全球化和对外贸易的发展，中国进出口总额占比迅速上升，2000 年达到 3.60%。从 2003 年到 2011 年，中国外贸进出口年均增长 21.7%，由世界第六位上升至世界第二位。2013 年中国进出口贸易总额突破 4 万亿美元关口，达到 4.16 万亿美元，超越美国，成为全球

---

① 涉及的发达国家有 23 个，分别为澳大利亚、奥地利、比利时、加拿大、丹麦、芬兰、法国、德国、希腊、冰岛、爱尔兰、意大利、日本、卢森堡、荷兰、新西兰、挪威、葡萄牙、西班牙、瑞典、瑞士、英国和美国。

最大货物贸易国，当年中国货物进出口贸易总额占比为 11.05%。

（一）模型设定

本节分采用固定效应模型进行实证分析，模型设定如下：

$$\ln UE_{it} = c + \beta_1 \ln HTE_{it} + \beta_2 TR_{it} + \beta_3 \ln HTE_{it} \cdot TR_{it} + \alpha_i + \varepsilon_{it} \quad (6.2.9)$$

其中，UE_{it}、HTE_{it} 分别为 t 时期中国与发达国家 i 的贸易不平等程度和技术差距，TR_{it} 为 t 时期发达国家 i 的关税税率，c 为常数项，ε_{it} 为随机扰动项，α_i 用以控制国家的固定效应。

（二）数据说明

本书的数据主要来源于《中国统计年鉴》《中国劳动统计年鉴》、世界银行数据库、OECD 数据库等。本部分涉及的变量主要有：中国与各发达国家单位出口商品所包含劳动时间比（UE）、中国与各发达国家高科技出口占商品出口的比重之比（HTE）、各发达国家关税税率（TR）。

1. 中国与各发达国家单位价值的出口商品所包含的劳动时间比（UE）

中国与各发达国家单位价值的出口商品所包含的劳动时间之比可以作为国际贸易不平等交换指标。等价交换意味着价值相同的商品所包含的劳动时间应该相同。在劳动复杂程度相同的情况下，发达国家技术水平更高，劳动复杂程度更高，因而单位价值商品所包含的劳动时间更少。发达国家与发展中国家劳动时间的相对差异越大，国际贸易不平等就越大。由于无法精确度量出口商品所包含的劳动时间，本书假定，总的活劳动时间按照各商品净增加值占国内生产净值（NDP）[①] 的比例进行分配，因此可以用单位净增加值商品所包含的劳动时间近似代替单位价值的出口商品所包含的劳动时间。鉴于数据的可获得性，本书用国民收入（NI）代替国内生产净值进行计算。因此单位价值的出口商品所包含的劳动时间等于当年总劳动时间除以国民收入，前者等于就业总人数乘以人均每年劳动小时数。中国与各发达国家单位价值的出口商品所包含的劳动时间之比即为两国贸易不平等程度的度量，记为 UE。该数值越大，则中国与各发达国家贸易不平等程度就越大。

1981—2013 年国民收入数据来源于世界银行数据库。1999—2012 年各

[①] GDP 中包含固定资产折旧，这部分是转移到产品中去的价值，并非活劳动所创造的价值。

发达国家人均劳动小时和就业人数数据来源于 OECD 数据库。1999—2013 年中国就业人数数据来源于中经网统计数据库。2001—2013 年中国人均劳动小时数据根据《中国劳动统计年鉴》中的"城镇就业人员调查周平均工作时间"计算而来。此外，1995 年全国 1% 人口抽样调查资料统计显示，当年我国人均每周劳动时间为 40.7 小时，因此，取 1995 年和 2001 年人均每周劳动时间的平均值作为 1999—2001 年人均每周劳动时间。

2. 各发达国家与中国高科技出口占商品出口的比重之比（HTE）

技术创新有流量和存量之别，很难找出一个全面客观地反映技术创新程度的指标，较为常见的度量指标是专利数量和 R&D 支出量。然而，从理论上来说，直接考察出口商品本身的生产技术水平能更好地解释国际贸易不平等的形成。由于缺乏出口企业 R&D 支出量的数据，本书用高科技出口占商品出口的比重来度量出口商品本身的生产技术水平，记为 HTE。1999—2012 年的相关数据来源于世界银行数据库。

3. 各发达国家关税税率（TR）

由于制度是多方面的且不容易量化，对制度因素影响国际贸易不平等的实证分析不可能面面俱到，然而对于贸易不平等的研究而言，关税是反映制度因素的一个重要指标本书选取美国关税税率来表示中美贸易不平等中的制度作用。利用各发达国家出口产品加权平均计算得到的关税税率（Tariff rate, applied, weighted mean, manufactured products (%)），记为 TR。1999—2012 年的数据来源于 Index Mundi，缺失数据用插值法补充。变量的基本特征的统计描述如表 6-2 所示。

表 6-2 变量的基本特征的统计描述

时间段	变量	观测值	均值	标准差	最小值	最大值
1999—2001 年	UE	69	52.0465	13.8017	22.1373	78.6953
	HTE	69	0.8278	0.5693	0.0722	2.6369
	TR	69	2.9012	1.6357	0.7000	10.9100
2002—2007 年	UE	138	45.4259	13.4447	16.0142	86.2096
	HTE	138	0.4690	0.3046	0.0788	1.6921
	TR	138	2.1664	0.9433	1.2700	9.7000

续表

时间段	变量	观测值	均值	标准差	最小值	最大值
2008—2012年	UE	115	21.2203	7.5497	6.9636	53.3318
	HTE	115	0.3623	0.2331	0.0678	0.9300
	TR	115	1.4257	0.5658	0.0000	4.9600

注：TR 的数据用百分比表示。

（三）实证分析

考虑到中国加入世贸组织和 2008 年金融危机爆发对国际贸易的影响，本书根据这两个时间节点，将样本分为三个时期进行研究。第一个时期是中国加入世贸组织之前，即 1999—2001 年；第二个时期是从中国加入世贸组织到 2008 年金融危机爆发前，即 2002—2007 年；第三个时期是 2008 年金融危机爆发以后，即 2008—2012 年。实证结果如表 6-3 所示。

表 6-3 实证结果分析

时间	1999—2001年		2002—2007年		2008—2012年	
模型	模型1	模型2	模型3	模型4	模型5	模型6
lnHTE	0.436***	0.460***	0.169***	-0.034	0.192**	-0.011
	(5.44)	(4.24)	(3.13)	(-0.36)	(2.02)	(-0.11)
TR	0.074***	0.069**	0.045*	0.212***	0.247***	0.487***
	(3.46)	(2.54)	(1.80)	(3.05)	(7.01)	(7.13)
lnHTE×TR		-0.008		0.082**		0.146***
		(-0.33)		(2.57)		(3.99)
c	3.897***	3.910***	3.840***	3.472***	2.882***	2.559***
	(56.12)	(48.87)	(49.34)	(21.45)	(20.97)	(16.97)
F 统计量	25.84	25.19	16.28	17.37	14.97	18.17
Prob > F	0.0000	0.0000	0.0000	0.0000	0.0000	0.0000
R^2	0.4614	0.4627	0.1048	0.1546	0.3990	0.4902
样本组数	23	23	23	23	23	23
样本总数	69	69	138	138	115	115

注：括号内为 t 统计量；*、** 和 *** 分别表示在 10%、5% 和 1% 的水平下显著；F 统计量用于检验模型是否存在固定效应；R^2 为只反映组内差别的 within effect R^2。

为同时考虑技术与制度之间的相互影响对国际不平等所带来的影响，我们在只考虑技术和制度单独变量的基础上分析模型 2、模型 4 和模型 6，即模型 1、模型 3 和模型 5 的基础上加入了 lnHTE 与 TR 的交互项。模型 1 中 lnHTE 与 TR 前的系数分别为 0.436 和 0.074，且均在 1% 的水平下显著。这表明，在其他条件不变的情况下，出口产品的技术水平差距每扩大 1%，则国际贸易不平等程度就扩大 0.436%；关税税率每提高 1 个百分点，则国际贸易不平等程度就扩大 0.074%。同样地，模型 3 和模型 5 均表明，中国与各发达国家出口产品技术水平差距拉大、各发达国家的关税税率提高对中国与各发达国家之间的贸易不平等具有显著的正效应。

模型 2 中交互项前面的系数不显著，这意味着 lnHTE 与 TR 对 lnUE 的正效应是固定的，不会随 lnHTE 与 TR 的变化而变化。模型 4 和模型 6 中交互性前面的系数均为正且在 1% 的水平下显著。这表明，TR 提高会加大 lnHTE 对 lnUE 的影响；同样，lnHTE 提高会加大 TR 对 lnUE 的影响。此时，lnHTE 与 TR 对 lnUE 的偏效应不是固定不变的。图 6-4 和图 6-5 分别给出了与 TR 对 lnUE 的在 TR 和 HTE 的平均值上，lnHTE 与 TR 对 lnUE 的偏效应。①

根据图 6-4，加入 WTO 以后，中国与各发达国家出口产品技术水平差距对国际贸易不平等的影响减小了，而 2008 年金融危机之后，技术水平差距对国际贸易不平等的影响却又开始反弹。究其原因，加入 WTO 后，尽管我国大量地进行技术引进和模仿，但也在一定程度上更加充分地发挥了我国的劳动力成本较低、资源丰富等比较优势，因而即使技术差距扩大也仍会改善贸易不平等的现象。然而，在金融危机之后，我国的劳动力成本和资源丰富等比较优势逐渐丧失，对技术引进的优惠政策等逐渐减少，我国自主创新率不足，这就致使技术差距的扩大逐渐增大了国际贸易中的不平等交换。

由图 6-5 可知，加入 WTO 以后，各发达国家关税税率对国际贸易不平等的影响有所增大；2008 年金融危机爆发后，这种影响进一步加大。这也

---

① 例如，lnHTE 对 lnUE 的偏效应为 $\partial \ln UE / \partial \ln HTE = \hat{\beta}_1 + \hat{\beta}_2 TR$；在 TR 的平均值 $\overline{TR}$ 上，偏效应为 $\hat{\beta}_1 + \hat{\beta}_2 \overline{TR}$ 为 TR 的算数平均值。

就是说，制度差异对国际贸易不平等的影响逐渐增强，一方面，发达国家在国际贸易市场上的话语权日益加强，其对贸易中制度权的掌控使之能够获得更多的贸易利益；另一方面，制度差异使得发达国家对先进技术进行垄断，从而通过垄断获得更多的贸易利益。

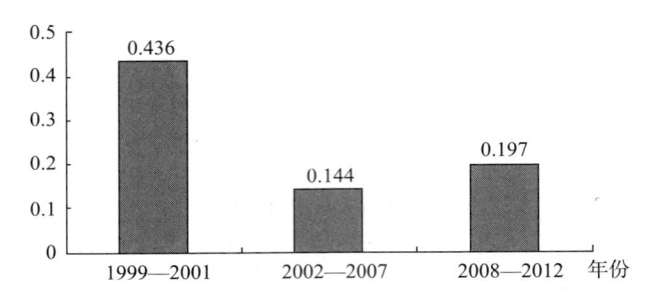

图6-4　技术差距对贸易不平等的偏效应

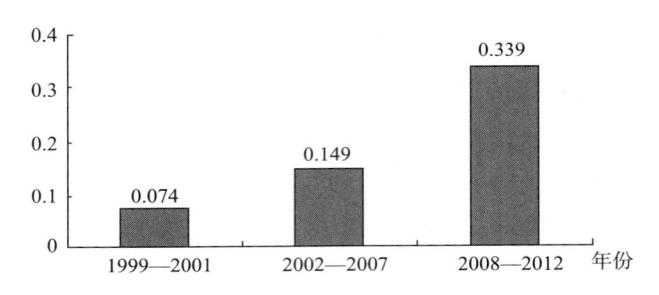

图6-5　关税制度对贸易不平等的偏效应

四、启示与政策建议

以上理论和实证分析对我国促进贸易结构升级，在国际经济中获得更多的贸易利益具有一定的启示作用，具体表现在如下几个方面。

1. 增强我国技术自主创新，发挥技术创新在平衡国际贸易利益中的关键作用

我国应逐步加大对技术尤其是技术原始创新的投资力度，逐步减少对技术引进和模仿的依赖，以缩短技术扩散和溢出时滞，在高科技产品贸易中占据技术制高点。为此，政府应鼓励企业与我国高校、研究机构等建立技术合作战略联盟，通过信贷和保险制度为企业提供顺畅的资金供给机制，鼓励企业在技术领域的自主创新。同时，我国制造业企业也应加强内部科技力量的

培养，注重企业研发部门人员研发实力的增强。

2. 妥善利用劳动成本上涨的倒逼机制，增强我国人力资本质量

传统的劳动密集型和资本密集型产品的出口在很长时期内推动了我国出口贸易的发展，促进了经济增长。但在越来越密集的 TBT 壁垒及全球气候和环境压力下，以往依靠人力资本数量优势的发展模式已越来越不能适应现代贸易的发展。我国近年来劳动力成本上涨的压力一方面导致了一批以出口加工为主的中小企业举步维艰或濒临破产，但是另一方面又为中小企业改变发展模式带来了一种正向压力。为此，我国出口企业应妥善利用劳动力成本上涨的倒逼机制，增强企业人力资本投资力度，转变企业人力资本发展目标，从以往以低工资为目标，转为培养一批拥有高技能、高学历、高生产实践经验的技术或生产骨干为目标，以此逐步摆脱以低廉劳动力优势为主的低端生产模式，继而转为以技术和人力资本质量为主的高附加值生产模式。

3. 积极引导国内产业升级，不断优化我国工业出口内涵结构

我国的出口贸易产品在内涵结构上还有很多不合理的方面，资源性、高载能产品以及其他大宗贸易类产品仍占据较高出口比例。高技术产品出口比例虽然逐年上升，但却存在过度依赖核心零部件进口、自主品牌含量较低等问题。为此，一方面应利用技术改造，整合传统劳动密集型产业，使其向新型劳动密集型产业转化，以此提高劳动密集型产业的技术含量和附加值，实现简单劳动向复杂劳动、粗加工向深加工、技术附加值低的产品向技术附加值高的产品的转化，大力推动服务外包产业发展，积极承接离岸服务外包业务。另一方面，我国应将环境因素纳入出口贸易政策中，积极推进企业环境成本内部化进程。同时，通过出口退税、融资优惠等手段支持国内企业加强环保产品类的技术研发和市场开拓，鼓励生态标志产品出口。

4. 积极参与国际经济事务，以促进合理公证的国际经济秩序的形成

通过实证分析，不难发现，制度差异在国际不平等交换中的利益分配起着越来越重要的作用。我国应该通过缔结区域一体化协议，在自由贸易和货币金融方面都应该达成协定，在不断加强的经济与金融合作中，增强在国际经济制度制定中的话语权，不断团结众多发展中国家，提高发展中国家在国际经济秩序谈判中的地位以争取更多的投票权，进而促进公平、公正、合法和合理的国际经济制度新格局。

第三节 国际投资不平等性理论与实证研究

随着全球化的深入，资本要素在全球自由配置的障碍日益减少，但劳动力的国际流动却受到很大限制，国际投资作为一种替代的要素资源在全球配置形式得到了快速发展。国际投资占全球 GDP 的比例逐年高企，国际投资是发达国家和发展中国家联系的一个主要途径。国际投资将原本一国内部劳动与资本间的不平等发展成国家间的资本与劳动之间的不平等，即 FDI 来源国的资本与 FDI 目的国的劳动间的不平等。具体说来，就是外资进入一国内部参加生产，不仅通过其资本的优势地位造成劳动与资本之间的不平等，同时，加深劳动者间的不平等，进而造成劳动者之间的分化等问题。

一、国际投资不平等性的理论分析

国际投资不平等性只是劳动与资本间不平等在国际上一种具体表现而已，它的根源仍然是资本与劳动间的不平等。同时，又因为有国际因素的存在，则国际投资不平等出现了新的形式和新的特点，如劳动者内部的分化等。在市场经济中，企业的组织形式多数是资本雇佣劳动，资本相对劳动是稀缺的，尤其是对发展中国家来说，资本是更稀缺。在资本雇佣劳动的企业里，资本家是剩余产品的索取者，控制企业，他们有权雇用工人，安排生产。当 FDI 进入发展中国家后，由于资本的稀缺性，资本的相对价格更高。在资本和劳动的市场上，资本供给市场是资本买方垄断，但劳动供给市场是完全竞争。在劳动和资本结合的过程中，资本方的谈判优势远大于劳动方。资本方取得对企业的控制权和剩余索取权。以美国跨国企业为例，企业总利润中来自海外分公司的比例从 1977 年的 17%，上升到 1994 年的 27%，再到 2006 年的 48.6%。朱奎（2001）的研究认为资本雇佣劳动是有经济逻辑的，解决基本和劳动间的不对称的地位有两种方法：其一是拒绝与资本结合，其二是把劳动者组织起来构成卖方垄断。但是在现有的条件下这一问题不能得到解决，除非解决资本的稀缺性问题，或者消灭私有制以便劳动者和资本直接结合，同时在国际上由于各个国家有不同的制度和各自的利益，在国际层面解决资本与劳动间的不对称性变得更加困难重重。因此，资本与劳动间的不平等已经成为不可争辩的事实，所以在本书的研究中，重点考察资本与劳动之间不平等的内在机理和测算不平等的结果。关于劳动与资本间的不平等的研究一直都是经济学家关注的对象,但劳动与资本不平等的相关数据却很少,更没有系统性的数据。皮凯蒂在《21 世纪资本论》一书中主要通过构建发达国家的财富分配的历史数据来分析资本分配的不平等,即是劳动与资本之间不平等的一个重要方面,但关于资本与劳动不平等的数据较少。考虑到财富(资本)的不平等与收入的不平等两者关系有高度的相关性[①],在本书后续的实证分析中本书用收入不平等的指标代替资本不平等进行分析。

从国际不平等角度考察国际投资中不平等问题首先要着眼于现实的分析,其次要着眼于原有的理论研究,这是本书的基础。

(一)国际投资不平等性现状分析

近半个世纪以来,一方面国际投资额度的日益增加;另一方面,资本与劳动的收入份额间的不平等程度也在增加。对外直接投资(FDI)作为国际投资的核心组成部分,为各国经济体海外投资的主要渠道。世界银行的 2013 年数据显示,低收入国家吸引的 FDI 数额从 1971 年的 0.036 亿美元增加到 2012 年的 35 多亿美元,增长了 974 倍以上;中等以上收入国家吸引的 FDI 数额从 1971 年的 11 亿美元增加到 2012 年的 3954 多亿美元,增长了近 358 倍。中国吸引的 FDI 数额从 1992 年的 0.22 亿美元增加到 2012 年的 1875 多亿美元,增长了 8522 倍以上(见图 6-6)。但中国的劳动报酬占 GDP 份额从 1990 年以后一直处于下降的趋势中,而这一比例水平长期过低使得个人收入的水平陷入一种低水平稳定状态,如白重恩等(2009)以劳动报酬除以净 GDP(总 GDP 扣除净间接税)的比例来表示劳动份额,并计算出劳动份额从 1995 年的 59.7% 下降到 2006 年的 47.3%。完整的劳动收入份额从 1990 年的 53%,快速下降到 2007 年的 39% 左右(见图 6-7)。除了以中国为代表的发展中国家的劳动收入份额下降外,国际上发达经济体的劳动收入份额也表现出下降的趋势,OECD 17 国的劳动收入份额从 1975 年以后一直表现出下降的趋势,劳动收入份额从 1975 年占 GDP 的 75% 一直下降到 2005 年的 65% 左右(见图 6-8)。Harisson(2002)的研究发现,从 1993 年到 1996 年间发展中国家经历 0.3% 以上的平均劳动收入份额降幅,与此

---

① 参见 http://www.sic.gov.cn/News/455/4881.htm。

同时 FDI 从经济发达国家流动到发展中国家的规模达到 200 亿美元以上，同时他的实证分析验证了两种经济现象间存在负向关联的理论预期，并指出全球化是隐匿在 FDI 下对发展中国家劳动收入份额的负面影响背后的深层次原因，需要指出的是 Harisson 并没有发现全球化背景下 FDI 如何影响劳动收入份额下降和资本收入份额上升的内在机制。

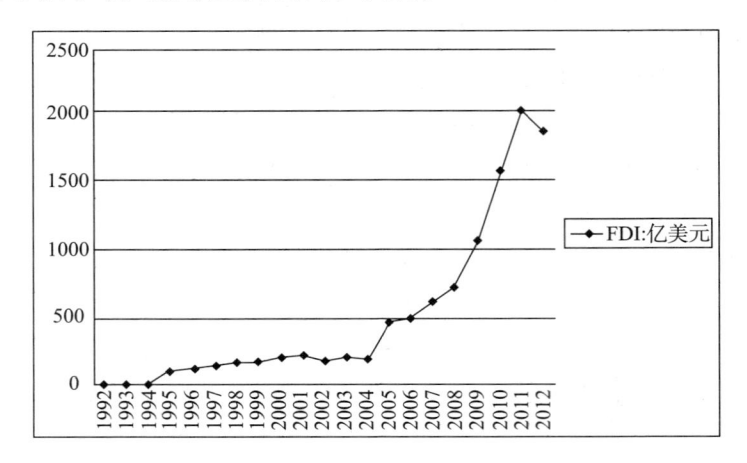

图 6-6　1992—2012 年中国 FDI 的增长

资料来源：The World Bank—WDI Online 世界发展指标数据库整理得到。

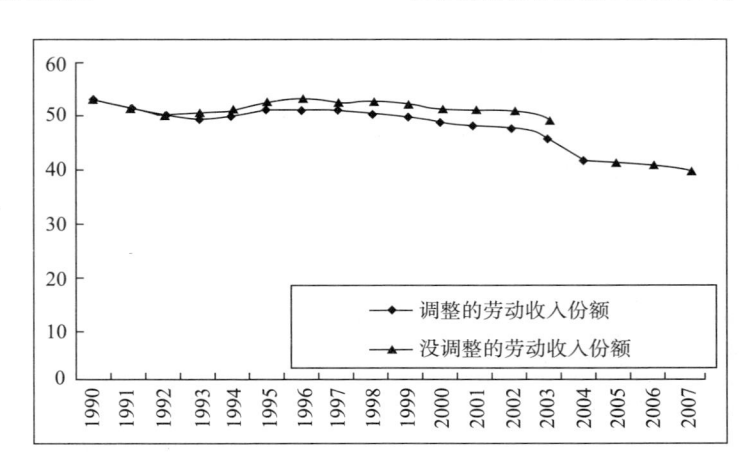

图 6-7　中国 1990—2007 年的劳动收入份额变化图

资料来源：国泰安数据服务中心 CSMAR 数据库，张车伟、张士斌（2010）《中国人口科学》第 11 期文章整理而得。

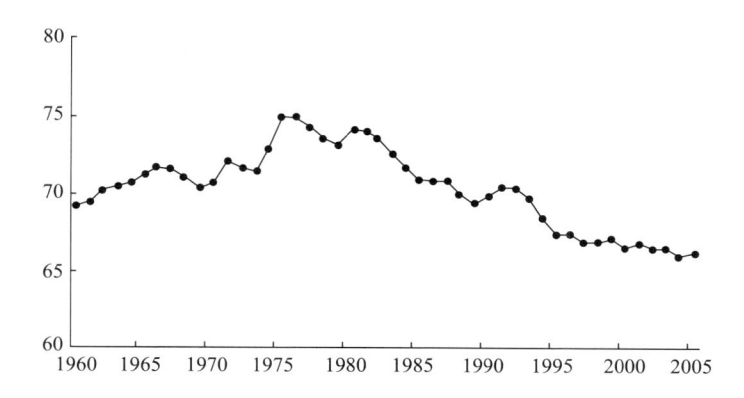

图 6-8 劳动收入份额 1960—2005 年 OECD 17 国的平均值
（调整后的劳动收入份额）

资料来源：OCED 17 国劳动收入份额平均值（1960—2005），由 Glyn（2007）根据 OECD 经济展望数据库计算而得。

除了资本劳动之间的不平等外，一国内收入不平等程度也出现了增长趋势。1992—2013 年，中国的基尼系数从 1992 年 0.37 上升到 2008 年的最高值 0.49，在 2012 年下降到 2012 年的 0.474，但仍然处于国际警戒线以上（见图 6-9）。Emmanuel Saez（2015）通过分析自 1913 年以来美国国家税务局的税收数据，发现过去 30 年收入不平等程度在美国一直呈攀升态势，其中最富有 1% 个体在 1993—2013 年间年均实际收入增长率为 62.4%，而其余 99% 的个体在 1993—2013 年间年均实际收入增长率仅为 7.3%。一国吸引的 FDI 与收入分配不平等的关系引起了学者们的关注。

（二）有关国际投资不平等性的相关文献

理论界从国际不平等性的角度来研究国际投资问题已经有了很大的发展，这些研究成果是本书内容的重要出发点。关于这类文献主要分为两个方面。

第一方面的文献主要集中在 FDI 与收入不平等的关系上。如 Tsai（1995）分析落后地区 FDI 与工资的不平等两者之间的关系，发现不同的地理位置结果是显著的不同的，在东南亚国家中，两者之间有显著的正向关系；Choi（2004）研究了 1993—2003 年 11 年间 119 个国家的收入不平等与 FDI 两者之间的关系发现，它们之间业存在着显著的正向关系。但是，

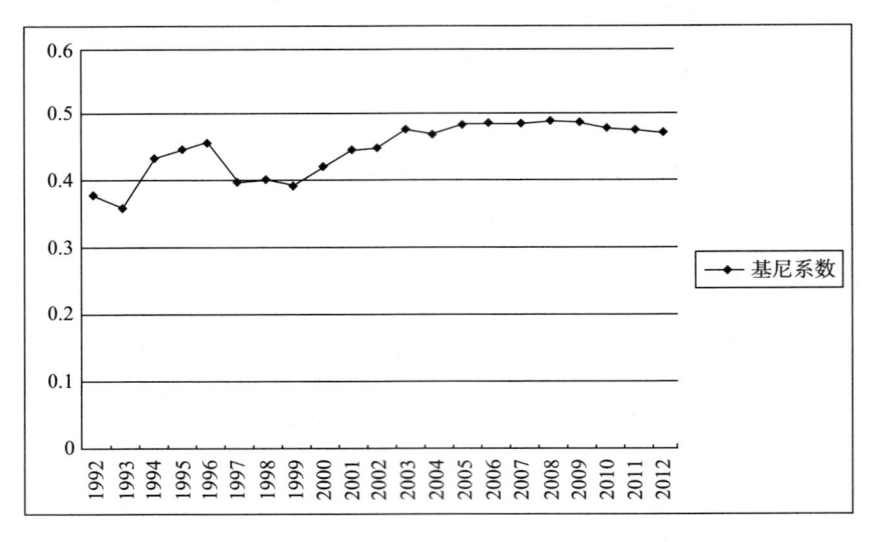

图 6-9 1992—2012 年中国 Gini 系数的变化

资料来源：国家统计局公报。

Lipsey 和 Sjoholm（2001）的研究指出随着 FDI 的增加，增加了对高技能工人需求的增加，进而引起相对工资的上升，工资不平等反而下降。然而，Blonigen 和 Slaughter（2001）研究美国制造业部门发现跨国经济活动与劳动者的技能增长没有显著的关系。Blomstrom 和 Kokko（2003）研究 FDI 与人力资本的关系发现，技术密集型的 FDI 会流入拥有高教育水平的地区，进而引起当地的人力资本的快速上升，但低教育水平的地区只能吸引低技术水平的 FDI，对当地的人力资本的发展起到的作用比较小。

第二方面的文献是资本与劳动收入份额的变化和劳动阶级的分化。王晓霞（2014）首先指出劳动收入份额是不符合 Kaldor 事实的，劳动收入份额占比是下降的，整理了相关文献，发现劳动收入份额占比下降的原因是经济结构转型、有偏技术进步、产品和要素市场扭曲三个方面。齐昊（2010）认为劳动者报酬比重下降的根源一方面是生产关系的格局发生了变化，另一方面是特定生产关系所对应的分配关系向不利于劳动的方向转化，本节也赞同这一观点，认为劳动收入份额下降的最本质的原因是劳资之间不可调和的矛盾，并给出传导机制。

之前关于国际投资对不平等影响研究侧重于国际投资与收入不平等关

系，很少有国际投资与资本（财富）不平等的关系；同时，很少有文献关注国际投资对高复杂程度和低复杂程度的劳动力的不同影响。

二、国际投资不平等性的理论模型

通过上文的分析，我们发现国际投资与不平等性的关系具体体现在以下两个方面：一是国际投资会使得资本收入份额上升，劳动收入份额下降；二是国际投资造成投资目的国内部的个体间收入的不平等。因此，在下文的理论模型构建的过程中，本节同时考虑到上面这两个方面。

针对现有研究对 FDI 与收入的不平等的关系研究较少地涉及 FDI 对目的国的劳动力水平的不同的差异性影响。在劳动与资本在价值创造的过程中对高复杂程度的劳动力存在正和关系，但低复杂程度的劳动力的状况更加恶化的问题，本书通过下面的模型来具体分析这一现象。

（一）基本模型建立

本书首先建立了一个封闭国家的有不同复杂程度劳动力的生产模型，分析在没有国际投资时劳动收入份额和资本收入份额的情况和不同复杂程度劳动力间收入情况。

这个模型包括以下假定条件：

（1）不同复杂程度的劳动力在生产过程中是不能完全替代的；

（2）一个工厂中的产品是需要多道工序，且它们之间是互补的；

（3）不同工序对劳动力的复杂程度要求是不同，且对劳动力的报酬也是不同。

首先，看假设（1）的设置，不能完全替代性是必需的，假如不同复杂程度的劳动力是完全替代的，比如有二种复杂程度的劳动力，n_1 和 $n_2 = 2n_1$，则在每一个企业里，拥有复杂程度 n_2 的劳动力被 2 个复杂程度为 n_1 的劳动力所完全替代。与此同时也会得出复杂程度为 n_2 的劳动力的工资为复杂程度为 n_1 的劳动力的 2 倍。因此，无论在经济体中，劳动力复杂程度的分布如何变化，经济体内部的收入不平等程度是不变的。则这个模型就不能分析和刻画经济体内部的收入不平等程度。

实际上，无论在西方经济学的文献中，还是在经典的马克思主义政治经济学的文献中，都有劳动力不完全替代性的研究和论证。在西方经济学中有 Sattinger（1993）、Katz 和 Murphy（1992）等文献，在经典的马克思主义经济学中,首先是马克思在《资本论》里指出,相对剩余价值提升可以和实际工资的增长携手并进,条件是后者的增长不能超过劳动生产率的增长(马克思,1972,中译本,第 571 页)。其次,孟捷(2011)指出一方面伴随技术进步,劳动的复杂性非但没有削弱,反而可能随之上升;另一方面暗默知识[①]的存在派生出工人分享剩余的权利,进而拥有高复杂性的劳动力被剥削程度低于拥有简单性的劳动力。

为了理解假设(2)的设置,不同复杂程度的劳动力之间是互补性,考虑一个有 2 个工序的工厂,一道工序是"g"工序,另一道工序是"h"工序,在它们之间不存在互补性。即一个需要这两道工序的产品的生产过程是复杂程度 q 的劳动力从事"g"工序,q' 复杂程度的劳动力从事"h"工序,用数学表达式可以表示为:

$$f(q,q') = C_1 + g(q) + h(q') \tag{6.3.1}$$

其中,C_1 表示不变资本的投入。由假设(1)知,复杂程度不同的劳动力是不完全可替代的,同时由于等式(6.3.1)知,每一类工人只能从事一种工序的劳动。因此,不同复杂程度的劳动力的工资差异只取决于劳动力的复杂程度的分布情况。比如,拥有复杂程度为 q 的劳动力的数量相对于拥有复杂程度为 q' 的数量上升得更快的话,则复杂程度为 q 的劳动力的工资将会下降。因而,在这个劳动力是完全不互补的假设下,对于不同复杂程度的劳动力从事的最优工序选择是独立于其他工序的,也就不能解释工厂内部不同复杂程度的劳动力间的关系。

实际上,在全球产业链中,每个融入国际化的国家都处在产业链不同环节。总体说来,发展中国家处于产业链的低端,发达国家处在产业链的高端,即发展国家负责一件产品的生产、加工、组装和售后服务等多个低端环节;而发达国家则负责这件产品的研发和销售等多个中高端环节。周升起等(2014)利用 TiVA 统计数据测算中国的"GVC 地位指数"发现在 1995—2009 年间,中国制造业及内部各部门在 GVC 中的国际分工地位仍处于较低水平。在本书中,我们将全球产业链抽象为两大环节,即在发展中国家有低端环节和在发达国家的高端环节,其中在发展中国家的低端环节还可以细分

---

① 英文为 tacit knowledge,或译默会知识。

为各种小环节，即假设（2）设定的在一个国家生产一种产品有 2 个工序，可以理解为生产一件产品的 2 个生产环节。

最后，我们考虑假设（3）的设置，不同复杂程度的劳动力对不同工序的敏感性是不一样的。假如在一个生产函数中，不同复杂程度的劳动力对不同工序的敏感性是一样的。即它的生产函数可以表示为

$$f(q,q') = C_1 + q \cdot q' \tag{6.3.2}$$

这个生产函数被 Becker（1981）和 Kremer（1993）分别用于研究婚姻市场和劳动力市场的发展。这个函数的设置隐含着一个重要的假设就是不同复杂程度的劳动力一定是在不同的工厂，在同一个工厂内部的劳动力都是具有相同复杂程度的劳动力。那是因为只有这样才会有 $q^2 + q'^2 > 2 \cdot q \cdot q'$ 对所有的 $q \neq q'$。由于这种假设是与现实世界是显然不符的，无论在哪个企业都是不能观察到的。因而，本节引入了在不同复杂程度的劳动力对不同工序的敏感度是非对称性的。

$$f(q,q') = C_1 + q \cdot q'^e, e > 1 \tag{6.3.3}$$

其中，q' 是表示复杂程度相对比较高的劳动力。在本节中为了分析方便，不妨假设 $e = 2$，则

$$f(q,q') = C_1 + q \cdot q'^2 \tag{6.3.4}$$

在本节的分析中，复杂程度为 q' 的劳动力可以认为它是管理人员或高技术（managerial）的劳动力，复杂程度为 q 的劳动力可以认为它是普通工人或助理工作（assistant's）的劳动力。因此，生产函数可以改写为

$$f(q_a, q_m, s) = sc_1 + q_a \cdot q'^2_m \tag{6.3.5}$$

在生产函数（6.3.5）中 c_1 表示在一个生产过程中，需要投入资本的单位数，是固定的，s 表示一单位资本投入产生的回报，表示这个生产过程的技术水平。在生产函数（6.3.5）中总劳动力是由高复杂程度的劳动力和低复杂程度的劳动力的组合。在生产函数（6.3.5）中的总劳动力的设置隐含着一个工厂在同时雇用高复杂程度和低复杂程度的劳动力时，有效的安排是让高技能的劳动力作为管理人员（因为 $LH\,LH^2 > HL^2$，L 表示低复杂程度的劳动力，H 表示高复杂程度的劳动力），这个生产函数与 Lucas（1978）很类似。

我们考虑只有一个产品的经济体中，劳动力复杂程度的分布是外生的，

因为短期内不能改变劳动者的复杂程度，同时，相对于工资和工作种类的改变，劳动力的复杂程度的改变更缓慢。在生产函数中，我们假设 2 个劳动力的谈判能力是相同的，即它们每一个劳动力所获得工资是：

$$w(q) = \frac{q^3}{2} + \frac{1}{2} \cdot \max\left\{q \cdot q'^2 - \frac{q^3}{2} - \frac{q'^3}{2}, 0\right\}$$
$$w(q') = \frac{q'^3}{2} + \frac{1}{2} \cdot \max\left\{q \cdot q'^2 - \frac{q^3}{2} - \frac{q'^3}{2}, 0\right\}$$
（6.3.6）

即相对于相同复杂程度劳动力的组合，在不同复杂程度劳动力新的组合方式下，新增加的收入将在不同复杂程度的劳动力之间平均分配，每个劳动力的收入都将增加 $\frac{1}{2} \cdot \max\left\{q \cdot q'^2 - \frac{q^3}{2} - \frac{q'^3}{2}, 0\right\}$。

首先看一个简单的例子，在一个经济体中，只有 2 种复杂程度的劳动力，L 和 H，其中（$H>L$）。假设在这个经济体中，每个复杂程度的劳动力只有 2 个，即 2 个复杂程度为 L 的劳动力，2 个复杂程度为 H 的劳动力。

如果 $H < \frac{1+\sqrt{5}}{2} L$，则 $(L^3 + c_1) + (H^3 + c_1) < 2LH^2 + 2c_1$。也就是说，低复杂程度的劳动力与高复杂程度的劳动力间的复杂程度差距不是足够大的话，这个经济体的最优配置是交叉搭配，即低复杂程度的劳动力与高复杂程度劳动力结合。

$$w(H) = \frac{1}{2} L \cdot H^2 + \frac{H^3}{4} - \frac{L^3}{4}$$
$$w(L) = \frac{1}{2} L \cdot H^2 + \frac{L^3}{4} - \frac{H^3}{4}$$
（6.3.7）

结果是：资本的收入份额为 $\frac{s \cdot c_1}{s \cdot c_1 + LH^2}$，劳动的收入份额为 $\frac{LH^2}{s \cdot c_1 + LH^2}$。

如果 $H > \frac{1+\sqrt{5}}{2} L$，则 $(L^3 + c_1) + (H^3 + c_1) > 2LH^2 + 2c_1$。也就是说，低复杂程度的劳动力与高复杂程度的劳动力间的复杂程度差距足够大的话，这个经济体的最优配置是同质搭配，即低复杂程度的劳动力与低复杂程度劳动力结合，高复杂程度的劳动力与高复杂程度的劳动力结合。如苹果公司大多数都是高复杂程度的劳动力，建筑公司大多数都是低复杂程度的劳动力。

$$w(H) = \frac{H^3}{2}$$
$$w(L) = \frac{L^3}{2} \quad (6.3.8)$$

结果是：资本的收入份额为 $\dfrac{s \cdot c_1}{s \cdot c_1 + \dfrac{1}{2}H^3 + \dfrac{1}{2}L^3}$，劳动的收入份额为 $\dfrac{\dfrac{1}{2}H^3 + \dfrac{1}{2}L^3}{s \cdot c_1 + \dfrac{1}{2}H^3 + \dfrac{1}{2}L^3}$。

（二）基本模型的扩展

在本节中，我们在上面模型的基础上建立同时一个有外国劳动力、本国劳动力市场和有资本流动的生产模型，并在此基础分析资本与劳动的收入份额变化和国内的不平等程度的变化。

这部分考虑一个开放的全球市场，有一个发展中国家和一个发达国家，发展中国家有 2 种复杂程度的劳动力，L_p 和 H_p，与少量的资本；发达国家也有 2 种复杂程度的劳动力，L_w 和 H_w，与大量的资本，其中 4 个复杂程度的劳动力的关系是 $L_p < H_p < L_w < H_w$。为了分析方便，我们假设每个复杂程度的劳动力都只有 2 个。同时，我们假设在封闭的发展中国家的 2 种复杂程度为 L_p、H_p 的劳动力的复杂程度都满足 $H_p < \dfrac{1+\sqrt{5}}{2}L_p$；则在封闭的发展中国家内部的劳动力的匹配是：$L_p$ 和 H_p 的结合。我们假设在封闭的发达中国家的 2 种复杂程度为劳动力的复杂程度都满足 $H_w > \dfrac{1+\sqrt{5}}{2}L_w$；则在封闭的发达国家内部的劳动力匹配是：$L_w$ 和 L_w 的结合，H_w 和 H_w 的结合。

当发展中国家引进国际投资的同时，也会带来国外的管理人员进入发展中国家，也就在国家间发生了资本和劳动力的流动。其中假设有 FDI 投资的生产函数的技术水平 s'，将大于没有 FDI 投资的生产函数的技术水平 s。

当 $L_w < \dfrac{1+\sqrt{5}}{2}H_p$ 时，则 $H_p L_w^2 > \dfrac{L_w^3}{2} + \dfrac{H_p^3}{2}$。则发展中国家高复杂程度的劳动力将和发达国家低复杂程度的劳动力结合在有 FDI 投资的生产技术水平下进行生产，发展中国家的低复杂程度的劳动力只能和自己结合在没有 FDI 投资的生产技术水平下进行生产。

同时也有，则发展中国家高复杂程度的劳动力的工资将变为：

$$w'(H_p) = \frac{1}{2}H_pL_w^2 + \frac{L_w^3}{4} - \frac{H_p^3}{4} > w(H_p) = \frac{1}{2}L_pH_p^2 + \frac{H_p^3}{4} - \frac{L_p^3}{4} \quad (6.3.9)$$

即发展中国家高复杂程度劳动力的工资将得到提高。

$$w'(L_w) = \frac{1}{2}H_pL_w^2 - \frac{L_w^3}{4} + \frac{H_p^3}{4} > w(L_w) = \frac{L_p^3}{2} \quad (6.3.10)$$

即发达国家低复杂程度劳动力的工资将得到提高。

$$w'(L_p) = \frac{L_p^3}{2} - \frac{1}{2}c_1(s'-s) < w(L_p) = \frac{1}{2}L_pH_p^2 - \frac{H_p^3}{4} + \frac{L_p^3}{4} \quad (6.3.11)$$

因为等量资本获得等量利润，相对有 FDI 投资的生产过程，无 FDI 投资的生产过程，资本的回报部分将减少，即 $c_1s < c_1s'$。但资本相对于劳动力更容易形成联盟，所以资本可以通过进一步侵蚀劳动的回报，即劳动回报部分将变为 $L_p^3 - c_1(s'-s)$，其中 $w'(\cdot)$ 表示有国际投资 FDI 时的工资，$w(\cdot)$ 表示封闭的没有国际投资时的工资。

所以有 FDI 投资时，高复杂程度劳动力与低复杂程度劳动力的收入差距将扩大，因为有 FDI 时高复杂程度劳动力的收入增大，有 FDI 时低复杂程度劳动力的收入减小。有 FDI 投资时，资本收入份额将增大，即

$$\frac{s' \cdot c_1}{s' \cdot c_1 + \left(\frac{1}{2}H_pL_w^2 + \frac{L_w^3}{4} - \frac{H_p^3}{4}\right) + \left(\frac{L_p^2}{2} - \frac{1}{2}c_1(s'-s)\right)} > \frac{s \cdot c_1}{s \cdot c_1 + L_pH_p^2}, \text{当} s' >$$

s 时

当发达国家的低复杂程度的劳动力的复杂程度与发展中国家的高复杂程度的劳动力的复杂程度的满足 $L_w < \frac{1+\sqrt{5}}{2}H_p$，随着国际投资的出现，劳动力的流动，就会出现发达国家的低复杂程度的劳动力流入发展中国家与发展中国家的高复杂程度的劳动力结合。这一新现象会引起发达国家的高复杂程度的劳动力与本国高复杂程度的劳动力结合，发展中国家的低复杂程度的劳动力与本国低复杂程度的劳动力的结合，进而引起发达国家的低复杂程度的劳动力工资的上升，同时也引起发展中国家的高复杂程度的劳动力工资的上

升，但会导致发展中国家的低复杂程度的劳动力工资的下降，最终会引起发展中国家的收入不平等程度的上升和资本收入份额的上升。与此同时，这也会引起发展中国家与发达国家之间的收入不平等。

三、国际投资不平等性的实证分析

本部分使用计量模型和实证的方法研究国际投资对一国内不同复杂程度劳动力间收入不平等性和国际投资对劳动收入份额和资本收入份额间的不平等性这两个问题。为了考察这两个问题，首先建立相关的计量模型。

（一）计量模型的设定

本部分建立了以下计量模型：

$$\text{Gini}_{it} = a_0 + a_1 \cdot \text{FDI}_{it} + u_i + v_t + \varepsilon_{it} \quad (6.3.12)$$

其中 i 表示国家或地区，t 表示时间，方程式（6.3.12）的误差项由以下三部分构成：u_i 表示国家或地区的自有特征，v_t 表示时间的自有特征，ε_{it} 表示误差项或个体的其他的特征。我们通过引进时间的哑变量控制时间的自有特征 v_t，我们也可以引进国家的哑变量控制国家的自有特征 u_i。计量模型等式的右边最核心的解释变量是 FDI，考虑到一国接受国外的 FDI 和一国对国外的 FDI 的不同影响，在本小节的实证中，我们用净 FDI（净 FDI = 一国接受外国的 FDI – 一国对国外的 FDI）。

计量模型等式的左边是被解释变量，Gini 系数。我们用它的大小同时衡量一国内不同复杂程度劳动力间收入不平等性的大小和劳动收入份额和资本收入份额间的不平等性的大小。因为 Gini 系数不仅反映了各个国家内部的收入不平等，也在一定程度上反映了资本和劳动的收入份额的差距。因为资本收益的低税收和工资收入的高税收，同时劳动部分个体收入的差异小，资本部分个体收入的差异大，Gini 系数也可以衡量资本收入份额与劳动收入份额的差距。

（二）数据说明

在计量模型的要求下，我们首先整理一个相关的数据库。这个数据库覆盖了 89 个国家/地区 1970—2012 年 43 年的非平衡面板的数据，一共有 1061 个观察值，其中核心变量包括：基尼系数（Gini coefficient）、净国外直接投资（NET_FDI）、国内生产总值（GDP），见表 6–4。

基尼系数（Gini coefficient）：在本小节的实证研究中，我们使用基尼系

数 (Gini) 来度量资本与劳动间入分配不平等和劳动者之间的不平等程度。收入分配不平等的度量指标在经济学中有好几种, 但基尼系数的历史数据相对历史时间最长和最全。收入分配不平等的数据是由联合国世界发展经济学研究院整理汇编的数据库。The UNU – WIDER World Income Inequality Database. 是由于联合国世界发展经济学研究院提供的数据。The UNU – WIDER World Income Inequality Database 提供了全球大多数国家/地区的长历史年度的基尼系数数据。这个数据库的数据包括了近 200 个国家/地区的 5313 个基尼系数的历史观察值。参见：http：//www.wider.unu.edu/research/WIID – 3a/en_ GB/wiid/。

净国外直接投资 (NET_ FDI)：是由 The World Bank—WDI Online 世界发展指标数据库根据 World Bank 和 International Debt Statistics 整理而得到的, 其中净国外直接投资 = 外国对本国的直接投资 – 本国对国外的直接投资, 单位为美元。

国内生产总值 (GDP)：来自 ERS International Macroeconomic Data Set. 2014 的整理数据, 其中 ERS International Macroeconomic Data Set 的数据包含了 191 个国家/地区 1969—2013 年所有的 GDP 的数据, 其中 GDP 数据是剔除了通货膨胀因素的数据, 并以 2010 年美元的价格指数为基准, 保证了各国人均 GDP 数据的一致性和可比性。这个数据库是由 World Bank World Development Indicators, International Financial Statistics of the IMF 数据整理调整而的。Real GDP (2010 dollars) Historical 的数据库, 参见 http：//www.ers.usda.gov/data – products.aspx。

表 6 – 4　变量的基本特征的统计描述

变量名称	样本个数	均值	标准差	最小值	最大值
Gini	1061	41.684	10.56	17.665	72.43
FDI	1061	1.99e + 09	1.13e + 10	– 2.88e + 08	2.04e + 11
GDP	1061	1.95e + 11	5.64e + 11	1.3e + 08	6.978e + 12
FDI/GDP	1061	0.0095	0.0176	– 0.0055	0.1541

（三）实证结果

根据上文的计量模型和数据，本部分分别在 6 种不同情况下对计量模型进行了检验，发现 FDI 与 Gini 之间存在显著的正相关性。具体实证结果见表 6-5。

表 6-5 对基尼系数（Gini coefficient）的回归结果

	(1) Gini	(2) Gini	(3) Gini	(4) Gini	(5) Gini	(6) Gini
FDI_Ratio	68.07***	361.7***	17.93	91.00***	93.97***	463.9***
	(18.34)	(36.09)	(11.31)	(24.35)	(21.22)	(40.96)
sq_fdi_ratio		-3505.0***		-814.2***		-4003.7***
		(375.9)		(240.6)		(385.8)
常数项	41.04***	39.64***	56.22***	56.22***	38.56***	33.25***
	(0.367)	(0.383)	(3.234)	(3.217)	(5.138)	(4.915)
N	1061	1061	1061	1061	1061	1061
			Country fixed effects	Country fixed effects	Year fixed effects	Year fixed effects
R^2	0.013	0.088	0.742	0.745	0.102	0.188

括号中是标准误差，*$P<0.10$，**$P<0.05$，***$P<0.01$。

6 种不同情况主要是根据国家固定效应和年份的时间效应分为三组，列（1）和列（2）是第一组，这一组没有考虑国家的固定效应；列（3）和列（4）是第二组，这一组考虑了不同国家的固定效应；列（5）和列（6）是第三组，这一组考虑了不同年份的时间效应。通过第一列的结果知，FDI_Ratio 与 Gini 两者之间有显著的正向关系；FDI_Ratio 项前面的系数 68.7，表示随着一个国家的 FDI/GDP 的比值上升 0.01 个单位，则这个国家的 Gini 系数将会上升 0.6807 个单位，在不控制其他变量的条件下，净外商直接投资与劳动者内部的不平等程度成正比，即随着一国吸引净外商投资额度的增加，这个国家的收入不平等将增加；第二列相对第一列加上了 FDI_Ratio 的平方项，不仅考虑了 FDI_Ratio 的水平影响，同时也考虑 FDI_Ratio 的增速效应，FDI_Ratio 与 Gini 两者之间有显著的倒 U 形关系；在 FDI_Ratio

小于 0.051 时 FDI_ Ratio 与 Gini 两者有显著的正向关系，且小于 0.051 的样本一共有 1024 个，占总样本的 97%。说明 FDI_ Ratio 与 Gini 两者之间的关系主要是表现为显著的正向关系。FDI_ Ratio 项前面的系数 361.7，表示随着一个国家的 FDI/GDP 的比值上升 0.01 个单位，则这个国家的 Gini 系数将会上升 3.62 个单位。

在样本中有 89 个国家或地区中，每个国家都有自己的特殊性，列（3）和列（4）是在列（1）和列（2）的基础上考虑到国家或地区地自有特征引入国家的虚拟变量，列（3）的回归结果不显著，但列（4）的回归结果是显著的，FDI_ Ratio 与 Gini 两者之间有显著的倒 U 形关系；在 FDI_ Radio 小于 0.051 时 FDI_ Ratio 与 Gini 两者有显著的正向关系，且小于 0.051 的样本一共有 1024 个，占总样本的 97%。说明 FDI_ Ratio 与 Gini 两者之间的关系也主要表现为显著的正向关系。FDI_ Ratio 项前面的系数变为 91，相比于列（2）的结果有一些下降，说明收入不平等的部分原因是因为国家自有特征引起的，列（2）的结果是高估 FDI_ Ratio 的作用，列（4）的结果表示随着一个国家的 FDI/GDP 的比值上升 0.01 个单位，则这个国家的 Gini 系数将会上升 0.91 个单位。

样本数据覆盖了 45 年的数据，每年的经济形势不一样，所以列（5）和列（6）是在列（1）和列（2）的基础上考虑到时间的自有特征，列（5）的结果表明 FDI_ Ratio 与 Gini 两者之间有显著的正向关系；FDI_ Ratio 项前面的系数 93.97，表示随着一个国家的 FDI/GDP 的比值上升 0.01 个单位，则这个国家的 Gini 系数将会上升 0.94 个单位，相对于列（1）反而有所上升；列（6）的回归结果表明 FDI_ Ratio 与 Gini 两者之间有显著的倒 U 形关系；在 FDI_ Radio 小于 0.051 时 FDI_ Ratio 与 Gini 两者有显著的正向关系，且小于 0.051 的样本一共有 1024 个，占总样本的 97%。说明 FDI_ Ratio 与 Gini 两者之间的关系也主要表现为显著的正向关系。FDI_ Ratio 项前面的系数变为 463.9，相比于列（2）的结果反而有些上升，表示随着一个国家的 FDI/GDP 的比值上升 0.01 个单位，则这个国家的 Gini 系数将会上升 4.64 个单位。

（四）结论和政策建议

通过理论模型和实证检验我们都发现 FDI 与不平等之间都有显著的正向

关系，国际投资引起一国内不同复杂程度劳动力间收入不平等性和劳动收入份额与资本收入份额间的不平等性，进而引起 FDI 来源国的资本与 FDI 目的国的劳动间的不平等。FDI 同时会引起劳资间矛盾的加剧，不同复杂程度劳动力间的分化。

基于以上理论分析和实证结果，我们认为可以从以下几个方面来改善不同复杂程度劳动力的收入不平等和劳动收入份额与资本收入份额间不平等问题。

1. 提高我国低复杂程度的劳动力的技能水平

低复杂程度的劳动力不能支付昂贵的教育费用来提升自身劳动力的复杂程度。把这个问题交给企业家来解决肯定是行不通的。假如，企业家对低复杂程度的劳动力进行投资，则他要损失一定比例的收益。但随着低复杂程度的劳动力的技能水平的提高，企业家必须给原来低复杂程度的劳动力支付更高的工资，但这就会降低企业家投资的收益。因此，我们需要第三方的投资来提升低复杂程度的劳动力的技能水平，作为政府必须加大基础教育和职业教育的投资力度，提高人力资本质量。有实证研究表明，人力资本积累，特别是初等教育程度以上的人力资本的积累对缩小收入分配差距有显著的促进作用。[①] 在技术创新的过程中，最重要的生产资料是高复杂程度的劳动力投入。高复杂程度劳动力的增加主要是依靠增加教育投资力度和教育资源的公平分配，让真正有天赋、勤奋的潜在劳动力进入学校进行深造。

2. 加快提高最低工资水平的进程

在一国内，低复杂程度劳动力会一直存在，但他们对工资的议价能力太低，只能依靠政府的法律法规给予保障。最低工资水平的提高，不但提高低复杂程度劳动力的收入水平，而且并不一定会降低劳动力的就业数量。[②]

3. 在劳资谈判时，加强工会的组织能力形成合力，提高劳动收入份额

在国际投资进入一个国家后，不同复杂程度的劳动力会出现分化。这会进一步削弱工会的组织能力和弱化工会的集体谈判能力。为了避免这种情况的发生，不同复杂程度的劳动力应该利用工会组织加强联盟，形成合力与资

[①] Francois，Francisco and phillippe（2008）用巴西的数据证明了造成收入差异的原因是教育回报率的差异。

[②] http：//finance.sina.com.cn/zl/international/20141024/085520630736.shtml。

方进行劳资谈判，减弱资方以不同复杂程度为标准对劳动力实施分化影响，增强劳方的谈判能力。

第四节　国际金融不平等交换理论与实证分析

随着国际资本的融合与发展，经济全球化进程的加快，国际金融的不平等交换问题也越来越引发人们的关注。本书将由马克思有关国际金融的不平等理论入手，从技术和制度双视角来阐述国际金融不平等交换问题的原因，并由此利用部分发达国家和发展中国家的相关数据进行经验分析，以支持上面所阐述的理论。

一、马克思国际金融不平等交换理论

马克思在其《资本论》这一伟大著作中对货币理论有着精辟的论述，然而在国际金融方面却未形成系统的理论框架，其有关国际金融的思想散见于其《资本论》这一著作之中。就用于国际交换中的货币而言，马克思指出，"只有对外贸易，只有市场发展成为世界市场，才使货币发展成为世界货币，抽象劳动发展为社会劳动"。[①] "金银同其他商品的平均情况比较起来，还是具有比较稳定的价值量。撇开贵金属价值的涨落对一切经济关系带来的一般影响不谈，对于金属流通本身来说，金银之间价值对比的变动是非常重要的，因为两者得在同一个国家或在不同的国家里通常同时充当货币材料。这种不断的变动的纯经济原因，——征服或其他政治事变在古代世界曾对贵金属的相对价值发生过重大的影响，但这不属于纯经济考察的范围，——必须归之于生产这些金属所需要的劳动时间的变动。劳动时间本身，一方面决定于金银在自然界存在的相对数量，另一方面决定于取得纯金属状态的金银所遇到的困难的大小。"[②] 由此可见马克思对货币本质的独到见解，其认为货币兑换也同样依赖于包含在其中的劳动量。尽管当时马克思所处的是金本位制时代，但是这一认识仍然适用于纸币流通的今天，以价值理论为基础的这一货币理论实质是将虚拟经济和实体经济紧密相连，纸币虽

[①] 马克思、恩格斯：《马克思恩格斯全集》（第二十六卷（Ⅲ）），北京：人民出版社1974年版，第278页。

[②] 马克思、恩格斯：《马克思恩格斯全集》（第三十一卷），北京：人民出版社1998年版，第345页。

无价值，但它是所代表的商品价值量的货币表现，因此，货币之间汇兑比率大小就是由社会必要劳动时间所决定，社会必要劳动时间的大小也是取决于劳动生产率的高低。

在假定价值与价格相等的前提下，不同国家的商品价值就表现为不同国家的货币所表示的价格，马克思认为："一个国家的资本主义生产越发达，那里的国民劳动的强度和生产率，就越超过国际水平。因此，不同国家在同一劳动时间内所生产的同种商品的不同量，有不同的国际价值，从而表现为不同的价格，即表现为按各自的国际价值而不同的货币额。"[①] 由此我们可以看出，在马克思的国际不平等交换理论中暗含了两大假定，一是各国货币之间的比值由各国劳动生产率决定，劳动生产率的高低又是由各国的技术水平所决定且主要取决于不变资本的水平；二是国际交换过程中，各国均是按照国际价值进行交换而非国别价值。

然而，在这里需要指出的是，虽然马克思曾指出，"劳动生产力是由多种情况决定的，其中包括工人的平均熟练程度，科学的发展水平和它在工艺上应用的程度，生产过程的社会结合，生产资料的规模和效能，以及自然条件。"[②] 从这句话我们可以明显看出，马克思认为劳动生产力水平的高低是由客观条件和主观条件共同决定，然而在讨论国际不平等交换时，其主要是侧重探究技术进步所带来的客观条件的改变，却未曾充分探究主观条件的同时变化，无疑使其理论在现实经济条件下的发展受到了束缚和局限。

当然，马克思有关国际金融中的平等交换也是以商品的国际价值为基础，即劳动生产率的高低决定了汇兑比率。在金属货币时期，是由不同国家金属货币中的含金量多少决定了两国货币之间的兑换比率，而在几乎无价值的纸币流通时期，不同国家的纸币所代表的金属货币量或者商品价值量决定了汇兑比率。因此，不同国家货币之间的兑换比率，即汇率的产生是国际交换的必然产物，马克思也认为商品交换必然会从物物交换、易货贸易过渡到以货币兑换为主要形式的国际交换。可见，在现实经济条件下，金融作为国际交换中的血液，这一领域中的不平等交换问题显得尤为重要。

[①] 马克思、恩格斯：《马克思恩格斯全集》（第二十三卷），北京：人民出版社1975年版，第614页。
[②] 马克思：《资本论》（第一卷），北京：人民出版社2004年版，第53页。

然而，在马克思所处的年代与现实经济条件相比有两大变化，即技术的突飞猛进和国际金融的迅猛发展。

就技术进步而言，19世纪初期的资本主义发展主要表现为技术进步对劳动条件的非均衡作用力。首先，科技进步对劳动客观条件或不变资本的影响颇大，第一次工业革命中蒸汽机的发明和使用带来了机器的广泛应用，因而，在西方发达国家机器大工业的发展无疑迅速占领了主要地位。其次，劳动客观条件的巨大变化使得工人的劳动变得简单化和重复化，妇女、儿童都能够参加劳动，同时，资本主义的圈地运动使得大批受教育程度较低的农民投入工业运动当中，因而在这一时期，创造价值的劳动主要为简单劳动，即科学技术的进步对劳动主观条件的影响较小。而在现实经济条件下，科学技术的进步对劳动者教育程度、劳动复杂程度以及劳动力结构都产生了较大的作用。机器和现今设备的发展要求劳动者拥有更高的教育水平，需要更复杂的操作，同时技术进步所带来更多的教育投资更加增进了劳动者的知识水平。智力和脑力劳动者在现在社会中的比例也越来越大，科技的进步同时使得劳动者由低端制造业逐步向技术含量较高的行业转移。在国际范围内，复杂劳动和简单劳动的差距也在迅速扩大。

就金融角度而言，马克思所处的时代为金本位制时代，他并未看到20世纪之后虚拟经济的繁荣发展。1996年，Chesnais Francois 在《金融全球化》一书中曾指出："金融交易蔚为壮观地增长，是20世纪80年代最引人瞩目的现象。金融已成为经济全球化的前沿阵地，在这一领域，巨额资本以惊人的速度交易。"① 且在现实经济条件下，虚拟资本确实在以惊人的速度不断膨胀，直至2008年，全球虚拟资产总量已达GDP的14.2倍。② 仅就全球股票交易总额在2007年和2008年就占到全球GDP的约180%，虽然在2008年金融危机爆发之后，这一指标呈现下降趋势，然而在2011年和2012年仍达到95%和70%。然而，高收入国家才真正是这一高昂数值的助推，从高收入和低收入国家的股票交易总额比较来看，2009年和2012年，前者

---

① ［法］弗朗索瓦·沙奈等：《金融全球化》，齐建华等译，北京：中央编译出版社2001年版，第1页。
② 周莹莹、刘传哲：《我国虚拟经济与实体经济的联动效应——基于资本市场金融衍生品市场与实体经济数据的实证研究》，《山西财经大学学报》2011年第5期。

分别是后者的约两倍。

由传统马克思所构建的国际金融的不平等交换理论我们可以看出，一方面，其所构建的不平等交换理论主要依赖于科学技术对劳动客观条件的变化，并未考虑劳动主观条件这一重大改变。另一方面，由于历史条件的限制，这一不平等交换理论主要是建立在金本位制基础之上，并未考量当今虚拟经济的重大发展，从而也就忽略了国际经济制度在国际金融中的重要作用。这两点使得马克思这一传统的国际金融的不平等交换理论在当今经济条件下面临巨大挑战。

二、国际金融不平等交换的原因分析

从历史演绎的角度来看，技术进步所带来的劳动主观条件的差异和金融国际经济制度以及话语权的差异是国际金融不平等交换最为重要和直接的原因所在。

（一）技术差异对国际金融不平等交换的作用分析

技术进步对国际金融不平等交换最本质的影响主要体现为其对币值背后的商品价值量的影响，这一影响可以分为劳动客观和主观条件的作用两个方面。

从技术进步对劳动客观条件的影响角度来看，技术进步使得单位时间内生产的商品使用价值量增加，从而使得某商品的国别价值下降，但无论是商品还是货币，都是按照其国际价值交换的，因此，技术进步对不变资本带来的积极作用将使得一国的货币能够代表更多的商品价值量，从而该国的货币在国际市场上就有更高的地位。自马克思逝世之后的100多年里，科学技术发生了翻天覆地的变化，尤其是以新材料、空间和生物技术为主导的第三次技术革命发生以来，技术进步更是呈现指数般的上升速度。然而，摆在眼前的事实是，技术进步对劳动客观条件所带来的影响于发达国家明显高于发展中国家。发达国家不变资本的积累和效率的大幅相对提高使得发达国家商品的单位价值量下降，从而一定量的货币所代表的货币能够购买到更多的商品价值量，因此在进行国际交换时，单位发达国家的货币相较于单位发展中国家的货币能够获得更多的发展中国家的产品，能够获得发展中国家转移来的剩余价值。换句话说，在现实经济条件下，技术进步对劳动客观条件所带来的作用效果仍然是国际金融中不平等交换的重要方面。

从劳动的主观条件来看，科技进步一方面使得操作机器变得简单，劳动变得简单；另一方面，从长期来看，科技的不断复杂化也同时要求劳动更加复杂。即技术进步也会带来劳动主观条件（可变资本价值形式）的巨大变革，如劳动时间或者劳动者教育水平等方面的巨大变化。若一国技术进步所带来劳动客观条件的变化幅度与其主观条件的变化幅度相等，那么其货币所代表的商品价值量并未发生变化。同时，我们也可以发现，在现实经济条件下技术进步对劳动主观条件的影响于发达国家显然高于发展中国家，在西方发达国家脑力劳动者的比例大幅上升，劳动力结构发生了大幅变化，且这一比例远远高于发展中国家。若发达国家的劳动复杂程度远远高于发达国家，那么前者在相同时间内所创造的价值必然会大于后者，前者的货币就理应代表更多的商品价值量，这种情况就有利于国际金融中的交换向平等的方向发展。这种内涵式的技术进步有可能使得国际金融中的不平等交换和货币利益流向发生变化。因为我们在这里考虑的是内涵式可变资本，即决定复杂劳动和简单劳动换算比例的内涵性。不同内涵式可变资本在创造新价值的能力上差异甚大，从表面上来看，发达国家用包含极少劳动时间的货币换取发展中国家在很长劳动时间里所创造的货币这一行径为不平等交换，实则可能是发达国家复杂劳动换取发展中国家多倍简单劳动的平等交换。

从上述分析，我们可以看出现代技术进步不仅会对劳动的客观条件带来巨大影响，也会对劳动的主观条件带来巨大变革。技术进步对劳动客观条件的影响会使得一国货币所代表的价值量下降，而技术进步对劳动主观条件则持有相反的影响，因而，技术进步对货币所代表商品价值量影响的正负并不能一概而论。然而，我们可以肯定的是无论劳动主观还是客观条件的影响，都是源于技术进步。技术差异是不同国家在国际金融中交换地位的决定性因素。

（二）制度差异对国际金融不平等交换

马克思认为西方发达国家对广大落后地区的剥削和掠夺也是一种国际不平等交换方式，随着历史逻辑的演绎，在现代经济发展中这种形式已经转化成发达国家通过资本的操纵对发展中国家的商品输出进行控制，制度因素在国际金融不平等交换中的地位日益凸显。在这里我们将影响国际金融不平等交换的制度因素主要归结为汇率偏离和国际货币体系失衡两大途径。

1. 汇率偏离下的不平等交换

两国商品之所以能够进行交换，是因为这一交换行为能够增进双方的国际利益，经济全球化之所以能够以指数级的速度增进，也正是得益于国际金融的迅速崛起，金融的全球化使得生产和流通突破原有的界限，实现资源的全球配置。然而，这一全球化的背景之下，交换的不平等也越发显著。从最初的和最抽象的金融手段，即从汇率的角度窥探这一不平等交换的秘密就是我们首先需要研究的问题。

首先，汇率不变引发不平等交换，使之发生价值转移。由于各国生产的劳动生产率和劳动强度的差异，国际市场上总会出现一国以较少的国民劳动而换取另一国较多的国民劳动的现象。且这一现象在国际市场上可能长期持续下去，因为先进的技术和熟练的劳动力将使一国一直处于垄断地位，加之技术和贸易保护主义使其能够一直保持其商品的国际价值，从而使得该国商品的国际价值能够一直高于另一国家。那么，这就会出现一国不付出任何代价便可以一直攫取另一国的剩余劳动。

假设国际市场上只有 A 和 B 两个国家，这两个国家分别生产商品 A 和商品 B，这两种商品的国别价值就等于国际价值，不妨分别为 w_A 和 w_B，且有 $w_A = \delta w_B$，即根据价值量，一单位的商品 A 可以交换到 δ 单位的商品 B。那么，假设这时商品 A 的价格刚好可以反映出商品 A 的价值，不妨假设这一价值可以用 p_A 的价格表现出来，则我们可以得到 $w_A = p_A = \delta w_B$，然而，A 国和 B 国并未使用同一种货币，二者的货币存在一个兑换比率。在现实经济条件下，出现的情况往往是某一国通过出口和进口这一交换过程，不增添国民劳动的情况下能够陡增从别国转移进来的价值。由于汇率是由于多种商品的综合作用而得到的一个数值，它可能并不能刚好反映出 A 和 B 两国在这两种商品上的交换关系，那么，此时有一方可能会因为这两种商品的出口和进口而一直获得超额利益。不妨以 A 国获益为例，这可以分为三种情况：一是对于商品 A 而言，假设 A 国货币被高估，则一单位的 A 国货币就能够兑换到更多的 B 国货币，即 B 国需要用更多的 B 国货币兑换成 A 国货币之后来购买商品 A，则商品 A 在世界市场上就获得了一个比国内市场更为高昂的价格，此时，A 国就可以用商品 A 兑换进来的货币 B 去购买超过 δ 单位的商品 B；第二种情况是对于商品 B 而言，A 国的货币被高估，此时 A 国可以用比国内市场更低的价格去购买商品 B，而 B 国用 A 国为进口商品 B 而兑换的 A 国货币量只能购买低于 1 个单位的商品 A；第三种情况是对于商品 A 和 B 而言，A 国的货币均被高估，那么，分析与前两种类似，对于两种商品而言，A 国均会获得更多的商品量。由此，我们可以看出，不变的汇率使得货币被高估的一方从其他国家攫取更多的价值，即价值从汇率被低估的国家向被高估的国家发生了转移。

其次，汇率变动引发不平等交换，使价值在不同国家之间进行转移。在经历一定时期的经济活动之后，汇率可能已经根据实体经济的不断变化达到了一定程度的均衡，然而，此时若有外生的力量作用于汇率，使之发生变动，那么，这一变动势必会带来国际之间的价值转移。如 A 国和 B 国在长期之中所形成的汇率之比为 1∶3，此时，若 A 国与 B 国之间的汇率发生变动，变为 2∶3，即 A 国货币贬值，B 国货币升值。然而这一变动并非由劳动生产率的相对变化而引起的，只是某一国家制度的变化而引致的变化。那么，此时我们可以发现，B 国同样的货币可以交换到更多的 A 国产品，此时，这一多交换到的产品便是 A 国的价值发生了向 B 国的一种转移。因此，在假定其他条件均未发生变化的情况下，仅仅汇率或者仅仅由国际金融方面的变动足以使得不平等交换的发生。

2. 国际货币体系失衡下的不平等交换

一国的经济、政治和军事实力强弱会直接影响该国在国际经济中所担任的角色，于此衍生为该国货币在国际货币体系中的地位。正如第二次世界大战之后，美国凭借其强大的政治、经济和军事实力，一跃成为世界头号经济大国，美元迅速取代英镑和马克等原有的资本主义经济主要货币成为国际交换中的主导货币。一国货币成为世界主导货币并相较于其他货币具有相对霸权地位之时，国际货币体系即处于一定的失衡状态。因此国际经济中的规则和制度制定将都与该货币密切相关，从而会加强这种货币在国际经济活动中的结构性权力，国际政治经济学家苏珊·斯特兰奇（Susan Strange）将该权力定义为"形成和决定全球各种政治经济结构的权力"，这种权力也正是国际货币体系所引致不平等交换和价值转移的关键所在。一方面，发达经济体通过这种货币所具有的权力实现他国产品价值的转移；另一方面，这种权力也在危机发生之时，将危机所造成的负面影响由一国扩散为多国承担，从而实现危机负面影响的转嫁。笔者就将从价值转移和危机转嫁两个视角探究国际货币体系的失衡所引致的不平等交换问题。

国际货币体系失衡主要源于某一种或少数几种货币具有霸权地位。在世界经济格局之中，发达国家的经济总量占有相对和绝对优势，加之其强大的政治和军事力量，使其在国际经济秩序的制定中具有较强的话语权，在其经济力量的支撑下，其频繁和巨大的贸易总量要求其货币能够被多国承认和使用。由于路径依赖，在国际结算、报价和支付中，出于交易成本等方面的考量，美元依然是外汇储备中的领导者，因为一旦确立了某种货币作为中心货币，再进行更换需要高昂的成本，且以一种货币为主可以极大地降低交易成本，从长期来看还可以形成巨大的规模经济。尽管在20世纪70年代到90年代期间美元在外汇储备中的份额有所下降，但是2000年以后这一数值由降转升[1]，其地位不可动摇。且美元在与黄金脱钩之后，其发行量也相对自由了，美国众多的跨国公司为规避风险也纷纷选择使用美元进行交易。

由此可见，尽管如今的国际货币体系名义上是以美元为主，多种货币共同形成的制度体系，实则仍是以美元为中心货币的制度体系。因此，这种货币体系是一种失衡的制度架构。尤其是在目前的国际经济形势之中，发展中国家的经济实力迅速增加，在这一只考虑发达经济体的国际货币体系中，不平等交换而产生的价值转移和危机爆发时的全球共担也势必发生。

从正向来看，金融的国际不平等交换表现为价值的不平等转移。在国际货币体系失衡框架下，某一国的货币一旦成为中心货币，它便可以通过数量上的增多来不断地换取他国的商品和劳务，在现今多表现为美元通过其特有的霸权地位来掠夺发展中国家廉价的资源、商品和劳务，而发展中国家却只能主要利用美元购买美国的债券，从而拥有大量的外汇储备，即发展中国家通过贸易顺差所占有的美元又通过对其债券购买等方式发生了回流。在现实经济中，这就表现为美国经常账户的顺差和资本、金融账户的逆差。一方面，这是通过几乎无成本的纸币印刷与发展中国家的资源、商品和劳务进行

---

[1] Ellen Frank, 2003: The Surprising Resilience of the U.S. Dollar, "Review of Radical Political Economics, Summer", March.

不平等交换。根据马克思的货币理论，我们知道纸币不具有价值，因为其价值十分微小可以忽略不计，然而，正是这样无价值的美元却可以交换发展中国家的资源、劳动密集型产品和劳务，借以替代本国资源利用，从而发展中国家的价值发生了向美国的转移；另一方面，大量的贸易逆差可以通过资本和金融账户的顺差进行弥补。[①] 美国因美元的国际储备货币的地位，根本不用担心长期以来的贸易赤字，流出的美元一是会通过发售债券收回，国外持有债券的国家只能获得微薄的收益；二是由于输出的美元可以形成对美国企业的再融资，因为有一部分美元可能是存储于美国银行中，存储者只能获得较低的利息，而美国却可以利用这笔资金进行投融资以获得更高的收益，而这一收益往往是能够得到保障的。

美国通过无价值的纸币换取国外大量的资源，这可以使得国内的资源供给充分，这部分充裕的资源便可以被用于更合理的配置。美国国内可以进行高技术的战略性企业投资，这些处于技术顶端的产业无疑会给美国企业带来丰厚的利润，因此，通过贸易赤字输出之后又发生回流的美元便能够保证有高于付出的债券收益和利息。在现实经济发展中，金融体系的现代化发展已经不容忽视，尤其是网络金融和金融衍生品的创新等，这一发达的金融体系通过虚拟价值可以实现与商品价值的不平等交换。由于巨大贸易赤字所输出的美元，美国可以通过发达的金融体系来吸收。

因此，国际货币体系的失衡势必会引起发达国家与发展中国家之间的不平等交换，使得发展中国家的价值不平等地向发达国家发生转移，尤其是某一货币处于中心地位的国家，其可利用失衡的国际金融制度获得发展中国家大量的转移价值。

从负向来看，国际金融的不平等交换体现在国际经济危机的不平等转嫁。国际金融就像是全球经济的血液，而美国是这一血脉的源头，一旦源头遭到污染，从这一源头流淌出来的血液必然危害所经之处。国际金融危机之所以能够在全球范围内实现蔓延，一是因为经济的全球化发展，二是因为金融化程度的不断提高，三是因为国际劳资关系的不断恶化。

---

① 程恩富、夏晖：《美元霸权：美国掠夺他国财富的重要手段》，《马克思主义研究》2007年第12期。

首先，国际分工将世界各国纳入同一个产业结构之中，资本的全球化是实现全球利润攫取的基本前提，国际市场是农业文明向工业文明过渡、经济海外拓展的必要条件。根据比较优势的差异，不同国家之间首先通过贸易实现互惠互利，然而，贸易只是国际分工的初始形态。随着经济关系的日益复杂化，贸易成本也有了更为丰富的内涵，出于劳动力成本、环境规制强度、生产要素禀赋、政策稳定性等众多因素的考量，一国总是有动力将产业转移至能够降低产品生产成本的国家或地区。国际产业转移使得一种产品多国生产，世界经济一体化发展，从而一旦爆发危机，多国将受到波及。

其次，由于国际货币体系的失衡性发展，发达国家正是不断创新其金融体系以利用这一失衡的货币体系获取更多的利润，而若发达国家的金融市场越繁荣、金融工具创新越迅速，国际投机资本也就越频繁，发展中国家尚未健全的金融体系便越容易受到冲击。尤其是美国以其美元的霸权地位和虚拟经济体系操纵了全球的资源配置，从在 1997 年以前，世界第二产业占 GDP 的比重一直保持在 30% 以上。在金融创新的推动之下，高收入国家的服务等附加值占 GDP 的比重一直逐步走高，如图 6-10 所示，高收入国家服务等附加值占 GDP 比重远远高于低收入国家，如图 6-11 所示。这不但进一步加剧了国际产业结构差异所引致的失衡，而且使其经济活动风险全球共担，金融创新无疑成为危机扩散的加速器和放大器。[1] 2008 年金融危机所引致的全球经济危机正是国际利益分配失衡条件下国际产业结构传递机制的典型表现。当美国等发达国家爆发金融危机时，其国内的消费不能维持，不仅其国内产品出现相对过剩，作为发展中国家的主要消费对象，这还引致发展中国家的产品供应相对过剩，而发展中国家正是通过贸易所获得的美元来购买发达国家大量的金融衍生品，危机之后，发展中国家无法购买发达国家的这些高附加值产品，这又加深了发达国家实体经济受危机影响的程度。[2]

---

[1] 中国经济增长与宏观稳定课题组：《全球失衡、金融危机与中国经济的复苏》，《经济研究》2009 年第 5 期。

[2] 张春敏：《国际金融危机是国际金融资本主导的世界经济体系危机》，《河北经贸大学学报》2010 年第 3 期。

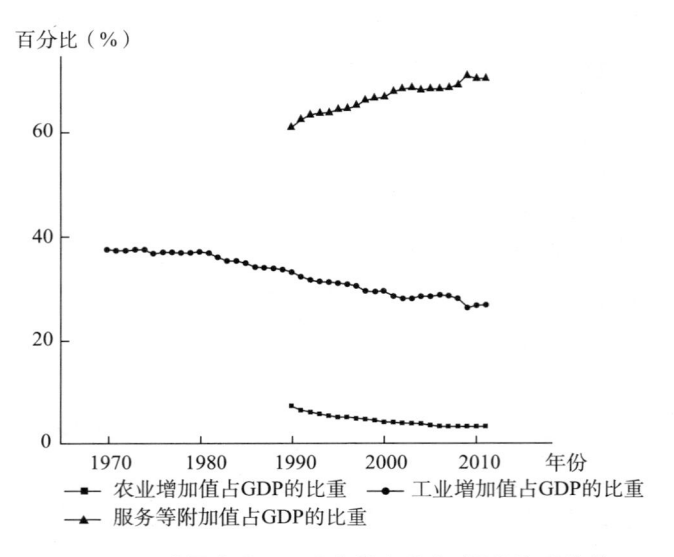

图 6-10 世界农业、工业和服务业占 GDP 比重比较

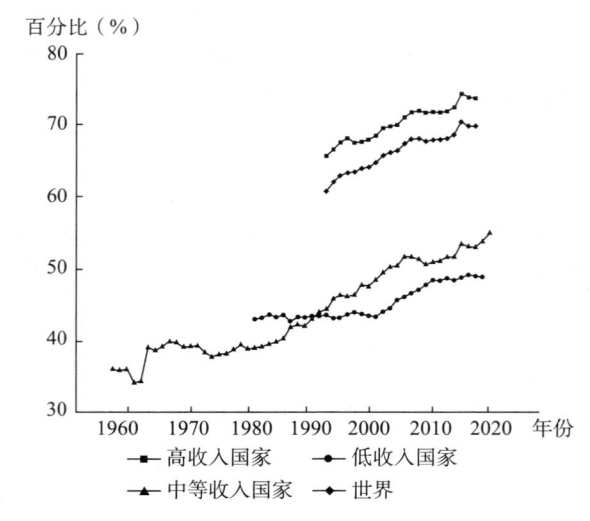

图 6-11 不同收入水平国家服务等附加值占 GDP 的比重比较

资料来源：世界银行数据库。

三、国际金融不平等交换理论的经验分析

从历史逻辑的视角来看，技术因素和制度因素无疑是国际金融不平等交换的主要原因，上述我们已经对这一机理进行了详尽分析，于此，我们就对

技术和制度双视角下不平等交换的现实性进行分析,由于货币体系的失衡性发展主要体现为少数发达国家货币的强势性,因此,我们以下的分析主要选取具有代表性的美国(发达国家)和中国(发展中国家)的相关数据进行说明和检验。

(一)技术视角下金融国际不平等交换的经验分析

首先,从技术角度来看国际金融的不平等交换问题,其实质是一国货币能够代表的商品价值量交换问题,而根据马克思主义经济学的理论,在不考虑货币供给量波动的实体经济条件下,货币在国际上的地位主要是由不同国家之间的劳动生产率差异所决定。一国的劳动生产率越高,其经济实力越强,一定的劳动量生产出的产品价值就越多,因此其货币能够购买到更多的使用价值量,在国际市场上进行交换时,就表现为能够兑换到其他国家更多的货币量。

虽然,不同学者关于劳动生产率的测量问题有不同的见解,但是可以确定的是,若一国在某商品上所拥有的技术越高,一般来说其劳动生产率也会越高,尤其是在现实经济社会中,一国在某一行业中的技术优势会直接影响这一行业的发展和其在国际竞争所处的地位。因此,我们不妨以一国的技术进步作为劳动生产率指标。这里选取每百万人 R&D 研究人员数作为技术进步的替代性指标,根据世界银行数据指标解释,每百万人 R&D 研究人员数是指每百万人中参与新知识、新产品、新流程、新方法或新系统的概念成形或创造,以及相关项目管理的专业人员,包括参与 R&D 的博士研究生(ISCED97 第6级)的人数[1]。这一指标可以在一定程度上反映一国的劳动生产率水平,因此我们用美国这一数据与中国该数据的比来反映两国劳动生产率的差异,若美中 R&D 研究人员数之比越大则表示美国的劳动生产率越高,则 1 美元所能够代表的商品价值相较于 1 元人民币就越多。我们以人民币对美元平均汇率代表中美之间的汇率,将二者进行对比,如图 6-12 所示,由图中我们可以看出,人民币对美元平均汇率一直在下降,且美中 R&D 研究人员数之比也在下降,这说明二者在趋势上是一致的,符合理论逻辑。然而,二者的变化程度却不是完全一致,这表示汇率变动不能及时跟随两国劳动生产率

---

[1] 来源于世界银行数据库。

的变化，即汇率在一定程度上存在偏离，这符合现实经济条件，一方面因为汇率的变动具有时滞性，另一方面用科技水平来替代劳动生产率毕竟是存在误差的，不可能完全一致，但是这一指标能够在一定程度上反映情况。由此我们可以看出，在国际金融中汇率偏离会引致不平等交换问题。

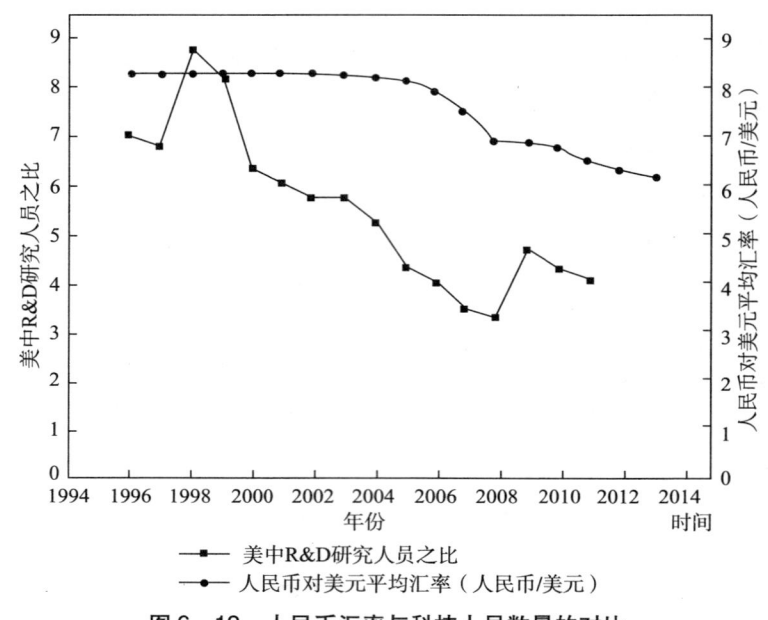

图6-12 人民币汇率与科技人员数量的对比

（二）制度视角下价值转移与危机转嫁的经验分析

汇率的偏离在现实经济生活中是经常发生和必然存在的，我们在此主要通过相关数据来验证国际货币失衡下的价值转移和危机转嫁。首先，国际货币失衡视角下的价值转移机理在于美元的霸权地位，其通过供给增多和相应的金融手段不平等的从发展中国家转移资源。从图6.4.4我们可以看出，美国的货币供给量（M2）一直在增加，从1990年的3224亿美元上升至2013年的10692亿美元增长了3.3倍。再从美国的进出口差额来看，美国的贸易一直处于较大的逆差状态，且这一趋势在不断扩大，如表6.4.1所示，由1990年的778亿美元一直增加到2012年的5472亿美元。与此同时，以中国为代表的发展中国家则一直处于贸易顺差状态，1990年我国的净出口额仅为98亿美元，而到2013年这一数值达到了2368亿美元，增长十分迅速。

从表6-6和图6-13我们可以充分看出，美国正是通过不断增大其几乎无价值的美元供给从而换取他国廉价的资源。仅从中美两国的贸易角度来看，中国对美国的贸易净出口从1990年的211亿美元上升到了2013年的2161亿美元（见表6-7），与此同时，中国的外汇储备从1990年的111亿美元上升至2013年的38213亿美元。

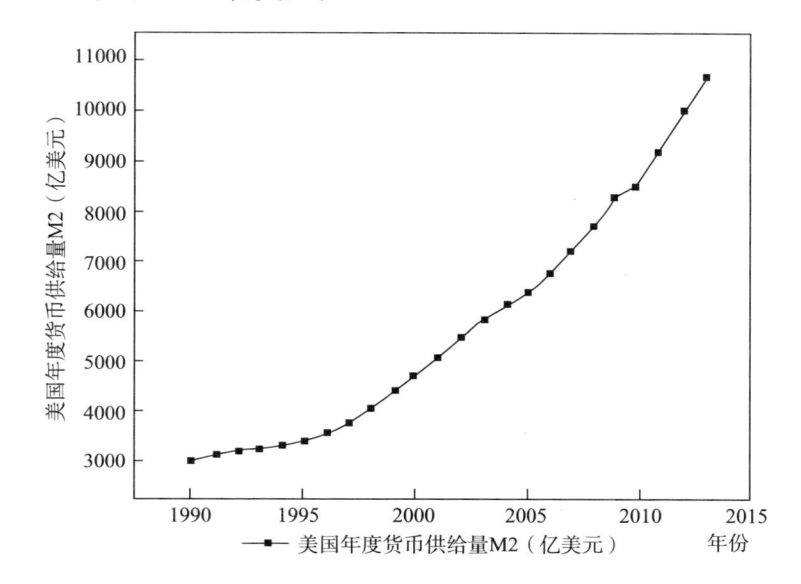

图6-13 美国年度货币供给量

资料来源：世界银行数据库。

表6-6 中美净出口额

单位：亿美元

年份	1990	1991	1992	1993	1994	1995	1996	1997
中国	97.6	107.6	43.3	-84.7	73.6	119.6	175.5	428.2
美国	-778	-286	-348	-652	-925	-898	-964	-1020
年份	1998	1999	2000	2001	2002	2003	2004	2005
中国	438.4	306.4	288.7	280.9	373.8	358.2	511.7	1245.9
美国	-1628	-2614	-3801	-3690	-4250	-5009	-6148	-7157
年份	2006	2007	2008	2009	2010	2011	2012	2013
中国	2088.8	3078.9	3488.3	2201.2	2223.0	1818.3	2318.5	2368.0
美国	-7624	-7098	-7133	-3922	-5185	-5688	-5472	-6880

表 6-7 中国对美国净出口额

单位：亿美元

年份	1998	1999	2000	2001	2002	2003	2004	2005
净出口额	210.6	224.7	297.4	280.8	427.1	586.0	802.9	1142.7
年份	2006	2007	2008	2009	2010	2011	2012	2013
净出口额	1442.4	1632.9	1710.2	1433.4	1811.9	2023.2	2188.8	2160.6

资料来源： 中经网数据计算而得。

其次，国际货币体系失衡还会引致危机的不平等转嫁，2008 年起源于美国的金融危机所演化而成的国际性金融危机正是最佳佐证。此次次贷危机席卷全球，引发全球经济衰退，发展中国家已不能独善其身，同样为此次危机所引起的衰退埋单。如图 6-14 所示，发展中国家的出口遭受沉重打击，2009 年主要新兴经济体的商品和服务出口总额占 GDP 比重均大幅下降，中国、南非和印度尼西亚分别下降了 8.9 个百分点、8.6 个百分点、5.6 个百分点，均高于世界平均下降水平 3.96 个百分点。这些国家的工业化水平高，只是表现为工业化增加值占 GDP 比重较高的"量"上，而非高级的工业结构这一"质"上。直至现在，这些国家的工业仍未能恢复到危机前水平。而且，要消耗如此大量的市场进入门槛较低、竞争性较强的低端工业产品必须依靠出口，高度的出口依赖性与金融市场的欠发达性又导致其经济极易受到国际经济周期波动的影响，承受发达国家危机的不平等转嫁。

四、结论与对策建议

从以上国际金融的不平等交换理论与经验分析，我们可以得出一个结论：国际金融的不平等交换主要体现为技术因素和制度因素两个方面，前者主要体现为技术水平差异使不同国家的货币包含不同的商品价值量，劳动生产率较高国家的货币能够兑换更多其他国家的货币，从而能够换取更多的超额国际剩余价值；后者主要体现为某些少数国家的货币霸权所引致的价值转移与危机的不平等转嫁问题，我们通过发达国家（主要是美国）和发展中国家（主要是中国）的相关数据进行经验分析，也都对理论进行了检验和证明。

基于此，本书认为发展中国家，尤其是中国应该必须揆情度理、因势利

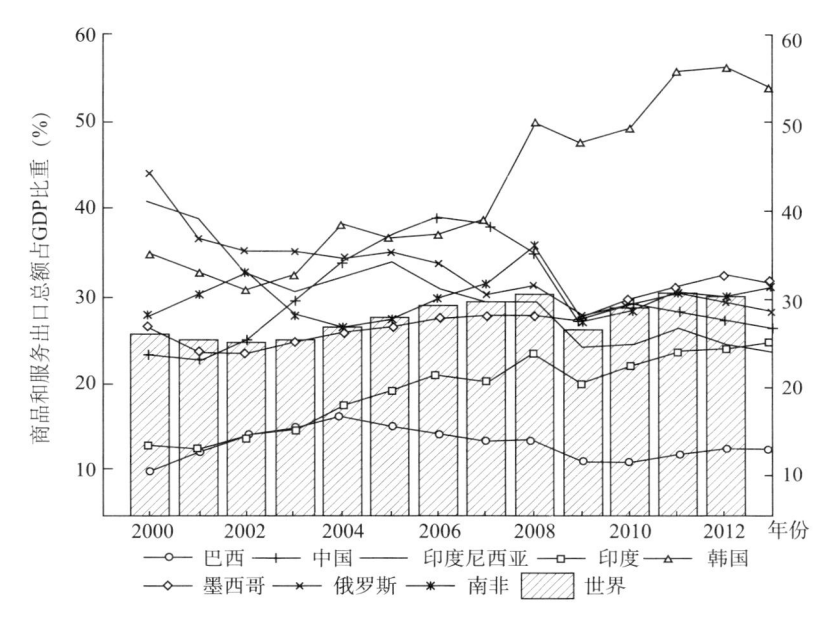

图 6-14 商品和服务出口总额占 GDP 比重国际比较

资料来源：世界银行数据库。

导，从而在国际金融中的竞争中保持有利地位。首先，要进行渐进式汇率调整，一国在经济崛起的过程之中，势必会面临币值升值的压力，在此压力下，我们应该认清国际形势，稳步升值，不能重蹈当年日元大幅升值之覆辙；其次，要积极进行区域性货币合作，这样一方面可以为我国贸易和国际投资营造一个稳定和良好的环境，另一方面，可以提升人民币在国际货币中的地位，从而使得我国在国际竞争中掌握一定的主动权与话语权，在面临国际危机或者国际经济衰退时，能够具有较强的反弹力和复苏能力；最后，优化我国产业结构，优化虚拟经济和实体经济的比例，不能盲目发展金融服务业，这就要求我们加大科技教育投入以增进自主研发能力，激发创新思维，利用知识和技术实现我国工业由初级化向高级化转变。面临危机，一国经济是否坚挺，是否能够强劲复苏，这股"坚挺"和"强劲"的力量正是来源于合理的产业结构，而创新在产业结构演进和升级中尤为重要。曾以化工、钢铁、汽车等工业为主导的美国经济在经历 20 世纪 70 年代的石油危机后之所以能够迅速崛起，正是因为危机后的美国大力发展通信设备、计算机等高新技术信息产业，从而为经济的复苏和发展带来了巨大动力。[1]

第五节　国际不平等交融理论与实证分析

国际经济活动中的生产、分配、交换和消费四大过程因国际贸易、国际投资和国际金融三大经济活动而纵横交错、相互交融，因此三者中的不平等交换问题也日益交叉深化。正如日本学者武者陵司所指出："世界经济已经进入了一体化时代，尽管如此，日美欧等发达国家与中印等发展中国家之间，仍然存在巨大的工资差距。如果发达国家充分利用廉价劳动力，势必会获得显著的超额利润。通过跨国公司，这些超额利润将会使发达国家的经济和金融市场在今后更加受益。"[2] 这就意味着，除技术和制度这两大主要因素之外，三大国际经济活动之间的交融成为现实国际经济中不平等性加剧的另一诱因。

一、国际不平等交融理论的逻辑机理

国际贸易、国际投资和国际金融三大经济活动将世界经济纵横交错地连接在一起，并形成了一种相互交错的密切关系。且在这三大经济活动不断交融的过程中，国际经济活动中的不平等交换也在相互交融和循环深化。

（一）基于交融视角的国际贸易不平等性变化机理

国际投资对贸易不平等交换的影响主要表现为跨国公司在国际竞争中对国际贸易结构的控制所造成的国际贸易利益分配的失衡，而现实经济中国际金融对国际贸易不平等交换的影响主要体现在两国金融发展水平差异对贸易利益失衡的加剧。

首先，跨国公司通过对核心技术产品的垄断，人为地操控着相应产品的国际价格，对自由的国际竞争市场造成了极大的阻力，同时也使得欠发达国家的贸易利益大量流向这些发达国家。尤其是在高科技领域，跨国公司的市场几乎是垄断性的占有，诸如 Strategy Analytics 报告指出，2013 年第三季度跨国公司高通在全球基带芯片领域的市场份额占到 66%，随后的联发科和

---

[1] 闫妍：《从经济危机与产业结构调整的内在联系探索我国产业结构调整方向》，《特区经济》2010 年第 10 期。
[2] 武者陵司：《世界进入空前超额利润时代》，日本《经济学人》周刊 2007 年第 21 期。

英特尔两大公司仅为 12% 和 7%；在航天航空精密装备领域更是如此，2013年空客公司占据了全球市场份额的 51%，与其相抗衡的波音公司占据了市场的另外 49%，欠发达国家毫无市场份额。通过对贸易中高附加值环节的垄断，跨国公司控制了贸易中 70% 以上的份额，这势必会对国际交换的自由发展造成阻碍，使得大量的贸易利益流向发达国家。

发达国家将技术密集型产业的后期成熟产品生产环节直接投资于欠发达国家，其不仅可以获取技术密集型产业的前期超额利益，而且在后期直接投资的过程中还能获得转让利益。这是因为这类高技术产品在其研发阶段需要投入高水平的人力资本和大量的物质资本，能够满足这两大条件的往往仅有少数的发达国家。这就意味着，掌握这些先进技术的发达国家总能够在这些高技术产品中占有垄断地位，这就使其在与欠发达国家的国际交换中占有贸易的绝对优势。而在产品的成熟和标准化阶段中，发达国家该类产品的利润空间在欠发达国家的技术竞相模仿中而不断缩小，其为延长利润周期，会选择将这些已经成熟和标准化的产品生产直接投资于欠发达国家进行生产。如此周而复始，形成了发达国家占据国际分工中高增值生产环节，而欠发达国家则被固化于国际分工中的低端环节。即发达国家将国内资源密集型、环境污染型或者劳动密集型的产业或者产品生产直接投资于欠发达国家，以借助欠发达国家低廉的劳动力、丰富的资源和约束性还不强的环境政策实现产品生产，之后将这些制成品以低价转移至国内，经过品牌包装后再以高价在国际市场上出售，实现了在国际交换中获取大量的贸易利益，实质上是进行一种不平等的贸易交换。

其次，当一国拥有较为完善的金融体系时，各种分散、控制和预防风险的工具和机制就会比较完备。对于生产活动而言，金融发展越高的国家累积资本进行生产规模调整的速度就越快。根据资本的逐利性，资本总是能够快速从利润率较低的部门转向利润率较高的部门。当然，与之相随的是较多的投资和投机机会，因而相比于金融发展程度较低的国家，这些国家的资本不能够迅速在储蓄和投资之间转化，因而，其储蓄率往往低于投资率。因此，金融发展水平较低的国家往往在国际贸易中处于顺差位置。而且这一顺差主要是以低端制成品的出口量所维持，以中国为例，2013 年中国贸易顺差达到 2590.1 亿美元，占 GDP 的比重约为 2.13%。其中，初级产品出口额为

1072.68亿美元，劳动及资源密集型产品占出口总额的比重达到47.6%。且发达国家或地区还是发展中国家主要的出口市场。2013年，中国的产品主要出口至欧洲、美国和日本等国家或地区，出口额占总出口额的比重分别为18.37%、16.68%和6.80%。因此，发达国家就利用其在国际经济活动中规则制定者的身份，不断高筑贸易壁垒，人为地分割国际市场，限制商品的国际流动，从而阻挠发展中国家的低端制造产品或者初级产品在国际市场上的自由竞争。如西方发达国家总是设置关税壁垒提高产品的价格，从而转移发展中国家的超额剩余价值，造成了国际贸易中的"双重不平等"交换。由此可见，作为金融中心和低端制造业中心在分工上的差别，引致了国际贸易不平等交换中利益分配的失衡。

（二）基于交融视角的国际投资不平等性变化机理

国际贸易和国际金融中的不平等会加深国际投资中的不平等效应。国际贸易利益分配的不均衡强化了一国因资源禀赋差异、初始技术差异以及制度差异而决定的国际分工格局，因而，不同国家逐渐形成了一种以资源禀赋、技术和制度差异为基础的产业势差。与此同时，技术水平的日益进步以及全球经济合作的不断深化，国际投资的内在动力悄然变化。发展中国家金融发展稳定性水平的提升对国际产业承接起到了正面作用，这也加剧了发达国家对发展中国家投资领域中的不平等交换问题。

首先，在不断的国际交换中一国会逐步形成放弃某种劳动生产率比较低的产品生产的内在动力。若一国生产某种产品的劳动生产率高于世界平均水平，在对该产品的国际交换中便会获得大量的贸易利益；反之，则易在交换中损失贸易利益。基于贸易利益的考量，一国总会以其劳动生产率较高的产品进行国际交换，并同时逐步放弃对劳动生产率较低的、并不具备比较优势的产品生产。其次，通过国际投资将劳动生产率较低的产业转移至欠发达国家，这主要取决于技术差异和制度话语权。发达国家与欠发达国家之间的技术差异和制度因素逐渐取代资源禀赋差异成为国际贸易利益分配和国际投资方向的主要因素。一方面，掌握某种产品核心技术的国家总是能从该产品的国际交换中获得超额的贸易利益，随着这种产品在世界市场上份额的不断扩大，欠发达国家也模仿这种产品的生产技术，在一段时间的技术积累之后，模仿国也能够形成一定的生产能力，这就致使原创国的市场份额逐渐缩小，再随着发达国家劳动力成本的不断提高，其生产优势也逐渐消失。为了集中资金进行新一轮技术的创新和新产品的研发，原创国会选择对外直接投资的方式将这类产品的生产线转移至已经形成生产能力且劳动力成本较低的欠发达国家。另一方面，掌握国际经济制度较高话语权的国家凭借其国际经济地位和实力要求欠发达国家打开经济大门使其产业通过跨国公司等形式顺利转入的同时，还设置诸多贸易保护政策以阻止欠发达国家对其进行直接投资。

若在完全竞争条件下，劳动生产率的差异是贸易利益引致国际直接投资的关键所在。劳动生产率高的国家在国际交换中往往能够获得较多的国际剩余价值，而劳动生产率较低的国家则会在国际交换中损失贸易利益。因而，国际贸易的利益分配失衡致使劳动生产率较低的国家将某一产业投资于其他国家进行生产，进而带来国际投资中的不平等问题。若在垄断条件下，拥有核心技术的国家往往能够凭借其技术垄断获得超额剩余价值，直至产品达到成熟或者标准化阶段其贸易利益空间逐渐缩小，为延长利益获取时间和集中力量进行新一轮技术研发，发达国家开始对外投资，从而加深国际投资中的不平等交换问题。

其次，国际金融水平的不断发展加快了国际投资中的不平等交换，具体表现为对国际产业转移的影响。尤其是自20世纪90年代以来正在进行的第四次国际产业转移，这次国际转移与以往最大的不同在于转移的产业中既包括劳动密集型产业，还包括以加工制造业为主的资本密集型产业。资本密集型产业对技术含量、资金数量以及资本效率的要求都远高于劳动密集型产业，这就意味着资本密集型产业的转移对转出国和承接国的金融发展水平都有较高的要求。正如 Alfaro、Laura&Areendam（2004）所指出的那样，若承接国的金融市场较为发达，外商直接投资作为国际产业转移的主要载体能够对经济起到显著的推动作用，这就形成了承接国愿意接纳国际产业的主要内在动力。[1] 比如，2008年金融风暴席卷全球之时，亚洲大多数国家都遭受了危机所带来的冲击，然而，中国金融市场却在此过程中却较为稳定。这就引致除美国等发达国家甚至亚洲其他国家的产业都向中国转移，中国无疑成为

---

[1] Alfaro, Laura, Areendam, Kalemli-Ozcan, Sebnem and Sayek, Selin, 2004, "FDI and Economic Growth: The Role of Local Financial Markets", Journal of Internatonal Economics, 64 (1), pp. 89 – 112.

国际产业转移的主要承接地。同时，我们不可忽略的是，由于转出国和承接国在国际经济分工中的角色差异，国际金融发展对二者的经济影响并不一致。即国际金融会加深国际投资中的不平等交换，这既是国际分工的必然结果，同时也是二者在金融利益分配失衡和风险分散能力差异的体现。以美国为首的少数发达国家通过国际直接投资将大量耗费劳动力和能源的产业转移至发展中国家，并进口发展中国家大量中间产品集中于附加值较高环节的生产。从宏观层面上来看这能够实现国内经济的集约式增长，从微观层面上来看又可以使得跨国公司利用较低的负债率与较低资金成本的融资战略来保证大量的利润盈余，从而有足够的资金进行新一轮的研发投资。反观国际产业转移的承接国却只是获得微薄的利润份额，仅融资约束就对其形成了较大的困扰。

（三）基于交融视角的国际金融不平等性变化机理

国际贸易和国际投资中的不平等交换势必也会引致国际金融中的不平等交换现象。一方面，技术差异和制度差距使得发达国家在贸易不平等交换中获得大量贸易利益的同时，还在国际贸易规则中占有绝对的主导地位，这为国际金融垄断资本的形成奠定了基础。另一方面，以跨国公司为主要表现的国际投资不但强化了发达国家与欠发达国家之间国际经济制度话语权之间的差距，而且能够巧妙地利用金融制度以攫取更多的利润，从而加深了国际金融中的不平等交换。

从金融期货市场来看，发达国家一方面以卖方角色垄断高技术和具有品牌力的工业制成品以保持这些产品的高价，另一方面又以买方角色垄断发展中国家所出口的初级产品保持其低价状态。为了维持这样一种"高低"价格差的态势，发达国家不断发展其金融期货市场以掌握国际市场定价权，这就使得发达国家以一种无形的金融手段来转移发展中国家的剩余价值；从国际货币角度来看，布雷顿森林体系崩溃之后，美元不再受黄金约束得以自由膨胀。据统计，美元脱钩以来的纸面价值增速已经超出实体财富增速的10倍有余，二者之间的差值被美国尽收，带来了国际金融的不平等交换。从跨国公司层面上来看，由于国际贸易份额绝大部分被跨国公司所垄断，跨国公司为巩固当前和追求未来更多的贸易利益，一方面其通过内部转移价格获取发展中国家的利润，另一方面则通过较为发达的金融制度控制产品技术研发的资金链。瑞士苏黎世联邦技术学校专家在对4.3万家公司数据进行调查后发现，"全球近半数财富掌握在147家彼此之间存在联系的跨国公司手中，正如参与该课题的学者詹姆斯·格拉特费尔德所指出，这意味着全球不到1%的公司控制着全球金融网络中40%的财富，且名列前茅的都是巴克莱银行、摩根大通银行、高盛公司、美林公司和摩根斯坦利等跨国金融公司。"①

就现实来看，一国的经济实力不仅仅体现在其产业结构上，更多的是体现其对核心技术、高增值生产环节的控制力度。通过国际投资，发达国家在某种程度上控制了欠发达国家的技术进步速度和产业升级进程，同时也加强了欠发达国家对发达国家的经济依赖，这就稳固了发达国家在国际经济事务中的主导地位，进而有利于其更好地制定国际金融规则，使其有利于自身利益的分配，同时也为下一阶段的国际金融不平等交换提供了制度基础。从公司层面来看，生产环节的国际配置实现了资源的全球配置，在某种程度上解决了劳动力和资源等生产要素不能自由流动的问题。跨国公司借助这一低成本路径、本国的高附加值环节以及自身的品牌效应获得了高昂的利润，这不仅有利于其应对国际形势变更，更有利于其进行金融制度改善和技术创新。如苹果公司进行iPad生产时，通过国际产业分工，在其制定的行业标准下，在韩国、中国等国家设置生产环节和流水线以实现最低的劳动力和资源成本。在此基础上发挥其绝对的金融优势，实施低负债率和无现金股利分配的金融手段进一步维持最低的资金成本，仅仅2015年第二财季，苹果公司的净利润就达到135.69亿美元，比去年同期增长33%。较少的鼓励股利分红使得苹果公司有大量的现金利润用于技术和金融制度的创新保证其在国际产业价值链上的高端位置。② 可见，苹果公司利用技术的比较优势实施了多国投资，从而获取大量的利润，进一步强化其在金融中的绝对优势，两大优势巩固了其在国际分工中的高端位置，进而其在国际交换中能够攫取更多的国际剩余价值。

由此可见，国际贸易、国际投资和国际金融三大领域中的不平等交换相互渗透、相互交融，形成了一种循环加深的效应（见图6－15）。

---

① 周淼：《当代垄断资本主义的新特征探析》，《中共四川省委省级机关党校学报》2014年第1期。
② 国务院国资委：《"失衡"密码——央企战略性新兴产业观察报告》，《国资报告》2015年第7期。

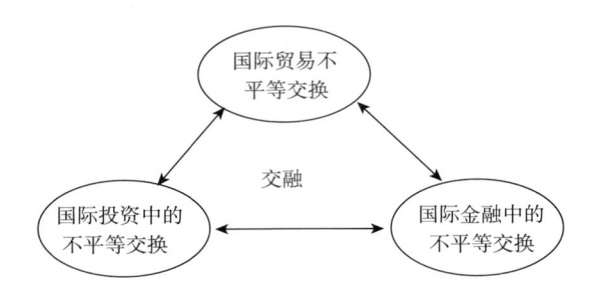

图 6 - 15　三大国际经济活动中的不平等交换相互交融

二、国际不平等交融理论的实证检验：以贸易不平等为例

在上述理论逻辑的基础上，本文试图利用我国与主要发达国家的相关数据进行两部分实证分析，一是以贸易利益不平等为例，检验国际投资和国际金融不平等性对其交融影响程度；二是求证国际贸易、国际投资和国际金融三大经济领域中不平等性是否存在交融。

（一）计量模型构建与数据说明

在两国生产单位产品劳动生产率以及本国对该商品投资存量均保持不变的情况下，我国与主要发达国家的贸易利益不平等性是 ΔK 和 η 的函数，即主要与国际投资以及金融效率差异性相关。在现实经济中，国际投资的不平等性主要与发达国家对欠发达国家的直接投资相关，这能够反映出发达国家在欠发达国家所获得收益的机会；国际金融不平等性则主要与两国的资本利用效率和手段相关，这能反映出发达国家通过金融手段从欠发达国家转移国际剩余价值的程度。因此，本文构建一个包含国际投资不平等性和国际金融不平等性在内的贸易利益不平等分配模型。假设各变量之间满足对数线性关系，则有：

$$\ln TUE_{it} = c_i + \beta_{i1}\ln IUE_{it} + \beta_{i2}\ln FUE_{it} + v_{it} \tag{6.5.1}$$

其中，被解释变量为中国与各发达国家之间的国际贸易不平等（TUE），解释变量为国际投资不平等（IUE）和国际金融不平等（FUE），β_{i1} 和 β_{i2} 分别为中国与发达国家 i（$i=1,\cdots,18$）在国际投资和国际金融的不平等性对贸易不平等性的弹性系数，v_{it} 为扰动项，c_i 为个体异质性。本文数据主要来源于《中国统计年鉴》、OECD 数据库、联合 UNCATD 数据库和世界银行数据库。涉及的发达国家有 18 个，分别为澳大利亚、加拿大、丹麦、芬兰、法国、德国、希腊、冰岛、日本、荷兰、新西兰、挪威、葡萄牙、西班牙、瑞典、瑞士、英国和美国。涉及的变量主要有：中国与各发达国家单位出口商品所包含劳动时间之比（TUE）、中国与各发达国家 FDI 流入—流出存量比率之比（IUE）、各发达国家与中国总储备减黄金占 GDP 的比重之比（FUE）。鉴于数据的可获得性，变量的时间跨度为 1991—2013 年。

1. 贸易不平等交换指标（TUE）。中国与各发达国家单位价值的出口商品所包含的劳动时间之比（TUE）可以作为国际贸易不平等交换指标。等价交换意味着价值相同的商品所包含的劳动时间应该相同。在劳动复杂程度相同的情况下，发达国家技术水平更高，劳动复杂程度更高，因而单位价值商品所包含的劳动时间更少。发达国家与发展中国家劳动时间的相对差异越大，国际贸易不平等就越大。由于无法精确度量出口商品所包含的劳动时间，我们假定，总的活劳动时间按照各商品净增加值占国内生产净值（NDP）[①] 的比例进行分配，因此可以用单位净增加值商品所包含的劳动时间近似代替单位价值的出口商品所包含的劳动时间。鉴于数据的可获得性，本文用国民收入（NI）代替国内生产净值进行计算。因此单位价值的出口商品所包含的劳动时间等于当年总劳动时间除以国民收入，前者等于就业总人数乘以人均每年劳动小时数。中国与各发达国家单位价值的出口商品所包含的劳动时间之比即为两国贸易不平等程度的度量，记为 TUE。该数值越大，则表明中国与各发达国家贸易不平等程度就越大。

1991—2013 年国民收入、各发达国家人均劳动小时和就业人数、中国就业人数等数据分别来源于世界银行数据库、OECD 数据库、中经网统计数据库。2001—2013 年中国人均劳动小时数据根据《中国劳动统计年鉴》中的"城镇就业人员调查周平均工作时间"计算而来。此外，1995 年全国 1% 人口抽样调查资料统计显示，当年我国人均每周劳动时间为 40.7 小时。国际劳工组织 2007 年 6 月 8 日发布的研究报告也显示：中国 1967—1984 年间人均每周劳动时间为 48 小时。因此取 48 小时与 1995 年人均每周劳动时间的平均值 44.35 小时作为 1991—1994 年人均每周劳动时间，

[①] GDP 中包含固定资产折旧，这部分是转移到产品中去的价值，并非活劳动所创造的价值。

取 1995 年和 2001 年人均每周劳动时间的平均值作为 1996—2001 年人均每周劳动时间。

2. 国际投资不平等性指标（IUE）。中国与各发达国家 FDI 流入—流出存量比率之比可作为衡量国际投资中的不平等性指标。因为中国 FDI 流入存量相对于发达国家 FDI 流入存量越多，表明其他国家尤其是发达国家在中国获取投资收益的机会相对更多；同时，中国 FDI 流出存量相对于发达国家 FDI 流出存量越少，表明中国在海外获取投资收益的机会相对更少。1991—2013 年中国与各发达国家 FDI 流入和流出存量数据来源于联合国 UNCATD 数据库。

3. 国际金融不平等性指标（FUE）。国际金融发展是多方位的，反映国际金融发展水平的指标也是多样的。考虑到数据的可获得性，本文采用总储备减黄金占 GDP 的比率表示国际金融发展水平。总储备减黄金包含特别提款权、国际货币基金组织（IMF）成员国在 IMF 的储备头寸以及由货币基金当局管理的外汇储备。一国拥有的总储备减黄金越多，该国调节国际收支、干预外汇市场、提高融资水平和抵抗金融风险的能力越强。因此，本文采用总储备减黄金占 GDP 的比重之比度量国际金融不平等性，记为 FUE。1991—2013 年各发达国家与中国总储备减黄金的数据来源于世界银行数据库。

(二) 实证结果与分析

本文利用 1991—2013 年中国与 16 个发达国家的面板数据对上述计量模型进行实证分析，主要包括面板数据的平稳性检验、面板协整检验、面板协整方程的估计和格兰杰因果检验等。

1. 单位根检验

为防止伪回归现象，首先需要对面板数据进行平稳性检验。为了保证平稳性检验结果的稳健性，本文选择 LLC 检验、IPS 检验、ADF – fisher 检验和 PP – fisher 检验等四种面板数据单位根检验方法，并对这些检验方法进行综合考虑。结果（表 6 – 8）显示，$\ln TUE$、$\ln IUE$ 和 $\ln FUE$ 在上述四种检验方法中均不能在 10% 的水平下拒绝 "存在单位根" 的原假设，因此这三个变量均为非平稳的。进行一阶差分处理后，这三个变量皆变为平稳序列，同属于一阶单整变量。

表 6-8　面板数据单位根检验结果

变量	LLC	IPS	ADF-fisher	PP-fisher
lnTUE	-0.8650	-1.2002	39.711	13.435
lnIUE	-0.7258	3.1279	12.108	10.125
lnFUE	-0.1034	1.8320	27.373	24.291
ΔlnTUE	-7.6766***	-7.7664***	122.69***	113.57***
ΔlnIUE	-10.674***	-9.1148***	144.76***	146.13***
ΔlnFUE	-12.535***	-14.275***	233.91***	276.51***

注：（1）***、***、*分别表示通过1%、5%、10%的显著性水平检验，下同；（2）变量 lnTUE 和 lnIUE 的检验形式为包含截距项和时间趋势项，其余变量的检验形式为只包含截距项；（3）使用 SIC 准则选择滞后项。

2．面板协整检验

本文采用面板协整方法，对国际贸易不平等与国际投资不平等、国际金融不平等是否存在稳定的长期关系进行检验。面板协整采用的是 EG 两步法的推广方法，即 Pedroni（1999，2001，2004）和 Kao（2000）提出基于面板数据协整回归残差的单位根检验方法。Pedroni（1999）构造了 7 个检验面板变量协整关系的统计量：Panel ν、Pane ρ、Panel PP、Panel ADF、Group ρ、Group PP 和 Group ADF 统计量。在小样本的条件下，Panel ADF 和 Group ADF 统计量检验效果最好。Kao（2000）提出了基于各截面的回归残差的 DF 和 ADF 检验。本文采取 Pedroni 检验中的 Panel ADF、Group ADF 和 Kao 检验中的 ADF 统计量，检验结果如表 6-9 所示。

表 6-9　面板协整检验结果

	Pedroni 检验		Kao 检验
	Panel ADF	Group ADF	ADF
统计量	-2.9839	-2.6856	-3.6020
P 值	0.0014	0.0036	0.0002

注：（1）三种检验方法的零假设为不存在协整关系，在零假设下统计量服从渐进正态分布；（2）检验形式为只包含截距项，使用 SIC 准则选择滞后项，长期方差非参数估计方法采用 Bartlett 核函数。

结果表明，三种检验均在 1% 的显著性水平上拒绝 "不存在协整关系" 的原假设，即非平稳变量 lnTNU、lnIUE 和 lnFUE 之间存在长期均衡关系。

3. 面板协整方程的估计

Phillips 和 Hansen（1990）提出完全修正 OLS（FMOLS）方法，用以解决协整方程和随机扰动项之间的长期相关性带来的问题。Stock 和 Watson（1993）提出动态 OLS（DOLS）方法，在协整回归中加入领先和滞后的解释变量差分，以消除协整系统中的反馈效应。Pedroni（2000，2001）将传统的 FMOLS 和 DOLS 方法拓展到了面板形式：Panel FMOLS 和 Panel DOLS。为了描述国际投资不平等和国际金融不平等对国际贸易不平等的影响，本文采用 Pedroni（2000）的组间 FMOLS 方法和 Pedroni（2000）的组间 DOLS 方法对协整系数进行估计，结果如表 6-10 所示。

表 6-10　面板协整估计结果（被解释变量为 lnTUE）

估计方法	lnIUE	lnFUE
Panel FMOLS（Pedroni，2000）	0.2733*** (4.96)	0.4529*** (9.76)
Panel DOLS（Pedroni，2001）	0.3574*** (3.93)	0.5091*** (6.54)

注：(1) 括号内为 t 统计量；(2) DOLS 方法的领先期和滞后期根据 Schwarz 准则进行选择。

在面板协整系数估计中，两种估计方法对系数的估计结果较为接近，且高度显著。当采用 FMOLS 方法进行估计时，lnIUE 和 lnFUE 的系数分别为 0.2733 和 0.4529，这表明当国际投资不平等和国际金融不平等各自扩大 1%，将导致国际贸易不平等分别扩大 0.27% 和 0.45%。当采用 DOLS 方法进行估计时，lnIUE 和 lnFUE 的系数分别为 0.3574 和 0.5091，表明国际投资不平等和国际金融不平等各自扩大 1%，将导致国际贸易不平等分别扩大 0.36% 和 0.51%。国际投资不平等越大，则国际贸易不平等越大。这是因为，跨国公司一方面通过垄断技术产品来控制产品价格，另一方面将成熟产品投资于欠发达国家从而提高增值环节，这会扩大国际贸易不平等程度。国际金融不平等的扩大也会引致国际贸易不平等的扩大，因为发达国家际金融发展水平程度越高,其资金调节速度越快、力度越强,对需要较大资金支持的高新技术产业和资本密集型产业的发展就更为有利,而且对外汇市场干预和抵御金融风险能力更为强大,因而会加深国际贸易不平等程度。

4. 面板格兰杰因果关系检验

上文揭示了国际贸易不平等、投资不平等和金融不平等之间的长期稳定的均衡关系,但尚不清楚变量之间的格兰杰因果关系。由于 $\ln TUE$、$\ln IUE$ 和 $\ln FUE$ 之间存在协整关系,对三者的因果关系检验不能运用差分 VAR 模型,而应采用面板向量误差修正模型(PVECM)。

$$\begin{bmatrix} \Delta \ln TUE_{it} \\ \Delta \ln IUE_{it} \\ \Delta \ln FUE_{it} \end{bmatrix} = \begin{bmatrix} \varphi_{1i} \\ \varphi_{2i} \\ \varphi_{3i} \end{bmatrix} + \sum_{j=1}^{p} \begin{bmatrix} \phi_{11j} & \phi_{12j} & \phi_{13j} \\ \phi_{21j} & \phi_{22j} & \phi_{23j} \\ \phi_{31j} & \phi_{32j} & \phi_{33j} \end{bmatrix} \begin{bmatrix} \Delta \ln TUE_{it-j} \\ \Delta \ln IUE_{it-j} \\ \Delta \ln FUE_{it-j} \end{bmatrix} + \begin{bmatrix} \lambda_1 \\ \lambda_2 \\ \lambda_3 \end{bmatrix} \hat{v}_{i,t-1} + \begin{bmatrix} \xi_{1it} \\ \xi_{2it} \\ \xi_{3it} \end{bmatrix}$$

(6.5.2)

其中 p 为最优滞后阶数,$\hat{v}_{i,t-1}$ 为一阶滞后误差修正项,ξ_{kit} ($k=1$,2,3)是 DOLS 方法估计的协整方程(6.5.1)的残差项。考虑到个体异质性的存在,本部分运用 GMM 方法对方程(6.5.2)进行估计,结果如表 6-11 所示。

表 6-11 面板格兰杰因果关系检验

被解释变量	短期因果关系			长期因果关系			
	$\Delta \ln TUE$	$\Delta \ln IUE$	$\Delta \ln FUE$	$\hat{v}_{-1}$	$\hat{v}_{-1}/\Delta \ln TUE$	$\hat{v}_{-1}/\Delta \ln IUE$	$\hat{v}_{-1}/\Delta \ln FUE$
$\Delta \ln TUE$	——	9.67*** [0.0079]	17.92*** [0.0001]	-0.1678*** (-9.86)		124.98*** [0.0000]	106.75*** [0.0000]
$\Delta \ln IUE$	13.27*** [0.0013]	——	5.40* [0.0670]	-0.3414*** (-4.08)	19.67*** [0.0002]		20.56*** [0.0001]
$\Delta \ln FUE$	12.04*** [0.0024]	10.30*** [0.0058]	——	0.1551 (1.23)	12.50*** [0.0058]	20.03*** [0.0002]	——

注:(1)为了消除序列相关,模型的最优滞后阶数为 2 阶;(2)模型通过了序列相关检验和 Sargan 检验;(3)$\hat{v}_{-1}/X$ 表示对误差修正项 $\hat{v}_{-1}$ 和滞后解释变量 X 进行联合检验;(4)第 2—4 列和第 6—8 列括号外的数值为卡方统计量,第 5 列括号外的数值为 t 统计量。

从短期因果关系来看，ln*TUE*、ln*IUE* 和 ln*FUE* 之间均存在双向格兰杰因果关系。从长期因果关系来看，ln*IUE* 和 ln*FUE* 共同构成 ln*TUE* 的长期格兰杰原因；ln*TUE* 和 ln*FUE* 共同构成 ln*IUE* 的长期格兰杰原因。从强因果关系来看，ln*TUE*、ln*IUE* 和 ln*FUE* 之间均存在双向因果关系。因此，国际贸易与国际金融、国际投资与国际金融中的不平等性存在交融影响。

三、结论与政策建议

从理论逻辑上来看，国际贸易、国际投资和国际金融三大经济活动之间的交融影响会循环加深三者中的不平等性。为验证这一理论机制的合理性，本书以国际贸易不平等交换为例，在考虑其基本因素——技术和制度的基础之上，实证检验国际投资和国际金融不平等交融性对贸易不平等的影响。理论和实证结果均表明，国际经济活动的交融对国际贸易、投资和金融中的不平等性均有循环深化效应。从上述理论和实证结果出发，改变我国长期以来在国际经济活动中的不平等交换地位，维护我国正常的国际经济利益，笔者提出以下几点政策建议。

第一，在引进国外投资时，不仅要考虑国际投资的适度规模，更应注重其质量及结构，力争将外商直接投资与我国高技术水平人员相结合。对于技术模仿企业，不应只是单纯地模仿先进技术，在模仿的过程中，要注重将模仿升华为创新；对于技术引进企业，一定要根据自己企业的特点、需要和能力引进合适的技术，同时应注重对技术的消化和吸收，生产符合市场需求的差异化产品，因而达到引进技术后的二次创新。从长期来看，要实现技术改变原有路径进步，实现跳跃式的发展必然要求更高层次的技术进步方式——技术创新，只有这样才能真正发挥外商在华投资的作用，改善我国国际投资中的不平等现象。

第二，对于金融发展水平较低的国家来说，完善和健全其金融市场一方面有利于其改善在产业间国际分工中的地位，促进其实体经济的发展，发展中国家不仅要提升其金融体系的运行效率，还要提升其金融体系在国际市场上的竞争力度，这将使得其资金更加有效地流动和更加合理地配置，从而促进发展中国家的高端制造业的发展。另一方面，发展中国家也应该积极做好国际金融风险的防范措施，金融风险较实体经济中的风险而言，呈现出范围更广、程度更深的特点，2008年国际金融危机给世界各国带来了沉痛的教训，但与此同时，我们也可以发现，金融体系较为完善和稳定的国家在危机之中往往能够降低损失，在危机之后也能够迅速恢复。金融体系不够完善且未能采取较好防御措施的国家在此次危机中自然损失惨重。因此，我们既要积极发展自身的金融体系，积极参与到国际金融事务中，也要注重防范国际金融风险。

第三，加大科技投入，增强我国技术创新能力。产品本身技术含量的差异是其在国际市场上竞争力薄弱的根本原因，科技水平的高低直接影响一国的国际分工地位，从而直接影响一国的国际经济利益。而一国科技水平的高低一方面取决于科技研发能力，另一方面又和其科技教育有关。科技劳动者的技术水平是一国科技能力的本质因素，发达国家在国际分工的至高地位正是取决于其拥有较多的高水平劳动者。因此，我们应该加大科技教育投入，加强企业和高校、研究所中的技术研发，重视高科技研发等关键技术领域的领军人物，积极发挥我国高科技人员在对外经济贸易中的主导作用。从制度方面来讲，我们应该积极发挥发展中国家数量众多的这一优势，在国际经济谈判中争取更多的话语权。我国应该通过缔结区域经济一体化等协议，以金融上的合作来影响和扩散在国际经济中的决策力度，尤其是在国际经济活动交融的今天，我们更应该妥善协调贸易、投资和金融等经济事务，以期在一定程度上改善当前的国际分工格局，进而改变当前的国际不平等交换现象。

第 七 章
基于技术力与制度力的经济长波理论与实证

经济长波理论致力于解释资本主义经济发展过程中长达 50—60 年的长周期波动现象，这一现象自 19 世纪末引起学者们的广泛关注起，至今已经经历了长达 100 多年的讨论。目前国内外关于经济长波的研究主要可以分为三大类理论，即技术创新长波论、制度演进长波论以及内生机制长波论，这三类理论分别从技术、制度以及经济的内生调节过程角度来解释经济长波的存在性及原因，都收获了丰硕的研究成果。然而，这些理论并没能建立起经济长波的完整运行机制，而仅是从某一边际的视角来窥视长波的运行特点，又或是过于笼统、最终浮于表面的分析。

2008 年开始的全球经济危机使世界各国均经历了不同程度的经济低迷，甚至部分国家至今仍未能恢复活力，这对长波理论的研究工作提出了新的要求，既要分析长波运行的决定因素和完整的运动机制，还要据此对未来经济动向进行预测并提出有意义的政策建议。基于此，本书试图提出技术力和制度力的概念，研究在相对运动过程之中两者之间耦合力的变化规律，并将这一变化规律引入长波问题，从而得到经济长周期波动的具体机制和特点、提出可行的政策建议。

第一节 三大经济长波理论分析

对经济长波的研究最早可以追溯到 19 世纪末。1898 年，俄国社会主义理论家帕尔乌斯已经发现了资本主义发展中存在着大体五六十年一次的长期变动；1913 年，荷兰社会主义者范·盖尔德伦首次明确提出并研究了长波问题。学术界关于长波问题的讨论至此展开，至今已长达一个世纪之久。下面，我们首先对长波理论的起源进行追溯，并在此基础上根据研究视角的不同将现有长波理论分为三大类，通过对这三大类长波理论进行比较评析，本书试图提出长波理论的进一步发展方向。

一、经济长波理论溯源

经济长波理论，即经济会在一定时期呈现较长时间上涨、而随后又会转为较长时间下降的周期性循环过程，最早出现于 19 世纪末。激发学者们研究经济活动中长周期波动问题的直接动因是 18 世纪末以及 19 世纪的价格变化情况：1847—1873 年，资本主义经济经历了较长的繁荣时期，而与此同时，价格也呈现不断上升；接下来 1873—1896 年的大萧条时期，价格也显示出稳步的下降；大萧条结束后，资本主义经济进入了新一轮的增长，同时价格也随着不断上升。因此，经济学家们纷纷开始思考，这种长期的上涨和下跌是否是资本主义经济中的内生环节，如果是的话其背后的动因又是什么，长波理论就是在这样的背景下衍生并不断发展的。

就现有的文献资料来看，与经济长波有关的最早的一篇文献是哈德·克拉克（Hyde Clarke）于 1847 年发表的一篇名为"物质经济——对于物质规律控制饥荒时期的初步探讨"（A preliminary inquiry into the physical laws governing the periods of famines and panics）的文章。该文章并不算是真正意义上研究长波问题的论文，克拉克只是基于 1793 年与 1847 年饥荒情况的比较研究，提出了一个"54 年"时期的存在。并且，克拉克并没有将这一时期看作长周期，而是认为它是若干 10—11 年的中周期的加总，他进一步指出这些中周期的间隔分别为 1804 年、1815 年、1826 年以及 1837 年发生的危机。尽管克拉克并没有对这些中周期以及"54 年"的时期给出明确的解释，但他认为应该从物质经济中寻找答案。

在哈德·克拉克的基础上，杰文斯（Jevons）提出了"太阳黑子论"，并认为这就是"54 年"时期背后的物质原因。此外，他还做了很多关于价格水平长期变化的实证研究，这些研究为长波理论的后续发展奠定了基础。然而，杰文斯的理论并不能解释价格的长期交替波动，因此他于 1865 年提出:"据我所知,没有任何一种单一的因素能足以解释这样一种奇特的现象。"①

1901 年,俄国马克思主义者帕尔乌斯(Parvus)发行了一本小册子,在小册子中,帕尔乌斯大致表达了长波的思想,这可以看作经济长波理论真正的起源,但是由于语言等方面的原因,他对长波理论的贡献并没有获得太大关注。帕尔乌斯认为,当资本主义经济各方面(技术、货币市场、贸易、殖民地)的发展都到达了一种程度,使得世界市场的扩张必然发生,那么整个世界的生产都将达到一种新的、更广泛的基础,他将这一时期称为"Sturn – und Drang"②(即 Storm and drive)的时期,在这一时期,商业周期的上升阶段会更强,危机阶段会更短;"Sturn – und Drang"时期会一直持续到资本主义本身的增长潜力消失殆尽,其后则是严重的经济危机,并演变为长期的经济萧条;经济萧条时期经济增长会不断放缓、商业周期的扩展期更弱、危机期更持久,这一状况会一直持续到一个新的"Sturn – und Drang"时期带来了新的发展潜力。

此外,帕尔乌斯认为,上述过程是一个持续的变化,它的周期并不一定必须是规律的,重点是长期的扩张与紧缩的交替进行。具体来说,就是一个"Sturn – und Drang"时期最终会被萧条所取代,反过来,萧条也会被一个新的扩张时期所替代。尽管帕尔乌斯并没有解释这种交替的转折点,但他指出了 1896 年开始的新的"Sturn – und Drang"时期的推动因素,包括新市场的开放、金矿生产的增加以及电力发展。

与帕尔乌斯类似,荷兰马克思主义学者范·盖尔德伦(Van Gelderen)是另一个由于语言障碍而鲜为人知的长波理论奠基人。无论从实证角度还是从理论层面,范·盖尔德伦都可以说是第一个研究价格长周期波动与工业增长波动之间关系的经济学家。1913 年,范·盖尔德伦提出了经济发展中所谓的"大循环",其周期是 60 年左右。范·盖尔德伦主要考察了 1850—1873 年以及 1896—1911 年这两个时间段中出现的资本积累"春潮"现象,他一方面运用统计分析方法论证了经济长波的存在性,另一方面则通过因果

---

① J. J. Van Duijn., 1983, "The Long Wave in Economic Life", George Allen & Unwin, 59.
② J. J. Van Duijn. 1983, "The Long Wave in Economic Life", George Allen & Unwin, 60.

计量分析得出了这两次长期经济扩展的动因：重大产品创新开辟了新的经济增长主导部门；周期性资本过度投资；信用扩张；基本原材料稀缺；世界市场的扩大和移民浪潮；黄金生产。① 可以看出，范·盖尔德伦的观点与其后的熊彼特有所相似。

与前面两位荷兰学者相比，俄国经济学家康德拉季耶夫对于长波的贡献则更为大众所知，而经济长波也被称为"康德拉季耶夫周期"。1925年，俄国经济学家康德拉季耶夫在"经济生活中的长期波动"一文中系统地提出了长波理论并初步论证了长波的存在，他被认为是最早系统、明确地提出长波理论的学者。康德拉季耶夫对长波的研究主要集中于实证分析，他对世界主要资本主义国家从1780年到1920年的多个数列（主要是价格，其次还包括利息、工资以及对外贸易等）进行了考察，得出如下结论：从18世纪到1925年为止，数列的运动显示有长周期性，并且对于那些最重要的数列，波动的时间大致相同，波动的转折点也几乎是准确相一致的。②

此外，康德拉季耶夫还提出了五条长波的实证特征：第一，在长波上升期繁荣的年份明显更多，相对的，在长波下降期萧条的年份占据主导；第二，在长波下降期，农业常常会遭受严重且长期的萧条；第三，在长波的下降期会出现很多生产和通信方面的发明，但是这些发明通常只有在下一次长波的开始才能获得大范围的应用；第四，在长波上升期的开端，金矿生产通常会增加，并且世界市场会由于新国家的加入而扩大，特别是那些前殖民地国家；第五，最具有破坏性和广泛性的战争以及革命往往会在长波的上升期发生。③ 这些特征为长波理论的后续研究提供了重要的参考，但也有部分特征被证明并不符合现时代背景，如金矿的获得不再适用于当前经济环境、战争对长波的作用也无法在战后的经济波动中体现。

尽管并没有建立完整的理论分析框架，但康德拉季耶夫在实证的基础上也对长波的动因进行了一些阐述。首先，他明确地反对将长波的动因归于偶然的外生因素，他认为"有些学者认为长期波动的产生是由于偶然的、超

---

① 孟捷：《新熊彼特派和马克思主义长波理论述评》，《教学与研究》2001年第4期。
② [俄]尼·康德拉季耶夫：《经济生活中的长期波动》，外国经济学说研究会：《现代国外经济学论文选》（第十辑），北京：商务印书馆1986年版，第10—11页。
③ J. J. Van Duijn., 1983, "The Long Wave in Economic Life", George Allen & Unwin, 66.

经济的环境和事件，如技术的改变、战争和革命，新的国家被纳入世界经济，黄金生产的波动。这些观点都颠倒了因果关系，把结果当作原因，或者是把我们看作由一种规律支配着的现象视为偶然事件"[1]。康德拉季耶夫认为，经济长波是由资本主义经济运动中某些内在原因所引起的，[2] 更进一步地，他认为这个内在原因就是主要固定资本产品的更新换代。[3]

康德拉季耶夫之后，长波理论继续发展了近90年，综观长波理论的发展历程，可以分为三个阶段。

第一个阶段，从20世纪20年代中后期到第二次世界大战（1939—1945年），这是长波理论研究的一个活跃时期。这一阶段的研究还比较基础，研究的重点大多集中于对长波存在性的证明，研究方法大多为运用统计手段进行定性分析。

第二个阶段，从第二次世界大战后到20世纪70年代初，这是长波理论研究相对沉寂的一个时期。在这一阶段，资本主义经济处于相对繁荣的时期，这期间爆发的经济危机也表现出时间短、危害小的特点。因此，很多经济学家开始对长波的存在产生怀疑，长波的怀疑或否定论者在很大程度上占了上风。

第三个阶段，从20世纪70年代初至今，这是长波理论研究相对活跃的一个时期，各种各样的理论相继出现。对于长波的存在性及长波的时间划分等问题，现在学术界已经基本达成了共识，但对于长波的根本动力以及运动机制的分析上则仍是"仁者见仁，智者见智"。目前，对长波动因的分析已经形成了三个影响较大的理论学派，分别为技术创新长波理论、制度演变长波理论以及内生机制长波理论。

二、三大经济长波理论

根据研究视角的不同，我们可以将长波动因的研究分为三大类，即技术创新长波论、制度演进长波论以及内生机制长波论，这三类理论分别从技术、制度以及经济的内生调节过程角度来解释经济长波的存在性及原因，对

---

[1] ［俄］尼·康德拉季耶夫：《经济生活中的长期波动》，外国经济学说研究会：《现代国外经济论文选》（第十辑），北京：商务印书馆1986年版，第15页。

[2] ［俄］尼·康德拉季耶夫：《经济生活中的长期波动》，外国经济学说研究会：《现代国外经济论文选》（第十辑），北京：商务印书馆1986年版，第20页。

[3] 赵涛：《经济长波论》，中国人民大学出版社1988年版，第11页。

经济长波的理论发展作出了巨大贡献。

(一) 技术创新长波论

在各种长波理论的学派和学说当中，可以说，把技术创新作为经济长波主要原因的理论所占的比重是最大的，可以将这些学派和学说整合在一起，称为技术创新长波论。

约瑟夫·阿洛伊斯·熊彼特是技术创新长波论的创始人，他对长波的研究较为深入并且有着深远的影响。熊彼特的长波理论是建立在其创新理论的基础上的。在《经济发展理论》一书中，熊彼特首次分析了创新的作用。他认为，创新会使企业在最初一段时间取得效率或成本上的优势从而获得高额的利润，但创新在竞争的作用下又会不断扩散而使企业的优势和高利润逐渐消失，他将创新的这种作用称为"创造性的破坏"[1]。在此基础上，熊彼特又提出了一个假说，即创新在时间上不是均匀分布的，而是以"群聚"[2]形式出现的，这就意味着创新的作用是叠加的，在创新峰聚出现的初期，利润率会在叠加效应下不断上升，而在创新的后期，利润率又会随着技术的扩散而不断下降，这就形成了整个经济的周期波动。

在创新理论的基础之上，熊彼特进一步发展了他的长波理论。在《经济周期》一书中，熊彼特指出，根据创新类型的不同，可以引致三类周期，即50年左右的长周期、10年左右的中周期和40个月左右的短周期。其中，熊彼特特别对长周期进行了分析，他认为，长周期是由那些影响巨大的、实现时间长的创新，即以产业革命为代表的技术创新决定的，并且长波是以主要技术发明和它们的普及应用、生产技术突出发展为标志的。[3] 因此我们认为，熊彼特的长波理论主要强调的是技术的作用。

根据其长波理论，熊彼特在《资本主义、社会主义和民主主义》一书中将资本主义经济发展划分为三个长周期：第一个长波是产业革命时期，大

---

[1] [美] 约瑟夫·熊彼特：《经济发展理论》中译本，北京：商务印书馆1990年版，中译本序言第 iv 页。

[2] [美] 约瑟夫·熊彼特：《经济发展理论》中译本，北京：商务印书馆1990年版，中译本序言第 vi 页。

[3] [美] 约瑟夫·熊彼特：《经济发展理论》中译本，北京：商务印书馆1990年版，中译本序言第 vii、viii 页。

约从1780年到1842年，波峰在1800年左右；第二个长波是蒸汽和钢铁时代，从1842年到1897年，波峰在1857年左右；第三个长波是电气、化学和汽车工业时代，从1897年到1946年（熊彼特写《资本主义、社会主义和民主主义》的年代），波峰在1911年左右。[①] 但是对于这个划分，熊彼特并没有进行实证检验。

在熊彼特之后，部分学者在其基础之上将演化经济学、系统理论等内容加入到长波的研究之后，极大地丰富了熊彼特的技术创新长波论，这些学者也被称为新熊彼特学派，门斯和佩蕾丝是新熊彼特学派的两个比较典型的代表人物。

门斯是长波理论复兴时期的主要领军人物之一，他对于长波问题的分析仍然是熊彼特式的，其研究的焦点在于解释和证明创新集群发生于长波上升期之前。门斯对于长波理论最重要的贡献在于他对熊彼特长波理论中的一些缺失部分进行了补充，其研究成果主要集中在代表作《技术僵局》一书中。首先，门斯将技术创新的类型进行了区分，包括基本创新、改进型创新以及虚假创新三种，其中基础创新是指那些能够创造出新行业和新部门的重大创新，改进型创新是已建立的新行业和新部门在进一步发展过程中的创新行为，而虚假创新则仅仅是形式上的创新，并无实质内容的变化。门斯指出，基本创新才是经济长期波动的动力。他认为，新的基本创新会导致新兴产业的出现，巨大的新市场使这些部门快速增长并不断出现改进型创新，从而促进经济的上升；而随着竞争增强、市场饱和，虚假创新开始不断出现，经济上升会趋缓，经济结构也进入削弱时期，这就是所谓的"技术僵局"[②]；"技术僵局"会使政府和企业愿意承担创新的风险，从而促进新的基本创新的产生，使经济转入复苏。因此，门斯认为，萧条是基本创新的原动力，是经济增长的前提，而不稳定的经济结构则是基本创新的环境。[③] 此外，门斯根

[①] [美]约瑟夫·熊彼特：《资本主义、社会主义和民主主义》，绛枫译，北京：商务印书馆1979年版，第86—87页。

[②] Gerhard Mensch, 1979, "Stalemate in Technology", Ballinger Publishing Company: Cambridge, Massachusetts, pp. 17 – 21.

[③] Gerhard Mensch, 1979, "Stalemate in Technology", Ballinger Publishing Company: Cambridge, Massachusetts, pp. 35 – 36.

据长期总量数据提出了长波变形模型，认为长期总量并不是连续的正弦波曲线，而是断续的 S 形曲线。然而长波运动应该是经济增长率而不是总量的变动，因此门斯的这一观点遭到了其他学者的质疑。

佩蕾丝是著名的演化经济学家，她在以往技术长波论的基础上加入了制度演变的思想，使技术创新长波理论有了很大的发展。首先，佩蕾丝认为，经济长周期就是每次技术革命从大爆炸到产业成熟所历经的扩散和社会吸收的全过程，她将此称为发展的巨浪。她指出，18 世纪末以来的世界经济共出现了五次发展巨浪，分别为 1771 年开始的英国工业革命，1829 年开始的蒸汽动力、煤炭、铁和铁路的时代，1875 年开始的以钢和重型机械制造业和电力等为标志的时代，1908 年开始的石油、汽车、石化产品和大量生产的时代以及 1971 年开始的信息和通信技术革命的时代，并且她预计，在 2020—2030 年，会开始由生物技术、生物电子、纳米和新材料等技术革命所引发的第六次发展巨浪。[①]

佩蕾丝将每次技术革命的扩散分为两个阶段，即导入期和拓展期。她认为，金融资本的灵活性会使其在导入期掌握控制权，推动经济向自由主义转变，这一阶段的过度投资和泡沫经济会使虚拟经济与实体经济之间的差距越来越大，最终导致技术泡沫的破裂；技术泡沫破裂之后便迎来了导入期向拓展期的过渡，政府在这个过渡时期必须有所作为，即加强金融监管、进行广泛的社会制度变革；进入了技术革命的拓展期，新技术范式的财富创造潜力会带来全面的经济增长；而到了拓展期的末端，有利可图的投资机会不断减少，这会促使新技术革命的产生，金融资本通过支持新技术企业家再次掌握控制权。[②] 总的来说，佩蕾丝仍然认为技术创新是经济长波的主要原因，但是她考虑到了金融资本和生产资本的区别，以及制度因素在导入期过渡到拓展期时所起到的重要作用，具有较强的进步意义。

除上述这些学者以外，部分西欧学者也将技术创新看作长波的主要原因，强调技术的重要性，并且认为政府的科技政策起着决定性的作用，其典

[①] ［美］卡萝塔·佩蕾丝：《技术革命与金融资本：泡沫与黄金时代的动力学》，田方萌等译，北京：中国人民大学出版社 2007 年版，第 15 页。

[②] ［美］卡萝塔·佩蕾丝：《技术革命与金融资本：泡沫与黄金时代的动力学》，田方萌等译，北京：中国人民大学出版社 2007 年版，第 82—85 页。

型代表是杜因和弗里曼。

荷兰经济学家范·杜因批判性地继承和发展了熊彼特和门斯的长波理论,并建立了自己的长波理论——创新生命周期长波理论。杜因的长波指的是产值增长率的长周期波动,其长波理论包含三个关键点,分别为创新的概念、创新生命周期以及基础设施投资,其中创新以及由其引发的创新生命周期是推动长波的引擎,而创新所带来的基础设施投资则加强了这种周期性波动。杜因认为,每一项基本创新活动都要经历四个阶段,也即所谓的"创新生命周期":第一,采用阶段,主要表现为产品创新;第二,增长阶段,主要表现为工序创新;第三,成熟阶段,主要表现为改进创新,工序创新会转向劳动力节约型;第四,下降阶段,企业会试图改进技术来避免市场的饱和。[①] 在此基础上,杜因进一步考察了基本创新活动的创新生命周期与经济长波之间的联系。他认为,经济长波可以分为繁荣、衰退、萧条和复苏四个阶段,并且这四个阶段分别与基本创新的增长、成熟、下降和引进四个阶段一一对应,创新生命周期就决定了长波的周期。[②] 理论分析的同时,杜因也进行了实证检验。他总结了 20 世纪 80 种主要创新,并将创新数量的变化与经济长波的发展阶段联系起来,证明了长周期的波动阶段与创新倾向之间的联系。[③]

克里斯托夫·弗里曼在熊彼特长波理论的基础上加入了技术创新与劳动就业的关系,提出了劳工就业长波理论。弗里曼的基本观点也是认为技术创新和新兴产业的发展是长波上升的主要原因,但他在具体的分析中强调劳动力就业这一因素的变化。他认为,新兴产业通常都是劳动力密集型的产业,其对劳动力需求和提供的工资都相对较高,因此新兴产业在推动长波上升的同时也会提高劳工的就业;然而,高工资会提高新兴产业的成本,阻碍其经济规模的扩大,导致其利润水平开始下降,对劳动力需求和提供的工资也会

---

① [荷] 范·杜因:《创新随时间的波动》,外国经济学说研究会:《现代国外经济学论文选》(第十辑),北京:商务印书馆 1986 年版,第 86—87 页。
② [荷] 范·杜因:《创新随时间的波动》,外国经济学说研究会:《现代国外经济学论文选》(第十辑),北京:商务印书馆 1986 年版,第 90—91 页。
③ [荷] 范·杜因:《创新随时间的波动》,外国经济学说研究会:《现代国外经济学论文选》(第十辑),北京:商务印书馆 1986 年版,第 94—100 页。

下降，因此经济长波转为下降的同时劳工的就业也会下降，[1] 这就是弗里曼的劳工长波论。弗里曼反对"长波宿命论"以及"政府对当前萧条无能为力"的说法，他认为，国家可以通过采取一定的科技政策实现增加就业、摆脱萧条的作用。在此基础上，他提出了五项科技政策主张：第一，在注重有用性的同时要继续提高基础技术的发明和创新；第二，要促进应用型技术创新的传播和扩散，在具体使用环境中提高创新程度，即"干中学"；第三，对于传播时滞长或传播受限的技术创新，应给予扶持，并将其纳入整个宏观政策中；第四，要在私人企业之间建立军用技术研发的信息通道，以免发生军用技术的过度研发；第五，要引进国外先进技术，并促进全面普及和广泛应用。[2]

总的来说，我们将上述理论统称为技术创新长波论，其核心观点是，技术创新是长波形成的主要原因，其他因素（如制度因素）则通过影响技术创新从而作用于长波。

（二）制度演进长波论

与更为强调技术的长波理论相对，还有一类长波理论更为强调制度的作用，并将制度的演进作为长波形成的主要原因，可以将这类长波理论称为制度演进长波论，主要包括社会积累结构长波理论和调节学派长波理论。

社会积累结构（SSA）理论是 1978 年由戴维·戈登首次提出来的，理查德·爱德华兹、迈克尔·赖克、迈克·唐纳夫、大卫·科兹等人又在该理论的基础上作了进一步发展，形成了 SSA 学派。所谓社会积累结构，是指所有影响资本积累过程的制度的总和，包含五个核心范畴，即资本与资本的关系、资本与劳动的关系、国家经济角色、国际关系以及主流意识形态。SSA 学派认为，每一个 SSA 都要经历探索、巩固、衰落三个阶段，每个 SSA 及其相对应的资本积累过程就构成了一个特定的历史时期。当一个新的 SSA 通过探索逐渐巩固时，它能够适应并促进资本积累的加速进行，而这种 SSA 的初始优势会随着资本积累的进程逐渐消失，最后反而阻碍资本积累，这时 SSA 进入衰退阶段，原有 SSA 衰退的同时新的 SSA 会酝酿而生，新的 SSA

---

[1] 赵涛：《经济长波论》，北京：中国人民大学出版社 1988 年版，第 41—42 页。
[2] Christopher Freeman, 1987, "Luc Soete. Technical Change and Full Employment", Basil Blackwell, pp. 241 – 243.

又会为资本积累提供一个有利的环境,重新导致资本积累的加速进行,这就形成了资本积累快速进行与慢速进行交替波动的情况。[①]

在社会积累结构理论的基础上,SSA学派提出了社会积累结构长波理论。该理论认为,长波实际上资本积累的周期,资本积累加速进行时是长波的上升阶段,资本积累减速进行时是长波的下降阶段,而影响资本积累速度的主要因素就是社会积累结构。因此,SSA学派指出,长波的周期是由社会积累结构的历史过程决定的,长波的上升阶段和下降阶段不会按特定的年数,每个长波也并不都具有相同的长度,并且一个长波的结尾与下一个长波的开始会有一定的重合。[②]

与SSA学派类似,20世纪70年代末,部分法国经济学家提出了调节的概念,并以此作为研究现代经济危机的分析工具,逐渐形成了一支特色鲜明的经济学流派——调节学派。该学派注重采用历史的、理论的和比较的方法,其理论可以看作一种制度与演化的宏观经济理论,其代表人物包括米歇尔·阿格利埃塔、保尔·波卡拉、格勒诺布尔等。调节学派的理论建立在工业范式、积累体制、调节模式和发展模式这四个概念的基础之上。工业范式是指劳动过程中的技术和分工,积累体制是指维持经济生产稳定和消费平衡的模式,调节模式是指融合规范、制度、传统、组织形式、社会网络、行为类型等在一起的复合体,而发展模式是指工业范式、积累体制和调节模式相匹配从而维持一段相当长时期的资本主义稳定发展的状态。[③]

在上述三个概念的基础之上,调节学派对经济的长周期波动进行了一定的讨论,我们可以将其称为调节学派长波理论。该理论认为,当工业范式、积累体制与调节模式相匹配,即经济处于某种发展模式时,会推动经济的持续发展;而当这种发展模式的潜力趋于耗尽时,经济会进入不稳定和无序状态,若在现有的调节模式下自我修正的机制已经变得无效,那么经济会陷入衰退和危机之中,这时也会产生不得不进行制度变革的压力。

---

① David M. Kotz, Terrence McDonough, Michael Reich, 1944, "Social Structures of Accumulation—The Political Economy of Growth and Crisis", Cambridge University Press, pp. 13-21.
② David M. Kotz, Terrence McDonough, Michael Reich, 1944, "Social Structures of Accumulation—The Political Economy of Growth and Crisis", Cambridge University Press, pp. 22-26.
③ 胡海峰:《对法国调节学派及其理论的分析》,《教学与研究》2005年第3期。

除 SSA 学派和调节学派以外，还有不少学者也做出了类似的分析，我们可以将这些理论统称为制度演进长波论，其核心观点是，制度演进是长波形成的主要原因，其他因素（如技术因素）则通过影响制度演进从而作用于长波。

（三）内生机制长波论

除了技术创新长波论和制度演进长波论以外，还有一批长波学者试图从经济运行的内部调节过程中找寻长波形成的原因，而不仅仅局限于技术或者制度。这类长波理论的观点各不相同，但都是认为长波的形成是由经济运行过程的内因所决定的，主要包括马克思主义长波理论、相对价格长波理论、系统动力学长波理论以及多因素长波理论。

在康德拉季耶夫之后，部分学者试图从马克思主义经济学视角来分析经济长波的动因。我们知道，马克思本人实际上并没有关于经济长波问题的阐述，而更多的是对中波的分析，但是马克思主义的很多基本观点也可以成为分析经济长波问题的有效工具。

比利时经济学家曼德尔就是第一个试图以马克思主义的观点解释资本主义经济长波的经济学家。曼德尔认为，利润率的变动是形成经济长波的主要原因，利润率上升时，资本积累加速进行，使得经济高速发展；而利润率下降时，资本积累减速进行，使得经济发展减缓。

但是，在影响利润率因素的分析方面，曼德尔的思想是有一个演变过程的。在 20 世纪 80 年代以前，曼德尔主要强调基本技术创新对利润率的重要作用，即当技术在经历一场革命时，利润率会上升，而随着技术浪潮的消退，利润率会下降。[①] 可以看出，曼德尔早期的长波思想实际上还属于技术创新长波理论。20 世纪 80 年代以后，曼德尔的思想发生了变化，他开始认为，利润率的变动是受到多种因素影响的。在《资本主义发展的长波——马克思主义的解释》一书中，曼德尔认为，长波的下降是由内生引致的，包括资本积累带来的资本有机构成的提高、信用扩张带来的货币体系的不稳定性、国际竞争的加强等，而长波的上升则需要外生变量才能实现，这里的

---

① ［比利时］曼德尔：《晚期资本主义》，马清文译，哈尔滨：黑龙江人民出版社 1983 年版，第 130—133 页。

外生变量是指"一系列非经济因素,如战争掠夺,资本主义运行领域的扩展及收缩,资本家间的竞争,阶级斗争,革命与反革命等等"①,因此曼德尔的理论也被称为"非对称的长波理论"②。可以发现,在这一阶段,曼德尔已经不再将基本技术创新看作长波上升的根本原因,而仅将其看作推动长波持续上升的动力。

曼德尔的长波理论受到了很多学者的质疑,主要的质疑就在于,曼德尔所提出的外生力量都具有一定程度的偶然性,以此作为长波上升的原因无法得到长波的完整运动机制,也无法解释经济波动的长周期性。

苏联和东欧的很多学者也尝试了用马克思主义的理论和范畴来解释长波。如苏联学者斯·缅希科夫在"资本主义经济的结构性危机"一文中认为,马克思主义者应该用马克思主义对长波现象做出解释,而不应回避长波问题,更进一步地,他认为经济长波来源于资本主义的结构性危机;③ 南斯拉夫学者E·阿尔瓦特在"在经济发展的'长周期'时代引进新技术的社会含义"一文中认为,新技术是推动经济上升的重要因素,但要想将新技术转化为生产力还需要必要的社会政治条件,否则环境污染、劳资冲突等社会矛盾将会成为经济繁荣的主要障碍,这就是所谓的"引进新技术的社会含义"④。

从20世纪80年代初开始,我国部分学者也开始试图从马克思主义的角度来解释长波的动因。如张蕴岭在《西方经济战后发展的转折和长周期波动》一文中提出,资本主义经济长周期波动的根本原因是资本主义的基本矛盾,即生产力和生产关系之间的矛盾。他认为,随着资本主义经济的不断增长,生产力发展与生产关系束缚的矛盾会不断深化,对现有经济结构进行调整的需求也会不断增加,而科技革命也会从高潮转为低潮,这三方面因素会共同促使资本主义经济转向一个缓慢增长时期;⑤ 张荐华在《关于资本主

---

① [比]曼德尔:《资本主义发展的长波——马克思主义的解释》,南开大学国际经济研究所译,北京:商务印书馆1998年版,第17页。
② [比]曼德尔:《资本主义发展的长波——马克思主义的解释》,南开大学国际经济研究所译,北京:商务印书馆1998年版,第43页。
③ [苏]斯·缅希科夫:《资本主义经济的结构性危机》,《世界经济译丛》1986年第6期。
④ [南斯拉夫]E·阿尔瓦特:《在经济发展的"长周期"时代引进新技术的社会含义》,《世界社会主义》1982年第29期。
⑤ 张蕴岭:《西方经济战后发展的转折和长周期波动》,《世界经济》1982年第10期。

义经济的长周期理论初探》一文中认为，资本主义基本矛盾作用下生产关系调整的有限性是导致经济长周期波动的根本原因，而科技革命发展的阶段性是长波形成的物质基础；[1] 查汝强在《论产业革命》中指出，资本主义经济的长周期波动是技术进步的阶段性和生产关系调整的阶段性共同作用的结果，可以考虑建立马克思主义的长波理论；[2] 赵涛在《经济长波论》一书中论述了资本主义生产方式内部矛盾运动周期是经济长波的根本原因，[3] 这也是我国第一部对长波理论进行完整和系统阐述的著作。

除上述学者以外，还有许多其他经济学家也试图从经济运行的内部过程中找寻经济长波的动因，这些研究所采用的方法各异，得到的结论也各不相同。

美国经济学家罗斯特提出了相对价格长波理论。起初，罗斯特认为，经济长波是由三个因素错综复杂地交织在一起所引起的，即农业及原材料生产的状况、对原材料有较大需求的主导部门的发展情况、人口及其他影响对房屋和城市基础设施需求的冲击。[4] 而后，罗斯特进一步将长波的原因归结为世界经济中食品和原材料的生产能力和产量的动态最优水平的周期性变动。[5] 最后，罗斯特构建了包含16个等式的康德拉季耶夫长波模型，并在此基础上提出了相对价格长波理论。罗斯特的相对价格长波理论认为，粮食和原料等初级产品的相对丰裕和匮乏是长波形成的基本原因，因此他用初级产品与工业品之间相对价格的升降来解释长波的上升和下降。[6] 然而，相对价格长波理论并没有经受起实践的考验。罗斯特对长波的前三个分期与康德拉季耶夫或熊彼特的分期基本相同，但其第四个长波分期却与其他经济经济学家有较大的差异，与现实经济情况也并不符合，这足以显示出该理论的片面性。

麻省理工学院的福雷斯特教授通过建立系统动力学全国模型模拟经济的实际运动过程来分析经济长波产生的原因。系统动力学全面模型的一个最大

---

[1] 张荐华：《关于资本主义经济的长周期理论初探》，《世界经济》1982年第10期。
[2] 查汝强：论产业革命，《中国社会科学》1984年第6期。
[3] 赵涛：《经济长波论》，北京：中国人民大学出版社1988年版，第288页。
[4] W. W. Rostow., 1978, "The World Economy: History & Prospect. University of Texas Press Austin & London", p. 110.
[5] 赵涛：《经济长波论》，北京：中国人民大学出版社1988年版，第20—21页。
[6] W. W. Rostow, 1982, "Why The Poor Get Richer and The Rich Slow Down: Essays in the Marshallian Long Period", The University of Chicago Press, Vol. 31, No. 1, pp. 204–209.

的特点就是，它是按照公司的经营结构建立起来的，并通过引入大量的经济变量对现实经济进行动态模拟，因此该模型能够较为客观地反映出复杂的现实经济运动，是一种十分先进的研究工具。通过系统动力学模型，福雷斯特考察了耐用消费品部门和基本设施生产部门的产量变化，他发现，耐用消费品的产量基本固定，而资本生产部门有着很明显的增长与跌落波动，并且周期大约为50年，因此他将长波形成的动因归结为生产资料的波动。① 福雷斯特认为，资本部门的生产总是会有过度扩张的倾向，这种倾向最终会被大萧条所终止，而萧条期间所带来的"过量的资本工厂从物质上被消灭和从财产上在账目上被贬值"，② 则会使得生产资料重新回到一个新的起点，这种资本生产的不平衡波动便带来了经济的长期波动。

日本一桥大学的篠原三代平教授是日本长波理论研究的主要代表人物，其长波理论可以称为"多因素长波理论"。篠原三代平认为，"历史是在各种因素相互作用中发展的""过分强调某一种因素就难免出现弊端，从而对长期波动无法进行综合分析"③，因此他主张对经济长波的形成进行多种因素的综合分析。篠原三代平将引致经济长波的原因归结为四个主要因素，即技术革命、货币供应量、能源资源以及战争，其中，技术创新是最主要的动力，其规模和速度决定了长周期波动的周期长度。他认为，基础技术创新是推动长波上升的主要力量，而到了长波的顶峰时往往容易发生战争，战争时期通常会增加货币供应量，使初级产品和中间产品价格上涨，这时经济会由于受到资源和能源的约束而转为通货紧缩和长波的下降阶段。④

总的来说，我们可以将上述理论统称为内生机制长波论，这类理论虽观点各异，但其共同点是都强调了经济运行过程中各种因素之间的相互作用，而不局限于对技术或者制度的单因素考察。

---

① ［美］福雷斯特：《创新与经济变化》，外国经济学说研究会：《现代国外经济学论文选》（第十辑），北京：商务印书馆1986年版，第76页。
② ［美］福雷斯特：《创新与经济变化》，外国经济学说研究会：《现代国外经济学论文选》（第十辑），北京：商务印书馆1986年版，第76页。
③ ［日］篠原三代平：《从历史的长期波动来看现代世界经济——二十一世纪初将出现繁荣局面》，外国经济学说研究会：《现代国外经济学论文选》（第十辑），北京：商务印书馆1986年版，第282页。
④ 赵涛：《经济长波论》，北京：中国人民大学出版社1988年版，第54页。

三、长波理论评析

技术创新长波论、制度演变长波论以及内生机制长波论分别从技术、制度以及经济的内生调节过程角度来解释经济长波的存在性及原因,都收获了丰硕的研究成果。然而,这三类理论并不是完美无缺的,它们也存在着各自的局限性和缺陷。

在各种长波理论的学派和学说当中,技术创新长波论所占的比重是最大的。这类长波理论的共同点是,把技术创新作为经济长波形成的主要原因,将其他因素看作不变或仅作为影响技术创新的因素。技术创新长波论对长波理论的研究有着十分重要的贡献,它寻找到了一个对经济长期增长具有重要作用的因素——技术创新,并对技术创新的类型、特点、生命周期以及技术创新对经济长波的作用进行了比较系统的研究,其中也不乏很多实证方面的成果。然而,技术创新长波论也有一定的局限性。该类学说将技术创新作为一切研究的出发点,而将其他因素(特别是制度因素)看作不变或者仅作为技术创新的影响因素,这实际上将技术与制度之间的相互作用关系片面化了,抹杀了技术对制度的作用力。

熊彼特在"经济变化分析"一文中也曾指出,创新作为经济长波的唯一动力是在一定条件下成立的,即"排除战争、革命、自然灾害、制度变化的因素,也排除经济政策、银行和货币管理、支付习惯以至因气候条件或灾害造成的作物产量变化和因矿藏发现造成的黄金生产变化等因素,称这些为外部因素"[1]。可以说,技术创新长波论是一种基于技术角度的"边际"性研究,然而要想将长波的运动机制完整描述出来,则必须要考虑除技术以外的其他因素,尤其是制度因素。

在长波理论的研究中,制度演进长波论可以说是一个后起之秀,占据了长波理论中属于自己的一席之地。无论是社会积累结构学派,抑或是调节学派,它们的共同点是将制度(SSA 或调节模式)的演进作为长波形成的主要原因。制度演进长波论的贡献在于,它打破了技术创新长波论的思维框架,找到了另一个对经济发展具有长期影响的因素——制度,并从制度中抽

---

[1] [美]约瑟夫·熊彼特:《经济变化分析》,外国经济学说研究会:《现代国外经济学论文选》(第十辑),北京:商务印书馆1986年版,第23页。

象出了社会积累结构或者调解模式等概念，建立了制度影响经济长波的理论体系，为长波理论的研究开拓了新的视角。然而同样地，制度演进长波论也有它的局限性。首先，该理论把制度因素作为其主要研究对象，大量采用历史和比较的方法，考察制度的演变和交替过程与经济长期波动之间的联系，但却没有很好地分析其演变和交替的原因和动力问题，理论基础不够坚实；其次，该理论把重心全部放在制度因素上，却在很大程度上忽略了制度演变过程对技术的影响，这使该理论具有一定的片面性。

总的来说，技术创新长波论和制度演进长波论都只是抓住了各自认为更重要的某个方面（或技术，或制度）研究到底，却忽略了一个同样重要的部分，即技术与制度这两个因素之间的相互作用。因此，这两个学派一方面成功地建立了各自角度的完整逻辑，得到了科学的逻辑结论；但另一方面又无法否认另一学派逻辑的合理性，也无法将其归为自身理论的一部分。这就说明了，技术创新长波论和制度演进长波论从根本上来说是一种"边际"的研究，即单独考察某一因素对因变量的影响，而将其他因素看作不变。诚然，对于任何一个研究课题来说，这种"边际"的研究是必不可少的，也是行之有效的，它可以帮助我们得到很多有意义的结论。然而，这种"边际"的研究也是远远不够的，因为我们无法从中得到整个问题的全貌，进而也就不可能对其运动规律进行科学的预测或者制定有效的政策措施。

相比于技术创新长波论和制度演进长波论，内生机制长波论是一类相对纷杂的学说的整合，这些学说的共同点在于，它们认为长波的形成是由经济运行过程的内因所决定的，而不仅仅局限于技术或者制度。内生机制长波论的贡献是，它跳脱了盯住技术或盯住制度的"边际"研究视角，试图从更为整体的经济运行过程中寻找多种因素来综合考虑长波形成的原因，这是具有进步意义的。然而，现有的这些内生机制长波理论还不够成熟，并没有建立起长波运动的完整机制，甚至很多理论最终走向了表象的分析。

康德拉季耶夫虽然认识到经济长波是由经济运动中某些内在原因所引起的，但是他却没能找到这种内生机制，反而将原因归结为"固定资本产品的更新换代"这一现象上；曼德尔用多种因素影响下的利润率变动来解释经济长波，但却没能将影响平均利润率变动的因素抽象为几个最简单的基本变量，反而错误地将外生力量作为经济长波转入上升期的主要原因，这不仅不能解释长波形成的原因，反而在一定程度上否定了长波的存在；中国的马克思主义长波学者通常将经济长波的形成直接归结为资本主义生产方式的内在矛盾，这一出发点上是正确的，但普遍缺少进一步的具体化分析，使这类研究只能停留在描述性和定性分析上，无法建立经济长波的完整体系；罗斯特的相对价格长波与实际经济情况有较大的不一致性，使得该理论的说服力大大削弱；篠原三代平用多因素来考察长波运动的出发点是对的，但他所强调的四个因素中货币供应量、能源资源以及战争三个因素都过于表面化和现象化，理论基础较为薄弱；福雷斯特将先进的系统动力学模型用于考察长波问题，更为客观地反映了资本主义经济运动的全貌，但他仅通过数据结果就得出"长波形成的动因归结为生产资料的更新"的结论，显然是缺乏说服力的。

可见，目前关于经济长波的理论研究仍存在着较大的提升空间，将现有理论的精髓加以融合和发展、建立一个更加完整全面的长波理论框架是下一步研究的必然趋势。从现实的角度来看，2008 年开始的全球经济危机使世界上大多数国家都经历了若干年的经济低迷，甚至至今仍未恢复，如何缩短和扭转当前经济的下降态势对于许多国家来说是亟须解答的问题，要想回答这一问题，绝不能凭主观臆断，而需要对经济长波的动因以及运动机制进行更为深入的思考。

本书认为，技术与制度在分别对经济长周期波动发挥重要作用的同时也有着不可忽视的相互作用力，仅单独考察其中任何一方面都会掩盖问题的全貌，使得后续的研究难以进行下去。因此，本书接下来将从技术与制度的双重视角出发，考察技术与制度的内在作用机理，从而建立一个更为完整、科学的经济长波理论框架，并在此基础上与美国经济的具体实践相结合，对理论研究进行检验和支撑。

第二节 技术力、制度力及其耦合力理论

技术与制度始终是长波理论研究中的两个重要视角，并以此演化出了技术创新长波论以及制度演进长波论这两大学派，甚至大多数内生机制长波理论也逃不开技术和制度这两大类范畴。然而，现有研究大多将技术或制度看作单变量，纯粹用技术创新或制度调整来解释经济长波，缺乏更为系统和宏

观的考量；此外，对于技术与制度之间的相互作用关系，现有研究仍不够深入和具体。

本书试图在长波理论框架中引入技术力与制度力的概念，从更为系统和全面的视角考察技术因素和制度因素，并构建耦合力的概念来分析两者之间的相互作用关系，这为分析经济长波运行机制开辟了一个新视角，为接下来建立更为科学和完整的经济长波理论模型奠定了基础。

一、TICC 理论与经济长波

在前文（第五章）中，我们提出了 TICC 理论，该理论的一个核心思想就是，要将技术因素与制度因素的作用有机结合在一起来分析经济问题。我们前面主要是将该理论用于平均利润率变动趋势的分析，探究在技术因素与制度因素有机结合的作用下，平均利润率上升、下降或不变的条件。这里，我们进一步将该理论引入长波问题的研究，并将其作为基本理论依据进行一定的引申和扩展，我们主要可以得出以下几个命题。

第一，必须将技术与制度同时引入长波理论的分析框架之中。同时考察技术变量与制度变量的作用，是 TICC 理论的一个基本观点，也是本书试图从技术与制度双重视角分析经济长波运行机制的理论出发点。此外，我们在前文（第五章）中已经论述，技术因素与制度因素均为影响平均利润率变动的重要因素，而平均利润率变动又是影响经济长期增长的关键因素之一，这进一步表明了技术与制度在长波形成中不可或缺的地位。因此，要想构建科学、完整的长波运行机制必须要同时考虑技术与制度的作用，撇开任何一方面都会使研究的全面性和完整性大打折扣。

第二，不能将技术或制度看作纯粹的单变量来考察，而应将两者看作系统层面的概念。TICC 受技术与制度两方面因素影响，但这其中的技术与制度并不是简单的单变量，而是具有一定结构的体系。类似地，在考察影响长波的技术与制度时，我们也不能将其看作单一变量，而应将其原动力、阻碍条件、变化过程以及现实结果都考虑进来，用系统的视角看待技术与制度，这比以往的技术或制度分析更具有完整性和科学性，也使得以此为基础所建立起来的长波理论更加系统和全面。

第三，技术与制度对经济所起的作用不仅有大小之分，而且是有方向的。TICC 理论主要强调了技术与制度作用大小的不同，正是技术与制度作用的相对大小决定了 TICC 的变化趋势,从而影响了平均利润率的变动方向。但实际上,技术与制度对经济活动的作用不仅有大小而且是有方向的,技术与制度作用的大小和方向共同影响着经济活动的波动和变化,这对于平均利润率变动趋势的研究来说并不是重点,但对于长波问题则显得至关重要。

第四,技术与制度之间有着密切联系,两者有机结合的运动过程是形成长波的根本原因。TICC 理论最重要的一个观点就是,技术与制度在共同作用于经济活动时是彼此联系、有机结合的。将这一理念应用于长波问题时,我们可以得出类似的考量,即技术与制度在分别作用于经济长波的同时又是密不可分的整体,两者在相互作用中共同推动经济呈现长周期波动。这一命题也是本书所构建长波理论的核心观点,本书接下来的一系列具体分析都是围绕这一命题所展开的。

总的来说,TICC 理论是本书从技术与制度双重视角研究长波问题的基本理论依据和理论出发点。基于上述由该理论所引申出的四个命题,本书试图构建技术力、制度力以及两者之间耦合力的概念,以便更好地描述技术与制度对经济活动的作用力,以及两者在相互作用过程中合力的变化,为长波运行机制的分析奠定基础。

二、技术力的系统结构

技术因素是影响经济长波的重要因素之一,很多学者从技术创新过程或技术类型等视角考察经济长波的形成,并由此演变成了长波理论的一大流派,即技术创新长波理论。然而,现有的技术创新长波理论大多将技术看作单变量,具有一定片面性和局限性。基于此,本书提出技术力的概念,试图为长波理论研究中的技术因素提供更加科学和全面的分析视角。

我们知道,物理学中的力是指使物体获得加速度或形变的外因,力既有大小又有方向。与之相类似,技术对经济活动的作用也同样有大小和方向之分,因此,我们可以赋予技术以大小和方向从而构建技术力的概念。所谓技术力,就是技术对经济活动的效用或效力。这一概念看似简单,但要深入了解和认识技术力,则必须要考察影响技术力的主要变量,包括驱动技术力的原动力、阻碍技术力的约束力以及技术发明、扩散和应用过程中的决定性因素,等等。

首先,技术创新并不是自发进行的,而是由利益所驱动,我们将其称为利益力，利益力是技术力的原动力，它影响着技术力的增长速度和方向。一般来说，只有当新技术的发明有利可图时，科研机构或企业的科研部门才愿意进行技术研发；同样的，只有当新技术的应用能够带来超额利润时，企业才会更加积极地引进和采用新技术；利益越可观，则技术创新速度就越快。利益力的最初来源主要是企业，技术创新能够通过提高劳动生产率使企业不断争取更高的市场份额并获得更多超额利润，因此企业有较强的利益动机来从事新技术的研发，这构成了技术进步原发的动力。然而，当社会发生巨大变革或者技术创新活动规模过大、资金需求过高时，企业的利益力驱动可能会不足以支撑，这时就需要政府起到或辅助或主导的作用，为技术创新提供额外的利益驱动。此外，对于与公共产品以及准公共产品相关的技术创新，由于其成本与收益的特殊性，企业往往不愿意承担其研发工作，这种情况下也需要政府承担大部分的研发活动。然而，无论来自企业本身还是政府，利益力都是技术力的动力源泉，没有利益力的驱动则不会有技术力的增长。

其次，技术力在利益驱动下并不能无限提高，它会受到知识基础的约束和限制，我们将这种作用力称为知识力，知识力一方面是技术力的约束条件，另一方面也可能成为技术力的强大推力。技术创新并不是空中楼阁，其实现首先需要足够的科学知识积累作为地基，地基越坚实，楼阁才有可能建得越高耸、越繁复，而一旦地基已达到其承载极限，则楼阁也无法继续提升，可以说，知识基础为技术创新活动限定了上限。因此，如果科学知识积累处于相对停滞状态时，那么它会限制技术创新的进步空间从而成为其约束条件。但从另一方面来看，若科学知识出现突破性发展，那么更高阶的知识基础也会成为技术创新高速繁殖的沃土，它能够打破技术创新的桎梏，推动技术创新呈蜂聚式发展。可见，知识力对于技术力的作用具有两面性，发展缓慢的知识力会成为技术力的囚笼，但快速提高的知识力则是技术力增长的强力催化剂。

再次，在利益力和知识力的支持下，创新活动的质量和效果主要取决于创新成果所承载的技术含量以及创新程度，我们将其称为承载力，承载力是技术力的主要内容，对技术力的大小起着决定性作用。在有了足够的利益驱动以及知识基础之后，创新活动也就开始了。创新活动无论以何种方式展开，其最终必须得到相应的创新成果。创新活动的成果具有多种表现形式，它可能是一张图纸,也可能是一组数据,抑或仅仅是一个构想,但只要它成为一个"物",它就成为利益驱动下科学知识的载体。创新成果只是潜在的技术进步,它并没有转化成真正的生产力,但其中的承载力,也即创新成果中所承载的技术含量以及创新程度的大小却是至关重要,它决定了创新活动的质量和效果,从而影响了技术创新的实际效用。承载力的大小主要与三方面因素有关:创新资源的投入(包括经费、科研人员、设备等)、创新管理能力(包括创新战略、创新机制、评价体系等)以及创新意识。承载力越大,技术创新对经济活动所具有的潜在作用力就越大。

最后,创新成果作为潜在的技术进步,其真正对经济活动发挥的作用由其转化为现实生产力的程度决定,我们将这种作用称为转化力,转化衡量了技术力的实现性,承载力与转化力共同决定着技术力的大小。不论承载力大小如何,创新成果仅仅表现为潜在的技术进步,要想使其对经济活动发挥实实在在的作用,则需要将其转化为现实的生产力,这是决定技术对经济活动作用效力的关键环节,也是最终环节。这一环节主要受到三方面因素的影响,分别为科学技术本身、企业对科研的参与程度以及创新意识。科学技术有不同的类型,有些更能直接促进生产力的提高,如蒸汽机、发电机,但有些则更注重长期效果,如与教育、生态等方面相关的新科技,因此科学技术本身的性质会影响其转化为生产力的效果;企业是创新成果转化为现实生产力的直接力量,而企业对科研的参与程度大大影响着其应用新技术的倾向,因此激励企业参与到科研活动之中对创新成果转化为生产力有着重要促进作用;此外,创新意识也是影响企业引入新技术从而影响创新成果转化为生产力的重要因素。

可见,技术力实际上就是由上述四个分力所形成的合力系统,四个分力共同影响和决定着技术力合力系统的大小和方向。用函数来表示则为:技术力 $=f$(利益力,知识力,承载力,转化力)。

一般来说,技术力的方向由利益力和知识力两个分力决定,其中知识力限定了技术力的大方向,而利益力则进一步确定了技术力的现实走向。在其他因素一定的条件下,利益力越大,则技术力越大,相反,如果利益无法得到保障,则技术力较小;同样将其他因素视为不变,若知识力出现突破,则有助于促进技术力的提高,但若科学知识积累出现停滞,往往也会成为技术力的限制因素；此外，在既定利益力和知识力的条件下，承载力和转化力则成为影响技术力大小的决定性因素，创新成果的创新程度越高、创新成果转化为生产力的程度越高，则技术力越大。这里值得一提的是，我们并没有将影响技术进步的制度因素纳入分析，而是将其看作技术力系统所处的环境，这样有利于更清晰地讨论技术力与制度力之间的关系。

上述四个分力在分别影响技术力的同时，也存在着密切的相互关系。例如，科学知识积累的突破和发展可能会改变已有技术的成本和收益关系，从而影响利益力的大小；知识力的相关发展也可能会提高承载力和转化力的大小；利益力是影响创新成果向生产力转化的重要因素之一；承载力和转化力的提高，也可能会为科学知识积累的突破和发展提供有利条件。这四个分力就是在相互影响、相互作用的基础上共同决定着技术力的大小和方向，也即形成了技术力系统。

总的来说，本书所说的技术力就是由利益力所驱动，以知识力为条件，以承载力为主要内容，通过转化力来实现的技术对经济活动的效用，技术力最终表现为现实的生产力。技术力并不是一个纯粹的单变量，而是由原动力、限制条件、创新过程以及现实作用等多个变量有机构成的统一体。从动态的视角来看，我们认为技术力是一个连续的、持续向上的力，但其上升速度有快有慢。

三、制度力及其影响因素

1929—1933年资本主义经济大萧条之后，制度对经济的作用越发引起学者们的重视，长波理论的研究也同样如此，制度演进长波论逐渐成为长波研究的三大类理论之一。在现有研究的基础上，本书试图撇开将制度看作若干方面制度构成总体的视角，提出制度力的概念，从更加系统、全面的层面上分析制度对长波的作用。

同技术力类似，制度对经济活动的作用力同样有大小和方向之分，因此我们也可以赋予制度以大小和方向，从而构建制度力的概念，即制度对经济活动所产生的效用或效力。分析制度力，我们同样要对其动力源、约束条件、现实作用效果等方面一一进行考察。

首先，制度创新与技术创新具有同源性，制度创新也同样由利益所驱动，我们称其为利益力，利益力是制度力的原动力，它影响着制度力的方向和变化速度。制度创新的主体可以是政府，也可以是企业或其他微观主体，但不论是哪种制度创新主体，其均为利益最大化的集团。因此，只有当新的制度安排能够为制度变迁主体带来利益时，制度创新才有可能发生；而只有当新制度安排能够为企业及其他微观主体带来额外利益时，新制度才能得以无阻碍地扩散和实施；利益越可观，则制度创新的速度就越快。与技术力相比，驱动制度力的利益更多地来源于政府，尤其是那些具有社会意义或具有一定强制性的制度。政府的利益追求主要体现为两个方面，一是经济增长所带来的税收的增加，二是国家稳定、社会公平所带来的政权的稳定，而好的制度创新无疑能够满足这两方面利益追求。例如，完善的市场制度能够激发企业的积极性从而促进经济增长，合理的社会保障制度则会提高社会稳定和人民的幸福指数。当然，微观企业也同样存在制度创新的利益驱动，因为更为有效的制度能够为企业节约成本、提高劳动生产率，从而使企业获得更多的利润。无论制度创新主体的利益追求是什么，利益力都为制度变迁和制度创新提供了出发点和动力源。

其次，尽管存在利益驱动，但一项新制度的产生往往仍需要经历利益集团之间的反复博弈，我们将这种作用称为博弈力，博弈力是决定制度力主要内容以及理论方向的关键因素。一般来说，在利益驱动和知识基础足够的情况下，形成技术创新成果的过程往往不会受到太大的阻碍作用，然而，一项新制度的产生则常常需要经历反复并且长期的博弈过程。每一项制度安排的背后都会有一些利益集团的存在，其既得利益的实现需要以现有制度继续实施为前提，因此，尽管新制度下的潜在利益集团具有制度创新的动力，但最终制度是否能够得以出台则还要取决于各方利益集团的博弈。博弈的结果可能是制度创新顺利实施，但也很可能是制度创新向后延迟甚至取消。而在现实经济中也确实如此，小幅度的制度改良总是可以较为容易地出台，但影响较大、具有突破性的制度创新提案往往需要经过较长时间才能得以通过。例如，20世纪70年代，美国经济进入萧条阶段，但尼克松政府迟迟未采用有效的制度创新，而仅通过财政和信贷等小幅度的政策措施进行调整，从而使得美国经济陷入了长达10年的滞胀危机，直到1981年里根执政才开启了新自由主义制度的新时期。

最后，在利益力以及博弈力的作用下得以出台的制度创新方案，要想真正对经济活动发挥作用，还需经历制度实施这一关键环节，我们将其称为实施力，实施力决定了制度力的最终方向和大小。即使在利益的驱动以及利益集团的博弈之下，一项制度创新得以出台，也并不意味着该制度创新一定能够对经济活动产生较大的效用，这其中的另一个关键环节就是制度的实施。制度的实施实际上就是理论的制度创新转化为现实生产关系的过程，唯有成为真实存在的生产关系之后，制度创新才能对经济活动起到应有的作用。制度实施的效果主要取决于两个方面，一是政府的推行力度，二是微观主体的实际执行力度。然而不论是哪一方面，制度的实施总离不开人的主观作用，也正是由于人的许多主观局限性，如有限理性、机会主义行为、道德祸害等，使得一项制度创新在实施的过程中很可能发生扭曲、偏离甚至中途夭折。因此，同一个制度创新方案，其实施效果的方向是存在多种可能性的，可能是进步的，也很可能是倒退的。例如，当前许多小煤窑中的劳动制度是高效率的，但却对劳动者的人身有着极大的伤害和压榨，这种制度相比于当前的社会发展无疑是退步的，甚至退回到了奴隶制社会的状态，但这些制度也是确实存在的。

可见，制度力就是由上述三个分力所形成的合力系统，三个分力共同决定着制度力的大小和方向，用函数形式可以表述为：制度力 = g（利益力，博弈力，实施力）。一般来说，利益力决定了制度力的初始方向，博弈力决定了制度力的理论方向，而实施力则决定了制度力的现实走向；另一方面，制度力的大小主要由博弈力和实施力来决定。此外，构成制度力的三个分力之间也存在着密切的相互联系，例如，利益力的变化会直接影响利益集团博弈的条件，从而影响博弈力的大小；利益力是影响政府对新制度推行力度以及企业执行力度的重要因素之一；制度实施的效果也会在一定程度上影响制度创新的利益性以及利益集团之间的博弈结果。

综上，制度力实际上是由利益力所驱动、由博弈力所决定、通过实施力来实现的制度对经济活动的效用，制度力最终表现为现实的生产关系。这里我们所说的制度力也是一个系统层面的概念，它并不是一个单变量，而是由原动力、限制条件、现实作用效果等多方面组成的统一体。与技术力不同，制度力通常并不是一个连续变化的力，在外部作用的条件下，它有可能发生突变或者跨越性的发展；制度力的变化方向也并不是始终向前的，它有可能是进步的，也很有可能是退后的。

四、基于技术力与制度力的耦合力

技术力与制度力具有相同的原动力，即利益力，但两者却有着截然不同的运动方式，使得两者在变化速度、变化方向、变化节奏上往往是不同的。然而，在现实经济过程中，技术力与制度力又是无法分开的，两者之间具有密切的联系和显著的相互作用。

首先，技术力的大小与方向均会受到制度力的影响。利益力决定了技术力的作用方向，但潜在利益的实现需要相应的制度加以保障，例如，技术发明过程中的潜在利益需要较为完善的专利制度和科技制度作为保障，而技术应用和扩散过程中的潜在利益则需要相对完备的市场制度和金融制度作为依托。承载力和生产力是决定技术力大小的关键因素，而这些因素的强弱与制度安排的有效性及完善性有着密不可分的关系，例如，国家对高新技术产业的扶持政策会有效提高企业创新成果的承载力，而对于引进新技术的企业所施行的优惠税收政策会大大激发企业对于新技术的采用从而促进技术向生产力转化。我们可以将制度力看作技术力系统所处的环境，制度力环境对技术力系统起着重要的保障作用。

与此同时，制度力的大小和方向也与技术力有着密切的联系。从制度力的方向来看，无论是利益力还是利益集团之间的博弈力，其背后的利益追求或者博弈结果的实现都离不开足够技术力量的支撑，诸如资源环境方面的节能制度创新、低碳制度创新和环保制度创新需要以新能源技术、清洁技术、净化技术的创新为前提。而从制度力的大小来看，起着决定性作用的实施力也往往会受到技术的重要影响，例如，互联网和新媒体技术会大大提高信息搜集以及传递的速度，这一方面会降低政府推行新制度时的信息不对称程度，另一方面则有利于企业在执行新制度过程中的监督工作。即技术力也可以看作制度力系统所处的环境，技术力环境是制度力系统的重要支撑。

可见，技术力与制度力对经济活动的作用无法单独体现，而只会以合力的形式呈现出来。并且，由于技术力与制度力在变化速度、变化方向以及变化节奏上并不相同，因此技术力与制度力在形成合力的过程中并不是静态的，而是始终处在一个相互适应、相互调整的动态变化过程之中，有处于佳境的时期，也有陷入困境的阶段，但更多的是彼此不断调整和适应的状态。

为了描述技术力与制度力在相互调整和适应的过程中合力的变化,我们提出耦合力的概念。所谓耦合力,即为技术力与制度力之间相适应、相协调程度对经济活动所起到的作用力。耦合力由技术力与制度力的相对状态决定,耦合力的变化寓于技术力与制度力的相互作用过程之中。

实际上,技术力与制度力在相互作用的过程中,影响技术力的四个分力(利益力、知识力、承载力以及转化力)与影响制度力的三个分力(利益力、博弈力以及实施力)之间也存在着错综复杂的相互作用和影响,但为了简化分析,本书暂时忽略这些内在的作用关系,而仅从整体的技术力与制度力出发,考察两者在相互作用过程中耦合力的变化。为了更为直观地描述这一过程,我们首先进行如下假设。

1. 用 T 来代表技术力,I 来代表制度力,我们假定技术力与制度力存在着相应的适应区间 Θ;对于制度力 I 来说,其适应区间 Θ_I 就是该制度力所能保障的技术力的集合,即 $[T_1, T_2]$,其中 T_2 为该制度力对技术力的最大适应性,T_1 则为最小适应性;对于技术力 T 来说,其适应区间 Θ_T 就是该技术力所能保障的制度力的集合,即 $[I_1, I_2]$,其中 I_2 为该技术力对制度力的最大适应性,I_1 则为最小适应性;技术力与制度力的适应性区间随着技术力与制度力的变化而变化。

2. 假设技术力与制度力之间的耦合力 E 值域为 $[-1, 1]$,其中当 $E \in (0, 1]$ 时,技术力与制度力处于相协调状态;当 $E \in [-1, 0)$ 时,技术力与制度力处于不相协调状态;$E = 0$ 是技术力与制度力之间协调与否的临界点;当 $\frac{\partial E}{\partial t} > 0$ 时,技术力与制度力之间的协调状态不断加强;当 $\frac{\partial E}{\partial t} < 0$ 时,技术力与制度力之间的协调状态不断减弱。

基于上述假定,我们可以区分技术力与制度力之间两种截然不同的相对状态,即适应状态与不适应状态。当 $T \in \Theta_I$ 且 $I \in \Theta_T$ 时,我们称技术力与制度力处于适应状态,此时技术力与制度力能够为彼此提供足够的利益支撑,使得两者均加速提高,即 $\frac{\partial T}{\partial t} > 0$、$\frac{\partial I}{\partial t} > 0$,在这一过程中两者相互协调且协调状态不断加深,即 $E \in [0, 1]$ 且 $\frac{\partial E}{\partial t} > 0$;相反,当 $T \notin \Theta_I$ 且 $T \notin \Theta_T$

时，我们称之为不适应状态，此时技术力与制度力均无法得到对方的利益保障和支持，两者的增速均不断下降，即 $\frac{\partial \dot{T}}{\partial t}<0$，$\frac{\partial \dot{I}}{\partial t}<0$，在这一过程中两者不相协调且不协调程度不断加深，即 $E\in[-1,0]$ 且 $\frac{\partial E}{\partial t}<0$。

技术力与制度力在相互影响和作用过程中也会发生着动态的变化，即出现从适应状态转化为不适应状态，然后再从不适应状态转化为适应状态，在这种转变过程中也会出现两种中间状态。

一种为弱适应状态，这是技术力与制度力从适应状态转化为不适应状态的中间状态。技术力与制度力在弱适应状态存在着两种变化趋向：一是 $I<I_1$ 但 $T\in\Theta_I$ 的情况，此时制度力开始逐步下降，但仍可以对技术创新起到一定的促进作用，促使技术力保持平稳，即 $\frac{\partial \dot{T}}{\partial t}\approx 0$，$\frac{\partial \dot{I}}{\partial t}<0$；一是 $T<T_1$ 但 $I\in\Theta_T$ 的情况，此时技术力出现下降趋势，但对于制度创新却还有一定的推动力，使得制度力保持平稳，即 $\frac{\partial \dot{T}}{\partial t}<0$，$\frac{\partial \dot{I}}{\partial t}\approx 0$。在弱适应状态下，技术力与制度力仍处在相对协调的状态，但两者之间的不同步性会随时间不断增加，使得两者之间的协调状态不断减弱，即 $E\in[0,1]$ 且 $\frac{\partial E}{\partial t}<0$。当耦合力上升到临界水平 $E=0$ 时，技术力与制度力便转为适应状态。当然，技术力或制度力发展的过度超前也可能会引起两者之间协调状态的下降，但这种情况相对较少，这里我们将这种情况暂时忽略。

一种为相对调整状态，这是技术力与制度力从不适应性状态转为适应状态的中间状态。技术力与制度力的相对调整状态也存在着两种变化趋向：一是 $I\to I_1$ 且 $T\in\Theta_I$ 的情况，此时制度力有明显提升，但仍未能对技术创新产生强有力的影响作用，仅使得技术力保持平稳，即 $\frac{\partial \dot{T}}{\partial t}\approx 0$、$\frac{\partial \dot{I}}{\partial t}>0$；二是 $T\to T_1$ 且 $I\in\Theta_T$ 的情况，此时技术力有了明显提升，但也未能对制度创新产生突破性的作用力，仅使得制度力保持平稳，即 $\frac{\partial \dot{T}}{\partial t}>0$、$\frac{\partial \dot{I}}{\partial t}\approx 0$。在相对调整状态下，技术力与制度力仍然处在不相协调状态，但随着技术创新或制度创新的明显提升，两者之间的协调状态是不断提升的，即 $E \in [-1, 0]$ 且 $\frac{\partial E}{\partial t} > 0$。当耦合力上升到临界水平 $E = 0$ 时，技术力与制度力便转为适应状态。

可见，技术力与制度力是两个不断变化的量，在它们相互影响和相互作用的运动过程中，总会经历由适应状态到不适应状态，再由不适应状态到适应状态的变化，并且，这个变化过程中也总会经历一些中间状态和相互调整的状态。在技术力与制度力由相协调到不相协调或者由不相协调到相协调的变化过程中，两者之间的耦合力也发生着从正到负或从负到正的变化过程，耦合力的这种变化对经济的长周期波动有着重要影响。

第三节　引入三种作用力的长波理论模型

马克思关于生产力决定生产关系、生产关系反作用于生产力、生产力与生产关系在相对运动中促进经济不断发展的规律是我们分析许多经济现象的基本理论出发点。而在上一节的分析中，我们已经将技术力归结为生产力，将制度力归结为生产关系，那么技术力与制度力之间也存在着相互作用和相互影响的关系。但是，由于马克思只是笼统地阐述了生产力与生产关系之间的辩证联系，而没有对于两者之间相互作用机理进行具体分析，更没有具体考察技术因素与制度因素如何作用于经济长波现象，因此，这就使得这一研究视角具有较大的探索空间。本书试图从技术力与制度力的双重视角出发来考察经济长波，将技术力与制度力之间的相互作用机制引入经济长波的分析之中，这既比单独从技术或制度的视角考察长波更具有科学性和全面性，又比笼统地从内生机制视角考察长波更有具体性和逻辑性。

一、引入技术力与制度力的经济长波理论

我们认为，在现实经济活动中，技术力与制度力对于经济长波的作用是无法割裂开来的，它们之间存在相互影响、相互作用的关系，没有制度保障的技术力和没有技术支持的制度力都不可能发展。但是，为了更好地分析两者合力的变化，我们有必要首先就技术力与制度力对经济长波的单独作用进行阐述。

毋庸置疑，技术力的大小是影响经济长期变动的重要因素。在其他条件不变的情况下，当技术力以较快的速度增长时，意味着技术的发明、应用和扩散会以更快的速度进行，这带来的竞争和成本优势会使利润率呈上升趋势，因此投资和生产活动会以较快的速度增长，推动经济呈现较高的增长率；反之，当技术力的增长速度较为缓慢时，缓慢进行或趋于停滞的技术发明、应用和扩散过程会使得投资和生产活动也有所减缓，因此经济增长率会呈现出相对较低的水平。技术力与经济增长的关系可以表达为：$G(T, \bar{I}) = F_T(\dot{T})$，其中 $G(T, \bar{I})$ 代表着不考虑制度力条件下的经济增长率，$\dot{T}$ 为技术力的增长率，F_T 为技术力对经济增长的作用函数，它是 $\dot{T}$ 的增函数。

制度力的大小是影响经济长期波动的另一个重要因素。在其他条件不变的情况下，当制度力变化较快时，新制度安排的制定和实施速度较快，新制度背后的潜在利益会使得利润率趋于上升，从而促使经济呈现较快的增长速度；相反，当制度力的变化速度较为缓慢时，新制度安排的制定和实施会更加缓慢或趋于停滞，随着旧制度的潜在利益逐渐消耗殆尽，经济会呈现较低的增长速度。我们用 I 来表示制度力，则制度力与经济增长之间的关系可以表示为：$G(\bar{T}, I) F_I(\dot{I})$，其中 $G(\bar{T}, I)$ 为不考虑技术力条件下的经济增长率，$\dot{I}$ 为制度力的变化速度，F_I 为制度力对经济增长的作用函数，它是 $\dot{I}$ 的增函数。

然而，在现实经济活动中，技术力与制度力具有不可分离性，他们之间存在相互影响、相互作用的关系，没有制度支持的技术力和没有技术保障的制度力都不可能发展。诸如技术发明需要较为完善的教育制度、科研制度以及专利这类具体制度给予支撑，而技术应用以及扩散则需要相对完备的市场制度和金融制度作为依托。同样地，任何一项制度的创新也需要技术的保障，诸如资源环境方面的节能制度创新、低碳制度创新和环保制度创新则是以新能源技术、清洁技术、净化技术的创新为前提。

当然，根据马克思关于生产力与生产关系相互作用理论，技术力与制度力在相互作用过程中步调并不是始终一致的，可能一些时期技术进步快一些，一些时期制度创新程度高一些，这就会使得它们各自对于经济增长的作用力度出现不一致性，当技术力大于制度力时，技术因素对于经济增长的影响作用力就强，当制度力大于技术力时，制度因素对于经济增长的作用力就强，由此，作为对于现实经济活动的理论抽象才会形成技术决定论和制度决定论。

例如，技术创新长波论就是仅考虑了技术对经济增长的作用，并将所有技术创新运动过程看作一致的，即仅考虑一次技术创新的生命周期，那么技术力会在导入期和扩散期不断提高，从而促进经济上涨，而在成熟期和衰退期技术力会不断下降，从而使经济进入衰退，因此在不考虑其他条件的情况下，技术创新生命周期便决定了长波的周期。然而，在现实经济中，技术创新运动过程并不是一致的，而技术也无法与制度割裂开来单独考虑，技术力的大小在很大程度上受到制度的影响。类似地，制度演变长波论实际上就是仅考虑了制度力对经济增长的作用，将制度的探索、巩固、衰落看作一个自发的运动过程，即制度力自发地经历从不断上升到不断下降再到不断上升的过程，从而带来经济上涨和衰落的交替运动。然而，在市场经济条件下，制度创新并不是自发进行的，而是由利益所驱动，并且驱动制度的潜在利益需要足够的技术保障来能得以实现。

然而，无论技术进步还是制度发展其背后都是两者相互影响和作用的结果，更何况技术力与制度力也会出现力的均衡状态，因此，单纯强调某一因素的作用则会出现理论的偏失。更重要的是，技术力与制度力之间的相互作用关系，也即适应力，对经济长期增长也同样有着不可忽视的影响。

二、耦合力作用下的长波理论模型

技术力与制度力在分别对经济长波产生重要作用的同时，两者之间也存在着显著的相互作用关系，我们用耦合力来描述这种相互作用关系，则耦合力对经济的长期增加也有着不可忽视的影响。

当技术力与制度力之间的耦合力较大，即两者能够相互提供保障和支撑时，技术创新与制度创新之间会产生一种相互推动力，使得两者对经济长期增长的作用获得增幅，这类似于一种正外部性的作用；反之，当技术力与制度力之间的耦合力较小，即两者无法相互提供保障和支撑时，技术创新与制度创新之间会产生一种相互抑制力，使得两者对经济长期增长的作用有所缩减，这类似于一种负外部性的作用。从合力的视角来看，技术力与制度力之间的耦合力相当于两个力之间的夹角，它不仅衡量了两种力在方向上的契合度，也影响着技术力与制度力同时作用于经济长期增长时总合力的大小。

当我们将技术力、制度力以及两者之间的耦合力同时引入经济增长模型里，则可以表达为：

$$G(T, I) = F_T(\dot{T}) + F_I(\dot{I}) + F_E[E(T, I)], \quad (7.3.1)$$

其中，$E(T, I)$代表技术力与制度力之间的耦合力，F_E则是耦合力对经济增长的作用函数。从上式中可以看出，经济的长期增长率由技术力与制度力在耦合力作用下的合力决定，具体来说，该合力的大小取决于三个部分：技术力、制度力以及两者之间的耦合力。

基于上一节中所分析的技术力与制度力的相互作用机制以及耦合力的变化，我们进一步从动态的视角来讨论这种相互作用如何引致经济长波。首先，将式（7.3.1）左右两边同时对时间求导，可得：

$$\frac{\partial G}{\partial t} = \frac{\partial F_T}{\partial \dot{T}} \cdot \frac{\partial \dot{T}}{\partial t} + \frac{\partial F_I}{\partial \dot{I}} + \frac{\partial F_E}{\partial E} \cdot \frac{\partial E}{\partial t} \quad (7.3.2)$$

式（7.3.2）描述了经济长期增长率的变化情况，其中$\frac{\partial F_T}{\partial \dot{T}}$、$\frac{\partial F_I}{\partial \dot{I}}$以及$\frac{\partial F_E}{\partial E}$均为正，因此我们只需考察$\frac{\partial \dot{T}}{\partial t}$、$\frac{\partial \dot{I}}{\partial t}$和$\frac{\partial E}{\partial t}$的正负情况。

1. 当技术力与制度力处于适应状态时，根据第二节的分析可知，此时$\frac{\partial \dot{T}}{\partial t}$，$\frac{\partial \dot{I}}{\partial t}$，$E \in [0, 1]$，且$\frac{\partial E}{\partial t} > 0$。在这种情况下，根据式（7.3.2）可得，经济增长率会不断提高，经济呈上涨趋势，并且当技术力与制度力之间的耦合力达到最大，即$E = 1$时，经济增长率往往也达到最高点，见图7.3.1中的阶段A，即经济呈现繁荣景象。

2. 当技术力与制度力处于弱适应状态时，或者技术力或者制度力在限制条件的作用下增速不断减缓，根据第二节的分析，此时$\frac{\partial \dot{T}}{\partial t} < 0$但$\frac{\partial \dot{I}}{\partial t}$，或$\frac{\partial \dot{I}}{\partial t} < 0$但$\frac{\partial \dot{T}}{\partial t} \approx 0$，$E \in [0, 1]$，且$\frac{\partial E}{\partial t}$。根据式（7.3.2）可知，这会促使经

济增长率不断下降，从而使得经济呈现萧条景象，见图 7.3.1 中的阶段 B。当技术力与制度力之间的耦合力下降到临界水平，即 $E=0$ 时，技术力与制度力转为不适应状态。这一过程中，或者技术力或者制度力受到限制条件的作用。

3. 当技术力与制度力处于不适应状态时，可以得到 $\frac{\partial \dot{T}}{\partial t}<0$，$\frac{\partial \dot{I}}{\partial t}<0$，$E \in [-1,0]$，且 $\frac{\partial E}{\partial t}<0$，根据式（7.3.2）可知，这会使得经济增长率不断下降，从而使得经济进一步衰退，此时往往会爆发较大的经济危机。当技术力与制度力之间的不协调达到最大，即 $E=-1$ 时，经济增长率也会达到最低点，见图 7.3.1 中的阶段 C。在这种情况下，若科学知识得以突破或者利益集团打破僵持，会使得技术力或制度力快速提高，从而促使两者转为相对调整状态。

4. 当技术力与制度力处于相对调整状态时，或者技术力或者制度力获得显著提高，此时 $\frac{\partial \dot{T}}{\partial t}>0$ 但 $\frac{\partial \dot{I}}{\partial t} \to 0$，或 $\frac{\partial \dot{I}}{\partial t}>0$ 但 $\frac{\partial \dot{T}}{\partial t}>0$，$\frac{\partial \dot{T}}{\partial t} \to 0$，$E \in [-1,0]$，且 $\frac{\partial E}{\partial t}>0$，根据式（7.3.2）可得，这会使得经济增长率开始攀升，从而促使经济逐渐转为上升趋势。技术力与制度力的相对调整状态便对应着经济的复苏时期，见图 7.3.1 中的阶段 D。当技术力与制度力之间的耦合力上升到临界值 $E=0$ 时，技术力与制度力转为适应状态，经济也再次转为繁荣时期。

从上述分析中可以得出结论，技术力与制度力在相互作用过程中合力的周期性变化是经济长波的根本原因。由于在技术力与制度力共同作用于经济长波的过程中，发生着由适应、弱适应、不适应到调整的变化过程，经济也就一一对应呈现出繁荣、萧条、危机、复苏的周期性变化，如图 7-1 所示。

此外，由于技术力与制度力之间的合力可以由耦合力的动态变化所描述，因此耦合力的周期性变化与经济长波的周期性变化也是一一对应的。如表 7-1 所示，在 A 阶段，技术力与制度力之间的耦合力为正且不断增加，

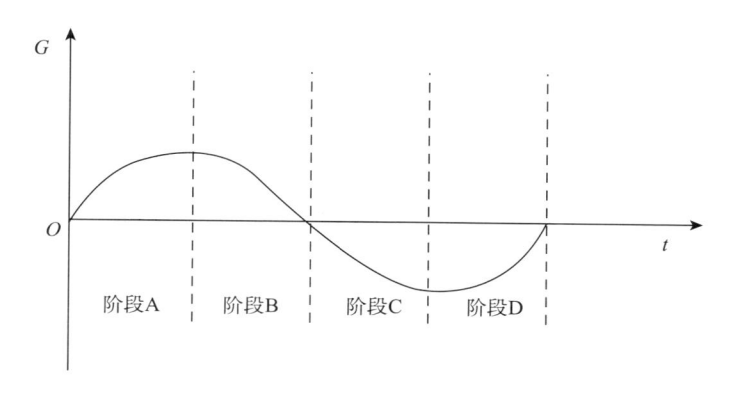

图 7-1

这时的经济长波处于繁荣时期;在 B 阶段,技术力与制度力之间的耦合力由正值开始转化为负值,这可能是由技术滞后导致,也可能是由制度滞后引起的,这时的经济长波处于萧条时期,经济开始衰退;在 C 阶段,技术力与制度力之间的耦合力为负值,这时的经济长波处于危机时期;最后,在 D 阶段,技术力与制度力之间的耦合力由负值逐渐转为正值,这可能源于技术的大规模创新,也可能源于制度的大范围调整,这时处于经济长波的复苏时期。

表 7-1

	阶段 A	阶段 B	阶段 C	阶段 D
经济长波	繁荣时期	萧条时期	危机时期	复苏时期
技术制度相对状态	适应状态	弱适应状态	不适应状态	相对调整状态
耦合力	正值且上升	从正值下降到负值	负值且下降	从负值上升到正值
技术力	上升	平稳或下降	下降	平稳或上升
制度力	上升	下降或平稳	下降	上升或平稳

第四节　长波理论的实证分析及中国启示

我们以美国经济的长周期波动为例对于上述理论分析进行一个实证检验。

一、数据选择与处理

GDP 是衡量一个国家经济增长的主要指标，因此在分析经济的长周期波动时，我们将 GDP 作为基本指标。GDP 的数据分为两种，分别为按当年价格的 GDP 和按不变价格的 GDP，其中按当年价格的 GDP 中包含了物价水平的变化，而按不变价格的 GDP 则在一定程度上将通货膨胀等货币因素排除，因此我们选择按不变价格的 GDP 数据来进行计量分析。在时间上，我们选择了 1842—2013 年这一时间段，这一方面是考虑到数据的可获取性；另一方面则是由于 1842 年第一次工业革命之后美国经济的长周期波动性更为显著。

在数据的处理方面，首先计算 GDP 增长率。由于我们要讨论的是经济的周期性波动，因此我们更关注的是 GDP 增长率的变动，而不是其绝对量的大小。其次，计算 GDP 增长率的九年移动平均值。根据前面的讨论可知，衡量经济长波的变量应该是排除掉经济短期波动之后而得到的更为长期的经济波动情况。为了达到这一目的，我们对 GDP 增长率进行九年移动平均[①]，得到的结果如图 7-2 所示。

最后，对 GDP 增长率九年移动平均值进行 HP 滤波处理。为了得到更加能够反映 GDP 增长率长期趋势的结果，我们继续对 GDP 增长率九年移动平均值进行 HP 滤波[②]处理，将趋势和波动进行一定程度的分离，得到了一个更为平滑的 GDP 增长率波动曲线，如图 7-3 所示。

[①] 康德拉季耶夫使用了九年移动平均方法，柏瑞、吉姆等使用了十年移动平均方法，埃维克和瑞因德斯使用了谱分析方法，迈茨和哲斯特使用滤波的方法，毕俄莎和克莱因克内希特使用了二元分离方法。本书借鉴了康德拉季耶夫，选择九年移动平均方法。

[②] HP 滤波是将一组时间序列数据的趋势和波动相分离的一种计量方法，通过设定不同大小的参数 λ，可以得到不同程度的分离。本书使用 Matlab 软件进行 HP 滤波的操作，设定参数 $\lambda = 100$。

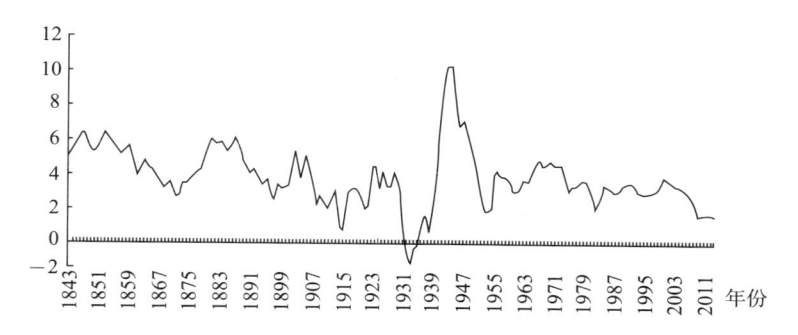

图 7-2　GDP 增长率的九年移动平均值

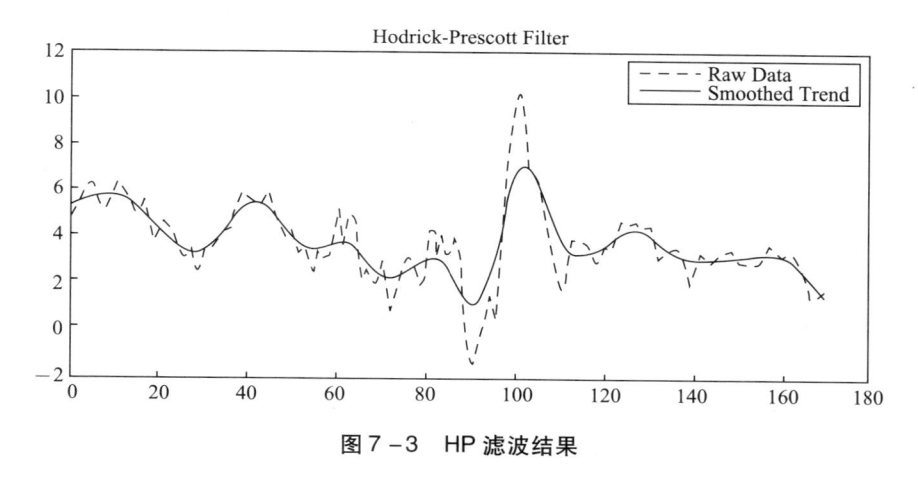

图 7-3　HP 滤波结果

二、实证结果及分析

经过上述数据处理之后,我们可以清晰地看到,美国经济是存在长周期波动的。我们可以分四个时间段来讨论美国经济的长周期波动情况,并且出于长波完整性以及资料可获得性的考虑,我们的讨论从 1868 年开始。

1. 1868—1898 年。从图 7-2 和图 7-3 中可以看出,1868 年左右是美国经济的一个低谷,而 1898 年则是此后的第二个低谷,在两个低谷之间,美国经济先是经历了近 10 年的上涨,随后进入了 20 年左右的下降。因此,依据实证结果,我们可以将 1868—1898 年看作一个长波周期。

2. 1898—1933 年。从图 7-2 和图 7-3 中可以看出,在这一时间段美国经济先后经历了两个时间较短的波动周期,首先是经历了 6 年左右的小幅上涨，随后便转入了下降阶段，到1916年左右再次迎来了一个小幅的反弹，但随后再次转入衰退，并于1929—1933年到达一个经济低谷。因此，依据实证结果，我们可以分别将1898—1916年与1916—1933年看作一个长波周期。

3. 1933—1981年。从图7-2和图7-3中可以看出，美国在经历1933年的一个低谷后，再次进入了一个上升阶段，并于1945年左右转为下降阶段，直到1981年再次进入另一个较低水平。因此，根据实证结果，我们可以将这一时间段看作一个长波周期。

4. 1981年至今。这是美国经济当前所处的阶段，从图7-2和图7-3中可以看出，美国经济首先有小幅的回升，但并不明显，并于2005年左右再次转入下降阶段，至今仍没有明显复苏的痕迹。因此，根据实证结果，我们可以将1981年看作一个新长波周期的开端，并且当前经济正处于长波的下降阶段。

根据前面的理论分析可知，经济的长周期波动归根结底是技术力与制度力相互作用的结果，美国经济长波也是如此。我们可以将理论与美国经济的具体实践相结合，并将得出的理论结果与实证结果相比较，从而为理论分析提供验证和支持。下面我们以美国1933—1981年长波周期为例进行具体分析。

1933—1981年是美国经济长波中时间较长、较为典型的一个长波周期，根据技术力与制度力之间耦合力的变化特点，我们可以将1933—1981年这一时期分为四个阶段来讨论。

(一) 1933—1939年经济复苏阶段

20世纪20年代，美国所采取的自由放任的制度结构已经无法满足技术进步对资金、企业规模等方面的要求，逐渐显现出对技术创新的阻碍作用。1929年美国爆发了较为严重的经济危机，而胡佛政府却坚持继续采取自由放任的政策，反对国家对经济的干预，这使得美国经济进一步跌入谷底，进入了长达4年的经济危机时期。到1933年，美国经济中制度创新已经严重落后于技术创新，使得技术力与制度力之间的不协调程度达到了顶峰，经济也到达了一个最低点。

面对经济的持续萧条，社会中的不满情绪不断累积，对制度改革的呼声日益高涨，这大大增加了制度制定者维持现有制度的成本，使得制度最终冲破了限制条件的作用而开始发生大规模的调整和变迁。1933 年，罗斯福开始施行新政，对美国经济进行了全面的干预和高度的监管，国会颁发了经济改革的法案 46 个，并建立了 36 个具有经济职能的联邦行政机构，对资本主义生产关系的生产领域、交换领域、分配消费领域等各个方面进行了改革和改良。这使得资本与劳动之间逐渐建立了明显的合作关系，主要的寡头之间形成了较为稳定的相互关照行为，社会中调节主义思潮也开始居于主导地位，一种调节主义的制度结构在美国逐渐形成。

罗斯福新政所带来的一系列制度创新在一定程度上满足了当下技术创新对资金和企业规模等方面的需求，使得两者之间的协调性大大提高。然而，由于这种调节主义的制度结构才刚刚起步，因此在这一时期技术创新虽恢复了一定程度的增长，但增长速度仍较为平缓。图 7-4 显示了 1933—1939 年美国专利授权数的变化情况，可以看出，在这一时期，技术创新有所增加，但速度较为平稳。

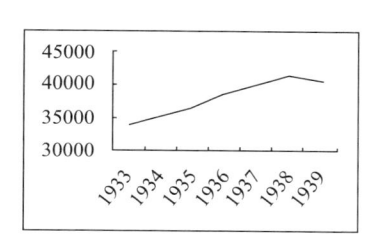

图 7-4　1933—1939 年期间美国专利授权数的变化情况

总的来说，在 1933—1939 年，美国经济中的制度力由于打破束缚而呈现出显著的提高，使得技术力与制度力从不适应状态转为相对调整状态，两者之间的耦合力不断上升，根据理论分析部分可知，这种情况对应着长波的复苏阶段，这一理论结果与图 7-3 中的实证结果相一致。

（二）1939—1970 年经济繁荣阶段

我们知道，在上一个阶段，随着制度创新的不断进行，美国经济中技术力与制度力之间的协调性会不断上升，而当耦合力从负值上升到 0 时，就意味着技术与制度从相对调整状态转为适应状态。

1939 年爆发的第二次世界大战无疑是美国经济中技术力与制度力转为

适应状态的一个契机。在第二次世界大战期间，出于军事目的而产生的对高端技术的需求大大激发了科学技术的创新，而与此同时，在已有技术进步的支撑下，政府再次加大了对科研活动、金融机构等方面的干预，进一步为高端技术的创新提供了资金和力量，技术力与制度力之间的耦合力显著提高。例如，第二次世界大战时期对军事武器的需求大大促进了与原子相关的科学研究，而在这些研究的基础上，1941年12月由罗斯福总统批准实施的"曼哈顿工程"则为战后原子技术的应用和开发提供了极大的支持。

根据图7-3中的实证结果可知，在第二次世界大战期间，美国经济获得了极快的增长，而这种增长不仅是因为前面所说的技术创新或制度创新，也在很大程度上源于美国在战争中所获得的巨大利益。另外，也正是由于第二次世界大战时期战争所带来的额外利益，使得美国经济在第二次世界大战后显示出一定的回落，这种回落并不意味着美国经济的衰退，而是从战时经济状态转为和平时期经济状态的一种过渡，因此图7-3中1945—1955年美国经济的下降趋势并不在我们的基本框架之内，而属于外生因素所带来的影响。

将战时的影响排除之后，可以发现，战后美国经济中技术力与制度力之间的耦合力仍不断提高。从制度角度来看，在战时各项技术创新较快发展的基础之上，美国在战后继续推行了对国民经济的干预，主要体现在以下几个方面：在财政制度方面，增加军事采购的财政支出并对垄断组织实行优惠税率；在金融制度方面，建立"布雷顿森林体系"，确立以美元为中心的资本主义货币制度；在贸易制度方面，推进建立国际贸易组织，确立主要成员国之间提供最惠国待遇、减让关税、消除贸易壁垒的政策；在科研制度方面，增加对新兴工业部门、重大科研项目、现代化公共设施等方面的资金支持，并在全国范围内建立科研和教育网点。这些制度创新从资金、渠道、需求等多方面为那些难度大、风险大和开支大的科学技术研究提供了有效支撑，使得战后美国的科学技术创新获得了极大的成功：一方面，政府对科研的大量资金投入促进了新技术的发明，表7-2中列出了美国在战后主要的重大技术发明；另一方面，政府对计算机、半导体等技术产品的大量采购以及国际贸易的优惠条件也大大促进了这些新技术的应用、改进和扩散。

表7-2　美国在第二次世界大战后主要的重大技术发明

年份	科学技术发明
1946	宾夕法尼亚大学的科学家建造了世界上第一台多用途电子数字电脑,标志着电脑时代的开始
1947	第一个半导体电子增幅器——晶体管问世,成为人类微电子革命的先声
1953	生物学家沃森和克里克发现了生命遗传的基因物质——DNA的双螺旋结构模型
1960	发射世界上第一颗试验性气象卫星
1968	斯坦福研究所研制出世界上第一台智能机器人
1969	五角大楼首创因特网
1969	"阿波罗"飞船发射升空,宇航员阿姆斯特朗踏足月球

总的来说,在1939—1970年,美国经济中技术力与制度力均加速增长,两者处于适应状态,两者之间的耦合力为正,且呈现递增的趋势。因此,根据基于技术力与制度力的经济长波理论可知,在这一时期美国经济呈现不断上涨的态势,为长波的繁荣阶段,在排除战争的影响之后,这一结论与图7-3中的实证结果相一致,很多人也将这一时期的美国经济称为"黄金时期"。

(三) 1970—1973年经济萧条阶段

1939—1970年期间技术力与制度力之间耦合力的大大提高使得两者都获得了显著的进步,而到了20世纪60年代末,以电子计算机技术为核心的技术革命进入了应用和推广阶段,此时仅仅靠政府的资助和采购已经无法满足技术进一步发展的需求,激发企业主体对新技术的应用和扩散是下一步制度创新的重点。

然而,在限制条件的作用下,尼克松政府并没有及时采取有效的制度创新,而是继续运用财政和信贷两个杠杆来进行调节,使得政府面临着不断增加的财政赤字,而技术力与制度力之间的耦合力开始转为不断下降。在1970—1973年,制度创新仍能够在一定程度上推动技术创新,例如,1971年美国研制出世界上第一个通用微处理器,随之也诞生了第一台微型电子计算机,1973年世界上第一个光纤通信实验室系统在美国贝尔实验室建成,为信息高速公路奠定了基础。然而，由于制度创新已逐渐与技术创新拉开距离，制度创新仅能够支撑技术创新以一种较为缓和的速度增长。

总的来说，1970—1973 年，美国经济中的制度力由于限制条件的作用增速逐渐放缓，使得技术力与制度力从适应状态转为弱适应状态，两者之间的耦合力仍为正值，但已呈现递减趋势。因此，根据基于技术力与制度力的经济长波理论可知，在这一时期美国经济转为下降趋势，为长波的萧条阶段，这也与图 7-3 中的实证结果相一致。

（四）1973—1981 年经济危机阶段

如上所述，1970 年以后，制度创新速度的下降使得技术力与制度力之间的协调程度不断下降，而当耦合力从正值下降到 0 时，技术力与制度力也会从弱适应状态转为不适应状态，1973—1975 年美国经济爆发的滞胀危机便是这种转化的一个催化剂。

1973—1981 年，"布雷顿森林体系"解体，美元不断贬值，美国政府的财政赤字居高不下，美国在资本主义世界的经济霸权地位发生动摇，这些都意味着调节主义的制度结构已经进入了衰败期。而与此同时，更为有效的制度创新仍没有出现，这使得制度力与技术力之间的不同步性不断拉大，两者之间的耦合力不断下降。图 7-5 展示了 1973—1981 年美国专利授权数增长率的变化情况，可以看出，在这一时期，技术创新速度呈不断下降的趋势。

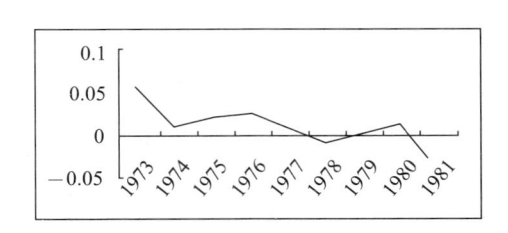

图 7-5　1973—1981 年美国专利授权数增长率的变化情况

可见，1973—1981 年，美国经济中技术力与制度力的增速均显著下降，两者处于不适应状态，两者之间的耦合力为负值，且呈现递减趋势。因此，根据理论分析部分可知，在这一时期美国经济继续呈现下降趋势，为长波的危机阶段，这也与图 7-3 中的实证结果相一致。

综上所述，1933—1981 年可以看作美国经济的一个长波周期，其中 1933—1939 年为长波的复苏阶段，对应着技术力与制度力的相对调整状态，两者之间的耦合力为负但不断上升，由制度创新作为主要推力；1939—1970 年为长波的繁荣阶段，对应着技术力与制度力的适应状态，两者之间的耦合力为正且递增，由技术创新与制度创新共同推动；1970—1973 年为长波的萧条阶段，对应着技术力与制度力的弱适应状态，两者之间的耦合力为正但递减，制度创新滞后是主要抑制力；1973—1981 年为长波的危机阶段，对应着技术力与制度力的不适应状态，耦合力为负且不断下降，技术创新与制度创新共同产生抑制作用。

与 1933—1981 年长波周期相似，美国经济的其他长波周期也同样是技术与制度有机结合、共同作用的结果，下面我们对 1865 年至今美国经济的其他长波周期进行简要分析。

1868—1898 年是美国经济的一个长波周期。其中，1868—1873 年为长波的复苏和繁荣阶段，这一时期首先由以蒸汽技术为核心的技术革命推动，使得经济从危机转为复苏，其后一方面逐步建立了自由竞争资本主义制度，另一方面蒸汽技术不断应用和推广，两者相互适应、互相推动，耦合力不断提高，使得经济转为繁荣阶段。1873—1898 年为长波的萧条和危机阶段，这一时期自由竞争的资本主义制度无法满足铁路、冶金、机器制造等新兴产业对资金的需求，而在限制条件的作用下，有效的制度创新未能及时提出，制度创新开始落后于技术创新，技术力与制度力之间的耦合力不断下降，使得经济转为萧条阶段，并且随着技术创新与制度创新之间不一致的不断增长，经济进一步陷入危机。

接下来的 1898—1916 年是美国经济的另一个长波周期。其中，1898—1904 年对应着长波的复苏和繁荣阶段，制度创新是这一时期的第一推动力，一种相对规制的制度结构的逐步建立使得经济从危机转为复苏，其后一方面制度创新不断推广，另一方面以电力技术为核心的技术革命逐渐展开，两者之间的耦合力不断上升，推动经济转为繁荣阶段。1904—1916 年对应着长波的萧条和危机阶段，这一时期电力技术的进一步发展受到了基础科学研究的限制作用，使得技术创新逐渐落后于制度创新，技术力与制度力之间的耦合力不断下降，从而使得经济转为萧条阶段，同样地，随着技术创新与制度创新之间不一致的不断增长，经济进一步转为危机阶段。

1916—1933 年美国经济再次经历了一个长波周期。其中，1916—1924年是长波的复苏和繁荣阶段，这一时期以电力技术为核心的技术革命再次焕发了活力，推动经济从危机转为复苏，其后一方面一种自由放任的制度结构再次形成，另一方面电力技术获得了较为广泛的应用和推广，两者之间的耦合力呈上升趋势，推动经济转为繁荣阶段。1924—1933 年是长波的萧条和危机阶段，这一时期自由放任的制度结构已经无法满足技术进步对资金、企业规模等方面的要求，而胡佛政府却坚持反对国家对经济的干预，使得制度创新逐渐落后于技术创新，技术力与制度力之间的耦合力不断下降，经济转为萧条阶段，并且随着技术创新与制度创新之间不一致的不断增长再次转为危机时期。

1933—1981 年的长波周期我们已在前面详细论述，其后 1981 年至今便是美国经济当前所处的长波周期。在这一尚未完结的长波周期中，1981—2007 年可看作长波的复苏和繁荣阶段，这一时期由制度创新为首先的推动力量，即逐步建立了新自由主义制度结构，使经济从危机转为复苏，其后一方面制度创新不断推广，另一方面以信息技术产业迅猛发展为主要内容的新的产业技术革命蓬勃发展，技术力与制度力之间的耦合力呈上升趋势，推动经济转为繁荣阶段。然而，尽管新自由主义制度的建立为科研机构和企业提供了一定的利益驱动，但激烈的竞争又在很大程度上削弱了这种利益驱动，因此技术力与制度力之间的耦合力在绝对水平上仍相对较低，使得该长波周期的繁荣阶段并没有显示出显著的经济增长。2007 年至今可看作长波的萧条和危机阶段，在这一时期，"绿色"技术成为技术进步的大趋势，而新自由主义制度结构并不能为这类技术进步提供足够的利益驱动因而逐步显现出对技术的桎梏，另外，在限制条件的作用下，有效的制度创新并没有出现，这使得制度创新逐渐落后于技术创新，两者之间的耦合力不断削弱，经济转为萧条阶段，可以预料，如果接下来仍然没有大规模制度创新的发生，经济将进一步转为危机阶段。

通过将基于技术力与制度力的经济长波理论与美国经济的历史情况相结合，我们分别对美国 1865 年至今的技术力和制度力变化进行了分析，并在此基础上依据两者之间耦合力的特点将美国经济划分为五个长波周期，分别为 1865—1898 年长波周期、1898—1916 年长波周期、1916—1933 年长波周期、1933—1981 年长波周期以及 1981 年至今的长波周期。这一划分与前面的实证结果是一致的，因此从某种程度上是对基于技术力与制度力的经济长波理论的一个支持和证明。

将实证结果与理论分析结果相结合，我们可以再次得出以下结论：技术力与制度力在经济的长周期波动过程中均起着重要作用；技术力与制度力之间相互影响、相互作用，两者之间的耦合力是影响经济长波的另一个重要方面，撇开任何一个因素而单独考察另一个因素都具有相当的片面性；经济长波是技术力与制度力有机结合、共同作用的结果。

三、中国启示

基于上述长波理论研究和相关实证检验，我们可以得到一些关于经济发展状态的启示。

（一）对未来经济"新常态"的启示

一直以来，经济的长周期波动都是经济发展过程中的一个"顽疾"，各国政府始终在试图通过各种制度创新和政策举措来消除或缓解长周期波动对经济造成的影响，当然，这里的影响主要是指长波的萧条和危机阶段所带来的经济增长放缓、公司倒闭等负面影响。与此同时，经济学的各个流派也一直将消除或缓和大的经济波动作为重要的研究目标之一，其中既包括马克思主义学者，也包括众多的西方经济学学者。

然而，在经济长波的问题上，现有的理论以及各国的对策仍显得有些苍白无力，如何去解释经济长波以及如何从不同视角提出有效的政策建议，仍然是我们经济领域的重要工作，任重而道远。而要想解决这个问题，必须要从本质上去寻找原因，并基于问题的根本原因提出言之有物的政策建议。

从现实来看，2008 年开始的全球经济危机使世界上大多数国家都经历了若干年的经济低迷，甚至至今仍未恢复。这就意味着，长波对全球经济的影响仍然存在，且影响力度不可小觑，而从未来的经济发展来看，经济长波依然是全球各国经济发展过程中的重大隐患。经济危机之后，全球各国仍在努力寻找缓和大的长期波动影响的方法和途径，而我国在此时提出的"新常态"理念也是为此应运而生的。

在过去的近 30 多年以来，我国经济始终维持在平均 10% 左右的高速增长状态。然而，持续走高的经济增长率也为我国经济的未来发展埋下了不少的隐患，生态问题、房地产泡沫、国际风险等都成为影响我国经济可持续发展的毒瘤，甚至可能成为经济危机的导火索。

为此，习近平总书记在 2014 年考察河南时提出了"新常态"的经济发展思路。所谓"新常态"，其本质是"提质增效"，其着力点在于国民生活质量的提高，老百姓获得感的提升，就业稳、价格稳、民生保障更为完善。从长波的视角来看，"新常态"意味着用一种相对平稳、高质量、可持续性的经济增长模式取代过去"大起大落"式的长周期波动模式。要想真正实现"新常态"所要求的经济增长模式，首先要回答的一个问题就是，"新常态"到底是一种什么样的状态。

我们认为，经济的萧条和危机主要源于技术力与制度力之间协调程度的不断下降，而究其根本，则是由于马克思所说的生产力与生产关系不相适应的结果。因此，在基本社会制度保持不变的条件下（这个是马克思所没有探讨的），保持经济平稳增长的最佳途径就是保证技术力与制度力之间始终处于相协调、相适应的状态，也就是保证技术力与制度力之间的耦合力始终稳定在某个正值的状态，这也就是我们所说的"新常态"。

可见，要想真正实现"新常态"，则要对技术力、制度力以及两者之间的耦合力同时提出要求。下面，我们就分别从这三个方面提出一些有意义的对策建议。

（二）关于技术力发展的对策建议

技术力是影响长波运动机制的关键因素之一，技术力的发展关系到未来经济增长的活力、动力以及潜力。"科学技术是生产力"是马克思主义的基本原理之一，而邓小平同志也曾提出过"科学技术是第一生产力"的论断。"新常态"虽然要求经济在一定时期内稳定增长，但却并不意味着故步自封、因循守旧，"稳定"的前提是"增长"，而要保证增长，首要条件就是要促进技术力的提高。基于此，我们提出以下几方面对策建议。

第一，要保证充足的利益驱动。利益驱动是技术力发展的原发动力，没有充足的利益驱动，何谈技术力的发展和提高。我们知道，推动技术力的利益驱动大多来自微观主体，但对于那些规模过大、资金需求过高或具有公共产品性质的技术创新，则需要政府发挥积极的作用，为技术创新提供额外的利益支持。首先，政府应不断完善金融制度、产权制度以及知识产权保护制度的建设，为微观主体的创新活动提供一个良好和宽松的环境；其次，政府应加大对技术创新的投入力度，如扩大财政科技投入、实施鼓励自主创新的税收优惠政策等，并且在投入结构上要做到基础研究、应用研究、实验性发展协调运行；最后，国家应通过立法、传媒等多种手段加强对"科技是第一生产力"这一创新观念的宣传与倡导，促使社会中形成鼓励创新、尊重创新的良性循环。

第二，要努力提高科学知识基础。科学知识基础的停滞不前是限制和约束技术力发展的重要原因之一，而科学知识的突破性发展则可以成为技术力的有效推动力，因此在促进技术创新的同时，努力提高科学知识基础、追求科学上的突破是不容忽视的。这里我们主要提出以下两个努力方向：其一，科学知识的提高是一个不断传递、积累、发展和再生产的过程，而教育是科学知识再生产最有效的形式，因此政府应通过改良教育制度、升华教育理念、加大教育投入等方式促进全民知识水平的不断提升；其二，以探索自然及其一般规律为目标的基础研究是科学知识发展的中坚力量，其进展和突破的情况在很大程度上决定了科学知识的整体发展水平，因此政府应加大对基础研究的投入，保障基础研究在资金和科研人员方面的需求，尤其应注重具有长期效益的基础科研工作，有比例、有计划地推动整体科学知识水平的不断提高。

第三，要推动科学知识向创新成果的转化。科学知识向创新成果的转化是技术创新活动的核心环节和关键步骤，这一过程中所蕴含的科学知识含量、创新程度决定了技术创新成果对经济活动的潜在作用力大小。创新成果对科学知识的承载能力与三方面因素有关：创新资源的投入、创新管理能力以及创新意识。创新资源的投入包括科研经费、科研人员、相关设备、技术引进等方面，增加创新资源的投入有助于提高创新成果的质量；创新管理能力则是指与技术创新相关的规划创新战略、制定创新机制、建立评价体系等方面的能力，这是决定创新成果承载能力的重要方面；此外，创新意识也起着重要作用，虽然它属于意识形态层面的范畴，但却对企业的创新倾向、民众对新技术的接受程度等方面有着重要的影响。

第四，要推动创新成果向现实生产力的转化。创新成果作为潜在的生产力，其对经济活动所起到的真正的作用取决于创新成果转化为现实生产力的程度。促进创新成果向现实生产力的转化，也需要政府有所作为。首先，要鼓励科研机构进行技术转让，这就要求国家不断完善科研机构向生产企业技术转让的政策法规和管理制度，为科研机构的利益提供保障。其次，要鼓励生产企业进行技术引进，国家应通过税收或补贴手段对生产企业的技术引进提供优惠和支持政策，并且不断完善金融市场结构，为企业的技术引进提供充裕的资金支持。最后，要完善技术市场，政府应大力支持各类技术交易中介机构的兴办和发展，引导和鼓励高素质人才向这些机构流动，保障技术市场从业人员的整体素质和水平。

我们知道，任何技术创新都需要相应制度力的保障，因此在技术力不断提高的同时，制度也必须不断进行创新和发展。

（三）关于制度力发展的对策建议

根据前面的分析可知，制度力发展的方向是不确定的，它可能是向前的，也很可能是后退的。而与此相比，技术力的方向是始终向前的，这就意味着，后退的制度创新不仅不能促进技术力的提高，反而会抑制和约束技术创新的发展。因此，在制度力发展的过程中，一个重要的问题就是如何保障制度力向前的方向。对此，我们提出以下几个努力方向。

第一，促进利益的正向驱动。利益驱动是制度力的原动力，它决定了制度力发展的大方向，因此促进利益的正向驱动是促进制度创新向前发展的重要方面。一般来说，当中央政府作为制度创新主体时，其利益驱动具有较强的正向性，包括平衡经济增长与国家稳定、保障社会公平、提高人民幸福指数等。然而，企业自发形成的制度创新背后则通常只有一个利益追求，即最大化企业自身的利润，因此其制度创新的方向具有不确定性。对此，政府必须发挥积极的作用，一方面，政府应通过鼓励政策、优惠条件或行政权力调整企业中负面的利益驱动，如企业出于对利润的追求往往会选择较差的污染物处理方案，但政府的相关政策安排则会改变企业关于排污处理决策利弊的权衡；另一方面，政府应大力宣传社会主义核心价值理念，从意识形态的层面影响企业在进行制度决策时的考量。

第二，调控利益集团的博弈结果。利益集团的博弈结果是制度力的重要约束条件，博弈结果的进步性是保障制度力向前发展的关键之一。这里包括两个重点：其一，必须平衡各利益集团的决策权，避免某一利益集团占据独断地位的情况；其二，应通过适当的制度安排协调各利益集团的利益取向，保障博弈结果的进步性。具体来说，政府在进行制度创新时，应广泛听取社会各界的观点和意见，并通过完善代表选拔机制、合理设置投票权重、投票结果公开等方式促进博弈结果的公平性和利民性。微观企业在作为制度创新主体时也同样如此，企业应建立独立性和公正性较高的监事会，平衡股东之间权力份额的过大差异，同时注重职工代表以及小股东代表的意见，避免大股东完全主导公司决策并出于私人利益损害公司整体利益的情况。

第三，保证制度的有效实施。制度有效实施的程度，即制度提案按计划转化为现实生产关系的程度，是制度力作用于经济长波最直观的体现，无法保障实施质量和效果的制度创新并不能对经济产生显著的影响。制度有效实施的程度与制度创新主体的性质、决策传导机制、监督机制等方面密不可分。一般来说，中央政府作为权力机构具有较强的制度强制性，能够为制度有效实施提供更多保障，但地方政府和企业所进行的制度创新往往更能刺激执行制度的积极性，如何将两方面的优势相融合是提高制度有效实施程度的关键。此外，决策传导机制是否有效率、监督机制是否合理也会影响制度创新的执行情况。

即便技术力与制度力均有一定的提高和发展，经济也并不一定会呈现出稳定的增长，因此这里还有一个更重要的方面，即技术力与制度力之间的相对协调程度，也即两者之间耦合力的变化特点。

（四）关于耦合力发展的对策建议

要想缓和或消除长周期波动对经济发展的影响，实现"新常态"所追求的经济增长模式，最重要的一点就是要保证技术力与制度力之间的相对协调，也即两者之间的耦合力要维持在一个相对稳定的正值。

实际上，技术力与制度力之间存在着一定的自发调整过程。技术力与制度力具有同源性，即均由利益所驱动，因此在大方向相同的利益驱动下，两者具有由自发向协调状态发展的趋势。然而，由于技术力与制度力在发展的过程中存在着各种各样的限制条件和阻碍力，因此两者在自发调整的过程中往往无法稳定在协调状态，两者之间的耦合力会经历从正到负、再从负到正的波动过程，正如我们对长波运行机制的分析。因此，政府应在技术力与制度力自发调整的过程中发挥积极的作用，通过对技术力以及制度力的有效调控，稳定两者之间的相对协调程度，促使两者之间的耦合力维持在一个相对稳定的正值。

首先，技术力的发展必须要依据制度力的现状，并为制度力的发展提供技术支持。过于滞后的技术创新水平会显著降低相关领域制度创新的可行性和实施效果，并且增加制度创新的成本。相反，充足的技术条件会激发新制度安排的提出，并支持制度创新的有效实施。基于当前的制度情况，我们提出如下三方面技术创新的努力方向。

一是新能源和节能技术的开发。当前，我国仍处在能源结构单一、能源利用方式粗放、能源消耗过快的时期，如何优化能源结构、转变能源利用方式、节约能源消耗是当下的一个重要课题。我国已在"十三五"规划中提出了对能源问题的九个努力方向，但要更好地实现这些规划和改革，则必须要不断提高新能源和节能技术的开发，为制度的有效实施提供基础条件。

二是生态环保技术的创新。近年来，我国加大了对污染物排放、环境质量改善等方面的调控和干预，取得了显著的成绩。但从目前来看，我国的污染物排放在世界各国中仍处于较高水平，大气污染、水污染、土壤污染已逐渐影响了居民的健康状况、生活环境、农业发展等方方面面，加强环境保护、改善生态条件仍然是我国下一步制度创新的重点之一。因此，加快生态环保技术的创新和发展是当前制度发展的必然要求，也是生态环保制度进一步创新的技术支撑。

三是互联网技术的发展。当前，互联网空间已经渗透到了社会生产的各个环节，深刻地改变着人们交流、娱乐、学习、工作的方式，这其中也包括对制度创新过程的重大影响。一方面，互联网颠覆了传统意义上的信息搜集和信息传递工作，有效地降低了信息不对称问题，这为制度创新的科学性和有效性提供了有利条件；另一方面，互联网空间的曝光机制能够显著提高政府对企业制度创新执行程度和质量的监督工作和惩罚力度，有利于保障制度创新的有效实施。在这种条件下，进一步发展互联网技术不仅是时代发展的必然要求，也是提高制度力的重要途径。

其次，制度力的发展也必须要基于现有的技术力，并为技术力的发展提供制度保障。在当前全球变暖、环境问题日益严重的背景下，与改善环境、节约资源相关的"绿色"技术是符合全人类利益的必然趋势。在这种条件下，制度力发展的一个重要方向就是保障和促进"绿色"技术的不断发展，我们对此提出以下三方面政策建议。

第一，政府应鼓励"绿色"技术的研发，加大对"绿色"技术创新的投资力度，通过财政、税收等方面的优惠政策激励"绿色"技术创新的开展，政府还应适当将资本和人才向"绿色"技术创新领域引导，保障"绿色"技术研发在资金和人才方面的需求。

第二，政府应推动"绿色"技术的应用和扩散，如通过建立排污收费、排污权交易、排污许可证等相关制度创新推动企业对"绿色"技术的引进和应用。此外，政府应不断完善风险投资体系以及融资体系，以降低企业引进"绿色"技术的风险和成本。

第三，要想保障"绿色"技术的后续不断发展，政府必须要保持对经济活动较强的能动性。我国公有制为主体、多种所有制经济共同发展的中国特色社会主义制度即是对这种能动性的一种保障，另外，相对规制的资本主义制度结构也能够保证政府一定程度的能动性。

总之，"新常态"的宗旨是，避免技术力与制度力之间的过度背离，保障经济的长期稳定发展。只有在技术力与制度力相互协调、相互推进的过程中，"新常态"才能得以实现，这是避免大的经济波动所带来的负面影响的有效途径。

第 八 章

引入机会公平的马克思主义收入分配理论与中国实证

收入分配问题一直是全球性的热议话题，而最近皮凯蒂的《21世纪资本论》又将这个问题的研究推向了一个新的高度。但是，理论界在解读皮凯蒂在《21世纪资本论》关于收入分配差距过大的实证分析研究成果后，更多的研究聚焦于我国收入分配差距过大的问题。为此，如何考量我国收入分配的发展趋势，探索其内在的理论逻辑，也就成为我国理论界在这一轮的研讨中必须给出的回应。

我们认为，在我国收入分配差距逐步扩大的背景条件下，经典马克思主义的按劳分配理论已经无法解释我国在公有制为主体的情况下，基尼系数会高于部分发达资本主义国家的事实，而全球热议的《21世纪资本论》也无法用来分析中国收入分配差距过大的现实。研究我国收入分配问题必须在马克思主义收入分配的理论框架下进行新的理论探索，其中从机会公平的视角切入进行理论创新与实证分析是一个较好的线索。

第一节 关于机会不平等的理论研究

马克思主义经济学框架下的机会不平等问题的提出，既有现实背景也有理论条件。其现实逻辑是基于我国作为以公有制为主体的社会主义国家收入差距反而高于以私有制为基础的发达资本主义国家的现实状况；理论背景则是理论界关于机会不平等理论研究成果日益丰富，我国关于收入分配影响因素的分析也都触及了机会不平等的问题，这些都为本书奠定了基础。

一、一个悖论：公有制与基尼系数的倒逆关系

众所周知，我国自改革开放以来经济增长（以1978年不变价格计算）以每年平均9%的速度增长，但是，居民个人收入的基尼系数却从1978年的0.317增长到了2008年的0.496，虽然2009年以来，收入差距已经连续5年下降，但是基尼系数仍然处于历史高位（见图8-1），表明我国的收入分配的不平等现象已经非常严重。

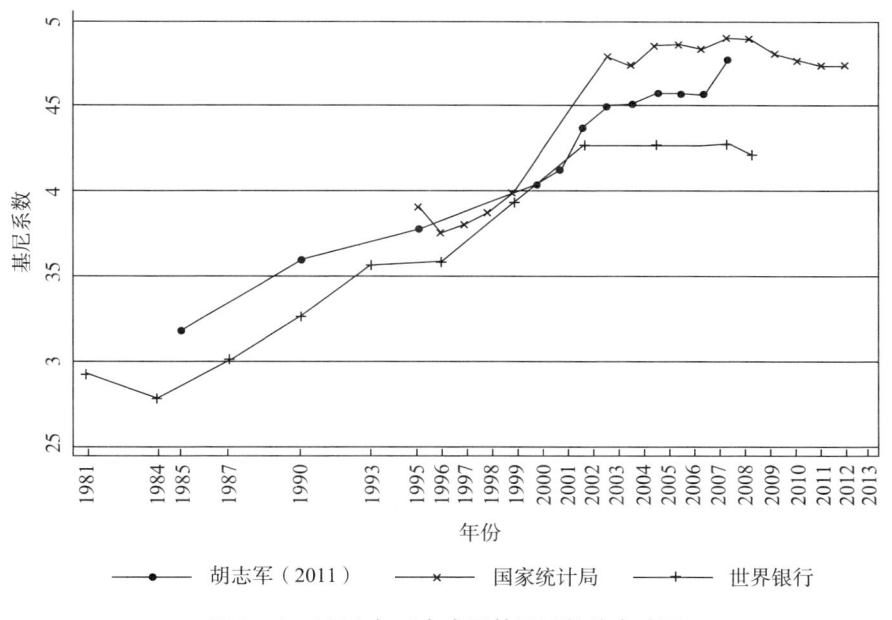

图 8-1　1981年以来我国基尼系数的变动图

而反观西方发达资本主义国家，他们的收入差距却没有这么大，基本都在0.4以下（见表8-1）。

另一个事实是，我国是一个公有制经济占主体的社会主义国家，与西方的这些国家相比，经济中的公有制比例要大得多，这与收入分配的数据结合起来会发现所有制结构与收入分配出现了一种倒逆状态：公有制经济占主体地位的所有制结构没有使收入分配变得更加平等，反而使收入分配差距更大。

表 8-1　我国与其他若干国家的基尼系数①

国家	年份	基尼系数	年份	基尼系数
中国	1992	0.376	2004	0.469
德国	1989	0.281	2000	0.283
印度	1992	0.338	2004—2005	0.368
日本	1993	0.249	1993	0.249
韩国	1993	0.316	1998	0.316
英国	1986	0.326	1999	0.36
美国	1994	0.401	2000	0.408
瑞典	1992	0.25	2000	0.25
瑞士	1982	0.361	2000	0.337

针对这种现象，马克思主义经济学和西方经济理论都无法给出合理的解释。

首先，马克思主义分配理论有两大命题：一是公有制占主体地位的生产关系比私有制占主体地位的生产关系更加公平；二是生产关系决定分配关系，分配关系是生产关系的实现。根据这两大命题，我们可以获得这样的结论：（1）公有制条件下的收入分配差距一定低于私有制条件下的收入分配差距，并且前者是公平的，后者是不公平的；（2）公有制占主体的混合所有制条件下的收入分配差距一定低于私有制占主体的混合所有制条件下的收入分配差距，而前者与后者相比一定会更加公平。显然，这一理论无法解释我国现时期，在以公有制为主体的制度背景下，为什么收入分配竟然比西方私有制条件下的收入分配差距还大的问题。

其次，传统西方经济理论对收入分配的分析是基于要素份额的边际分析方法。根据该逻辑，工人获得由边际劳动贡献所确定的工资，资本家获得由边际资本贡献所确定的利润。根据 A·B·阿特金森和 F·布吉尼翁在《收入分配经济学手册》中所提供的例子，如果社会主义公有制条件下的基尼系数是 20.0，那么资本主义经济将会有一个 28.5 的基尼系数。根据这一理

---

① 资料来源：世界银行。

论分析，社会主义公有制条件下基尼系数要低于资本主义私有制条件下的基尼系数。

最后，作为新古典主义的皮凯蒂在《21世纪资本论》中用历史数据描述和证实了资本主义世界收入差距持续扩大的现象，但是皮凯蒂既没有用系统的逻辑一致的理论解释数据背后的原因，也没有分析中国所面临的收入分配的窘境。

由此可见，无论是马克思主义经济学还是西方经济学在理论逻辑上都没有办法解释我国公有制与收入分配之间的倒逆关系。

近年来，大量经济学者从机会不平等角度来分析收入分配问题，这一研究视角对于我们在新时代发展马克思主义收入分配理论具有重要的启示作用。

二、机会不平等的相关理论研究

机会不平等起初是伦理学领域研究的概念，主要是关于权利或福利的机会不平等的研究，主要代表人物就是罗尔斯。在20世纪90年代，西方马克思主义学者罗默借用伦理学上机会不平等概念的内涵，从经济学的视角给出了机会不平等的数学形式的定义，并从这个概念出发发展出了一系列定量研究机会不平等的计量方法。国内关于收入分配中的机会不平等的经济学研究的中文文献比较鲜见，但是对于引起机会不平等的各个因素的分析比较多。

无论是帕累托原则还是卡尔多—希克斯原则，它们所体现的功利主义思想都是以社会中所有人口的加总来评判某个政策的，更多的是效率观念。罗尔斯关于正义的相关理论对功利主义的观点作出了重大的改变和批评，第一是用基本善替代了福利[①]，第二是使用两个正义原则代替了加总的原则。罗尔斯的正义是说消除专横的、偶然的因素对于人的影响，也就是消除运气的影响，使得所有人都不会因为社会的或自然的偶然性因素而受益或受损

---

① Rawls（1982）对福利概念提出了以下的批评：福利如果是个人唯一重要的东西，那么个人就会不可避免地沦为效用容器。正像功利主义所断言的那样，个人所作出的一切选择都是为了最大限度地满足自己的偏好，提高效用，那么个人的任何选择都会变成一个工具性的手段，当存在一种方法可以去除那些阻碍偏好满足的得分时，功利主义认为理性的人应该会自愿使用这种方法。这显然是荒谬的，当人的主观偏好可以随意改变时，使用主观偏好作为评价的标准本身就成了问题，因为偏好已经变得不再可靠。

(罗尔斯，1988)。

受罗尔斯启发，很多一流的学者从不同的角度批判性地发展了罗尔斯的理论，这些理论虽然有很大的区别，但有一个共同的特点，就是认为公平应该消除偶然性因素对于个人的影响，所以这些理论都可以称为运气均等主义。如果社会中存在一些处境很不利的人群，并且这些人的处境并不是因为它们自愿选择的原因而导致的，那么这样的社会是不公平的。运气均等主义就是要消除个人无法选择或控制的因素给自己带来的有利或不利的影响，这些因素不是自身真实意愿或真实选择的反映。这些思想的基本思路就是，个人应该为自己的主动或自愿选择负责，而应该消除或均等化其他个人无法选择或控制的因素带来的影响。

(一) Arneson 的福利机会平等理论

Arneson (1989) 的福利机会平等理论回答了以下三个问题：一是什么是福利；二是什么是福利的机会；三是什么是福利机会的平等。

Arneson 认为福利就是对自我偏好的满足，并且这些偏好满足理性人假说，是一种自利性偏好。Arneson 还论述了偏好的形成，讲到这种偏好是合理的偏好或者是次优偏好，是个人在完全充分地考察了外在的环境和条件下做出的谨慎的选择。

Arneson 用决策树的概念来描述福利机会。他认为个人的生活就是一系列选择的过程，而且这些选择具有承继性，此时此刻面临什么样的选项是源自个人先前的选择历史，决策树描述了一个完整的选择历史或生活历史，每一次选择的结果都对应一个偏好实现的福利，所以决策树代表了个人的福利机会。

相应地，Arneson 也用决策树来界定福利的机会平等。首先，Arneson 定义了什么是等价的决策树：如果社会上的所有人在决策树上对应节点上的最优选择以及次优、N 优选择的期望福利都是相等的，那么称所有人决策树是等价的。其次，由于人们在信息的识别能力和理解能力方面之间存在着个体差异，人们在把握机会的能力上存在差异，所以不同的人在面临等价的决策树时的选择并不相同，所以最终的福利结果也是不同的。所以 Arneson 又定义了什么是有效的等价决策树：如果人们面临的决策树的选择项是等价的并且个人具有相同的能力来处理这些选择项，或者，如果人们在处理选择项能力上的差异与选择项本身的差异相互抵消，或者，如果选择项是等价的，但人们之间在处理选择项能力上的差异是由个人自主自愿的原因导致的，那么就称人们面临着有效的等价决策树。最后，如果某个社会的人们面临的选择项是有效的等价决策树，就称这个社会是福利机会平等的。由此，只要人们面临的决策树在任意节点的福利机会是相等的，并且，后来所有选择都是个人自主或自愿的，那么也满足福利机会平等的条件。

Arneson 的理论的一个重要的缺点就是他使用福利这个度量标准，而且在他的理论中"合理的偏好"仅仅考虑到了在环境约束下的个人偏好是如何适应的，却忽视了理性的另外一种可能性：怎样改变环境约束使之更加适应个人的偏好。实际上即使是适应性偏好，也遭到了众多学者的反驳，包括阿马蒂亚·森（Sen，1995）、德沃金（Dworkin，2003）和罗尔斯（Rawls，1982），首先对于适应性的偏好，那些在绝望性的环境中生活的人们很少有勇气形成较高要求的偏好，他们对生活和工作的期待很少，所以他们得到较少的福利就会使得他们的偏好有较大的满足，所以把福利——偏好的满足作为一个指标是不可靠的。其次，Arneson 的福利机会平等实际上是用人们所选择的生活的开支来推断他们应该得到什么，但实际上人们能够得到什么在平等评价中更为重要，而这很难通过 Arneson 的理论得到体现。

（二）雅各布的机会平等理论

莱斯利·A·雅各布（Jacobs，2004）提出了一个新的机会平等理论，来回应长期以来学术界对机会平等的批评。

主要的批评在于，机会平等只是一种形式平等，他对实质的或真正的平等的任何承诺都是空洞的。在这些批评者的观点中，形式机会平等只是消除歧视行为的同义词，而对实践中存在真实的不平等视而不见。雅各布认为这些批评实际上是对程序公平意义上的机会平等的批评，而程序公平意义上的机会平等的概念在罗尔斯以后基本上已经被抛弃了，机会平等的现代概念不仅包含了程序公平，也包括背景公平的含义，这两个内涵使得机会平等关注于个人选择与责任的问题，也就是说，一个人在社会中应得的资源或其他福利应该仅仅取决于个人的自愿选择，而个人无法选择的背景变量不应该影响个人的应得，或者说，个人仅对个人选择负责。这种二维理论的主要贡献者是罗尔斯、布莱恩·巴利、罗默和阿纳森。

雅各布建立的新的机会平等理论包括背景公平、程序公平和风险公平三个维度，区别于罗默和阿纳森的地方就是增加了风险公平的维度。虽然现代机会平等的概念已经不仅仅是形式公平，但它仍然是鼓励竞争的，实际上规定了一个竞争机制。在雅各布看来，没有风险公平的竞争机制意味着赢者全得，输者一无所得，即使竞争中的输赢完全取决于个人自主自愿的选择，做到了背景公平和程序公平，也是不合理的。因为在竞争过程中，存在很多不确定性，即使这些竞争者所面临的不确定性的分布是相同的，竞争者实际所受到的不确定性扰动也是不同的。所以除了个人选择对竞争结果产生影响之外，不确定性所产生的风险因素也会左右竞争的结果，在缺乏一个机制来识别和分离个人选择和不确定性所产生的影响的情况下，一个合理的竞争机制是竞争中的赢者和输者都有所得，但是赢者得到的更多。就像在奥林匹克赛场一样，设冠军、亚军、季军三个奖项，而不是仅仅只有一个冠军奖项。还有在拳击比赛中，胜者得 75% 的奖金，败者拿 25% 的奖金。

（三）罗默的机会平等理论

作为一个马克思主义者，罗默认为"马克思主义者的任务在于造就一个平等主义的社会，证明这种社会的可行性"[1]。并且他认为一个可行的模式是市场加社会主义模式，市场机制解决效率问题，社会主义解决平等问题。为了回应和反驳保守主义者对平等主义的指责，罗默在 20 世纪 90 年代以来陆续发表了《分配正义理论》（1996）[2]、《机会平等》（1998）[3] 等著作，建立了基于个人责任的机会平等的理论框架。保守主义者对平等主义的指责主要是针对当前那些福利国家所推行的"保姆式"平等政策，认为这样的政策消除了个人在追求幸福生活中的个人责任，使得很多公民对福利政策严重依赖，缺乏自立精神，甚至导致道德伦理危机。当然这些指责也并不是没有理由的，传统福利国家在消除不平等的过程中也确实存在这些问题。但罗默认为，这些指责不能否定我们对平等主义的追求。平等主义也并不总是和个人责任缺失相联系。罗默的基于机会平等的平等主义范式就将应得与

---

[1] 约翰·罗默：《社会主义及其未来》，段忠桥编译，《马克思主义与现实》2002 年第 1 期，第 72 页。

[2] John E. Roemer, 1998: Theories of Distributive Justice, Harvard University Press.

[3] John E. Roemer, 1998: Equality of Opportunity, Harvard University Press.

个人责任联系了起来。

罗默机会平等概念包含有两个方面的含义：首先，一个机会平等的社会应为个人创造一个公平的竞争环境或"平等的竞技场"。对于个人而言，性别、出身家庭、出生地、种族等环境因素都是个人无法控制和选择的，属于偶然因素，一个公平的竞争环境要求这些因素不会或尽可能少地影响到个人的发展，即使产生了影响，社会有必要进行纠正，尤其是对那些因为环境因素，即个人无法选择或控制的变量，而处于社会不利境遇的人群，社会应该对这些人群进行资源补偿，以此来消除环境变量所带来的"非自愿的不利"。"所谓机会平等，在非常普遍的意义上讲，就是要求对那些由于自身无法控制的因素引起不利条件的人给予补偿，因为这些不利条件不是由于这些人自身造成的，而是由他们自身无法控制的因素造成的。"[①] 其次，罗默认为个人对自身的自主自愿行为负责是显而易见正确和公平的事情。如果其他环境等偶然因素对任何人都不产生影响，或产生的影响是相同的，那么社会就没有必要为那些因为自主选择而导致的坏的结果负责。尽管人们对于环境因素应该包含哪些选项很少有统一的认识，比如天赋，是否应该放进环境因素的范畴，社会是否应该对那些天赋高的人口征税，而转移公共资源给天赋低的人口，但是人们对于按劳取酬，努力程度高的人应该取得更好的收入是没有疑义的。

在罗默的语境中，存在一个阈值机制，在阈值之前机会必须平等，此时社会对于机会不平等的干预是必要的，在阈值之后个人应该对自己的行为和选择负责，实现什么样的个人的利益是个人的问题。这里的阈值其实是一个竞争的开端，在竞争开始之前，主要是未成年时期，个人还没有自主能力去选择，所以根据机会平等的理念，在这个时期个人不应对相关的结果负责，社会应该对那些处于不利境地的人给予补偿。在竞争开始之后，主要是成年时期，个人的行为一般是自主选择的，应该对竞争结果负责。

罗默的一个创新之处是对努力程度的处理方法。机会平等主张个人的收入应与努力程度相匹配，但是努力程度应该怎么去评价？有没有一个客观的

[①] 约翰·罗默：《社会主义及其未来》，段忠桥编译，《马克思主义与现实》2002 年第 1 期，第 10 页。

评价标准？罗默认为直接去考察努力水平是没有意义的，因为个体所展现出来的努力水平并不是完全自主和自愿选择的结果，可能会受到环境等因素的影响。比如，相关调查发现，在统计学意义上，非裔学生花在功课上的时间要少于欧裔和亚裔的学生，所以，环境等偶然因素也会影响努力。罗默并不直接去评价努力水平，而是考察个人在相似环境下的人群中努力水平的相对位置，假设环境因素只有一个：性别，甲是女性，她的努力水平在女性群体中的相对位置是30%（将该群体从努力水平由高到低排列，30%是在这个排列中的分位数，即该群体中有不少于30%的人的努力水平高于甲，也有不少于70%的人的努力水平低于甲）；乙是男性，他的努力水平在男性群体中的相对位置是a%，如果a<30，那么称乙的努力程度大于甲。这种方法就把努力水平中环境等偶然因素排除掉了。另一个问题是，个人在他或她所在的环境类型的组别中的相对位置怎么确定？罗默认为[①]，个人收入的决定因素有两种，分别是环境因素和努力，在同一个环境类型的组别中，所有人的环境因素都是相同的，所以组别内收入的差异仅仅是由努力的差异所导致的，那么收入的排序也就是努力的排序，努力水平在组别中的相对位置可由收入水平在组别中的相对位置来替代。

罗默的理论为一个重要的伦理学问题在经济学中的应用提供了一个很好的方法，也为相关政策评价提供了一套可操作的标准。但仍然存在诸多不完善的地方：

第一，罗默没有解决如何在选择和环境之间进行切割的问题。也就是竞争的边界在哪里？阈值在哪里？罗默只是笼统地认定未成年和成年的分界点是自主竞争的开始，但这是经不起推敲的。试想一下，其实在未成年时期，个人的自主选择已经开始，个人对未来的决策也并不是完全被父母和家庭所掌控，同胞姊妹在未成年时期的学业的差距就可以说明这个问题。另外，即使在成年时期，环境等偶然因素也在影响着个人，并不是纯粹的竞争，在劳动力市场中，性别歧视、种族歧视和地域歧视是无处无时不在的。

第二，罗默所提供的平等主义范式是难以实现的。罗默的分析方法与马克思历史唯物主义的方法是矛盾的，他认为传统马克思主义方法不适于分析

[①] 以收入为评价标准。

现实问题，显然，这是一个对马克思主义的肤浅认识。马克思对资本主义结构的深入分析揭示了不平等的根本原因，并指出了解决不平等问题的指示路径。离开了历史唯物主义的支撑，罗默的平等主义理想只能是乌托邦。

三、机会不平等影响因素的相关理论研究

许多研究成果是从机会不平等的影响因子进行分析，这里的分析还包含着这些影响因子的作用途径以及作用机制等。

（一）家庭背景与机会不平等

家庭背景对于收入的影响机制问题属于代际问题，研究文献主要集中于社会学领域。早在1889年，社会学家John Dewey等就提出如下观点：从平均意义上来说，如果父母的收入在社会平均收入以下或以上，那么他们子女的收入也会偏离社会平均收入，偏离的程度为父母偏离程度的1/3。当父母很富有时，他们的子女一般不会贫困；相反，当父母较贫困时，子女也不大可能富有。

最早研究代际问题的经济学家是Schumpeter（1951），他系统地对代际流动进行了理论分析和相关的经验检验。

1. 经济学视角

经济学家一般把子女的人力资本或其他方面成就的取得过程看作一个家庭行为理论的范畴。在这里家庭被看作一个生产单位，（为子女）投入金钱（物质）、时间和精力（精神），产出是家庭成员或子女的未来的收入或其他方面的福利。家庭中的成人（一般是父母）会在家庭中做出一些重要的经济选择，比如：赚取家庭收入、如何将家庭收入分配到消费、储蓄和对子女的培养上。除此之外，父母还会对诸如生育几个孩子、迁徙等问题做出选择，而这些选择也会间接影响子女。

父母对子女所投入资源（包括物质和精神）的多少、以什么样的形式投入①以及这种投入的时间点②都会影响子女未来可能取得的成就和收入。个人所拥有的兄弟姐妹的数量取决于父母的决策，是否经常搬家、与邻里相处是否和睦、父母是否分居和离婚，这些也主要取决于父母的选择，而这些

---

① 给子女购入书籍还是添置钢琴等诸如此类的问题。
② 比如，在3岁还是6岁给孩子添置钢琴。

因素对个人的成长是非常重要的，对其成人之后在获取收入上的表现也有一定的影响。

上述的这些观点在 Becker 的相关文献有较充分的体现，特别是 Becker 和 Tomes（1986，1979）以及 Becker（1967，1981）的几篇文献。在 Becker 建立的模型中，个人的初始（生物学或先天）禀赋是通过生物学遗传由父母给予的，但是父母没有办法控制这个禀赋的传递过程。先天禀赋的传递过程被设定为一个马尔科夫过程，即个人的禀赋只接受父母的信息，而不接受祖父母及以上辈分的信息，就是说，上上代人的禀赋信息是通过父母的信息来间接影响个人的先天禀赋的。在这个马尔科夫过程中，禀赋的传递系数或继承系数被设定为大于0且小于1，当然，在禀赋传递过程中包含一个随机项，在文章中，认为这个随机项指幸运或运气指标，这个随机项描述了这种现象：个人的天赋可能远远高于父母或远远低于父母。从统计学的均值角度来看，如果父母的受教育程度远高于社会平均水平，那么一般来说，他们的子女也会取得高于社会平均水平的受教育水平，但是子女的受教育水平对平均值的离差要小于父母。同样，个人的文化方面的先天禀赋传递也是一个马尔科夫过程，比如，个人对阅读的兴趣，对音乐技巧的感觉等。这些先天禀赋会进一步体现到个人的人力资本之中，并在劳动力市场中获取相应的收入。

虽然没有办法控制和选择子女的先天禀赋，但是父母可以通过对子女的后天培养来影响和改善子女的人力资本积累以及收入。后天培养在经济上表现为对子女的技能掌握、健康、教育或其他有益的特质的投入或投资（Becker 和 Tomes，1986）。当然，对子女的这些投入的多少取决于父母的偏好、收入等因素。影响子女收入的另一个途径就是直接向子女馈赠资产或遗产。

尽管 Becker 和 Tomes 的理论框架对理解家庭在未成年人的人力资本形成过程中的作用提供了一个严谨、有效的途径，并且基于他们的理论可以演绎出一些检验方法来用于做少量的经验分析，但是，可以发现，他们的理论对经验研究的贡献不大（Arthur Goldberger，1989）。Arleen Leibowitz（1974）在 Becker（1967）的基础上提供了一个更有助于进行实证分析的经济模型（见图 8-2）。在这个模型中，父母的各方面的先天禀赋通过遗传对子女的家庭投资不完全地传递给子女。

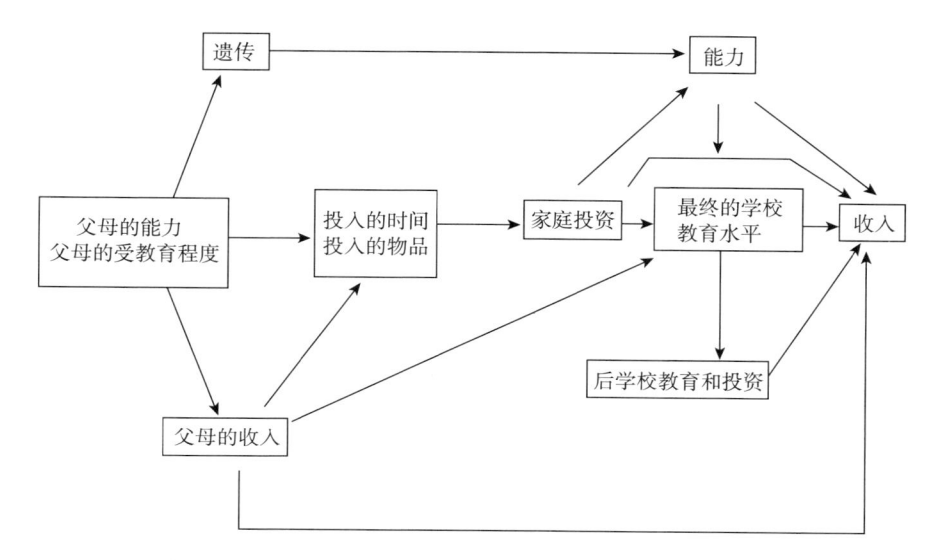

图 8-2　子女人力资本的形成（来自 Leibowitz（1974））

父母的先天禀赋和教育程度不仅决定了家庭的收入，也决定了父母能够对孩子投入的时间、物品，以及投入的时间和物品的质量和效率。个人的先天禀赋、父母的收入水平、家庭对个人投入的时间和物品等决定了个人在学校所接受到的受教育水平，甚至也决定了个人在离开学校之后所受到的职业或技能教育水平。所有这些都会影响个人的工资水平和收入水平①。

2. 其他学科视角

社会学家和发展心理学家也对家庭背景在决定个人收入或其他方面的机制作了许多研究，当然研究方法与经济学家的方法有所区别，对经济学在这方面的文献是一个很好的补充。在这里，主要介绍一下这些文献中最重要的一些概念和观点。

第一，社会化视角或榜样视角。这种解释强调在童年和青少年时期，父母所起到的榜样作用，以及父母在子女社会化（指子女建立起基本的行为

---

① 这个框架可以写成包含四个方程的递归系统：个人先天禀赋 $=f_1$（父母的生物基因）；个人的能力 $=f_2$（个人先天禀赋，家庭投入）；个人的受教育水平 $=f_3$（个人能力，家庭投入，家庭收入）；个人收入 $=f_4$（家庭投入，个人受教育水平，后学校教育投入，个人能力，家庭收入）。

规范和世界观的过程)① 的过程中所起的作用，而这些对于子女在未来所可能取得的成就和收入都是重要的。对于个人来说，最早也可能是最重要的榜样就是父母和哥哥姐姐，他们的行为（工作、工作的努力程度、生育行为② 等）、人生规划、价值观、受教育水平等，都会影响个人在未成年阶段的认知和社会心理的发展。虽然这种解释所提供的人力资本的代际传递的机制与经济学的视角给出的机制有很大的不同，但二者之间也有共同点，它们都承认和强调父母的受教育水平、生育行为对子女未来成就和收入的影响。

第二，生命周期的视角。这种方法也称为"生命历程"或"生态系统"视角，主要见诸于发展心理学文献（Urie Bronfenbrenner，1989）。这种理论认为，人在整个生命周期都在成长和发展，冲击事件对于个人的影响取决于事件发生的时间、事件持续的时间、事件发生之后的后续进展、事件发生的背景。人的发展过程被认为是一个对外生冲击事件的不断调整和适应的连续的过程，这些调整的性质和效果取决于外生冲击事件之后个人所参与的互动和交易行为。例如，父母离婚在不同的情况下对儿童所造成的影响是不同的，这取决于父母离婚时子女的年龄（事件发生的时间），父母离婚的性质（和平分手还是强烈对抗的方式）（事件发生的背景），父母在之后的再婚状况（事件发生之后的后续进展），与不居住在一起的父亲或母亲平均每月在一起的时间长短（事件发生之后的后续进展）（Seltzer，1994）。关于冲击事件发生时机的不同对儿童所造成的不同的影响的实证研究是这种视角在当下的一个研究热点。

第三，应激理论。这种心理学理论认为在童年阶段所遭遇的生活中的压力事件（应激源）会使得个人偏离正常的均衡成长路经，使其置身于一个不利的身心环境（参见 Glen Elder（1974）和 Seltzer（1994））。父母分居或离婚、坐牢、失业等都会造成未成年子女的精神状态的不确定性，这会干扰

---

① 参见"百度百科"相关词条：基本生活技能教育。使儿童掌握吃饭、穿衣、语言表达等人类最初的行为方式。促使自我观念发展。使儿童能分清自我与非我及两者的关系。养成良好的生活习惯。使儿童逐渐懂得约束自己的行为，调整好个人与个人，个人与家庭、学校、社会等方面的关系。培养良好的道德品质。使儿童逐步适应社会规范，具备社会公德。培养社会角色。儿童随着年龄的增长，会不断扮演适当的性别角色、游戏角色、学校角色、社会角色等。儿童正是通过一连串角色的培养和认定，使自我心理内容客观化，自我行为表现与社会规范渐趋一致。

② 比如，是否存在未婚先孕的行为。

其未来的正常成长和发展。进一步地,在一个相关模型中,父母对这些压力性的应激事件的处理能力和处理方式的改进会部分地挽救这些事件对未成年子女的不利影响,并对子女未来可能取得的成就和收入产生积极的影响(Hamilton McCubbin et al., 1980)。父母的这些处理能力反映在他们的一些行为之中,如信仰、理想、价值观等,而这些会在潜移默化之中被子女所吸收和内生化,从而决定其在面临压力事件时的表现。

(二) 其他因素(户籍、区域、性别、民族等) 与机会不平等

梳理与回顾我国理论界关于这一方面的文献可以发现,收入分配问题也是我国经济学理论界长期以来研究的重要问题,研究成果也较为丰富,其中许多分析是从城乡、区域、性别、民族等方面的差异性寻找原因,并得出了很好的理论结论,也给出了相应的政策建议。

首先,关于收入分配的城乡差距的原因分析。我国一些学者是从二元经济结构和社会体制方面进行了探讨(赵红军、孙楚仁,2008;肖卫等,2009),这些分析又多集中体现在户籍制度(金成武,2009;姚先国、赖普清,2004)和城市倾向的经济政策(陆铭、陈钊,2004;马光荣、杨恩艳,2010)上。另一些研究更深入地指出户籍制度和城市倾向的经济政策与城乡收入差距的深层次的原因,主要是这二者导致了公共教育资源以及公共医疗资源的城乡不平等(和立道,2011;解垩,2010),而这使得农村户籍人口与城镇户籍人口在人力资本上产生了巨大差异,同时,这些差异在劳动力市场上的体现就是工资收入的差异(郭剑雄,2005);也有一些文献研究这些制度与劳动力市场中的户籍歧视行为之间的关联性,认为政府的这些制度和政策对企事业单位和个人产生了一定的示范作用,使得劳动力市场存在广泛的户籍歧视(姚先国、黄志岭,2008;章元、王昊,2011)。

其次,关于我国收入的地区差异的原因分析。我国理论界的很多分析将其原因归结为政府的发展改革战略、地理条件、户籍制度(赵人伟、李实,1997;林毅夫、刘培林,2003),他们普遍认为,带动国家和地区经济发展的是 1978 年以来的改革开放制度创新,但我国实行的改革是渐进式改革,这不仅体现在各个行业上,也体现在不同地区上,不同地区的改革有先后快慢的区别,政策上的差异通过经济发展间接地在地区间的收入分配上有所体现;另一些研究则关注地理环境的差异在地区收入差异上的贡献(王培暄,2012;

王宏典，2006），他们认为，我国各个地区在经度和纬度上跨度很大，地理环境存在很大的差异，这体现在降水、地型、植被、地质等上，而这些差异就会造成饮用水、农作物、交通、灾害的易发性以及抵御灾害的难易程度等方面的不同，这也会反映在不同地区的个人收入差异上；还有一些研究是从资本流动和劳动力流动的角度指出地区收入差距扩大的另一个原因是户籍制度，发达地区虽然人均资本存量远远高于不发达地区，但资本回报率并不低，原因就在于存在持续的技术创新，所以资本在地区之间的流动并不明显。这时促进地区收入收敛的一个重要途径就是劳动力的流动，但是户籍制度不是促进而是阻碍了劳动力的充分流动，维持甚至扩大了地区间的收入差距。

再次，关于收入的性别差异的研究。收入的性别差异主要来源有两部分：性别工资差异（由性别人力资本差异所导致的）和性别工资歧视（Becker，2010）。学者们认为，性别工资差异来源于人力资本的性别差异或者生产率的性别差异，随着市场化的深入以及技术偏向的技术进步，性别工资差异会越来越大（Katz & David，1999；张丹丹，2004）。而性别工资歧视来源于性别偏见，而不是市场对不同生产率的合理回报的差异（Becker，2010）。一些学者提出，对于性别工资歧视文献中主要从两个方面来研究收入的性别差异：一是男女在岗位获得上的差异，这体现为职业的性别隔离（蔡禾、吴小平，2002）；二是在同等岗位内部男女工资的差异。

最后，也有文献研究收入的民族差异。我国学者（丁赛，2006；常进雄、孙磊，2008）认为，收入的民族差异的形成一部分原因是区域经济因素，我国少数民族大部分居住在中西部等经济不发达地区，与东部地区在经济上的差距形成了少数民族与汉族收入差距的一个重要来源；另外一部分原因是一些民族特定的风俗、习惯不便于形成市场经济条件下具有竞争力的人力资本，而且某些民族传统阻碍了本民族的劳动力转移，这里的转移既包括农业劳动力向非农行业的转移，也包括劳动力向经济较发达地区的转移。

四、机会不平等的经验研究

大部分的社会学文献在这方面的经验研究集中在怎样识别那些对个人未来成就和收入产生影响的家庭因素，以及这些因素对个人能产生多大的影响。这部分主要集中介绍和总结经济学家的相关文献，当然，其他学科，如社会学和人口统计学，在相关经验研究中也会涉及一些经济学的变量，所以在本部分也有少量介绍。本部分首先介绍关于代际收入流动性①研究方面的最近的进展和发现。这些研究所估计出来的二元关系（主要是指子女的收入对父母的收入的弹性）是很简单的，但为了很好地理解这种弹性关系，需要对影响个人成长和未来收入的多种社会和家庭因素进行分析和研究。

在社会科学中，对家庭背景和代际问题的实证研究最早可追溯至20世纪20年代。这些早期的研究主要集中于分析父亲职业与儿子职业之间的依存关系，这些研究广泛使用列联表或交叉表②来考察代际的职业流动。这些文献简单地测算了社会的代际流动（职业的代际流动）的程度。

Otis Dudley Duncan和Ralph Hodge（1963）建立了这个领域的第一个因果模型，这个模型将个人的生命周期分为三个阶段：家庭（成长）、（接受）学校教育、工作，个人在工作上的表现被定义为职业的社会经济地位（Socioeconomic Status，简称SES），并构造了（现在非常有名的）Duncan职业声望指标来测量SES（Duncan，1961）。个人的家庭背景和受教育水平是SES的主要决定因素，一般来说，个人受教育水平也会受到家庭背景的影响，当然，受教育水平还会受到其他一些因素的影响，如个人的努力程度，以及在学校能否遇到一个或几个给予自己正确引导的老师，所以说个人受教育水平会对SES施加一些独立的影响。

这个简洁的模型为系统性的经验研究打开了一扇门，最先在定量社会学③，之后在经济学中都得到了很好的应用和回应。Peter Blau 和

---

① 也称为收入的代际流动，是指代际收入的延续关系。一般而言，如果子女的收入强烈依存于父母的收入，那么流动性就比较低；相反，如果子女的收入高低与父母的收入高低的依存度较低，就说明流动性大。

② 若总体中的个体可按两个属性 A 与 B 分类，A 有 r 个等级 A_1，A_2，…，A_r，B 有 c 个等级 B_1，B_2，…，B_c，从总体中抽取大小为 n 的样本，设其中有 n_{ij} 个个体的属性属于等级 A_i 和 B_j，n_{ij} 称为频数，将 $r×c$ 个 n_{ij} 排列为一个 r 行 c 列的二维列联表，简称 $r×c$ 表。若所考虑的属性多于两个，也可按类似的方式做出列联表，称为多维列联表。

③ 定量社会学是协同学在社会经济系统的应用和发展，是现代自然科学和社会科学相结合的最新结晶，它把社会学置于严密的数学物理之上，旨在建立和发展一种定量描述各类社会现象的动力学的理论体系，它应用和发展了协同学的概念和方法，是横断学科中的一个分支（参见韦德里希·哈格：《定量社会学》，1986）。协同学是研究协同系统从无序到有序的演化规律的新兴综合性学科。协同系统是指由许多子系统组成的、能以自组织方式形成宏观的空间、时间或功能有序结构的开放系统（参见"百度百科"相关词条）。

O. D. Duncan（1967）在这个经验研究的领域作出了非常重要的贡献，该篇论文至今仍奉为经典。这篇文章建立的一组递归回归方程来拟合 CPS（1963）(Current Population Survey) 数据，估计出在生命周期的不同阶段家庭背景特征与个人受教育程度之间的关系，以及二者对于 SES 的影响大小。

Robert Hauser 和 Featherman（1977）以及 Featherman 和 Hauser（1978）在上述的理论框架之中引入了一个人力资本模型，用来刻画家庭背景和学校教育对于收入的影响。同样，使用 CPS 数据，基于对不同年份的估计系数的比较分析，他们考察了从 20 世纪六七十年代代际流动方式的变化。

Jencks 和他的同事（1972）关于威斯康星州的一项跟踪研究和对应的不平等的研究对定量社会学和经济学的相关领域的后续研究文献有很大的影响。他们的实证分析建立在一组非常难得的数据上，这组数据是从 1957 年开始对当时威斯康星州的 9000 名高中学生的持续的跟踪调查所得。由于数据所涉及的样本家庭和学校比较多，而且在调查数据中还包含诸如"心愿"等很难客观评价的指标，所以他们的研究结论比较开放，关于家庭背景与收入、与教育等的因果关系有更多的不确定性。

这篇文献的一个重要贡献就是考察了家庭背景和学校教育在个人之间的社会经济地位（SES）差异和收入差距上所起的作用。Jencks 等在研究的过程中不仅使用了威斯康星州的跟踪数据，还使用了其他多项研究所提供的数据信息和估计结果，为其最后的结论提供支持。论文中的一个非常重要的结论是"运气"因素在 SES 与收入中扮演着重要的角色，其能够解释 50% 以上的 SES 差异以及 75% 的收入差距，这引起了很大的争议。根据这个结论，文章断言，美国的教育对改善收入不平等的作用不大。

依据这种研究思路，相关文献为家庭背景与个人的职业地位或收入之间强烈的相关关系提供了经验支持，发现有将近 30% 的职业地位差异或收入差异可以由家庭背景的差异来解释。儿童阶段的就学经历也是个人最终成就和收入的重要影响因素，可以解释后者差异的 30%—40%。考虑到个人的就学经历或教育经历会受到家庭背景的影响，所以应该识别教育对收入的影响作用究竟有多少比例是家庭背景的间接影响，有多少比例是教育的独立影响。相关研究表明教育对收入的影响中有近 1/3 的比例可以由家庭背景来解释，也就是剩余的 20% 的比例是教育对收入的独立影响。但有文献

（Bowles，1972）指出家庭背景由教育对收入的影响被低估了，从而也低估了代际之间收入的依存度，这是因为在研究中只有考虑到了非常有限的家庭背景变量，有很多家庭背景的变量因为数据缺失等原因而被忽略了。

这些早期文献所建立的四种实证研究的思路至今仍在使用。第一个是关于代际收入相关关系的估计；第二个是使用同胞数据，通过随机效应和固定效应模型来控制家庭背景对个人的影响，从而更加精确地研究教育在个人收入中所起的作用；第三个是通过评测家庭调查数据的可靠性和有效性来解决测量误差问题（Bowles，1972），从而更准确地估计教育经历对个人收入的影响；最后一种研究思路建立在Becker关于"家庭（对子女的）投资"模型上。

通过以上的理论回顾，我们不难发现，理论界围绕着收入分配和机会不平等性的研究虽然有了很大的发展，但是仍然具有较大的局限，主要体现如下几个方面。

第一，现有理论界关于机会不平等的研究大多都局限于就这一问题本身的微观研究，而缺乏在马克思主义经济学视角下和框架内的研究，也就是没有将机会不平等纳入财产制度与收入分配之间进行研究。特别是融入马克思的按劳分配的理论逻辑之中，挖掘经典按劳分配理论所包含的机会平等与不平等的要素，广泛吸纳机会不平等理论合理内涵，创新马克思主义收入分配理论。

第二，现有理论界关于机会不平等的影响要素和作用机制的研究也过于表象化，没有触及这一问题的本质和核心点，即没有把所有制这一根本性的制度纳入分析框架中去。因为就这些具体制度缺陷而言，是一般市场经济条件下的国家都会存在的问题，这就很难解释为什么我国的收入差距会比其他国家高，这是我国作为一个社会主义国家不可回避必须解释的问题。

第三，现有研究关于机会不平等的实证分析很多，如前所述，方法与工具方面也有很大的创新，但由于其研究着重点的偏失，这些研究也只能就事论事，而很少关注机会不平等在所有制与收入差距两者关系上所起的作用，而这些对于理解收入差距问题则具有很重要的理论价值和现实作用。

第四，现有的研究成果关于影响机会不平等的作用因素的分析很多，特别是我国理论界关于收入分配差距过大原因的分析，大多都是与机会不公平相关，或者说是探讨了机会不公平的某一方面的问题，但是，这些研究非常具体和零散，缺乏一个理论框架将其纳入其中进行系统化、整体化的研究，这也是考察我国收入分配差距过大需要进行的一个重要理论创新。

总之，探悉我国收入差距的原因，既不能单纯在传统马克思主义收入分配理论逻辑中寻求原因，即不能仅仅从按劳分配方式本身寻找原因，这会与现实不符；也不能从发达资本主义经济现实寻找原因，因为我国社会的性质与发达资本主义国家有所不同。这样，研究我国的收入分配问题还要考察两者之外的原因。

本书认为，将机会不平等的概念引入我国收入分配分析当中，重新建立一个包含着机会不平等因素的马克思主义收入分配理论框架，这不仅会进一步地发展马克思关于收入分配的理论，也会对于我国收入分配差距加大问题的研究有所作为。

第二节 引入机会因素的收入分配理论模型

经典马克思主义收入分配理论并没有有意识地考虑机会不平等因素的作用，只是在按劳分配理论中挖掘出相关的思想观点。本书首先将根据马克思主义收入分配理论逻辑构建了一个符合我国经济现实的收入分配函数模型，并将机会不平等的因素引入了这一理论模型中，利用反事实函数，通过Shapley分解，来考察在不同所有制条件下，机会不平等对于收入分配的影响作用。

一、马克思主义经济学框架下收入分配模型

在不同的社会经济制度背景下，其收入分配的函数关系也有区别，根据所有制性质的不同，设定三种不同的收入分配模型，一种是公有制条件下的收入分配模型；一种私有制条件下的收入分配模型；一种是公有制为主体的混合所有制条件下的收入分配模型。

（一）社会主义公有制条件下的收入分配模型

按照马克思主义的收入分配理论，以所有制关系为核心的生产关系决定分配关系（含个人收入分配方式），而分配关系则是生产关系的反面，"消费资料的任何一种分配，都不过是生产条件本身分配的结果；而生产条件的

分配，则表现生产方式本身的性质。"① 马克思的理论认为，在公有制条件下，由于生产资料是全社会共同占有，个人收入分配的唯一标准就是按照个人向社会提供的劳动量多少，多劳多得，少劳少得，不劳不得。② 其指出"每一个生产者，在作了各项扣除以后，从社会领回的，正好是他给予社会的。他给予社会的，就是他个人的劳动量。"③ 马克思认为这种分配方式是公平的，他指出"平等就在于以同一尺度——劳动——来计量。……要用同一尺度去计量，就只有从同一个角度去看待他们，从一个特定的方面去对待他们，如在现在所讲的这个场合，把他们只当作劳动者，再不把他们看作别的什么，把其他一切都撇开了。"④ 很明显，马克思在这里把个人劳动以外的其他特征都抽象掉了，决定个人收入分配的唯一要素就是劳动量。根据马克思的这一理论，可以建立一个公有制条件下的收入分配模型。假定社会的人口数量为 n，社会人口的集合记为 $N=\{1,\cdots,i,\cdots,n\}$，个体 i 的收入可以表示为：

$$y_i = l(e_i) \quad (8.2.1)$$

其中，y_i 是个体 i 的收入，$l(e_i)$ 为个体 i 向社会给予的劳动量，而劳动量的大小决定于个人的努力程度 e，即个人付出的劳动时间、劳动强度、劳动过程中的专注程度等。

显然，在公有制条件下收入分配模型中，由于生产资料被全社会共同占有，所以，收入差距仅仅来自个人向社会提供的劳动量大小的差异。由于人类自身所固有的生理局限，人们之间劳动量的差距是有限的。⑤ 所以，在马克思所描述的公有制和按劳分配的条件下，收入差距是有限的，而且马克思认为这种收入差距是公平的。

（二）资本主义私有制条件下的收入分配模型

马克思在《资本论》中着重分析了资本主义私有制条件下的收入分配

---

① 马克思：《哥达纲领批判》，北京：人民出版社1997年版，第16页。
② 由于生产力的现实约束，本书不讨论按需分配的情形。
③ 马克思：《哥达纲领批判》，北京：人民出版社1997年版，第14页。
④ 马克思：《哥达纲领批判》，北京：人民出版社1997年版，第15页。
⑤ 因为每个人每天只有24个小时，再考虑到必需的休息时间，所以个人之间每天劳动时间的差异要小于24个小时。另外，人们不可能承受无限增加的劳动强度，也不可能在劳动过程中无限持续地专注，所以个人之间劳动量的差异是有限的。

关系及其不公平性。马克思认为，在资本主义私有制条件下，劳动者不仅创造了自身的价值（劳动力价值），还创造了剩余价值，并被资本家无偿占有。并且随着资本积累的增加，资本有机构成必然会不断提高，这种社会财富以资本收入的形式就会越来越集中在资本所有者手中，而劳动者的收入相对资本收入的份额就会越来越少，其结果必然造成社会收入的两极分化，马克思认为这就是资本积累的一般规律。马克思的这一理论被皮凯蒂在《21世纪资本论》中利用发达资本主义国家300多年的经验数据进一步证实。根据马克思这一理论，造成两极分化的根本原因则是生产资料的私有制。基于这样的理论逻辑，我们可以将私有制条件下的收入模型设定为：

$$Y_i = L_i + W_i \qquad (8.2.2)$$

Y_i 是个体 i 的收入，在这里收入分为两个部分，一部分为 L_i，是以工资形式支付给个体 i 的劳动力价值（对于不参加劳动的人口，如部分资本所有者，$L=0$，马克思认为，实际上"资本所有者的劳动几乎等于零"①）；另一部分为 W_i，是个体 i 获得的资本收入（对于大部分人口而言，这部分收入为0）。当然，劳动收入 L 和资本收入 W 存在个体之间的差异，前者的差异体现为工人之间的竞争，后者的差异体现为资本家之间的竞争。对收入差距起决定作用的是工人所获得的劳动收入与资本所有者所获得的资本收入之间的差距。

式（8.2.1）中的 l 与式（8.2.2）中的 L 虽然都表示劳动性收入，但二者的含义不同。式（8.2.1）中的 l 表示劳动者向社会提供一定量劳动之后，经过社会"有折有扣"之后所剩余的全部劳动，而式（8.2.2）中的 L 则是工资，而且"不是它表面上呈现的那种东西，不是劳动的价值或价格，而只是劳动力的价值或价格的隐蔽形式。"② 从马克思的逻辑出发，二者之间的差异就是剩余价值。如果剩余价值率不变，那么由式（8.2.1）所带来的收入差距与式（8.2.2）中劳动性收入的收入差距是相等的③。那么，在

---

① 马克思：《1844年经济学哲学手稿》，人民出版社2000年版，第22页。
② 马克思：《哥达纲领批判》，人民出版社1997年版，第21页。
③ 在现有文献中使用最多的收入差距指数都属于相对指数，也就是说当所有人的收入同比例增加或减少时，收入差距指数不变。如果剩余价值不变，个人向社会提供的劳动的价值与劳动力价值之间的比例就是固定的，所以由二者所计算的收入差距也是相等的。

式（8.2.2）也就是私有制条件下，收入中新增了资本收入 W 的变异性之后，收入差距肯定要增加。这也是为什么马克思说"消费资料的任何一种分配，都不过是生产条件本身分配的结果"[①] 的原因之一。

（三）混合所有制条件下的收入分配模型

式（8.2.1）所描述的单纯公有制条件下的收入分配关系，和式（8.2.2）所描述的单纯私有制条件下的收入分配关系仅是一种理论抽象，现实中的收入分配关系与式（8.2.1）、式（8.2.2）只是大体相同，如高度集权的社会主义计划经济时期的收入分配关系与式（8.2.1）比较相近，而发达资本主义国家的收入分配方式则与式（8.2.2）相近。在现实经济条件下，更为常态的收入分配关系则是一种混合所有制条件下的收入分配函数，即使在社会主义计划经济时期也存在一定量的个体经济成分，在资本主义私有制经济条件下，也存在着一定国有经济成分，只不过我们在区分社会经济制度时，需要区分公有制占主体地位还是私有制占主体地位。将混合所有制条件下的收入分配模型设定为：

$$y_i = \tau_i l_i + (1 - \tau_i)(W_i + L_i) \qquad (8.2.3)$$

其中，τ 为 0-1 变量，表征个体 i 的就职部门，如果个体 i 在公有经济就职，$\tau_i = 1$，那么 $y_i = l_i$，其获得一个按劳分配条件下的收入，如果个体 i 在私有经济就职，$\tau_i = 0$，那么 $y_i = L_i + W_i$，其获得一个按要素分配条件下的收入。这也是对我国"按劳分配为主体、多种分配方式并存的分配制度"以及"劳动、资本、技术、管理等要素按贡献参与分配的初次分配机制"的刻画。混合所有制的收入分配包含着两个方面内容：一种是公有制条件下按劳分配的劳动收入，一种是私有制条件下按要素分配获得的收入，即工资收入与资本收入。

二、引入机会不平等的收入分配模型

在确定马克思主义框架下的收入分配模型后，接下来就要将机会不平等引入这个理论模型中。

（一）经典按劳分配理论的机会因素分析

将机会不平等理论引入马克思主义收入分配理论框架中，并不是一种凭

[①] 马克思：《哥达纲领批判》，北京：人民出版社1997年版，第16页。

空想象，而是有一定的理论根据。

首先，机会不平等理论与经典马克思主义按劳分配理论在一些方面具有一定的一致性，Roemer（1993，1998）认为个人之间努力变量的差异带来的收入差距是公平的，这与马克思关于按劳分配的原则会保证公平的理论是一致的，只不过 Roemer 在这里强调的是个人努力的主观性，而马克思强调的是个人努力的结果，即多劳多得、少劳少得。如果劳动量作为努力的函数是单调的，马克思与 Roemer 之间的这点差异也就不见了。这样，公有制条件下的收入分配函数 $y_i = l(e_i)$ 中的 e 与 Roemer 模型中的 e 就具有一定的同质性。

其次，在私有制条件下的收入分配模型里，马克思也考虑到了环境变量问题，如在资本收入方面，家庭继承是一个重要的环境变量，它会直接影响收入分配的差距。这一点在马克思的视野中已经关注到了，马克思认为，"继承权之所以具有社会意义，只是由于它给继承人以死者生前所有的权利，即借助自己的财产以攫取他人劳动成果的权利"[①]。所以，马克思认为资本一开始就是不公平的，"资本来到世间，从头到脚，每个毛孔都滴着血和肮脏的东西"[②]。

但是，毋庸置疑，经典马克思主义收入分配理论中并没有明确的机会不平等的概念，其认识也是模糊，更不可能提出这样一个经济范畴，这也为我们的研究留下了较大的余地。

其一，在马克思的理论中，按劳分配的收入 l 只决定于努力变量 e，与环境变量 c 无关。这是因为马克思的按劳分配理论强调的是以劳动作为分配的唯一标准，在其分析过程中，将天赋、家庭背景、性别等环境因素都忽略掉了。但是在当下的中国，即使在公有经济中，个人收入分配也存在户籍、性别、地域等差异，这是由中国目前经济发展阶段和历史原因所决定的。所以在分析中国收入分配的现实问题时，将环境变量 c 引入按劳分配的收入分析中就会更贴近中国经济的发展现实，这也是对马克思按劳分配理论的扩展。

其二，由于经典马克思主义经济学的特殊性，不可能考虑努力变量 e 对

[①] 马克思、恩格斯：《马克思恩格斯全集》（第二卷），北京：人民出版社 1972 年版，第 284 页。
[②] 马克思：《资本论》（第一卷），北京：人民出版社 1975 年版，第 829 页。

资本收入的影响，但是，资本家的决策以及为决策所付出的努力程度的差异也确实会对资本收入产生影响，所以将努力变量 e 引入资本收入的分析中，对分析现实中资本收入的差异是有意义的，这也是对经典马克思主义收入分配理论的发展和补充。

其三，劳动力价值收入 L 是由生产和再生产劳动力这种商品所需要的社会必要劳动时间决定的，由于个体之间在"维持自身劳动力再生产所必需的生活资料的价值""养育子女所必需的生活资料的价值"以及"受教育或培训的费用"方面的差异性，劳动力价值收入 L 存在着个体的差异性，而且这种差异性与家庭、性别、出生地等环境变量以及与环境变量和努力变量都相关的受教育程度有关，所以 L 也是环境变量 c 与努力变量 e 的函数。

（二）引入机会不平等的收入分配模型

基于以上分析，我们将机会不平等引入收入分配模型后，可得式(8.2.4)：

$$y_i = \tau_i l(c_i, e_i) + (1 - \tau_i)(W(c_i, e_i) + L(c_i, e_i)) \tag{8.2.4}$$

在这里我们将环境变量和努力变量引入了混合所有制条件下收入分配模型里，其中 c_i 为个体 i 的环境变量（向量），e_i 为个体 i 的努力变量。

这里需要强调的是环境变量是导致机会不平等的因素，不是机会不平等本身，只有当环境变量对收入存在影响时，机会不平等才会存在。

三、不同所有制下的机会不平等和收入不平等比较

在式（8.2.4）中将环境变量和努力变量引入收入函数后，只能得出环境变量和努力变量对劳动收入和资本收入产生影响进而对收入分配产生影响的结论。为了进一步了解环境变量对收入差距的贡献，也即机会不平等，需要把环境变量对收入差距的影响分解出来。

为了在分解过程中反映出公有经济与私有经济条件下收入分配的差距以及机会不平等的影响作用，首先要考察这两种不同所有制经济分别对收入差距的贡献，然后再分解环境变量和努力变量对收入差距的贡献。

（一）不考虑机会不平等因素的公有经济和私有经济条件下收入分配差距贡献的分解

根据我们前面的分析，公有经济条件下和私有经济条件下的收入分配函数是不同的，前者相对公平，后者则会拉大收入差距，造成不公平。为了证明这样一个结论，我们在收入函数（8.2.4）的基础上构造两个反事实的收入函数：①

$$y_i^{W,L} = \tau_i \bar{l} + (1 - \tau_i)(W(c_i, e_i) + L(c_i, e_i)) \tag{8.2.5}$$

$$y_i^l = \tau_i l(c_i, e_i) + (1 - \tau_i)(\overline{W} + \overline{L}) \tag{8.2.6}$$

函数（8.2.5）反映出：公有经济的劳动收入没有个体差异，这时，收入差距完全是由私有经济的收入差异造成的。

函数（8.2.6）恰恰相反，反映出：私有经济的收入不存在个体差异性，收入差距完全是由公有经济的劳动收入的差异造成的。

由于以上两个函数所反映的收入分配情况在现实中是不存在的，所以称之为反事实函数。据此记收入差距函数为：$I = \Gamma(\cdot)$，根据 Shapley 分解方法（Chantrenuil & Trannoy, 2011），

$$Sh_i(M, \Gamma) = \sum_{\substack{S \subseteq M \\ j \in S}} \frac{(s-1)!(m-s)!}{m!} [\Gamma(S) - \Gamma(S - \{j\})] \tag{8.2.7}$$

其中，M 是对待分解变量有影响的所有变量的集合，且 $M = \{l, (W, L)\}$，j 是 M 中的元素，$Sh_j(M, \Gamma)$ 表示 j 变量对分解目标的贡献，在这里 Sh_{c}^1 表示变量 c^1 对收入差距的贡献，S 是包含变量 j 的集合 M 的子集，m、s 分别是集合 M、S 中元素的数量。

根据分解公式（8.2.7），可以得出公有经济对收入差距的贡献以及私有经济对收入差距的贡献：

$$Sh_l = \frac{1}{2} \{\Gamma(y^l) + \Gamma(y) - \Gamma(y^{W,L})\} \tag{8.2.8}$$

$$Sh_{W,L} = \frac{1}{2} \{\Gamma(y^{W,L}) + \Gamma(y) - \Gamma(y^l)\} \tag{8.2.9}$$

其中 Sh_l 为公有经济对收入差距的贡献，$Sh_{W,L}$ 为私有经济对收入差距的贡献，而总体收入差距 $\Gamma(y) = Sh_l + Sh_{W,L}$。

---

① 反事实的研究方法在经济学文献中主要用于两个方面的研究：研究如果历史上采取了另外不同的政策，会有什么样的经济后果；当某个经济指标是由多个因素影响决定的时候，通过反事实的方法可以分解出各个因素对此指标的贡献。本书对反事实方法的应用属于后者。

根据函数（8.2.5）和式（8.2.9）可以发现，私有经济条件下，要素收入差距，即工资收入与资本收入的差异是决定收入分配差距的根本原因；而根据函数（8.2.6）和式（8.2.8）可以发现，公有经济对收入差距的贡献仅来源于劳动收入的差异。

这样，由于公有制经济中的劳动收入的差异很小，私有经济的劳动收入与资本收入差距较大。因此，私有经济条件下的收入差距就一定会大于公有经济条件下的收入差距。这一结论与经典马克思主义的收入分配理论是一致的。

（二）引入环境变量和努力变量后的公有经济和私有经济条件下收入差距贡献的分解

如果我们把环境变量对收入的影响或者把机会不平等引入收入函数中，上述结论就会变得复杂起来。

首先，我们考察私有经济条件下收入差距的环境变量和努力变量的分解，为了分析方便，我们在函数（8.2.5）的基础上进一步构造根据环境变量和努力变量的反事实收入函数：

$$y_i^{W,L}(c) = \tau_i \bar{l} + (1 - \tau_i)(W(c_i, \bar{e}) + L(c_i, \bar{e})) \qquad (8.2.10)$$

$$y_i^{W,L}(e) = \tau_i \bar{l} + (1 - \tau_i)(W(\bar{c}, e_i) + L(\bar{c}, e_i)) \qquad (8.2.11)$$

反事实收入函数（8.2.10）反映出：剔除努力变量对收入差距的影响，只考察环境变量对收入分配差距影响的状态。

反事实收入函数（8.2.11）反映出：剔除环境变量对收入分配的影响，仅考察努力变量对收入分配差距影响的状态。

这两个反事实函数是在函数（8.2.5）的基础上构造的，所以这里考察的仅仅是私有经济条件下，环境变量和努力变量对于收入分配的影响。

通过 Shapley 分解，可以得到：

$$Sh_{W,L}^c = \frac{1}{2} \{ \Gamma(y^{W,L}(c)) + \Gamma(y^{W,L}(e)) \} \qquad (8.2.12)$$

$$Sh_{W,L}^e = \frac{1}{2} \{ \Gamma(y^{W,L}(e)) + \Gamma(y^{W,L}(c)) \} \qquad (8.2.13)$$

其中，$Sh_{W,L}^c$ 反映了环境变量对私有经济收入差距的贡献，也即机会不平等对于私有经济条件下收入分配的影响。$Sh_{W,L}^e$ 则反映了努力变量对私有经济收入差距的贡献。这样即获得下面的等式：

$$\Gamma(y^{W,L}) = Sh_{W,L}^c + Sh_{W,L}^e \tag{8.2.14}$$

式（8.2.14）表示私有经济条件下收入差距等于机会不平等和努力差异带来的收入差距之和。

接着，我们考察公有经济条件下的收入差距在环境变量和努力变量上的分解。为此，我们在函数（8.3.6）的基础上，进一步针对环境变量和努力变量构造反事实的收入函数：

$$y_i^l(c) = \tau_i l(c_i, \bar{e}) + (1 - \tau_i)(\overline{W} + \overline{L}) \tag{8.2.15}$$

$$y_i^l(e) = \tau_i l(\bar{c}, e_i) + (1 - \tau_i)(\overline{W} + \overline{L}) \tag{8.2.16}$$

反事实收入函数（8.2.15）反映出：剔除努力变量对收入分配的影响，只反映环境变量对收入影响的状态。

反事实收入函数（8.2.16）则反映出：剔除环境变量对收入的影响，只反映努力变量对收入分配影响的状态。

这两个反事实函数是在函数（8.2.5）的基础上构造的，所以这里考察的仅仅是公有经济条件下环境变量和努力变量对于收入分配的影响情况。

我们再通过 Shapley 分解，可以得到：

$$Sh_l^c = \frac{1}{2}\{\Gamma(y^l(c)) + \Gamma(y^l(e))\} \tag{8.2.17}$$

$$Sh_l^e = \frac{1}{2}\{\Gamma(y^l(e)) + \Gamma(y^l(c))\} \tag{8.2.18}$$

其中，Sh_l^c 是环境变量对公有经济收入差距的贡献，也即机会不平等对于公有经济推进下收入分配差距的影响。Sh_l^e 则是努力变量对公有经济收入差距的贡献。这样，我们也就获得下面的等式：

$$\Gamma(y^l) = Sh_l^c + Sh_l^e \tag{8.2.19}$$

从函数（8.2.15）和式（8.2.17）可以发现，公有经济条件下的收入差距也等于机会不平等和努力差异带来的收入差距之和。但是，公有经济中的机会不平等主要来源于环境变量对劳动收入的影响，这与私有经济条件下机会不平等的来源不同。这样，我们就将环境因素或者机会不平等因素引入了马克思的按劳分配理论框架之中，由此获得如下认识：一是在公有制经济条件下，由于机会不平等因素的存在，劳动收入的差距会相对扩大；二是在按劳分配的条件下，由于机会不平等带来的收入差距会造成收入分配的不公平。这一认识就为我们分析在我国当下公有制占主体地位的条件下，收入分配差距仍然会加大找到了理论根据。

（三）考察混合所有制经济条件下收入差距的环境变量和努力变量的分解

当我们将公有经济与私有经济放在一个模型里，考察两种经济体的总体收入差距，还可以获得一些新的认识。

首先，我们将分解式（8.2.14）、式（8.2.19）代入式（8.2.8）、式（8.2.9）可得：

$$Sh_l = \frac{1}{2}\{Sh_l^c + Sh_l^e + \Gamma(y) - Sh_{W,L}^c - Sh_{W,L}^e\} \qquad (8.2.20)$$

$$Sh_{W,L} = \frac{1}{2}\{Sh_{W,L}^c + Sh_{W,L}^e + \Gamma(y) - Sh_l^c - Sh_l^e\} \qquad (8.2.21)$$

考虑到 $\Gamma(y) = Sh_l + Sh_{W,L}$，所以

$$\Gamma(y) = \frac{1}{2}\{Sh_l^c + Sh_{W,L}^c + \Gamma(y) - Sh_l^e - Sh_{W,L}^e\} +$$
$$\frac{1}{2}\{Sh_l^e + Sh_{W,L}^e + \Gamma(y) Sh_l^c - Sh_{W,L}^c\} \qquad (8.2.22)$$

记 $IO = \frac{1}{2}\{Sh_l^c + Sh_{W,L}^c + \Gamma(y) - Sh_l^e - Sh_{W,L}^e\}$，其中 Sh_l^c、$Sh_{W,L}^c$ 分别为公有经济和私有经济中的机会不平等，而 $\Gamma(y) - Sh_l^c - Sh_{W,L}^c$ 则是总体收入差距减去努力变量影响的收入差距后剩余的部分，可以看作机会不平等对收入差距的边际贡献。所以这两者的加总可以看作环境变量对总体收入差距的贡献，也即机会不平等对于收入分配的影响，体现出公有经济和私有经济的机会不平等的综合效应。

记 $IE = \frac{1}{2}\{Sh_l^e + Sh_{W,L}^e + \Gamma(y) - Sh_l^c - Sh_{W,L}^c\}$，其中 Sh_l^e、$Sh_{W,L}^e$ 分别为公有经济和私有经济中的努力差异对收入差距的贡献，而 $\Gamma(y) - Sh_l^c - Sh_{W,L}^c$ 则是总体收入差距减去环境变量对混合所有制条件下收入分配作用差距后剩余的部分，可以看作努力变量对收入差距的边际贡献。所以这两者的加总可以看作努力变量对总体收入差距的贡献，体现了公有经济和私有经济条件下

努力变量对收入差距影响的综合作用。

至此，可以得到

$$\Gamma(y) = IO + IE \qquad (8.2.23)$$

也即收入差距等于机会不平等和努力变量对收入差距的贡献两部分之和。

四、机会不平等与公平效率

机会不平等是收入差距中不公平的部分，不仅有损公平（Fleurbaey, 2012; Inglehart et al., 2004），也有损效率（Forbes, 2000; Banejee & Duflo, 2003）。机会不平等来源于社会的收入分配机制对个人无法选择和控制的环境变量的差异化对待，也就是说，在努力相同的情况下，性别、种族、出生地、家庭背景等变量的差异会在收入分配中转化为收入的差异。机会不平等理论认为这是真正的不公平，个人不应该为自身无法选择的事情负责。在存在机会不平等的条件下，那些在环境变量中处于弱势的群体的期望收入会低于社会平均水平，这会挫败他们努力工作的动力，从而不利于社会整体效率的提高。而对于那些在环境变量中处于优势的群体而言，如果通过一个较好的家庭背景，而不是努力就可以获得较高的收入的话，他们也没有动力在学习和工作中更加努力，而这也有损于社会效率。

努力差异所带来的收入差距是收入分配中奖惩机制的体现，有助于效率（Forbes, 2000; Banejee & Duflo, 2003），这部分收入差距并不被认为是不公平的（Fleurbaey, 2012）。多劳多得、少劳少得，能够为家庭和个人提供相当的动力去提高效率，这首先表现为家庭积极地为子女未来的人力资本进行投资；其次表现为激发个人对自身人力资本的投资，这都会提高子女或个人未来的工作效率；最后，在工作过程中，工作绩效（一个重要决定因素就是努力程度）与收入的密切关系会激发个人的工作热情，促进工作效率。在劳动仍然是人们的生存手段的社会阶段，这部分收入差距是必要的，也是合理的。

根据前述的分解式（8.2.8）、式（8.2.23），无论是按劳分配条件下的收入差距还是按要素分配条件下的收入差距都可以分解为机会不平等对收入差距的贡献（记为 IO）和努力程度的差异对收入差距的贡献（记为 IE）的和。不同社会或同一个社会不同历史时期的收入差距的差异就可以从机会不平等和社会对努力的奖惩角度来找到原因。

如图 8-3 所示，曲线 I_0 是一条等收入差距线，这一条线上任意点所对应的 IO 与 IE 的和都等于 I_0。以曲线上 A 点为例，经过 A 点的水平线、垂直线、等收入差距线将平面划分为 6 个区域。

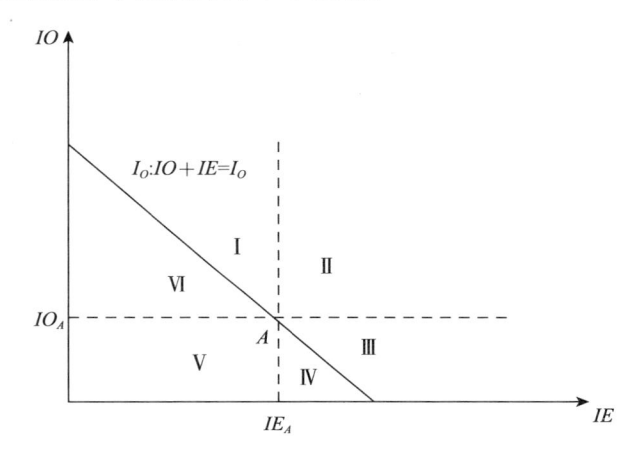

图 8-3 收入差距的分解与比较

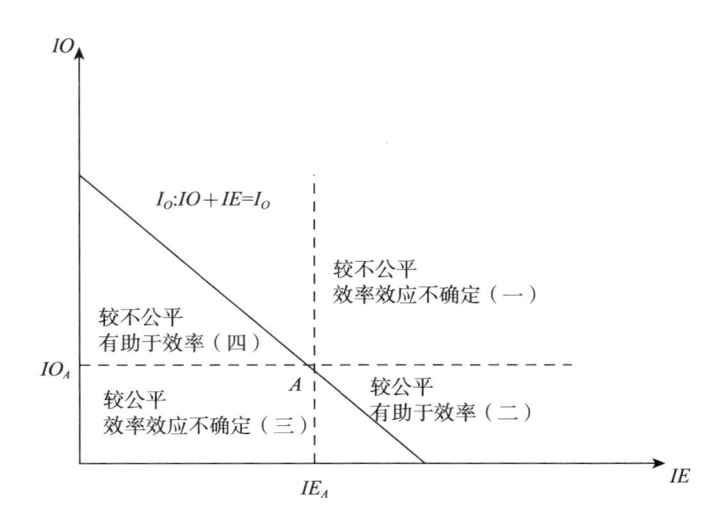

图 8-4 收入差距与公平、效率

各个区域的收入差距 I、机会不平等 IO、努力差异所带来的收入差距 IE 分别与 A 点处的相关不平等指标的比较如下：

$$\begin{cases} \text{I}: I>I_0, \ IO>IO_A, \ IE<IE_A \\ \text{II}: I>I_0, \ IO>IO_A, \ IE>IE_A \\ \text{III}: I<I_0, \ IO<IO_A, \ IE>IE_A \\ \text{IV}: I<I_0, \ IO<IO_A, \ IE>IE_A \\ \text{V}: I<I_0, \ IO<IO_A, \ IE<IE_A \\ \text{VI}: I<I_0, \ IO>IO_A, \ IE<IE_A \end{cases} \tag{8.2.24}$$

根据机会不平等的公平、效率含义，可以将上述平面划分为四个区域，划分的依据是区域内的点与 A 点相比较在公平和效率两个维度的表现（见图 8-4）：

对于区域 II，IO 大于 IO_A，从这个角度来看，该区域的公平性较 A 点较差，较大的机会不平等也有损于效率；IE 大于 IE_A，较大的 IE 有利于效率，与参照点 A 的效率比较要看 IO 增加部分对效率的损失与 IE 增加部分对效率的提升的大小比较，由于区域内任意两点的 IO 与 IE 都不完全相同，所以这些点在效率上的表现也是不同的。

对于区域 III、IV，IO 小于 IO_A，与 A 点相比较公平，而且较小的机会不平等会提升效率；IE 大于 IE_A，较大的 IE 有利于效率。所以该区域内的点与 A 点相比更加公平，并且更有助于效率。

对于区域 V，IO 小于 IO_A，与 A 点相比较公平，而且较小的机会不平等会提升效率，IE 小于 IE_A，较小的 IE 意味着效率的损失。与第一个区域类似，在效率方面与 A 点的比较不确定。

对于区域 VI、I，IO 大于 IO_A，与 A 点相比较不公平，并且机会不平等的增加会对效率产生负向的影响，IE 小于 IE_A，IE 的减少对效率有负面的影响，所以该区域内的点与参照点 A 相比较既不公平也有损效率。

假设参照点 A 是斯堪的那维亚国家（挪威、瑞典、丹麦、芬兰、冰岛等），我们知道中国的收入差距要高于这些国家，所以我国的收入分配的状态点只可能位于区域 I、II、III 内。就现阶段而言，我国的劳动生产率水平[①]要低于这些国家，或者说经济效率要低于 A 点，这就排除了区域 III，就

---

① 国家层面的劳动生产率水平一般用人均 GDP 或人均 GNP 来衡量。

是说我国的收入分配状态点只可能位于区域Ⅰ、Ⅱ，区域Ⅰ、Ⅱ对应的机会不平等要比 A 点高，比 A 点所代表的国家在收入分配上更加不公平，而且效率也较低。所以我国收入差距比部分发达资本主义国家更高的原因主要来自机会不平等，我国的机会不平等比这些国家更高。

由此，可以得到以下认识。

（1）经典马克思主义收入分配理论与机会不公平的理论具有一定的一致性，主要体现在环境变量与努力变量方面。

（2）在马克思主义收入分配的函数模型里，当我们不考虑机会不公平因素，公有制与私有制条件下的收入分配函数关系是不同的，其中公有制条件下收入分配差距会很小，分配关系相对公平；而私有制条件下的收入分配差距则会较大，分配关系不公平。

（3）当我们将机会不公平因素引入马克思主义收入分配函数模型里，可以发现：机会不公平不仅会影响私有制条件下的收入分配，也会影响公有制条件下的按劳分配。

（4）如果我们剔除努力变量 IE 对于收入差距的影响（按照马克思的逻辑，这个影响所带来的收入差距属于公平的范畴），那么机会不公平则是影响收入分配的重要变量。

（5）如果我们同时考虑公有制与机会不公平对于收入差距的影响作用，那么，当机会不平等对于收入分配的作用力大于公有制对于收入差距的作用力时，即使在公有制为主体的混合所有制条件下，收入分配差距仍然可能大于私有制条件下收入分配差距。

第三节　我国机会不平等的经验研究及政策建议

为了检验上述理论结论，我们可以利用我国的经验数据进行实证分析，以期使我们的研究更具有科学性和现实性。

一、机会不平等的度量模型

考虑一个人口数量为 n 的社会，记人口的集合为 $N = \{1, 2, \cdots, n\}$，在不考虑运气等随机因素的条件下，个人实际的收入是环境变量和个人努力变量的函数，即 $y_i = y(c_i, e_i)$，$i \in N$，其中 y_i 为个体 i 的收入，c_i、e_i 分别

为个体 i 的环境变量和努力变量,前者是个人不可控制和选择的因素,后者是个人可控制或选择的因素,显然,这两组变量是相互独立的。

(一)线性回归模型

使用半对数线性回归模型,

$$\ln(y_i) = \alpha_0 + c_i\alpha_c + e_i\alpha_e + u_i \tag{8.3.1}$$

其中,扰动项 u_i 代表了与环境变量、努力变量等无关的一些随机因素,如运气、风险等。

考虑到在现实中很难观测到反映个人自主的、完全与环境变量独立的努力变量的数据,所以会使用个人受教育程度、择业选择等变量 E 来表征努力因素,但这些变量会受到环境变量的影响(刘精明,2008),为了剔除环境变量的影响,考虑下面的回归:

$$E_i = \gamma_0 + c_i\gamma_c + \xi_i \tag{8.3.2}$$

对应的拟合方程为

$$E_i = \hat{\gamma}_0 + c_i\hat{\gamma}_c + \zeta_i \tag{8.3.3}$$

其中残差项 ζ_i 反映了变量 E_i 未被环境变量 c_i 解释的部分,只来自个体 i 的自主选择和努力,可以作为努力变量代入方程(8.3.1),

$$\ln(y_i) = \alpha_0 + c_i\alpha_c + \zeta_i\alpha_\zeta + u_i \tag{8.3.4}$$

显然 $c'\zeta = 0$,根据 Frisch – Wangh 定理可以证明 $\hat{\alpha}_0$(因为 $\bar{\zeta}_i = 0$)和 $\hat{\alpha}_c$ 分别等于回归方程(8.3.5)的常数项 β_0 和 c_i 系数向量的 OLS 估计量,

$$\ln(y_i) = \beta_0 + c_i\beta_c + \varepsilon_i \tag{8.3.5}$$

即:

$$\hat{\alpha}_0 = \hat{\beta}_0 \tag{8.3.6}$$

$$\hat{\alpha}_c = \hat{\beta}_c \tag{8.3.7}$$

并且

$$\hat{\varepsilon}_i = \zeta_i\hat{\alpha}_\zeta + \hat{u}_i \tag{8.3.8}$$

(二)Nested – Shapley 分解

根据收入的机会不平等的含义以及上文的收入的线性方程,个人的收入构成是一个树形结构(假定有 K 个环境变量,即 $c_i = [c_i^1, c_i^2, \cdots, c_i^K]$):

在市场经济中,个人应该为自身的选择和努力的后果负责,另外,对于由于市场经济中存在的信息不完全,使得不确定性普遍存在,表现为个人在

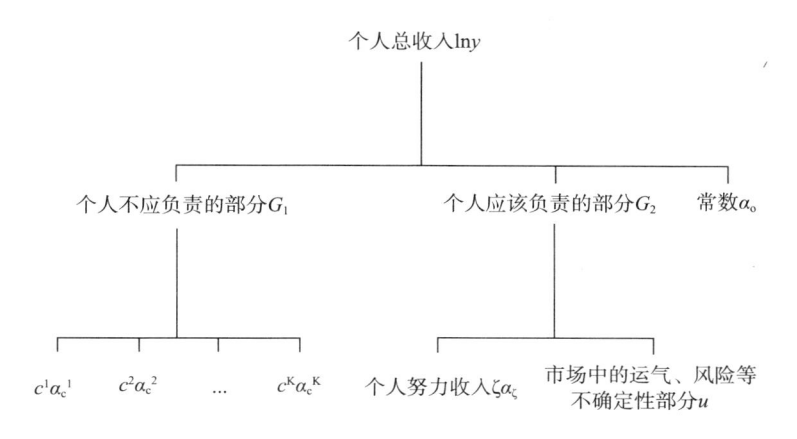

第八章　引入机会公平的马克思主义收入分配理论与中国实证

```
                          个人总收入 lny
                 ┌─────────────┼─────────────┐
        个人不应负责的部分 G₁      个人应该负责的部分 G₂      常数 α₀
         ┌────┬────┬────┐         ┌─────────┴─────────┐
       c¹α_c¹ c²α_c² ... cᴷα_cᴷ   个人努力收入 ζα_ζ   市场中的运气、风险等
                                                      不确定性部分 u
```

图 8-5

获取收入时的运气、风险等因素，而这也是市场经济条件下，民众可以接受和应该负责的部分。

根据机会不平等的含义，其中个人收入中环境变量或者说个人不应负责的部分 G_1 所带来的收入差距可表征机会不平等的程度大小。在前面回归的基础上，将收入差距 $I°\exp(\ln y)$ 分解为环境变量的贡献 Ψ_{G_1} 和个人应该负责部分的贡献 Ψ_{G_2}[①]，即 $I°\exp(\ln y) = \Psi_{G_1} + \Psi_{G_2}$。进一步，$\Psi_{G_1} = \sum_{k=1,\ldots,K} \Psi_{c^k}$，$\Psi_{G_2} = \Psi_\zeta + \Psi_u$。为了叙述的方面，定义 $\Gamma(\cdot) \equiv I°\exp(\cdot)$。

由于现实的调查样本中变量 E 的数据往往不全或有其他缺陷，所以，努力变量 ζ 会缺失，正如上文所言，这并不影响对环境变量系数 α_c 的估计。另外，在努力变量缺失的情况下，$\hat{\zeta}\hat{\alpha}_\zeta$ 和 $\hat{u}$ 无法从 $\hat{\varepsilon}$ 中识别出来，所以应该寻求某种分解方法，努力变量的缺失与否或者收入的 G_2 部分只要总量不变，具体如何划分对环境变量的贡献不产生影响，即给定各个环境变量的收入部分以及个人总的收入，那么环境变量总体以及个人环境变量对收入差距的贡献是确定的。这在文献中称为分解的独立性。

Shapley 分解不满足这个性质。比如，当 $K=2$ 时，第一，在努力变量不

[①] 常数部分对收入差距的贡献为 0。

缺失的情况下，在回归方程（8.3.4）的基础上，c^1 对收入差距的贡献的计算公式如下：

$$\Psi_{c^1}^1 = \frac{1}{7}\begin{cases} \Gamma(\alpha_0 + c^1\hat{\alpha}_c^1) + [\Gamma(\alpha_0 + c^1\hat{\alpha}_c^1 + c^2\hat{\alpha}_c^2) - \Gamma(\alpha_0 + \bar{c}^1\hat{\alpha}_c^1 + c^2\hat{\alpha}_c^2)] + \\ [\Gamma(\alpha_0 + c^1\hat{\alpha}_c^1 + c^2\hat{\alpha}_c^2 + \zeta\hat{\alpha}_\zeta) - \Gamma(\alpha_0 + \bar{c}^1\hat{\alpha}_c^1 + c^2\hat{\alpha}_c^2 + \zeta\hat{\alpha}_\zeta)] + \\ [\Gamma(\alpha_0 + c^1\hat{\alpha}_c^1 + c^2\hat{\alpha}_c^2 + \zeta\hat{\alpha}_\zeta + \hat{u}) - \Gamma(\alpha_0 + \bar{c}^1\hat{\alpha}_c^1 + c^2\hat{\alpha}_c^2 + \zeta\hat{\alpha}_\zeta + \hat{u})] + \\ [\Gamma(\alpha_0 + c^1\hat{\alpha}_c^1 + \bar{c}^2\hat{\alpha}_c^2 + \zeta\hat{\alpha}_\zeta) - \Gamma(\alpha_0 + \bar{c}^1\hat{\alpha}_c^1 + \bar{c}^2\hat{\alpha}_c^2 + \zeta\hat{\alpha}_\zeta)] + \\ [\Gamma(\alpha_0 + c^1\hat{\alpha}_c^1 + \bar{c}^2\hat{\alpha}_c^2 + \zeta\hat{\alpha}_\zeta + \hat{u}) - \Gamma(\alpha_0 + \bar{c}^1\hat{\alpha}_c^1 + \bar{c}^2\hat{\alpha}_c^2 + \zeta\hat{\alpha}_\zeta + \hat{u})] + \\ [\Gamma(\alpha_0 + c^1\hat{\alpha}_c^1 + \bar{c}^2\hat{\alpha}_c^2 + \hat{u}) - \Gamma(\alpha_0 + \bar{c}^1\hat{\alpha}_c^1 + \bar{c}^2\hat{\alpha}_c^2 + \hat{u})] \end{cases} \quad (8.3.9)$$

第二，在努力变量缺失的情况下，在回归方程（8.3.5）的基础上，c^1 对收入差距的贡献的计算公式为：

$$\Psi_{c^1}^2 = \frac{1}{4}\begin{cases} \Gamma(\alpha_0 + c^1\alpha_c^1) + \\ [\Gamma(\alpha_0 + c^1\hat{\alpha}_c^1 + c^2\hat{\alpha}_c^2) - \Gamma(\alpha_0 + \bar{c}^1\hat{\alpha}_c^1 + c^2\hat{\alpha}_c^2)] + \\ [\Gamma(\alpha_0 + c^1\hat{\alpha}_c^1 + c^2\hat{\alpha}_c^2 + \hat{\varepsilon}) - \Gamma(\alpha_0 + \bar{c}^1\hat{\alpha}_c^1 + c^2\hat{\alpha}_c^2 + \hat{\varepsilon})] + \\ [\Gamma(\alpha_0 + c^1\hat{\alpha}_c^1 + \bar{c}^2\hat{\alpha}_c^2 + \hat{\varepsilon}) - \Gamma(\alpha_0 + \bar{c}^1\hat{\alpha}_c^1 + \bar{c}^2\hat{\alpha}_c^2 + \hat{\varepsilon})] \end{cases} \quad (8.3.10)$$

考虑到 $\hat{\varepsilon}_i = \zeta_i\hat{\alpha}_\zeta + \hat{u}_i$，可以容易看出 $\Psi_{c^1}^1 = \Psi_{c^1}^2$ 并不必然成立。

所以，通过 Shapley 分解得到的环境变量对收入差距的贡献，会随着努力变量的选取不同而有所不同，这就使得努力变量的缺失对机会不平等的评价产生实质影响。

Chantrenuil 和 Trannoy（2011）提供的 Nested – Shapley 分解方法解决了这个问题，不仅像 Shapley 分解那样满足一致性（个体的加总等于总体），而且也满足独立性要求，并且通过证明发现 Nested – Shapley 分解是同时满足一致性和独立性的唯一的分解方法。

根据 Chantrenuil 和 Trannoy（2011）提供的公式可以计算环境变量总体对收入差距的绝对贡献，也即机会不平等，在努力变量不缺失的情况下，在回归方程（8.3.4）的基础上，

$$IO_1 = \Psi_{G_1}^1 = \frac{1}{2}\{[\Gamma(\ln y) - \Gamma(\hat{\alpha}_0 + \bar{c}\hat{\alpha}_c + \bar{\zeta}\alpha_\zeta + \hat{u})] + \Gamma(\hat{\alpha}_0 + \bar{c}\hat{\alpha}_c)\}$$

(8.3.11)

在努力变量缺失的情况下，在回归方程 (8.3.5) 的基础上，

$$IO_2 = \Psi_{G_1}^2 = \frac{1}{2}\{[\Gamma(\ln y) - \Gamma(\hat{\beta}_0 + \bar{c}\hat{\beta}_c + \hat{\varepsilon})] + \Gamma(\hat{\beta}_0 + \bar{c}\hat{\beta}_c)\} \quad (8.3.12)$$

根据式 (8.3.6)、式 (8.3.7)、式 (8.3.8) 可以得出

$$IO_1 = IO_2$$

不同于 Shapley 分解，努力变量是否缺失对机会不平等的评价不产生影响。

相对应地，个人应该负责的部分 G_2 对收入差距的绝对贡献为

$$\Psi_{G_2} = \frac{1}{2}\{[\Gamma(\ln y) - \Gamma(\hat{\beta}_0 + \bar{c}\hat{\beta}_c)] + \Gamma(\hat{\beta}_0 + \bar{c}\hat{\beta}_c + \hat{\varepsilon})\} \quad (8.3.13)$$

对于各个环境变量对收入差距的贡献，对应的分解公式如下，

$$\Psi_{c^i} = \sum_{\substack{H \subset K \\ i \notin H}} \frac{h!(K-h-1)!}{K!}[\Gamma(\hat{\beta}_0 + \sum_{j \in H \cup \{i\}} c^j\hat{\beta}_c^j) - \Gamma(\hat{\beta}_0 + \sum_{j \in H} c^j\hat{\beta}_c^j)]$$
$$+ \frac{1}{2K}[\Gamma(\ln y) - \Gamma(\hat{\beta}_0 + \bar{c}\hat{\beta}_c + \hat{\varepsilon}) - \Gamma(\hat{\beta}_0 + \bar{c}\hat{\beta}_c)]$$

(8.3.14)

其中，$K \equiv \{k | k = 1, 2, \cdots, K\}$，$H$ 为 K 的真子集，h 为集合 H 包含的元素的个数。

二、关于环境变量与机会不平等的经验分析

在我国现实经济条件下，影响收入分配的环境变量，也就是导致机会不公平的因素是多方面的，根据我们的研究可以具体为自然因素、制度（体制）因素和家庭因素的差异。自然因素差异主要包括性别差异、种族差异、出生地差异等。制度因素主要包括户籍制度以及与户籍制度相关的教育、卫生等制度。家庭因素主要是指家庭背景差异（父母的受教育程度、父母的收入等）对子女的工作能力或获取收入的能力的影响，以及父母通过遗传过程获得的天赋和父母在后天对子女的投入（时间、物资）对影响子女的影响。

为了证明我国机会不公平对于收入分配的贡献，我们使用我国家庭收入

调查数据 CHIP（2002、2007）①②，使用性别、民族、出生地、户籍、父母的受教育年限、父亲的职业等这些环境变量，根据上述的分解公式进行实证分析。

（一）数据说明

本书经验估计模型所使用的数据来自中国社会科学院中国居民收入分配课题组的 CHIP（2002、2007）数据或根据该数据计算而得。在变量回归以及机会不平等的计算中，2002 年和 2007 年两年是分开来做的，一是因为各年的样本数量都足够大；二是因为分开来做有助于对两年的机会不平等做出比较；三是因为两个年份的某些变量的统计口径不同。

对样本的选择和数据的整理工作基于以下步骤：

第一，删除父母教育信息、职业信息缺失的样本。

第二，关于受教育水平和受教育年限。在 CHIP（2002）数据中有的样本给出的教育信息是受教育年限，而有的样本给出的教育信息是受教育水平，而且受教育水平划分的标准不同的样本也有所不同。对城镇户籍的受访者，给出的就是受教育水平，在本书中这些样本和其父母的受教育水平和受教育年限的对应标准如下。

表 8-2 2002 年城镇受访者受教育水平与受教育年限对应表

受教育水平	未上过学	扫盲班	小学	初中	高中（职高、中技）	中专	大专	大学	研究生
受教育年限	0	1	6	9	12	12	15	16	19

对于农村户籍的并且没有外出务工人员的教育水平与受教育年限的对应标准如下：

表 8-3 2002 年农村受访者受教育水平与受教育年限对应表

受教育水平	文盲或半文盲	1—3 年小学	4 年以上小学	初中	高中	中专、中技、职高	大专	大学或大学以上
受教育年限	0	2	5	9	12	12	15	16

---

① 中国家庭收入调查（CHIP）参见北京师范大学中国收入分配研究院网站：http://www.ciidbnu.org/chip/index.asp。

② 由于 2010 年之后的调查数据还没有公布，所以在经验研究中没有也没办法分析最近年份的数据。

对于在农村户籍的在城镇务工的受访者来说，CHIP 给的教育信息是受教育年限，所以不用转换。

CHIP（2007）既给出样本的受教育水平也给出受教育年限，但部分样本的受教育水平与受教育年限并不匹配，对于这些不匹配的样本，以他们报告的受教育水平为准，对他们的受教育年限进行调整。

另外，对 CHIP（2007）给出的受教育水平涉及"五年制小学肄业""六年制小学肄业""两年制初中肄业""三年制初中肄业"等没有固定教育年限的选项。对于调查数据给出的教育年限如果在对应的教育水平的合理范围内，如样本的教育水平是"六年制小学肄业"，对应的教育年限数据大于 0 且小于等于 6，对这样的教育年限数据不作任何调整，但如果数据给出的教育年限不在对应的教育水平的合理范围内，如样本的教育水平是"六年制小学肄业"，对应的教育年限数据大于 6，对于这样的样本，教育年限需要做出调整：首先统计相同教育水平下，如"六年制小学肄业"，那些教育年限在合理范围内的所有样本的教育年限的平均值，对于教育年限不合理的样本的教育年限用这个平均值代替。

第三，对农村户籍但没有在城镇务工的受访家庭和城镇户籍的受访家庭，户主及其配偶以及他们子女的观测数据都比较全面，在本书经验研究中都作为待选样本；删除了农村户籍的在城镇务工人员的家庭中子女的样本数据，只保留了这些家庭的户主的信息，原因是这些家庭都比较年轻，子女大多还没有到就业的年龄，如对 CHIP（2002）而言，78.94% 的户主和配偶的年龄在 40 岁以下，88.72% 的子女的年龄在 19 岁以下。

第四，样本中在城镇务工的农村劳动力与在户籍所在地劳动或务工的农村劳动力的人数之比与实际的二者之比不同，前者在样本中的比例较高，这会高估"父亲的职业为农民"的样本的收入，所以，在样本整理时，通过对在城镇务工的农村劳动力的样本进行随机抽样[①]，使得二者的比例与实际相吻合。

第五，由于对于城镇、农村以及务工人员的收入的统计口径不同，所以

---

① 通过数十次抽样发现，虽然随机抽样过程会对回归结果产生影响，但这些影响不大，回归系数的差异在 1‰ 以内。所以说，回归结果对抽样过程是比较稳定的。

在整理数据的过程中,对于收入的数据是分别进行处理的。

针对 CHIP（2002）的收入计算公式见表 8-4。对于表中城镇和农村受访者的收入计算公式比较好理解,需要特别说明的是务工人员的收入的计算方法,由于 CHIP 只给出了个人的月收入,没有个人在城镇务工的时间,所以没有办法从这里获取年收入,CHIP 给出了家庭层面的各种年收入,主要有打工收入、经营收入和财产收入,如果夫妻双方都在城镇务工的话,二人的工作时间应该是一致的,所以可以根据个人的月收入的比较来确定个人在家庭打工收入中的贡献份额,由于经营收入和财产收入很难确定家庭成员贡献的大小,所以根据家庭人口来平分。

表 8-4 2002 年的收入计算方法

城镇受访者	农村受访者	务工人员
总收入（＝工薪净收入＋经营净收入＋财产性收入＋转移性收入）	个人工资性收入总额＋个人非工资性收入总额＋（家庭农林牧渔业经营性净收入＋家庭非农经营性净收入）[①]/家庭常住人口	2002 年全家在城镇就业的打工收入×个人打工月收入/（个人打工月收入＋配偶打工月收入）＋（家庭经营收入＋家庭财产收入）/家庭人口

针对 CHIP（2007）的收入计算公式如表 8-5 所示。需要说明的是农村受访者与务工人员的收入中包括农业平均月收入,而 CHIP（2007）并没有给出农业收入的相关数据,所以这里的"农业平均月收入"是根据中国统计年鉴（2008）中各省份的人均农业收入的数据进行计算的结果。

表 8-5 2007 年的收入计算方法

城镇受访者	农村受访者	务工人员
总收入（＝从所有有报酬的工作中（包括自我经营）每月得到的收入＋每月的伙食补贴＋每月的住宿补贴）	所有有报酬的非农工作（包括自我经营）的月收入＋农业平均月收入	所有有报酬的工作（包括自我经营）月收入＋每月餐费补贴＋每月住宿补贴＋农业平均月收入

---

① 这里的家庭经营收入是指以家庭为单位挣取的收入,不包括个人工资性收入。

（二）估计方程及变量说明

具体的估计方程是：

$$\ln(y_i) = \alpha_0 + G_i\alpha_G + N_i\alpha_N + DP_i\alpha_{DP} + PE_i\alpha_{PE} + FO_i\alpha_{FO} + u_i$$

(8.3.15)

方程中包含了 5 个环境变量：性别 G，民族 N，户籍所在地 DP，父母的受教育年限 PE（父亲和母亲的平均受教育年限）[1]，父亲的职业 FO，没有包含更多的环境变量（如父母的收入等很重要的变量）的原因是，本书所使用的 CHIP 数据中某些环境变量观测值的样本不够丰富也不够全面，以父母的收入为例，一旦把此变量作为环境变量之一，样本数量就会急剧减少，更重要的是后者 90% 的受访者的年龄在 30 岁以内，样本不具有代表性，两个年份的数据都存在这个问题。所以据此回归结果计算出的结果反映了机会不平等的一个下限。环境变量中没有包含户口信息，原因是父亲的职业这个变量比户口的收入分配含义更加丰富，如父亲的职业是农民，而子女成人后的户口既可能是农村户籍，也可能是城镇户籍，这里有一个努力和选择的因素，但父亲的农民职业却不包含子女的努力和选择的问题，完全是个人无法选择的，是环境变量的一个较好的因素，退一步而言，即使户籍在大部分时候对大部分人而言是无法改变的，但是因为户籍多是从家庭继承来的，所以父亲的是否是农民的职业信息也基本包含了户籍的信息[2]。

显而易见，在本书的实证部分，环境变量 $c = (G, N, DP, PE, FO)$。

除了父母的受教育年限（PE），其余解释变量都是虚拟变量（组），这些虚拟变量的取值方式为：G 在受访者为男性时取值为 1，为女性时取值为 0；N 在受访者为少数民族时取值为 1，为汉族时取值为 0；DP_1、DP_2、DP_3 在受访者的户籍所在地分别属于东部省份、东北部省份以及中部省份时取值为 1，其他情况

---

[1] 在择偶过程中，存在"门当户对"的现象，而教育背景则是一个重要的"门户"特征。这种现象可能会导致父亲的教育年限与母亲的教育年限之间较高的相关性，如果将父母亲的教育年限作为两个变量引入模型中，可能会导致多重共线性的问题。

[2] 一般而言，子女的户籍既可以跟随父亲也可以跟随母亲，但是父亲和母亲的户籍性质一般是一样的，根据 CHIP 数据显示，城镇居民中有 2.02% 的家庭夫妻双方的户口性质不同，而农村居民中有 3.05% 的家庭夫妻双方的户口性质不同，所以只使用父亲的信息是没有问题的。

下取值为 0，户籍所在地属于西部省份作为参照①；对于 2002 年的数据而言，职业划分为 12 类，所以方程中包含了 11 个职业虚拟变量，FO_1^1、FO_2^1、FO_3^1、FO_4^1、FO_5^1、FO_6^1、FO_7^1、FO_8^1、FO_9^1、FO_{10}^1、FO_{11}^1 表示受访者的父亲的职业分别是私营企业主或经理、个体户主、各类专业技术人员、机关企事业单位负责人、机关企事业单位部门负责人、办事人员、技术工人、非技术工人、商业和服务人员、不变分类的其他劳动者、做家务或其他劳动者时取值为 1，其他情形取值为 0，父亲的职业为农民作为参照；对于 2007 年的调查数据而言，职业划分为 9 类，因为军人职业的样本数量少于 10 个，没有统计意义，所以在实际回归中，将这部分样本删除了，所以在方程中包含了 6 个职业虚拟变量，FO_1^2、FO_2^2、FO_3^2、FO_4^2、FO_5^2、FO_6^2 在受访者的父亲的职业分别为国家机关党群组织和企事业单位负责人、专业技术人员、办事人员和有关人员、商业和服务业人员、生产运输设备操作人员及有关人员、不便分类的其他从业人员时取值为 1，其他情形取值为 0，父亲的职业为农民为参照。

为了排除年龄的影响，按照年龄大小将样本划分为 25—29 岁、30—34 岁、……55—59 岁 7 个年龄组，然后分年龄组回归和计算相应的机会不平等。由于新中国成立以来的制度环境，包括教育、医疗和就业等，处于不断的变动之中，所以不同年龄组之间的比较有助于理解这些制度变动的收入分配效应。

用本书提供的方法计算机会不平等需要样本的父母的相关信息完整，CHIP（2002）除了提供每户家庭各个成员的相关信息以外，还有提供户主及其配偶的父母（包括已经去世的）的相关信息，所以最后用于变量回归和不平等计算的样本覆盖了 CHIP（2002）大部分的家庭，而 CHIP（2007）仅提供了居住在一起的家庭成员的信息，没有单独提供户主和配偶的父母的信息，这使得用于分析的数据只涉及那些父母健在、并且仍然与其生活在一起的样本，这就存在选择性偏差，这样的家庭要么收入很高，要么收入很低，中等收入的比例较少。收入很高的家庭的居住面积比较大，有条件与父

---

① CHIP（2007）的农村和城镇调查数据没有包含东北省份，流动人口的数据经过整理后父母的相关信息比较全面的样本中户籍在东北省份的样本只有 1 个，所以在回归样本中就删除掉了东北省份的样本。

母居住在一起，收入很低的家庭没有经济能力购买更多的住房（城镇）或另外建造房屋（农村），不得已仍与父母居住在一起，所以这就会高估 2007 年的不平等指数，所以对于 2007 年的结果需要谨慎对待。

（三）按年龄段分组的回归结果与分析

1. 回归结果

下面两个表是 2002 年和 2007 年的回归结果。

表 8-6　2002 年的回归结果

出生时间	B1943 —1977	B1973 —1977	B1968 —1972	B1963 —1967	B1958 —1962	B1953 —1957	B1948 —1952	B1943 —1947
G	0.300***	0.170***	0.239***	0.328***	0.323***	0.327***	0.354***	0.458***
	(0.0124)	(0.0415)	(0.0322)	(0.0268)	(0.0268)	(0.0275)	(0.0386)	(0.0679)
N	-0.233***	-0.287***	-0.247***	-0.331***	-0.169***	-0.147**	-0.215***	-0.0675
	(0.0246)	(0.0648)	(0.0614)	(0.0540)	(0.0586)	(0.0617)	(0.0741)	(0.106)
PE	0.00614***	-0.0396	0.00931**	0.0265***	0.0231***	0.0124***	0.0135**	0.0125
	(0.00167)	(0.00478)	(0.00424)	(0.00405)	(0.00426)	(0.00435)	(0.00642)	(0.0111)
DP_1	0.299***	0.415***	0.250***	0.300***	0.352***	0.294***	0.286***	0.212***
	(0.0167)	(0.0539)	(0.0445)	(0.0378)	(0.0372)	(0.0361)	(0.0500)	(0.0784)
DP_2	0.0304	0.101	-0.0735	-0.0652	-0.0119	0.0151	0.138**	0.249**
	(0.0228)	(0.0747)	(0.0600)	(0.0514)	(0.0512)	(0.0501)	(0.0645)	(0.110)
DP_3	0.0609***	0.191***	0.0271	0.00211	0.0171	0.0121	0.187***	0.174**
	(0.0159)	(0.0495)	(0.0397)	(0.0328)	(0.0355)	(0.0361)	(0.0513)	(0.0804)
FO_1^1	1.091***	0.666	1.016**	0.693*	0.753***	1.381***	0.990***	1.826***
	(0.112)	(0.558)	(0.451)	(0.374)	(0.257)	(0.187)	(0.240)	(0.520)
FO_2^1	0.997***	0.944***	0.727***	0.972***	0.882***	0.946***	1.400***	1.059***
	(0.0720)	(0.264)	(0.210)	(0.161)	(0.182)	(0.139)	(0.209)	(0.261)
FO_3^1	1.075***	0.915***	0.908***	0.866***	1.143***	1.009***	1.282***	1.360***
	(0.0296)	(0.0930)	(0.0743)	(0.0627)	(0.0641)	(0.0664)	(0.100)	(0.183)
FO_4^1	1.107***	0.914***	0.948***	0.899***	1.023***	1.201***	1.196***	1.488***
	(0.0274)	(0.121)	(0.0747)	(0.0600)	(0.0534)	(0.0568)	(0.0916)	(0.186)

续表

出生时间	B1943—1977	B1973—1977	B1968—1972	B1963—1967	B1958—1962	B1953—1957	B1948—1952	B1943—1947
FO_5^1	1.033***	0.864***	0.900***	0.854***	0.998***	1.064***	1.170***	1.290***
	(0.0261)	(0.0875)	(0.0679)	(0.0558)	(0.0510)	(0.0572)	(0.0960)	(0.195)
FO_6^1	0.981***	0.927***	0.901***	0.785***	0.915***	1.064***	1.064***	1.044***
	(0.0328)	(0.110)	(0.0881)	(0.0673)	(0.0692)	(0.0686)	(0.113)	(0.201)
FO_7^1	0.970***	0.837***	0.789***	0.830***	0.906***	0.993***	1.183***	1.225***
	(0.0213)	(0.0852)	(0.0597)	(0.0473)	(0.0450)	(0.0438)	(0.0630)	(0.120)
FO_8^1	0.900***	0.704***	0.761***	0.668***	0.876***	0.914***	1.156***	1.275***
	(0.0251)	(0.144)	(0.0740)	(0.0583)	(0.0484)	(0.0476)	(0.0774)	(0.150)
FO_9^1	0.921***	0.412**	0.815***	0.801***	0.874***	0.934***	1.096***	1.008***
	(0.0355)	(0.183)	(0.132)	(0.0828)	(0.0766)	(0.0692)	(0.0810)	(0.179)
FO_{10}^1	0.972***	0.680***	0.805***	0.650***	0.975***	0.972***	1.225***	1.382***
	(0.0526)	(0.199)	(0.161)	(0.130)	(0.112)	(0.126)	(0.123)	(0.183)
FO_{11}^1	0.982***	0.633*	1.049***	0.946***	0.959***	0.892***	1.070***	1.353***
	(0.0803)	(0.354)	(0.248)	(0.177)	(0.172)	(0.164)	(0.222)	(0.299)
CONS	7.945***	8.274***	8.076***	8.031***	7.904***	7.906***	7.720***	7.577***
	(0.0161)	(0.0548)	(0.0406)	(0.0330)	(0.0370)	(0.0365)	(0.0492)	(0.0818)
Observations	16,305	1,636	2,431	3,164	2,932	3,174	2,039	929
R-squared	0.325	0.258	0.260	0.309	0.374	0.356	0.391	0.366

注：*** $p<0.01$，** $p<0.05$，* $p<0.1$

表 8-7 2007 年的回归结果

出生时间	B1948—1982	B1978—1982	B1973—1977	B1968—1972	B1963—1967	B1958—1962	B1953—1957	B1948—1952
G	0.242***	0.0371	0.482***	0.386***	0.355***	0.103**	0.129***	0.209***
	(0.0215)	(0.0671)	(0.0647)	(0.0531)	(0.0473)	(0.0475)	(0.0431)	(0.0406)
N	-0.168*	-0.191	0.239	-0.615***	-0.504**	-0.362**	-0.161	0.116
	(0.0902)	(0.266)	(0.226)	(0.227)	(0.252)	(0.143)	(0.222)	(0.309)

续表

出生时间	B1948—1982	B1978—1982	B1973—1977	B1968—1972	B1963—1967	B1958—1962	B1953—1957	B1948—1952
PE	0.0699***	0.0457***	0.0366***	0.0544***	0.0448***	0.0496***	0.0197***	0.0284***
	(0.00295)	(0.00991)	(0.00951)	(0.00748)	(0.00698)	(0.00664)	(0.00664)	(0.00658)
DP_1	0.424***	0.319***	0.333***	0.368***	0.418***	0.300***	0.433***	0.588***
	(0.0288)	(0.0950)	(0.0886)	(0.0741)	(0.0649)	(0.0654)	(0.0520)	(0.0491)
DP_3	0.0865***	−0.155	−0.245***	−0.00816	0.00139	−0.0416	0.243***	0.262***
	(0.0288)	(0.0969)	(0.0883)	(0.0708)	(0.0647)	(0.0676)	(0.0543)	(0.0484)
FO_1^2	0.698***	0.187	0.0154	0.211	1.016***	1.187***	1.353***	1.004***
	(0.0519)	(0.148)	(0.147)	(0.139)	(0.114)	(0.0957)	(0.111)	(0.156)
FO_2^2	1.127***	0.236*	0.970***	0.975***	1.328***	1.564***	1.922***	1.320***
	(0.0530)	(0.139)	(0.146)	(0.126)	(0.126)	(0.114)	(0.121)	(0.124)
FO_3^2	1.088***	0.316**	0.821***	1.024***	1.356***	1.373***	1.815***	1.503***
	(0.0517)	(0.132)	(0.142)	(0.138)	(0.126)	(0.110)	(0.111)	(0.105)
FO_4^2	1.366***	0.572***	1.136***	1.293***	1.504***	1.585***	2.107***	1.954***
	(0.0653)	(0.154)	(0.195)	(0.180)	(0.154)	(0.131)	(0.139)	(0.153)
FO_5^2	1.268***	0.563***	1.067***	1.107***	1.293***	1.656***	1.822***	1.878***
	(0.0365)	(0.126)	(0.107)	(0.0986)	(0.0802)	(0.0715)	(0.0687)	(0.0776)
FO_6^2	1.325***	0.599***	1.023***	1.222***	1.409***	1.594***	1.783***	2.101***
	(0.0510)	(0.154)	(0.130)	(0.126)	(0.115)	(0.104)	(0.106)	(0.147)
CONS	5.353***	6.629***	6.008***	5.585***	5.362***	5.307***	5.087***	4.820***
	(0.0274)	(0.107)	(0.0895)	(0.0699)	(0.0630)	(0.0613)	(0.0490)	(0.0436)
Observations	7,854	816	960	1,521	1,582	1,102	1,098	775
R-squared	0.426	0.189	0.345	0.343	0.410	0.571	0.636	0.719

注：*** p<0.01，** p<0.05，* p<0.1

2. 回归结果分析

通过回归我们可以获得这样的一些认识。

（1）无论从全体来看还是各年龄组来看，在获取收入方面男性比女性更具有优势，这一点2002年和2007年的数据是一致的。对于2002年的样本而言，随着年龄的增加，男性的优势不断扩大，仅从回归结果没有办法判断性别差距随年龄扩大的原因。从总体上看，男性的收入要比女性的收入高出30%，其中出生于1973—1977年的组别的性别差异最少，男性比女性高出仅17%，性别差异最大的是出生于1943—1947年的组别，男性比女性收入高出45.8%。这里给出可能的原因：第一，随着男女平等理念和相关政策越来越深入人心，家庭和社会在女性群体的劳动能力和工作能力的培养上投入了更多的资源，客观上使得新近出生的女性在人力资本上与男性的差距越来越少；第二，企事业单位付给新进员工的工资性别差异不大，但在之后的培训、升职等各种工作机会上更多地倾向男性，导致男女的收入差异越来越大，但是2007年的样本没有观察到类似特征。

（2）2002年的数据显示，汉族与少数民族相比，总体上高出26.7%。从年龄组别来看，除了出生于1943—1952年的组别，年龄越小，收入的民族差异越大，差异最大的是1973—1977年组别，汉族比少数民族的收入高出38.7%，差异最小的是新中国成立初期出生的人群（1953—1957年组别）。2007年的结果显示，总体上，仅在10%的显著性水平上存在收入的民族差异，而且除去1958—1972年出生的样本即使在10%的显著性水平上也观察不到民族差异。

（3）无论2002年的数据还是2007年的数据都显示，户籍所在地位于东部沿海省份的人群要比西部省份的人群的收入显著高出30%左右。各个年龄段的回归结果也表明，从年轻人到中年人，再到老年人，这种基于地域的差别是普遍存在的，而且在各个年龄段的变化不大。两年的数据也显示出，东北部[①]、中部与西部相比较，差距是存在的，但不普遍。

（4）两年的数据回归结果都显示，父母的受教育年限对子女的收入有显著的影响，而且各个年龄组的数据显示，父母的受教育程度对子女的收入的影响可能会持续一生。这个结果显示人力资本在代际传递，父母较高的受教育水平通过基因遗传、家庭教育以及良好的家庭文化和言传身教等渠道，使得子女在获取和累积人力资本方面更有优势，这种优势在市场经济中较容易地转化为高收入。

---

① 2007年的数据不包括东北部省份。

（5）两年的数据回归结果显示，相对于父亲是农民的群体，其他群体的收入要显著高出90%以上，而且在各个年龄段都显著有优势，显然，这是构成机会不平等的一个重要原因。父亲如果是农民，这样的家庭一般是在农村，相对于城市，子女所接受的基础教育质量不高，这既体现在历年人均教育经费的城乡差异上，也体现在高等教育入学率以及就读高校的质量的差异上。医疗作为人力资本形成的另一个重要因素，城镇与农村也有较大差异，这种差异也会带来人力资本的差异。因为健康在人力资本形成过程中以及使用过程中起到了前提和基础性的作用，尤其是对未成年人而言，能够及时地得到医疗救治，对其未来的获得收入的能力有很大的关系。

三、机会不平等对于收入差距的贡献率分析

（一）关于机会不平等的计算结果

根据式（8.3.12）可以计算出机会不平等，也即环境变量总体对收入差距的贡献，其中 $c = [G, N, PE, DP, FO]$，$\Gamma(\cdot) = I°\exp(\cdot)$，在本书中 $I(\cdot)$ 使用基尼系数指标，计算结果如图8-6、图8-7以及表8-8、表8-9所示：

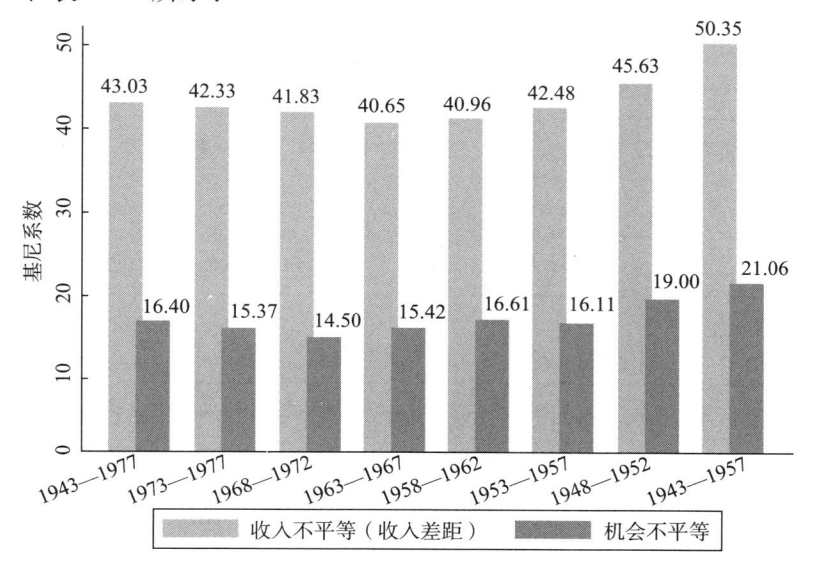

图8-6 机会不平等与收入不平等（2002）
——基于 Nested–Shapley 分解

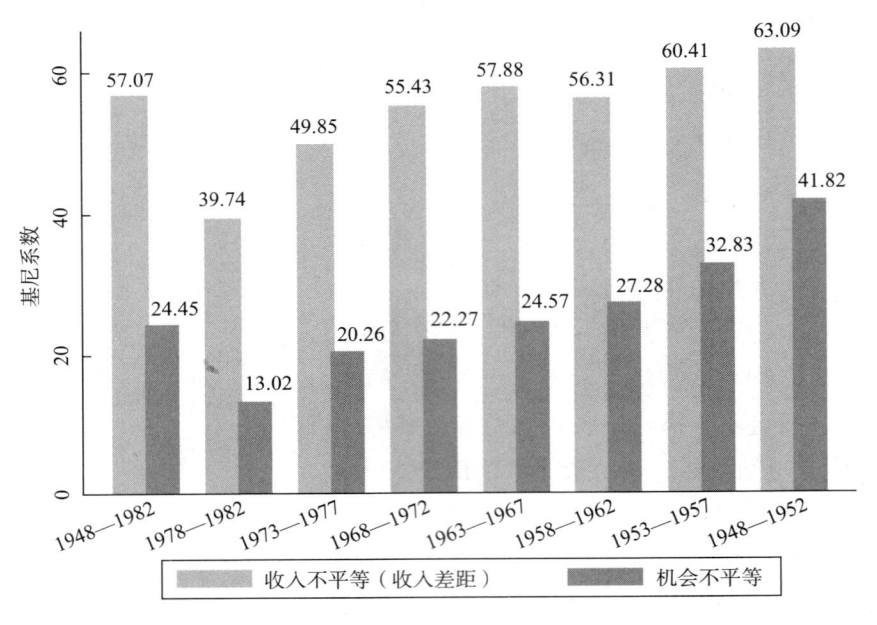

图 8-7 收入不平等与机会不平等（2007）
——基于 Nested-Shapley 分解

表 8-8 机会不平等对收入不平等（收入差距）的相对贡献（%）

	25—59 岁	25—29 岁	30—34 岁	35—39 岁	40—44 岁	45—49 岁	50—54 岁	55—59 岁
2002	38.1	36.3	34.7	37.9	40.6	37.9	41.6	41.8
2007	42.8	32.8	40.6	40.2	42.4	48.4	54.3	66.2

表 8-9 收入不平等与机会不平等的变动关系

年龄组（岁）	25—59	25—29	30—34	35—39	40—44	45—49	50—54	55—59
收入不平等增加值	14.04	-2.59	8.02	14.78	16.92	13.83	14.78	12.74
机会不平等增加值	8.05	-2.35	5.76	6.85	7.96	11.17	13.83	20.76
机会不平等对收入不平等增加的贡献（%）	57.3	90.7	71.8	46.3	47.0	80.8	93.5	163.0

(二) 分解结果的分析

从分解结果可以看出,机会不平等对收入不平等的贡献占比在40%左右,2007年的机会不平等要大于2002年,从各个年龄组来看,两个年份的分解结果都显示较高年龄组的机会不平等要高于较低年龄组,这无论从机会不平等对收入不平等的绝对贡献还是相对贡献来看都是如此。相应地,努力等差异所引起的收入不平等在年轻人的组别中是最重要的,但在年长的组别中,努力等因素引起的收入不平等在下降,而机会不平等的地位在上升。这可以做两个方面的理解,一方面说明改革开放以来,劳动力市场越来越成熟,另外,教育、医疗、就业等方面相比之前更加公平,低年龄组的人口,其成长过程以及初次就业都在改革开放时期,使得机会不平等相比之前较弱;另一方面从生命周期来看,机会不平等对收入分配的影响有累积加速的现象,就业前期处于优势的家庭的子女,其收入在未来提高得更快更多。

从2002年和2007年收入不平等与机会不平等的变动关系(表8-9)可以看出,收入不平等增加或减少的主要原因在于机会不平等的增加或减少。市场机制所提供的针对努力的激励机制以及市场不确定性所带来的不平等相对来说比较稳定。

虽然2007年与2002年相比,在总体上收入不平等与机会不平等都有明显的提高,但是在25—29岁年龄组却呈现出相反的变化方向,无论收入不平等还是机会不平等都有所下降,而且收入不平等的下降主要得益于机会不平等的下降。这个年龄组的人口属于初次就业或者工作时间不长,20世纪90年代末开始的高校扩招政策使得这个年龄组的受过高等教育的人口比例有较大的提高,2002年、2007年这个年龄组中受教育年限大于12年的比例分别为32.1%、15.4%,由于高学历的劳动力供给的增加使得教育溢价降低,同时这个时期农民工的实际工资(卢锋,2012)以及农民的收入有显著的提高,这就使得这个年龄组的不平等有所下降。

(三) 环境变量对机会不平等的贡献

根据式(8.3.14)可以分解出各个环境变量对机会不平等或收入不平等的贡献,计算结果如下。

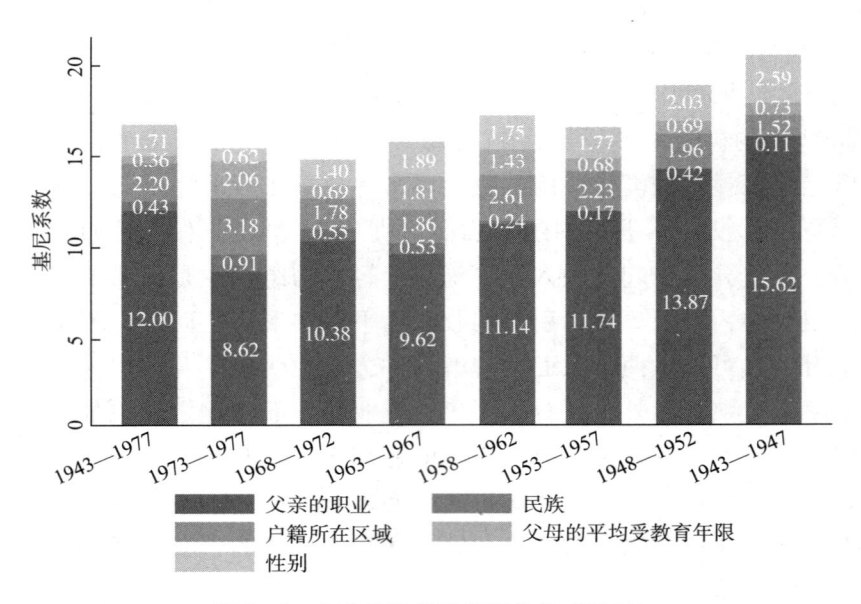

图 8-8 机会不平等的因素分解（2002）

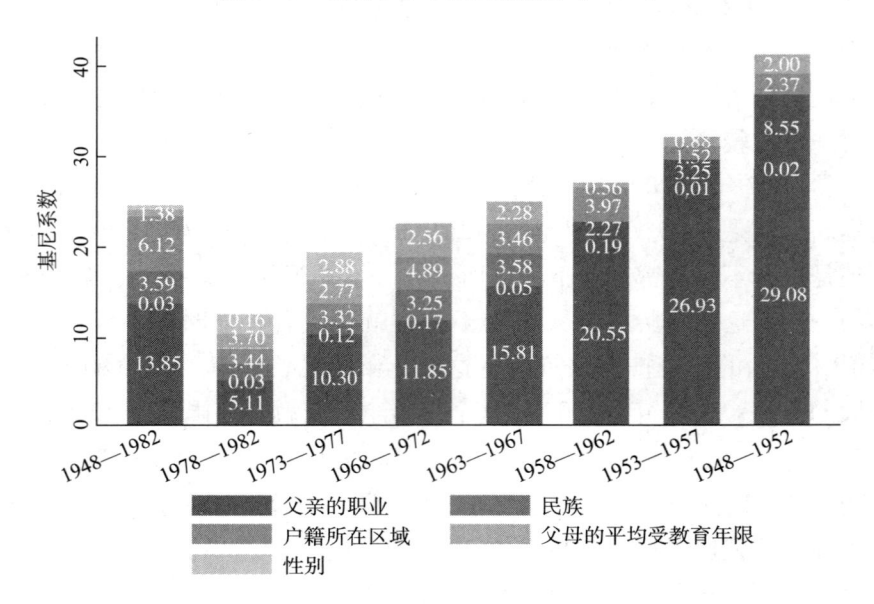

图 8-9 机会不平等的因素分解（2007）

（四）贡献率的分析

不同的环境因素对机会不平等的贡献差别较大。总体而言，父亲的职业对子女的收入的影响是机会不平等的最重要的来源，2002 年与 2007 年分别贡献了 73.2%、56.6% 的比例，父亲的职业中包含农民这一选项，而这体现了户籍或者城乡差异在机会不平等中的影响①，所以这一因素贡献了六成的机会不平等也就不出乎意料了。2007 年与 2002 年相比，区域因素和性别因素的相对地位下降了，父母受教育年限对机会不平等的相对贡献增加了。

各个因素对不平等的贡献在不同年龄组的表现有所不同。

第一，性别因素对机会不平等的贡献在 25—29 岁年龄组最小，两个年份分别只有 0.62 和 0.16，远低于其他年龄组，这与王天夫等（2008）的结果是一致的，原因有两个：第一，随着男女平等理念和相关政策越来越深入人心，家庭和社会在女性群体的劳动能力和工作能力的培养上投入了更多的资源，客观上使得新近出生的女性在人力资本上与男性的差距越来越小；第二，企事业单位付给新进员工的工资性别差异不大，但在之后的培训、升职等各种工作机会上更多地倾向男性，导致男女的收入差异越来越大。

第二，在 45 岁之前，父母的平均受教育年限对子女的收入的影响最大，该因素对机会不平等的贡献在 25—44 岁年龄组相对较大一些，父母受教育程度对子女收入的影响的一个重要原因是人力资本的代际传递。唐卫民等（2010）和祁翔（2013）的研究表明，父母受教育程度较高的子女更有可能获得较高的学历和人力资本，而 45 岁之前是劳动力的生产效率最高的年龄，人力资本的高低在这个年龄段的作用更加突出。

第三，户籍所在区域（东部省份、东北部省份、中部省份、西部省份）对机会不平等的贡献在各个年龄段的变化不大，因为区域之间的发展不平衡几乎涉及经济的全部方面，也包括个人收入，并不会因为年龄高或年龄低，这种差距就会缩小或消失。

第四，由于我国长期以来所推行的少数民族扶持政策，民族差距在各个年龄段虽然都存在，但都很低，在机会不平等中的地位微乎其微。

第五，父亲的职业对子女收入的影响随着组别中年龄的增加而增大，这与不同年龄组的劳动力的就业时间有关，高年龄组别的劳动力就业时间处于计划经济或改革开放初期，劳动力市场要么不存在，要么还不成熟，父亲的

---

① 当然除此之外还包括了其他职业之间的差异。

职业以及与此相关的社会关系对子女的就业会产生较大的影响，而随着我国劳动力市场的发育成熟，这种影响或者对机会不平等的贡献在减弱，所以低年龄组别中父亲的职业的影响会相对小一些。

四、结论与政策建议

通过以上实证分析，我们可以获得如下的结论。

首先，环境变量对于机会不平等具有一定的影响。实证结果发现，2002年父亲的职业、民族、区域、父母平均受教育年限、性别等变量对机会不平等的相对贡献分别为73.2%、2.6%、13.4%、2.2%、10.4%，到2007年这些环境变量对机会不平等的相对贡献率变为56.6%、0.1%、14.7%、25%、5.6%。从这些结果可以发现，父亲的职业对机会不平等的贡献最大，能够解释50%以上的机会不平等，区域、父母平均受教育年限和性别对机会不平等的贡献在10%—20%。另外，民族这个环境变量对机会不平等几乎没有贡献，这主要归功于我国对少数民族的扶持政策。

其次，机会不平等对于收入分配具有重要影响作用，实证结果显示2002年和2007年机会不平等对收入差距的相对贡献分别为38.1%、42.8%，而年龄组之间的表现略有差异，年长组的机会不平等要大于年轻组，通过年份之间的差分分析发现，收入差距增加或减少的主要原因在于机会不平等的增加或减少，平均而言，机会不平等能够解释将近60%的收入差距变动。

根据上述理论和实证的分析，我们认为，改善我国收入分配关系应着眼于降低机会不平等，特别是完善相应的制度建设。

第一，增加农村地区的公共教育资源投入。在农村，绝大部分父母的职业是农民，父母的教育水平不高，收入比较低，对子女的家庭教育上的投入（包括金钱投入和非金钱投入）比较少，这是造成机会不平等的一个重要原因，所以应该通过公共教育资源的大力投入来弥补家庭教育的不足，从而降低机会不平等。

户籍是导致机会不平等的最重要的因素，改善户籍制度以及相关的教育、医疗等政策可以大幅度降低机会不平等和收入差距。另外，对农村投入更多的资源和资金，可以收到更多的公平"红利"，也就是说，改善公平状况最有效率的做法是给农村更多的资源和机会。

第二，相对于高等教育，提高初等教育资源包括物资资源和人力资源的投入比例。因为初等教育的受众中来自弱势家庭的子女比例更高，所以增加对初等教育的投入，在提高弱势家庭子女在未来的竞争力方面更有效率。增加对基础教育的投入，努力消除因为家庭教育差异所带来的机会不平等，尤其是对农村和落后地区在教育资源分配上要重点倾斜。

第三，增加对未成年人的医疗卫生投入。使得未成年人不会因为家庭困难等原因而因病丧失劳动能力或减弱劳动能力，减弱未来的就业竞争力。

第四，进一步扩大推进学龄儿童的营养就餐计划和投入。减少和消除中小学生的营养不良等问题，尤其是农村地区、边远贫困地区等困难家庭的子女，使得他们在进入就业市场之前准备好强健的体魄。

第五，建立或落实相关法律，消除在家庭内部的性别歧视以及劳动力市场中的性别歧视现象。提高高收入行业和高级职位对女性的开放度。这能有效地降低46—50岁年龄段的因性别差异引起的机会不平等和收入差距。

第九章
虚拟价值理论及其在若干领域的应用

虚拟价值主要是为解释劳动价值内容以外的经济现象所提出的一个经济范畴，诸如虚拟资本、网络经济和资源环境经济等在劳动价值范畴之外却在现实经济结构中占有越来越高比例的新经济形态。更为重要的是，考虑虚拟价值之后的再生产模型也会发生一些新变化，将其引入再生产模型中，可以使再生产模型的内容更加丰富，更加贴近现实。进一步来讲，在现时期，互联网空间、"马云现象"、比特币等这些新事物的出现，也需要一个合理的科学的理论体系加以解释，本书正是基于这样的现实背景和理论背景，试图从理论到现实再到具体应用，对经典劳动价值理论进行拓展，对虚拟价值及其相关研究进行较为深入的探讨。

第一节　虚拟价值：马克思价值理论的扩展

随着非劳动产品在经济发展中比例的提升，马克思宏观经济理论体系对现实经济的解释力也面临着前所未有的挑战，诸如网络产品的价值溢出、自然资源与环境的价值度量、各类创新型的金融衍生品的价值估算等都无法直接应用经典的劳动价值论来具体解释。

一、虚拟价值理论的提出

以资本主义初期的商品经济为背景所建立的经典劳动价值论，是马克思主义宏观经济理论的基石和其他系列理论的出发点。然而，在现实经济条件下，这一经济背景已然发生了巨大变化，经典劳动价值论对现实经济中所出现新变化的解释力也就面临挑战，其局限具体可以归为以下三点。

一是，尽管马克思对非劳动产品的虚拟价格有所考察，但是非劳动产品并未进入其主体研究范畴。正如他这样指出："有些东西本身并不是商品，例如良心、名誉等等，但是也可以被它们的占有者出卖以换取金钱，并通过它们的价格。在这里，价格表现是虚幻的，就像数学中的某些数量一样。另一方面，虚幻的价格形式——如未开垦的土地的价格，这种土地没有价值，因为没有人类劳动对象化在里面——又能掩盖实在的价值关系或由此派生的关系。"① 尽管马克思意识到了非劳动产品的价格存在性问题，但是对于这一价格的形成基础以及变动机制并未深入探究，其劳动价值论也就局限在劳动产品的适用范畴。

二是，尽管马克思对诸如股票、证券、土地等虚拟经济有所考察，但是其重点仍是实体经济活动，且并未详细解释两者之间的关系。马克思也曾试图探寻实体经济和虚拟经济之间的这种联系，"这个想象的财富，按照它的原来具有一定的名义价值的每个组成部分的价值表现来说，也会在资本主义生产发展的进程中扩大起来"②，也就是说，"这个想象的财富"在实体经济中具有"一定的名义价值"的，即虚拟经济与实体经济有一种对应关系，甚至虚拟经济在一定程度上是实体经济的镜像，但是对于虚拟经济呈现这种镜像的途径或者通道，他并未深入挖掘二者之间的内在关联。这正是囿于劳动价值论的限制，实体经济与虚拟经济之间缺少关联点，以至于两者无法统一。

三是，尽管马克思认识到自然力是再生产过程所不可或缺的，但其并未将资源环境纳入价值的研究范畴。正如其在《资本论》第一卷中指出，"劳动首先是人和自然之间的过程，是人以自身的活动来中介、调整和控制人与自然之间的物质变换的过程。"③ 也就是说，人类经济活动必须要有自然基础，但是与此同时，其也认为资源环境具有无价值性和无偿性，"作为要素加入生产但无须付代价的自然要素，不论在生产过程中起什么作用，都不是作为资本的组成部分加入生产，而是作为资本的无偿的自然力，也就是，作

---

① 马克思：《资本论》（第一卷），北京：人民出版社2004年版，第123页。
② 马克思：《资本论》（第三卷），北京：人民出版社2004年版，第540页。
③ 马克思：《资本论》（第一卷），北京：人民出版社2004年版，第207—208页。

为劳动的无偿的自然生产力加入生产的。"① 因此，资源环境的内涵解释被排除在价值理论之外。进而，资源环境作为生产过程中的一个重要因素未能成为马克思宏观经济理论的一个有效约束条件，这显然不符合经济可持续发展的理念和现实需要。

反观当前经济，随着数字化技术的不断进步，整个社会的经济构成比例已悄然变化，尤其明显的是非生产性劳动价值比例不断攀升。

首先，以金融品为代表的虚拟资本不断膨胀。自20世纪70年代以来，经济向金融化方向不断迈进，以股票、债券、基金和资产证券化形式所表现出来的虚拟资本价值在不断攀升，2013年的世界证券组合股权净流入是1985年的近33倍，且他们的攀升速度不断超越同期实物贸易增长速度。1992年全球股票市场交易总额仅占GDP的20.55%，而2000年这一数值升至150.86%，直至2007年这一数值达到顶峰181.93%，而后开始迅速下降至2012年的69.43%，同期全球商品贸易占GDP的比重仅分别为30.52%、39.40%、49.40%和50.36%。2008年金融危机的爆发使得房地产证券化备受关注，房地产证券化作为一种较其他金融衍生品而言，是一种新的金融衍生品形态。据IBM估计，"当时美国次级住房抵押贷款证券化存量约为1.4万亿美元，仅占现存抵押贷款证券总量14%左右，相对于美国金融市场50万亿美元的总资本和全球金融市场165万亿美元的总资本，次级抵押贷款证券化资本确实微不足道。"② 然而，"从房产金融衍生品规模看，相关衍生品规模达到30多万亿美元，即放大了20多倍，而且同期金融市场上的信贷违约互换（CDS）达到62万亿美元。"③ 在市场利率上涨致使房产贷款率上升时，各种与此相关的金融衍生品如CDS、MBS和CDO等违约风险率不断上升，最终带来房地产泡沫破灭，加之这类金融衍生品的购买者遍布全球，这一金融风险便扩散至全球，从而带来全球性的金融危机。

其次，网络经济异军突起，互联网使用规模和网络产品呈现爆炸性增长。1990年世界每百人中使用互联网的人数仅为0.05，而到2013年这一数

---

① 马克思：《资本论》（第三卷），北京：人民出版社2004年版，第843页。
② 雷良海、魏遥：《美国次贷危机的传导机制》，《世界经济研究》2009年第1期。
③ 吴志鹏：《对国际金融危机的三个基本判断》，《浙江财经》2008年第22期。

值上升至38.13，互联网的用户规模增长了近762.6倍。根据2014年10月McKinsey & Company的调查显示，66.7%的中国数字消费者（13岁及以上）于近3个月里在网上购买过服装、食品、护肤品或化妆品、电子产品和小家电的比例分别为40%、37%和29%。根据商务部电子商务司测算，2014年电子商务交易额（包括B2B和网络零售）将达到约13万亿元，同比增长25%。商务部监测的5000家重点零售企业中，网络零售增长33.2%，比上年加快1.3个百分点。中国电子商务界的神话——阿里巴巴，近年来累积了300万的企业会员，并且每天以6000多新用户的速度增加，阿里的两大主力电商平台——淘宝和天猫的销售额突破10000亿元（至2012年11月），成为除中石油、中石化以外销售总额达此规模的唯一中国企业。

最后，资源环境产品被大量纳入经济过程却未能得到较好补偿，这不仅会致使经济在一定时点或一定条件下"脱离运行轨道"，还会导致一国乃至全球生态赤贫。比如，土地作为一种自然资源，其定价机制的不合理就可能致使房地产经济严重受挫。日本1983—1990年的经济危机中房价的下跌就可归因于地价的暴跌，自1987年至1991年，日本的土地资产总额达到2389亿日元，是1985年的1.4倍，增加额就达到1990年GDP的3倍。[①] 而1991年日本地价突然下跌并一发不可收拾，日本随即爆发经济危机。又如，这一定价机制的缺乏给生态环境带来了灾难性的后果。根据政府间气候变化专门委员会第四次评估报告第一工作组报告《气候变化2007：自然基础》，自工业革命以来，全球大气二氧化碳、甲烷和氯化亚氮的浓度不仅明显增加，且远远超出了根据冰芯记录得到的65万年以来浓度的自然变化范围。其中，全球大气二氧化碳浓度于2005年已经增加到了379ppm，远超记录的自然变化范围（180—330ppm）。且"整个20世纪，人类消耗了1420亿吨石油、2650亿吨煤、380亿吨铁、7.6亿吨铝、4.8亿吨铜。占世界人口15%的工业发达国家，消费了世界56%的石油和60%以上的天然气、50%以上的重要矿产资源"[②]。20世纪80年代后期以来，全球一直处于生态

---

① 袁钢明：《日本经济泡沫兴败及其对中国经济的启示——兼论日元升值的正面影响》，《国际经济评论》2007年第4期。

② 潘岳：《人类文明转型及经济的可持续发展》，2004年1月12日，http://news.sina.com.cn/c/2004.01.12/12332610090.shtml，2015年6月9日。

超载状态[①]。

可见，超出马克思经典劳动价值论研究范围的非劳动产品——虚拟资本、网络经济和资源环境在现实经济条件下作用凸显，在特定时刻这些要素甚至可能成为经济危机或生态危机爆发的导火索。显然，马克思的经典劳动价值论不能对此给出一个具有说服力的解释，仍以生产性劳动价值为主来探究经济增长和创新经济理论难以满足当前经济形势的需要。那么，如何拓展马克思的经典劳动价值理论？如何将这些非劳动产品纳入到价值范畴？本书试图引入虚拟价值这一概念以拓展马克思经典劳动价值论。

二、虚拟价值的理论追溯

综观理论界现有文献，对于"虚拟价值"这一思想的研究已成果颇丰，且涉及企业微观、产业中观和国家宏观三大层面的各个环节，本书则主要从虚拟资本、网络和资源环境虚拟价值三个视角对其进行梳理和总结。

第一，关于虚拟资本虚拟价值的内涵界定，目前还存在着较大争议，众多学者未能达成一致。李翀（2001）在对金融资产的分析中提出了金融虚拟价值的概念，并从虚拟价值和市场价格两个层次进行考察。程金蛟（2004）则认为，买卖双方交易价格中超出价值的部分可以称作广义虚拟价值，这又可以分为狭义虚拟价值和泡沫价值。这与李翀（2001）所界定的虚拟价值内涵有所区别。张俊山（2007）指出，大量的未经过人类物质生产性劳动所产生的价值存在虚拟经济中，这些价值是生产领域中职能资本的载体，且多以纸制复本呈现。在其膨胀的形态下，它不代表任何东西，它们是虚假的价值。虚假价值与真正价值的共同运动构成了现实经济中的各种价值现象。尹国平（2010）又给出了虚拟价值更宽泛的定义，其认为"可以把虚拟价值理解为商品中蕴含的使用价值以外、主要满足心理需求的价值，商品价值从使用价值和价值的二重性转变为使用价值、虚拟价值和价值的三重性"。[②] 而国外相关研究并未提及虚拟价值的概念，对虚拟经济问题的研

---

① 陈成忠、林振山：《追踪物种丧失·聚焦生态超载·共享一个地球——〈2006地球生命力报告〉解读》，《生态学报》2007年第11期。

② 尹国平：《广义虚拟经济视角下的财富、价值与生活》，《北京航空航天大学学报》（社会科学版）第23卷，2010年第2期。

究主要沿着虚拟经济如何影响经济行为这一思路展开。诸如 Haberler（1939）、Pigou（1943）、Patinkin（1956）、Franco Modigliani（1957）、James Tobin（1969）、Bernanke 和 Gertler（1989）、Poterba J. M.（1995 和 2000）等都认为持有虚拟资本的价值变动会引起其消费行为的变化，这一变动会影响实体经济的增长。需要强调的是，证券化后的房地产也具备了虚拟资本的性质。对于房地产证券化的虚拟性界定主要有两大观点，一是从"资本化的定价方式"来界定，以苗巧刚（2002）、刘骏民和王千（2006）、李杰和王千（2006）为主要代表；二是从房地产的"两权分离"来界定，主要代表学者为赵成（2002）等。

第二，关于网络虚拟价值的研究集中于对网络产品、网络技术以及参与者关系虚拟性的考察。以数字化形式存在的信息产品是网络经济的典型产品，传统产品在技术虚拟性的作用下也会被完全或者部分数字化，诸如 Choi 等（2000）对信息产品的界定和特点进行了较为全面的总结，并指出这类产品的定价方式较为特别。Katz 和 Shapiro（1985）指出网络效应是信息产品定价的关键，这一效应是指某一用户从产品中获得的效用会随着用户人数的增加而增加。Shapiro（1996）进一步指出，动态效率对于具有网络效应的产业尤为重要。王璨（2002）从马克思主义资本循环和周转理论出发对网络经济的特点进行了分析，认为：第一，网络经济不创造新价值；第二，网络经济的发展缩短流通时间，提高资本的使用效率；第三，促进科技进步和知识的更新。在网络经济过程中，参与者之间的关系也随之虚拟化。Harary（1969）、Wasserman 和 Faust（1994）、Bollobás（1998）定义了次数、闭链和群集等一系列网络概念，为网络的基本形态和特征描述提供了语言。自此，开拓了网络经济中参与者关系虚化的研究。Bramoullé 和 Kranton（2007）、Ballester 等（2006）分别利用了网络博弈模型将这虚拟化的关系分析应用于实践。

第三，关于资源环境价值决定的研究颇多，典型的有双重价值论（李金昌，1991）、有限资源价值论（王彦，1992）、使用价值决定论（蒲志仲，1993）、价格决定价值论（吴军晖，1993）等十余种。近年来众多学者又进一步探究了这一问题，主要表现为界定未遭污染和污染后的资源环境价值。陈征（2005）认为自然经济资源的价值具有二重性，一方面有价格而无价值,另一方面有价值又表现为价格①。张忠任(2008)提出原生自然资源的价值为零,遭到破坏的环境具有负的价值,其负价值等于人工治理达到原生态水平时的劳动价值量。② 郭明等(2003)认为度量生态系统价值的方法主要有:恢复生态环境质量而花费的劳动时间、治理费或是与商品和劳务直接相关的评估方法。一部分学者也从自然基础的视角对房地产的虚拟性加以探究,认为土地的自然属性是房地产虚拟性的原因。严明(2005)指出物质一旦稀缺就会具有经济上的价值,土地正是这样的稀缺物,因而土地价格决定的虚拟性使房地产具备了虚拟资本的特性。

可见,现有的研究为虚拟价值的探索奠定了重要的研究基础,然而,尽管这些成果对虚拟资本、网络、资源环境等虚拟性有所涉及,但还未对虚拟经济的核心问题——虚拟价值进行全面且深入的阐释。事实上,虚拟经济的特有运动规律以及其与实体经济之间的各种互动关系都需要从虚拟价值这一理论内核展开。马克思虽然也未明确提出虚拟价值的概念,但是其在阐述劳动价值论时就已经注意到某些商品虽不具有价值但是却有价格的现象,本书认为这些商品的价格实际上就是由虚拟价值决定的,这为虚拟价值的提出提供了重要的思想来源。因此,在以上现实背景和理论背景的梳理下,本书试图进一步挖掘马克思的虚拟价值理论,并以此为基础,探寻虚拟经济与实体经济之间的关联点。

三、虚拟价值的理论界定

经典马克思主义经济学中的价值属于劳动价值范畴,这里的劳动是指人类抽象的生产性劳动,且这一价值只有放在实体经济中才有意义,因为其必须依托物质载体,即生产性劳动所创造的能够满足人们某种需要的具有使用价值的物质产品。我们认为价值范畴应不仅包括劳动产品,也应同时包含非劳动产品。于此,我们不妨界定马克思的价值范畴为劳动价值,将马克思的非生产性的或非劳动产品的价值定义为广义虚拟价值,劳动价值和广义虚拟价值同属于广义价值范畴。

虚拟价值的提法是马克思在《资本论》中对于非劳动产品描述的继承

---

① 陈征:自然资源价值论,《经济评论》2005 年第 1 期。
② 张忠任:《关于环境的价值与资源价格决定问题的理论探索》,《海派经济学》2008 年第 21 期。

与拓展。马克思提出:"没有价值的东西在形式上可以具有价格。在这里,价格表现是虚幻的,就像数学中的某些数量一样。另一方面,虚幻的价格形式——如未开垦的土地的价格,这种土地没有价值,因为没有人类劳动物化在里面——又能掩盖实在的价值关系或由此派生的关系。"① 马克思在这里虽然没有提到虚拟价值的概念,但是,他提到"虚幻的价格形式"的概念,依此逻辑,虚拟价值的概念也成立,因为,虚拟价格形式的基础完全可以是虚拟价值。此外,马克思关于虚拟资本和土地价格确定的论述中都可以证明这一点。

论资本是《资本论》的核心所在,马克思在《资本论》第三卷也曾对虚拟资本有较多论述。他认为,资本是能够带来剩余价值的价值,只有在再生产过程中依靠劳动者创造的剩余价值才能够实现增殖,但是当生息资本出现之后,情况发生了变化。"每一个确定的和有规则的货币收入都表现为资本的利息,而不论这种收入是不是由资本生出。货币收入首先转化为利息,有了利息,然后得出产生这个货币收入的资本。"② 而"人们把每一个有规则的会反复取得的收入按平均利息率来计算,把它算作是按这个利息率贷出的资本会提供的收入,这样就把这个收入资本化了。"③ 为此,马克思认为,这些能够带来一定收入的所有权证书诸如以股票形式存在的资本只能说是一个幻想的、虚拟的资本。他指出"作为纸制复本,这些证券只是幻想的,它们的价值额的涨落和它所代表的现实资本的价值变动无关。"④ 于此,我们可以看出,马克思是将虚拟资本首先看作是一种虚拟的价值。

按照这一逻辑,马克思还对自然资源的虚拟性进行了剖析。马克思认为,"地租是土地所有权在经济借以实现即增殖价值的形式",⑤ 原始土地是自然物,不包含劳动,因而不具有劳动价值,然而,在商品关系普遍化的条件下,一切物品都商品化了,土地也可以进行买卖,此时,土地就有了价格。马克思认为,这种土地的价格并不是土地价值的表现,因为土地不具有

---

① 马克思:《资本论》(第一卷),北京:人民出版社 2004 年版,第 123 页。
② 马克思:《资本论》(第三卷),北京:人民出版社 2004 年版,第 526 页。
③ 马克思:《资本论》(第三卷),北京:人民出版社 2004 年版,第 529 页。
④ 马克思:《资本论》(第三卷),北京:人民出版社 2004 年版,第 540—541 页。
⑤ 马克思:《资本论》(第三卷),北京:人民出版社 2004 年版,第 698 页。

价值，实质上是地租资本化的表现。"土地的购买价格，是按年收益若干倍来计算的，这不过是地租资本化的另一种表现。实际上，这个购买价格不是土地的购买价格，而是土地所提供的地租的购买价格，它是按普通利息率来计算的。"[①] 即土地的定价可以按照其未来收益进行贴现算出。

由此我们可以看出，若将土地未来可能获得的地租作为其预期收益，其价格的确定和虚拟资本的定价方式就可统一，都可看作为预期收入的资本化。因而，我们可以认为土地在其所有权基础上进行买卖而形成的价格出现了虚拟的特性。且按照预期收益贴现而求得的价格代表了与此等同的虚拟资本数量，若说这一数量是一个没有价值的自然物的量的范畴，于理不符，那么，实质上这个量所代表的价值正是虚拟价值。

通过以上对于虚拟价值这一间接的论述，我们可以发现，任何一种没有价值的产品处于一定的商品经济关系中时，人们可以赋予它一定的价值，然而，这并不是真实的劳动价值，而是一种虚拟价值。以此类推，对于一些在商品经济关系下仅有价格却没有劳动价值的产品，这种所反映的就是一种虚拟的价值。

此外，马克思在《资本论》第三卷第三十九章还直接提出了一个"虚假的社会价值"的概念，这也为宏观经济视角下，整个社会中虚拟价值量的来源提供了线索。马克思在《资本论》第三卷指出："关于级差地租，一般应当指出：市场价值始终超过产品总量的总生产价格。……这种决定产生了一个虚假的社会价值。"[②] 即由于农业土地的稀缺性、资本主义经营的垄断性，农产品的价值不是由中等的生产条件，而是由劣等的生产条件所决定。因此，农产品的社会价值总和大于其个别价值总和，从而形成"虚假的社会价值"。这也就是说，这一部分多出来的价值是来自于社会上其他实体生产部门，由于土地的特殊性，其能够将这部分价值从那些部门转移过来。这正为实体经济部门和虚拟经济部门的关联提供了通道。

因此，本书认为，所谓的虚拟价值则是用劳动价值不能解释的，但是在现实经济活动中却具有一定交换价值或价格的产品价值，由于这个价值不是

---

① 马克思：《资本论》（第三卷），北京：人民出版社2004年版，第703页。
② 马克思：《资本论》（第三卷），北京：人民出版社2004年版，第774—745页。

劳动价值，为此而沿用马克思"虚拟"的概念将其定义为虚拟价值。同时，在"虚假的社会价值"这一逻辑演绎中，我们可以得到这样一个认识：在不同经济条件下，虚拟经济部门会有不同的形式，这些具体的形式为实体经济部门向虚拟经济部门的剩余价值转移提供了通道或路径。

在现实经济条件下，虚拟经济的形式与以往相比有着诸多新特征，通过对这些新特征的抽象和概括，我们将虚拟经济界定为一种新型的经济形态。具体而言，从较为广义的视角我们可以将其界定为以虚拟资本和网络技术为两大支点，以自然资源为基础而运行的一种经济形式，它是以虚拟资本价值、网络虚拟价值、资源虚拟价值和房地产虚拟价值作为核心，其虚拟性主要通过未来性、数字化和稀缺性表达出来。

根据虚拟价值和虚拟经济的定义，考虑不同虚拟价值的特征，我们可以将虚拟价值分为以下三类。

一是以虚拟资本为依托的虚拟价值，主要包括金融产品（含房地产证券化）等。所有权和使用权的分离是这类产品的主要特性，即在生产过程中由拥有使用权的使用者来发挥资本的作用，而这一产品的所有权法律凭证则是掌握在所有者手中。这种产品的价值是一种以实体经济中的价值为基础的虚幻形式，"也就是一个幻想的资本按现有利息率计算可能的收益。"[①] 以股票、债券、基金等为主要代表的金融品是这类虚拟价值的典型形式。就其本身来看，这些都只表现为票据，没有劳动价值或者其劳动价值可以忽略不计，但是这些票据可以代表一定的价值，并且凭借这一"幻想的资本"价值可以获得一定的收益，这个收益是根据它的未来性而获得的，尽管当前还没有实现，但是在未来的某一个时刻能够实现。当然，根据这一未来收益而计算出来的价值就具有虚拟性。相较于股票、债券和基金，房地产证券化则是金融产品中的"新起之秀"。股票是以其背后的上市公司价值为依托，而房地产证券化则是以房产价值为基础，因此其跟股票拥有了一样的属性。

二是以网络技术为载体的虚拟价值，主要是指网络产品。网络产品主要是指电子商务服务，包括网上交易平台、支付平台、网络搜索引擎、云计算、互联网资讯和邮箱等。我们可以将这一类产品的形成过程看成两个阶

---

① 马克思：《资本论》（第三卷），北京：人民出版社 2004 年版，第 526 页。

段，在第一阶段，为网络经济服务的基础设施建设和应用是发展的主体，此时网络硬件发展是重点，类似于一般商品，投入的劳动形成了产品的价值，网络价值的溢出也不会很明显，因而，其虚拟性也不会很明显；然而在产品的第二阶段，产品的重心开始由网络硬件投资转向到网络电子商务服务，在这一阶段只付出少量的甚至可以忽略不计的维护成本便可以获取大量收益的阶段。因为网络技术已经达到了一定的程度，这类网络产品不断递增的虚拟价值衍生于高复制性、高规模性和高共享性。复制性是指对产品初期投入大量劳动的原创产品的复制，规模性是指网络产品最为常见的规模效应，共享性是指网络产品能够使很多消费者或生产者共同使用或占有信息资源。这三大特性正是依托于网络技术才能得以存在，且由于这三大特性使这类产品在后期带来的价值远远高于其初始成本，甚至与初期的活劳动或死劳动（投入）都无关，产品的虚拟性自然形成。

三是以自然条件为基础的虚拟价值，主要包括自然资源（含地产）和环境等产品。自然条件是自地球出现以来就存在的客观物质基础，不以人的意志而转移，这类产品不包含人类劳动，因而不具有劳动价值，然而这些本就存在于地球之上的东西在商品经济条件下可以被人们用来交换，这一交换的基础就是其虚拟价值，其虚拟性正是衍生于非劳动性，且这一虚拟价值的大小源于自然资源和环境的稀缺性和垄断性。这类产品可以分为两类，一类是自然条件本身，即自然资源，如土地、森林、矿产、河流等；另一类则是以自然条件为基础所生产出来的产品，包括农产品、某些工业产品和房地产产品，尽管这些产品已经包含了一部分人类劳动，但是其依托的载体具有虚拟价值，引致个别劳动所创造的价值低于社会创造的实际价值，这部分价值差额就是虚拟价值。特别对于房地产产品而言，决定房产价格的变量主要是建筑成本和土地价格，除土地而外的建筑物和一般的工业产品并无差异，经过产业资本循环，是由人类劳动创造出来的，包含于其中的无非是劳动价值，从长期来看，价格还是要回归到价值层面，因此，这个量一般来说是相对稳定的。而土地作为自然资源，并无劳动价值，土地价格作为房产价格的重要组成部分，也是房产价格虚拟性的关键来源。具体来说，一方面土地使用权的转让分离了土地的所有权和使用权，土地的收益便类似于股票，其价值的虚拟性不再赘述；其次，房地产的租赁行为也分离了房地产的所有权和使用权，其所有权的收益也类似于地租。

本书对于古董、机器人产品等现实经济条件中比重较低的具有虚拟价值的产品暂时不予以探讨。

第二节 虚拟价值的理论模型与检验

在对虚拟价值进行质的规定性的基础上，我们可以探究虚拟价值的量的规定性。从全局来讲，社会经济活动可以抽象为实体和虚拟经济活动，依此，我们也可以将经济部门划分为实体经济部门和虚拟经济部门，二者是相互依存、密不可分的，引入虚拟价值之后实体经济部门会发生怎样的变化，二者怎样才能形成良性的发展，也都值得我们探究。因此，本节就对虚拟价值量的界定，引入虚拟价值的再生产模型以及虚拟价值的现实情况进行分析。

一、虚拟价值的定价模型

在对虚拟价值进行质的规定性的基础上，我们可以探究虚拟价值的量的规定性。在现实应用之中，虚拟价值量的计量更为重要。虚拟价值量主要取决于未来的预期收益多少，因此，虚拟价值的定价模型可写为：

$$w_x = \sum_{i=1}^{\infty} \frac{D_i}{(1+r)^i} \qquad (9.2.1)$$

其中，w_x 为虚拟价值，D_i 为预期未来各年的收益，r 为贴现率，一般用市场利率来代替。若各期收益相同，则式（9.2.1）可以简化为：$w_x = \dfrac{D}{r}$。

然而，我们需要说明的是，尽管不同形式的产品均以虚拟价值形式存在，但是它们的特性存在巨大差异，这就引致未来各期预期收益的主要影响因素各有不同，即不同类型虚拟价值的 D_i 受到不同因素的影响。因此，在定价模式可以统一的情况下，不同类型虚拟价值的计量重心差异颇大。根据前面的虚拟价值分类，我们在这里也具体讨论以虚拟资本为依托、以网络技术为载体和以自然条件为基础的三类虚拟价值的具体定价模型。

就以虚拟资本为依托的虚拟价值而言，其主要是由其未来性和波动性来反映。以股票和房地产证券化为例，这些产品的虚拟性取决于人们对它们的预期价值而非是当期价值。因此，在贴现率 r 水平保持不变的情况下，人们对这些产品的预期收益越高，那么，它们的虚拟价值就会越高，反之亦然。当然，预期价值或收益和人们的主观判断息息相关，自然这类产品的虚拟价值就会随着人们的预期价值出现较大的波动性，则其定价模型为：

$$w_f = \sum_{i=1}^{\infty} \frac{D_i(n_f)}{(1+r)^i} \qquad (9.2.2)$$

其中，w_f 为虚拟资本（股票、债券、基金和房地产证券化等）的虚拟价值，D_i 为预期未来各年的股息收益，n_f 表示未来性。这一未来性受多种因素影响，如虚拟资本的风险性、替代品的波动性、人们的主观判断等，如果虚拟资本的风险性提高、替代品的波动性增强或者人们的主观判断不利，则认为未来性降低；反之，则认为未来性提高。显然，在这样的假定条件下，虚拟资本的未来性越高，预期收益越高，虚拟资本的虚拟价值越高，反之亦然。在这一假定下，我们有 $\frac{\partial D_i(n_f)}{\partial n_f} > 0$，由此可以推导出 $\frac{\partial w_f}{\partial n_f} > 0$，即虚拟资本的未来性越强，虚拟价值也越高。

就网络虚拟价值而言，其定价与网络经济的复制性、规模性和共享性密切相关。网络技术最大的贡献是构建了经济的虚拟空间，从广义角度来讲，其构建了一个类似于实体经济的虚拟经济空间，这个空间可以看作对实体经济的映射；从狭义角度来看，它为网络经济提供了一个虚拟交易平台及空间服务。正如在实体经济中开办企业建造厂房等需要交地租一样，若要利用这个虚拟的交易平台进行经济活动同样需缴纳一定的租金。这个租金的高低取决于网络技术所支撑的这个虚拟平台的复制性、规模性和共享性。具有高复制性、高规模性和高共享性的虚拟交易平台自然具有较高的虚拟价值，反之则价值较低。在网络产品投入成本已经固定的情况下，越高的复制性意味着越低的甚至可以忽略不计的成本就可以复制出相同的产品，则虚拟价值就越高；规模性需要从供给和需求两个角度来考虑，就供给而言，在一定的固定成本基础之上，供给方所提供的网络空间越大，能够吸引的用户越多，能够形成较高的规模性，就需求方而言，需求数量越多，供给方所获得的租金越高，那么这一产品的虚拟价值就越高；越高的共享性使得消费者只需支付共享成本的前提下就能够获得与前期投入一样的资源和信息，因此，可共享的规模越大,这一产品的虚拟价值就越高。

因此,我们可以将网络平台看成是"土地",高复制性、高规模性和高共享性的网络平台就像是"十分肥沃的土地",租给别人可以获得更高的租金,其虚拟价值则可以表示为:

$$w_n = \sum_{i=1}^{\infty} \frac{D_i(n_a, n_b, n_c)}{(1+r)^i} \quad (9.2.3)$$

其中,w_n 为网络产品的虚拟价值,n_a 表示复制量,n_b 表示需求规模(用户数),n_c 表示共享规模,且有 $\frac{\partial D_i(n_a, n_b, n_c)}{\partial n_a} > 0$,$\frac{\partial D_i(n_a, n_b, n_c)}{\partial n_b} > 0$,$\frac{\partial D_i(n_a, n_b, n_c)}{\partial n_c} > 0$,则分别可以推出,$\frac{\partial w_n}{\partial n_a} > 0$,$\frac{\partial w_n}{\partial n_b} > 0$,$\frac{\partial w_n}{\partial n_c} > 0$,即某一网络产品的复制量、规模数和共享规模越大,这一产品的预期收益就越高,其虚拟价值也越高。

就自然资源的虚拟价值而言,其主要取决于自然资源的稀缺性和垄断性。自然资源有可再生和不可再生之分,尽管可再生资源的稀缺程度小于不可再生资源,但相较于人类的需要而言,可再生资源仍相对稀缺。自然资源的稀缺性也使其具有较强的垄断性,然而,就定价而言,马克思认为,"瀑布和土地一样,和一切自然力一样,没有价值,因为它本身中没有任何物化劳动,因而也没有价格,价格通常不外是用货币来表现的价值。在没有价值的地方,也就没有什么东西可以用货币来表现。这种价格不外是资本化的地租。"[①] 即自然资源的定价一般也可以参照土地的定价方式,因而,我们可以将自然资源的虚拟价值表示为:

$$w_r = \sum_{i=1}^{\infty} \frac{D_i(n_d, n_m)}{(1+r)^i} \quad (9.2.4)$$

其中,w_r 代表自然资源的虚拟价值,n_d 表示稀缺性,n_m 表示垄断性,且有 $\frac{\partial D_i(n_d, n_m)}{\partial n_d} > 0$,$\frac{\partial D_i(n_d, n_m)}{\partial n_m} > 0$,则可以推出,$\frac{\partial w_n}{\partial n_d} > 0$,$\frac{\partial w_n}{\partial n_m} > 0$,即某一自然资源的稀缺性和垄断性越高,其预期收益就越高,从而这一

---

① 马克思:《资本论》(第三卷),北京:人民出版社2004年版,第729页。

自然资源的虚拟价值越高。

然而,我们所需要说明的是人们对自然资源的购买主要是对其"使用价值"的考究,不言而喻,使用价值是为了满足一定的目的,若多种商品能够用于同一目的相互替代时,总有一种会居于优先地位,因此,自然资源虚拟价值可能会受到替代品的变动而发生波动。

虚拟价值作为一种理论价值,在现实经济活动中,它仍然需要通过虚拟价格表现出来。然而,我们也会发现,虚拟价值通过虚拟价格的货币表现之后,二者之间总会受到多种因素(货币因素、国际因素、制度因素等)影响而发生种种背离。当这种背离程度较高时,虚拟经济与实体经济之间的运行轨迹就会相互脱离,如何协调二者之间的发展是宏观经济运行的关键。

二、引入虚拟价值的再生产模型

虚拟经济部门可以看作为从实体经济部门中独立出来的职能部门,是生产部门在非生产性流通领域的延续。在现实经济条件下,非生产部门作用日益凸显,包括金融融资、数字化销售等具体的现代化手段,都已经成为商品和货币循环必不可少的环节,同时,由自然力所形成的自然资源对实体经济的作用也越发凸显。根据前面的分析与讨论,本书将虚拟经济部门分为三类,即虚拟资本经济部门、网络虚拟经济部门和自然资源虚拟经济部门。

我们可以将社会总价值构成设定为:

$$W_p = C_p + V_p + M_p \tag{9.2.5}$$

其中,W_p 表示社会总价值,C_p、V_p 和 M_p 分别表示社会总不变资本、可变资本和剩余价值。

进一步,按照实体经济部门和三大虚拟经济部门对社会总价值的分解,我们可以将式(9.2.5)具体表示为:

$$W = C_s + V_s + \Delta X + M_s + K_f + M_f + k_n + M_n + C_r + V_r + M_{r1} + M_{r2} \tag{9.2.6}$$

其中,C_s、V_s 和 M_s 分别表示实体经济部门的不变资本、可变资本和最终留于实体经济部门的剩余价值,ΔX 表示虚拟经济部门的存在使得实体经济部门的成本发生的变动额;K_f 和 M_f 分别表示虚拟资本服务部门实际投入的资本和实体经济部门向其转移的剩余价值,K_n 和 M_n 分别表示网络经济部门实际投入的资本和实体经济向其转移的剩余价值,C_r 和 V_r 分别表示包含劳动价值的那部分自然资源勘探、开采和加工所投入的不变资本和可变资本，M_{r1}表示自然资源部门中投入劳动所创造的剩余价值，M_{r2}表示实体经济部门向自然资源部门转移的剩余价值。

实体经济部门与虚拟经济部门之间势必存在着一定的价值交换，这种关系表现为当虚拟经济参与到实体经济进行再生产时，虚拟经济可能会给实体经济部门带来成本上的节约或者增加，实体经济就必须向虚拟经济部门转移一部分剩余价值。

从整个社会的再生产角度来看，引入虚拟价值的宏观经济实现平衡的条件是：

$$K_f + M_f + K_n + M_n + C_r + V_r + M_{r1} + M_{r2} = M - M_p \tag{9.2.7}$$

总而言之，虚拟经济部门对实体经济部门有着较大的影响作用，或者帮助或者阻碍实体经济部门生产或实现产品价值。在商品经济日益发达的今天，虚拟经济领域的这些功能也越来越重要。然而，具体到这三类虚拟经济部门，它们在与实体经济部门互动的过程之中又表现出不同的作用，因而，若具体探究引入某一虚拟价值时，这一平衡条件会有所差异，同时，考虑不同虚拟经济部门的不同作用，其平衡条件的含义解释也会各有侧重。本书将分别具体从虚拟资本、网络和自然资源三大视角对虚拟价值引入马克思再生产经济模型进行分析。

首先，虚拟资本服务部门的发展为实体经济部门的融资以及资本在各部门之间的合理配置起到了"血液融通"的作用，且使得商品的买卖能够突破单个企业资本的限制。同时，金融衍生品的合理创新也为个别资本分散了风险，这促进了实体经济部门的生产投资。然而，作为虚拟资本部门，它并不生产具体的实体产品，只是进行一定的资本和劳动的投入，从而期望获得社会平均利润。乏于剩余价值的创造，虚拟资本服务部门的费用补偿和利润的获得并非自身创造，而是源自实体经济部门的价值转移，因而，对于这一非生产性的虚拟资本部门来说，其所获得的利润就是虚拟价值。

假定社会经济活动中的经济部门抽象为实体经济部门和虚拟资本部门，此时再生产模型可以表示为：

$$W_s = C_s + V_s + M_s \tag{9.2.8}$$

$$W_f = K_f + M_f \tag{9.2.9}$$

设 $M_s = (\alpha + \beta) M_s + (1 - \alpha - \beta) M_s$，其中，$\alpha$ 表示实体经济部门剩

余价值中需要转移给虚拟资本部门的比例（$0<\alpha<1$），$\alpha+\beta$ 表示实体经济部门中所要和虚拟资本部门的实际投入价值交换的比例（$0<\alpha+\beta<1$），要使虚拟资本部门能够正常运行，需要满足的条件是：

$$\alpha M_s = M_f \tag{9.2.10}$$

若要使引入虚拟资本虚拟价值的再生产能够达到平衡，α 和 β 所要满足的条件是：

$$\frac{\alpha M_s}{K_f} = \frac{(1-\alpha) M_s}{C_s + V_s}, \quad 即 \alpha = \frac{K_f}{C_s + V_s + K_f} \tag{9.2.11}$$

$$\beta M_s = K_f \tag{9.2.12}$$

若 $\alpha > \dfrac{K_f}{C_s + V_s + K_f}$，则说明虚拟资本部门的利润率较高，这将带来两方面的影响，一方面，实体经济部门中较多的剩余价值流向虚拟经济部门，致使实体经济部门中的利润不能保证；另一方面，资本为了获得更高的利润就会不断向部门转移，致使实体经济萎靡，最终也会带来虚拟经济部门的巨大泡沫，一旦泡沫破灭就会发生金融危机。如 1987 年、1997 年以及 2008 年的金融危机无不印证了这一点。若 $\alpha < \dfrac{K_f}{C_s + V_s + K_f}$，则表明虚拟资本服务部门的利润率低于实体经济部门，社会中的资本将从虚拟资本服务部门转移到实体经济部门，有利于实体经济的发展，但是这可能仅仅是一种短暂的现象，在实体经济某一繁荣阶段尤其是重大技术创新出现时会发生这一现象，若没有长期连续的技术创新，这一现象也难以长期维持。

同样，在实体经济部门中必须要生产出一部分的实际资本作为金融服务部门的实际投入，否则，金融服务部门也无法运作。若 $\beta M_s \neq K_f$，二者之间的价值交换不能够平衡。具体言之，若 $\beta M_s < K_f$，表示实体经济部门中的产出不能够满足金融服务部门的投入所需；若 $\beta M_s > K_f$，表示实体经济部门中产出有剩余。

其次，引入网络虚拟价值的再生产模型也会发生变化，因为网络经济将实体空间中的交换活动更便捷地转移到了虚拟空间之中，从而极大限度地降低了交易成本，即互联网营销模式的诞生对实体商业部门的生产和销售方式进行了一次彻底的革命。换言之，网络经济部门将日常实体交换活动转向以网络技术为载体的数字化、虚拟化经营活动。由于网络经济的复制性、规模性和共享性，致使网络经济产品中有一部分价值脱离了劳动，完全来自于这三大特性的价值溢出，即我们在前面所分析的网络经济的虚拟价值，且这些溢出的价值量远远高于前期所投入的实体劳动量，甚至在某些垄断性的网络经济部门，前期的劳动投入可以忽略不计。以此为核心运行的网络经济部门在现实经济活动中担任着重要角色，也成为经济活动中不可或缺的一部分。

假定社会经济活动中的经济部门抽象为实体经济部门和网络经济部门，并假定网络经济部门所投入劳动创造的价值可以忽略不计，此时宏观再生产模型可以表示为：

$$W_s = C_s + V_s - (C_{sn} + V_{sn}) + M_s \qquad (9.2.13)$$

$$W_n = K_n + M_n \qquad (9.2.14)$$

其中，$C_{sn} + V_{sn}$ 表示网络经济中相关产品的提供为实体经济部门节省的不变资本和可变资本，如远程操控等。

假设 $M_s = (a+b+c) M_s + (1-a-b-c) M_s$ 表示实体经济部门由于成本节约所愿意从剩余价值中支付网络经济发展的比例，$a+b$ 表示实体经济部门剩余价值实际向网络经济部门转移的比例，c 表示实体经济部门中用于网络经济部门实际投入的价值交换比例。

从实体经济部门角度来看，其支持网络经济部门发展的临界条件为：

$$aM_s = C_{sn} + V_{sn} \qquad (9.2.15)$$

这一条件表示实体经济部门至少愿意支付网络经济部门为其带来的不变资本和可变资本节约的部分。

从网络经济部门来看，其正常运行需要的剩余价值所应满足的条件为：

$$(a+b) M_s = M_n \qquad (9.2.16)$$

这是因为，网络经济部门在前期完成之后，尽管后期的劳动价值投入可以忽略不计，但是仍有物质资本的投入，这些资本也要求获得平均利润率。在这一情况下，网络经济部门就需要更多的剩余价值转移。若要使引入网络虚拟价值的再生产能够维持平衡，$a+b$ 所需进一步满足的条件是：

$$\frac{(a+b) M_s}{K_n} = \frac{(1-a-b) M_s}{C_s + V_s - (C_{sn} + V_{sn})}, \quad 即 \ a+b = \frac{K_n}{C_s + V_s - (C_{sn} + V_{sn}) + K_n}$$

$$(9.2.17)$$

$$cM_s = K_n \tag{9.2.18}$$

若 $a+b > \dfrac{K_n}{C_s+V_s-(C_{sn}+V_{sn})+K_n}$，表明网络经济部门的资本投资能够获得更高的利润，投资者倾向于将实体经济部门的投资转移至网络经济部门，扩大了网络产品的投资本应该带来利润率的下降，但是为了保证高利润，网络经济部门往往会提高自身产品的价格，从而形成泡沫。一旦网络经济部门的虚拟价值与实体经济所能转移额度之间的背离超过一定界限时，实体经济将无法承受剩余价值向网络经济部门的大量转移，直至无法运行，网络危机就会爆发，爆发于20世纪初的美国网络经济危机就是很好的佐证。

若 $a+b < \dfrac{K_n}{C_s+V_s-(C_{sn}+V_{sn})+K_n}$，表明将资本投资于实体经济能够带来更高的利润，理性的投资者会将资本转向实体经济部门，当然，长此以往这也不利于网络经济的发展。

若 $cM_s \neq K_n$，表明实体经济所能支持网络经济部门发展的物质资料与网络经济部门所需要的物质资料不相平衡，具体来看，若 $cM_s < K_n$ 表明实体价值中能够提供给网络经济部门发展的物质资料不足，这将制约网络经济部门的扩张，若 $cM_s < K_n$，表明实体经济部门所生产出的实体价值有剩余，可以进一步转移至网络经济以促进其发展。

最后，资源环境虚拟价值的引入对马克思再生产经济模型形成约束。自工业革命以来，自然资源的效能得到了极大程度的发挥，为促进物质生产指数级的增长发挥了不可磨灭的作用，同时，自然资源量的耗费也即将突破自身限度。我们也意识到自然资源的合理利用和保护也离不开物质生产，自然资源虚拟价值的形成和决定也需要在再生产循环中取得均衡，一旦这一平衡条件遭到破坏，就有可能出现以资源价格大幅波动为导火索的生产危机，如石油危机。因此，探究以自然资源为代表的虚拟经济和实体经济之间的平衡关系至关重要。

假定社会经济活动中的经济部门抽象为实体经济部门和自然资源部门，此时宏观再生产模型可以表示为：

$$W_s = C_s + V_s + M_s \tag{9.2.19}$$

$$W_r = C_r + V_r + M_{r1} + M_{r2} \tag{9.2.20}$$

若用 ΔE 表示实体经济应该补偿给自然资源部门的虚拟价值,则实体经济部门的价值构成可以表示为:

$$W_s = (C_s + \Delta E) + V_s + (M_s - \Delta E) \quad (9.2.21)$$

对于包含劳动价值的自然资源产品而言,其价值包括两部分:一部分是勘探、开采和加工自然资源所包含的劳动价值,另一部分是自然资源因垄断性和稀缺性所具有的虚拟价值。而目前我国自然资源的价值补偿主要涵盖前者,如自然资源的定价主要是包括依据自然资源开采成本、加工成本与行业利润制定[①],后者极少包含在内。正是囿于虚拟价值计量的缺乏,自然资源长期处于定价偏低状态,实体经济部门也并未对自然资源本身的虚拟价值进行补偿,因此,必须从实体经济部门的剩余价值中取出一部分作为对自然资源损耗或因自然资源损耗而引致生态破坏的成本补偿,因此,实体部门对自然资源或生态破坏的补偿也可以看作是其成本的增加。

因为此类资源一般具有不可再生性,要使得实体经济部门实现环境友好型的可持续生产,需要满足的条件是:

$$M_{r2} = \Delta E \quad (9.2.22)$$

即实体经济部门还需要向自然资源部门转移一部分剩余价值,在量上能够满足自然资源部门进行生态补偿和保护,如资源稀缺性规划、挖煤后的土地凹陷等等。

对于纯自然资源产品而言,$C_r + V_r + M_{r1} = 0$,其价值则完全由虚拟价值构成,且考虑到这类产品一般具有一定的可再生性,因此,其价值构成 W_r' 可表示为:

$$W_r' = M_{r2} \quad (9.2.23)$$

由于这类自然资源产品具有一定的可再生性,即其有一部分消耗掉的可以被再生出来,因此,真正被生产过程消耗掉的可以用以下式表示。

$$\Delta E = E_r - \Delta E_r \quad (9.2.24)$$

其中,E_r 表示参与生产过程的自然资源,ΔE_r 表示由于其可再生性而自我恢复的一部分价值。因此,若考虑资源环境的可持续生产,则应满足的条件是:

---

① 朱晓杰:《自然资源及其产品价格改革研究》,《价格月刊》2004 年第 8 期。

$$M_{r2} = \Delta E = E_r - \Delta E_r \qquad (9.2.25)$$

即实体经济部门向此类自然资源部门转移的剩余价值在量上需满足其自我净化之后所引致的生态损耗。

与前面两类虚拟价值所不同的是，自然资源所有权界定并不清晰。虚拟资本或者网络产品有着明确的所有权，因此，前两类所有者为追逐自身的利益最大化，往往会向实体经济部门索取尽可能多的剩余价值，最终形成泡沫。而自然资源的所有权界定较为模糊，在资源环境制度还未引起重视或重视不够时，实体经济部门往往会逃避对自然资源部门的剩余价值转移，进而导致自然资源的虚拟价值无法得以补偿。因此，前两种危机的表现形式一般为虚拟经济泡沫过大，泡沫破裂时爆发危机，生态危机一般表现为实体经济部门对自然资源的破坏长期超过其自我修复能力或者生态环境成本，即：$\Delta E > M_{r2}$，从而引起资源耗竭和生态恶化，一旦达到生态环境所能承受的最大极限，就会爆发生态危机。

三、关于虚拟价值的经验分析

在现实经济条件下，虚拟资本、网络产品和自然资源已经俨然成为实体价值向虚拟领域转移的三大通道。且在虚拟经济领域，具有虚拟性的产品定价往往会偏离其虚拟价值，因而，有可能会出现较大幅度的波动，也有可能会一直偏离其虚拟价值，引致虚拟经济泡沫，当泡沫达到一定界限，甚至会爆发危机。

首先，就虚拟资本虚拟价值而言，由于股票、债券、基金等虚拟资本缺乏以虚拟价值为基础的定价方式，因而虚拟资本价格波动幅度较大，且虚拟资本服务部门攫取了实体经济部门较多的剩余价值。一方面，我们通过中国、美国和世界的上市公司总市值占 GDP 的比重这一数据对比发现，虚拟资本的价格波动以及不同国家的虚拟资本总量差异较大。如图 9-1 所示，美国上市公司总市值占 GDP 的比重远高于世界平均水平，自 1996 年以来，除 2008 年爆发全球金融危机以外，其上市公司总市值占 GDP 的比重均高于 100%，其中 1998 年和 2006 年甚至高于 140%。中国的上市公司总市值占 GDP 的比重基本处于世界水平之下，仅在 2007 年我国这一数值突破 100%，全球金融危机之后又迅速回落。可见，中国、美国和世界水平的上市公司总市值占 GDP 的比重在这一期间波动幅度都非常大。正如皮凯蒂（2014）通过大量的数据证实的那样，多个国家的资本/收入比在较短时间内年度序列数据不断变化的原因正是房地产价格（包括住宅和商业地产）及金融资产（特别是股票）价格的极度不稳定。[①] 另一方面，通过我国金融业和制造业上市公司的每股收益进行对比，我们发现自 2007 年以来金融业的收益远高于制造业。每股收益即每股盈利（EPS），指税后利润与股本总数的比率，这一指标能够反映某一行业或者某一公司的盈利情况。因此，我们选择这一指标对金融业与制造业进行对比。如图 9-2 所示，以 2006 年为分界点，在此之前我国制造业的每股收益基本高于金融业（除 1998 年），于此之后，我国的金融业每股收益均高于制造业，更加令人关注的是，自 2011 年以来，这一差距在不断扩大，直至 2014 年，金融业以每股收益 1.00 元远超制造业0.34 元，二者差距达到 0.66 元，创历年来最高。这在一定程度上说明我国引入虚拟资本虚拟价值的再生产平衡条件未能得到满足。马克思认为，"利润率的下降在促进人口过剩的同时，还促进生产过剩、投机、危机和资本过剩。"[②] 即若资本在实体经济中不能获得较高的利润率，也许不能够立即找到新的高利润率的投资渠道，但是由于资本天生的逐利本性，这些暂时游离于实体经济之外的资本会进入虚拟经济成为虚拟资本。[③] 鲁品越（2015）认为，这些处于"休眠状态"的资本主要是被金融机构吸收，一来成为实体经济发展或扩张的"后备资本"，二来这些虚拟资本的价格波动又可作为金融资本攫取实体价值的途径。本书对这一观点表示认同，1970 年，资本收入仅占发达国家国民收入的 15%—25%，而 2000—2010 年，这一数值升至25%—30%。[④] 令人惊叹的是，1970 年高收入国家的证券组合股权净流入为13.6 亿美元，而 2000—2010 年，这一数值绝对值则处于约 1420—8458 亿美元之间，从这一数据对比之中，我们能够看出虚拟经济通过虚拟资本对实体价值的大量吸收。

---

① ［法］托马斯·皮凯蒂：《21 世纪资本论》，巴曙松等译，北京：中信出版社 2014 年版，第 174 页。
② 马克思、恩格斯：《马克思恩格斯文集》（第七卷），北京：人民出版社 2009 年版，第 270 页。
③ 鲁品越：《利润率下降规律下的资本高积累——〈资本论〉与〈21 世纪资本论〉的矛盾及其统一》，《财经研究》2015 年第 1 期。
④ ［法］托马斯·皮凯蒂：《21 世纪资本论》，巴曙松等译，北京：中信出版社 2014 年版，第 226 页。

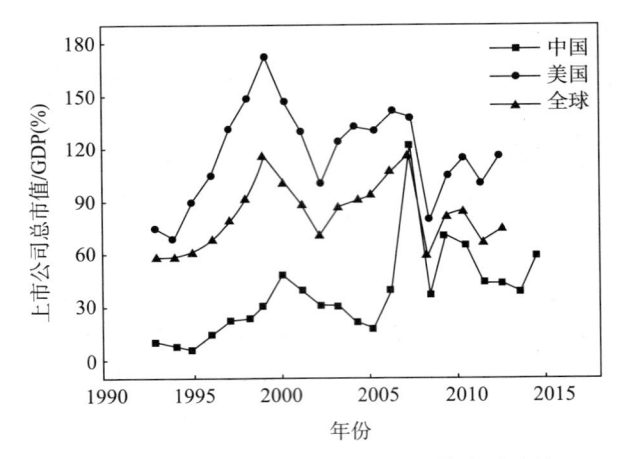

图 9-1 上市公司总市值占 GDP 的比重比较

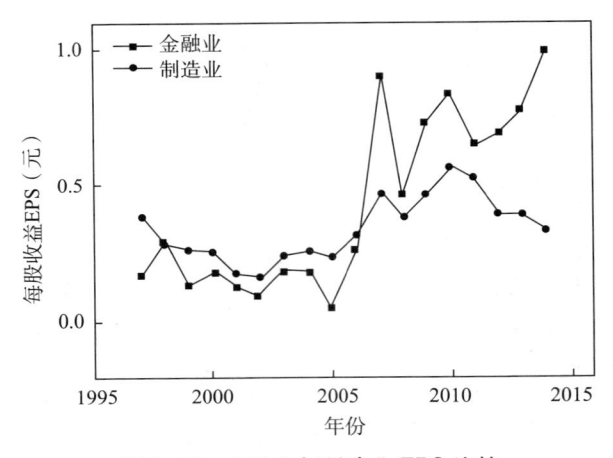

图 9-2 金融业与制造业 EPS 比较

其次，就网络虚拟价值而言，正如前面所论证的那样，网络产品具有规模性、复制性和共享性，因此，一旦某一家电子商务或者互联网公司率先占据市场，凭借网络产品的三大特性，其会一直处于优势地位。如图 9-3 所示，天猫商城和京东一直在我国 B2C 网络购物市场交易份额中名列第一和第二，2012 年二者的市场份额分别为 52.10% 和 22.30%，仅这两大公司占据了市场 74.4% 的份额，2014 年这两个数值分别为 59.30% 和 20.20%，共占市场 79.50% 的份额。而其他企业的 B2C 网络购物份额一直非常小，尤其是对于一些较小的企业，其运营也十分不稳定。这也说明了与互联网相关的

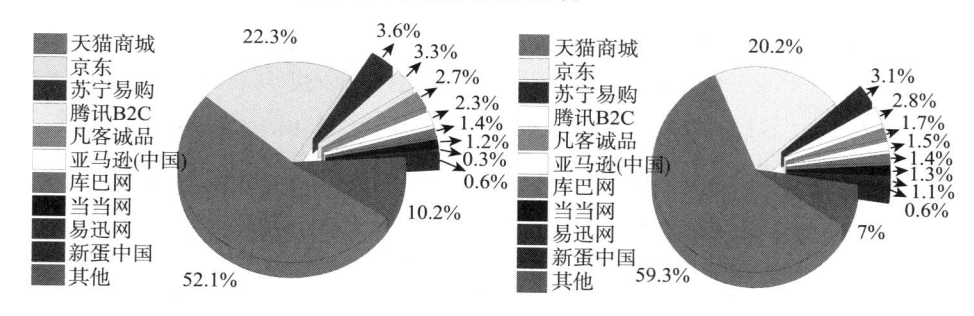

运营公司与一般的工业企业具有较大的差别。

图 9-3　2012 年度和 2014 年度中国 B2C 网络购物市场交易份额比较①

资料来源：中国电子商务研究中心。

同时，若某一家互联网企业在市场中占有绝对领先的市场份额，就如其拥有最大最肥沃的一片"虚拟土地"。利用其创造的这块"虚拟土地"，不但可以收取租金，还可以收取帮助"租地者"获得更多"收成"的费用。我们不妨以阿里巴巴为例具体分析其如何利用这块"虚拟土地"获得收入。阿里巴巴的收入来源主要有三大块：一是通过广告获得收入，即按照一定标准收取广告展示费用；二是收取佣金，比如天猫和聚划算的卖家，如果通过支付宝进行交易，则每一笔都需要向阿里巴巴支付交易额的 0.5%—5% 不等的佣金；三是收取店铺费或者会员费，对于淘宝旺铺以及利用软件帮助其升级的店铺收取店铺费，对国内和国际入驻的批发商收取会员费。在其向美国证券交易委员会（SEC）所递交的更新后的招股书中显示其 2014 财年净利润率高达 44.57%，其净利润率远远超过当期我国制造业 500 强公司的利润率，根据《2008 至 2014 中国制造业 500 强研究报告》，2014 年中国制造业企业 500 强的利润率仅为 2.7%。

从行业层面上来看，网络也确实成为实体经济向虚拟经济转移剩余价值的一条重要通道。自 2010 年以来，我国的网络零售市场交易规模也在迅猛增长，如图 9-4 所示，由 2008 年的 1300 亿元上升至 2014 年的 28211 亿元，上升了接近 21.7 倍。与此同时，互联网及相关服务业对比于我国制造业企业的萎靡不振，显示出了较为强劲的增长，如图 9-5 所示，我们将互联网

---

① 标识按照由大到小的顺序依次排列。

和相关服务业与制造业的每股收益对比发现,2007年以来我国互联网及相关服务业的每股收益远高于制造业,且这一趋势仍在不断扩大,2014年这一差距达到了0.44元。这一方面说明引入网络虚拟价值的再生产平衡条件未能得到满足,另一方面也说明互联网及相关服务业正是以网络经济这条通道,从实体经济中转移了大量的剩余价值。

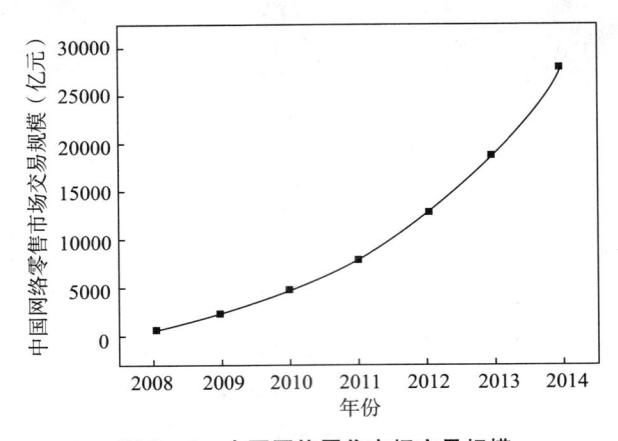

图9-4 中国网络零售市场交易规模

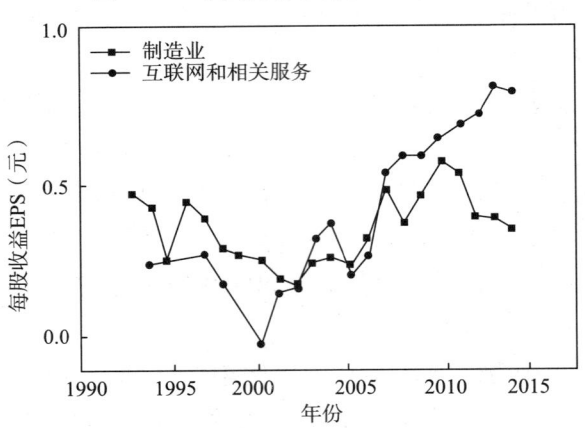

图9-5 互联网和相关服务业与制造业EPS

资料来源:中国电子商务研究中心和Wind数据库。

最后,就自然资源虚拟价值而言,虚拟价值这一理论基础的缺失首先会使得自然资源的定价偏离其虚拟价值,从前面的理论分析也可以看出,由于自然资源的无劳动性往往致使自然资源的价格处于较为低廉的状态,在以经济发展为主的发展中国家这一现象更为明显。就以我国为例，自然资源定价机制理论基础的缺失致使我国自然资源价格一直较低，长此以往，不但形成了对不可再生资源的过度依赖，而且还抑制了可再生资源的使用。

论及不可再生资源的价格，不妨以汽油价格为例，如图9-6所示，从总体上来看，汽油的世界市场价格一直处于上升趋势，自1998年的0.54美元每升上升至2012年的1.41美元每升，上升了接近2倍。而更为重要的是，尽管我国的汽油价格也一直处于上升态势，但是一直低于世界水平，且远远低于德国[①]。不可再生资源的低廉价格也同时抑制了我国可再生资源的发展，而以德国为代表的发达国家拥有较为先进的可再生能源和替代技术，因而这些能源在其总能源使用中的比例远远超过发展中国家。这些可替代能源和核能又可称为清洁能源，是指在生成过程中不会产生二氧化碳的非碳水化合物能源，可替代能源包括水能、地热能和太阳能等。即清洁能源的污染排放系数几乎为零，这能够有效地保护生态环境。由图9-7可以看出，我国可替代能源和核能占能源使用总量的比例低于世界水平，且远远低于德国。

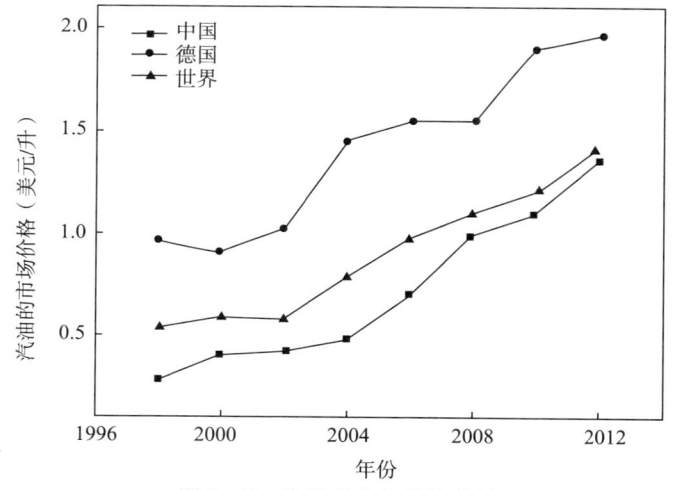

图9-6 汽油的市场价格比较

资料来源：世界银行数据库。

---

① 之所以选择德国作为比较对象，是因为德国的制造业占GDP比重高于其他发达国家，而我国目前也正处于工业经济时代，并致力于工业生产方式转型期，因此选择德国作为比较对象具有一定的借鉴意义。更为重要的是，德国的可替代能源和核能在能源总消耗量中使用比例在发达工业国家中最高。

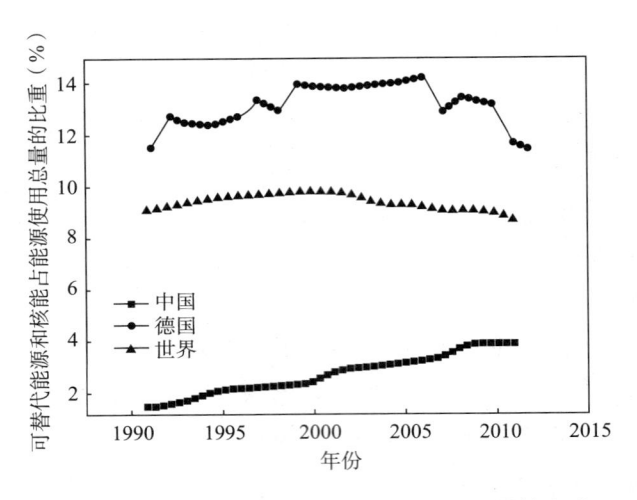

图 9-7　可替代能源和核能占能源使用总量的比重

以石油等化石能源为基础的传统产业发展达到巅峰是当前世界产业发展过程中的一大显著特征[①]，而对化石能源的依赖不仅会影响经济的稳定性，甚至可能引发生态危机。传统化石能源数量上的绝对稀缺表现为其价格的持续上涨，国际市场原油平均价格由 1998 年约 12 美元每桶上升至 2013 年约 100 美元每桶，价格上涨会对经济发展带来巨大挑战。在化石燃料等不可再生资源的长期定价偏低的情况下，我国的经济增长也显然与化石燃料等不可再生资源密切相关，根据世界银行与国家统计局相关数据，我国不可再生资源占能源消费总量的数据也一直呈现上升状态，自 1991 年的 74.83% 上升至 2013 年的 90.2%。如图 9-8 所示，1991 年我国的化石燃料能源消耗量为 77662.6 万吨标准煤，而 2013 年这一数值上升至 338250 万吨标准煤，我国 GDP 与化石燃料能源消费量也明显呈现出一致的变化趋势，可见，我国经济发展严重依赖于不可再生资源。这可能会带来两方面的结果，一方面，一旦不可再生资源的价格发生动荡，我国经济发展将受到严重影响；另一方面，不可再生资源的过度使用将会带来环境恶化，甚至可能会带来生态危机。如世界 CO_2 排放量从 1990 年的 20981 百万吨上升至 2011 年的 31342 百万吨，12 年期间上升了超过 50%，我国的 CO_2 排放量在世界各国中显然处于较

[①]　金碚：《国际金融危机下的中国工业》，《中国工业经济》2010 年第 7 期。

高地位。我国工业发展无疑是资源环境破坏的重要原因,然而对比我国工业的快速增长,工业企业对环境治理的投资力度并不是很大,如图9-9所示,自1999年以来,我国工业污染治理投资总额占工业增加值的比例均在0.6%以下,因而,实体经济向虚拟经济部门所转移的剩余价值可能并不能补偿自然资源,则引入自然资源虚拟价值的再生产经济平衡条件不能够得到满足。

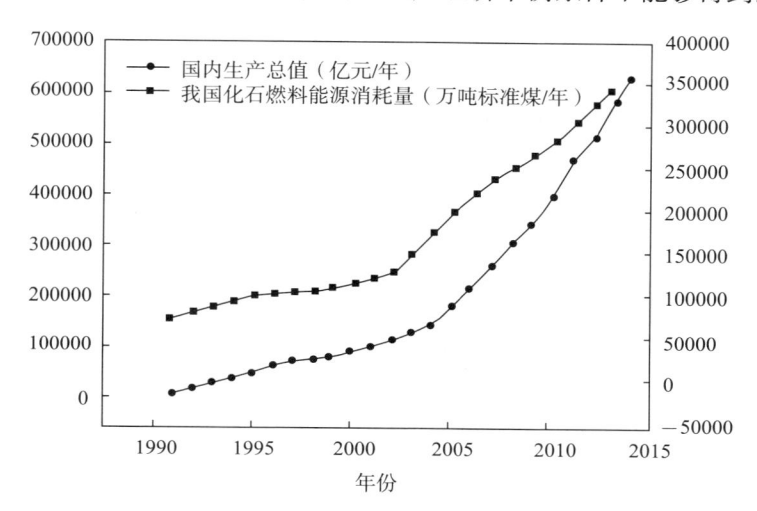

图9-8 中国GDP与化石燃料消耗量

资料来源:世界银行数据库和联合国数据库。

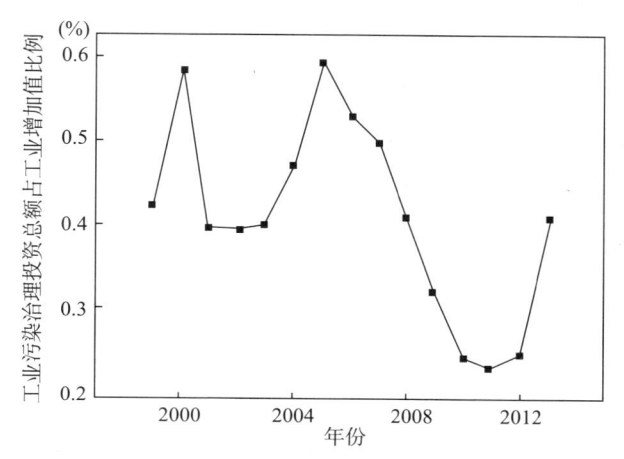

图9-9 工业污染治理投资总额占工业增加值比例

第三节 虚拟价值运用：互联网空间的虚拟价值分析

当今，我们已经超越了索洛那个"你可以看到计算机无处不在，但是在生产率的统计上却无影无踪"的时代，而是进入了"任何经济活动刻上了互联网"的"互联网+"时代。诸如互联网+生产、互联网+管理、互联网+营销、互联网+金融、互联网+商业，随之如雨后春笋般的新范畴，B2B、B2C、C2C、O2O、B2M、B2G、B2T、C2B、C2B2S、B2B2C、众筹、余额宝、支付宝等无不建立在互联网之上。更有甚者，网商阿里巴巴2014年一年网上零售额同比增长49.7%，达到2.8万亿元的奇迹更将互联网神化为藏宝库，"芝麻开门，财源滚滚"。总之，互联网已经不是正在改变整个经济社会，而是已经过滤了整个经济社会，主宰了整个经济社会。正如英特尔前总裁葛鲁夫所言"所有公司必须向网络靠拢，与网络无关的公司只有死亡"。

这就为我们理论经济学的研究提出一个重大课题，我们首先必须回答的问题就是：互联网是什么？是技术，是商品，还是经济关系？同时我们也要弄清楚，互联网这个藏宝库的财宝从哪儿来的？它自己生成的，还是转移来的？它会不会枯竭？还有是互联网是靠什么就过滤了这个社会？使得它可以无处不在？也就是"互联网+"是怎么就做到了可以"+"的？

这些问题是我们面对"互联网+"时代必须要做出的理论研究，而且这些将是有关"互联网+"的任何现实问题分析必要的理论根据和出发点。

一、互联网是一个虚拟空间

我们首先要回答的是互联网是什么？这是我们从理论上解释互联网现象的重要前提。

（一）关于互联网空间的界定

互联网的概念实际上应当追溯到第二次世界大战期间的美国总统科学顾问 Vannevar. Bush，1945 年，Vannevar 在《大西洋月刊》上发表了一篇名为《诚如所思》（As We May Think）的文章，里面提到要构建一个"memex（信息机器）"系统，在这个系统框架内，"各种全新形式的、带有预制关联路径网络的百科全书将会出现，随时可投进 memex，在那里得到扩展"。这里已经包含了互联网的一些基本思想，诸如系统、关联、网络。

互联网的实践始于 1969 年，即美国国防部研究计划署领导下的 ARPANET（阿帕网），互联网由此发展而来。但是人们常把 1983 年看作是互联网的真正诞生之年，原因就是这一年 TCP/IP 协议就成为 ARPANET 的标准协议，这使得所有使用 TCP/IP 协议的计算机都能够利用互联网进行相互通信，从那以后互联网就走出 ARPANET 实验室逐步推向全球，成了全球性的网络。

随着实践的深入和发展，人们对互联网概念的理解也在提升。1995 年 10 月 24 日，"联合网络委员会"（The Federal Networking Council，FNC）通过了一项关于"互联网定义"的决议，认为"互联网"是指这样的一种全球性的信息系统：（1）通过全球唯一的"网络逻辑地址"在网络媒介基础之上逻辑地连接在一起。这个地址是建立在"互联网协议"（IP）或今后其他协议基础之上的。（2）可以通过"传输控制协议"和"互联网协议"（TCP/IP），或者今后其他可替代的协议或与"互联网协议"（IP）兼容的协议来进行通信。（3）以让公共用户或者私人用户得以享受现代计算机信息技术带来的高水平、全方位的服务。这种服务是建立在上述通信及相关的基础设施之上的。可见人们对于互联网概念的认识已经非常全面。首先，通过互联网协议互联网逻辑地联系起来，这种联系就是技术关系。其次，互联网通过协议关系构建了一种分层的网络关系，比如 TCP 层、IP 层。最后，互联网在现实层面是用于服务社会的，这个层面的关系就构成了互联网的社会关系（比如经济关系），但是这种社会关系是基于技术关系之上的。

此外，更为权威的解释又深化了人们对互联网概念的认识，TCP/IP 的联合发明人、互联网形成中最伟大的四人之一的 Robert Kahn（2006）认为，互联网是一个独立于其特定组成元素的"逻辑架构"，可以把任何类型的网络与网络、网络与设备都连接起来。此处，Robert Kahn 的"逻辑架构"的概念其实就已把互联网从技术层面中独立出来并作为高于它之上一个新的概念，这个新的概念我们认为是一种关系乃至一种空间。

现在较为权威的定义是据国际电信联盟对互联网的解释，认为互联网是采用互联网协议的一组相互连接的网络，该协议允许这些网络作为一个大型虚拟网络进行工作。这里给互联网贯以了虚拟的概念，这是一种更加科学的定义，是在过去认识基础上对互联网的一种概括性的总结。

从这些关于互联网概念的界定中，我们可以发现，人们对于这一现象的本质认识是不断地深入发展的。

为了更好地理解互联网的概念，我们需要大致了解一下互联网的体系结构，图9-10显示了互联网的五层体系结构。每一层都建立在下一层的基础之上，每一层的目的都是向上一层提供特定的服务，同时对上一层屏蔽其如何服务的细节。一台机器的第n层只能与另一台机器的第n层进行对话，并且对话需要按一定的通信规则进行，对话中用到的通信规则的集合叫作第n层协议，它规定了通信时信息必须采用的格式和这些格式的意义。实际上，数据不是从一台机器的第n层直接传到另一台机器的第n层，而是每一层都把数据和控制信息传到下一层，直到最底层，最底层下面是物理介质，通过它把数据和控制信息传给另一台机器，另一台机器则在接受信息后从第一层逐级向上传直到第n层。从中我们可以发现互联网所具有的空间性，除了物理介质所处的是自然空间，其他层都可以看作一个虚拟的空间层。机器在第n层相互之间的对话，就可看作是在一个虚拟空间中进行的，当然实际的信息传递是要通过物理介质所处的自然空间完成的。

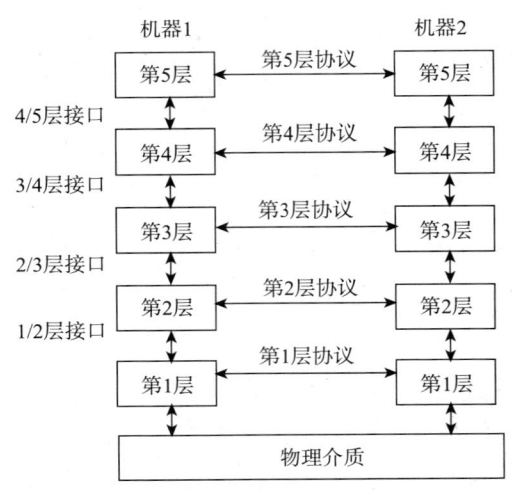

图9-10 互联网的逻辑层及协议

为此，我们可以认为，互联网在本质上就是由互联网技术所支持的，通过各层次的互联网关系所联系的虚拟空间。下面，我们将对互联网空间的内涵作进一步深入的分析。

首先，互联网是一种技术要素，如果没有互联网技术的进步与创新，就没有互联网的存在。所谓的互联网技术要素可以分为两部分即硬件技术要素和软件技术要素，硬件技术要素主要指数据存储、处理和传输的主机和网络通信设备，如服务器、基站、交换机、卫星、光纤、以太网、DSL（数字用户线路）、WLAN、路由器等等；软件技术要素可以分为网络服务程序和各种应用程序、网络服务程序比如有 DNS（域名系统）、TCP/IP 服务程序，HTTP 服务程序等；基于互联网的各种应用程序则有搜索程序、网络游戏、电子邮件、P2P 等。

其次，互联网是一种关系，所谓关系就是指各种要素相互之间的联系。这种关系包含两个层面，技术关系和社会关系。

所谓技术关系是指各技术要素之间的联系，这种关系集中表现在各种机器相互通信所要遵守的互联网协议上。

所谓社会关系是指人与人之间的关系，这种人与人之间的关系从经济学意义上分析则是指经济关系，有生产关系，交易关系，消费关系以及分配关系，就法律意义和社会学意义上就有契约关系和社会交往关系等。

然而，技术关系和社会关系是不能截然分开的，技术关系在实现运行过程的同时也是社会关系的运行，当然这种基于技术关系之上的社会关系的表达能使得社会关系更加凸显。互联网协议众多，常见的比如有 TCP/IP 协议、HTTP 协议、STMP 协议等等。这些协议都是一种技术关系，但同时也反映了人与人之间的社会关系。比如，STMP 是一种邮件传输协议，这种协议所代表的技术关系反映的是人与人之间通信往来的一种社会关系的连接，HTTP 协议是一种超文本传输协议，这种技术关系反映的是两个人乃至一群人之间的社会关系的超链接。因此，可以这么说，互联网关系是技术关系所决定的通过社会关系所表达出来的一种联系系统。如果说互联网技术为一些空间的支柱，而互联网关系则是将这些支柱联系起来形成立体空间的线条。

再次，互联网是一种空间。空间不仅指物理上的自然空间，根据社会学理论，空间可以看作关系的产物。因此，互联网作为一种包含技术关系和社会关系的相互联系的系统，它是一种空间。互联网关系分为技术关系和社会关系，因此，与此相对应互联网既是一种技术空间也是一种社会空间，互联网作为技术空间则是技术关系的产物，互联网作为社会空间则是社会关系的产物。实际上，正如技术关系和社会关系是不能截然分开的一样，互联网的技术空间和社会空间也是交错在一起的。

最后，关于虚拟空间，就虚拟而言，互联网空间虽然是物质的，但却是无形的，就这个意义上讲，它就是一组数据或者符号，确切地说，互联网也不过是"一组计算机程序的集合"，因此，从这个意义上讲，它是一个虚拟的事物。互联网作为一种空间是看不见、摸不到的，所以，至多是个虚拟空间，但是这个虚拟空间作为自然空间的延伸可以给人们的社会实践带来巨大的支持。

至此，我们可以进一步说，互联网在本质上就是由互联网技术所支持的，通过不同的关系要素联系的，作为技术空间和社会空间统一体的虚拟空间。

（二）关于互联网空间的构造与地位

互联网空间大致可以分为三层：互联网基础层、网络连接层、在线空间层。如图9-11所示。

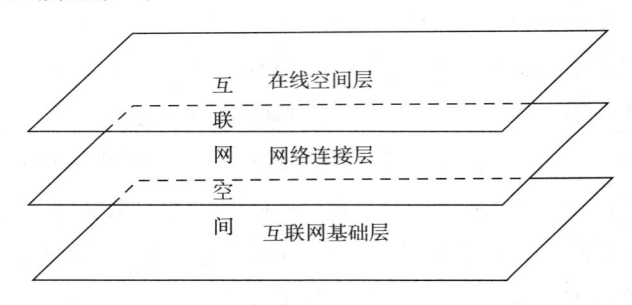

图9-11 互联网空间层次图

互联网基础层由互联网的基础设施组成如光导纤维、卫星网络、机器等，是实际物质层。

网络连接层由诸如多媒体内容与网络的超连接构成，它们的存在依赖于互联网基础层，但是网络连接层的结构完全是由它的逻辑拓扑架构所决定，是超物质层。

最后是在线空间层，是整个网络环境中最概念化的部分也是最虚拟化的空间层。前面两层是在线空间层的基础，在线空间层则是前面两层的一个表现，也是大多数用户所直接面对的虚拟空间。

由此可见，互联网虚拟空间是由互联网基础层、网络连接层和在线空间层所组成。不过，在线空间层才是使用者直接面对的部分，所以从狭义上讲，互联网虚拟空间就是指在线空间层，这也是本章所要研究的对象。

互联网空间在整个社会经济形态中之所以地位不断攀升，大有主宰整个经济社会的趋势，就在于互联网几乎过滤或者复制了整个现实社会。

互联网空间的出现，就将整个经济世界分为两个层面，一个层面是实体经济层面，一个层面是网络虚拟经济层面，在这中间，互联网空间首先对现实的实体经济进行复制，然后是将这个复制好的现实经济世界进行虚拟再现，显然，在这个过程中互联网空间是映射和镜像现实经济世界的载体平台，由此，现实经济世界与虚拟经济世界才会发生分离。如图9-12所示，互联网空间是实体经济与虚拟经济的关联载体，它首先是将虚拟和现实经济世界分离开来，在这同时也将现实世界一一复制到了虚拟世界，它又是将两个世界联系起来的通道。不仅如此，互联网空间并不是对现实进行简单的复制与镜像，而且是起到了过滤的作用，即经过互联网空间过滤后的虚拟世界已经富有了新的内涵与功能，这就是互联网的魔力，也是"互联网+"可以成立的基础。

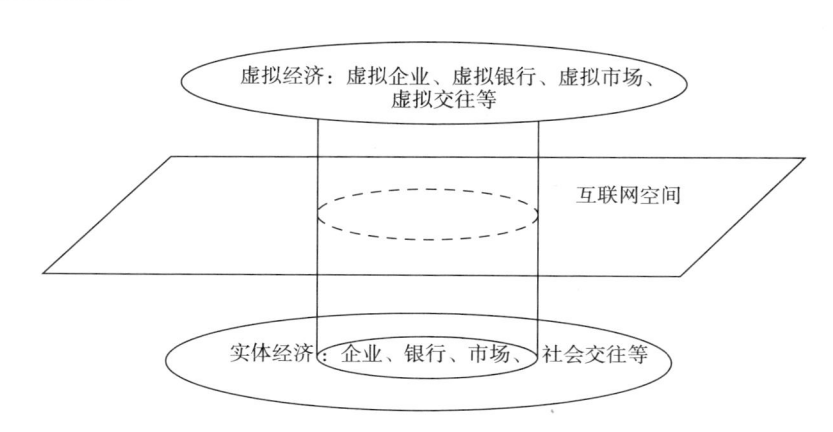

图9-12 互联网空间对实体经济的过滤

二、互联网空间是一种特殊的虚拟商品

在我们将互联网界定为一种空间之后，接着要解决的理论问题就是互联

网空间又是什么。从经济学的角度，我们可以将互联网空间界定为一种商品，当然，互联网商品也不是一般意义上的商品，而应是特殊的虚拟商品。

互联网空间作为一种商品是有其理论与现实的根据的。所谓商品就是用于交换并对于人们具有一定效用的产品，也就是说商品是具有使用价值和价值的统一体。我们将互联网空间定义为商品，就在于它作为技术空间的一面是具有使用价值的，也就是可以满足人们的某种需要，同时，作为社会空间的一面它具有交换价值，可以用于交换的。就现实来看，其互联网的使用价值是毋庸置疑的，而其价值也是真金白银，诸如阿里巴巴的市值就被估算为1200亿—1500亿美元。

当然，互联网空间并不是严格意义上的劳动产品，而是一种虚拟商品。关于互联网空间是虚拟商品的解释，可以有两个层面。

一方面是互联网空间本身的无形化所表现出来的虚拟性，即与一般有形商品的不同。理论界对于网络虚拟商品的解释可以分为如下几种，一种认为网络虚拟商品是电磁记录数据。它的生产过程是将现实中的产品进行数字信息化，将一个现实的产品变为一个网络产品，是对有形物质产品的"模拟"；一种是指网络游戏、数字产品及数字服务等网络产品，这是一组计算机程序，可以通过网络来传输、配送，这是目前较为广泛使用的虚拟商品概念的内涵；还有一种是指一组符号、一个概念或一种称谓[1]。上述无论哪一种认识都可以与互联网空间相关联，可见，互联网空间的确是一种虚拟的商品。

另一方面就是互联网空间的非劳动产品性。马克思将一般意义上的商品界定为是"用于交换的劳动产品"，而将土地、名誉、良心等非劳动产品则称之为虚拟的商品形式。马克思指出："有些东西本身并不是商品，例如良心、名誉等等，但是也可以被它们的所有者出卖以换取金钱，并通过它们的价格，取得商品形式。"[2] 而这些商品形式的"价格表现是虚幻的，就像数学中的某些数量一样。……如未开垦的土地的价格，这种土地没有价值，因为没有人类劳动物化在里面"[3]。可见，按照马克思关于商品的定义，互联网空间显然是后一类虚拟商品形式。因为作为互联网空间在基础设施方面虽

---

[1] 谭顺：《虚拟商品及其消费市场》，《商品市场》2008年第3期。
[2] 马克思：《资本论》（第一卷），北京：人民出版社2004年版，第123页。
[3] 马克思：《资本论》（第一卷），北京：人民出版社2004年版，第123页。

然也需要人类的劳动,在互联网的运行方面也离不开人类的服务,实际上,相对于互联网空间本身的社会效应和溢出的价值而言,这些人类劳动的投入尽管不能忽略不计,但其所占的比重并不算高。

互联网空间商品的特殊性则在于它与一般商品具有较大差异性。

关于互联网空间的特点,理论界的研究已经有一定的进展,如 Katz 和 Shapiro(1985)较早的分析认为,网络具有很强的正的外部性即网络效应,随着使用同一产品或服务的用户数量增加,每个用户从消费此产品或服务中所获得的效用也会增加,而网络效应是信息产品定价的重要因素。随后,Oz. Shy(2002)提出了网络经济产品区别于传统经济产品的四个重要特征:(1)互补性、兼容性和标准性;(2)消费外部性;(3)转移成本与锁定;(4)生产的显著规模经济性。这些研究很切中要害,对于互联网空间的特殊性理解很有价值。周朝民(2003)则强调网络经济学有其独特的理论基础,传统经济学的理论模型在网络经济条件下失去了解释力。我们在前期也做过这方面的研究认为网络经济具有较强的虚拟性,并通过复制性、规模性和共享性得到表现。以上可见,理论界对于互联网空间的特殊性已经有了很好认识,但是,在新的时代背景,尤其是"互联网+"的概念出现,关于互联网空间特殊性的认识也需要深化。

关于互联网空间与一般商品的根本区别就在于其虚拟性,这点是毋庸置疑的,其理论探讨已有定论,而前文的分析也做出了较好的阐述。现在我们着重分析的是作为虚拟商品的互联网空间与一般商品的区别,本书尝试归纳为以下几个方面。

其一,超强的复制性。互联网空间的复制性不是一般商品可以比拟的。一般商品的复制不过是仿照,就是按照一个样本商品的样子,仿照一个或者一批,而且,这个复制是需要大量成本的,诸如假币的成本一定高于真币的成本,因为要仿的像也不是简单的劳动,而且这个复制品的标准一定以被仿照品为标准,不能走形。

互联网空间的复制性与一般商品的复制性则是不同的。一是互联网空间的复制不是对于某一具体商品的复制,而是对整个经济社会的复制,只要现实有的它都可以复制,它可以复制实体企业,使之为虚拟企业,它可以复制实际市场,使之成为电子商务,它可以复制银行使之成为电子银行,它也可以复制社会，使之成为虚拟社区等。二是互联网的复制成本几乎等于零，抛开网络本身的基础设施，就互联网空间本身的效应看，互联网空间对于整个社会的复制成本很低，无非是使用网络的费用，这是固定的，其成本完全可以忽略不计。三是互联网空间的复制性与一般商品的复制性最大的不同点，是它并不是简单的复制或者仿照，而是超越。诸如由互联网空间复制来的虚拟企业、虚拟市场、虚拟银行等无论是生产成本、交易成本、规模性、便捷性、延展性、共享性等都是实体经济不可比拟的。试想当下哪一个实体市场规模能够大过亚马逊、淘宝、天猫以及阿里巴巴的交易规模？据统计，中国最大的义乌小商品市场几乎以一个城市为场地，营业面积达470余万平方米，但最高时只可以容纳商家7万来家，而天猫的网商从2012年推出后，2013年年末就达到了86140家，到2014年更是达到了13多万家，增幅达37%以上，并且还在快速增加，对比一目了然。

其二，超越的时空性。一般商品的时间和空间是有限制的，诸如一亩地可以播种多少经济作物，一块地上可以建多少房子，一个流水线可以生产多少产品，一片社区可以居住多少人口总是有限度的，总之地球面积就是5.1亿平方千米，就算是可以叠加，终究不是无限的。就抛开空间的物质限制，实体经济的规模还有个规模适度的限制，即虽然厂商的平均生产成本会随着生产规模的扩大不断降低，但是，当生产规模达到一定的临界规模后，也会引发负反馈机制，这主要是由于管理成本和组织成本造成的，这样，实体经济的发展中，最终会把企业的规模引向适度，而不是无限扩大。时间也是一样，无论是生产时间和交易时间也都是有限制的，生产时间就分为劳动期间和非劳动期间，劳动期间不是随意可以延长的，一方面有关于人的生理的限制，尤其现代社会工作日一直在缩短。另一方面也不是通过轮作制可以解决的，因为有些产品需要自然作用时间。市场的交易也是如此，如上述关于市场空间的论述，不再赘述，还有就是市场交易时间也是如此，会随着工作日进行调整，其被限制性也不言而喻。而互联网空间与时间就完全不同。

互联网空间则具有较强的边界延伸性，或者说其规模的扩大基本不受物质条件的限制，且规模越大其效应越高。一般而言，互联网空间的边界是由互联网规模（生产规模或用户规模）决定的，就供给规模看，由于互联网空间基本不受物质条件限制的特性，以及自身较强的几乎无成本的复制性，就使得互联网空间的供给规模有很大弹性,不会受太多的物质条件限制。就需求规模来看,互联网空间的规模主要是由需求者或者消费者的数量决定的,这也是与实体经济规模主要是由生产规模决定的不同之处。由于互联网供给空间的弹性较大,因此,互联网空间的规模则主要取决于需求的规模,使用互联网空间的人数越多,其空间规模也就越大。这仅是从物质条件和使用者数量的分析,更为重要的是互联网空间能够超越物质空间的延伸性还有其经济学机理,即互联网空间的特殊的规模效应。就成本而论,如前所述,实体经济规模效应一般先是成本递减,达到一定规模后,出现成本递增的趋势,为此,存在一个适度规模效应问题。而互联网空间则不同,它会随着规模的不断扩大,其成本不断递减,最后,边际成本几乎趋于零(这也是我们对于互联网空间成本几乎忽略不计的原因之一),如图 9 – 13 所示。而与此相反,随着互联网空间的不断延伸,其规模效应则会越来越大,其收益会随着规模的扩大而呈不断递增趋势。这不仅对于供给者来说具有这样的规模收益效应,对于需求者而言,在消费其产品的数量和价格不变的情况下,也会随着其需求者规模的扩大,也就是互联网空间的延伸,其利益满足不断增加。这些都是由互联网空间的正反馈效应和正的外部性决定的。[①] 此外,互联网跨界空间的交易也是空间延伸的表现,不再一一列举。

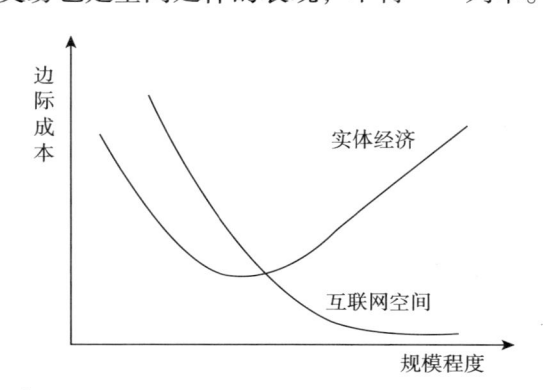

图 9 – 13　边际成本与规模程度的关系

[①] 马艳、郭白莹:《网络虚拟价值的理论分析与实证检验》,上海:上海财经大学出版社 2011 年版,第 115 页。

互联网空间也突破了时间的限制,使得人们的经济活动不再受自然时间的限制。一方面,互联网空间的时间为24小时,就是无时不有,从不中断;另一方面,互联网空间通过缩短交易时间,节约了时间,也就相对延长了自然时间。诸如互联网交易的"去中介化"特征以及互联网金融的数字化特征都在瞬间完成交易活动。

其三,开源的共享性。实体经济的商品生产者具有较强的个体性或者私人性,首先,这些商品的产权是明晰,无论国有企业和私人企业及其产品都是有明确的所有权,这是市场交易的基本前提。其次,实体市场经济通行的基本准则是价值规律,等价交换,优胜劣汰,适者生存,其利益分配原则是此多彼少。再有就是私人企业不提供公共产品,这类产品是由政府提供。

互联网空间商品实际上是开源商品形式,所谓开源商品是基于开源软件基础上发展起来的一种新的软件商品形式,它是将软件的源代码在一个网络社区(开源社区)内公布,任何社区成员都可以免费得到,并对其进行修正、改进或创新,其成果免费与其他成员共享。开源产品形式最大的特点就是共享性与准公共产品性质。

互联网空间具有明显的准公共产品的性质,即一是互联网空间的协议性保证了互联网空间的透明性以及人们在使用过程中的平等性;二是一个人对互联网空间的使用不仅不会减少反而会增加其他人的收益,即更多的人利用互联网空间可以提升其延伸性和效率性;三是互联网空间的运行也是一个在公有产权条件下私人无偿提供公共产品的过程,不会出现它实体经济中公共产品供给的难题(Krogh 和 Hippel,2006),因为互联网空间是开放的,资源是共享的,每个人都能够免费或者小成本就可以得到,每个参与者的贡献不是个人独有,而是共享的。这样,在互联网空间所奉行的经济准则就不仅仅是优胜劣汰,非零和博弈,而是零和博弈,所奉行的是共赢原则。[①]

云计算则把这种共享性推向了一个新的高度,比如云存储、云办公软件系统、云 ERP 等等,这样众多不同的个人或公司都可以在同一个平台上得到相应的服务,彼此之间可以共享这些资源。根据美国国家标准与技术研究

---

① 马艳、郭白莹:《网络虚拟价值的理论分析与实证检验》,上海:上海财经大学出版社 2011 年版,第 115 页。

院（NIST）的定义：云计算是一种按使用量付费的模式，这种模式提供可用的、便捷的、按需的网络访问，进入可配置的计算资源"共享池"（资源包括网络、服务器、存储、应用软件、服务），这些资源能够被快速提供，只需投入很少的管理工作，或与服务供应商进行很少的交互。云计算打个比方就是，从古老的单台发电机模式转向了电厂集中供电的模式，它意味着计算能力也可以作为一种商品进行流通，就像煤气、水电一样，取用方便，费用低廉，最大的不同在于，它是通过互联网进行传输的[①]。由于存在很大的共享性，这个提供专业云计算服务的公司同时可以给大量的用户提供某种专业的服务，并且边际成本趋向于零。这样，过去企业需要组建自己的服务器及安装各种软件系统，现在都可以通过云计算系统来实现，相当于把这些软件系统、存储服务等业务都外包给了一个专业的公司，并且只需要付出很低的成本。

其四，实虚的转换性。互联网空间不仅可以将整个经济社会过滤分割为虚实两个方面，还负有将两者联系起来的功能，使其相互转换。这种转换主要体现为财富或者价值的转换，互联网空间可以将实体经济的价值形态转换为虚拟价值形态，也可以将虚拟价值形态转换为实体价值形态。

实体经济的价值形态与网络虚拟经济的价值形态是不同的，前者为实际价值，后者为虚拟价值。但是，互联网空间是两者发生转换的载体与通道。首先，虚拟经济形态的价值并不是无中生有，它实际是通过互联网空间平台将实体经济的价值转移到了处于虚拟经济形态中的网上资源，由于这部分价值是通过互联网空间溢出的价值形态，与实际劳动价值关系不大，为此，我们称之为虚拟价值。其次，当这部分价值的所有者又通过互联网空间将这部分价值分配或者流回到实体经济之中，成为实体经济的实际利润或实体经济的投资以及工资，就又转为实际的价值形态。

三、互联网空间的定价模型及价值来源

通过以上分析，我们不难发现，互联网空间作为一种商品，具有使用价值，也具有价值，只不过互联网无论是作为商品特性，还是作为使用价值与价值的特质都在于其虚拟性。

[①] 百度词条：云计算。

互联网空间使用价值的虚拟性主要在于互联网空间是通过一组程序，一系列数字，一些符号来满足人们的需要。而互联网空间价值的虚拟性主要在于其非劳动产品的特性，以及价值的溢出性。不过需要指出的是，互联网空间价值不全是虚拟的，它既包括虚拟价值部分又包括劳动价值部分，劳动价值部分来自于制造互联网空间所需的前期投入以及定期维护所需的日常投入，这部分价值相对于其虚拟价值部分比重较少，所以为了便于分析问题，我们将忽略这部分的价值。

由于互联网空间的价值虚拟性，为此，如何为互联网空间来定价就变成了一个难题。我们早期的研究成果曾经写出过网络的定价模型，即记为：

$$w_n = \sum_{i=1}^{\infty} \frac{D_i(n_a, n_b, n_c)}{(1+r)^i} \qquad (9.3.1)$$

其中，w_n 为网络产品的虚拟价值，n_a 表示复制量，n_b 表示需求规模（用户数），n_c 表示共享规模，且有 $\frac{\partial D_i(n_a, n_b, n_c)}{\partial n_a} > 0$，$\frac{\partial D_i(n_a, n_b, n_c)}{\partial n_b} > 0$，$\frac{\partial D_i(n_a, n_b, n_c)}{\partial n_c} > 0$，则分别可以推出，$\frac{\partial w_n}{\partial n_a} > 0$，$\frac{\partial w_n}{\partial n_b} > 0$，$\frac{\partial w_n}{\partial n_c} > 0$，即某一网络产品的复制量、规模数和共享规模越大，这一产品的预期收益就越高，其虚拟价值也越高。[①]

我们在这里的分析中，显然是将互联网空间的虚拟价值看作互联网空间收益与贴现率的比值。这个关于虚拟价值的定价模型，就方向上无疑是正确的，但是，在理论上却没有办法做出很好的解释。

然而，当我们互联网定义为一个空间，就为这一定价模型开启了一个新思维路径，也就是我们可以将互联网空间想象为一块地（当然这块地是虚幻的），谁使用这块地，也就是谁使用互联网空间就必须交租金。

这样，$w_n = \sum_{i=1}^{\infty} \frac{D_i(n_a, n_b, n_c)}{(1+r)^i}$，就是表达互联网空间＝互联网空间收益/利息率这一数量关系。在这里互联网空间的虚拟价值就被看作为一个资本化的租金，或者是按利息率计算的租金价格，或者是租金资本化的年限。这

[①] 马艳、郭白滢：《网络经济虚拟性的理论分析与实证检验》，《经济学家》2011 年第 2 期。

对于互联网空间的所有者或者创建者来说，依靠互联网空间获得的租金是出租空间的收益，而对于互联网空间的使用者来说，支付租金是为了获得互联网空间的使用权，所以这种互联网空间被使用并不是空间的转让，只是一定时间的出租，就如长期的贷款一样。

我们知道，地租是根据土地面积的大小来收取地租的，而互联网也是根据其空间的大小来收取地租的，只不过整个空间是由使用者数量来决定的。此外，由于土地的品质的差异，地租也有区别，有绝对地租，级差地租，还有垄断地租等。互联网空间也一样，我们也可以区分出不同收益。

互联网空间的收益，一般包含两个部分即租金收益和服务收益。前一种收益可以看作互联网空间使用权的费用，这等同于绝对地租的收益，有时这部分收益是以会员费的形式出现，一般只要用户支付这部分租金就可以得到一些互联网空间的基本服务。服务收益则包括搜索服务、广告服务、商业数据分析服务和金融服务等等方面的收益。由于很多互联网空间其实是一个闭环的垄断结构，用户只要进入它那个虚拟空间，那么后续的服务就只能由互联网空间的提供商提供。所以，这部分费用有时和互联网空间的绝对收益难以分开，另外，在一定意义上，由于服务的差异性和绑定性，也具有某些垄断收益的性质。就级差收益来看，我们可以将互联网空间的级差收益分为三类，即级差收益Ⅰ、级差收益Ⅱ、级差收益Ⅲ。级差收益Ⅰ是指由于互联网资源分布的不均衡所导致的收益差异，比如有些地方网速慢或者配套的物流差，对于这些地方的用户来说其互联网空间的价值就低，这样互联网空间的级差收益就低。级差收益Ⅱ是指互联网空间可以根据信用担保或者说基本的服务内容的差异分为不同的等级，等级越高的互联网空间可以给用户带来收益就越高，收取的费用也越高，比如阿里巴巴的淘宝和天猫在等级上就不同，其服务内容差异也较大，当然收取的费用也不同。级差收益Ⅲ是指品牌级差，互联网空间本身也是有品牌的，比如购物网站平台有阿里巴巴、京东、唯品会等等，其互联网空间之间就存在一个品牌级差。

我们根据这一互联网空间的定价模型来分析阿里巴巴的虚拟价值，我们可以发现：

2014 年，阿里巴巴总收入是 84 亿美元，其净利润为 37.44 亿美元。这样如果根据正常的利润率取当年 GDP 的增长率约等于 7.4% 粗略计算，应有

$x/(x+46.56)=7.4\%$，其中46.56等于84减去37.44，这里将46.56亿美元粗略的看作阿里巴巴的成本。由此可以简单计算出，阿里巴巴的净利润 x 应该是3.72，而非37.44亿美元，所以阿里巴巴凭借其对虚拟空间的垄断权力，2014年为它带来了将近33.72亿美元的收入。这个收入就是阿里巴巴所创建的互联网空间的虚拟价值部分。进一步，我们可以粗略计算出阿里巴巴总的虚拟价值。

这样，我们可以粗略计算出阿里巴巴的总收益，若总收益为84亿美元，成本为46.56亿美元，正常利润部分为3.72亿美元，贴现率为3%，那么就有，

$$W^e = (84N - 46.56C^e - 3.72R)/3\%\rho = 1124$$

即阿里巴巴的虚拟价值为1124亿美元，而据业内估计，阿里巴巴目前的市值约为1200亿美元到1500亿美元。由此可见，阿里巴巴1124亿美元的虚拟价值与实际估价具有一定的一致性。

还有就是互联网空间虚拟价值的来源，这也是一个需要我们做出理论回答的问题。

互联网空间的虚拟价值[①]可以分为两个部分，一部分是有劳动价值支撑的虚拟价值（称为互联网空间的虚拟价值Ⅰ），另一部分是没有劳动价值支撑的虚拟价值（称为互联网空间的虚拟价值Ⅱ）。后者一般比前者的虚拟化程度更高。

互联网空间的虚拟价值Ⅰ是马克思所讲的"虚假的社会价值，这部分虚拟价值与劳动没有关系，纯粹是由于互联网空间本身所实现的一部分价值，对于这部分价值，马克思在《资本论》中曾经解释为："市场价值始终超过产品总量的总生产价格。……这种决定产生了一个虚假的社会价值。"[②] 这种虚假的社会价值"是以产品的交换价值为依据。被看作消费者的社会对土地产品支付过多的东西，对社会劳动时间在农业生产上的实现来说原来是负数的东西，现在竟然对社会上的一部分人即土地所有者来说成为正

---

① 关于互联网空间与劳动价值相关的这部分价值，因为具有一般劳动价值的性质，在这里不做专门分析。

② 马克思：《资本论》（第三卷），北京：人民出版社2004年版，第774—745页。

数了。"①

也就是说，依靠互联网空间所实现的这部分价值，并非互联网空间自身生成的价值，而是消费者或者互联网空间的使用者支付的这部分价值，这部分价值对于互联网空间的使用者来说是一个负值，因为他们的支付并没有换取等价的劳动价值，而对于互联网空间的所有者则是一个正值，因为成为他们的收益。因此，是"虚假的价值"。而这部分虚拟价值则来源于社会价值的转移，即互联网空间的使用者支付的那部分价值，我们假设这部分价值是来源于实体经济生产性劳动创造的价值的转移，可能是企业的利润、工人的工资，也可能是国际价值。

互联网空间的虚拟价值Ⅱ就是单纯"商业加价"，也就是超过劳动价值总量的加价。这部分价值是虚拟价值的虚拟，也是互联网空间衍生的泡沫，是互联网虚拟经济形态的风险因素。

四、互联网空间是一个新的经济变量

对于互联网空间做出如上这样的理论界定与分析的学术价值和现实意义无非是要对于"互联网+"进行经济学的解释与理解。

人类对于一些经济学变量的认识都具有一个长期的实践过程和经验概括与总结过程，诸如古典经济学长期关注的是那个时期对于人类经济活动较大的资本要素和劳动要素，而技术要素就没有过多的关注。随着社会实践的不断发展，技术要素对于社会经济活动的影响越来越大，这时新古典主义经济学家索洛才开始将技术因素纳入经济学的要素范畴，不过在索洛模型里，技术仅被定义为外生变量。随着几次重大的技术革命，科学进步对于社会经济活动的影响力越来越巨大，并有了内生化的实际作用。因此，自罗默开始，技术就作为一个内生的经济变量进入经济学的逻辑分析框架内。

互联网在现代社会经济活动中的作用也是如此，在很长一段时间里，互联网对于社会经济活动的作用并不明显，因此，人们也就没有将其纳入经济学的研究范畴。此外，最为主要的原因，很多理论认识是将互联网视作为介子要素，也就是一个载体工具。作为载体也就不可能单独对于经济活动有所作用。

---

① 马克思：《资本论》（第三卷），北京：人民出版社2004年版，第774—745页。

所以，互联网在很长一段时间成为传媒学研究的主要对象，因为它是一种新媒体工具。信息经济学也比较关注，因为它也是信息传递的载体。

然而，随着技术的进步与社会经济活动的发展，互联网以日新月异的速度在发展着，它对传统的生产、生活方式以及社会关系产生了革命性的影响。诸如它改变了人类的生产、交换、分配及消费理念与行为，如前所分析的互联网空间的复制效应、规模效应、共享效应；负载在互联网空间上的B2B、B2C、C2C、O2O、B2M、B2G、B2T、C2B、C2B2S、B2B2C 模式等。互联网空间在带来社会生产关系变革的同时，也带来了意识形态的变化，它改变着人们的思维方式、交流方式以及娱乐方式（如互联网的教育功能，社会联系功能和娱乐功能的变化），也改变着政治体制与法律关系。

现在，我们已经不能再将互联网排除在经济学分析框架之外，并且也不能仅仅将互联网作为一般的经济变量纳入经济学分析框架之中，而是应将它作为一个特殊经济变量进行分析，至少它具有引擎要素的作用，酵母因素的作用。而"互联网＋"的理论就是要研究这种"引擎与酵母"要素的作用机理。

我们将互联网界定为特殊的虚拟商品，将这个特殊的虚拟商品视为特殊的经济变量的重要意义在于，我们可以很好地解释为什么传统的产业加上"互联网"就颠覆了企业的理念与生产模式；为什么市场和商家加上互联网空间就变成了电子商务和网商；为什么传统银行加上互联网空间就变成了电子银行和互联网金融；为什么分配加上互联网空间，人们的利益偏好和社会财富也被重新配置了；为什么一个社会加上互联网空间人们的价值取向以及人们的情感世界就被重构了。

总之，互联网空间几乎凝结为一个动力学系统，将社会政治、经济、文化都裹挟在其中，成为影响它们的最重要的要素之一，这就是所分析的"互联网空间"与"互联网＋"。

第四节 虚拟价值运用：比特币的虚拟性分析

比特币（Bitcoin）作为一种 P2P 形式的数字货币，起源于中本聪（Satoshi Nakamoto）2009 年设计发布的开源软件以及建构其上的 P2P 网络。与大多数货币不同，比特币不依靠特定货币机构发行，而是依据特定算法，通过大量的计算产生。比特币使用整个 P2P 网络中众多节点构成的分布式数据库来确认并记录所有的交易行为，并使用密码学的设计来确保货币流通各个环节的安全性。P2P 的"去中心化"特性与算法本身可以确保无法通过大量制造比特币来人为操控币值；基于密码学的设计可以使比特币只能被真实的拥有者转移或支付，这同时确保了货币所有权与流通交易的匿名性。比特币总体数量有限，具有极强的稀缺性，该货币系统在 4 年内只有不超过 1050 万个，之后的总数量将被永久限制在 2100 万个。

比特币自 2009 年出现，经历了从早期的无人问津，到 2013 年"井喷式"的价格飙升（2013 年 12 月达到峰值 1147 美元，同比涨幅 8000%），再到 2014 年的大崩盘的过程（全年下跌约七成），其间伴随着矿机的更新换代，交易平台的不断涌现，以及黑客的频繁攻击，不仅受到全球投资者的疯狂追捧，也引起了学术界的广泛讨论。

国内外理论界对于比特币的集中研究开始于 2012 年，特别是 2013 年 12 月中国人民银行等五部委发布《关于防范比特币风险的通知》后，国内学术界涌现出大量关于比特币的分析研究文章。这些国内外的研究成果大多是介绍比特币形成和运行的机制，也有一些文章则试图从经济理论上明确和定义比特币的性质，综观这些研究成果可以分为三大类。

第一类文章主要肯定比特币的积极意义和长期发展前景，认为"去中心化"的尝试是对传统货币观念的巨大革新，包括 Bernanke（2013）、Woo（2013）、姜立文（2013）、孙启明（2014）、谢平（2014）等。

第二类文章强调比特币的非货币性，认为比特币破坏了现有的货币金融秩序，并据此提出相关政策建议，如 Grinberg（2012）从法律角度指出比特币面临巨大的法律风险；Yermack（2013）基于对比特币汇率走势和计价方式的研究得出比特币只能是一种投机工具而非货币；Irvin（2013）提出没有得到政府信用支持的比特币无法广泛应用于正式交易；盛松成（2014）总结出比特币"本质上不是货币"的三个核心特质[①]；陈道富（2014）指出随

---

① 盛松成等：《虚拟货币本质上不是货币——以比特币为例》，《中国金融》2014 年第 1 期。

着比特币风险逐步上升，我国应进一步加强比特币监管[①]；杨涛（2014）从四个不同角度论证比特币的非货币属性。

第三类文章试图用各种经典经济学理论来客观地分析和揭示比特币的经济学意义，如 Šurda（2012）从货币供给体系出发实证检验了比特币成为法定货币的可行性；Krugman（2013）引用亚当·史密斯和保罗·萨缪尔森的理论说明比特币的价值完全是一种预期的自我实现，不符合现实货币需求；贾丽平（2013）认为"虚拟世界的经济是构建在虚拟货币基础上的，比特币是信用货币发展的必然趋势"[②]；孙启明等（2014）基于世界货币的理论视角提出比特币的"去中心化"和虚拟性特征为构建理想的世界货币带来了启示。

综上所述，现有文献研究对于比特币的研究比较丰富，这为我们进一步的理论分析提供了较好的基础，但是，我们也不难发现，由于比特币是一种新的经济现象，现有研究大多还是比较注重对其的介绍与一般性分析，缺乏更加深入的理论分析。为此，本书拟在虚拟价值的理论框架下对于比特币的虚拟性进行更为深入的分析与探讨。

一、比特币是货币形式不断虚拟化的产物

虚拟经济是一种新型的经济形态，从较为广义的视角我们可以将其界定为以虚拟资本和网络技术为两大支点，以自然资源为基础而运行的一种经济形式，它是以虚拟资本价值、网络虚拟价值、资源虚拟价值和房地产虚拟价值作为核心，其虚拟性主要通过未来性、数字化和稀缺性表达出来。

比特币作为以网络技术为运行载体的数字货币显然是虚拟经济的经济范畴，其虚拟货币的性质是不言而喻的。

虚拟货币形式可以追溯到简单价值形式，马克思认为在人类几千年的商品生产和商品交换发展史上，货币的价值形式经历了四个阶段：简单的价值形式、扩大的价值形式、一般价值形式和货币形式。简单的或偶然的价值形式虽然只是商品交换萌芽时期的价值表现形式，但却包含了一切价值形式的秘密。例如，2只羊＝1把斧子这一简单的价值形式，反映了羊和斧子这两

[①] 陈道富：《比特币的风险特征和监管建议》，《中国发展观察》2014年第2期。
[②] 贾丽平：《比特币的理论、实践与影响》，《国际金融研究》2013年第12期。

种商品的价值关系，在这一等式中，羊起着主动的作用，是价值被表现的商品，被称为相对价值形式；斧子只是作为表现羊的价值的材料，起着被动的作用，是等价形式。按照马克思的分析，作为等价形式的商品是反映位于相对价值形式上的商品价值的一面镜子，因此等式中的斧子作为价值的代表，发挥了"价值镜"的作用。在这里，简单价值形式已经完成了实物到虚拟的抽象过程。

此后，扩大的价值形式和一般价值形式将"价值镜"这一虚拟性进一步扩大和固定下来，货币形式成为价值形式虚拟性发展的高级阶段。几千年来，货币形式随着商品交换和商品经济的发展不断变化，先后经历了实物货币、金属货币、代用货币和信用货币四个阶段，虚拟性也不断增强。最早的实物货币和金属货币都是一种足值货币，以其自身所包含的内在价值与其他商品相互交换，虚拟性很低。然而随着辅助货币和纸币的出现，货币就成为了真正意义上的价值符号，其货币本身已经完全没有价值，只是实体货币的符号形式。当然，这类虚拟货币仍然是实体经济的范畴，或者还是服务于实体经济，即作为实体经济活动的媒介，或者代表实体货币在发挥作用。

20世纪90年代初，信息革命和网络技术的发展以及广泛应用，使得经济方式也发生了变化，这时传统的价值符号诸如纸币、信用货币等已经无法满足现代经济活动中的支付需求，逐渐出现了以数字化为特征的电子货币（这是以计算机技术作为依托，进行存储、支付和流通的货币形式）。这种货币作为信用货币的衍生物，进一步脱离了实体形态，成为虚拟经济活动主要货币形式，并以使用起来更加简便、快捷和高效而著称。但是，这类货币形式仍然没有脱离实体经济形式，还是实体经济的货币表现形式。

进入21世纪，以网络技术为支撑的虚拟经济进一步发展与扩展，出现了基于网络空间的虚拟市场，这就为消费者提供了更多的交流和沟通场所，同时也给企业提供了全新的经营和交易场所。这种交易方式和交易场所的创新当然要求新的交换媒介作为支撑，这时真正意义的虚拟货币也就是完全服务于虚拟经济的货币形式便应运而生。早期虚拟货币主要包括两类，一类是在网络游戏中使用并能在游戏外交易的游戏币，另一类是门户网站、论坛或者通讯商发行的专用货币，可以用来购买和支付网络产品和服务，比如腾讯公司的Q币。这两类虚拟货币是比照现实中的货币价值体系而构建，完全依托于虚拟的网络经济，通常只能用来消费特定运营商提供的网络产品、虚拟资产和电子化服务，即存在于特定的虚拟空间中。当然，这类虚拟货币还是仅在虚拟网络空间进行运行的货币，其货币的一般等价物性质还不充分。

随着虚拟经济规模的不断膨胀，虚拟空间和现实世界的界限越来越模糊。人们不再满足虚拟货币受限制的支付和流通功能，需要一种新型的虚拟货币来充当一般等价物，以适应网络虚拟经济的发展需要。而比特币在早期就是在网络虚拟世界中所被使用的实验品，但是，在短短的四五年间比特币有了飞速的发展，形成了从生产（挖矿）、存储（比特币钱包）、兑换（按一定比例兑换成法定货币或其他虚拟货币）、支付、消费（购买虚拟商品或实物商品），到相关金融服务（比特币交易市场、基金等）的完整产业链。

比特币不同于前面提及的游戏币和 Q 币这类虚拟货币形式，它虽然是虚拟经济空间的货币形式，但是它成功地从虚拟网络空间走入实体经济，将虚拟经济和实体经济活动有机地联系起来，成为服务于虚拟经济空间，但是却可以与现实货币进行通约和兑换的虚拟货币形式。

二、比特币的虚拟货币特征

比特币作为一种虚拟货币，除了因为它是随着虚拟经济发展应运而生，或者说是货币形式不断虚拟化的产物之外，还在于它特殊的性质。

首先，比特币虽然是货币形式不断虚拟化的产物，但是，就形成的基础而言则是一种技术货币。货币作为商品交换的一般等价物，无论是贵金属货币还是符号货币都起源于现实经济活动，诸如贵金属是在商品交换的长期发展过程中，最后才成为货币形式，正如马克思所指出的，"金银天然不是货币，货币天然是金银"[①]；纸币作为价值符号也不是凭空出现，虽然是国家强制发行的，但是，也是以贵金属或者现实经济实力为基础。总之，这些货币产生于实体经济，服务于实体经济，仅是实体经济中以货币形式存在的具有虚拟性的经济要素。而比特币（Bitcoin）作为一种 P2P 形式的数字货币，则是起源于中本聪（Satoshi Nakamoto）2009 年设计发布的开源软件以及建构其上的 P2P 网络，它不代表贵金属或者社会财富，也不依靠特定货币机构发行，而是依据特定算法，通过大量的计算产生的。可见比特币的虚拟性

---

① 马克思：《资本论》（第一卷），北京：人民出版社 2004 年版，第 107 页。

不仅在于它的依附载体是虚拟的,服务对象是虚拟的,而且形成的根源也是虚拟的,总之,它是网络虚拟经济的产物,是虚拟经济中的虚拟要素。

其次,比特币作为具有影子性质的货币,其虚拟性毋庸置疑。所谓影子货币是指游离于现实货币之外的一种货币形式。比特币本身没有价值,这点与符号货币相似,所不同的是,比特币既不与贵金属或者美元挂钩,也不以任何社会财富为支撑,其形成完全是技术运作的结果。当然,比特币确实具有交换价值,它与现实货币之间始终存在变动的比例关系,例如在刚诞生的2010年,1单位比特币价格长期低于14美分。随着比特币交易的兴起,供需失衡导致币值开始攀升,2012年币值实现"爆炸式"增长,4月初到5月末从86美分升到近9美元,11月达到了历史最高的1242美元,超出了同期1盎司黄金的价格。到2014年2月,全球最大的比特币交易所Mt. Gox因系统漏洞损失惨重被迫宣告破产,比特币一度在数秒中暴跌80%,此后价格波动非常剧烈,8月18日又出现单日暴跌40%的"黑色星期一"。目前,比特币只是得到了民间的认可和肯定,并没有权威机构的信用保障,因此它还只能通过信用货币这一桥梁来表现和衡量其他一切商品的价值,只能作为法定信用货币的影子存在。

再次,比特币的稀缺性也是导致其虚拟性的重要途径。在比特币网络中创建一个货币块的难度是根据整个网络的计算能力动态调整的,因此,在第一个四年中,比特币网络中大约有1050万枚比特币会被创造出来,此后每四年数目减半。据测算,到2030年会有2000万枚比特币被开采出来,最终在2140年达到固定的总量2100万枚。不少比特币的支持者将其与黄金等贵金属货币等同,甚至认为比特币的稀缺性比黄金更强,因为其数量达到2100万枚后不再增加。更重要的是,黄金等贵金属这类货币的稀缺性还有近乎完美的自然属性,这是其能够充当一般等价物的使用价值基础,也是其交换价值的物质基础。相反,比特币的价格或者说交换价值根本没有物质基础,仅依赖于总量上的稀缺性,因此比特币的稀缺性所表现出来的虚拟性更强。

最后,比特币具有较强的投机性,这也是其虚拟性的重要体现。由于比特币没有一个可靠的价值基础,价格波动取决于投资者的信心和预期,以致于比特币与现实货币的比值会大起大落,不仅为投机者提供了更大的投机空间，也引起了比特币泡沫。如早期参与比特币创造的人数较少而且挖矿难度低，参与者很容易积攒大量比特币，随着时间推移，参与人数逐渐增多，比特币本身机制又决定了其挖矿难度越来越大，新增比特币呈指数减少，于是比特币持有者普遍对其价格升高持有长期性预期，期待手中的比特币能够换得更多的信用货币，这种投机心理必然导致价格泡沫越来越大。此外，由于比特币的匿名性以及难以追踪和总量给定等特点，比特币交易市场被操纵的可能性极大。例如，比特币发源于美国，目前开采出的1000多万比特币中，海外市场持有量占到80%以上。美国的比特币大玩家动辄数10万比特币，而中国市场交易量虽然占到全球市场的70%以上，大玩家手中不过一两万比特币。在这样一个货币持有量较小的市场中，考虑到比特币交易的匿名性，大玩家只需要高价卖出少量比特币，配合消息面，就可以搅动整个市场。比特币这些先天的投机性特性决定了它的价格波动无法消除，其虚拟性也会日益凸显。

三、比特币是一种"准"虚拟货币

经过对比特币进行深入分析，我们可以发现，比特币还不能成为真正意义上的虚拟货币，它只不过具有某些货币的性质，为此，我们称之为一种新型的"准"虚拟货币形式。

从本质上来看，比特币和一般信用货币一样可以承担货币的基本职能，但是，比特币的货币性还不够完全。

第一，就价值尺度来看，比特币虽然具有价值尺度的职能，但是这一职能是间接的。比特币是基于计算机程序和算法产生的，在生产（挖矿）过程中虽然存在一定的劳动消耗（活劳动和物化劳动），但这些劳动跟它的价格相比几乎可以忽略不计。因此，比特币和不可兑换的纸币一样，本身没有价值，也不代表任何社会财富，它只能通过现实货币这一桥梁来表现和衡量其他一切商品的价值，间接充当一般等价物。

第二，就流通手段来看，随着世界范围内越来越多的网站和商家开始接受比特币，比特币逐渐成为许多商品和服务交换的媒介物已经是不争的事实。同时，比特币的总供给量不会超过2100万枚，无法随意增发，因此不会出现现实中法定货币体系常见的通货膨胀问题，避免了中央银行和执政者政策的随意性对经济造成的不良影响。但是，由于比特币没有国家信用的支撑，其流通范围受到很大限制，币值波动比较剧烈，很难固定地充当一般等价物。同时，比特币面临越来越多同类型的模仿者，比如莱特币、点点币等，这些虚拟货币具有相似的产生方式、交易模式和储存方式。因此，不具有排他性的比特币只能和其他模仿者平等相处、自由竞争。

第三，就贮藏手段来看，比特币的电子字符串特点使其可以保存在电脑的"虚拟钱包"里，也可以保存在U盘等磁介质上，这是目前许多投资者长期或者短期贮藏比特币来实现财富增值或保值的原因。但是，由于比特币具备不受监管、不会被冻结、交易无法追踪、不用纳税、交易成本极低等特点，很可能成为走私者、洗钱者与非法交易者的工具。持币人可以利用比特币作为贮藏手段隐匿非法所得或者逃税漏税，这会严重干扰和破坏正常的经济秩序，使得比特币背离了货币贮藏手段的正常职能。另外，随着社会财富的积累和增加，以比特币定价的商品价格必然持续下跌，这样，抱有比特币升值预期的投资者更愿意持有比特币而不是用来交易，进一步扭曲了比特币的货币贮藏职能，不利于比特币的推广应用。

第四，就支付手段来看，比特币基于互联网而存在，传输方式简单可靠，允许匿名的所有权和使用权，无法被跟踪和查探，使用起来可以跨越国界，也不会受到任何国家和政府的控制，因此非常适合作为国际贸易的支付手段。然而，比特币交易和储存的网络平台经常会受到黑客攻击，例如，2012年9月，Bitfloor交易中心被黑客入侵，24000枚比特币（约相当于25万美元）被盗。2014年2月25日，全球最大比特币平台MT.GOX，因为网站安全漏洞，关闭网站并停止了交易。这些问题严重阻碍了比特币支付手段的安全实现。

第五，就世界货币来看，虽然央行在2013年年末出台法规严厉监管比特币，使其失去了央行支持的第三方支付渠道，但是在国际上比特币已经得到了很大程度的认可，如德国承认比特币为货币，美国认定其为合法的金融工具。比特币已经深入到日常经济活动中，微软、戴尔、亚马逊、PayPal等大公司都对比特币支付持开放态度。但是，比特币目前在全球范围的使用仍然受到不少限制，无法真正承担世界货币职能。

四、比特币具有未来货币的特质

尽管比特币是一种新型的"准"虚拟货币，伴随着种种缺陷和问题，但是，它具有许多未来货币的特质，特别是具有经典马克思主义经济理论所推崇的全球化与自由化，反对金融霸权和不平等理念的货币特性。

首先，比特币作为一种自由货币符合马克思主义全球化的理论逻辑。马克思主义的核心主旨是全球化主义和真正的自由主义，在马克思主义经典理论逻辑中，人类未来的理想社会是共产主义社会。经典作家认为，以私有制为基础的资本主义经济社会，是资本雇佣劳动，由于雇佣劳动是以人对物的依赖、劳动对资本的依赖为基础，人是不自由的，这种社会也是一种比较低级的社会形式。在未来，理想的共产主义社会消除了人对物的依附关系，真正实现了人类的彻底解放，即"人终于成为自己的社会结合的主人，从而也就应成为自然界的主人，成为自己本身的主人——自由的人"[1]。而"人们自己的社会行动的规律，这些一直作为异己的、支配着人们的自然规律而同人们相对立的规律，那时就将被人们熟练地使用，因而将听从人们的支配。至今一直统治着历史的客观的异己的力量，现在处于人们自己的控制之下了。只是从这时起，人们才完全自觉地自己创造自己的历史；只是从这时起，由人们使之起作用的社会原因才大部分并且越来越多地达到他们所预期的结果。这时人类从必然王国进入自然王国的飞跃。"[2] 而这些人的解放又是建立在全人类的解放的基础之上，马克思认为未来共产主义社会是消灭阶级的社会，是国家消亡的社会，他在《德意志意识形态》中指出，共产主义不能"作为某种域性的东西而存在，交往的任何扩大都会消灭地域性的共产主义。共产主义只有作为'世界历史'的存在才有可能实现"[3]。

毫无疑问，在马克思主义这一自由主义和全球化理念的主导下，经济全球化也是共产主义的经济基础。由于马克思的未来共产主义将会消除商品和货币经济，所以，马克思并没有考察未来社会的货币形式，在他关于未来社

---

[1] 马克思、恩格斯、列宁、斯大林：《马克思恩格斯选集》（第三卷），北京：人民出版社1972年版，第443页。

[2] 马克思、恩格斯、列宁、斯大林：《马克思恩格斯选集》（第三卷），北京：人民出版社1972年版，第757—758页。

[3] 马克思、恩格斯：《德意志意识形态》，北京：人民出版社2003年版，第86页。

会的"按劳分配"的设计中，仅使用了一种"货币卷"的概念。然而，现实经济发展过程中，商品货币作为市场配置资源的手段，将在未来很长一段时间内存在，因此，根据马克思关于未来社会的逻辑，我们可以推论出，未来社会的货币一定是世界货币，其货币的本质一定是一种自由的货币，平等的货币，而不是一种霸权的货币或者依附性的货币。就这个意义而言，比特币具有未来货币的特质。

其次，比特币具有较强的"去地域性"和"去中心化"的功能，具有对抗美元霸权的能力，是未来世界货币的发展方向。

马克思在论述世界货币时表示，"货币贮藏的职能，一部分来源于货币作为国内流通手段和国内支付手段的职能，一部分来源于货币作为世界货币的职能。在后一种职能上，始终需要实在的货币商品，真实的金和银。因此，詹姆斯·斯图亚特为了把金银和它们的仅仅是地方的代表区别开来。就明确地把金银说成是世界货币。"[①] 这意味着充当贮藏手段和世界货币功能的货币不仅要足值，而且要现实的货币，铸币与纸币显然都不具备这个功能，只能是贵金属货币中的黄金和白银。虽然，马克思也阐述了纸币出现的必然性，但是，他认为纸币仅是金属货币衍化而来的，是代表金属货币发挥货币职能的价值符号。第二次世界大战后建立起来的布雷顿森林体系是以黄金或美元为基础的金汇兑本位制，其实质是一种以金属货币为中心的国际货币体系，基本内容包括美元与黄金挂钩、其他国家的货币与美元挂钩以及实行固定汇率制度。这一体系促进了资本主义世界经济的恢复和发展，但最终因美元危机与资本主义世界经济危机的频繁爆发而破产。此后的牙买加体系将货币与黄金脱钩，试图建立多元化的国际货币储备模式，俨然违背了马克思关于世界货币的理论逻辑，同时依然无法解决美元霸权带来的"特立芬"难题。美元霸权的导致的种种恶果也随着2008年全球金融危机的爆发而进一步暴露出来，探索新的国际货币体系成为各国专家学者亟须解决的问题。

中本聪关于比特币构想的论文最早在2008年发表，当时正值美国次贷危机引发全球性的金融危机。多家大型金融机构宣告破产或被政府接管，美

[①] 马克思：《资本论》（第一卷），北京：人民出版社2004年版，第168—169页。

国政府推出"量化宽松"政策拼命注入流动性却无济于事，反倒引起严重的经济衰退。民众开始质疑和反思政府、央行处理经济问题的能力，政府滥发纸币影响经济的手段更是引来各界的不满和抨击。在这种历史背景下，比特币的应运而生让人们从其世界货币的特质中看到了未来货币体系发展的希望。比特币作为一种基于网络的虚拟货币可以在任意一台联网的计算机上进行交易管理，达成协议的双方不需要依靠第三方机构就可以直接支付，克服了地理空间的限制和市场的地域分割。

货币的"去中心化"和强权化也是西方自由主义经济学的核心主张，早在20世纪70年代，奥地利学派代表人物哈耶克就在《货币的非国家化》一书中第一次提出去国家化的非主权货币构想，即废除各国普遍采用的中央银行制度，允许私人发行货币并互相竞争，最终产生最好的货币，但是这一设想限于当时的技术条件无法实现。进入90年代，互联网的诞生带来了转机，产生了具有"去中心化"特质的比特币。

比特币较强的"去中心化"特征避免了主权信用货币充当世界货币（比如现在的美元）所带来的诸多弊端，这是抑制美元霸权的较好方法。因为要建立超主权的世界货币，显然不能倒退回（以黄金主导的）超主权实物的世界货币，而应该建立起超主权信用的世界货币体系。例如一些专家提出用超级提款权的理念来彻底改革现行国际货币体系，建立超主权信用的国际货币。但实际上，超级提款权的理念也需要IMF的支持和中心领导，并没有在根本上实现"去中心化"。相比之下，比特币作为没有任何发行机构和管制单位的自由货币，其传输方式简单可靠，加上允许匿名的所有权和使用权，无法被跟踪和查探，非常适合跨越国界使用，最重要的是比特币不会受到任何国家和政府的控制，可以避免美元霸权带来的世界货币体系的不平等，这是我们建立未来世界货币体系的最好选择，也是通向未来社会最好的货币通道。同时，比特币的"去中心化"可以有效解决"特里芬"难题，避免了中央银行不受制约随意执行货币政策引发的经济危机。当然，比特币交易的私密性是为了充分保障个人隐私，所有交易信息都保留有可查询的历史记录，以便管理者记录和调查违法犯罪活动，从而在不违背法规的前提下最大化交易自由，这些也都是马克思主义经济学视角下的基本主张。

第五节 虚拟价值的实证分析：以中国房地产市场为例

在"互联网+"的背景下考察互联网+房地产市场，是广义虚拟经济的重要研究内容，所谓的广义虚拟经济是一种新型的经济形态，是以虚拟资本价值、网络虚拟价值、资源虚拟价值和房地产虚拟价值作为核心，其虚拟性主要通过未来性、数字化和稀缺性表达出来。在我国的经济发展过程中，房地产不仅是我国重要支柱产业，还是具有虚拟性的主要经济活动，尤其是近几十年来，房地产市场的变化对于整个国民经济具有牵一发而动全身的功效，而这其中互联网的作用凸显，并且随着互联网的广泛运用，这一作用功效也就愈加凸显。因此，研究"互联网+"背景下房地产市场的这一变化特征，将为我国房地产经济健康发展的对策分析提供理论和实证的根据。

一、实证模型与数据的选择

由于互联网技术对于中国房地产市场的影响作用的实证检验是一个较为特殊的研究内容，其重要基础性工作就是对于其分析的解释变量和被解释变量进行充分的论证与说明。

首先，关于模型的设定。

为了分析方便，我们根据前述理论说明，构建一个实证分析的模型，其模型设定如下。

$$p_t = p_t^{eq} + \sum_{i=1}^{n} \lambda_i D_t^i + \varepsilon_t \tag{9.5.1}$$

其中，p_t^{eq} 为均衡价格，其随时间变化，D_t^i 为第 i 项政策的冲击力度，ε_t 表示其他冲击因素。系数 $\lambda_i > 0$ 表示政策 i 的冲击效应为正，$\lambda_i < 0$ 表示政策 i 的冲击效应为负。

政策的冲击会随时间而发生变化，同时这种冲击路径又和传媒信息有关。假定政策实施的初期，政策冲击力度以接近几何级数的方式增长，随着时间的推移，冲击力度会衰减至零。在政策实施的初期，传媒信息对于房地产市场的影响主要在于速度和力度的增加。本书侧重于分析前者，即当房产政策出台时，若互联网发展水平越高，则其对房价形成稳定影响的速度越快。

其次,关于数据的选择与分析说明。

如何来确定互联网发展的时间节点是本实证分析的重要内容,同时对于房地产市场类别选取和数据的整理也是本书的重要工作。

(一) 关于互联网发展以及时间节点的划分

本书主要是从互联网的兴起与发展状况、手机上网的兴起与发展状况以及微信的兴起与发展状况等三个方面研究我国互联网发展状况,并确定相应的时间节点。通过确定的时间节点,研究互联网的发展对于我国房地产价格的影响。

就互联网规模数据来看,2007年是我国互联网发展的一个重要的时间节点。主要理由如下。

第一,从全国互联网规模数据[①]来看,2007年是增长高点之一。

自1996年以来,互联网规模出现了几次峰值,但是2007年却是一个重要增长高点,具体见图9-14。

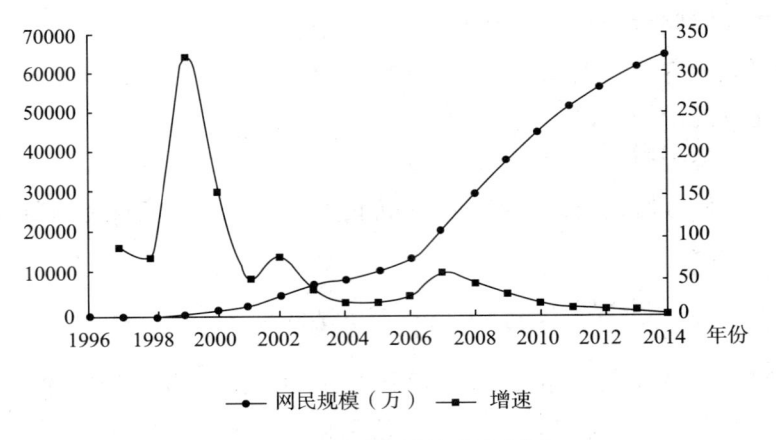

图9-14 全国网民规模与增速

从图9-14可以看出,自1996年开始全国网民规模逐年扩大,但网民规模增速却波动较大。图9-14增速曲线显示1999年、2002年以及2007年网民规模增速均达到局部峰值,表明在这三个年份互联网规模相对达到高速

---

① 资料来源:中国互联网络发展状况统计报告(1996—2015年)。

发展。因此，虽然 2007 年网民规模增速相对低于 1999 年和 2002 年，但增速曲线表明 2007 年也是互联网规模增长高点之一。

第二，从三大省市互联网规模数据①来看，2007 年是增长最高点。

北京、上海和广东是房地产市场发展最好的三座城市，且从可获取的数据来看，自 2003 年以来互联网普及率最高的均是这三座城市。自 2003 年以来，互联网规模出现了几次峰值，但 2007 年是峰值最高的年份，具体见图 9-15。

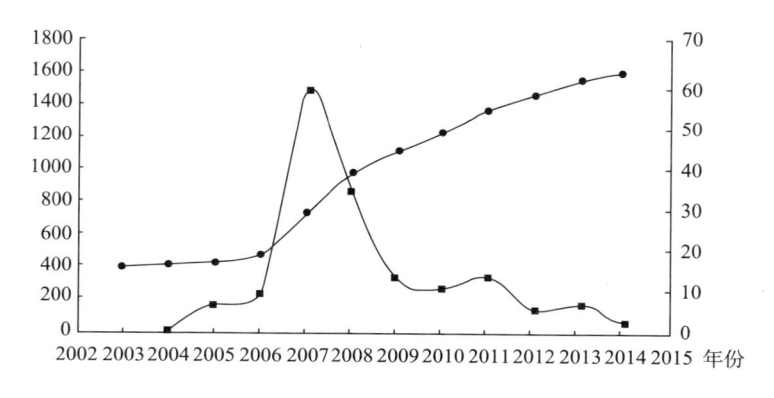

图 9-15 北京网民规模与增速

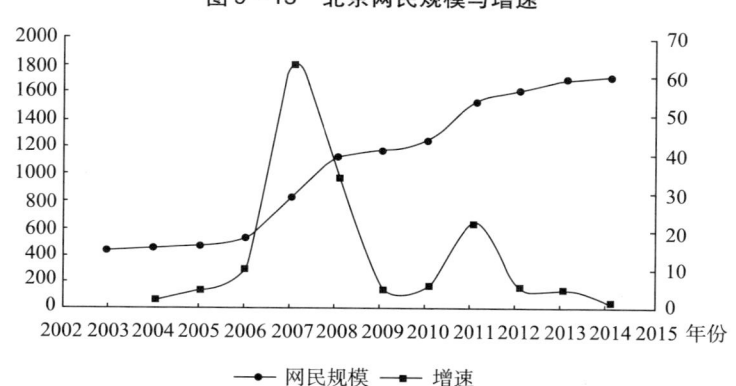

图 9-16 上海网民规模与增速

---

① 资料来源：中国互联网络发展状况统计报告（1996—2015 年）。

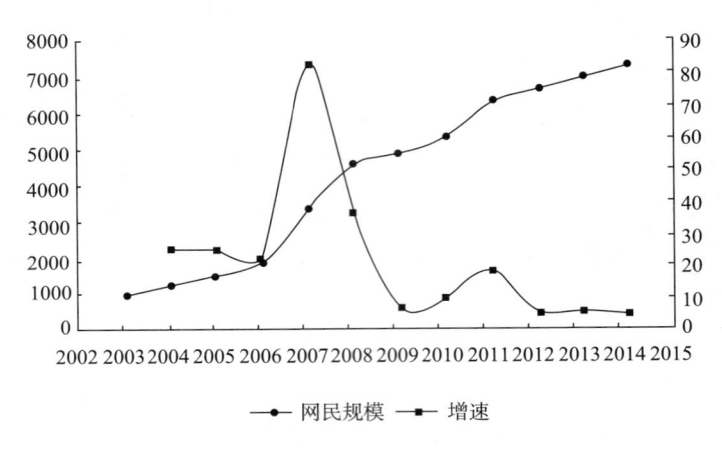

图 9-17　广东网民规模与增速

从图 9-15 至图 9-17 可以看出，从 2003 年开始北京、上海和广东的网民规模逐年扩大，但网民规模增速却波动较大。图 9-15 至图 9-17 增速曲线显示，北京、上海和广东网民规模增速均在 2007 年、2011 年以及 2013 年增速达到局部峰值。从 2004 年开始网民规模增速呈现上升趋势，在 2007 年达到高点之后网民规模整体呈现下降趋势，虽然在 2011 年和 2013 年也达到了增长高点，但其增速数值与 2007 年相比差距较大。因而从北京、上海和广东三座城市来看，2007 年互联网发展最快。

第三，从移动网络规模数据[①]来看，2007 年也是增长最高点。

自 2006 年以来，手机网民规模出现了几次峰值，但 2007 年是峰值最高的年份，具体见图 9-18。

从图 9-18 的季度数据可以看出，手机网民规模逐年扩大，但网民规模增速波动较大。图 9-18 增速曲线显示 2007 年 6 月、2009 年 6 月、2010 年 6 月、2011 年 12 月与 2013 年 6 月达到环比增速局部峰值。从 2006 年开始，手机网民规模增速逐渐上升，在 2007 年 6 月达到高点之后网民规模增速整体呈现下降趋势。虽然在 2010 年 6 月、2011 年 12 月和 2013 年 6 月也达到局部高点，但其增速数值与 2007 年相差较大。因而，2007 年移动网络发展

---

①　资料来源：中国互联网发展状况统计报告（1996—2015），中国移动网络发展状况统计报告（1996—2015）。

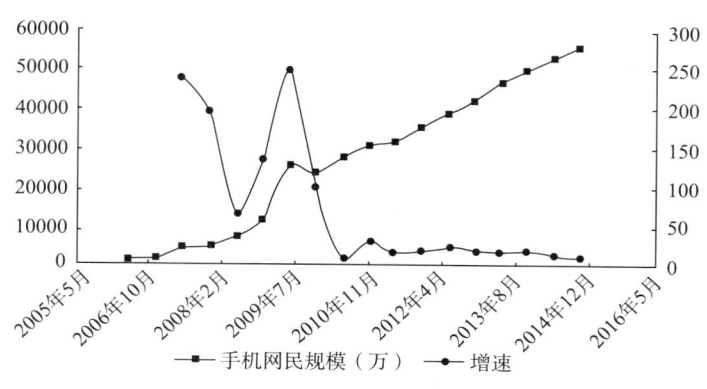

图 9-18 手机网民规模与增速

最为迅速。

根据上述三个理由，我们认为对于我国互联网发展来说，2007 年是一个重要的时间节点。

就微信用户规模数据[①]来看，2013 年也是我国互联网发展的一个重要的时间节点。理由如下。

微信是在互联网和智能手机迅速发展之后形成的新的综合性网络形式，自 2011 年开始在国内活跃发展，2013 年是增长最快的年份，具体见图 9-19。

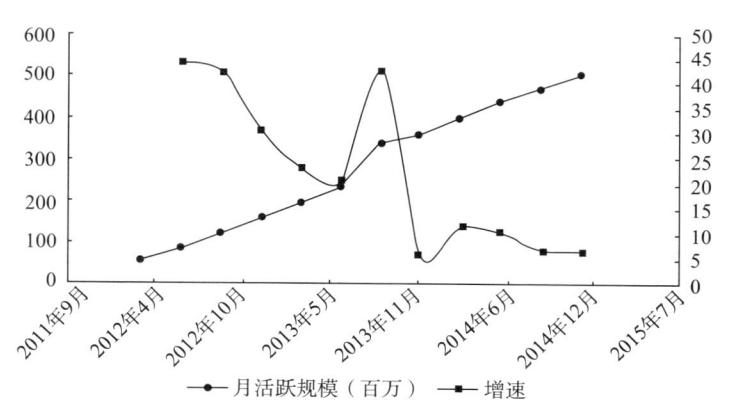

图 9-19 微信月活跃用户规模与增速

---

① 资料来源：腾讯公司季度财报（数据为微信和 WeChat 的合并月活跃账户数）。

从图 9-19 的季度数据可以看出，微信月活跃用户规模逐年扩大，但活跃用户规模增速波动较大。图 9-19 的增速曲线显示 2013 年 9 月与 2014 年 3 月增速均达到局部峰值。在 2013 年 9 月之前微信月活跃用户规模开始呈现下降趋势，到 2013 年 9 月达到高点之后，月活跃用户规模整体依旧呈现下降趋势，虽然在 2014 年 3 月达到一个新的增长高点，但其增速数值相比 2013 年差距较大。因而，2013 年是微信发展最为迅速的时间点。根据上述理由，我们认为对于互联网发展来说，2013 年是一个重要的时间节点。

就 QQ 发展状况的分析来看。

1999 年 2 月腾讯公司即时通信服务开通，与无线寻呼、GSM 短消息、IP 电话网互联。

1999 年 11 月 QQ 用户注册数突破 6 万。2000 年 4 月，QQ 用户注册数达 10 万。2000 年 5 月 27 日 20 点 43 分，QQ 同时在线人数首次突破 10 万大关。6 月，QQ 注册用户数再破 10 万。6 月 21 日，"移动 QQ"进入联通"移动新生活"，对众多的腾讯 QQ 和联通移动电话用户来说意义深远。2001 年 2 月腾讯 QQ 在线用户成功突破 100 万大关，注册用户数已增至 2000 万。2002 年 3 月 QQ 在线用户突破 300 万大关。2003 年 9 月 QQ 用户注册数升到 2 亿。

2004 年 6 月香港联合交易所主板正式挂牌上市。

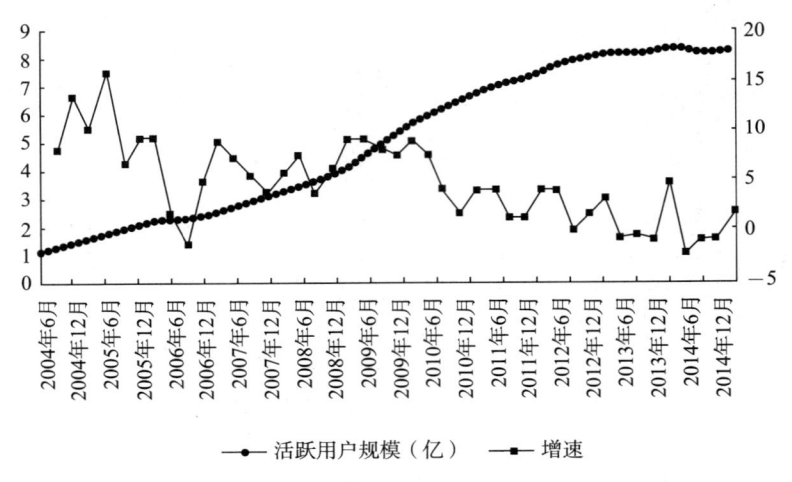

图 9-20 QQ 月活跃用户规模与增速

通过 2004—2015 年月活跃账户规模季度数据可以看出，QQ 月活跃用户规模逐年扩大，到 2015 年第一季度增加到 2.09 亿。但活跃用户规模增速波动较大，其中 2007 年、2013 年均为增速高峰。

综上所述，我们认为 2007 年和 2013 年是我国互联网发展的两个最为重要的时间节点。

(二) 房地产市场数据的选取与实证方法的选择

本书选取二手房交易市场的数据为主要依据有两方面原因，一是在政策制定之时，新房的供需可能会存在一些滞后性，而二手房不存在这样的问题，其供需则非常灵活；二是对于北京、上海和广州这样的大城市，其新房的开发越来越趋向于城市的边缘，这在一定程度上不能够满足城市住房需求者的需要，因此，新房市场便不能够很好地反映房产政策对房价的影响速度。综合这两点，本书选取北京、上海和广州这三个大城市的二手房交易数据分析房价对房产政策的反应速度。

上海二手房价格数据采用上海市二手房指数，该月度数据以上海市 11 个区 51 个控制区内的二手房正常市场成交价格为计算样本，根据相关理论综合分析和计算而成。该指数以 2001 年 11 月 30 日为基期，基点为 1000，每月发布一次。我国对房地产市场过热的调控主要是从 2004 年开始，2004 年 3 月从土地供给的角度严令各地须在当年 8 月 31 日前将协议出让土地中的"遗留问题"处理完毕，否则国土部门有权收回土地，纳入国家土地储备，这被称为"8.31"大限，此举是中央政府首次抑制房地产过热。但是真正对房地产市场调控起到重要作用的是 2005 年 3 月所出台的"国八条"，调控上升到政治高度（"老国八条"）。因此，我们将数据选取范围确定为 2005 年 1 月之后。结合数据的可获得性，上海市二手房指数样本区间为 2005 年 1 月到 2015 年 5 月，数据来源于上海二手房指数办公室发布的各月《上海二手房指数报告》。[①] 北京和广州二手房价格数据采用二手房销售价格指数，该月度数据以各城市二手商品住宅（不包含别墅）为样本，以北京 2004 年 12 月为基期（基期指数 1000 点），在计算出各项目总规模和平均价格的基础上，运用拉

---

① 房屋之窗，二手房价格指数报告：http://www.ehomeday.com/cyfw/zsjj_sec.asp。

氏指数得到。北京和广州二手房销售价格指数的样本区间分别为 2004 年 12 月到 2015 年 5 月和 2005 年 1 月到 2015 年 5 月,数据来源于搜房产业网。①

HP 滤波法是在时间序列经济数据分析中用来分离长期趋势和短期波动而被广泛使用的方法之一,它是由 Hordrick 和 Prescott 提出的。对于给定的原始序列 $\{y_t\}_{t=1}^T$,其由趋势成分 $\{y_t^g\}_{t=1}^T$ 和周期波动部分 $\{y_t^c\}_{t=1}^T$ 两部分组成:

$$y_t = y_t^g + y_t^c \qquad (9.5.2)$$

HP 滤波分离这两部分的方法是,在原始序列二阶差分的平方和不至于太大的约束条件下,最小化原始序列 y_t 与趋势成分 y_t^g 偏离的平方和:

$$\min_{\{y_t^g\}_{t=1}^T} \sum_{t=1}^T (y^t - y_t^g)^2$$

$$s.t. \qquad (9.5.3)$$

$$\sum_{t=2}^{T-1} [(y_{t+1}^g - y_t^g) - (y_t^g - y_{t-1}^g)]^2 \leq \mu$$

其中,参数 μ 越小,趋势部分就越平滑。将这一最小化问题写成拉格朗日函数的形式,并令 λ 为拉格朗日乘子。HP 滤波问题转化为,在原始序列 $\{y_t\}_{t=1}^T$ 给定的情况下,选择合适的 $\{y_t^g\}_{t=1}^T$,使得下式达到最小:

$$\sum_{t=1}^T (y^t - y_t^g)^2 + \lambda \sum_{t=2}^{T-1} [(y_{t+1}^g - y_t^g) - (y_t^g - y_{t-1}^g)]^2 \qquad (9.5.4)$$

(三) 政策的选取

根据前面的分析,我们以 2007 年和 2013 年为时间节点,将 2005 年至 2015 年划分为三个阶段,即 2005 年至 2007 年、2008 年至 2013 年、2014 年至今,各阶段分别选取两次重要的房产政策以分析其市场反应速度,具体的政策选取如表 9-1 所示。

---

① 房天下,二手房价值指数:http://fdc.fang.com/index/ErShouFangIndex.html。

表 9-1 房产政策

阶段	时间	政策（信号）	政策（信号）内容
2005—2007 年	2005 年 3 月	1	"国八条"（"老国八条"）出台，对房地产市场正式严控，高度重视稳定住房价格，建立政府负责制，并大力调整住房和用地供应结构，严格控制被动型住房需求，合理引导居民消费。在该年 5 月，有关细则出台，调控加强，被称为"新国八条"
	2006 年 5 月	2	"国六条"出台，开启了对房地产市场的新一轮调控
2008—2013 年	2010 年 4 月	3	2010 年 1 月 10 日，国务院出台"国十一条"，加强对二套房贷款的管理，首付不得低于 40%，加大房地产贷款窗口指导。同年 4 月，北京率先出台"国十一条"实施细则，规定"每户家庭只能新购一套住房"，此后，中央政府在上海、广州、武汉、重庆等 17 个一、二线城市实施类似的住房限购政策
	2011 年 1 月 26 日	4	新"国八条"，把二套房贷首付比例提至 60%，贷款利率提至基准利率的 1.1 倍，加上此前的政策，2011 年首套房商业贷款的首付为 30%，第三套及以上住房不发放商业贷款
2014 年至今	2014 年 1 月 1 日	5	房产税新规出台
	2014 年 3 月 4 日	6	两会召开，面对记者有关房价问题的提问，全国政协委员、住建部副部长齐骥透露了房地产市场"双向调控"的政策信号

二、实证分析与结果的说明

本节将采用 HP 滤波法对于我国三大一线城市二手房市场的变化进行实证检验，并对其结果进行进一步的分析，最后这一实证分析的基础上提出一些相应的政策建议。

(一) 实证分析

本书借助 Eviews 6.0 软件, 对北、上、广三大一线城市的二手房价格指数进行 HP 滤波。根据依据 Ravn and Uhlig 的频幂规则, 由于本书采用的是月度数据, 因而可以设置平滑指数 λ 为 14400。HP 滤波的结果分别如图 9-21 至图 9-22 所示, 各图显示出了二手房价格指数原始序列与其趋势部分和波动部分。二手房价格指数的趋势部分 (简称"趋势价格", 可以视为动态的均衡价格水平) 反映的是随着人口的流入和城市的快速发展所自然形成的房价上涨; 而波动部分是由于政策等外在因素的干扰而形成的。本书通过观察政策对房价与趋势价格的偏离 (即波动部分) 的方向与大小来分析房产政策效果。阴影部分表示政策实施到政策开始发挥作用的所经历的时间段 (即政策出台的月份到政策发生显著作用的月份的前一个月), 阴影部分越窄, 政策发挥作用就越迅速; 垂直线段 (位于政策出台的月份) 表示政策实施的效果是即时的。

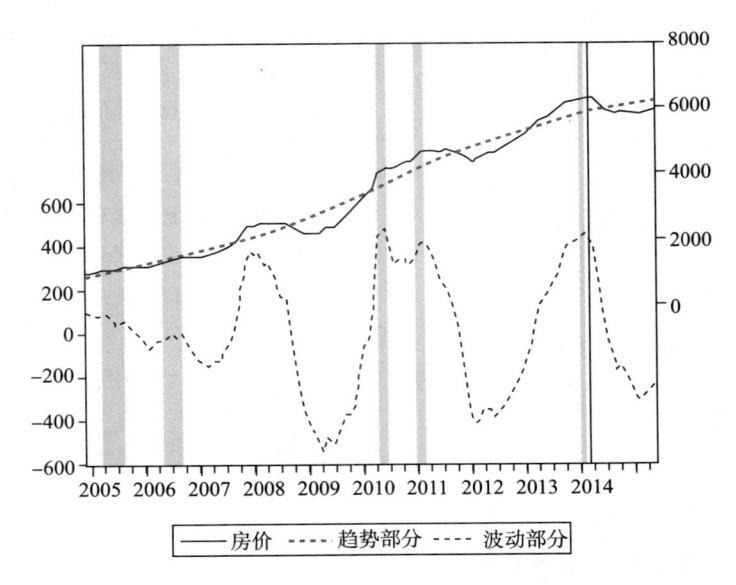

图 9-21 北京二手房价格指数的 HP 滤波结果

(2004 年 12 月至 2015 年 5 月)

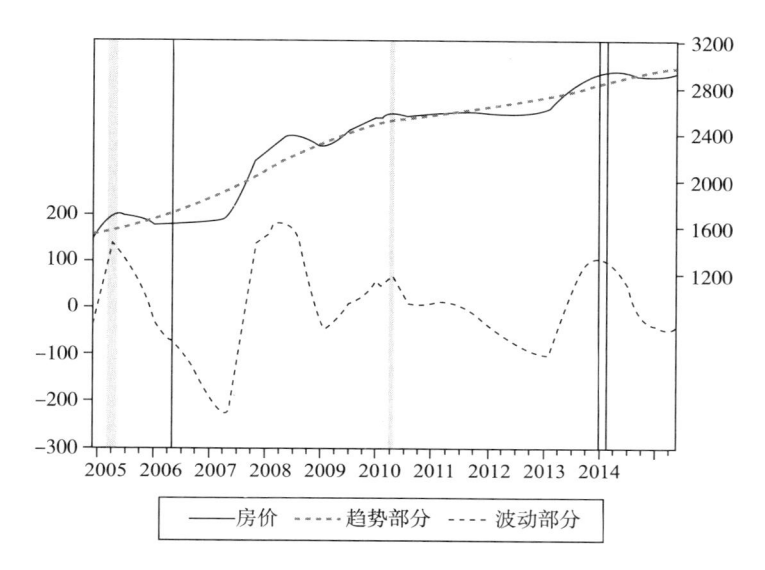

图 9-22 上海二手房价格指数的 HP 滤波结果
(2004 年 12 月至 2015 年 5 月)

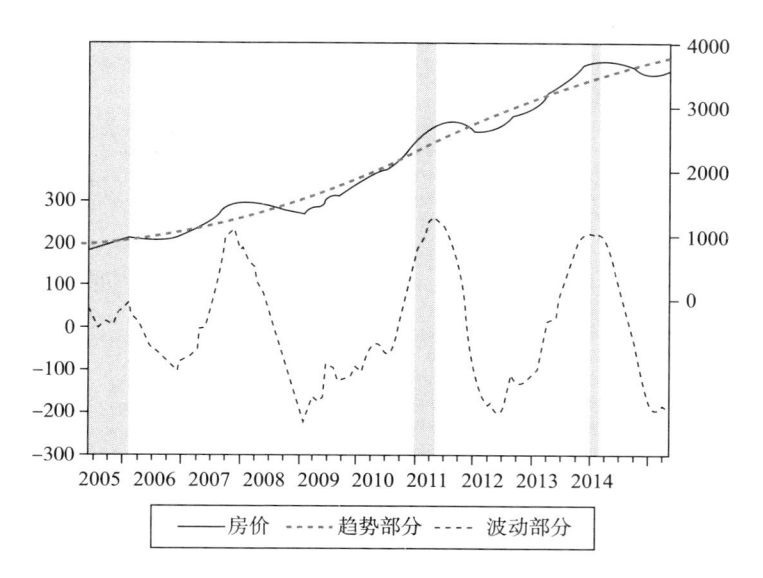

图 9-23 广州二手房价格指数的 HP 滤波结果
(2005 年 6 月至 2015 年 5 月)

(二) 实证结果与说明

通过以上的数据处理与实证检验，我们可以清晰地发现，在 2007 年和 2013 年前后，新媒体突破性发展使得二手房价对房产政策的反应速度明显加快。这里需要说明的是，反应速度是指新政策出台至政策对市场产生显著作用所经历的时间。

(1) 根据图 9-21 至图 9-23，2007 年之前，北京、上海和广州的二手房价格对"政策 1"和"政策 2"的反应速度至少为 3 个月，其中，广州甚至达到 11 个月。

2005 年 3 月，"政策 1"出台。根据图 9-21 至图 9-23，北京、上海和广州的二手房价格与趋势价格的偏离从政策出台之时发生波动，分别经历 6 个月、3 个月和 11 个月，于 2005 年 9 月、2005 年 6 月和 2006 年 3 月开始迅速缩小并由正向转变为反向，[1] 即价格相对于趋势价格发生显著下降。

2006 年 5 月"政策 2"出台，开启了对房地产市场的新一轮调控。在此次调控中，历经 5 个月，北京二手房价格与趋势价格的反向偏离从 10 月开始进一步拉大。由于之前的政策对上海和广州的二手房价格影响还未消失，因此，这两个城市的二手房价格与趋势价格的反向偏离仍在拉大，即二手房价格相对于其趋势价格仍在下降。

由此可见，2007 年之前，我国房地产市场对于房产政策的反应速度还不够快。这正是因为 2007 年以前，我国的互联网用户增速迅速，但是规模较小，直至 2007 年，我国的互联网用户才形成稳定的规模。自 2007 年之后尽管增速有所放缓，但是规模已经有了较大的突破且这一数值逐步进入稳中有升的状态。因此，通过信息广泛传播来提升房价对房产政策的效应并不能体现出来。

由于 2007 年至 2009 年受国际金融危机影响，我国房产价格受到较大波动，对比于 1997 年的亚洲金融危机，房价对危机的反应速度肯定也较快，但是由于这不是本书所探讨的重点，因此，在这里我们对这一时间段的房价变化不予探究。

(2) 根据图 9-21 至图 9-23，2007 年到 2013 年，二手房价格对房

---

[1] 二手房价格与趋势价格正向（反向）偏离指的是二手房价格大于（小于）趋势价格。

产政策反应速度加快。北京和上海对"政策3"和"政策4"的反应速度缩短到3个月之内,而广州二手房价格对这两项政策的反应速度缩短为5个月。

从2009年下半年至2010年年初,北京二手房价格快速上涨,恢复至趋势价格之后又开始偏离(见图9-21)。在这一时期,上海二手房价格也迅速上涨并偏离趋势价格(见图9-22)。广州二手房价格更是经历了2009年和2010年全年的高涨期(见图9-23)。2010年年初和2011年年初相继出台一系列房产政策,扭转了房价高涨态势。2010年1月,"政策3"出台,移动设备技术的提升和传媒技术的普及使得该政策消息在移动网络上迅速传播并引起广泛关注。北京、上海的二手房价格与趋势价格的偏离,分别历时3个月和2个月,于2010年7月和6月快速缩小。2011年1月"政策4"出台,媒体广而告知。北京的二手房价格在历时2个月的小幅上涨后趋于稳定,其与趋势价格水平的偏离开始缩小;广州二手房价格与趋势价格的偏离自1月起经历5个月于2011年6月开始缩小。

这正是因为2007年之后,我国进入真正的新媒体时代,更为关键的是随着智能手机用户规模的突破,移动网络掀起了一股热潮。移动网络打破了传统固定上网地点的局限,可以随时获取信息。因此,此时信息传播速度会远远快于单纯的定点互联网时代,这一结论在房产市场上也十分明显。

(3) 根据图9-21至图9-23,2013年之后,二手房价格对房产政策的反应速度迅速加快。北京、上海和广州的二手房价格对"政策5"和"政策6"的反应速度至多为3个月,有时甚至是即刻的。

2012年和2013年,北京和广州的二手房价格迅速上涨并正向偏离趋势价格;2013年,上海二手房也出现快速上扬并正向偏离趋势价格的情形。2014年年初的几项房产政策的实施迅速遏制了房价的上涨,使二手房房价向趋势价格水平恢复。从2014年1月"政策5"出台,北京和广州的二手房价格发生小幅波动,而上海二手房价格则几乎无时滞下降。2014年3月"政策6"信号发出并立刻在微信等网络信息平台上传播,引致北京、上海和广州的二手房价格甚至能够对政策无时滞地做出反应。如图9-21至图9-23所示,从2014年4月开始,北京、上海和广州的二手房价格相对于趋势价格显著下降,时滞不超过一个月。

这正是因为,紧跟移动网络步伐的是微博和微信等社交网络信息平台的构建及其快速发展。如前所述,2013年微信用户的迅速发展达到一个增长高峰。这些交流平台能够使得信息传播速度实现一种新的飞跃,这势必进一步加快房地产政策的传播速度,引起房价的快速变动。

由此可见,以2007年和2013年为分界点,这三个城市的二手房价格指数对政策的反应程度越发加快。

三、政策建议

现实经济条件下,互联网技术的不断进步使得信息传播广度和深度都发生了突破性的改变。由上述的理论和实证分析,我们可以发现互联网技术进步在房价对房产政策的反应速度中有着较为突出的作用,然而互联网也是一把"双刃剑",合理的互联网手段能够使得消息有效地传播,规范房产市场健康地发展,互联网手段若是运用得不当,那么消息的过度传播会引起消费者的恐慌,从而导致房产市场的不良发展。鉴于上述理论与实证分析,本文试图从新互联网与房产市场联动视角提出以下三点政策建议。

首先,组建互联网行业监管机构,准确调控房地产一级影响。互联网手段对房地产价格等市场因素的影响和宣传仍然处在监管真空阶段,我们有必要通过立法的方式,不断健全和完善互联网行业宣传引导作用,组建有针对性的行业监督管理机构。具体来说,要立足于当前经济实际,在互联网上建立良好的监督平台,建议互联网开发者针对当前社会角色定位和房地产市场发展中的功能划分来开发全新的在线监管平台,有限制地逐步开放给更多的社会媒体和监管人员,实现互联网时代的开放式监督管理。

其次,完善房地产投资者保护,保障房地产投资者权益。将互联网行业的受众成员群体划分为房地产投资者权益保障的范畴。首先,完善互联网中相关传播路径的投诉机制,畅通投资者的投诉和受理渠道。其次,要建立投资者的个人金融诚信保护制度,维护投资者和消费者的合法权益,还有要建立新媒体行业的行为信息查询中心,为当地产消费者提供投资理财、业务行为的查询服务。最后,应当建立在线的房地产投资信息预警平台,通过互联网平台工具,对高风险的房地产投资信息和投资产品进行及时的风险预警。

最后，加强互联网行业监管合作。当前全国乃至全球都正在发展经济金融一体化，互联网在跨地区、跨地域的影响行为预示着互联网的房地产投资环境正在形成。因此，我们一方面要强化对互联网行业的跨部门监管合作，包括央行、证监会、保监会等部门；另一方面也要加强国内各地区之间的合作，对于跨地区、跨省份的互联网社会影响与引导行为需要在全国各地区形成联网式的监督，通过有效合作形成统一高效的管理。

主要参考文献

[1] [以] 奥兹·谢伊：《网络产业经济学》，张磊等译，上海：上海财经大学出版社2002年版。

[2] [美] 安德鲁·克莱曼：《大失败——资本主义生产大衰退的根本原因》，周延云译，北京：中央编译出版社2013年版。

[3] [美] 本·阿格尔：《西方马克思主义概论》，慎之等译，北京：中国人民大学出版社1991年版。

[4] 白暴力：《价值价格通论》，北京：经济科学出版社2006年版。

[5] 白暴力：《劳动生产率与商品价值量变化关系分析》，《当代经济研究》2002年第3期。

[6] 白重恩、钱震杰：《国民收入的要素分配：统计数据背后的故事》，《经济研究》2009年第3期。

[7] 白重恩、王晓霞：《劳动收入份额格局及其影响因素研究进展》，《经济学动态》2014年第3期。

[8] 蔡禾、吴小平：《社会变迁与职业的性别不平等》，《管理世界》2002年第9期。

[9] 蔡继明：《关键是弄清非劳动生产要素的作用——也谈深化对劳动价值论的认识》，《学术月刊》2001年第10期。

[10] 蔡永鸿等：《基于大数据的电商企业管理模式研究》，《中国商贸》2014年第31期。

[11] 曹俊文：《环境与经济综合核算方法研究》，北京：经济管理出版社2014年版。

[12] 查汝强：《论产业革命》，《中国社会科学》1984年第6期。

［13］常进雄、孙磊：《农村劳动力工资性收入的民族差异——以宁夏回族自治区固：原市为例》，《管理世界》2008年第3期。

［14］常亚平等：《B2C环境下网络服务质量对顾客忠诚的影响机理》，《系统工程理论与实践》2009年第6期。

［15］陈宏民：《网络外部性与规模经济性的替代关系》，《管理科学学报》2007年第10期。

［16］陈学明：《资本逻辑与生态危机》，《中国社会科学》2012年第11期。

［17］陈祖华：《虚拟经济与财富创造》，《江苏经贸职业技术学院学报》2005年第1期。

［18］程恩富、胡乐明主编：《经济学方法论——马克思、西方主流与多学科视角》，上海：上海财经大学出版社2002年版。

［19］程恩富、王朝科：《低碳经济的政治经济学逻辑分析》，《学术月刊》2010年第7期。

［20］程恩富、夏晖：《美元霸权：美国掠夺他国财富的重要手段》，《马克思主义研究》2007年第12期。

［21］程朦：《基于大数据背景的电商产业发展策略》，《中国电子商务》2014年第19期。

［22］程艳红：《美国生鲜电子商务模式研究》，《世界农业》2014年第8期。

［23］崔健等：《O2O模式下消费体验度影响因素探究——以苹果体验店为例》，《现代情报》2014年第12期。

［24］［美］大卫·科兹、丁晓钦：《当前金融和经济危机：新自由主义资本主义的体制危机》，《海派经济学》2009年第2期。

［25］［美］大卫·科兹：《当前的金融和经济危机：一个新自由资本主义的系统性危机》，刘霞译，《上海金融学院学报》2010年第2期。

［26］［美］大卫·科茨：《当前经济危机预示可能发生重大社会变革》，刘海霞译，《红旗文稿》2013年第4期。

［27］［美］丹尼斯·米都斯等：《增长的极限——罗马俱乐部关于人类困境的报告》，李宝恒译，长春：吉林人民出版社1997年版。

［28］［美］德沃金、罗纳德：《至上的美德：平等的理论与实践》，冯克利

译，南京：江苏人民出版社 2003 年版。

[29] [日] 都留重人（编）：《現代資本主義と公害》，东京：岩波书店 1968 年版。

[30] [日] 都留重人：《公害の政治経済学》，东京：岩波书店 1972 年版。

[31] [英] 戴维·佩珀：《生态社会主义：从深生态学到社会正义》，刘颖译，济南：山东大学出版社 2012 年版。

[32] 丁堡骏：《转形问题研究》，《中国社会科学》1999 年第 5 期。

[33] 丁赛：《农村汉族和少数民族收入差异的经验分析》，《中国劳动经济学》2006 年第 4 期。

[34] 董晓松、赵星：《网络，社会与消费：虚拟环境下经济活动空间相关性问题的微观研究》，成都：四川大学出版社 2013 年版。

[35] [德] E·阿尔瓦特：《在经济发展的"长周期"时代引进新技术的社会含义》，《世界社会主义》1982 年第 29 期。

[36] 冯金华、侯和宏：《负剩余价值和正利润可以同时存在吗——破解斯蒂德曼的联合生产之迷》，《中国人民大学学报》2011 年第 3 期。

[37] 冯金华：《不必要的生产价格——再论价值转形是一个伪问题》，《经济评论》2009 年第 4 期。

[38] [美] 范·杜因：《创新随时间的波动》，外国经济学说研究会，现代国外经济学论文选（第十辑），北京：商务印书馆 1986 年版。

[39] [美] 福雷斯特：《创新与经济变化》，外国经济学说研究会，现代国外经济学论文选（第十辑），北京：商务印书馆 1986 年版。

[40] 高峰：《资本积累理论与现代资本主义》，天津：南开大学出版社 1991 年版。

[41] 郭剑雄：《人力资本、生育率与城乡收入差距的收敛》，《中国社会科学》2005 年第 3 期。

[42] 韩立新：《马克思主义和生态学：马克思劳动过程理论的生态学问题》，《马克思主义与生态文明论文集》，2010 年版。

[43] 何宝宏：《什么是互联网》，《电信网技术》2009 年第 10 期。

[44] 何干强：《论有用劳动是价值创造的前提》，《南京师范大学学报》（社会科学版）1986 年第 2 期。

[45] 和立道：《医疗卫生基本公共服务的城乡差距及均等化路径》，《财经科学》2011年第12期。
[46] 胡代光等：《评当代西方学者的马克思〈资本论〉的研究》，北京：中国经济出版社1990年版。
[47] 胡海峰：《对法国调节学派及其理论的分析》，《教学与研究》2005年第3期。
[48] 胡志军、刘宗明、龚志民：《中国总体收入基尼系数的估计：1985—2008》，《经济学（季刊）》2011年第4期。
[49] ［加］霍华德·金（著）：《马克思主义经济学史》，顾海良、张新译，北京：中央编译出版社2003年版。
[50] 蒋万胜：《中国市场经济秩序型构的非正式制度分析》，北京：中国社会科学出版社2009年版。
[51] 蒋玉珉：《论价值转形理论中的总计二命题——对鲍特基维茨批判的批判》，《江汉论坛》1984年第5期。
[52] 解保军：《马克思"生产的自然条件"思想探析》，《学习与探索》2010年第5期。
[53] 解垩：《公共转移支付和私人转移支付对农村贫困、不平等的影响：反事实分析》，《财贸经济》2010年第12期。
[54] 金成武：《城镇劳动力市场上不同户籍就业人口的收入差异》，《中国人口科学》2009年第4期。
[55] 雷达、赵勇：《中美经济失衡的性质及调整：基于金融发展的视角》，《世界经济》2009年第1期。
[56] 李翀：《论价值下降与价格上升的世纪之谜》，《北京师范大学学报》（社会科学版）1989年第6期。
[57] 李慧中：《也谈价值的测量——与叶航同志商榷》，《中国社会科学（未定稿）》1981年第23期。
[58] 李普聪等：《移动O2O商务线下商家采纳行为研究》，《当代财经》2014年第9期。
[59] 李新家：《网络经济研究》，北京：中国经济出版社2004年版。
[60] 李昭新：《论马克思恩格斯自然观的生态维度》，《甘肃社会科学》

2002 年第 5 期。

[61] 李真:《出口贸易内嵌碳成本因素分解及影响效应研究》,《数量经济技术经济研究》2013 年第 11 期。

[62] 李真:《国际产业转移下的碳泄漏模型与碳收益-成本估算框架——基于马克思国际价值理论的演化分析》,《财经研究》2013 年第 6 期。

[63] 林岗:《关于社会必要劳动时间以及劳动生产率与价值量关系问题的探讨》,《教学与研究》2005 年第 7 期。

[64] 林毅夫、刘培林:《中国的经济发展战略与地区收入差距》,《经济研究》2003 年第 3 期。

[65] 刘思华:《生态马克思主义经济学原理》,北京:人民出版社 2006 年版。

[66] 刘昀献:论当代资本主义的发展阶段及其基本特征,《河南大学学报》(社会科学版) 2006 年第 11 期。

[67] 卢锋:《中国农民工工资走势:1979—2010》,《中国社会科学》2012 年第 7 期。

[68] 鲁品越:《利润率下降规律下的资本高积累——〈资本论〉与〈21 世纪资本论〉的矛盾及其统一》,《财经研究》2015 年第 1 期。

[69] 鲁品越:《资本逻辑与当代现实》,上海:上海财经大学出版社 2006 年版。

[70] 鲁品越:《资本逻辑与当代中国社会结构趋向——从阶级阶层结构到和谐社会建构》,《哲学研究》2006 年第 12 期。

[71] [德] 鲁道夫·希法亭:《金融资本》,福民等译,北京:商务印书馆 2007 年版。

[72] 陆铭、陈钊:《城市化、城市倾向的经济政策与城乡收入差距》,《经济研究》2004 年第 6 期。

[73] 骆桢:《对"置盐定理"的批判性考察》,《经济学动态》2010 年第 6 期。

[74] 吕昌会:《世界著名经济学难题——价值转形问题研究》,北京:商务印书馆 2005 年版。

[75] [英] 卡萝塔·佩蕾丝:《技术革命与金融资本——泡沫与黄金时代的

动力学》，北京：中国人民大学出版社2007年版。

[76]［俄］列宁：《列宁选集》（第2卷），北京：人民出版社1995年版。

[77]［匈］卢卡奇：《历史与阶级意识》，杜章智、任立、燕宏远译，北京：商务印书馆1999年版。

[78]［美］罗尔斯·约翰：《正义论》，何怀宏等译，北京：中国社会科学出版社1988年版。

[79]［西］曼纽尔·卡斯特：《网络社会的崛起》，北京：社会科学文献出版社2001年版。

[80]［比］曼德尔：《晚期资本主义》，马清文译，哈尔滨：黑龙江人民出版社1983年版。

[81]［比］曼德尔：《资本主义发展的长波——马克思主义的解释》，南开大学国际经济研究所译，北京：商务印书馆1998年版。

[82]［美］门斯·库廷·霍卡斯：《资本价值的变化与创新偏好》，外国经济学说研究会．现代国外经济学论文选（第十辑），北京：商务印书馆1986年版。

[83] 马光荣、杨恩艳：《中国式分权、城市倾向的经济政策与城乡收入差距》，《制度经济学研究》2010年第1期。

[84]［德］马克思（著），［德］考茨基（编）：《剩余价值学说史：〈资本论〉第4卷》（第2卷），郭大力译，北京：人民出版社2004年版。

[85] 马克思：《1844年经济学哲学手稿》，中央编译局译，北京：人民出版社1985年版。

[86]［德］马克斯·霍克海默等：《启蒙辩证法》，渠敬东等译，上海：上海人民出版社2006年版。

[87] 马克思、恩格斯，中央编译局（编）：《马克思恩格斯选集》（第1卷），北京：人民出版社1995年版。

[88] 马克思、恩格斯，中央编译局（编）：《马克思恩格斯选集》（第2卷），北京：人民出版社1995年版。

[89] 马克思、恩格斯：《马克思恩格斯选集》（第3卷），北京：人民出版社1972年版。

[90] 马克思、恩格斯：《马克思恩格斯全集》（第7卷），中央编译局译，

北京：人民出版社 1979 年版。

[91] 马克思、恩格斯：《马克思恩格斯全集》（第 30 卷），北京：人民出版社 1995 年版。

[92] 马克思、恩格斯：《马克思恩格斯全集》（第 46 卷），中央编译局译，北京：人民出版社 1979 年版。

[93] 马克思：《哥达纲领批判》，北京：人民出版社 1997 年版。

[94] 马克思：《资本论》（第 1 卷），北京：人民出版社 2004 年版。

[95] 马克思：《资本论》（第 3 卷），北京：人民出版社 2004 年版。

[96] 马艳、程恩富：《马克思"商品价值量与劳动生产率变动规律"新探》，《财经研究》2002 年第 10 期。

[97] 马艳、郭白滢：《网络经济虚拟性的理论分析与实证检验》，《经济学家》2011 年第 2 期。

[98] 马艳、郭白滢：《网络虚拟价值的理论分析与实证检验》，上海：上海财经大学出版社 2011 年版。

[99] 马艳、李韵：《虚拟价值理论及现代性分析》，《复旦学报》（社会科学版）2012 年第 1 期。

[100] 马艳、李真：《马克思主义平均利润率变动规律的动态模型》，《海派经济学》2006 年第 16 期。

[101] 马艳、吴莲：《低碳技术对低碳经济作用机制的理论与实证分析》，《财经研究》2013 年第 11 期。

[102] 马艳、严金强、陈张良：《资源环境领域中'负价值'的理论界定与应用模型》，《财经研究》2012 年第 11 期。

[103] 马艳、严金强、陈长：《资源环境可持续发展的理论模型研究》，《马克思主义研究》2011 年第 7 期。

[104] 马艳、严金强：《论 SSA 理论对马克思主义研究方法的继承、发展与创新》，《上海财经大学学报》（哲学社会科学版）2015 年第 1 期。

[105] 马艳、严金强：《现代政治经济学'重大难题'的理论脉络与新解》，《学术月刊》2012 年第 12 期。

[106] 马艳、张建勋：《我国收入分配中机会不平等问题的探讨》，《毛泽东邓小平理论研究》2012 年第 5 期。

[107] 马艳:《劳动生产率与商品价值量变动关系的理论界定及探索》,《教学与研究》2011 年第 7 期。
[108] 马艳:《现代政治经济学数理分析》,上海:上海财经大学出版社 2011 年版。
[109] 冒佩华、王朝科:《"使市场在资源配置中起决定性作用和更好发挥政府作用"的内在逻辑》,《毛泽东邓小平理论研究》2014 年第 2 期。
[110] 孟捷:《技术创新与超额剩余价值的来源》,《中国社会科学》2005 年第 5 期。
[111] 孟捷:《劳动与资本在价值创造中的正和关系研究》,《经济研究》2011 年第 4 期。
[112] 孟捷:《马克思主义经济学的创造性转化》,北京:经济科学出版社 2001 年版。
[113] 孟捷:《新熊彼特派和马克思主义长波理论述评》,《教学与研究》2001 年第 4 期。
[114] [苏] 尼·康德拉季耶夫:《经济生活中的长期波动》,外国经济学说研究会. 现代国外经济学论文选(第十辑),北京:商务印书馆 1986 年版。
[115] 齐昊:《劳动者报酬比重下降的"非典型"事实:马克思主义的解读》,《当代经济研究》2011 年第 10 期。
[116] 齐昊:《马克思主义的不平等交换理论与中国对外贸易的现实》,《政治经济学评论》2008 年第 1 期。
[117] 祁翔:《父母受教育程度与子女人力资本投资——来自中国农村家庭的调查研究》,《教育学术月刊》2013 年第 9 期。
[118] 邵兵家等:《中国 B2C 电子商务中消费者信任前因的实证研究》,《科研管理》2006 年第 5 期。
[119] 沈尤佳、余斌:《论一定长度的工作日表现为相同的价值产品——回应"成正比"争议的第 1 个命题》,《教学与研究》2011 年第 11 期。
[120] 石彩云:《O2O 商业模式研究》,《商场现代化》2015 年第 3 期。
[121] 孙连成:《略论劳动生产率与商品价值量的关系》,《中国经济问题》

1963 年第 11 期。

[122] 孙寿涛：《20 世纪三派长波理论比较研究》，《当代经济研究》2003 年第 10 期。

[123] 孙业霞：《美国对华汇率法案的政治经济学分析》，《马克思主义研究》2012 年第 1 期。

[124] ［英］斯蒂德曼、［美］斯威齐：《价值问题的论战》，陈东威译，北京：商务印书馆 2016 年版。

[125] ［英］斯蒂德曼：《按照斯拉法思想研究马克思》，吴剑敏等译，北京：商务印书馆 1991 年版。

[126] ［英］斯拉法：《用商品生产商品》，巫宝三译，北京：商务印书馆 1993 年版。

[127] ［苏］斯·缅希科夫：《资本主义经济的结构性危机》，《世界经济译丛》1986 年第 6 期。

[128] ［印］萨拉·萨卡：《生态社会主义还是生态资本主义》，张淑兰译，济南：山东大学出版社 2012 年版。

[129] 谭顺：《虚拟商品及其消费市场》，《商品市场》2008 年第 3 期。

[130] 唐卫民、姜育兄：《父母受教育程度对高等教育入学机会的影响——以辽宁省六所不同类型高校为例》，《沈阳师范大学学报》（社会科学版）2010 年第 2 期。

[131] ［法］托马斯·皮凯蒂：《21 世纪资本论》，巴曙松等，北京：中信出版社 2014 年版。

[132] 汪明峰：《网络空间的生产与消费——中国互联网的地理学透视》，华东师范大学博士学位论文，2005 年。

[133] 王朝科、程恩富：《经济力系统研究》，上海：上海财经大学出版社 2011 年版。

[134] 王弟海：《收入和财富分配不平等：动态视角》，上海：上海人民出版社 2009 年版。

[135] 王培暄：《我国地区间收入差距问题研究》，《经济问题》2012 年第 8 期。

[136] 王勇：《知识经济与资本主义平均利润率变动趋势》，《教学与研究》

2001 年第 10 期。

［137］王雨辰：《技术批判、制度批判、消费批判与生态政治哲学》，《国外社会科学》2007 年第 2 期。

［138］王云霞：《环境问题的"社会批判"研究》，北京：中国社会科学出版社 2012 年版。

［139］卫兴华：《关于深化对劳动和劳动价值理论的认识问题》，《经济学动态》2000 年第 12 期。

［140］乌家培：《关于网络经济的几个问题》，《山东经济战略研究》2000 年第 4 期。

［141］乌家培：《信息社会与网络经济》，长春：长春出版社 2002 年版。

［142］吴宣恭：《个别企业劳动生产率与商品价值量的关系》，《中国经济问题》1964 年第 9 期。

［143］［德］威廉·莱斯：《自然的控制》，岳长龄译，重庆：重庆出版社 2007 年版。

［144］［日］篠原三代平：《从历史的长期波动来看现代世界经济——二十一世纪初将出现繁荣局面》，外国经济学说研究会，现代国外经济学论文选（第十辑），北京：商务印书馆 1986 年版。

［145］肖韶峰：《低碳经济发展：非正式制度安排视角的阐释》，《中南民族大学学报》（人文社会科学版）2012 年第 32 期。

［146］谢佩洪：《转型时期我国 B2C 电子商务中顾客满意度影响因素的实证研究》，《科研管理》2011 年第 10 期。

［147］徐海红：《生态劳动与生态文明》，北京：人民出版社 2012 年版。

［148］徐建炜、姚洋：《国际分工新形态、金融市场与全球失衡》，《世界经济》2010 年第 3 期。

［149］徐水华：《从资本逻辑的视角看现代生态问题的生成——以马克思对资本逻辑的分析范式为维度》，《前沿》2011 年第 3 期。

［150］徐艳：《对保罗·克鲁格曼人民币汇率观点的不同看法》，《经济学家》2011 年第 4 期。

［151］许涤新：《生态经济学探索》，上海：上海人民出版社 1985 年版。

［152］续秀梅：《电商物流"最后一百米"难题破解路径》，《商业时代》

2014 年第 30 期。

[153] 闫妍：《从经济危机与产业结构调整的内在联系探索我国产业结构调整方向》，《特区经济》2010 年第 10 期。

[154] 严金强、蔡民强：《劳动过程与劳动力再生产过程的生态逻辑》，《教学与研究》2014 年第 8 期。

[155] 严金强、马艳：《价值转形理论研究》，上海：上海财经大学出版社 2011 年版。

[156] 杨聚平等：《电商物流中"最后一公里"问题研究》，《商业经济与管理》2014 年第 4 期。

[157] 姚先国、郭继强：《按劳分配新解：按劳动力产权分配》，《学术月刊》1997 年第 5 期。

[158] 叶航：《试论价值的测量和精神生产对价值量的影响》，《中国社会科学（未定稿）》1980 年第 33 期。

[159] 尹力：《电商企业自建物流体系面临的问题与优化策略——以京东商城为例》，《对外经贸实务》2014 年第 3 期。

[160] 余斌、沈尤佳：《论单位商品价值量下降规律——回应"成正比"争议的第 2 个命题》，《工作论文》2011 年。

[161] 余斌：《从斯蒂德曼的非难看劳动价值理论及价值转形问题的计算》，《教学与研究》2007 年第 3 期。

[162] 余斌：《平均利润率趋向下降规律及其争议》，《经济纵横》2012 年第 9 期。朱奎：《利润率的决定机制及其变动趋势研究——基于劳动力价值量的新解释》，《财经研究》2008 年第 7 期。

[163] 岳宏志：《转形问题再研究》，《当代经济研究》2002 年第 10 期。

[164] [美] 约翰·罗默：《社会主义及其未来》，段忠桥编译，《马克思主义与现实》2002 年第 1 期。

[165] [美] 约翰·贝拉米·福斯特：《生态危机与资本主义》，耿建新译，上海：上海译文出版社 2000 年版。

[166] [美] 约瑟夫·熊彼特：《经济变化分析》，外国经济学说研究会，现代国外经济学论文选（第十辑），北京：商务印书馆 1986 年版。

[167] [美] 约瑟夫·熊彼特：《经济发展理论》，北京：商务印书馆 1990

年版。

［168］［美］约瑟夫·熊彼特：《资本主义、社会主义和民主主义》，北京：商务印书馆1979年版。

［169］张车伟、张士斌：《中国初次收入分配格局的变化与问题》，《中国人口科学》2010年第5期。

［170］张春敏：《国际金融危机是国际金融资本主导的世界经济体系危机》，《河北经贸大学学报》2010年第3期。

［171］张丹丹：《市场化与性别工资差异研究》，《中国人口科学》2004年第1期。

［172］张荐华：《关于资本主义经济的长周期理论初探》，《世界经济》1982年第10期。

［173］张雷声、顾海良：《价值转化形态及其对理解劳动价值论的意义》，《学术界》2003年第4期。

［174］张理智：《广义政治经济学原理》，成都：四川省社会科学院出版社1988年版。

［175］张沁悦、［爱尔兰］特伦斯·麦克唐纳：《环境因素引致劳资关系变动的SSA理论分析》，《上海财经大学学报》（哲学社会科学版）2015年第1期。

［176］张沁悦、［爱尔兰］特伦斯·麦克唐纳：《全球生态变化与积累的社会结构理论》，《学术月刊》2014年第7期。

［177］张沁悦、马艳、刘诚洁：《资本的生态逻辑》，《教学与研究》2014年第8期。

［178］张树良、王金平、赵亚娟：《国际生态环境材料技术专利态势分析》，《科学观察》2010年第5期。

［179］张衔：《劳动生产率与商品价值量关系的思考》，《教学与研究》2011年第7期。

［180］张鑫：《中国城乡居民收入差距及其成因的演化路径研究》，北京：经济管理出版社2011年版。

［181］张幼文：《萨缪尔森在'转形问题'上的错误》，《世界经济研究》1984年第4期。

[182] 张蕴岭：《西方经济战后发展的转折和长周期波动》，《世界经济》1982年第10期。

[183] 张忠任：《百年难题的破解》，北京：人民出版社2004年版。

[184] 张忠任：《劳动生产率与价值量关系的微观法则和宏观特征》，《政治经济学评论》2011年第2期。

[185] 张忠任：《数理政治经济学》，北京：经济科学出版社2006年版。

[186] 章元、王昊：《城市劳动力市场上的户籍歧视与地域歧视：基于人口普查数据的研究》，《管理世界》2011年第7期。

[187] 赵红军、孙楚仁：《二元结构、经济转轨与城乡收入差距分化》，《财经研究》2008年第3期。

[188] 赵人伟、李实：《中国居民收入差距的扩大及其原因》，《经济研究》1997年第9期。

[189] 赵涛：《经济长波论》，北京：中国人民大学出版社1988年版。

[190] 中国经济增长与宏观稳定课题组：《全球失衡、金融危机与中国经济的复苏》，《经济研究》2009年第5期。

[191] 周朝民：《网络经济学》，上海：上海人民出版社2003年版。

[192] 周莹莹、刘传哲：《我国虚拟经济与实体经济的联动效应——基于资本市场金融衍生品市场与实体经济数据的实证研究》，《山西财经大学学报》2011年第5期。

[193] 朱奎：《转形问题的一个马克思主义解——兼评丁堡骏和白暴力的转形理论》，《经济评论》2004年第1期。

[194] 朱源：《近年来美国环境政策制定的趋势及对我国的启示》，《环境保护科学》2013年第10期。

[195] 朱钟棣：《国外马克思经济理论研究者在利润率变化趋势上的争论》，《上海市经济管理干部学院学报》2007年第5期。

[196] 朱钟棣：《西方学者对马克思主义经济理论的研究》，上海：上海人民出版社1991年版。

[197] ［美］詹姆斯·奥康纳：《自然的理由》，唐正东译，南京：南京大学出版社2003年版。

[198] Andre Gorz, 1994: Capitalism, Socialism Ecology, New York, Verso.

[199] Arneson, Richard J, 1989: "Equality and equal opportunity for welfare", Philosophical Studies, May, Vol5, 77-93.

[200] Baumgärtner, S., 2000: Ambivalent Joint Production and the Natural Environment, Physica-Verlag, Heidelberg.

[201] Baumgartner, S. et. Al., 2001: "The Concept of Joint Production and Ecological Economics", Ecological Economics, 36, 365-372.

[202] Becker G S., 2010: "The economics of discrimination", Chicago: University of Chicago press, July.

[203] Becker, Gary S & Tomes, Nigel, 1986: "Human Capital and the Rise and Fall of Families", Journal of Labor Economics, University of Chicago Press, July.

[204] Becker, Gary S. 1967: "Human Capital and the Personal Distribution of Income: An Analytical Approach", Woytinsky Lecture, no. 1, U. of Michigan, Institute of Public Administration, Ann Arbor, Januray.

[205] Becker, Gary S, 1981: "A treatise on the family. Cambridge", MA: Harvard U. Press, February.

[206] Becker, Gary S. and Tomes, Nigel. 1979: "An Equilibrium Theory of the Distribution of Income and Intergenerational Mobility", J. Polit. Econ., December.

[207] Bidard, C. and G. Erreygers, 2001: "The Corn-Guano Model", Metroeconomica, 52 (3), 243-253.

[208] Blau, Peter Michael and Duncan, Otis Dudley. 1967: "The American occupational structure", New York: Wiley, June.

[209] Blomstro m, M., Kokko, A., 2003, "Human capital and inward FDI", Stockholm School of Economics, WorkingPaper No. 167.

[210] Bortkiewicz, L, 1952: "Value and Price in the Marxian System", Kahane, J. trans, International Economics Papers.

[211] Bowles, Samuel, 1972: "Schooling and Inequality from Generation to Generation", J. Polit. Econ., May/June.

[212] Bronfenbrenner, Urie, 1989: "Ecological Systems Theory", Annals of

Child Development, June, Vol6, 187 – 249.

[213] Chantreuil F, Trannoy A, 1999: "Inequality decomposition values", Annals of Economics and Statistics/Annalesd'économie et de Statistique, February, 13 – 36.

[214] Christopher, Freeman & Luc Soete, 1987, "Technical Change and Full Employment", Basil Blackwell, Cambridge.

[215] Charles A. S. Hall and Kent A. Klitgaard., 2012, Energy and the Wealth of Nations: Understanding the Biophysical Economy, New York, Springer Verlag.

[216] Choi, C, 2004," Does foreign direct investment affect domestic income inequality?", Mimeograph, Myongji University, Seoul, Korea.

[217] David M. Kotz, Terrence McDonough and Michael Reich, 1944, "Social Structures of Accumulation—The Political Economy of Growth and Crisis", Cambridge University Press, Oxford.

[218] Dewey John and James Alexander McClellan, 2009: "Applied Psychology: An Introduction to the Principles and Practice of Education", Boston: Educational Publishing Company, November.

[219] Dumenil, G, 1983: "Beyond the Transformation Riddle: A Labor Theory of Value", Science and Society.

[220] Elder, Glen H., JR, 1974: "Children of the Great Depression", Chicago: U. of Chicago Press, December.

[221] Featherman, David L. and Hauser, Robert M, 1978: "Opportunity and change". New York: Academic Press, November.

[222] F. Gregory Hayden, 2011, "Integrating the Social Structure of Accumulation and Social Accounting Matrix with the Social Fabric Matrix", American Journal of Economics and Sociology, 70 (5), 1208 – 1233.

[223] Fleurbaey M, 1995: "Equal opportunity or equal social outcome?", Economics and philosophy, November, Vol11, 25 – 55.

[224] Foley, D, 1982: "The Value of Money, the Value of Labor Powerand the Marxian Transformation Problem", Review of Radical Political Eco-

nomics.

[225] Forbes K J. A, 2000: "Reassessment of the Relationship between Inequality and Growth", American Economic Review, April.

[226] Fujimori, Y: Modern Analysis of Value Theory, New York: Springer-Verlag Berlin Heidelberg, 1982.

[227] Gerhard Mensch, 1979, "Stalemate in Technology", Ballinger Publishing Company: Cambridge, Massachusetts.

[228] Glyn, A., 2007," Explaining labor's declining share of national income", G-24 Policy Brief No. 4.

[229] Gordon, David M., Richard C. Edwards, and Michael Reich., 1983, Segmented Work, Divided Workers, Cambridge: Cambridge University Press.

[230] Goldberger, Arthur S. 1989: "Economic and Mechanical Models of Intergenerational Transmission", Amer. Econ. Rev, March, Vol 79, 504-13.

[231] Hauser, Robert M. and Featherman, David L. 1977: "The process of stratification: Trends and analyses", New York: Academic Press, February.

[232] Harrison A. E., 2002," Has Globalization Eroded Labor's Share? Some Gross-country evidence", University of California at Berkeley and NBER. WorkingPaper.

[233] Hall, C. A. S. & K. Klitgaard, 2012, The Postwar Economic Order, Growth, and the Hydrocarbon Economy, New York: Springer-Verlag, 161-190.

[234] H. D. Dcikinson, 1956-1957: "The Falling Rate of Profit In Marxian Economics", The Review of Economic Studies.

[235] Hill, Martha and Duncan, Greg J. 1987: "Parental Family Income and the Socioeconomic Attainment of Children", Soc. Sci. Res., Januray.

[236] Hoffert, Boisjoly and Duncan, 1998: "Parents' Extrafamilial Resources and Children's School Attainment", Sociology of Education, March, Vol16, 39-73.

［237］J. Alberro, J. Perky, 1979:"The Simple Analytics of Falling Profit Rate: Okishio's Theorem and Fixed Capital", Review of Radical Political Economics.

［238］Jacobs, L. 2004:"Pursuing equal opportunities", Cambridge: Cambridge University Press, November.

［239］Jencks,, Christopher et al, 1972:"Inequality: A reassessment of the effect of family and schooling in America", New York: Basic Books, October.

［240］Joel Kovel., 2007, The Enemy of Nature: The End of Capitalism or the End of the World, London and New York: Zed Books.

［241］John. E. Romer, 1979: "Continuing Controversy on the Falling Rate of Profit: Fixed Capital and Other Issues", Cambridge Journal of Economics.

［242］John E. Roemer, 2000: "Equality of Opportunity", Harvard University Press, October.

［243］John E. Roemer, 1998: "Theories of Distributive Justice", Harvard University Press, Januray.

［244］Katz, Lawrence F. and Kevin M. Murphy, 1992, "changes in relative wages, 1963—1987: supply and demand factors" The Quarterly Journal of Economics, Vol428, 35 – 78.

［245］Katz L F, David H, 1999: "Changes in the wage structure and earnings inequality", Handbook of Labor Economics, March, Vol3, 1463 – 1555.

［246］K. William Kapp, 1971, The Social Cost of Private Enterprise, New York: Schocken Books.

［247］Kent A. Klitgaard and Lisa Krall, 2012, "Ecological economics, degrowth, and institutional change", Ecological Economics, 84 (4): 247 – 253.

［248］Kliman, A. J: "Value, Exchange Value and the Internal Consistency of Volume III of Capital: A refutation of refutations", In Riccardo Bellofiore

[248] (ed.), Marxian Economics: A Reappraisal (Essays on Volume III of Capital), London, Macmillan, 1998.

[249] Kotz, McDonough& Reich, 1994, Social Structure of Accumulation: the Political Economy of Growth and Crisis, Cambridge: Cambridge University Press.

[250] Kotz, D. M., 1987, "Long Waves and Social Structure of Accumulation: A Critique and Reinterpretation", Review of Radical Political Economics, 19 (4): 16 – 38.

[251] Kotz, D. M. &T. McDonough, 2010, "Global Neoliberalism and the Contemporary Social Structure of Accumulation", in: McDonough, Reich &Kotz, Cambridge: Cambridge University Press, 93 – 120.

[252] Kremer, Michael, 1993, "the O-Ring theory of economic development," The Quarterly Journal of Economics, 551 – 575.

[253] Leibowitz, Arleen. 1974: "Home Investments in Children", J. Polit. Econ., Mar./Apr, Vol82, 111 – 31.

[254] Lippit, V. D, 2010, "Social structure of accumulation theory", in: McDonough, Reich &Kotz, Cambridge: Cambridge University Press, 45 – 71.

[255] Lipsey B., Sjo holm, F, 2001, "Foreign direct investment and wages in Indonesian manufacturing", NBER working paper, No. 8299.

[256] Lucas, Robert, 1978, "On the size Distribution of business Firms", Bell journal of Economics, IX, 508 – 23.

[257] Ma Yan, Yan Jinqiang, 2012: "The theoretical context of the arguments on Steedman's Critique and the new explanation of 'negative value'", World Review of Political Economy, 3 (4), 444 – 456.

[258] Martin H. Wolfson and David M. Kotz., 2010, "A Reconceptualization of Social Structure of Accumulation Theory," in: McDonough, Reich &Kotz, Cambridge: Cambridge University Press, 72 – 90.

[259] Mandal B N, Phaujdar S, 1989: "An inventory model for deteriorating items and stock-dependent consumption rate" Journal of the Operational

Research Society, May, 483 – 488.

[260] M. Cogoy, 1987: "The Falling Rate of Profit and the Theory of Accumulation", International Journal of Political Economy.

[261] McDonough, T., M. Reich &D. M. Kotz, 2010, Contemporary Capitalism and Its Crises: Social Structure of Accumulation Theory for the 21st Century, Cambridge: Cambridge University Press.

[262] Meek, R. "Some Notes on the Transformation Problem", Econ. J., 1956, March, 66, 94 – 107.

[263] Michael Kremer, Eric Maskin, 1996," Wage inequality and segregation by skill", working paper.

[264] Morishima, M. and Catephres, G., 1978: Value, Exploitation and Growth, McGraw-Hill, London.

[265] Morishima, M, 1974: "Max in the Light of Modern Economic Theory", Econometrica.

[266] Okishio, N, 1961: "Technical Changes and the Rate of Profit", Kobe University Economic Review.

[267] Okishio, N, 1972: "On Marx's Production Prices", KeizaigakuKenkyu.

[268] ParantapBasu, Alessandra Guariglia, 2007," Foreign Direct Investment, inequality, and growth", Journal of Macroeconomics, 824 – 839.

[269] Parrinello, S., 2001: "The price of Exhaustible Resources", Metroeconomica, 52 (3), 301 – 315.

[270] Patents and clean energy: bridging the gap between evidence and policy, Summary of the Report, OECD Environment Working Papers, OECD Publishing.

[271] Poterba J M, 2000: "Stock market wealth and consumption", The Journal of Economic Perspectives, February.

[272] Poterba J M, Samwick A A, Shleifer A, et al., 1995: "Stock ownership patterns, stock market fluctuations, and consumption", Brookings papers on economic activity, February, 295 – 372.

[273] Rawls, J., 1982: "Social Unity and Primary Goods", in Sen and Wil-

liams, Utilitarianism and Beyond, Cambridge: Cambridge University Press, July.

[274] Roemer J E., 1993: "A pragmatic theory of responsibility for the egalitarian planner", Philosophy & Public Affairs, February.

[275] Roemer J. E., 1998: "Theories of distributive justice", Cambridge, MA: Harvard University Press, January.

[276] Roemer, J. E., 2000: "Equality of Opportunity", Harvard University Press, Cambridge, MA., October.

[277] Samuelson, P. A, 1957: "Wages and Interest: A Modern Dissection of Marxian Economic Models", The American Economic Review.

[278] Samuel Bowles, David M. Gordon, Thomas E. Weisskopf, 1986: "Power and Profits: The Social Structure of Accumulation and the Profitability of the Postwar U. S. Economy", Review of Radical Political Economics.

[279] Sattinger, Michael, 1993, "assignment models of the distribution of earnings", The Journal of Economic Literature, 831 – 880.

[280] Schumpeter, Joseph A. 1951: "Economic Theory and Entrepreneurial History", in R. V. Clemence, ed., Essays on Economic Topics of Joseph Schumpeter. Port Washington, NY: Kennikat Press, May.

[281] Seltzer, Judith A. 1994: "Consequences of Marital Dissolution for Children", Annual Rev. Sociology, October, Vol20, 235 – 66.

[282] Sen, A., 1995: "Inequality Reexamined", New York: Harvard University Press, December.

[283] Seton, F, 1957: "The 'Transformation Problem'", The Review of Economic Studies.

[284] Shaikh, 1978: "Political Economy and Capitalism: Notes on Dobb's Theory of Crisis". Cambridge Journal of Economics.

[285] Thomas Piketty, 2014, "Capital in the Twenty – First Century", The Belknap Press of Harvard University Press, Cambridge, Massachusetts London, England.

[286] Tsai, P. L, 1995, "Foreign direct investment and income inequality:

Further evidence", World Development, 469-483.

[287] Victor D. Lippit., 2010, "Social Structure of Accumulation Theory," in: McDonough, Reich &Kotz, Cambridge: Cambridge University Press, 45-71.

[288] Winternitz, J, 1948: "Value and Price: A Solution of the So-Called transformation Problem", Economic Journal.

[289] Wolfson, M. H. & D. M. Kotz, 2010, "A reconceptualization of social structure of accumulation theory", in: McDonough, Reich &Kotz, Cambridge: Cambridge University Press, 72-90.

[290] William Leiss, 1988, The Limits of Satisfaction. Montreal: McGill-Queen's University Press.

[291] W. W. Rostow., 1978, "The World Economy: History & Prospect", University of Texas Press Austin& London.

[292] W. W. Rostow, 1982, "Why The Poor Get Richer and The Rich Slow Down: Essays in the Marshallian Long Period",, Vol. 31, No. 1. The University of Chicago Press, Chicago.

索 引

J

价值转形　9，10，11，186，189，190，191，193，194，195，196，197，198，199，201，202，204，205，207，208，209，223，224，225，226，229，235，236，240，242，531，532，533，537

经济长波　16，17，18，269，358，359，360，361，362，363，365，366，369，370，371，372，373，374，375，376，377，386，388，389，390，391，392，394，397，398，400，401，405，539

机会公平　408

G

国际不平等交换　14，15，16，104，283，284，285，290，291，292，293，295，296，297，311，329，332，335，339，357

L

联合生产"负价值"　38，169

P

平均利润率下降规律　11，12，248，250，260，264

S

商品价值量变动规律　7，8，134，146，147，148，151，152，154，156，159，161，162，163，166，168

X

虚拟经济　22，23，24，237，328，330，331，337，343，365，461，464，466，468，469，471，472，474，475，476，478，480，481，483，487，493，499，503，506，507，508，514，515，530，539

后 记

《现代政治经济学前沿的理论与中国特色研究》是在我主持的国家社科基金重点项目基础上形成的一部专著。全书的基本框架、核心观点主要是由我构建和提出的，而具体章节的论证大多是与我的团队合作完成的。第一章由我与严金强合作完成，陈张良、李俊和蔡民强承担了部分工作；第二章由我与张沁悦合作完成，肖雨承担了部分工作；第三章由我与杨培祥、刘诚洁共同完成，李俊、赵治成、王宝珠、张建勋承担了部分工作；第四章由我与严金强共同完成，蔡民强承担了部分工作；第五章、第七章由我与王琳共同完成，赵治成、张思扬承担了部分工作；第六章由我与王宝珠共同完成，赵方、李真、赵治成承担了部分工作；第八章由我与张建勋共同完成；第九章由我与王宝珠共同完成，霍艳斌、李韵、蔡民强、肖雨、邱国景承担了部分工作。最后，我对全书做了最终的修改。

此外，王朝科教授、大卫·科茨教授、特伦斯·麦克唐纳教授、冒佩华副教授、杨志教授、齐家国教授对本书也做出了不同的贡献，在此表示衷心感谢。

本书在写作过程中还参考了大量的相关文献，这些文献对本书有着重要的借鉴和参考价值，在此对这些成果作者和出版单位表示感谢。

马 艳
2016 年 11 月于上海

图书在版编目（CIP）数据

现代政治经济学的前沿理论与中国特色研究／马艳著．—北京：学习出版社，2017.4
　　ISBN 978－7－5147－0770－0

Ⅰ．①现…　Ⅱ．①马…　Ⅲ．①政治经济学－研究　Ⅳ．①F0

中国版本图书馆 CIP 数据核字（2017）第 050838 号

现代政治经济学的前沿理论与中国特色研究
XIANDAI ZHENGZHIJINGJIXUE DE QIANYAN LILUN YU ZHONGGUO TESE YANJIU

马艳　著

责任编辑：向　钧　李　琳
技术编辑：贾　茹
美编设计：肖　辉

出版发行：学习出版社
　　　　　北京市崇文门外大街 11 号新成文化大厦 B 座 11 层（100062）
　　　　　010－66063020　010－66061634　010－66061646
网　　址：http：//www.xuexiph.cn
经　　销：新华书店
印　　刷：北京联兴盛业印刷股份有限公司
开　　本：710 毫米×1000 毫米　1/16
印　　张：36
字　　数：570 千字
版次印次：2017 年 4 月第 1 版　2017 年 4 月第 1 次印刷
书　　号：ISBN 978－7－5147－0770－0
定　　价：82.00 元

如有印装错误请与本社联系调换